MARE GLACIALE
FL. MESEN. PECZORA FL.
AVREA ANVS
YSSA
PINEGA
CIRCO
MESEN
FL. CILMA
SLATA BABA
COLMOGOR
WINA PROVINCIA
ARTANICZA
FL. SOSSA
FL. SILVT
CINGVLVS TERRA
VSTINGO
FL. PINEGA
PECZORA FL.
TVMEN
KASTROMA
PERMIA PROVINCIA
FL. VISTORQIA
PERMIA
FL. IVG
KITHAY
LACVS
FL. VIACKHA
KASTROMA
CZEREMISSA POPVLI
ORLOV
CHOTELNICZ
LODIMERIA
SLOVODA
FL. RECZICZA
MVROM
OCCA
BASILOWGOROD
CASAN
NOVOGARDIA INFERIOR
ZAN
FL. SVRA
FL. VIAGLA
MORDVA POPVLI
FL. VIECZNA
ORIENS
9 18 27 36 45 54 63 72 81 90
DISTANTIA PER MILIARIA
TANAIS FONTES
RHA GRECÆ
FL. WOLGA RVTHENICE
EDEL TARTARICE
IAICK FL.
SIBIER PROVINCIA
WELIKIPREVOS. SEV TRAIECTVS MAGNVS
NAGAVSKI TARTARE
TARTARIA
CIRCASI PETHIGOISKY
CIRCASI POPVLI
ASTRACHAN
SORAYCZIK
SCHAMACHI
MARE CASPIVM
DIES

# WELTATLAS DER ALTEN KULTUREN
# RUSSLAND

Aus dem Englischen
übertragen von
Gertraude Wilhelm

Redaktion:
Manfred Braun

Korrekturen:
Monika Wöhlken und
Giesela Friedrich
Register:
Gertraude Wilhelm und
Manfred Braun

Entwurf
des Schutzumschlags:
Ludwig Kaiser

Herstellung:
Dieter Lidl
Satz:
Josef Fink GmbH, München



AN EQUINOX BOOK



Chefredaktion:
Graham Speake

Textredaktion:
Jennifer Drake-Brockman

Bildredaktion:
Andrew Lawson, Linda Proud

Landkarten:
Olive Pearson, Sarah Rhodes

Design: Adrian Hodgkins

Produktion: Clive Sparling

Reproarbeiten:
Scantrans, Singapur

Druck und Bindearbeiten:
Heraclio Fournier SA, Vitoria

Printed in Spain



ISBN 3-88472-186-0

*Frontispiz:*
Sportlicher Zeitvertreib und
Bärenführer im Rußland des
19. Jahrhunderts. Nach
J. Richter und C.G.H. Geissler
*Jeux et divertissements du
peuple russe.*

# WELTATLAS DER ALTEN KULTUREN

# RUSSLAND

von Robin Milner-Gulland
und Nikolai Dejevsky

Christian Verlag

# INHALT

## Dritter Teil: Die Regionen der Sowjetunion

# CHRONOLOGISCHE ÜBERSICHT

| | 800 | 900 | 1000 | 1100 | 1200 |
|---|---|---|---|---|---|
| INNENPOLITISCHE ENTWICKLUNGEN | Herrschaft des Warägers Rjurik über Nowgorod, ca. 862 | | Fürstentag in Ljubetsch, 1097 | | Tatarenherrschaft in der Rus, 1240 |
| Christliches Relief aus Georgien, 9. Jh. |  | Mosaik aus der St.-Michaels-Kirche in Kiew, 12. Jh. |  | |  Ögadei, Sohn und Nachfolger Dschingis Chans, 13. Jh. |
| INTERNATIONALE BEZIEHUNGEN | Erster slawischer Angriff auf Konstantinopel, 860 | Erster russischer Vertrag mit Byzanz, 911<br>Zweiter Vertragsschluß mit Byzanz durch den Kiewer Fürsten Igor, 944<br>Feldzug gegen die Chasaren unter Swjatoslaw, 967 | | | Erster Tatareneinfall, 1223<br>Sieg Alexander Newskijs über die Deutschritter auf dem Peipus-See, 1242<br>Vertrag zwischen Nowgorod und der Hanse, 1270 |
| TERRITORIALE EXPANSION | Vereinigung von Nowgorod und Kiew durch Oleg, ca. 882 | | Gründung von Jaroslawl, 1025 | Gründung Wladimirs, 1108<br>Gründung Moskaus, 1156 | Gründung von Nischnij Nowgorod, 1221 |
| RELIGION | | Taufe Olgas, 955<br>Offizielle Annahme des orthodoxen Christentums durch Wladimir den Heiligen, 988/89 | Märtyrertod von Boris und Gleb, 1015<br>Wahl des ersten russischen Metropoliten, 1051 | | |
| KUNST UND ARCHITEKTUR | | | Baubeginn der Sophien-Kathedrale in Kiew, 1037<br>Baubeginn der Sophien-Kathedrale in Nowgorod, 1043 | Ikone der Jungfrau von Wladimir, ca. 1125<br>Mariä-Himmelfahrts-Kathedrale in Wladimir, 1158 (vergrößert 1189)<br>Erlöser-Kirche an der Nerediza in Nowgorod, 1198 | St.-Georgs-Kirche in Jurjew-Polskij, 1230<br>Verklärungs-Kathedrale in Twer, 1285 |
| BILDUNG, WISSENSCHAFT UND LITERATUR | Entstehung des kyrillischen Alphabets, ca. 860(?) | | Ilarions *Das Gesetz und die Gnade,* Mitte des 11. Jhs. | *Belehrung an meine Söhne* von Wladimir II. Monomach, ca. 1100<br>Vollendung der *Nestorchronik,* ca. 1113<br>*Igorlied,* ca. 1187 | |

| 1300 | 1400 | 1500 | 1600 | 1700 | 1800 | 1900 |
|---|---|---|---|---|---|---|
| Jurij von Moskau erhält den Gnadenbrief von den Tataren *(jarlyk)*, 1318<br>Sieg von Dmitrij Donskoj über die Tataren bei Kulikowo, 1380 | Einstellung der Tributzahlungen an die Tataren durch Iwan III., 1480 | Krönung Iwans IV. zum ersten »Zaren«, 1547<br>Erlaß eines Gesetzbuches *(sudebnik)*, 1550<br>Tod Fjodors I., des letzten Rjurikidenherrschers, 1598 | Zeit der Wirren, 1605 - 1613<br>Michail I., erster Zar der Romanows, 1613<br>Erlaß eines neuen Gesetzbuches *(uloschenije)*, 1649<br>Aufstand Stenka Rasins, 1670/71<br>Abschaffung der Rangplatzordnung, 1682 | Verlegung der Hauptstadt nach St. Petersburg, 1712<br>Dienstpflichtbefreiung des Adels, 1762<br>»Große Instruktion« Katharinas II., 1767<br>Pugatschow-Aufstand, 1773 - 1775<br>Gnadenurkunde für den Adel, 1785 | Dekabristenaufstand, 1825<br>Aufstand in den polnischen Provinzen, 1830<br>Aufhebung der Leibeigenschaft, 1861<br>Erste Populistenbewegung, 1873/74 | Erste Duma, 1906<br>Februar- und Oktoberrevolution, 1917<br>Gründung der UdSSR, 1923<br>Ende der NEP, Erstellung von Fünfjahresplänen, 1928<br>Große Säuberungen, 1936 - 1938<br>Tod Stalins, 1953 |

Boris Godunows Kettenpanzer, spätes 16. Jh.

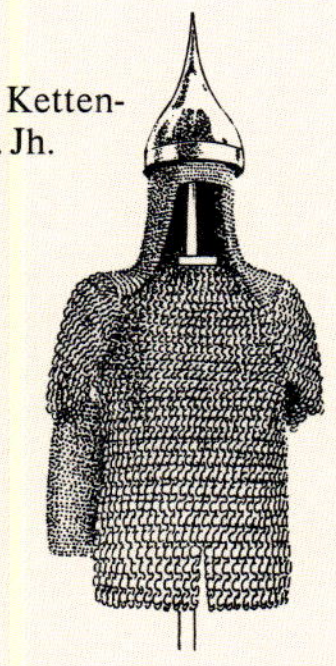

Patriarch Filaret, 1553(?) - 1633

Verklärungs-Kirche in Kischi, 1714

Lenin, 1870 - 1924

| | | | | | | |
|---|---|---|---|---|---|---|
| | Sieg der Litauer über den Deutschen Orden bei Tannenberg, 1410<br>Eroberung Konstantinopels durch die Osmanen, 1453<br>Iwan III. schließt die Hanse-Niederlassung in Nowgorod, 1494 | Gründung einer moskowitischen Kompanie in London, 1555<br>Aufnahme von Handelsbeziehungen mit den Niederlanden, 1577 | Unterzeichnung des Vertrags von Nertschinsk mit China, 1689<br>»Große Gesandtschaft« Peters I., 1697/98 | Beginn des Großen Nordischen Krieges gegen Schweden, 1700<br>Sieg Peters I. über die Schweden bei Poltawa, 1709<br>Friede von Nystad, 1721<br>Erste Teilung Polens, 1772<br>Zweite Teilung Polens, 1793<br>Dritte Teilung Polens, 1795 | Friede von Tilsit mit Napoleon, 1807<br>Einfall der Grande Armée, 1812<br>Ausbruch des Krimkrieges, 1853 | Russisch-Japanischer Krieg, 1904/05<br>Erster Weltkrieg, 1914 - 1918<br>Nichtangriffspakt mit dem Deutschen Reich, 1939<br>Überfall Hitlers, 1941<br>Niederschlagung des Aufstandes in Ungarn, 1956<br>Kubakrise, 1962<br>»Prager Frühling«, 1968<br>Einmarsch in Afghanistan, 1979 |
| Annexion von Nischnij Nowgorod und Susdal durch Moskau, 1392 | Unterjochung Nowgorods durch Iwan III., 1478 | Annexion von Pskow (Pleskau), 1510<br>Annexion von Smolensk, 1514<br>Eroberung von Kasan durch Iwan IV., 1552<br>Eroberung Westsibiriens, 1582<br>Gründung von Archangelsk, 1584 | Gründung von Irkutsk, 1632<br>Vertrag mit Polen bestätigt russischen Besitz von Kiew, 1686 | Annexion der Krim, 1783<br>Gründung von Sitka als Hauptstadt Sibiriens, 1799 | Herzogtum Warschau wird Teil Rußlands, 1832<br>Gründung von Wladiwostok, 1860<br>Verkauf Alaskas an die USA, 1867<br>Baubeginn der Transsibirischen Eisenbahn, 1891 | Erwerbungen nach dem deutsch-sowjetischen Pakt von 1939: Ostpolen, Baltikum, Bessarabien, nördliche Bukowina, Karelische Landenge, Ostkarelien. Nach 1945: nördliches Ostpreußen, Karpato-Ukraine, Süd-Sachalin und die Kurilen |
| Verlegung des Metropolitensitzes von Kiew nach Wladimir, 1300 (ca. 1321 nach Moskau)<br>Gründung des Dreifaltigkeits-Klosters durch den hl. Sergios, ca. 1340 | Gründung des Solowki-Klosters, 1429<br>Litauen setzt in Kiew einen Gegen-Metropoliten ein, 1458 | Moskauer Kirchenkonzil unterstützt die Josephiten, 1503<br>Hundert-Kapitel-Synode, 1551<br>Errichtung des Moskauer Patriarchats, 1589<br>Union von Brest, 1596 | Nikon Patriarch von Moskau, 1652<br>Kirchenrat setzt Nikon ab, bestätigt aber seine Reformen, 1666<br>Märtyrertod des Erzpriesters Awwakum, 1682 | Abschaffung des Patriarchats, 1721<br>Gründung der Duchoborzen-Sekte, 1740 - 50 | | Wiederherstellung des Patriarchats, 1918<br>Tod des Patriarchen Tichon, keine Neuwahl eines Patriarchen, 1925<br>Wiederherstellung des Patriarchats, 1943 |
| Tätigkeit von Theophanes dem Griechen in Nowgorod, 1378 | Ikonostase der Verkündigungs-Kathedrale in Moskau, 1405<br>Rubljows Dreifaltigkeits-Ikone, ca. 1410<br>Bau der Mariä-Himmelfahrts-Kathedrale in Moskau durch Fioravanti, 1475 - 1479 | Erzengel-Kathedrale in Moskau, Baubeginn 1505<br>Christi-Himmelfahrts-Kirche in Kolomenskoje, 1532<br>Basilios-Kathedrale, Moskau, 1555 - 1560<br>Kreml von Smolensk, 1596 | »Wunderbare Kirche« in Uglitsch, 1618<br>Geburts-Kirche in Putinki, Moskau, 1649<br>Baubeginn von Neu-Jerusalem, 1658<br>Palast von Kolomenskoje, 1667 - 1670 | Bau der Alten Admiralität in St. Petersburg, 1704<br>Rastrellis Winterpalais in St. Petersburg, 1754<br>Falconets »Eherner Reiter« in St. Petersburg, 1766 - 1782 | Umbau der Admiralität in St. Petersburg, 1806<br>Erste Ausstellung der »Wanderer«, 1871<br>Gründung der Vereinigung »Welt der Kunst«, 1898 | Gründung des »Instituts für Künstlerische Kultur« (Inchuk), 1920<br>Lenin-Mausoleum, Moskau, 1929/30<br>Doktrin des Sozialistischen Realismus, 1934<br>Gründung der Künstlerunion, 1957 |
| | *Dreifaltigkeitschronik*, frühes 15. Jh. | Erster Buchdruck in Moskau, 1564 | Autobiographie von Awwakum, 1670er Jahre<br>Gründung der Slawisch-Griechisch-Lateinischen Akademie in Moskau, 1687 | Rußlands erste Zeitung erscheint, 1703<br>Gründung der Akademie der Wissenschaften in St. Petersburg, 1725<br>Lomonosows *Brief über die Nützlichkeit von Glas*, 1752<br>Gründung der Moskauer Universität, 1755<br>Gründung der Akademie der Künste in St. Petersburg, 1757<br>Radischtschews *Reise von Petersburg nach Moskau*, 1790 | Karamsins *Geschichte der russischen Reiche*, 1816 - 1826<br>Puschkins *Eugen Onegin*, 1823 - 1831<br>Tschaadajews *Erster Philosophischer Brief*, 1836<br>Lermontows *Held unserer Zeit*, 1840<br>Gogols *Tote Seelen*, 1842<br>Tolstojs *Krieg und Frieden*, 1864 - 1869<br>Dostojewskijs *Brüder Karamasow*, 1879 - 1880<br>Gründung des Moskauer Künstler-Theaters, 1897 | Erste Ausgabe der Prawda, 1912<br>Scholochows *Der stille Don*, 1928 - 1940<br>Offizielle Auflösung der Künstlergruppen, 1932<br>Erster Kongreß der Union der Sowjetischen Schriftsteller, 1934<br>Eisensteins *Alexander Newskij*, 1938<br>Pasternaks *Doktor Schiwago*, 1957<br>Gagarin als erster Mensch im Weltraum, 1961<br>Solschenizyns *Ein Tag im Leben des Iwan Denissowitsch*, 1973 - 1976 |

# HERRSCHER UND PARTEIFÜHRER DER KPdSU

Wasilij III.

Iwan IV.

Peter I.

Katharina II.

Der Zaren-Titel wurde erst 1547 von Iwan IV. eingeführt; davor trugen die Herrscher Rußlands den Titel Fürst oder Großfürst.

Namen in eckigen Klammern bezeichnen die Regenten. In vielen Fällen ging die Nachfolge statt vom Vater auf den Sohn auf Brüder, Onkel oder Neffen über, oder es wurden andere willkürliche Vereinbarungen getroffen. Die Regierungsdaten der frühen Herrscher sind vielfach nicht gesichert.

**KIEWER LINIE**

862–879 Rjurik, *halblegendärer Herrscher von Nowgorod*
879–913 Oleg, *erster Herrscher von Kiew (ab ca. 882)*
913–945 Igor
945–964 [Olga], *Igors Witwe*
945–972 Swajatoslaw I.
973–978/80 Jaropolk I.
978/80–1015 Wladimir I. (der Heilige), *Bruder von Jaropolk I.*
1015–1019 Swjatopolk I.
1019–1054 Jaroslaw I. (der Weise), *Bruder von Swjatopolk I.;* teilte sich die Herrschaft über das Kiewer Reich (1026–1036) mit Mstislaw, einem anderen Bruder Swjatopolks
1054–1073 Isjaslaw I.
1073–1076 Swjatoslaw II.
1077–1078 Isjaslaw I.
1078–1093 Wsewolod I.
(Söhne Jaroslaws I., welche Kiew abwechselnd regierten)
1093–1113 Swjatopolk II., *Sohn von Isjaslaw I.*
1113–1125 Wladimir II. Monomach, *Sohn von Wsewolod I.*
1125–1139 Mstislaw I.
1132–1139 Jaropolk II.
1139–1146 Wjacheslaw
(jüngere Brüder von Mstislaw I.)
1146–1154 Isjaslaw II.
1154–1167 Rostislaw
(Söhne von Mstislaw I.)
1149–1157 Jurij Dolgorukij, *jüngerer Bruder von Mstislaw I.; Herrschaftsüberschneidung mit Rostislaw, Fürst von Susdal*
1157–1174 Andrej Bogoljubskij, *Titulargroßfürst von Kiew herrschte von Wladimir aus*
1176–1212 Wsewolod III. *Sohn von Jurij Dolgorukij, Herrscher von Wladimir-Susdal*
1212–1238 Jurij II.
1238–1246 Jaroslaw II., *Bruder von Jurij II.; Herrscher von Kiew, bevor er seinen Sitz nach Wladimir verlegte*
1247–1248 Swjatoslaw III., *Bruder von Jurij II.*
1249–1252 Andrej II., *Sohn von Jaroslaw II., Fürst von Wladimir*
1252–1263 Alexander-Newskij, *Sohn von Jaroslaw II., Fürst von Nowgorod, später Wladimir*
1263–1271 Jaroslaw III., *Sohn von Jaroslaw II.; Fürst von Twer*

**MOSKAUER LINIE**

1263–1303 Daniil, *jüngster Sohn von Alexander Newskij, erster Fürst von Moskau und (ab 1302) von Perejaslawl*
1303–1325 Jurij III. (Danilowitsch), *Großfürst von Moskau*
1325–1341 Iwan I., *Bruder von Jurij III., »Großfürst von Wladimir und Allrußland« mit Residenz in Moskau*
1341–1353 Semjon
1353–1359 Iwan II., *Bruder von Semjon*
1359–1389 Dmitrij Iwanowitsch (Donskoj)
1389–1425 Wasilij I.
1425–1462 Wasilij II. *(der Thron von Moskau wird durch Jurij von Swenigorod und seinen Nachfolgern in den Bürgerkriegen von 1425–1450 beansprucht)*
1462–1505 Iwan III. (der Große)
1505–1533 Wasilij III.
1533–1538 [Jelena Glinskaja], *Witwe Wasilijs III., Mutter von Iwan IV.*
1533–1584 Iwan IV. (der Schreckliche)
*[1575–1576 Semjon Bekbulatowitsch, Chan von Kasimow, »Imitationszar«, von Iwan eingesetzt]*
1584–1598 Fjodor I., *letzter der Rjurikidendynastie*
1598–1605 Boris Godunow, *Schwager von Fjodor I.*

**ZEIT DER WIRREN**
1605 Fjodor II., *Sohn von Boris Godunow*
1605–1606 Dimitrij der Falsche, *behauptete Fürst Dmitrij zu sein (gestorben 1591), der jüngste Sohn von Iwan IV; daneben gab es noch weitere Thronprätendenten*
1606–1610 Wasilij IV. (Schujskij)
1610–1613 Wladislaw, *zum Zaren gewählt, aber nicht gekrönt; Sohn des Königs von Polen*

**ROMANOW-DYNASTIE**
1613–1645 Michail Romanow, *Sohn von Fjodor Romanow, dem späteren Metropoliten Filaret*
1645–1676 Alexej Michailowitsch
1676–1682 Fjodor III.
1682–1689 [Sophia]
1682–1696 Iwan V.
*Alexejs Kinder von Maria Miloslawskaja; Iwan V. älterer Mitregent mit Peter I., aber mit Sophia als faktischer Herrscherin bis 1689*
1689–1696 [Natalia Naryschkina], *Alexejs zweite Frau*
1682–1725 Peter I. (der Große), *Alexejs Sohn aus der Ehe mit Natalia Naryschkina; Zar bis 1696 zusammen mit Iwan V.*
1725–1727 Katharina I., *Witwe von Peter I.*
1727–1730 Peter II., *Enkel Peters I., Sohn des Zarewitschs Alexej*
1730–1740 Anna, *Tochter Iwans V.*
1740–1741 [Anna Leopoldowna], *Nichte Annas, Mutter von Iwan VI.*
1740–1741 Iwan VI., *Großneffe von Anna*
1741–1762, Elisabeth, *Tochter Peters I.*
1762 Peter III., *Elisabeths Neffe*
1762–1796 Katharina II. (die Große), *Witwe Peters III.*
1796–1801 Paul I., *Sohn Peters III. (?) und Katharinas II.*
1801–1825 Alexander I.
1825–1855 Nikolaus I., *Bruder Alexanders I.*
1855–1881 Alexander II.
1881–1894 Alexander III.
1894–1917 Nikolaus II., *ab 1906 konstitutionelle Monarchie*

**NACHREVOLUTIONÄRE PERIODE**
1917 (Februar–Juli) Fürst Georgij Lwow, *Premierminister der Provisorischen Regierung*
1917 (Juli–Oktober), Alexander Kerenskij, *Premierminister der Provisorischen Regierung*
1917–1924 Lenin (Wladimir Iljitsch Uljanow), *Vorsitzender des Rates der Volkskommissare*
1924–1953 Josef Stalin (Josef Wisarionowitsch Dschugaschwili), *Generalsekretär des Zentralkomitees der Kommunistischen Partei seit 1922; faktischer Alleinherrscher seit 1928; seit 1940 Regierungschef*
1953–1955 Georgij Malenkow, *inoffizieller Leiter einer kollektiven Führung nach Stalin*
1955–1964 Nikita Chruschtschow, *Erster Sekretär des Zentralkomitees, seit 1958 Ministerpräsident*
1955–1958 Nikolaj Bulganin, *offizielles Staatsoberhaupt*
1964–1982 Leonid Breschnew, *Generalsekretär der KPdSU*
1982–1984 Jurij Andropow, *Generalsekretär der KPdSU*
1984–1985 Konstantin Tschernenko, *Generalsekretär der KPdSU*
seit 1985 Michail Gorbatschow, *Generalsekretär der KPdSU*

Alexander I.

Nikolaus II.

Josef Stalin

Nikita Chruschtschow

NORDSEE
NIEDERLANDE
Den Haag
BRD
Bonn
DDR
Berlin
Elbe
Prag
TSCHECHOSLOWAKEI
NORWEGEN
Oslo
SCHWEDEN
Stockholm
DÄNEMARK
Kopenhagen
Bottnischer Meerbusen
OSTSEE
FINNLAND
Helsinki
Kaliningrad
POLEN
Weichsel
Warschau
LITAUISCHE SSR
LETTISCHE SSR
ESTNISCHE SSR
Tallinn (Reval)
Riga
Kaunas
West-Dwina
WEISSRUSSISCHE SSR
Minsk
Pripjet-Sümpfe
Pripjet
KARPATEN
UKRAINISCHE SSR
Kiew
Dnjestr
MOLDAUISCHE SSR
Kischinew
Odessa
Dnjepr
Charkow
Sewastopol
SCHWARZES MEER
Donezk
Don
Rostow
Wolgograd
Wolga
Leningrad
Ladoga-See
Onega-See
Nowgorod
WALDAI-HÖHEN
Kalinin
Smolensk
Moskau
Jaroslawl
Rjasan
Oka
Gorkij
NORDRUSSISCHER LANDRÜCKEN
Kasan
Saratow
Kuibyschew
Ural
Astrachan
Murmansk
Halbinsel Kola
WEISSES MEER
Archangelsk
Nördl. Dwina
BARENTS-SEE
Kolgujew-Insel
Franz-Joseph-Land
NORDPOLAR-
Nowaja Semlja
KARA-SEE
Ob-Busen
Narodnaja 1894
URAL
Ob
Tas
WESTSIBIRISCHES TIEFLAND
SIBIRISCHES
RUSSISCHE
Swerdlowsk
UNION
Irtysch
DER
SOZIALIST.
Omsk
Om
Nowosibirsk
Tengis-See
KASACHISCHE SSR
Karaganda
Emba
KASPISCHES MEER
ARAL-SEE
Kara-Bogas-Gol
GEORGISCHE SSR
Grosny
Tbilissi
ARMENISCHE SSR
Eriwan
ASERBAIDSCHANISCHE SSR
Baku
TÜRKEI
IRAN
TURKMENISCHE SSR
Aschchabad
USBEKISCHE SSR
Syr-Darja
Amu-Darja
Taschkent
KIRGISISCHE SSR
Frunse
Alma-Ata
TADSCHIKISCHE SSR
Duschanbe
Balchasch-See
Saissan-See
Belucha 4506
TIENSHAN
Pik Pobeda 7439
Tarim
PAMIR
HINDUKUSCH
KARAKORUM
AFGHANISTAN
Kabul
10°
20°
30°
40°
Hauptstadt
Größere Stadt
Berggipfel (Höhe in m)
Staatsgrenze
Grenze zwischen den Sowjetrepubliken
Höhen in m
5000
3000
2000
1000
500
200
100
0
200 unter Meeresspiegel
Maßstab 1 : 18 200 000
0
800 km
0
500 Meilen

Sewernaja Semlja
Wilkizkij-Straße
Halbinsel Taimyr
Taimyr-See
Nordwik
LAPTEW-SEE
Neusibirische Inseln
Dm.Irij-Laptew-Straße
OSTSIBIRISCHE SEE
Wrangel-Insel
Bering-Straße
USA
St.-Lawrence-Insel
Anadyr
BERING-MEER
KORJAKEN-GEBIRGE
Omolon
Kolyma
KOLYMA-GEBIRGE
Jana
Indigirka
Pobeda 3047
TSCHERSKIJ-GEBIRGE
WERCHOJANSKER GEBIRGE
ZENTRAL KETTE
KAMTSCHATKA
Petropawlowsk-Kamtschatskij
Lena
MITTEL-SIBIRISCHES BERGLAND
Wiljui
Untere Tunguska
Aldan
Maja
OCHOTSKISCHES MEER
SOWJETREPUBLIK
FÖDERATIVE
ALISTISCHE
STANOWOJ-GEBIRGE
Sachalin
Angara
SOWJETREPUBLIKEN
Witim
JABLONOWY-GEBIRGE
SICHOTE-ALIN-GEBIRGE
Baikal-See
Irkutsk
Ulan-Ude
Chita
Amur
Chabarowsk
Wladiwostok
Kerulen
Ulan-Bator
MONGOLEI
JAPANISCHES MEER
JAPAN
Tokio
NORD-KOREA
Pjongjang
Seoul
SÜD-KOREA
GOBI
Huang He
Beijing (Peking)
CHINA

# VORWORT

Dieses Buch erscheint zu einer Zeit, in der die UdSSR und alle anderen Staaten des Warschauer Paktes einen großen politischen und kulturellen Wandel durchmachen und offensichtlich auf der Stufe zu einer entscheidenden Wende stehen. Wieviele erfahrene Kremlastrologen hätten je geglaubt, daß sie einmal sowjetische Wahlen mit mehr als einem Kandidaten erleben könnten, daß sie Bucharin und Samjatin rehabilitiert oder die politischen Bindungen einzelner Sowjetrepubliken zur Union in Frage gestellt sehen würden. Interessanterweise fällt diese Phase des Umbruchs mit der Jahrtausendfeier der offiziellen Bekehrung zum christlichen Glauben zusammen. Die Entscheidung Wladimirs I., 988/89 das Christentum byzantinischer Prägung anzunehmen, hat Rußland auf einen kulturellen Weg geführt, der sich mit vielen Biegungen und Windungen bis in die Gegenwart fortsetzt. Es kann keinen geeigneteren Zeitpunkt geben, um ein Buch über die russische Kultur zu veröffentlichen, eine Kultur, die die Russen über dieses ganze Jahrtausend hindurch gleichermaßen mit Stolz und Schmerz erfüllt hat. Die Geschichte, die uns entgegentritt, verläuft zwar oft stürmisch, ist aber keineswegs eine Dokumentation zügelloser Unterdrückung, wie manche vermuten mögen. Trotz seiner peripheren Lage war Rußland nie völlig vom Westen isoliert und kann – positiv wie negativ – mögliche Alternativen innerhalb der europäischen Tradition aufzeigen.

Anfang und Ende dieses Bandes behandeln weitgehend die geographischen Verhältnisse, aber der größte Teil des Textes ist den historischen Entwicklungen vorbehalten. Bei der Darstellung der Vergangenheit war es nicht wünschenswert – und unpraktikabel –, die Kulturgeschichte von der politischen Geschichte zu trennen: Kultur ist ein amorpher Begriff, und sie tritt überall in Erscheinung, wo Menschen am Werk sind. Besondere Aufmerksamkeit gilt aber dem Kontext der Ideen, in dem sich die russische Geschichte abgespielt hat, und dem Bild, das die Russen von sich selbst als Nation gewonnen haben. Eingehend gewürdigt werden auch Kunst und Literatur, die ja ein »Aushängeschild« und für viele ein erster Berührungspunkt sind.

Selbst ein umfangreiches Buch wie dieses braucht eine strenge Stoffauswahl. Dies kann angenehm sein, wenn sie sich auf das Wesentliche konzentriert, aber schmerzlich, wenn interessante Themen ausgelassen oder nur angerissen werden. Wenn wir nicht auf die russische Küche, das Schachspiel oder das Volkslied eingehen, so bedeutet das nicht, daß wir solche Bereiche nicht für wichtige Elemente der Kultur hielten. Es bedeutet einfach nur, daß Geschichte und Geographie den Vorrang haben mußten. Auch in der historischen Darstellung sind Akzente gesetzt worden, die einer Erklärung bedürfen, wiewohl sie nicht als Entschuldigung gedacht ist. Da wir vorausgesetzt haben, daß die Ereignisse des 19. und 20. Jahrhunderts einer breiten Leserschicht besser vertraut sind als frühere Perioden, haben wir das Schwergewicht etwas zugunsten der älteren Zeit verschoben und dort im besonderen auf die so wichtige und vielschichtige Periode Rußlands im 17. und 18. Jahrhundert.

Neben dem laufenden Text besteht dieses Buch aus einer Vielzahl von Karten, Fotografien und Kurzessays, die dazu dienen, das Gesagte zu illustrieren und zu vertiefen. Von den zahlreichen Personen, die am Entstehen des Bandes beteiligt waren, sind vor allem Graham Speake, der Cheflektor des Equinox-Verlages, zu nennen, der die Koordination übernommen hat, sowie Jennifer Drake-Brockman, die eine sehr kritische Lektorin gewesen ist. Sie steuerte auch die beiden Essays auf den Seiten 30 – 32 bei sowie viele Bildunterschriften zum letzten Abschnitt. Dr. Nikolai Dejevsky übernahm die schwierige Aufgabe, eine komprimierte Darstellung der politischen Geschichte seit der Mitte des 19. Jahrhunderts zu verfassen, ferner stammen von ihm die Beiträge auf den Seiten 138, 140, 166 und 170 einschließlich der dazugehörigen Bildunterschriften. Malcolm Day erklärte sachkundig zahlreiche Landkarten und verfaßte Teile des letzten Abschnittes. Für das Übrige und für die Gesamtgestaltung des Bandes habe ich die Verantwortung zu tragen. Zuletzt möchte ich noch all jenen Forscherkollegen danken, die mir bei Detailfragen mit Rat und Tat zur Seite standen, insbesondere den Professoren A. A. M. Bryer, A. G. Cross, G. S. Smith und R. E. F. Smith sowie den Doktoren D. Dyker, S. Franklin und S. Hackel. Den meisten Gewinn aber zog ich aus der Hilfe und den Ratschlägen von Professor Sir Dimitri Obolensky, wie es schon immer in unserer jahrzehntelangen Freundschaft der Fall gewesen ist.

*Robin Milner-Gulland*

# ERSTER TEIL

# DIE GEOGRAPHIE RUSSLANDS

# DAS LAND UND SEINE BEWOHNER

Jede Darstellung der russischen Kultur in historischer Perspektive sollte zunächst den äußeren Rahmen schildern, in dem sich diese Kultur entfaltet hat. Die Identifikation der Russen mit ihrem Land mag nicht stärker sein als bei anderen Völkern, aber der Anteil, den es auf die Prägung ihres persönlichen Schicksals hatte – manchmal als Verbündeter, ein andermal als Gegner –, ist ihnen immer besonders bewußt gewesen.

In den letzten tausend und mehr Jahren sind die Geschicke Rußlands wesentlich von den geographischen Gegebenheiten mitgeprägt worden. Rußland ist, und war es seine ganze Geschichte hindurch, von enormer Ausdehnung, sowohl im europäischen als auch im Weltmaßstab: Nur Reiche, die kurzfristig durch Eroberungen entstanden und wieder untergingen, haben es an Größe übertroffen. Aufgrund dieser Weiträumigkeit war das Kommunikationsnetz im allgemeinen mangelhaft, und das Land schwebte demzufolge immer in der Gefahr, unregierbar zu sein. Die Besiedlungsdichte ist gering. Das galt schon für die Zeit, da die weite Leere Sibiriens noch nicht in das Territorium einbezogen war. Rußland ist ein Agrarstaat. Die oft unsicheren Erträge aus Feld und Wald stellten die Hauptquelle seines Reichtums dar (und die Ursache seiner Schwierigkeiten). Selbst heute noch übertreffen die Bauern an Zahl die städtische Bevölkerung. Dem Land fehlten feste Grenzen. Die natürlichen Demarkationslinien, wie Küsten oder hohe Gebirgszüge, sind von den Russen erst im Laufe langer Zeit erreicht worden, durch allmähliche Einwanderungen oder durch Eroberungen, die sie weit von ihren historischen Siedlungsgebieten entfernt haben.

Auch folgen die Grenzen der heutigen Sowjetunion, ebenso wie die des Russischen Reiches davor, keinen streng ethnisch-sprachlichen Verteilungsmustern. Rußland liegt sehr weit im Norden, zwischen dem 82. und 35. Breitengrad. Selbst sein großes, südliches Zentrum Kiew befindet sich auf einer Höhe mit der südlichen Spitze der Hudson Bay; Leningrad liegt auf derselben geographischen Breite wie die Shetland-Inseln; nahezu die Hälfte des Territoriums der Sowjetunion erstreckt sich nördlich des 60. Breitengrades, das heißt, auf einer Breite mit Alaska, Baffin Island oder Grönland. Schließlich scheint das russische Klima dazu angetan, die menschliche Besiedlung zu erschweren oder gänzlich zu vereiteln. Die Hälfte des Jahres oder sogar länger herrscht Winter, die Sommer sind oft sehr trocken, mit wenig und schlecht verteilten Niederschlägen; weiten Wüstengegenden stehen noch größere Sumpfgebiete gegenüber.

**Die Vegetationszonen**

Die große, beherrschende Konstante in der russischen und sowjetischen Geschichte ist die natürliche Gliederung der Vegetationszonen entsprechend dem Klima in eine Reihe von Bändern, die durch die Breitengrade bestimmt sind. Sie verlaufen, grob gesehen, von West nach Ost quer durch den europäischen Landesteil bis nach Asien hinein, unbehindert durch das Ural-Gebirge, das Kaspische Meer und mehrere große Flußsysteme, die beim Blick auf den Atlas als natürliche Barrieren erscheinen. Dieses Spektrum von sieben langen, oft schmalen Zonen, die sich jeweils über Tausende von Kilometern erstrecken, hängt natürlich von den Bodentypen und diese wiederum von den geologischen und klimatischen Verhältnissen ab *(siehe Karten Seite 22/23)*. Kälter wird es nicht nur von Süden nach Norden, sondern auch von West nach Ost bis nahe an die Pazifikküste, da ein reines Kontinentalklima die eher unbeständigen und vergleichsweise gemäßigten Bedingungen des westlichen und sogar des mittleren europäischen Rußlands ablöst. Die Vegetationsgürtel spielen für die Wirtschaft eine bedeutende Rolle; sie bleiben auch für den modernen Reisenden trotz der seit Jahrhunderten oder Jahrtausenden vorgenommenen menschlichen Eingriffe und Veränderungen leicht erkennbar. Die grundsätzlichste Unterscheidung ist die zwischen Wald und Grasland (oder Steppe). Beide Landschaftsformen bieten ihre eigenen Schwierigkeiten und Möglichkeiten der Nutzung. Es lohnt sich jedoch, kurz bei allen sieben der großen Vegetationszonen und ihren besonderen Merkmalen zu verweilen.

Die nördlichste Zone ist die Tundra – die arktische Wildnis mit ständigem Bodenfrost, wo die Sommer zu kurz und zu kühl sind, als daß Bäume oder verwertbares Gras wachsen könnten. Obgleich sie die gesamte Küstenlinie des Nordpolar-Meeres und Teile des Pazifik säumt, nimmt die Tundra im europäischen Rußland nur einen schmalen Streifen auf beiden Seiten des Eingangs zum Weißen Meer ein. In Zentralsibirien erstreckt sie sich jedoch über mehrere hundert Kilometer von der Taimyr-Halbinsel nach Süden. Sie war aus offensichtlichen Gründen bis in die jüngste Zeit kein Ort ständiger Besiedlung, doch ist sie nicht ganz lebensfeindlich: Rentiere ernähren sich von ihren Flechten, Wasservögel bevölkern ihre unzähligen Teiche und Sommertümpel, Fische und Walrösser leben in den Meeren. Diese Ressourcen haben die Russen, ganz zu schweigen von den Eskimovölkern, wie den Nenzen, bis zu einem gewissen Grad genutzt.

Südlich der Tundra, doch an vielen Orten über den Polarkreis hinausreichend, folgt die umfangreichste Zone: die Taiga, ein Nadelwaldgürtel, der vorwiegend aus Fichten, Kiefern, Arven, Tannen und Lärchen besteht. Er erstreckt sich vom Finnischen Meerbusen bis zur Halbinsel Kamtschatka. Nicht weniger als 1000 Kilometer, manchmal sogar doppelt so breit, gehört die Taiga zu den ausgedehntesten Waldbeständen unseres Planeten. Sie ist, wenn überhaupt, immer nur dünn besiedelt gewesen. In den spärlichen Niederlassungen entlang der Flußsysteme, um Festungen, Klöster und Handelsposten, lebten verstreut nicht-russische (meist finno-ugrische) Volksgruppen vorwiegend als Jäger und Sammler. Wo der Wald gerodet wurde, vornehmlich im europäischen Rußland, ist der Anbau von einigen winterharten Feldfrüchten möglich, aber der Boden ist normalerweise nicht sehr fruchtbar und oft sumpfig, die Wachstumsperiode kurz und unsicher. Doch brachten diese nördlichen Wälder Rußland im Laufe des letzten Jahrtausends enormen Reichtum: heute durch methodischen Holzschlag für den Export, in

Die Tundra im Sommer: eine Fischersiedlung der Eskimos am Ufer des Nordpolar-Meeres.

der Vergangenheit vor allem durch Pelztiere, deren dicke Felle der bitteren Kälte angepaßt waren.

Die beiden nächsten Zonen, der Taiga vergleichsweise sehr ähnlich, können praktisch zusammen behandelt werden. Zuerst kommt der Mischwald aus Nadel- und Laubbäumen: Er breitet sich fächerförmig zur Westgrenze hin aus, nimmt ganz Weißrußland und die baltischen Sowjetrepubliken ein und geht in die Wälder Mitteleuropas über. Hier sind die Tannen, Kiefern und Lärchen des Nordens vorwiegend vermischt mit großen Beständen an Birken und Eichen. Letztere Bäume charakterisieren zusammen mit Linden auch die sogenannte Waldsteppe, ein schmales Band, das sich entlang den Mischwäldern durch das europäische Rußland zieht, hinter dem Ural breiter wird und dann zwischen den Bergen Zentralasiens ausläuft.

Mit einigen Unterbrechungen lassen sich beide Zonen anschließend am südlichen Saum von Sibirien bis in den Fernen Osten verfolgen. Auf der Landkarte relativ unauffällig, sind diese beiden Zonen für die historische Geographie von größter Bedeutung gewesen. Mit ihrem etwas günstigeren Klima und fruchtbarerem Boden sind sie – im Gegensatz zur Taiga – seit Beginn der russischen Geschichte gerodet und bestellt worden, wobei sie dennoch ein beträchtliches Areal an Nutzwald behielten. Die drei alten Hauptstädte Rußlands, Kiew, Wladimir und Moskau, liegen innerhalb dieser Zonen. Sie bildeten nicht nur das landwirtschaftliche Herzstück des altrussischen Staates, sondern auch einen wichtigen Korridor. Durch ihn stießen die Russen im 16. und 17. Jahrhundert nach Osten in die mittlere Wolga-Region vor, expandierten dann weiter über den südlichen Ural und entlang dem schmalen fruchtbaren Streifen von Südsibirien zwischen Wald und Bergen (die Linie, auf der später die Trasse der Transsibirischen Eisenbahn verlaufen sollte) und erreichten schließlich den Pazifischen Ozean mit den Mischwäldern des Amur-Tals.

Die Waldsteppe geht allmählich in die eigentliche Steppe über, diese unverwechselbarste aller russischen Landschaften. Sie ist nahezu baumlos und sehr eben, wiewohl manchmal durch tiefeingeschnittene Flußtäler und Schluchten gegliedert.

Die Steppe bedeckt weite Gebiete der Ukraine, etwas südlich von Kiew bis zum Schwarzen Meer, verläuft am Rande des Kaukasus und setzt sich dann als ziemlich breites Band südlich und östlich des Urals mit Unterbrechungen bis in die Mongolei fort. Um die Besonderheit der Steppenlandschaft zu verstehen, müssen wir bis zur Eiszeit zurückgehen. Im europäischen Rußland reichte die Ausdehnung der Gletscher ungefähr bis zum heutigen Gürtel der Waldsteppe. Nördlich davon schürfte das Eis die Landschaft und lagerte an der Oberfläche Sand-, Lehm- und Kieselschichten ab, wodurch Kreide und Kalk (ältere Felsformationen, nördlich von Leningrad) überdeckt wurden. Als sich das Eis zurückzog, hinterließ es Moränenrücken: Es entstand eine wellige, manchmal hügelige Landschaft mit vielen, tiefeingeschnittenen Seen und sumpfigen Senken, zwischen denen Flüsse verliefen. Unterhalb der Eisgrenze hatte sich eine dicke und fruchtbare Erdschicht angesammelt, die viel windverfrachteten Löß enthielt. Zur uralten Steppenvegetation gehört das hohe und üppige Federgras. Seine verflochtenen Wurzeln speichern so viel Wasser wie nur möglich in dieser durstigen Region und bauten über Jahrtausende des Wachsens und Verwesens außerordentlich fruchtbare Humuslagen auf. Dies ist die berühmte »Schwarze Erde« (*tschernosem*), die eine der größten Segnungen für die russische Landwirtschaft darstellt. Daneben gibt es verschiedene, nicht so außergewöhnliche, aber noch immer fruchtbare »braune« und »kastanienfarbene« Erdarten. Kein Segen kommt jedoch ohne Kehrseite. Wo die Grasnarbe in den Steppengebieten umgepflügt wurde, droht die Gefahr, daß der Wind die Erdkrume wegweht und sich Dürre breitmacht. Die Steppe hat für die Russen seit Beginn ihrer Geschichte stets eine wichtige Rolle gespielt. Doch brachten sie es erst in den letzten paar Jahrhunderten fertig, sie methodisch zu besiedeln (mit Kosaken und entlaufenen Bauern, sogenannten Läuflingen, als einer Art Vorhut während der Moskauer Periode). Der Besiedlung standen nicht nur natürliche Hindernisse im Weg. Neben Wasserlosigkeit (außer in den Flußtälern) und der beträchtlichen Schwierigkeit, die dicke Matte aus Graswurzeln ohne moderne landwirtschaftliche Maschinen aufzubrechen, gab es Hindernisse anderer Art.

*Umseitig:* Eine Rentierherde im Norden des europäischen Rußland, wo Taiga und Tundra ineinander übergehen. Die Rentiere, die sich hauptsächlich von Flechten ernähren, sichern den Menschen im Norden den Lebensunterhalt, denn Viehzucht im herkömmlichen Sinn ist hier unmöglich.

Die Steppe stellte ein ideales Einfallstor für berittene Invasoren aus dem Osten oder Süden dar; jede Ansiedlung war eine leichte Beute für Plünderer. Die Reiter konnten ohne Vorwarnung auftauchen und ließen keine Zeit für Verteidigungsmaßnahmen. Es überrascht nicht, daß die Kosaken-Außenposten, als sie errichtet wurden, einen halbmilitärischen Charakter annahmen. Sogar das in der Waldsteppe gelegene Kiew entging der Aufmerksamkeit dieser mobilen Plünderer nicht, und am leichtesten verwundbar waren die südlichen Verbindungswege entlang der großen Flüsse, allen voran der Dnjepr. Die Kontrolle und die anschließende Besiedlung der europäischen und asiatischen Steppe bildeten wahrscheinlich die wichtigsten Vorbedingungen für Rußlands Status als Großmacht.

Südlich der Steppenlandschaft beginnen die letzten beiden Vegetationszonen: Halbwüste und reine Wüste. Sie sind in hohem Maße ein Spezifikum Zentralasiens, wiewohl sie sich im Süden von Sibirien fortsetzen, jedoch auf chinesischem und mongolischem Territorium. Beide Zonen säumen auch die Spitze des Kaspischen Meeres bis hinunter nach Aserbaidschan, über die Wolga, umschließen Astrachan, die zweitgrößte Stadt in der späten Moskauer Periode, und reichen nach Europa hinein. Die Halbwüste weist unter ihren felsübersäten ariden Flächen und Salzpfannen *(solontschaki)* beachtenswerte Bereiche mit einfacher Vegetation auf. Sie sind seit jeher von periodisch wandernden Hirtenstämmen als Weidegrund für ihre Herden genutzt worden. Die eigentliche Wüste mit ihren kahlen Felsen und Dünen ist nur in den Oasen besiedelt. Doch verfügen beide Zonen über kleine, ökonomisch sehr bedeutsame Streifen von höchst fruchtbarem Land, wo künstliche Bewässerung oder natürliche Flußtäler den Anbau von Feldfrüchten, vor allem Melonen, und von Baumwolle erlauben. Sie sind die Grundlage des, gemessen an asiatischen Maßstäben, beträchtlichen Wohlstandes der sowjetischen zentralasiatischen Region.

Diese sieben großen Zonen werden normalerweise von den Geographen unterschieden. Es gibt indessen noch eine weitere. Sie erstreckt sich (wenn auch unzusammenhängend) die gesamte sowjetische Südgrenze entlang. Diese Zone der großen Gebirgszüge, die nicht primär durch einen einzigen Vegetationstyp bestimmt ist, hat dem Expansionsdrang der Russen Grenzen gesetzt. Von West nach Ost umfaßt sie den nordöstlichen Teil der Karpaten (Waldkarpaten), das Jaila-Gebirge auf der Krim, den Hauptarm des Kaukasus und davon südlich, im äußersten Winkel Georgiens, die zusammenhängenden Hochtäler, wo Armenien, Türkei und Iran aneinandergrenzen. Ferner gehören zu dieser Zone die Gebirgskette, die Turkmenistan von Iran und Afghanistan trennt, der sehr hohe und ausgedehnte Pamir sowie der Tienshan (»Himmelsgebirge«). Dann folgen viele, weniger geschlossene Bergketten, die entlang der Grenze zur Mongolei und Mandschurei einander ablösen bis zum Sichote-Alin-Gebirge, das über dem Pazifik aufragt. Die südlichen Gebirge der Sowjetunion haben Bedeutung für die Viehhaltung und den Holzabbau. Die Niederschläge, die sie anziehen, sind für die zumeist ariden Gebiete dieses Landesteils sehr wichtig, bewässern sie doch im besonderen die fruchtbaren transkaukasischen Sowjetrepubliken und die großen Oasen Zentralasiens.

Das einzige bedeutende Gebirge, das sich dem oben beschriebenen Muster entzieht, ist der Ural. Verhältnismäßig niedrig und von geringem landwirtschaftlichem Wert war er dennoch jahrhundertelang ein unentbehrlicher Lieferant von Bodenschätzen. Das altrussische Territorium grenzte an Gebirge nur in der äußersten Südostecke (Karpaten) und im äußersten Nordwesten, wo das Gebiet von Nowgorod sich bis zu den Vorbergen des Ural erstreckte. Die Überquerung der Hauptpässe des Ural im späten 16. Jahrhundert kennzeichnet die erste größere Expansion der Russen über ihre angestammten Wohnsitze hinaus.

*Oben:* Wo Mischwald und Waldsteppe zusammentreffen: Vorfrühling in einem großen Naturreservat am Ufer der Oka in der Provinz Rjasan südöstlich von Moskau. Das Tauwetter verwandelt weite Gebiete in Schlamm, was einfallende Heere – von den Tataren bis zu Hitlers Panzerdivisionen – zu ihrem Leidwesen erfahren haben.

Abschließend müssen bei der Beschreibung der Vegetationszonen noch die sehr kleinen, aber ganz ausgeprägten Gebiete mit subtropischer Vegetation erwähnt werden, die im westlichen Georgien (besonders in Adscharien), in Aserbaidschan, in Turkmenistan sowie an der Südküste der Krim liegen. Sie bilden keine zusammenhängende Zone oder einen Gürtel; in der Tat sind sie kaum groß genug, um auf den meisten Vegetationskarten eingezeichnet zu sein. Doch als normalerweise frostfreie Landstriche spielen sie im Vergleich zu ihrer Fläche eine unverhältnismäßig bedeutende Rolle im wirtschaftlichen Leben der Sowjetunion. Hier werden Zitrusfrüchte angebaut, und am äußersten Ostrand des Schwarzen Meeres, um Batumi in Adscharien, gibt es ausgedehnte Teeplanta-

Waldsteppe-Gürtel niedergelassen hatten, muß ihnen der Horizont grenzenlos erschienen sein: Es gab für die spärliche Bevölkerung immer neue unberührte Wälder zu roden und Land zu kultivieren. Doch dem Boden statt der bloßen Existenz auch Wohlstand abzuringen, war schwer. Die Brandrodung der Wälder versprach nur wenige Jahre eine vernünftige Ernte, dann war es Zeit weiterzuziehen und die früheren Rodungen der Überwucherung zu überlassen. Das System des Fruchtwechsels blieb bis in neuere Zeit sehr primitiv. Die Landwirtschaft wurde traditionellerweise eher extensiv als intensiv betrieben, und der russische Bauer geriet unter westlichen Beobachtern und Historikern (wie zum Beispiel Kljuschewskij) in den Ruf, den Boden zu ruinieren, statt ihn zu pflegen. Ein solches Urteil beruht auf den unpassenden Vergleichen mit den so ganz unterschiedlichen Gegebenheiten der modernen westeuropäischen Agrargebiete. Tatsächlich waren die Russen durchaus imstande, schonende und intensive Methoden anzuwenden, wenn sie es wollten oder wenn es Gewinn versprach. Ein Beispiel dafür ist der erste Romanow-Zar Alexej Michailowitsch, der sich im 17. Jahrhundert um den Gartenbau verdient machte. Allerdings war die landlose Stadtbevölkerung bis in moderne Zeiten zu klein, als daß ein Markt für Gartenbauprodukte rentabel gewesen wäre.

Die Bauern mußten dem Boden während der kurzen Saison so viel wie möglich abringen. Gewissen positiven Faktoren – wie der Überfluß an Land, die langen, warmen Tage des Hochsommers und die Tradition der dörflichen Zusammenarbeit bei größeren Aufgaben – standen hierbei eine Fülle von Problemen entgegen. Dazu zählten die sechs Monate Winter, in denen der Boden eisenhart blieb (mit den daraus resultierenden Folgen für die Viehwirtschaft) und das unberechenbare Wetter, das nur zu oft während der Wachstumsperiode im Frühsommer eine Dürre brachte, zur Erntezeit aber mit Gewitterstürmen

*Rechts:* Die Mischwaldzone Mittelrußlands ist schon vor über einem Jahrtausend besiedelt worden. Diese ländliche Idylle bietet ein zeitloses Beispiel für das Leben der Bauern.

gen. Der Küstenstreifen an der Krim im Windschatten des Jaila-Gebirges mit trockenem Mittelmeerklima hat schon seit langem touristische Bedeutung sowohl als Winter- als auch als Sommer-Erholungsregion.

### Die landwirtschaftliche Erschließung

Wenn auch bisher die Unterschiede innerhalb der Sowjetunion betont wurden, so gibt es doch – abgesehen von den gebirgigen südlichen Zonen – eine bemerkenswerte Übereinstimmung, was die klimatischen Verhältnisse betrifft. Der Geograph D. J. M. Hooson hat dies recht bildhaft ausgedrückt: »Während im Hochsommer fast alle Russen sich in kurzen Ärmeln vergnügen können, ist es in der Mitte des Winters durchaus möglich, mit Schlittschuhen auf den Flüssen von der Arktis bis zum Kaspischen Meer oder mit dem Schlitten von Leningrad bis Wladiwostok zu fahren. Auf keiner anderen vergleichbaren Landmasse arbeitet das Klima mit so breitem Pinselstrich.« Die Auswirkungen auf den Verlauf der russischen Geschichte sind ganz offensichtlich.

Nachdem die Russen sich vor über 1000 Jahren als Ackerbauern auf dem europäischen Mischwald- und

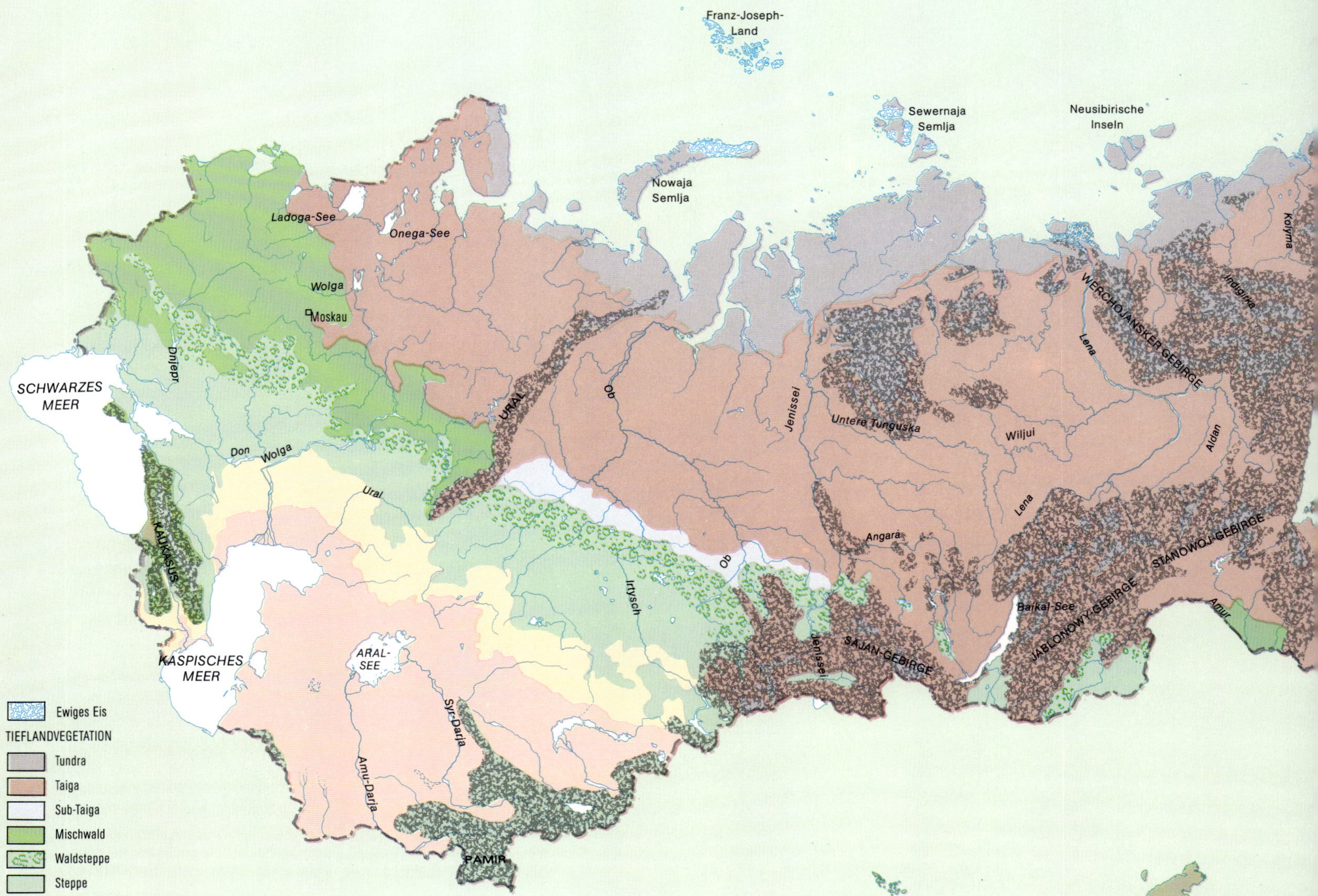


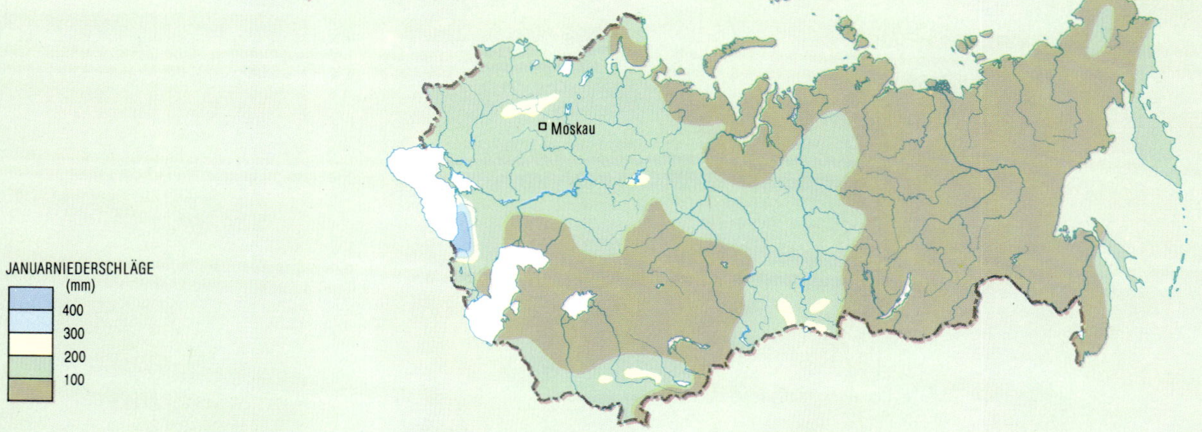


**Oben: Die Vegetationszonen**
Eine grundlegende Trennungslinie besteht zwischen den dichten Waldgebieten und den baumlosen Regionen. Ein riesiger Nadelwald (Taiga), der weltweit größte seiner Art, reicht von Skandinavien bis zum Ochotskischen Meer; gegen Norden und Nordosten wird er von der baumlosen Tundra begrenzt, nach Süden zu beginnen allmählich die Steppen, Halbwüsten und Wüsten. Sie finden ihre Fortsetzung jenseits der Grenze des sowjetischen Zentralasien auf mongolischem und chinesischem Territorium. Zwischen den Nadelwald und das offene Grasland der Steppe schieben sich zwei schmale Übergangszonen: Mischwald (in Sibirien: »Sub-Taiga«) und die sogenannte Waldsteppe (Steppenland mit beträchtlichen Waldgebieten). Diese beiden Zonen waren für die Besiedlung und die Landwirtschaft von größter historischer Bedeutung.

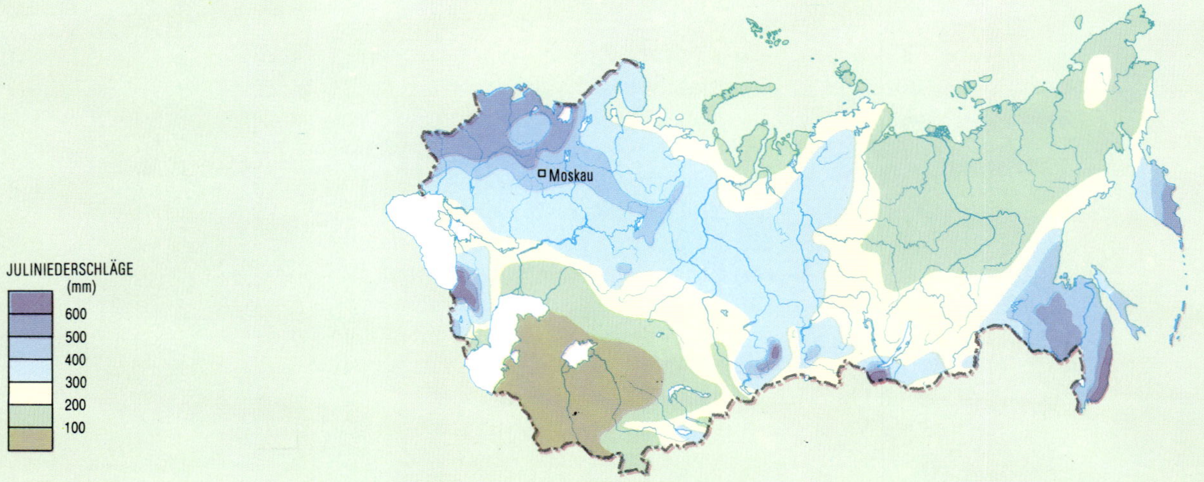

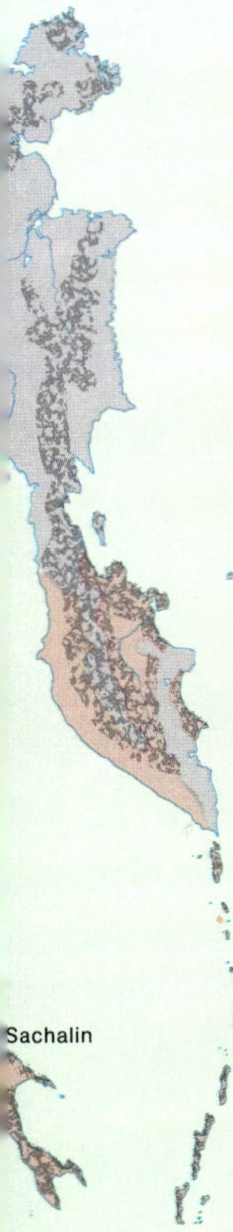


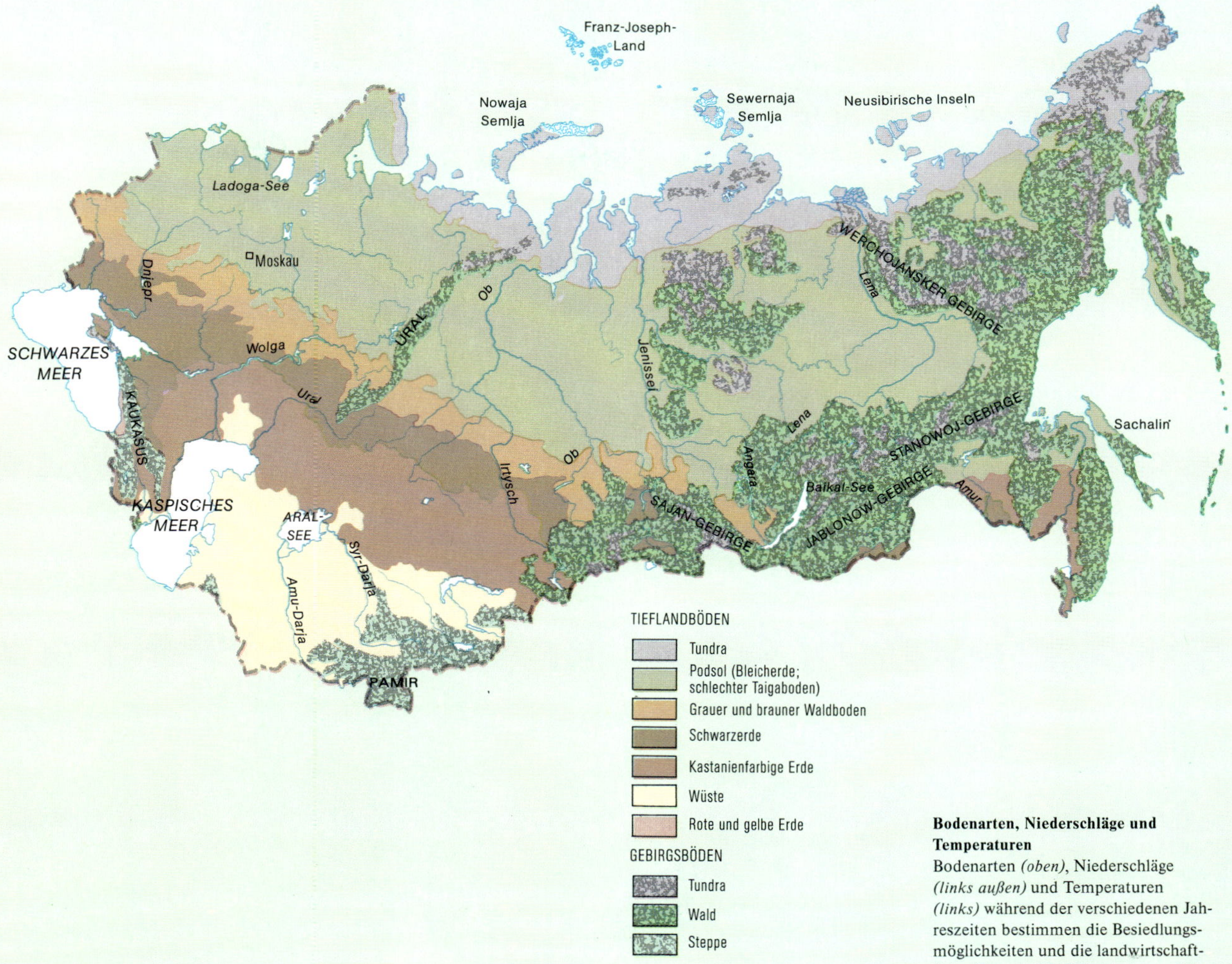


**Bodenarten, Niederschläge und Temperaturen**

Bodenarten *(oben)*, Niederschläge *(links außen)* und Temperaturen *(links)* während der verschiedenen Jahreszeiten bestimmen die Besiedlungsmöglichkeiten und die landwirtschaftliche Eignung. Die Taiga hat arme Böden *(podsol)*, die sehr ausgelaugt und oft sumpfig sind. Trotz der geringen Niederschläge bleiben die Temperaturen zu niedrig, um die Nässe zu entziehen. Der *podsol* herrscht auch im Mischwald vor, doch gibt es hier Landstriche mit besseren Böden (besonders im *opolje*, nordöstlich von Moskau). In der Mischwaldzone liegen die Temperaturen hoch genug, so daß sich die Landwirtschaft lohnt. In der Waldsteppe, wo die Niederschläge im allgemeinen ausreichen, nimmt die Bodenqualität schlagartig zu. Typisch für die echte Steppe ist die fruchtbare »schwarze Erde« *(tschernosem)*, die viel Humus enthält. Hier stellt der Regenmangel ein häufiges Problem dar, das sich nach Westen hin aber verringert. Das Amur-Becken im Osten besitzt generell gute klimatische Bedingungen. Mit Ausnahme kleiner Regionen in Transkaukasien und dem Fernen Osten bilden die zu geringen Niederschläge in der ganzen Sowjetunion ein Problem.

Im Verlauf des Jahres treten landesweit krasse Temperaturunterschiede auf: nur kleine Gebiete ganz im Süden sind im Winter normalerweise frostfrei. Wie zu erwarten, erhöhen sich im Sommer die Temperaturen von Norden nach Süden mit dem Breitengrad, wobei es fast überall, selbst in den Waldgürteln, angenehm warm ist. Im Winter jedoch fallen die Durchschnittstemperaturen von Westen nach Osten (bis dicht an die Pazifikküste): in Ostsibirien befinden sich die kältesten bewohnten Orte der Erde. Alle wichtigen Häfen der Sowjetunion, ausgenommen Murmansk und jene am Schwarzen Meer, frieren einen Teil des Winters zu. Murmansk wird von den wärmeren Strömungen aus dem Atlantik erreicht.

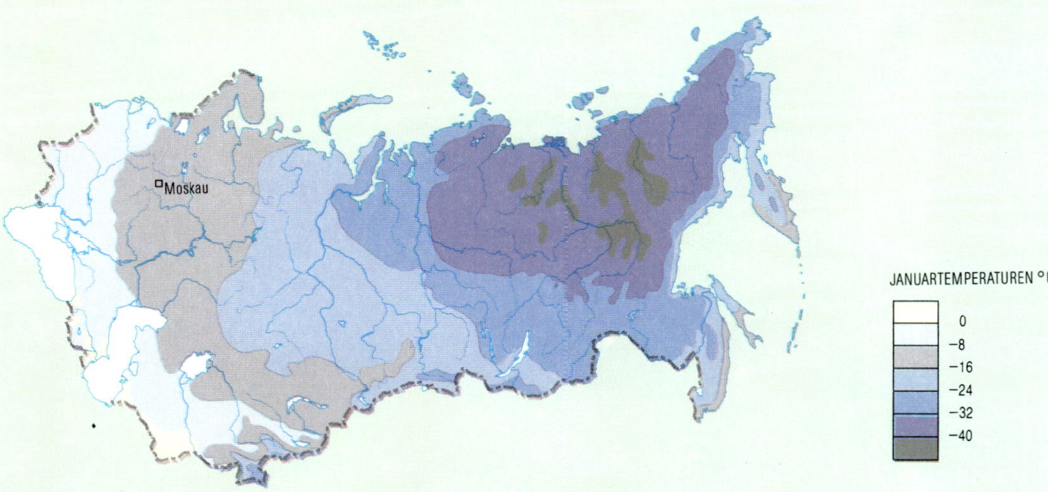

aufwartete, die das Getreide knickten. Weiter zu nennen sind die langen und schwierigen Verkehrsverbindungen, die es nicht einfach machten, Überschüsse am Markt loszuwerden, und schließlich ein Gesellschaftssystem, das die Bauern in Abhängigkeit zu Gutsherren und zu Beamten brachte. Ihr hartnäckigster Gegner blieb indes der Boden, den sie bearbeiteten. In den Waldgürteln herrschte gewöhnlich *podsol* vor, eine dünne sandige oder lehmige Erdschicht, deren Mineralien ausgelaugt waren und die oft einen undurchlässigen Untergrund knapp unter der Oberfläche bildete. Sie verhinderte den Wasserabfluß und war undurchdringlich, wenn nicht ganz tief durchgepflügt wurde. Für gewöhnlich hatte der Bauer jedoch weder die Zeit noch die nötigen Hilfsmittel, um mehr als oberflächliche Furchen mit einem leichten, hölzernen Hakenpflug *(socha)* zu ziehen. Mit ausreichend Dünger ließ sich der Boden verbessern, aber nur wenige Bauern konnten den Winter über genug Tiere halten. Unter solch dürftigen Bedingungen stellte zudem jedes Experimentieren mit landwirtschaftlichen Methoden ein Spiel auf Leben und Tod dar. So ist es kaum überraschend, daß Gutsherren, die im 18. und 19. Jahrhundert vermeintlich oder tatsächlich verbesserte Methoden einführen wollten, gegen eine Mauer »bäuerlicher Halsstarrigkeit« stießen, was schlimmstenfalls in Brandstiftung oder persönliche Gewalttätigkeit ausartete.

Angesichts all dieser Probleme, denen sich die Masse des Volkes gegenübersah, kann man selbst von einem so pauschalen Urteil wie dem von Richard Pipes nicht überrascht sein: »Ihr großes Vertrauen in die Landwirtschaft unter widrigen natürlichen Bedingungen ist vielleicht die einzige elementare Ursache für die Schwierigkeiten, die der russischen Geschichte zugrunde liegen.« Ein solcher Ansatz macht es natürlich leicht festzustellen, daß Wald und Steppe nun einmal nicht dazu geeignet waren, mehr als kleine, verstreute Gruppen von Jägern und Viehzüchtern zu ernähren, daß die Errichtung eines unitarischen, dicht bevölkerten russischen Staates ein Fehler war, da er eine stabile Landwirtschaft voraussetzte, und daß dieser Staat in irgendeiner Etappe seiner Geschichte zwangsläufig auseinanderbrechen mußte.

Im Rahmen der Agrargeschichte ist es wichtig, an die relativ günstigen klimatischen Bedingungen zu erinnern, die sich im frühen Mittelalter in ganz Nordeuropa durchsetzten und die kümmerliche Landwirtschaft der Russen zu einem nicht gar so lebensbedrohenden Risiko machten. (Umgekehrt leistete die »kleine Eiszeit« der frühen Neuzeit wahrscheinlich einen Beitrag zur Krise des späten Moskauer Reiches.) Die sichere Position, die sich die Russen schon im 9. Jahrhundert im zentralen Mischwald schufen, ist mindestens zum Teil die Folge sowohl der klimatischen Verbesserung wie eines glücklichen geographischen Zufalls: die Existenz einer großen isolierten Region mit der fruchtbaren »schwarzen Erde« weit nördlich der Gegenden, wo sie sonst vorkam. Es handelt sich hier um das *opolje* (abgeleitet von dem Wort für »Feld«), ein ungefähr ovales Gebiet mit einer Länge von etwa 130 Kilometern, das sich zwischen den Flüssen Kljasma und Wolga erstreckt. In seinem Zentrum liegt die alte Stadt Jurjew-Polskij, an der Peripherie liegen die Städte Wladimir, Alexandrow, Pereslawl-Salesskij, Rostow und Susdal. Die russische Metropole Moskau ist nicht weit entfernt. Bis heute fällt dem Reisenden auf, wie baumlos die Region vergleichsweise ist und wie zahlreich die Bauerndörfer sind; jetzt ist sie besonders für ihre vorzüglichen Kirschen bekannt.

*Oben:* Das Naturschutzgebiet des Imandra-Sees und das zugehörige Seensystem auf der Halbinsel Kola nördlich von Murmansk. Die Halbinsel besteht zum größten Teil aus einem ungefähr 200 Meter hohen Plateau, dessen Oberfläche durch die Vergletscherung ausgewaschen wurde. Sie wird durch eine Vielzahl von seichten Flüssen entwässert, die nicht schiffbar sind und die Verkehrsverbindungen in diesem entlegenen und spärlich besiedelten Raum stark behindern.

*Links:* In der zentralasiatischen Wüste Karakum (»Schwarzer Sand«) in Turkmenistan entstehen durch Windverwehungen bis zu 20 Meter hohe Wanderdünen *(barkans).*

Im allgemeinen jedoch konnte der russische Bauer in der Waldzone vom bloßen Ackerbau nicht existieren, wenn er einen erträglichen Lebensstandard erreichen wollte. Nicht nur Fisch, auch Vögel und anderes Wild hatten wesentlichen Anteil an der täglichen Nahrung – anders als in Westeuropa, wo die Gesetze gegen das Wildern zunehmend schärfer wurden. Der Wald lieferte auch Bienenhonig, Beeren, Nüsse und Pilze, Produkte, die sich alle für die winterliche Vorratshaltung eigneten. Als die Russen im späten 16. Jahrhundert die Technik der Destillation kennenlernten, erwies sich dies als praktische Methode, um einen etwaigen Überschuß an Getreide zu »konservieren«. Die Jagd konnte eine langwierig organisierte Tätigkeit sein, besonders am Rande des Nadelwaldes. Doch jede übermäßige Ausbeutung oder eine größere seßhafte Bevölkerung trieb die kostbaren Pelztiere immer weiter in unbewohnte Gegenden zurück. Die Russen fanden es dennoch lohnend, sie über Tausende von Kilometern zu verfolgen, im 18. Jahrhundert schließlich bis über die Bering-Straße nach Alaska.

In den oft isolierten russischen Dörfern und Bauernhöfen, die in manchen Gegenden von Großfamilien bewohnt waren, widmete man sich häuslichen Arbeiten und handwerklichen Tätigkeiten, die für ein beinah vollständig autarkes Leben nötig waren: Backen, Brauen, Konservieren, Weben, Flechten von Sandalen und Körben aus Bast (üblicherweise Birkenrinde), Herstellung einfacher Metallwaren und einer großen Zahl von Gegenständen aus Holz. Nur der gelegentlich erscheinende Hausierer, der feines Tuch, einige Metallgegenstände, Holzschnitte, Ikonen und andere Waren verkaufte, brachte auch Neuigkeiten von der Außenwelt mit.

**Das russische Volk**

Wer also sind diese Russen, mit deren Geschichte und Kultur sich dieses Buch beschäftigt, und wer lebte ursprünglich in Teilen des Gebietes, das wir jetzt als Rußland bezeichnen? Wie entstand ein russischer Staat, wo liegen seine Wurzeln, wer organisierte ihn? Es mag vielleicht überraschen, daß sich die Russen selbst im frühen Mittelalter für solche Probleme interessierten. Die letzten drei Fragen sind genau die, die der Autor der russischen Urchronik oder *Nestorchronik*, der *Erzählung von den vergangenen Jahren*, am Anfang dieses großen Werkes stellte (geschrieben vermutlich zwischen 1111 und 1113). Die Antworten, die er im Laufe seines Berichtes gibt, sind manchmal rein spekulativ, manchmal entweder unabsichtlich oder auch wohlüberlegt irreführend oder voller Lücken. Doch öfter noch sind sie generell überzeugend, bedürfen kaum der Revision oder Erweiterung, selbst im Licht des Wissens, das sich in nahezu 900 Jahren angesammelt hat. Vor allem sind seine Antworten das Produkt einer analytischen, geschichtsbewußten Intelligenz.

Auf die *Nestorchronik* als Geschichtsquelle und literarisches Werk werden wir später zurückkommen *(siehe Seite 39ff.)*. Hier beschäftigt uns die Beschreibung vom Ursprung der Russen. Sie sind Slawen, verwandt mit jenen, die »über eine lange Periode hin an der Donau siedelten, wo jetzt die ungarischen und bulgarischen Länder liegen«. Einige Stämme breiteten sich nach Osten, in die Waldsteppe- und Mischwaldzonen aus. Meist blieben sie in fest umgrenzten Gebieten längs der großen Flußtäler. Der Chronist benennt diese Stämme mehrfach. Es sind etwa ein Dutzend, deren Territorien ziemlich genau den Fürstentümern der Kiewer Föderation entsprechen, und sie

**Die Verteilung der Sprachen**
Über hundert Sprachen gibt es heute in der Sowjetunion, von denen allerdings die Mehrzahl nur von sehr kleinen ethnischen Gruppen gesprochen wird. Die größte Vielfalt bietet die Kaukasus-Region, besonders Dagestan an der Nordseite des Gebirges. Am bedeutendsten sind jedoch zwei Sprachfamilien: das Slawische und die Turksprachen. Das Slawische ist die größere Gruppe; zu ihr gehören die eng miteinander verwandte russische, ukrainische und weißrussische Sprache. Vom Finnischen Meerbusen bis zum Pazifischen Ozean verwenden Sowjetbürger Russisch als Muttersprache, dennoch machen sie weniger als die Hälfte der Gesamtbevölkerung aus. Die Turksprachen, von denen die meisten untereinander verständlich sind, erstrecken sich von Aserbaidschan bis zur Jakutischen ASSR. Zu weiteren nicht-indogermanischen Sprachfamilien gehören das Finnische im Norden und die Kaukasus-Sprachen im Süden.

sind auch in späteren Verwaltungsgliederungen Rußlands nachweisbar. Der Chronist ist sehr an ihren Bräuchen und ihrer Lebensweise interessiert.

Als guter Kiewer preist er das milde und höfliche Verhalten der Poljanen, jenes ostslawischen Stammes, den die Kiewer als Vorfahren ansehen. Obgleich räumlich getrennt, halten die Stämme an einer einheitlichen Sprache fest, dem Slawischen. Sie »leben einzeln«, das heißt unabhängig, obwohl manche dem Chasaren-Reich des Steppenlandes Tribut zahlen (ein Stamm, die Vjatitschen, sollte das bis ins späte 10. Jahrhundert tun). Die Gründung eines mehr oder weniger einheitlichen russischen Staates fand Mitte des 9. Jahrhunderts statt, als eine Gruppe von Wikingern unter Führung eines gewissen Rjurik (ein Name, der vielleicht mit Rorik oder Roderich verwandt ist) ins Land gerufen wurde und die Herrschaft in Nowgorod und Nordrußland übernahm. Laut der Chronik reiste eine Gesandtschaft übers Meer und lud die Wikinger in ihre Heimat ein: »Unser Land ist groß und fruchtbar, aber es ist keine Ordnung in ihm. Kommt, bei uns Fürst zu sein und über uns zu herrschen! Und es wurden drei Brüder erwählt mit ihren Sippen, die nahmen mit sich die ganze Rus und kamen; der älteste, Rjurik, ließ sich in Nowgorod nieder, der zweite, Sineus, am Beloosero, der dritte, Truwor, in Isborsk. Nach zwei Jahren starben Sineus und sein Bruder Truwor. Die ganze Herrschaft übernahm Rjurik und teilte seinen Gefolgsleuten Städte zu, dem einen Polozk, einem anderen Rostow, einem dritten Beloosero.« Rjuriks Nachkommen konnten dann ihre Macht erheblich nach Süden ausdehnen *(siehe Karte Seite 36)*.

Der Chronist wagt keine Vermutung über die Zeitdauer, in der die Einwanderung oder Infiltration der Slawen in das heutige Rußland erfolgte und sich die kleineren Sippen zu größeren Stammeseinheiten zusammenschlossen. Eindeutige Hinweise auf Slawen in Territorien Südrußlands gibt es erst ab Mitte des 6. Jahrhunderts in den Schriften von byzantinischen und später auch arabischen Historikern und Geographen. Es ist wahrscheinlich, daß eine Konföderation von Stämmen, bekannt als Anten, die die Pontische Steppe (nördlich des Schwarzen Meeres) als Vasallen der Sarmaten beherrschten, bis sie von dem Turkvolk der Awaren vernichtet wurden, ganz oder zum Teil Slawen gewesen sind. Das gleiche gilt auch für die weiter im Norden ansässigen Veneter, von deren Name sich moderne Formen wie »Wenden« ableiten. Es ist durchaus möglich, daß slawische Stämme viele Jahrhunderte, bevor sie zum ersten Mal in schriftlichen Quellen von Außenstehenden erwähnt werden, in Teilen Südrußlands siedelten. Einige archäologische Zeugnisse weisen darauf hin. Eine lange, prägende Periode des Kontakts und der Kooperation mit südlichen Steppenvölkern iranischer Herkunft vorauszusetzen (wie es der vielgelesene Historiker G. Vernadsky tut), geht jedoch weit über irgendwelche greifbaren Fakten hinaus.

Allerdings gibt es in diesem Zusammenhang ein nicht einfach zu erklärendes Phänomen: In der frühen Kiewer

Periode (10.–11. Jahrhundert) existierte ein Außenposten weit im Südosten aller russischen Gebiete. Dieses kleine Fürstentum Tmutorokan lag an der Straße von Kertsch, wo das Asowsche Meer ins Schwarze Meer mündet. War seine Errichtung eine der Folgen der militärischen Expeditionen, die Fürst Swjatoslaw von Kiew in den 60er Jahren des 10. Jahrhunderts unternahm, oder handelte es sich um ein wertvolles Überbleibsel einer frühen russischen Präsenz südlich der großen Steppe? Die Antworten auf diese Fragen bleiben weiterhin kontrovers, sicher aber ist, daß die Kiewer Russen das Gebiet als wichtigen Teil ihres Reiches betrachteten und viele, letztlich erfolglose Anstrengungen unternahmen, es in ihrer Hand zu behalten.

Die slawischen Vorfahren der Russen gehörten zu einer größeren, linguistisch homogenen Einheit. Die Träger der slawischen Sprache breiteten sich um die Mitte des 1. Jahrtausends n. Chr. von einem Gebiet im mittleren Osteuropa über einen ungeheuer weiten Raum des Kontinentes aus. Er erstreckte sich bis zur Elbe in Deutschland, zur Adria, zur Ostsee, über den Golf von Korinth hinaus bis nach Zentralgriechenland sowie in die Waldsteppe und vielleicht in das reine Steppenland im Osten. Im Verlauf dieser großen Wanderung, oder vielmehr dieser Wanderungswellen, spalteten sich die Slawen in drei Hauptzweige auf, den westlichen, südlichen und östlichen. Aus ihnen kristallisierten sich über die Jahrhunderte die heutigen slawischen Völker heraus: Polen, Tschechen und Slowaken (allesamt Westslawen, ebenso wie einige kleinere Gruppen, zum Beispiel die Sorben oder Wenden in der Lausitz/DDR); Bulgaren, Serbo-Kroaten und Slowenen (Südslawen); und die ostslawischen Russen (die sich erst seit dem späten Mittelalter in Großrussen, Weißrussen und Ukrainer unterteilten). Diese slawische Expansion ist nur mangelhaft dokumentiert. Offensichtlich geschah sie nicht so plötzlich und hatte nicht den kriegerischen Charakter wie die großen Wanderbewegungen der Barbarenvölker, die die Römer und Byzantiner bedrohten (375–568).

### Die slawischen Sprachen

Die Slawen, ihre drei Hauptzweige und deren Untergruppen, sollten vorrangig nicht territorial, rassisch oder politisch definiert werden, sondern nach sprachlichen Gesichtspunkten. Die slawische Sprachgruppe bildet einen der Hauptzweige der großen indogermanischen Sprachenfamilie. Deren Vertreter sind von Nordindien (Hindi und Urdu), durch den Iran (Farsi) und Teile Mittelasiens (Tadschikisch) bis Armenien, das Baltikum (Litauisch, Lettisch) und fast über ganz Europa verbreitet. Die slawische Gruppe ist ebenso ein selbständiger Zweig wie beispielsweise die romanischen und die germanischen Sprachen. Linguisten haben die Entwicklung der noch existierenden slawischen Sprachen rekonstruiert und sie in schriftlose Zeiten zurückverlegt. Dabei konnten sie ohne Mühe eine urslawische oder »gemeinslawische« Sprache rekonstruieren, von der die drei Hauptzweige abstammen. Das Urslawische muß sich in Nachbarschaft zur baltischen Gruppe (Lettisch, Litauisch, das ausgestorbene Altpreußisch) entwickelt haben, mit der es viele wesentliche Merkmale teilt. Einige nicht-indogermanische Sprachen (Finnisch, Estnisch, Ungarisch, Türkisch, Tatarisch) hatten zwar ebenfalls gemeinsame Grenzen mit dem Slawischen, doch offensichtlich beeinflußten sie dessen Strukturen nicht. In detektivischer Arbeit wurden viele Mutmaßungen angestellt, um die Slawen auf eine prähistorische »Heimat« festzulegen, vor allem auf der Grundlage von Pflanzennamen. So ist beispielsweise das Wort für »Buche« in keiner der slawischen Sprachen ursprünglich vorhanden gewesen. Ihre Heimat scheint irgendwo im mittleren Osteuropa zu liegen, vielleicht um den Oberlauf der Vistula (Weichsel) im heutigen Polen. Dorthin gelangten die Urslawen vermutlich mit der Ausbreitung der indogermanischen Völker.

Die Fragen, die mit dieser Ausbreitung zusammenhängen, sind allerdings höchst umstritten. Eine moderne Theorie wurde von dem Archäologen Colin Renfrew vorgeschlagen. Er sieht die Indogermanen als Träger der seßhaften bäuerlichen Lebensweise, die während des Neolithikums die nomadischen Jäger- und Sammlergesellschaften in den meisten Teilen Europas ablösten. Ausgegangen sei diese Welle von Ostanatolien. Im russischen Zusammenhang erscheint dieses Konzept besonders interessant, aber es ist weitgehend unbewiesen und heftig umstritten.

Die indogermanische Sprachfamilie hat – generell betrachtet – einige charakteristische Besonderheiten, die sie von anderen Sprachen auf der Welt unterscheidet. Zu nennen ist hier vor allem eine hochentwickelte Grammatik, in der getrennte Wortarten – Substantive, Verben, Adjektive und Pronomen – einer Reihe von systematischen Veränderungen (meist an den Endungen) unterworfen sind, um ihre Übereinstimmung mit anderen Wörtern und/oder ihre semantische Funktion innerhalb des Satzes anzuzeigen. Ferner gibt es die Besonderheit, daß den Hauptwörtern durchgehend und anscheinend willkürlich die Kategorie des Geschlechts zugeordnet wird, sowie ein hochentwickeltes Konjugationssystem, in dem die Verbformen den Modus und die Zeit der Handlung unterscheiden. Ein typisches und interessantes Merkmal der slawischen Sprachen gegenüber anderen modernen indogermanischen Sprachen ist die weitgehende Aufgabe dieser genauen temporalen Unterscheidungen durch die Zeitform der Verben (wie sie beispielsweise das moderne Deutsche, Englische und Französische haben). Ersetzt werden sie durch eine andere Kategorie, den Aspekt, der auf der Vorstellung der Dauer oder Vollendung einer Handlung beruht. Es ist gar nicht so lange her, daß ganze Theorien über die Natur der »slawischen Seele« auf der Grundlage dieser grammatischen Besonderheit verkündet wurden.

Das heutige Russisch unterscheidet sich selbst nach einem Jahrtausend getrennter Entwicklung in phonetischer und grammatischer Hinsicht nicht wesentlich von den anderen slawischen Sprachen; für den Wortschatz gilt dies mit Einschränkung. Verschiedene Mitglieder der slawischen Sprachgruppe können sich untereinander wahrscheinlich ebenso leicht verständigen wie Italiener und Spanier oder Dänen und Norweger. Das Gefühl dieser Gemeinsamkeit war für die slawischen Völker immer sehr wichtig, obgleich es nicht stets zu unverbrüchlichen gegenseitigen Sympathien geführt hat. Eine gewisse Solidarität unter den Slawen erwuchs über die Jahrhunderte auch aus dem Gefühl, »Außenseiter« auf der europäischen Bühne zu sein. Seit den Tagen des Ottonischen Kaiserreichs im 10. Jahrhundert waren sie sich bewußt, daß mächtige Nachbarn ein begehrliches Auge auf ihre Länder geworfen hatten. Der Sinn für sprachliche Gemeinsamkeiten steckt in dem Wort »Slawe« selbst, das mit *slowo* (»Wort«) verwandt ist. Umgekehrt war und ist *nemetz* (»stumm«) die allgemeine slawische Bezeichnung für die Deutschen.

Die Schaffung eines besonderen Alphabets und damit

die Entwicklung eines eigenen Schrifttums waren für die Slawen in ihrer Gesamtheit von größerer historischer Bedeutung als für die Bewohner des Großmährischen Reiches, von dem die Schriftkultur ausging. Großmähren stellte im 9. Jahrhundert den bis dahin mächtigsten und bestverwalteten slawischen Staat dar. Zur Zeit seiner weitesten Ausdehnung umfaßte er die ganze heutige Tschechoslowakei, den größten Teil des heutigen Ungarns, große Teile Deutschlands, Österreichs und Polens. Er sollte bald der magyarischen Invasion im frühen 10. Jahrhundert unterliegen und auseinanderfallen. In der Mitte des 9. Jahrhunderts jedoch trafen die mährischen Fürsten die gewichtige Entscheidung, sich der christlichen Welt anzuschließen und Lehrer und Bücher vom byzantinischen Kaiser zu erbitten. Die russische *Nestorchronik* (die zweifellos auf eine mährische Quelle zurückgeht) legt den Fürsten diese Worte in den Mund: »Unsere Nation ist getauft und doch haben wir keinen Lehrer. Wir verstehen weder Griechisch noch Latein ... Wir verstehen weder Schriftzeichen noch ihren Sinn: deshalb schicke uns Lehrer, die uns die Worte der Heiligen Schrift und ihre Bedeutung mitteilen können.« Kaiser Michael III. leitete den Hilferuf nach Thessalonike weiter, wo sich die griechische und die slawische Welt begegneten. Zwei gelehrte Brüder, Konstantin (später als Mönch Kyrillos genannt) und Methodios, wurden mit Helfern als Missionare entsandt, da sie Slawisch beherrschten. Ein ehrgeiziges Vorhaben zur Übersetzung der Bibel und der Liturgie lief an. Die Übersetzung begann traditionsgemäß mit dem ersten Satz des Johannes-Evangeliums: »Am Anfang war das Wort ...« Der Gebrauch der Umgangssprache für die religiösen Zwecke eines gerade bekehrten Volkes war ganz außergewöhnlich, und dies spielte im Bewußtsein aller orthodoxen Slawen während des ganzen Mittelalters eine wichtige Rolle.

Konstantin-Kyrill schuf ein Alphabet für die neue Literatur seiner slawischen Konvertiten. Allerdings wissen wir nicht genau, um was für ein Alphabet es sich handelte. Benannt nach ihm ist das kyrillische Alphabet, das in mehreren Varianten in den orthodoxen slawischen Ländern bis heute verwendet wird. Es hält sich eng an das griechische Alphabet mit etwa einem Dutzend (die Zahl variiert im Laufe der Zeiten und ist örtlich verschieden) zusätzlicher Buchstaben, um slawische Laute darzustellen, die das Griechische nicht kennt. Einige der frühesten erhaltenen slawischen Manuskripte sind kyrillisch geschrieben (besonders solche aus Rußland), andere verwenden jedoch jene seltsame, Glagoliza genannte Schrift. Viele Gelehrte glauben, daß es sich bei Kyrills Erfindung um diese Schrift handelt. Einige wenige ihrer Buchstaben scheinen kursive griechische oder hebräische Vorbilder zu haben, mehrere dürften von mittelalterlichen diakritischen Zeichen übernommen sein, doch die meisten sind neue und genau durchdachte Schöpfungen. Die Glagoliza ist mühevoll zu schreiben und könnte zuerst als bewußt dunkle »Geheimschrift« kreiert worden sein. Sie kam in der slawischen Welt bald außer Gebrauch, hielt sich aber in Kroatien, möglicherweise als Vermächtnis der mährischen Mission, bis in die moderne Zeit.

Auf russischem Boden wurde Kyrillisch im frühen Mittelalter in dem schönen, klaren und gut leserlichen Ustaw (Majuskel) geschrieben. Später entwickelten sich hier eine Reihe von kursiven Formen, die für den Nichtspezialisten immer schwerer lesbar waren. Eine ausgezeichnete Tradition der Manuskript-Illuminierung bestand in Rußland vom 11.–16. Jahrhundert, wobei die Qualität der Malerei um 1400 ihren Höhepunkt erlebte. Von der Mitte des 16. Jahrhunderts an gab es gedruckte Bücher, wenngleich ihre Zahl bis zum Ende des 17. Jahrhunderts nicht sehr hoch war. Das russische kyrillische Alphabet erfuhr zweimal bedeutende Veränderungen, jeweils im Zusammenhang mit allgemeinen politischen Umwälzungen. Im frühen 18. Jahrhundert wurden unter Peter dem Großen die Buchstabenformen vereinfacht und vereinheitlicht, wobei einige, die nur für das Griechische geeignet waren, wegfielen; weitere überflüssige Buchstaben wurden 1918 getilgt. Übrig blieb das Alphabet, das bis zur Gegenwart verwendet wird.

Obgleich das Alphabet das auffälligste bleibende Ergebnis der Mission Kyrills und Methods für die Russen und andere orthodoxe Slawen war, gab es und gibt es bis heute ein tiefgreifenderes Vermächtnis, das die Sprache in ihrem ureigensten Charakter beeinflußte. Die Missionare benutzten für ihre Übersetzungen und bald auch für ihre eigenen Texte den südslawischen Dialekt aus dem Hinterland von Thessalonike – folglich eine Art Altbulgarisch, das die Historiker als »Altkirchenslawisch« bezeichnen. Der Name könnte leicht zu einem Mißverständnis führen. Obwohl im Mittelalter der Großteil der geschriebenen Literatur selbstverständlich religiöser Natur war, handelte es

**Die slawische Sprachfamilie**
Die slawischen Sprachen bilden eine der großen Familien des Indogermanischen. In vorgeschichtlicher Zeit zerfiel eine proto-slawische Sprache, deren Heimat irgendwo in Ostmitteleuropa lag, mit der Ausbreitung der Slawen in einen östlichen, westlichen und südlichen Zweig. Aus diesen Zweigen differenzierten sich vor etwa 1100 bis 500 Jahren allmählich die heutigen slawischen Sprachen heraus: das Westslawische in Polen, der Tschechoslowakei und in Teilen der DDR, das Südslawische auf dem Balkan und das Ostslawische in der Sowjetunion.

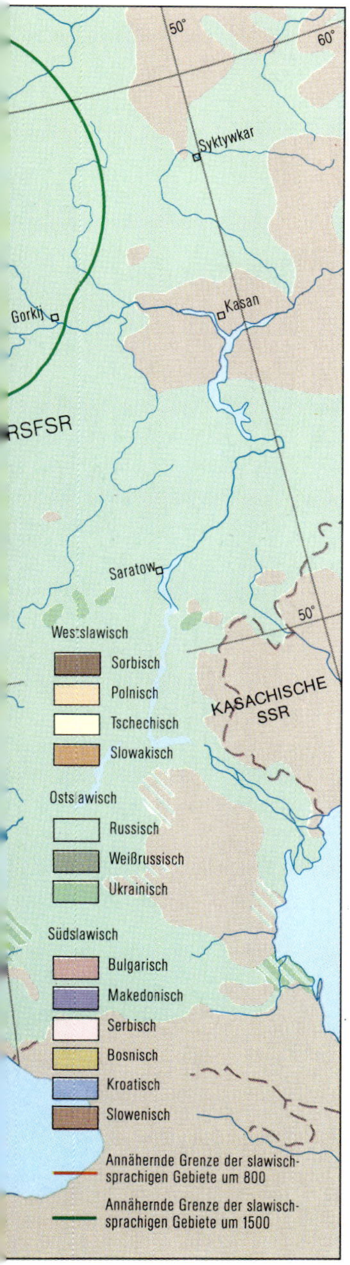


sich dabei keineswegs ausschließlich um eine Kirchensprache, sondern um eine Buchsprache im allgemeinen. Auch wenn sie außer zu liturgischen Zwecken nicht gesprochen wurde, blieb sie als eine lebendige Macht durch die Jahrhunderte erhalten. Sie war die erste multinationale literarische Sprache Europas, abgesehen vom antiken Griechisch und Latein, und sie war die erste in der europäischen Geschichte, die bewußt geschaffen wurde. Als eine internationale Sprache wurde sie weiterhin von den Slawen verstanden, während ihre Landessprachen sich auseinanderentwickelten. Sie wurde sogar von gewissen nichtslawischen Völkern übernommen und ist bis heute die liturgische Sprache der orthodoxen Kirche.

Durch zwei Faktoren ist dies von mehr als rein historischem oder kirchlichem Interesse. Einmal mußten die Missionare, um die Bücher des Neuen Testaments und andere geistliche Werke zu übersetzen, ein neues abstraktes Vokabular schaffen, das die Landessprachen nicht unwesentlich bereicherte. Zumeist geschah dies aus slawischen Wurzeln, die bis zu einem bestimmten Grad griechischen Mustern der Wortbildung folgten. Zum zweiten ist das Altkirchenslawische niemals als »fremd« im eigentlichen Sinn empfunden worden, da sich die slawischen Sprachen nicht allzuweit auseinanderentwickelt haben. Man sah es eher als eine altehrwürdige, feierliche, abstrakte oder pathetische Version der gesprochenen Sprache an. Im Wortschatz sind das Altkirchenslawische und das moderne Russisch weitgehend identisch geblieben.

Das moderne Russisch kennt zahllose Wortdoubletten, die auf heimischen ostslawischen beziehungsweise auf altkirchenslawischen Ursprung zurückgehen. Sie sind niemals völlig synonym, sondern unterscheiden sich mehr oder weniger in der Bedeutung, dem Gebrauch oder in stilistischer »Befrachtung«. Ein jedermann bekanntes, altkirchenslawisches Element im Russischen ist die Bezeichnung *-grad* für »Stadt« (wie in Leningrad, Wolgograd), das russische Äquivalent lautet – *gorod*. Eine ähnliche phonetische Änderung zeigt sich an dem Personennamen *Wladimir*, dessen altrussische (und moderne ukrainische) Entsprechung *Wolodimir* ist, wovon sich die moderne Umgangsform *Wolodja* ableitet. Ein charakteristisches altkirchenslawisches Abstraktum ist das inzwischen wohlbekannte Wort *glasnost*, das sich auf das russische *golos* (»Stimme«) bezieht. Während ihrer ganzen Geschichte hat die russische Literatursprache mehr oder weniger ausgeprägt einheimische und altkirchenslawische Elemente vermischt. Mitte des 18. Jahrhunderts gab es Bestrebungen, diese Variablen »hohen«, »mittleren« und »niedrigen« Stilkategorien zuzuordnen, ein Versuch, der bald scheiterte, weil er zu plump ein unendlich flexibles System in starre Regeln zwängen wollte. Es ist nicht zuviel gesagt, wenn man behauptet, daß die großartige Wortwirkung der russischen Dichtung gerade auf der Wechselbeziehung solcher unterschiedlichen Stilelemente beruht.

Neben dem Altkirchenslawischen hat das Russische auch andere sprachliche Einflüsse von außen aufgenommen. In der Frühzeit wurde von den Nachbarvölkern (die Deutschen im Westen, die Iraner im Südosten, die finnougrischen Völker in den nordischen Wäldern, die skandinavischen Wikinger, die die ersten Herrscher Rußlands stellten) nur eine Handvoll Wörter entlehnt. Viel auffälliger sind die Turkelemente, die zum Teil während der tatarischen Invasion und Herrschaftsperiode (ca. 1240–1480), zum Teil mit der Eröffnung von östlichen Handelsstraßen im 16. Jahrhundert einflossen. Aber selbst diese blieben auf bestimmte Wortfelder beschränkt, zumeist solche, die den Verwaltungsapparat oder den Handel betrafen. Neue technische und kulturelle Begriffe aus westeuropäischen Sprachen sickerten, oft vermittelt durch das Polnische, während des 17. Jahrhunderts ein. Erst als Peter der Große sich nach 1698 am Westen orientierte, gab es eine Flut von Entlehnungen aus dem Niederländischen, Deutschen und Englischen: seemännische und militärische Begriffe, Titel, sogar Ortsnamen (oft schlecht und recht transkribiert). Im weiteren Verlauf des Jahrhunderts wurden Wörter und Ausdrücke französischer und lateinischer Herkunft sehr zahlreich. Noch bezeichnender war, daß viele Wörter – und sogar die Syntax – westlichen Mustern nachgebildet wurden (sogenannte Calques). Diese Calques wie auch transkribierte Wörter (im allgemeinen, aber nicht immer den Erfordernissen der russischen Grammatik angepaßt) wurden während des letzten Jahrhunderts aufgenommen. Der westliche Besucher in der Sowjetunion ist oft erstaunt darüber, welch große Zahl an Wörtern in Straßennamen, Zeitungsüberschriften usw. ihm aus dem europäischen »internationalen« Wortschatz vertraut ist.

Rußland kennt, wie jede andere bäuerliche Gesellschaft, eine Fülle unterschiedlicher Dialekte in den Dörfern. Im großen Maßstab gesehen ist die Sprache jedoch bemerkenswert einheitlich, mehr als zum Beispiel Englisch, Deutsch oder Italienisch. Hierbei spielt wohl die frühe Mobilität der russischen Bevölkerung mit eine Rolle. Im wesentlichen kann man zwei russische Hauptdialekte unterscheiden – den »nördlichen« und den »südlichen«. Sie überlappen sich in einem schmalen gemischtsprachigen »mittleren« Gürtel. Die allgemeinsten und offensichtlichsten Unterschiede betreffen die Aussprache der Vokale und bestimmter Konsonanten. Der »mittlere« Dialekt, der die Grundlage des modernen Standard-Russisch ist, hat von jedem der Hauptdialekte einige Merkmale übernommen.

Die Dialektverteilung stimmt nicht mit der Grenzziehung Wald/Steppe überein. Dies ist nur der Fall beim mittleren Gürtel (wozu Moskau und Leningrad gehören), der sich mit der Mischwaldzone deckt. Die Grenze zwischen den beiden Hauptdialekten verläuft um so südlicher je weiter man nach Osten kommt. So umfaßt der nördliche Dialekt ein viel weiträumigeres, allerdings nur dünn besiedeltes Gebiet, darunter den größten Teil des Wolgabeckens und Sibirien. Es überrascht nicht, daß die südlichen Dialekte Gemeinsamkeiten mit dem Ukrainischen haben, zu dem sie den Übergang darstellten. Bis zum späten Mittelalter bildeten die drei Zweige, die das Moskauer (oder »Groß«-Russische), das Ukrainische und das Weißrussische werden sollten, die grundlegenden Dialekteinteilungen des Russischen (oder Ostslawischen). Zu ihrer Differenzierung kam es mit der politischen Teilung Rußlands nach der Eroberung durch die Tataren und der anschließenden Einverleibung der Ukraine und Weißrußlands durch den polnisch-litauischen Staat. Eine Form des frühen Weißrussischen war die Kanzleisprache des mittelalterlichen litauischen Fürstentums. Ihr Status als unabhängige Sprachen wurde im Fall des Ukrainisch und Weißrussisch erst mit der Entwicklung eigener Literaturen und dem allgemeinen Erwachen eines Nationalbewußtseins im frühen 19. Jahrhundert deutlich. Die offizielle Annerkennung erhielten sie dann nach der Oktoberrevolution. Keiner dieser großen Zweige der ostslawischen Völker kann einen ausschließlichen Anspruch auf das altrussische Erbe erheben, wie energisch ihre Propagandisten das auch versuchen mögen.

# Das Gold der Skythen

Skythisches Gold lieferte den Stoff für einen der großen griechischen Sagenkreise. Die Geschichte der Argonauten erzählt, wie Jason und seine Gefährten mit dem Schiff *Argo* von Jolkos in Thessalien in das Land Kolchis am östlichen Ufer des Schwarzen Meeres segelten, um das legendäre Goldene Vlies zu holen. Moderne Forschungen, darunter eine Reise, die mit einem nachgebildeten Schiff der Bronzezeit von Nordgriechenland in die Sowjetrepublik Georgien unternommen wurde, haben einen Kern an historischer Wahrheit in der Sage erhärtet. In diesem Zusammenhang ist eine Technik interessant, die heutige Goldwäscher an den Flüssen des nördlichen Kaukasus anwenden. Sie fangen mit Hilfe eines Schaffelles die winzigen Goldkörnchen auf, die flußabwärts getrieben werden.

Die Skythen erscheinen am Horizont der Geschichte mit den Aufzeichnungen, die der griechische Historiker und Reisende Herodot in der Mitte des 5. Jahrhunderts v. Chr. machte. Herodot gibt einen besonders anschaulichen Bericht von den Begräbniszeremonien, die die Skythen für ihre verstorbenen Könige ausrichteten. Archäologische Ausgrabungen an den großen Erdhügeln, die über ihren Gräbern errichtet wurden, haben weite Teile seiner Darstellung bestätigt. Frühe skythische Grabhügel (Kurgane) kommen gelegentlich in der Kuban-Steppe nördlich des Kaukasus vor, später sind sie auf der Krim belegt sowie entlang dem Unterlauf des Dnjepr in der Ukraine. Dieses Gebiet wurde auch das Kernland eines skythischen Königreichs, das seine Blüte im 4. Jahrhundert v. Chr. erreichte und sich selbst Alexander dem Großen widersetzte, ehe es dann allmählich von sarmatischen Nomaden überrannt wurde.

Die skythische Kunst entwickelte einen eigenen Stil, der den Lebensumständen dieses kriegerischen Volkes entsprach. Als Motive bevorzugte man Tiere – reale wie fantastische –, die Stärke, Schnelligkeit und Wildheit symbolisierten. Am populärsten waren Greife, deren mythische Rolle in der Bewachung von Goldminen und Schätzen lag. Die Fabelwesen vereinigten oft in grotesker Weise Merkmale verschiedener Tiere, wie im Falle des Greifen, der den Kopf und die Flügel eines Adlers und den Rumpf eines Löwen hatte. Dieser sogenannte skythische Tierstil war sowohl vom Nahen Osten wie später auch von den Griechen beeinflußt.

*Rechts:* Ein Schildbeschlag in Form eines liegenden Hirsches aus einer Grabstätte des 4. Jahrhunderts v. Chr. in Kul-Oba nahe Kertsch auf der Krim. Der Umriß des stilisierten Hirsches erinnert sehr stark an einen viel früheren skythischen Schildbeschlag, den sogenannten Kostromskaja-Hirsch (7. Jahrhundert v. Chr.), der nach seinem Fundort in einem Grab im Kuban-Gebiet benannt ist. Die Tiermotive auf diesem Hirsch sind jedoch in einem viel realistischeren Stil dargestellt, der auf griechischen Einfluß hinweist.

*Oben:* Die goldene Plakette aus dem 4. Jahrhundert v. Chr. stellt zwei Skythen dar, die aus demselben *rhyton* (Trinkhorn) trinken, um ihre Blutsbrüderschaft zu beschwören. Die Teilnehmer an diesem Ritual schnitten sich in die Finger und sammelten das Blut in einem weingefüllten Gefäß, das sie anschließend leerten. Die Ernsthaftigkeit der Verpflichtungen, die aus solchen rituellen Brüderschaften erwuchsen, sind durch verschiedene Erzählungen bezeugt.

*Gegenüber oben:* Der Rand einer teilvergoldeten Ritualschüssel zeigt zwei skythische Adelige. Obwohl ihre Haltung entspannt wirkt, haben sie ihre Waffen griffbereit. Der Mann zur Linken läßt seine Hand wie beiläufig auf seinem *gorytos* (Behälter für Bogen und Pfeile) ruhen, während der zur Rechten nach seinem Schwert zu greifen scheint.

*Gegenüber Mitte:* Dieser Kamm (frühes 4. Jahrhundert v. Chr.) wurde in dem Hügelgrab von Solocha in der Ukraine gefunden. Dargestellt ist ein berittener skythischer Krieger (begleitet von Fußsoldaten), der seinen Speer auf einen Feind richtet.

*Links:* Ein Meisterwerk der gräko-skythischen Goldschmiedekunst des 4. Jahrhunderts v. Chr. ist dieser Brustschild, den man 1971 in einem Hügel südlich von Dnepropetrowsk entdeckte. In seinem äußeren Kreis sind Tiere in ihrem wilden und grausamen Aspekt dargestellt: Greifenpaare kämpfen mit Pferden, Löwen zerfleischen einen Hirsch und einen Eber, Hunde verfolgen Hasen. Der innere Kreis zeigt eine Stute, die ihr Fohlen, und eine Kuh, die ihr Kalb säugt. Eine der vier menschlichen Gestalten melkt ein Mutterschaf, eine andere hält eine Amphore, die vielleicht Milch von dem Mutterschaf zu ihrer Rechten enthält. In der Mitte fertigen zwei Männer ein Hemd aus Schaffell an. Trotz ihrer häuslichen Arbeit liegen ihre *gorytoi* in Reichweite, was uns daran erinnert, wie gefürchtet die Skythen als berittene Bogenschützen waren.

# Die Steppenvölker

Die früheste Besiedlung der Steppenregion erfolgte schon vor der letzten Eiszeit. Paläolithische und neolithische Überreste sind überall in der Sowjetunion zutage getreten. Als das Neolithikum der Bronzezeit wich, verbreitete sich in der Schwarzerde-Zone der Bodenbau. Die bekannteste Kultur dieser Periode (4.–3. Jahrtausend v. Chr.) ist nach dem Fundort Tripolje, südlich von Kiew, benannt. Die Tripolje-Kultur hinterließ die ältesten Zeugnisse für die Domestizierung des Pferdes – vermutlich zuerst nur als Fleischlieferant. Die Verwendung des Pferdes als Reittier, die seit dem späten 2. Jahrtausend v. Chr. belegt ist, brachte den Aufstieg jener Gesellschaften, die auf dem Reiternomadentum basierten. Die Beweglichkeit der Nomaden verlieh ihnen einen unschätzbaren Vorteil gegenüber den seßhaften Siedlern, die sie ohne Furcht vor Vergeltungsmaßnahmen überfallen konnten. Der Grieche Aristeas von Prokonnesos (ca. 675 v. Chr) wies als erster darauf hin, welchen Druck die Wanderungen der Nomaden im Steppenland ausübten. Er bemerkte, daß die Völker hier »unablässig ihre Nachbarn bedrängen«.

Unabhängig davon, welch ethnischen Ursprungs sie waren, läßt sich bei allen Steppenvölkern eine kulturelle Gemeinsamkeit und Kontinuität feststellen. So fanden sich Gegenstände, die Herodots Beschreibung der Skythen gleichen, in den Gräbern von Pasyryk (5.–3. Jahrhundert v. Chr.). Sie waren hier, am entgegengesetzten Ende der skythischen Welt, durch den Permafrost des Altai-Gebirges in Westsibirien konserviert worden.

*Links:* Eine Lederapplikation von einem Sattel aus einem Hügelgrab (5. Jahrhundert v. Chr.) in Pasyryk. Die verzerrten Umrisse des Wildes und seines Angreifers sind typisch für die kraftvolle, stilisierte Kunstform der Nomaden, die im skythischen Tierstil ihren Höhepunkt erreicht.

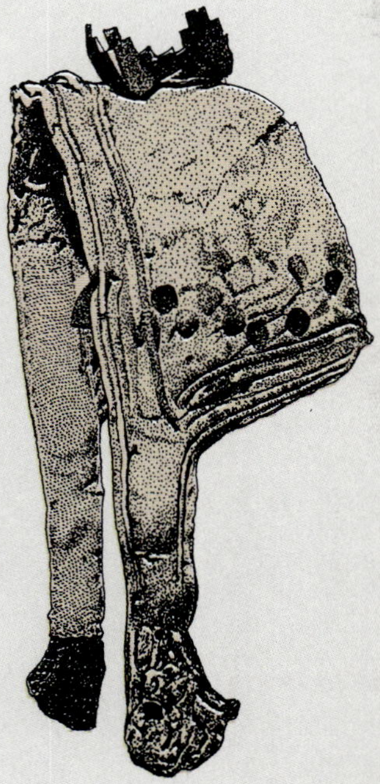

*Links:* Ein Knauf in Form eines Greifenkopfes. Der Greif hält den Kopf eines Rehes in seinem Schnabel. Knäufe mit Tiermotiven sind in den alten Steppenkulturen allgemein verbreitet und stellen vermutlich Familientotems dar.

*Rechts:* Dieser Behälter aus Pasyryk ist aus vier mit Sehnen zusammengenähten Lederstücken hergestellt und mit Applikationen (ebenfalls aus Leder) verziert. Das stilisierte Pflanzenmotiv deutet auf die Verwendung als Behälter für Kräuter oder Samen hin.

*Oben:* Ein Schwan aus Filz. Gruppen dieser Vögel, deren Gestaltung auf chinesischen Einfluß hinweist, gehörten zur Applikationsverzierung der Hülle von Leichenwägen. Die Wägen wurden zusammen mit den Toten begraben.
Die Gräber von Pasyryk wurden zwar im Altertum aller Edelmetalle beraubt, haben aber im Eis interessante Textilien bewahrt, die Einflüsse aus China und Iran verraten. Darunter befindet sich der älteste bekannte Webteppich.

*Oben:* Diese Kopfbedeckung eines Mannes ist aus Filz gearbeitet und weist Applizierungen von feinem Leder auf. Ein Lederstreifen verstärkt die Ränder, und oben wurde eine Verzierung aus dickem Leder aufgenäht. Ähnlich praktische und zugleich dekorative Kopfbedeckungen mit langen Seitenklappen werden immer noch gegen die beißende Kälte der Steppe getragen. Der Filz bot auch einen gewissen Schutz gegen Kopfverletzungen im Kampf.

## ZWEITER TEIL

# DIE HISTORISCHE ENTWICKLUNG

# DIE STAATSBILDUNG

### Die frühen Stämme

Das erste Zeugnis über die Bewohner des heutigen Rußland stammt von Herodot im 5. Jahrhundert v. Chr. Er und nach ihm weitere antike Historiker interessierten sich für die Regionen, die nördlich der Schwarzmeerküste lagen, an der es schon lange griechische Kolonien gab. Jenseits davon lebten die Skythen, Nomaden, die das Steppenland anscheinend um 700 v. Chr. erobert hatten und zum Teil entlang den großen Flußtälern seßhaft geworden waren. Sie bauten Getreide an, das sie mit Sklaven, Wachs und anderen Handelswaren in die griechischen Kolonien exportierten. Sie – oder zumindest ihre herrschende Klasse – waren iranischer Abkunft und deshalb in griechischen Augen Barbaren. Aber im Verlauf von mehreren Jahrhunderten kamen sie mit den Griechen zu einem modus vivendi, wobei die Skythen zum Teil gräzisiert wurden. Die schönen Grabbeigaben (meist persönliche Schmuckstücke), die man in den zahlreichen Grabhügeln im Steppenland gefunden hat, bezeugen diesen Einfluß. Die kulturelle Vermischung und die Handelsbeziehungen bestanden weiter, als die skythischen Gebiete um 200 v. Chr. durch ein anderes iranisches Nomadenvolk, die Sarmaten, erobert wurden. Ihr Stammesverband scheint auch ein starkes slawisches Element umfaßt zu haben, wenn auch Einzelheiten ungewiß sind.

Vom 3. Jahrhundert n. Chr. an tritt die Geschichte der südrussischen Gebiete in eine unruhige Periode ein. »Das Bild, das wir uns nach den schriftlichen Quellen machen können, ist das einer verwirrenden Reihe von Stämmen und Völkern, die alle paar Jahrhunderte in der Steppe einander ablösten und sich gegenseitig von der Landkarte vertrieben« (D. Obolensky). Diese Entwicklung setzte im frühen 3. Jahrhundert ein, als ein östlicher Zweig der germanischen Sprachfamilie, die Goten, südostwärts zur Küste des Schwarzen Meeres wanderte. Ein Teil wurde dort seßhaft und gründete ein bis 375 bestehendes Reich, ein anderer Teil zog nach Westen, bedrohte Byzanz und besiegte den Kaiser Valens 378 in der Nähe von Adrianopel. Bis in neuere Zeit gab es noch eine gotische Restgruppe auf der Krim. Im 4. und 5. Jahrhundert waren es dann die Hunnen, die über die Steppe und tief nach Europa hineindrängten und sich unter Attila den Ruf ausgeprägter Grausamkeit erwarben. Sie sind ethnisch schwer einzuordnen und haben anscheinend mongolische, finno-ugrische und Turk-Elemente umfaßt. Mit der einzigen Ausnahme der finno-ugrischen Magyaren im 9. Jahrhundert, deren Sprache mit dem Finnischen und Estnischen entfernt verwandt ist, waren danach alle Invasoren aus dem Osten Turkvölker. Ihre unterschiedlichen Schicksale hingen davon ab, ob und wie dauerhaft es ihnen gelang, sich von der nomadischen auf die seßhafte Lebensweise umzustellen.

Frühe Nachfolger der Hunnen waren die Bulgaren, deren Territorien sich in zwei weit auseinanderliegende Teile spalteten. Die besser bekannte Gruppe folgte dem Küstenverlauf des Schwarzen Meeres ins heutige Bulgarien, wo sie im 7. Jahrhundert inmitten der gerade seßhaft gewordenen Südslawen eine Kriegerelite bildeten. Aus der sich ergebenden ethnischen Verbindung entstand ein mächtiger Balkanstaat. Innerhalb weniger Generationen hatte sich die slawische Sprache durchgesetzt. Manchmal war dieser Staat ein Verbündeter, öfter aber ein herausfordernder Rivale der Byzantiner bis zur Eroberung durch die Osmanen am Ende des 14. Jahrhunderts. Er wurde im 9. Jahrhundert von Nachfolgern des Kyrill und Method christianisiert, ein Ereignis, das seine Auswirkungen auf den frühen russischen Staat hatte, der zu seinen südslawischen Nachbarn engen Kontakt pflegte. Der zweite bulgarische Staat entstand in einem Gebiet, das heute im östlichen Mittel-Rußland an der wichtigen Verbindung zweier Wasserstraßen liegt: der Mündung der Kama in die mittlere Wolga. Seine Metropole war Groß-Bulgar unweit vom jetzigen Kasan. Auch dieser Staat überstand verschiedene Wechselfälle seiner Geschichte und überlebte bis ins späte Mittelalter. Anders als ihre Vettern auf dem Balkan konvertierten die Wolgabulgaren in früher Zeit zum Islam und blieben jahrhundertelang das einzige muslimische Volk, das direkten Kontakt mit den Russen hatte.

Mittlerweile besetzte ein anderes Turkvolk mit mongolischen Komponenten, die Awaren, von der Mitte des 6. Jahrhunderts an die Pontische Steppe und das Donautal, bis ihr Reich zweieinhalb Jahrhunderte später plötzlich zusammenbrach. In der *Nestorchronik* findet sich der sprichwörtliche Satz: »Verschwunden wie die Obry (Awaren).« Ihr Untergang stand im Zusammenhang mit dem Aufstieg eines weiteren Turkvolkes, der Chasaren. Dem Chasaren-Reich waren viele Nachbarn, darunter auch die Wolgabulgaren und einige ostslawische Stämme, tributpflichtig. Es hatte sein Zentrum in den Städten am Unterlauf der Wolga (Itil), des Don (Sarkel) und des Terek an seiner Einmündung in das Kaspische Meer (Samandor). Die Chasaren zeigten einen gut entwickelten geopolitischen Sinn. Zwar nahm eine ausgedehnte Wüstenfläche einen breiten Raum im Zentrum ihres Territoriums ein, aber diese Wüste war von landwirtschaftlich nutzbaren Flußtälern durchzogen, die zu den wichtigsten Handelsstraßen im Nahen Osten gehörten. Der alte Überlandtransport zwischen den Flüssen Wolga und Don, die in der Nähe des heutigen Wolgograd nur 40 Kilometer entfernt lagen, befand sich in ihrer Hand, ebenso die gesamte Landenge zwischen dem Kaspischen und dem Schwarzen Meer, die Kuban-Niederung nördlich des Kaukasus.

Diese Region hatte große strategische Bedeutung, was die Byzantiner (die versuchten, mit den Chasaren gute Beziehungen zu pflegen) sehr wohl wußten. Es waren die Chasaren, die sich im 8. Jahrhundert opferten und dem östlichen Vorstoß des arabisch-islamischen Angriffs die Spitze brachen. Die Chasaren brachten Frieden, Stabilität, eine »internationale« Einstellung und Toleranz auf religiösem Gebiet. Letzteres führt uns zu dem einzigartigen Kennzeichen des Chasaren-Staates. Als, vermutlich im 9. Jahrhundert, seine herrschende Klasse sich entschloß, eine der Hochreligionen der Welt anzunehmen, wandte sie sich keiner der naheliegenden Möglichkeiten – Christentum oder Islam – zu, sondern dem mosaischen Glauben: Dies ist die einzige Konversion eines ganzen Volkes zum Judentum, die wir in der Geschichte kennen. Verschiedene Historiker, darunter Arthur Koestler, haben Vermutungen angestellt, ob nicht die große jüdische Bevölkerung in Osteuropa in späteren Jahrhunderten zumindest zum Teil auf das Vermächtnis der Chasaren zurückzuführen ist.

*Oben:* Diese Goldmünze (ca. 360–340 v. Chr.) mit dem Bild eines bärtigen Satyrs stammt aus der alten Stadt Panticapaeum auf dem Territorium des heutigen Kertsch. Kertsch kontrollierte den »kimmerischen Bosporus«, eine Meerenge, die den Zugang zum Asowschen Meer, zur Mündung des Don und zur von den Skythen beherrschten Steppe ermöglichte. Griechische Kolonien am Schwarzen Meer, die mit Sklaven, Getreide, Gold und anderen Waren handelten, gehen auf vorklassische Zeit zurück. Kertsch liegt auf der Krim, die bis in die spätbyzantinische Periode ein griechischer Außenposten blieb. Auf der gegenüberliegenden Seite der Meerenge befand sich das altrussische Fürstentum Tmutorokan, das im 10. und 11. Jahrhundert seine Blütezeit hatte.

**Rechts: Osteuropa und die byzantinische Welt im 10. Jahrhundert**
Eine Reihe von Mächten vor allem türkischer Herkunft setzten sich nacheinander entlang dem Steppengürtel fest, der die Kiewer Rus vom Byzantinischen Reich trennte. Das größte und einflußreichste Reich war Chasarien, das die wichtige Handelsstraße Don-Wolga und die strategische Region nördlich des Kaukasus kontrollierte. Die immer diplomatisch klugen Byzantiner achteten auf gute Beziehung zu den Chasaren. Lange Zeit brachten die Chasaren Frieden und Stabilität in diesen Raum, aber in den 60er Jahren des 10. Jahrhunderts bestritt Fürst Swjatoslaw von Kiew ihr Recht, von einigen ostslawischen Stämmen Tribut zu verlangen. Seine erfolgreichen Feldzüge durch Chasarien und später weiter westlich gegen die Donaubulgaren brachten riesige Gebiete unter seine Herrschaft. Die Verlegung der russischen Hauptstadt südlich nach Perejaslawez irritierte die Byzantiner, und sie erzwangen seinen Rückzug nach Kiew. Auf dem Weg dorthin geriet er am Dnjepr in einen Hinterhalt und wurde von Steppennomaden getötet.

Im 9. Jahrhundert waren die Verhältnisse reif für den Zusammenschluß und die politische Entwicklung der ostslawischen Stämme zu einer großen Nation – es entstand das Kiewer Rußland. Schauplatz war ein Dreieck, in dem widersprüchliche kulturelle und politische Kräfte aneinanderstießen. In der südöstlichen Ecke dieses Dreiecks herrschten die Chasaren. Ihre Pax Chasarica brachte der unruhigen Steppengrenze Stabilität, daß sie aber den Handel mit Tributen belegten und Kontrollen ausübten, verärgerte offensichtlich die Slawen. Die südwestliche Ecke grenzte an das Byzantinische Reich, das vom Anfang des 9. bis Mitte des 11. Jahrhunderts auf dem Höhepunkt seines frühmittelalterlichen Ruhmes stand. Seine Hauptstadt Konstantinopel war mehr als nur der Umschlaghafen des östlichen Mittelmeerhandels: Es war die größte Stadt der Welt, die Metropole der Christenheit, in der man das Königreich Gottes auf Erden verwirklicht sah. Es war dies die große Zeit der byzantinischen Missionsbestrebungen, eng verknüpft mit diplomatischen und politischen Anstrengungen, um die Nordgrenze zu sichern. Handel, Religion und Politik brachten die frühen Russen in den Bereich byzantinischer Interessen. Die Russen schreckten die Byzantiner vom 8.–10. Jahrhundert mit einigen räuberischen Überfällen auf. Als konstruktiver erwies sich die Einrichtung der berühmten Handelsstraße den Dnjepr hinab und dann nach Konstantinopel. Denkwürdig be-

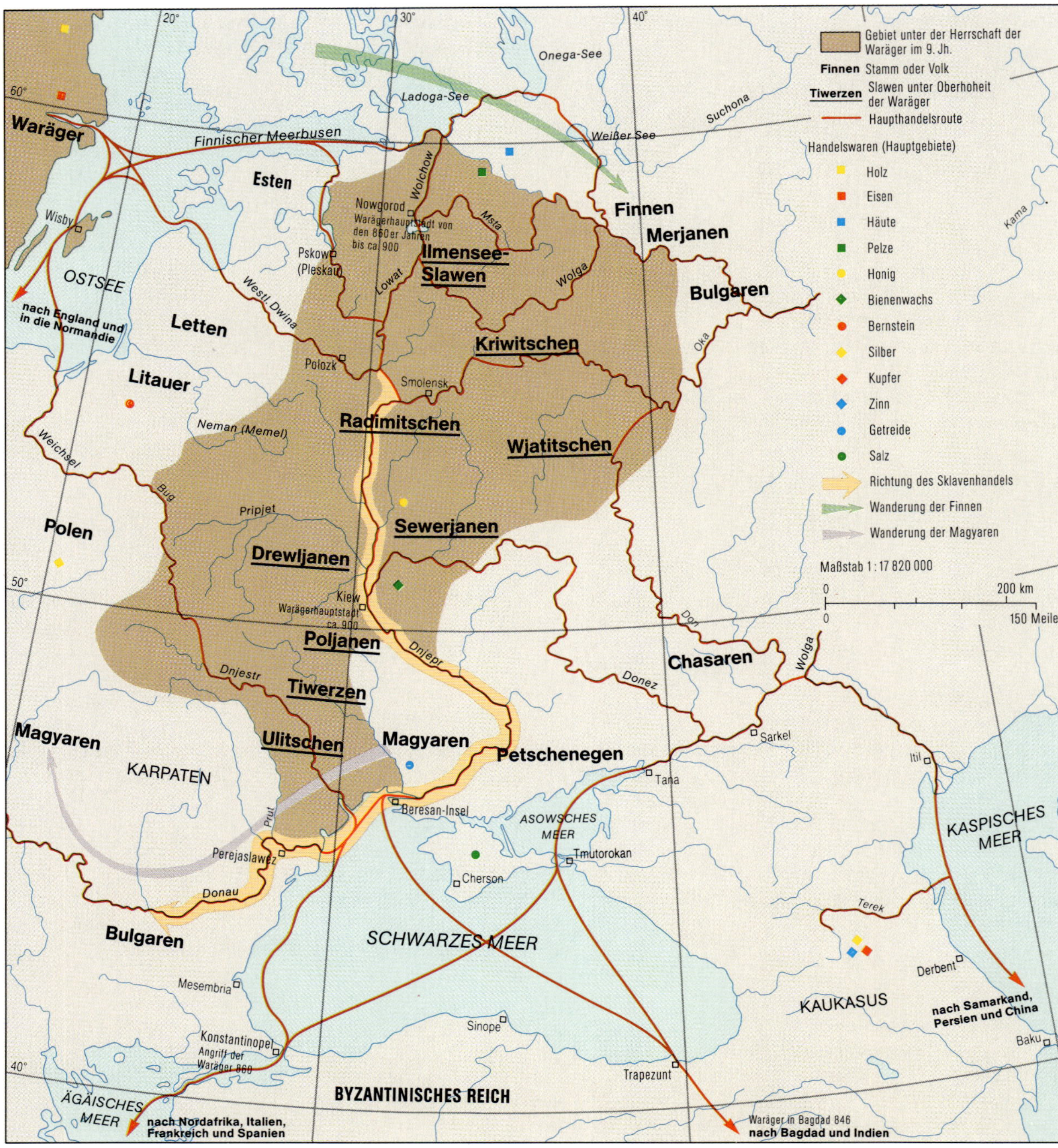


**Rußland und die Waräger**
Der erstaunliche Expansionsdrang, der die skandinavischen Völker im 9. und 10. Jahrhundert veranlaßte, weite Teile Nord- und Westeuropas zu kolonisieren, hatte auch auf Osteuropa tiefreichende Auswirkungen. Im frühen 9. Jahrhundert überquerten wagemutige Männer aus Schweden die Ostsee auf der Suche nach Handelsrouten zuerst nach Samarkand und Chiwa (über die Wolga). Dabei beuteten sie auch die Ressourcen der nördlichen Länder aus, durch die sie kamen: Bernstein, Honig, Bienenwachs, Pelze, Sklaven. Die Zahl der Wikinger (von den Russen und Griechen »Waräger« genannt), die seßhaft wurden, war offensichtlich nicht allzu hoch, und die Beziehungen zu den einheimischen slawischen und finno-ugrischen Völkern waren im allgemeinen kooperativ.
Die Nachkommen des halblegendären Rjurik ließen sich als Herrscherdynastie eines mehr oder weniger geeinten Rußland in den 60er Jahren des 9. Jahrhunderts zunächst in Nowgorod nieder; um 900 war die Hauptstadt südwärts nach Kiew verlegt worden. Obgleich die Rjurikiden und ihre Gefolgsleute *(druschina)* bald slawisiert waren, bestanden Kontakte mit Skandinavien bis ins 12. Jahrhundert. Auch Eheverbindungen mit den königlichen Häusern Mittel- und Westeuropas waren normal. Die Karriere von Harald Hardradi (»der Strenge«, Sohn des vertriebenen norwegischen Königs Olaf) konnte deshalb im 11. Jahrhundert so Unterschiedliches umfassen wie den Dienst in der kaiserlichen Leibwache in Konstantinopel, die Heirat mit der Tochter von Jaroslaw dem Weisen und den Versuch, auf den Thron von England zu gelangen.

schreibt dies in der Mitte des 10. Jahrhunderts der Kaiser von Byzanz, Konstantin VII. Porphyrogennetos, in seinem Werk *De administrando imperio*; aus einer anderen Sicht wird es in der russischen *Nestorchronik* dargestellt.

### Die Ankunft der Wikinger

Der dritte Teil des Dreiecks im Norden und Nordosten wurde von den Wikingern eingenommen. Die Geschichte ihres Eindringens nach Rußland ist unklar und widersprüchlich. Die Wikinger (in russischen Quellen *warjagi*, »Waräger«, genannt), hatten Anfang des 9. Jahrhunderts, vielleicht sogar schon früher, die Ostsee überquert, um Handel zu treiben. Eine berühmte Passage in der *Nestorchronik* beschreibt ihre Handelsroute nach Konstantinopel: »Es gab einen Weg von den Warägern zu den Griechen . . .« Dieser Weg führte vom Finnischen Meerbusen über die Newa in den Ladoga-See, südlich entlang des Wolchow nach Nowgorod und dem Ilmen-See, den Lowat flußauf zu den Waldai-Höhen, dann eine kurze Strecke über Land zu den Quellflüssen des Dnjepr und schließlich den Dnjepr hinab nach Kiew. Hier setzt Konstantin Porphyrogennetos ein: Die Flotte der Waräger versammelte sich in Kiew und setzte im Frühlingshochwasser ihre Route auf dem Dnjepr fort. In der Südukraine mußten eine Reihe von Stromschnellen umschifft werden. Nachdem sie sich an einer Insel wieder vereinigt hatte, fuhr die Flotte hinab zur Küste des Schwarzen Meeres nach Konstantinopel (für die Waräger *Miklagarth*, für die Slawen *Zargrad* – Stadt des Kaisers). Wie sie stromaufwärts wieder zurückkamen, wird nicht berichtet. In Konstantinopel verkauften sie ihre Ladungen: Pelze, Bienenwachs, Honig, Bernstein und Sklaven.

Doch an der Geographie dieser großen Waräger-Route ist etwas seltsam. Wenn sie einfach von Skandinavien nach Byzanz gelangen wollten, ist es wenig glaubhaft, daß sie ihre Reise um viele Kilometer verlängerten, indem sie den Weg über den Finnischen Meerbusen wählten. Die Route entlang der Newa macht nur Sinn, wenn die Waräger zu jener Zeit bereits Umschlagplätze in diesem Gebiet besaßen. Dies trifft mit Sicherheit für Aldeigjuborg (russisch Ladoga) zu, vermutlich auch schon für Nowgorod und Staraja Russa am südlichen Ufer des Ilmen-Sees. Es steht in der Tat fest, daß die ersten Warägerexpeditionen nicht nach Süden, sondern nach Osten erfolgten: zum

Oberlauf der Wolga, durch das Territorium der Bulgaren und Chasaren bis zum Kaspischen Meer. Der natürliche Anziehungspunkt in diesem Teil der Welt war das islamische Kalifat, dessen Schwerpunkt Mitte des 8. Jahrhunderts nach Osten in die neugegründete Hauptstadt Bagdad verlegt worden war. Die nächstliegende Route vom Finnischen Meerbusen zur Wolga verlief über den Ladoga-, den Onega- und den Weißen See (Beloje Osero) sowie über die Scheksna. Fast ebensogut (obgleich durch nicht so ruhige Flüsse führend) war die südlichere Route über Nowgorod, dann entweder auf der Msta, über Land bei Wyschnij Wolotschjok zur Twerza oder durch den Seliger-See. Auf der nördlichen Route kam man kaum, wenn überhaupt, durch von Slawen bewohntes Gebiet, die südlichere berührte das Land der Slowenen *(sloweny)*.

Die Wendung der Waräger nach Süden steht sicherlich im Zusammenhang mit der Entwicklung von Nowgorod (wörtlich »Neue Stadt«) als Stützpunkt und Handelsposten. Es gibt keine Nachrichten, daß es hier zu Blutvergießen und Terror gekommen wäre, und es scheint, daß schon in einem frühen Stadium zwischen Warägern und Slawen ein Abkommen geschlossen wurde. Die *Nestorchronik* erzählt eine seltsame Geschichte, wie die Waräger vertrieben, dann aber von einer Koalition aus slawischen und finno-ugrischen Stämmen wieder eingeladen wurden, um dem Land »Ordnung zu bringen«. Dieser Aufgabe sind sie gerecht geworden, zumindest eine Zeit lang, aber sie waren nicht zugleich große Kulturträger, wie man einst geglaubt hat. Das frühe russische Recht, Religion, Literatur und Sprache zeigen zumeist nur leichte und zufällige Spuren warägischen Einflusses. Viel Kolonisation kann es nicht gegeben haben. Ortsnamen skandinavischen Ursprungs sind in Rußland fast nicht vorhanden. Im Gegensatz dazu tauchen im nördlichen Zentralrußland überall Ortsnamen finno-ugrischer Herkunft auf, dazu gehört sogar Moskwa – Moskau selbst. Die wohlbekannten Vornamen Igor, Oleg, Olga jedoch sind skandinavisch und mit der Waräger-Herrschaft verknüpft, sogar Wladimir hat, wiewohl in slawischer Form, eine vielleicht zufällige Ähnlichkeit mit Waldemar.

Die Waräger nannten das Land *gardariki* (»Reich der Städte«), wahrscheinlich wegen der zahlreichen Städte und Befestigungsanlagen, denen sie hier begegneten. Was die Waräger mitbrachten, das waren militärische, politische und kommerzielle Kenntnisse und Erfahrungen. Funde von angelsächsischen, byzantinischen und arabischen Münzen überall in Osteuropa bezeugen ihren Handel. Ein vielleicht überraschender Aspekt der Partnerschaft zwischen Warägern und Slawen war die Tatsache, daß Rußland damals in engerer Berührung mit dem übrigen Europa stand als zu irgendeiner späteren Zeit bis zum Ende des 17. Jahrhunderts. Kiewer Fürsten und Prinzessinnen heirateten in alle Königshäuser Europas ein.

Das Wort »Rus« selbst, das allgemein in dieser Periode auftaucht und sich gleichermaßen auf das Land und seine Bewohner bezieht, bedarf einiger Erklärung. Historische Untersuchungen über die Ursprünge Rußlands neigten dazu, ihr Augenmerk zu stark auf die etymologische Ableitung seines Namens zu richten. Seit der Mitte des 18. Jahrhunderts wurden die Auseinandersetzungen über diese Streitfrage – als Normannismus bekannt – mit viel nationalistischem Eifer für oder gegen die Slawen geführt. Selbst für den Verfasser der *Nestorchronik* im 12. Jahrhundert hatte die Frage politische Bedeutung, betraf sie doch in gleicher Weise die Dynastie unter der (und für die) er schrieb und den Status der Stadt Kiew: »Diese speziellen Waräger heißen Rus, so wie andere Schweden, andere Normannen, Engländer und Gotländer genannt werden ... wegen dieser Waräger erhielt das russische Land seinen Namen.« Das erstaunlichste unabhängige Zeugnis dafür stammt von Konstantin Porphyrogennetos. Er listet die »russischen« und die »slawischen« Namen der Stromschnellen auf, die bei der Fahrt über den Dnjepr überwunden werden mußten. Die »russischen« Namen erwiesen sich als skandinavische, die »slawischen« als frühe russische Wortformen (sie gehören zu den ältesten geschriebenen Belegen russischer Wörter). Zweifellos gab es deshalb im 10. Jahrhundert oder später gut informierte Leute, die Russen und Waräger gleichsetzten.

Eine sehr frühe und höchst kuriose Geschichte in einer westlichen Quelle (den Annalen von St. Bertin) berichtet, wie 839 byzantinische Gesandte an den Hof Ludwigs des Frommen in Ingelheim kamen. In ihrer Begleitung waren einige Leute, die sich Rhos nannten. Nach näherem Befragen stellte sich heraus, daß sie aus Schweden stammten. Als Beweis für die Identität der Rus (griechisch Rhos) mit den Schweden wurde in der Forschung das finnische Wort für Schweden, Ruotsi, angeführt, ebenso Roslagen, der Name einer mittelschwedischen Landschaft.

Die »antinormannische« Richtung konzentriert sich, abgesehen von einigen Doppeldeutigkeiten in der *Nestorchronik*, auf die Tatsache, daß das griechische Rhos und ähnliche Formen im Süden Rußlands schon vor dem Eindringen der Wikinger bekannt waren. Auch bezog sich Rus in frühen Quellen auf das südliche Gebiet um Kiew und nicht auf das um Nowgorod, wo die Wikinger zuerst auftraten. In der Nähe von Kiew trägt ein Fluß den bedeutungsvollen Namen Ros.

Es gibt aber auch einige verwirrende Aussagen. So tauchen in arabischen Quellen, die im allgemeinen in ihren geographischen Angaben zuverlässig sind, einzelne wunderliche Informationen auf: »Rußland ist eine Insel, die in einem See liegt, und ... umfaßt drei Tagesreisen durch Wälder und Sümpfe« (Ibn Rusta, frühes 10. Jahrhundert). Die Byzantiner setzten Rhos gleich mit einem Fürsten des Bösen, der (infolge eines Übersetzungsfehlers) laut der Prophezeiung des Ezechiel über das Gottesvolk hereinbrechen wird. Aus dieser apokalyptischen Vision erklärt sich gewiß ihre Angst, als russische Beutemacher 860 n. Chr. vor den Mauern Konstantinopels erschienen. Doch abgesehen von diesen ungeklärten Streitfragen steht fest, daß der Name Rus allgemein gebräuchlich wurde, um vor 1100 Jahren ein neues Staatswesen in Europa und seine Bewohner zu beschreiben, deren slawische Grundlage und Waräger-Komponente unlösbar verschmolzen waren mit finnischen und estnischen Elementen (den alten Russen bekannt als Tschud, Merja, Ves). Dieses Staatswesen machte in kultureller Hinsicht schnelle Fortschritte, weit über das Niveau seiner früheren Teilethnica hinaus. Im Jahr 911 kam zwischen Rußland und Byzanz der erste schriftliche Vertrag zustande, und es scheint, daß er zweisprachig geschrieben war, Griechisch und Slawisch, obgleich die meisten Namen der russischen Unterzeichner deutlich skandinavischen Ursprungs sind. Diese Wikinger, die sich auf Dauer in Rußland niedergelassen hatten, unterlagen rasch der Slawisierung.

### Quellen zur Entwicklung des Kiewer Reichs

Generell bietet die Geschichte der prämodernen Gesellschaften, je weiter wir in die Vergangenheit zurückgehen, immer weniger an materiellen Überresten und greifbaren Aussagen über die allgemeine Qualität des »täglichen Lebens«, während Informationen über politische Ereignisse, politische Dekrete und ähnliches noch verfügbar sind. Beim Kiewer Rußland liegen die Dinge nicht so einfach. Die ergiebigen Staatsarchive, die in vielen westlichen Ländern bis ins frühe Mittelalter zurückreichen, haben sich nicht erhalten, nicht nur wegen Rußlands turbulenter

Geschichte, sondern auch wegen der extremen Anfälligkeit der größtenteils aus Holz gebauten Städte für Brandkatastrophen. Spätere Kopisten haben glücklicherweise von einigen wenigen offiziellen Dokumenten Abschriften hergestellt und sie damit bewahrt. Es handelt sich um das erste geschriebene Gesetzbuch, Kirchenstatuten sowie zwei sehr frühe Verträge. Lückenhaft bleiben aber die Kenntnisse über mehrere entscheidende Punkte, wie die frühe Organisation der Kirche und das Nachfolgesystem der Kiewer Herrscher. Am schmerzlichsten vermißt werden Angaben über die Art und Weise, wie die Ansiedlung der Waräger erfolgt ist. Für bestimmte begrenzte Gebiete liegen allerdings hinreichend zuverlässige Informationen über das frühe russische Leben vor.

Einmal gibt es die architektonischen Zeugnisse. Zwar ist die Zahl der Gebäude aus der vortatarischen Periode im Verhältnis zu den erhaltenen romanischen Bauwerken in Italien, Frankreich oder England winzig, doch finden sich darunter eine Handvoll bemerkenswerter Kirchen, deren Architektur, Malereien und selbst Graffiti viel über Altrußland, seinen Reichtum, seine Ideologie und seine Kontakte nach außen aussagen. Was den weltlichen Bereich betrifft, so hat die moderne Archäologie, die erst in der sowjetischen Periode systematisch entwickelt wurde, ganz Wesentliches über die Architektur und die Lebensweise in den altrussischen Städten enthüllt (manchmal auch mit der tödlichen Hilfe von Hitlers Bomben). Häusliche Gegenstände, Grabbeigaben, Münzen (darunter arabische, byzantinische und westeuropäische) sind in bemerkenswerter Zahl zutage gefördert worden. Am weitaus ergiebigsten bei den jüngsten archäologischen Ausgrabungen erwies sich das Gebiet von Nowgorod.

Die im allgemeinen so ungünstigen geographischen Verhältnisse der russischen Waldzone – kurze Sommer, saure Böden, schlechte Entwässerung – bedeuten, daß verschiedene Orte auf Torfmooren liegen, deren Grundwasserspiegel ständig ziemlich dicht an die Oberfläche reicht. Die nördliche Großstadt Nowgorod ist das klassische Beispiel für eine solche Lokalisation. Holzgegenstände, die irgendwie in den Boden gelangten, blieben unter diesen Bedingungen ausgezeichnet erhalten, obgleich man viel Sorgfalt auf ihre Konservierung verwenden muß, sobald sie wieder der Luft ausgesetzt werden. Da in der Waldzone Holz das übliche Material war und nicht nur für den Hausbau, sondern auch für zahlreiche häusliche Geräte, für Schuhe, zum Pflastern der Straßen, für die Anlage von Befestigungen Verwendung fand, haben uns die Ausgrabungen in solchen Gebieten einen umfassenden Ein-

**Links: Osteuropa und der Mittelmeerraum in der Mitte des 11. Jahrhunderts**
Bis zur Jahrtausendwende wetteiferten die christlichen Patriarchate von Konstantinopel und Rom darum, die heidnischen Völker der slawischen Welt zu bekehren. Um die Mitte des 11. Jahrhunderts war die Verbreitung des Christentums in dieser Region im wesentlichen abgeschlossen und sollte in der Zukunft zu starken gegenseitigen Voreingenommenheiten führen: Die orthodox-katholische Trennungslinie, selbst wenn sie in der Folge etwas verwischt wurde, markiert bis auf den heutigen Tag eine wichtige kulturelle Grenze auf der Europakarte. Unter den nichtchristlichen Völkern blieben die Wolgabulgaren jahrhundertelang die einzigen Muslime, die in direktem Kontakt mit den Russen standen. Die herrschende Klasse in Litauen hielt am Heidentum fest, bis es 1385 zur dynastischen Union mit Polen kam.

blick in die Lebensverhältnisse im frühen Rußland gegeben. Im Falle Nowgorods kommt hinzu, daß es mit dem Ende des Mittelalters an Bedeutung verlor und deshalb das archäologische Material ziemlich geordnet erhalten blieb. Darüber hinaus mußte die Stadt nach dem Zweiten Weltkrieg völlig neu aufgebaut werden, was von sorgfältigen archäologischen Untersuchungen begleitet war.

An Stellen, wo alte Straßen verliefen, wurden bis zu 25 Lagen Holzpflaster übereinander gefunden, die sich mittels der Dendrochronologie recht exakt datieren ließen. In diesem Zusammenhang kamen um 1950 zahlreiche kleine und fest zusammengerollte Birkenrindenstreifen ans Licht. Als man feststellte, daß sie Spuren einer eingekratzten Beschriftung trugen, wurden sie in mühevoller Arbeit aufgerollt und, soweit möglich, entziffert. Diese Birkenrindenurkunden, in kyrillischen Buchstaben mit einem Stylus (*pisalo* – Griffel) geschrieben, verwenden die einheimische altrussische Sprache. Es handelt sich um kurze persönliche Briefe oder Notizen. Sie betreffen zumeist finanzielle Transaktionen, Schulden, gesetzliche Ansprüche, Pachtverträge und familiäre Angelegenheiten. Inzwischen sind einige hundert veröffentlicht, und der sowjetische Experte D. Janin schätzt, daß noch über 20 000 in der Nowgoroder Erde liegen dürften. Kürzlich sind die ersten Beispiele in lateinischer, griechischer und Runenschrift (skandinavischen Ursprungs) entdeckt worden. Auch eine Anzahl von Exemplaren aus anderen alten russischen Städten – davon als südlichste Smolensk – konnten inzwischen identifiziert werden. Im Gegensatz zu früheren Vermutungen läßt sich sagen, daß die Menschen in der altrussischen Gesellschaft weithin des Lesens und Schreibens kundig waren, und daß dies zumindest im Milieu der städtischen Händler als selbstverständlich angesehen wurde. (Der »Wegwerf«-Charakter der Dokumente ist bezeichnend.) Der Zweck dieser Aufzeichnungen war offensichtlich vielseitig. Es scheint, daß man sie nicht in erster Linie mit der lokalen Verwaltungsbürokratie in Verbindung bringen muß. Obgleich die Mehrzahl aus dem späten Mittelalter stammt, reichen manche in die Frühphase der christlichen Rus zurück. Zieht man auch Inschriften auf anderen Objekten (hölzerne Rechenstäbe, Keramikfragmente) in Betracht, so ist die Fähigkeit der Russen, zu schreiben und zu lesen, in die Zeit vor ihrer Bekehrung zum Christentum zu datieren.

### Literarische Quellen

Im Gegensatz zu den offiziellen Dokumenten sind die literarischen Quellen aus dem Kiewer Rußland sehr reichhaltig. Vom späten 10. Jahrhundert an übernahm die frisch konvertierte ostslawische Christenheit bereitwillig die Formen der mittelalterlichen Literatur, wie sie das orthodoxe Byzanz entwickelt hatte. Es überrascht nicht, daß die religiösen Elemente überwiegen.

Ideologische Absichten sind in einem interessanten Werk zu erkennen, das zur Gattung der geistlichen Beredsamkeit zählt: es handelt sich um die Festhomilie *Rede über das Gesetz und die Gnade*. Ihr Autor war der erste russische Metropolit von Kiew, Ilarion (Mitte des 11. Jahrhunderts). Die *Ermahnung an meine Söhne*, das sogenannte »Testament« des Großfürsten Wladimir Monomach (ca. 1100), liest sich wie eine Autobiographie, und die Anfänge partiell eigenständiger Wege, die die russische orthodoxe Kirche einschlagen sollte, lassen sich in der *Erzählung vom Leiden der heiligen Märtyrer Boris und Gleb und Lobpreis auf sie* nachweisen. Diese faktenreiche Vita berichtet von Rußlands ersten, 1015 gestorbenen Märtyrern, den Söhnen des Großfürsten Wladimir des Heiligen. Gegen Ende der Kiewer Periode entstanden einige Werke, bei denen die religiösen Inhalte deutlich hinter den säkularen zurücktreten. Hierzu gehören die gelehrtwitzige *Demütige Bitte von Daniel dem Verbannten* und vor allem das bedeutendste Œuvre der Kiewer Literatur, das anonyme *Epos von der Heerfahrt Igors* (oder *Igorlied*, ca. 1187). In freier rhythmischer Prosa mit wirkungsvoll sich entfaltenden rhetorischen Wendungen vermittelt es auch sehr deutlich zeitgenössische politische Nachrichten. Besonderes Interesse erfährt es dadurch, daß es eine dichterisch hochrangige Bearbeitung von jahrhundertealten Formen der mündlich überlieferten Heldenepik zu sein scheint. Solche epischen Gedichte, sogenannte Bylinen, wurden im Laufe der Zeit immer wieder rezitiert und überarbeitet, bis man sie dann in den letzten paar Jahrhunderten schriftlich fixiert hat. In vielen Fällen sind sie auf die Kiewer Periode zurückzuführen und bewahren offensichtlich einiges an archaischem Material.

Alle diese Quellen berichten, auch wenn es indirekt oder unabsichtlich geschieht, von der damaligen Gesellschaft und deren Anliegen. Es sollte jedoch nicht vergessen werden, daß keines der erwähnten literarischen Dokumente in zeitgenössischen Manuskripten überliefert ist, sondern nur in oft unvollständigen und fehlerhaften späteren Kopien (im Fall des *Igorliedes* wurde das einzige Manuskript beim Brand Moskaus 1812 zerstört). Ein Werk vor allem ist, abgesehen von seiner literarischen Qualität, von so anhaltendem historischen Wert, daß es jede andere Quelle in den Schatten stellt. Es handelt sich um die *Erzählung von den vergangenen Jahren*, deren Endredaktion maßgeblich dem Mönch Nestor zugeschrieben wird, der auch eine Heiligenvita von Boris und Gleb verfaßt hat. Aus dem alten Rußland sind eine Vielzahl von historischen Chroniken überliefert, die in allen wichtigen und in vielen unbekannten Orten bis ins frühe 18. Jahrhundert entstanden. Chroniken wurden nicht wie ein Tagebuch oder ähnliche Aufzeichnungen geführt, obgleich sie zweifellos zum Teil aus derartigen Notizen hervorgegangen sind. Vielmehr wurden sie neu auf der Basis von früheren

*Rechts:* Dies ist das erste der Birkenrindendokumente von den Nowgoroder Ausgrabungen 1951. Die Dokumente wurden von A. Arzichowskij identifiziert und entziffert. Mit seinen 13 eingeschnittenen Schriftzeilen ist es eines der längsten, das bisher bekannt wurde. Es führt die dörflichen Feudalabgaben an einen gewissen Foma auf und datiert aus dem 14. Jahrhundert. Diese »Wegwerf«-Dokumente, die erhalten blieben, weil sie im Torfmoor luftdicht abgeschlossen waren, stellten eine so einzigartige und unerwartete Entdeckung dar, daß es einige Zeit brauchte, bis ihre Echtheit außerhalb Rußlands akzeptiert wurde. Inzwischen sind viele Hunderte Birkenrindenurkunden publiziert worden, darunter einige aus anderen alten Fundorten, und Tausende liegen noch im Boden von Nowgorod. Sie bezeugen, daß unter den Städtern das Schreiben und Lesen weit verbreitet war.

*Links:* Ende der 80er Jahre des 10. Jahrhunderts übernahm Wladimir I. das orthodoxe Christentum. Die einzelnen bedeutsamen Schritte, die dazu führten, sind in der *Nestorchronik* wiedergegeben. Eine wichtige Episode war das Zusammentreffen Wladimirs mit einem »griechischen (d.h. byzantinischen) Philosophen« – hier abgebildet in der *Radziwillchronik* aus dem frühen 15. Jahrhundert. Der Philosoph legte die Glaubensziele ausführlich dar und zeigte dann eine Ikone vom Jüngsten Gericht. Anscheinend noch nicht überzeugt, schickte Wladimir I. Boten aus, um sich über verschiedene Religionen berichten zu lassen. Die Boten hatten an allen anderen Religionen etwas auszusetzten, während sie in Konstantinopel von der Schönheit des griechisch-orthodoxen Gottesdienstes tief beeindruckt wurden. Wladimir I. bat dann um die Hand der Schwester des byzantinischen Kaisers. Es scheint, daß bei seiner Entscheidung für das orthodoxe Christentum Vernunft, Schönheitssinn, Politik und Prestige zusammengewirkt haben.

Chroniken kompiliert, von denen man so viel wie möglich auswertete und auch anderes verfügbares Material heranzog. Klöster waren das bevorzugte, aber nicht einzige Zentrum solcher Aktivitäten. Sie erfolgten im Auftrag eines Herrschers oder vielleicht auch, um einen bedeutenden Anlaß zu feiern. Grob gesprochen hatte jede Chronik zum Ziel, die Ereignisse in der eigenen Stadt, im Kloster oder im Fürstentum des Schreibers mit der Universalgeschichte zu verknüpfen. Zu diesem Zweck beginnen fast alle späteren Chroniken mit ziemlich derselben einheitlichen Formel, indem sie den Weltlauf und die russische Geschichte von biblischen Zeiten bis zum frühen 12. Jahrhundert auf der Basis der *Erzählung von den vergangenen Jahren* darstellen.

Ohne diese sogenannte *Nestorchronik* wäre unser Wissen von den Ursprüngen und der frühen Entwicklung Rußlands fragmentarisch. Die gelegentlichen Brocken an Informationen oder Gerüchten, die sich beispielsweise in arabischen Länderbeschreibungen, byzantinischen Geschichtswerken oder isländischen Sagen finden, haben einen Wert, indem sie die Chronik ergänzen, bestätigen oder modifizieren, ergäben aber allein kaum eine zusammenhängende Darstellung.

Die Chronik ist außer in ihren ersten wenigen Seiten in der Form von separaten Einträgen für die einzelnen Jahre angelegt, ausgehend von der Erschaffung der Welt, für die als Datum 5508 v. Chr. angesetzt wird. Aber es handelt sich nicht nur um einen rein annalistischen Bericht, wie diese Struktur nahelegen mag. Die Chronik ist ein gewaltiges Kompendium unterschiedlichsten Materials, byzantinischen, russischen und vermutlichen skandinavischen Ursprungs, religiöser und säkularer, gelehrter und volkstümlicher Natur. Verschiedentlich gibt es in sich abgeschlossene Erzählungen von mehreren Seiten, wie die Geschichten vom Tod Olegs und der Blendung Wasilkos. An anderen Stellen sind vollständige Dokumente gesetzlichen oder literarischen Inhalts eingefügt (die beiden berühmten Verträge von 911 und 944, die »Rede des griechischen Philosophen« an Fürst Wladimir I. und das »Testament« von Wladimir Monomach). Zur Zerstreuung dienen eingeflochtene Anekdoten, pädagogische Betrachtungen, Bemerkungen zu Zeichen und Wundern. Lebensabrisse von einzelnen Fürsten, Heiligen und Mönchen werden manchmal dem entsprechenden Jahr zugeordnet, manchmal völlig willkürlich integriert. Als roter Faden durch dieses wahrhaft enzyklopädische Werk zieht sich das Bemühen, der Identität und der historischen Bestimmung Rußlands Ausdruck zu geben. Schon im ersten Satz legt der Chronist kühn seine Absichten klar: »Dies sind die Erzählungen von vergangenen Jahren, die betrachten, wo die Ursprünge des Landes der Rus liegen, wer die ersten Fürsten von Kiew waren, und aus welcher Quelle das Land der Rus entstand.«

Die überlieferte Fassung der Chronik geht auf das zweite Jahrzehnt des 12. Jahrhunderts zurück, doch bezieht sie sich vermutlich auf ein verlorenes Original aus der Mitte des 11. Jahrhunderts. Byzantinisch-griechische Historiker, besonders Georgios Hamartolos, der namentlich zitiert ist, wurden herangezogen, um einen verläßlichen chronologischen Rahmen zu schaffen. Von der Regierungszeit des byzantinischen Kaisers Michael III. (842–867) an verfügt der Chronist über eine genaue, wenn auch nicht immer fehlerfreie Datierung der von ihm berichteten Ereignisse und ordnet sein Material dementsprechend an. Michaels Herrschaft markiert einen Einschnitt in die Geschichte der slawischen Völker. In seine Zeit fällt die große Christianisierungsmission von Kyrill und Method in Mähren und der Eintritt der Russen in die europäische Geschichte mit dem Überfall von Askold und Dir auf Konstantinopel (860). Für vorhergehende Ereignisse, zumindest in Rußland, ist der Chronist auf undatierte und oft mythologische mündliche Quellen angewiesen, aber er läßt sich nicht entmutigen. So führt er uns in einem einzigen, überaus interessanten »Essay« vom biblischen Bericht über die Aufteilung der Welt unter den drei Söhnen Noahs zu den Territorien der Slawen und ihren Stammesunterteilungen, zu einer Darstellung des Landes Rußland selbst, seinen geographischen und ethnischen

**Rechts: Das Kiewer Rußland**
Die Ostslawen, die sich in den Stromtälern des heutigen europäischen Rußlands, Weißrußlands und der Ukraine niederließen, vereinigten sich zu etwa einem Dutzend großer Stammesverbände mit vielen von Mauern umschlossenen Siedlungen. Die Waräger nannten dieses Gebiet *gardariki* (»Reich der Städte«). Unter der Führung von Oleg eroberte die warägische Rjurikiden-Familie in den 80er Jahren des 9. Jahrhunderts Kiew und öffnete die Nord-Süd-Handelsroute von der Ostsee über den Dnjepr bis zum Schwarzen Meer. Dies war die Geburtsstunde der Kiewer Rus, des größten Staates des frühmittelalterlichen Europa, der wirtschaftlich und kulturell keineswegs rückständig war.
Der Fürst von Kiew (später trug er den Titel »Großfürst«) betraute jüngere Mitglieder des Herrscherhauses mit der Regierung anderer Städte, wobei es häufig zu Ortswechseln kam. Als zweitwichtigste Stadt galt Tschernigow, als drittwichtigste Perejaslawl. (Die Existenz unabhängiger Fürstentümer wie zum Beispiel Turow-Pinsk ist von einigen Historikern angezweifelt worden.) Kiew hatte auch einen Vorposten in Tmutorokan am Schwarzen Meer. Während mächtige Kiewer Fürsten (besonders Wladimir I., Jaroslaw der Weise, Wladimir II. Monomach) das ganze Reich zusammenhalten konnten, setzten sich unter weniger starken Herrschern lokale Unabhängigkeitsbestrebungen durch. Die untere Dnjepr-Region und Kiew selbst waren Angriffen der Petschenegen und anderer Volksstämme aus dem Osten ausgesetzt, und in der Mitte des 12. Jahrhunderts gab Kiew seine Kontrolle über die nordöstlichen Wälder an Wladimir ab.

Verhältnissen bis zur Gründung seiner wichtigsten Städte sowie zur Einsetzung einer Herrscherdynastie warägischen Ursprungs in einem geeinten Staat.

## Die Kiewer Rus

Auf seinem Höhepunkt um die Jahrtausendwende war das Kiewer Reich der größte Staat im frühmittelalterlichen Europa und keineswegs kulturell oder politisch vom übrigen Europa isoliert. Als Anfang seiner Geschichte kann der Angriff der Kiewer Herrscher Askold und Dir (18. Juni 860) auf Konstantinopel angesetzt werden, oder vielleicht auch die etwas spätere Zwangsvereinigung von Kiew mit Nowgorod durch Oleg um 882. Durch die offizielle Annahme des Christentums 988/89 läßt sich eine kulturelle Unterteilung in eine heidnische und eine christliche Periode vornehmen. Vom politischen Standpunkt aus gab es eine Zäsur von 1132–1135, als ein mehr oder weniger einheitlicher Staat in über ein Dutzend einzelne Teile auseinanderzufallen schien, wobei Kiew selbst Hauptstadt blieb und nur kurzfristig durch Wladimir ersetzt wurde.

Ein nicht so offensichtlicher historischer Einschnitt ist um die Mitte des 11. Jahrhunderts auszumachen. Damals wurde Kiew kulturell »mündig« während der langen Herrschaft von Jaroslaw (1019–1054), ein gelehrter Russe, Ilarion, wurde erstaunlicherweise 1051 zum Metropoliten der russisch-orthodoxen Kirche gewählt, und mit der vermutlich ersten Kompilation einer umfassenden russischen Chronik begann sich ein Nationalbewußtsein zu entwickeln. Auch die Vollendung der Sophien-Kathedra-

le in Kiew *(siehe Seiten 48/49)* fällt in diese Zeit. Erst von da an haben sich viele architektonische und literarische Zeugnisse aus der Kiewer Rus erhalten, davor ist kaum etwas überliefert. Aber in dieser Periode bahnten sich durch die ungeschickte Teilung von Jaroslaws Erbe 1054 unter seine Söhne auch schon zukünftige politische Schwierigkeiten an. Zudem erschienen in der Steppe neue Feinde in Gestalt der Polowzen oder Kumanen.

Um die Geschichte des Kiewer Reiches zu verstehen, muß man sich die Polaritäten und Spannungen vergegenwärtigen, die unter seiner Oberfläche schwelten und seine Dynamik wie seine Schwäche ausmachten. Dazu gehörte als geographischer Faktor der Gegensatz zwischen Waldland und Steppe, zwischen seßhafter und nomadischer Lebensweise, der sich in der gesamten russischen Geschichte immer wieder als Negativum erwiesen hat. Andere Faktoren sind geopolitischer Natur, insbesondere der latente Konflikt zwischen den gewaltsam verbundenen Partnern Nowgorod und Kiew, die die nördlichen beziehungsweise südlichen Teile der Handelsroute kontrollierten, den »Weg von den Warägern zu den Griechen«. Auch Nationalitätenprobleme spielten eine Rolle. Zwischen den einheimischen Slawen und den skandinavischen Neuankömmlingen sowie zwischen den verschiedenen Stämmen mit ihren unterschiedlichen Bräuchen ließ sich nicht leicht ein Konsens herstellen. Diese Spannungen verstärkten sich durch soziale Faktoren, als während der Kiewer Periode Clan-Beziehungen von einer stark differenzierten Klassenstruktur ersetzt wurden und es schließlich zu einer Annäherung an den Feudalismus kam. Die vielleicht explosivste Situation – was in einem so weiträumigen Territorium unter schwierigen Kommunikationsbedingungen nur erwartet werden mußte – schuf der Machtkampf zwischen den zentralistischen Kräften einerseits und den föderalistischen andererseits, eine Kluft, die auch in der heutigen Sowjetunion noch weit von ihrer Lösung entfernt ist.

Das Kiewer Rußland projizierte in spätere Zeitalter das Bild einer vergleichsweise friedlichen, stabilen und wohlhabenden Welt, gleichwohl existierte es – wie die meisten Staaten in der Geschichte – in einer Atmosphäre latenter oder tatsächlich akuter Kriegführung. Die meisten seiner nichtrussischen Nachbarn stellten zu irgendeinem Zeitpunkt eine militärische Bedrohung dar, aber die kräftezehrendste und unverminderste Gefahr kam von der südlichen Steppengrenze, der Kiew selbst ausgesetzt war. Jahr um Jahr griffen die Petschenegen und später die Polowzen die Handelskonvois an, machten schließlich dem Warenverkehr auf der südlichen Route nach Konstantinopel ein Ende und störten empfindlich das geregelte Leben der seßhaften Bauern. Am Anfang der Kiewer Geschichte stehen die Rus als Tributpflichtige einer großen Steppenmacht, der Chasaren; das Ende kommt mit der Eroberung durch ein anderes Steppenvolk, die Tataren oder Mongolen. Als verhängnisvoll wirkte sich aus, daß das frühe Rußland durch einen mörderischen dynastischen Krieg geschwächt war, der manchmal mit geringem Einsatz geführt wurde, um dann wieder in einen Kampf auf Leben und Tod auszuarten. Solche Streitigkeiten untereinander, die normalerweise in Rivalitäten, Habgier oder Fehden innerhalb der regierenden Dynastie ihre Ursache hatten, fraßen sich immer tiefer, da die Zweige des Herrscherhauses sich nach der Regierung von Wladimir I. und Jaroslaw stark vermehrten. Erst im späten 15. Jahrhundert sollte dieses Problem eine dauerhafte Lösung in der rücksichtslosen Zentralisierung unter Moskaus Führung finden. Allerdings gab es immer wieder Versuche von weitsichtigen Männern, die Schwäche und Zerrissenheit des Landes zu überwinden. Abkommen zwischen Fürsten, ihre Differenzen fallenzulassen, setzten Kräfte frei, um gemeinsam die Eindringlinge aus der Steppe zurückzuschlagen. Das sind die ideologischen Bezüge des *Igorlieds* aus der späten Kiewer Periode. Zu Beginn des 12. Jahrhunderts gelang es, wenn auch nur kurzfristig, unter dem Einfluß von Wladimir II. Monomach das Reich wieder weitgehend zu einigen.

**Die Übernahme des Christentums**

Die frühen Herrscher Rußlands bleiben als historische Persönlichkeiten verschwommen. Dies gilt im besonderen für Rjurik, den angeblichen Gründer der Dynastie, der in allen Quellen vor der *Erzählung von den vergangenen Jahren* nicht bezeugt ist und gänzlich der Legende anzugehören scheint. Die nächsten Fürsten von Kiew – Oleg (gestorben 913), Igor (gestorben 945), Swjatoslaw (gestorben 972), Jaropolk (gestorben 978 oder 980) und Wladimir der Heilige (978/80–1015) – nehmen allmählich klarere Konturen an, wenn ihre belegten Taten auch noch von vielen Legenden umrankt sind. Sie herrschten in dem Sinn, daß sie fähig waren, ihren Willen mit Waffengewalt durchzusetzen, begannen indes nur ganz allmählich die Rus zu regieren und zu einem erkennbaren »Staatswesen« zu formen.

Wahrscheinlich waren jedoch die Ostslawen durchaus fähig, innerhalb der Grenzen ihrer Stammesgesellschaft Gerichtswesen, Religion, Landwirtschaft und vielleicht den Handel entsprechend ihren Bräuchen zu regeln. Lange vor der Ankunft der Waräger sprachen byzantinische Quellen (Prokopios, Pseudo-Maurikios) von der »Demokratie« der Slawen: »Alles, was ihr Gemeinwohl betrifft, sei es gut oder schlecht, wird an das Volk verwiesen«. Schon in der Frühzeit der Kiewer Periode, als die wichtigeren Städte eine steigende Bevölkerungszahl anzogen, entstanden erste Formen einer Volksversammlung (*wetsche,* von *weschtschat* – sprechen). In einigen Städten, besonders in Nowgorod, waren ihre Machtbefugnisse so groß, daß seit dem frühen 12. Jahrhundert die Rechte der Fürsten stark beschnitten wurden: Die Nowgoroder Fürsten spielten gerade noch die Rolle von Militärbefehlshabern, die nach dem Willen der Bürger ernannt oder entlassen wurden. Es scheint klar, daß soziale Differenzierung, das System der Grundherrschaft und ähnliche Voraussetzungen für eine Abkehr von der Stammes- oder Clangesellschaft sich unter den Slawen unabhängig von der Präsenz der Waräger entwickelt haben. Was als das eigentliche politische Erbe der Waräger in Rußland gelten muß, ist die große, auf Ausbeutung beruhende Kluft zwischen dem Herrscher und den Beherrschten. Zu manchen Zeiten wurde diese Kluft durch geschickte Regierungskunst oder den Einfluß von politischen und religiösen Ideen gemildert, aber das Problem taucht in der russischen Geschichte immer wieder auf, besonders in der Art, wie im Moskauer Staat »patrimoniale« Autorität ausgeübt wurde.

Die ersten Schritte in Richtung auf eine systematisch organisierte Regierung scheint Olga unternommen zu haben, die Witwe Igors, die für ihren minderjährigen Sohn Swjatoslaw von 945–962 die Regentschaft hatte. Sie regelte den Steuereinzug, befriedete den rebellischen Drewljanen-Stamm (von dem Igor wegen seiner willkürlichen Tributforderungen erschlagen worden war) und errichtete ein Netz befestigter Posten. Sie konvertierte zum Christentum und stattete 957 Konstantinopel einen Besuch ab, wovon ein byzantinischer Bericht überliefert ist. Swjatoslaw jedoch war eine ganz andere Persönlichkeit: Er war der Inbegriff des heidnischen Abenteurers und Kriegers nach Art der Wikinger, auch wenn er einen durch und durch slawischen Namen trug. Hundert Jahre lang hatte die Rju-

Diese seltene Goldmünze aus der Regierungszeit Wladimirs I. (978/80–1015) zeigt den Fürsten mit einem heraldischen Emblem über seiner Schulter. Die Inschrift lautet: »Wladimir und dies ist sein Gold.«

rikiden-Dynastie mit ihren Gefolgsleuten *(druschina)* Kiew nicht nur als Handelsposten für die jährlich nach Süden fahrende Flotte benutzt, sondern auch als vorgeschobene Ausgangsposition für gelegentliche, weitreichende Überfälle in das Gebiet des Schwarzen Meeres und sogar noch darüber hinaus. Swjatoslaw setzte fürstliche Verwandte ein, die während seiner Abwesenheit in den größeren russischen Städten nach dem Rechten sehen sollten, und widmete sich einer Reihe solcher Beutezüge. Er gilt zweifellos als der erfolgreichste russische Feldherr vor Suworow, der rund 800 Jahre später in den Diensten Katharinas II. stand.

Mitte der 60er Jahre des 10. Jahrhunderts kam es Swjatoslaw zu Ohren, daß ein russischer Stamm noch immer den Chasaren Tribut zahlte. Daraufhin verheerte er die Städte der Chasaren und zerstörte endgültig deren Reich. Dann wandte er sich nach Westen und fiel, von den Byzantinern ziemlich überstürzt gedrängt, in Bulgarien ein. Einige Jahre gebot er über ein riesiges Territorium als Nachfolger all der kurzlebigen Steppenmächte. Es scheint, daß er und zwei oder drei nachfolgende Kiewer Großfürsten sogar den Titel des Chasarenherrschers, *kagan*, führten. Swjatoslaw gefiel es so gut auf dem Balkan, daß er 969 die Verlegung seiner Hauptstadt von Kiew nach Perejaslawez am Unterlauf der Donau ankündigte, »denn das ist das Zentrum meines Reiches, und alle Waren werden hierher gebracht: Gold, Seide, Wein, verschiedene Früchte von den Griechen, Silber und Pferde aus Ungarn und von den Tschechen, und aus Rußland Pelze, Wachs, Honig und Sklaven.« Aber nach ein paar Jahren zwang ein neuer, militärisch erfahrener, byzantinischer Kaiser, Johannes I. Tzimiskes, ihn zum Rückzug nach Kiew. An den Stromschnellen des Dnjepr wurde er von den Petschenegen, einem Stamm der Turknomaden, getötet. Dies war eine Ironie des Schicksals, denn indem er die Macht der Chasaren zerstört hatte, ermöglichte er es den gefährlichen Steppenvölkern, die Südflanke des Kiewer Staats zu bedrohen – und zwar für die gesamte Dauer seiner Existenz.

Obgleich die Rjurikiden-Dynastie sporadische Kontakte mit den Warägern in Skandinavien bis weit ins 11. Jahrhundert aufrechterhielt, waren ihre Gefolgschaften anscheinend schon vor der Zeit Swjatoslaws ethnisch gemischt. Während es sich bei den Unterzeichnern des 911 mit den Byzantinern geschlossenen Vertrages überwiegend um Skandinavier gehandelt hatte, gehörten zu den Signatoren des Nachfolgevertrages von 944 zahlreiche Personen mit identifizierbaren slawischen und sogar ein oder zwei estnischen Namen. Eine neue Bindung an das russische Land ist unter der Regierung von Swjatoslaws Söhnen Jaropolk und Wladimir zu erkennen. Nachdem er seinen Bruder in einem etwas undurchsichtigen Bürgerkrieg gestürzt und getötet hatte, verweigerte Wladimir seinen Gefolgsleuten die Plünderung Kiews, entsandte statt dessen einige in die Dienste Konstantinopels und verlieh anderen Land. Unter seiner Regierung wurde Kiew zu einer der großen Metropolen Europas. Die Rus erlebte eine Blüte, und damit stellte sich dringend die Frage nach einer Staatsreligion. Das Heidentum befand sich in ganz Nord- und Mitteleuropa auf dem Rückzug, und Wladimirs Nachbarn, die Polen, nahmen in den 60er Jahren des 10. Jahrhunderts das Christentum römischer Prägung an. Wladimir löste das Problem, indem er 988/89 mit seinem Volk der später sogenannten orthodoxen Kirche von Byzanz beitrat.

Seltsamerweise schweigen sich die byzantinischen Quellen über die Ereignisse von 988/89 aus, während sie begeistert über die angebliche Konversion der Russen in den 60er Jahren des 9. Jahrhunderts sprechen. Die Umstände für diese Konversion sind unklar. Möglicherweise haben Kontakte nach dem 860 von Askold und Dir geführten Überfall auf Konstantinopel dazu geführt, daß sich ihre Nachfolger offiziell zum Christentum bekannten. Als Oleg um 882 Kiew eroberte, muß das Heidentum wieder eingesetzt worden sein, doch gab es dort in der ersten Hälfte des 10. Jahrhunderts, noch vor Olgas Bekehrung, eine christliche Präsenz, ja sogar eine Kirche. Olga mag versucht haben, eine selbständige Kirchenordnung zu begründen und die orthodoxe und römische Richtung gegeneinander auszuspielen. Auf jeden Fall erschien 962 in Kiew mit Adalbert ein angeblicher Bischof, den der Kaiser des Heiligen Römischen Reiches, Otto I., geschickt hatte. Aber er stieß nur auf heidnische Ablehnung, als Swjatoslaw an die Macht kam, und kehrte verbittert in die Heimat zurück.

Wladimir erkannte, daß eine einheitliche Staatsreligion von großer Bedeutung für sein Reich war. Er schuf zunächst ein künstliches Pantheon der verschiedenen heidnischen Gottheiten der russischen Länder, denen er Idole stiftete. Der Hauptgott sollte Perun sein, der Donnergott. Andere Götter scheinen orientalische Vorbilder gehabt zu haben. Diese künstliche Religion erwies sich als unbefriedigend, und bald führte Wladimir seine Untersuchungen weiter. Die *Nestorchronik* erzählt den ganzen Prozeß verständlicherweise in großer Ausführlichkeit und mit Ausschmückungen, die ins Mythische gehen. Gesandte kamen aus verschiedenen Ländern, um ihre Religionen in Kiew darzulegen: islamische Wolgabulgaren, Deutsche als Vertreter der römischen Kirche, jüdische Chasaren, Griechen aus Byzanz. Der »griechische Philosoph« gab eine Zusammenfassung des Christentums in beträchtlicher Länge und endete, indem er eine Ikone mit dem Jüngsten Gericht enthüllte. Damit sollte die Sache entschieden sein. Nach Darstellung der Chronik rief Wladimir jedoch seine erfahrenen, älteren Ratgeber zusammen, berichtete über seine Gespräche und schickte zehn »gute und weise Männer« aus, die persönlich die Religionen erforschen sollten.

Aus den Antworten Wladimirs und der mit der Untersuchung Beauftragten kann ein gewiß beabsichtigter komödiantischer Ton herausgehört werden. Die islamische Version des Paradieses klingt gut, aber das Alkoholverbot ist zuviel, und irgendwie stinken die Wolgabulgaren. Die Deutschen sind trist, die Juden Verlierer, ohne Vaterland, die Chasaren sind von Swjatoslaw vor 20 Jahren vernichtet worden. Aber in einer griechischen Kirche, berichten die Zehn, »wußten wir nicht, ob wir im Himmel oder auf Erden waren. Denn auf der Erde gibt es nicht solche Pracht und Schönheit, und uns fehlen die Worte, es zu beschreiben. Wir wissen nur, daß Gott dort unter den Menschen wohnt …« Selbst dieses schlagende ästhetische Argument, das bis heute viel zitiert wird, entschied das Problem noch nicht endgültig. Wladimirs Ratgeber bevorzugten eine pragmatischere Begründung: »Wenn der griechische Glaube schlecht wäre, hätte ihn unsere Großmutter Olga nicht angenommen, denn sie war weiser als irgend jemand sonst.« Selbst dann zögerte Wladimir noch. Er zog aus, um die wichtige byzantinische Stadt Cherson auf der Krim zu erobern und verlangte als Sieger Anna, die Schwester der beiden Kaiser Basileios II. und Konstantin VIII., zur Gemahlin. Alles nahm ein glückliches Ende, als er die Taufe empfing, seine »purpurgeborene« Prinzessin bekam und Cherson als Brautpreis zurückgab. Dieses außerordentliche und langwierige Drama endete mit Wladimirs Heimkehr nach Kiew und einer Massentaufe im Dnjepr. Die Entscheidung für den orthodoxen Glauben bedeutete mehr als eine reine Konfessionswahl. Das Kiewer Reich importierte mit der orthodoxen Lehre gleichzeitig viele Elemente der byzantinischen Kultur. Die Russen übernahmen nicht nur eine abstrakte Literatursprache, das Kirchenslawische, sondern erweiterten ihren Horizont auch durch griechisches Schrifttum, eine ausgefeilte Architektur mit neuen Materialien (Mauerwerk, Mosaik), eine Kunst von enormer theologischer und ästhetischer Bedeutung sowie durch eine völlig neue Musik. Hinzu kamen eine durchgeformte politische Theorie, die sich neben der Verantwortlichkeit des Herrschers gegenüber seinen Untertanen auch mit seinem internationalen Status beschäftigte und gewisse Aspekte des byzantinischen Rechtes und Erziehungssystems. Der Chronist schreibt, wie Wladimir, unmittelbar nachdem er Kirchen gegründet und eine Geistlichkeit eingesetzt hatte, damit begann, Kinder der besten Familien zum Unterricht aus Büchern zu schicken - sehr zum Verdruß ihrer Mütter. Rasch wurde des Lesens und Schreibens kundiges Personal gebraucht, und es scheint, daß die schon christianisierten Bulgaren, die ebenfalls Slawen waren, anfangs diese Lücke füllten; viele frühe Manuskripte in Rußland sind bulgarischen Ursprungs.

Der Vorteil, den Byzanz aus diesem Handel zog, selbst um den Preis einer »purpurgeborenen« Prinzessin, liegt auf der Hand. Das Patriarchat von Konstantinopel gewann viele neue Seelen, ein kriegerisches und barbarisches Volk wurde zivilisiert, und als kaiserlicher Verbündeter erhielt es seinen Platz in der Hierarchie der Völker, die von Byzanz, dem zweiten Rom, geführt wurden. Für Wladimir war die Sache nicht so eindeutig, er spielte hoch. Er mußte nicht nur mit sozialen Widerständen rechnen, sondern schwächte durch die Übernahme der byzantinisch-christlichen Ideologie bis zu einem gewissen Grad auch seine eigene, uneingeschränkte Souveränität. Doch die Vorteile, zur Familie der zivilisierten Nationen zu gehören, wog alle Bedenken auf.

**Wladimir und Nowgorod**

Die lange Herrschaft Wladimirs I. war das »klassische Zeitalter« des Kiewer Staates, da alles, oder das meiste, zum Besten stand. Viele der mündlich überlieferten Volksepen Altrußlands, der sogenannten Bylinen, sind am Hof Wladimirs, der »schönen roten Sonne« angesiedelt. Als er starb, war die Stabilität des Reiches gefährdet, weil seine zahlreichen Söhne um die Vorrangstellung kämpften. Drei von ihnen, Swjatoslaw, Boris, und Gleb, wurden auf Betreiben ihres älteren Bruders Swjatopolk (Regierung 1015–1019) ermordet. Wegen ihrer christlichen Märtyrerhaltung wurden die beiden letzteren als die ersten russischen Heiligen gefeiert. Schließlich teilten die zwei mächtigsten Brüder, Mstislaw und Jaroslaw, Rußland 1026 an der Linie des Dnjeprs untereinander auf. Nach Mstislaws Tod (1036) regierte Jaroslaw, ein harter und vermutlich grausamer Herrscher, bis zu seinem Hinscheiden 1054 allein. Unter ihm erlebte Kiew sein zweites goldenes Zeitalter. Jaroslaw, dem die spätere Überlieferung den Beinamen »der Weise« gegeben hat, förderte Bauwesen, Künste, Literatur und Gelehrsamkeit und initiierte den ältesten Teil des »Russischen Rechts« *(Ruskaja Prawda)*, das reiches Quellenmaterial zur sozialen Situation liefert. Der russische Gelehrte Ilarion wurde 1051 zum Metropoliten ernannt, offensichtlich ohne die gebührende Rücksprache mit Konstantinopel. Auch die Sophien-Kathedrale in Kiew wurde erbaut und mit Mosaiken und Fresken, darunter eine Darstellung von Jaroslaws Familie, ausgeschmückt. Sie ist bis heute erhalten, ebenso wie Teile des »Goldenen Stadttores«. In seinem Testament beschwört Jaroslaw seine zahlreiche Familie, seinen ältesten Sohn Isjaslaw zum Herrscher zu wählen, aber wiederum kam es zu Auseinandersetzungen. Die Unfähigkeit der Rjurikiden-Dynastie, ein funktionierendes Nachfolgesystem zu entwickeln, ist verblüffend. Ver-

*Unten:* Seit dem späten 15. Jahrhundert zeigen russische Ikonen größere Szenen ohne den Rückgriff auf traditionelle Vorbilder. In einigen Fällen sollten sie offizielle Propaganda verbreiten helfen. Ungewöhnlich interessant im Hinblick auf die politische Geschichte Rußlands ist ein Sujet, das in Nowgorod populär wurde, als die Unabhängigkeit der alten Stadt durch Moskau gefährdet war. Es stellt ein Gefecht aus dem 12. Jahrhundert dar, in dem die Nowgoroder das Heer von Susdal (das Gebiet von Wladimir, dem Vorläufer des Moskauer Reiches) durch die wunderbare Unterstützung einer hochverehrten Ikone, der »Jungfrau des Zeichens«, zurückschlugen. Das Geschehen ist in drei Abschnitten dargestellt. Im mittleren, der hier gezeigt wird, sehen wir die Ikone, wie sie die Pfeile des Feindes von den Stadtmauern abwehrt.

**Oben: Rußland am Vorabend des Tatareneinfalls**
Für beide Seiten verlustreiche Kämpfe zwischen den Kiewer Fürsten und den zunehmend häufiger einfallenden Steppennomaden wie den Polowzen veranlaßten viele Russen im 12. Jahrhundert, nach Norden auszuweichen, wo die Waldzone natürlichen Schutz bot. Es fand eine demographische und politische Verschiebung zu Ungunsten der Hauptstadt Kiew statt. Nowgorod war lange der große Umschlagplatz des Ostseehandels gewesen, nun entwickelte sich die Stadt Wladimir (gegründet 1108) schnell zum Handelszentrum. Das Reich Wladimir-Susdal besaß gute Flußverbindungen sowohl mit Nowgorod als auch über die Wolga mit den Wolgabulgaren und dem Osten; es scheint sich bewußt nach dem Vorbild des Kiewer Reiches entwickelt zu haben, worauf auch viele gemeinsame Ortsnamen hindeuten. Kiew gab den Dnjepr-Handel auf und wurde wirtschaftlich von Galizien und Wolhynien im Süden in den Schatten gestellt.

mutlich betrachtete man den Staat als allgemeines Eigentum der Herrscherfamilie. Die Fürsten verlegten häufig ihre Machtzentren, sogar über eine so große Entfernung wie von Tmutorokan (östlich des Asowschen Meeres) nach Nowgorod, so daß es scheint, als sei ständig ein weiträumiges Revirement im Gange gewesen. Es bestand eine gewisse Hierarchie der Fürstentümer (Tschernigow war die zweite Stadt des Kiewer Rußland, das südliche Perejaslawl die dritte), und manche Historiker haben die Theorie aufgestellt, daß es ein Nachfolgesystem von Bruder zu Bruder gegeben habe, wobei jeder beim Tod eines ranghöheren Fürsten einen Platz hinauf rückte. Dafür sind aber keine schriftlichen Zeugnisse vorhanden, und es kann nicht mehr als ein Notbehelf gewesen sein. Immer bestand für die Nebenzweige der Fürstenfamilie die Versuchung, lokale Dynastien (Teilfürstentümer) zu begründen. Das wurde beim Fürstentag von Ljubetsch 1097 als Problem erkannt, als die Teilnehmer feststellten: »Warum ruinieren wir das russische Land durch Streitereien? Die Polowzen plündern unser Gebiet und freuen sich, daß wir untereinander Krieg führen. Laßt uns lieber in der Gesinnung vereint sein und über das russische Land wachen ...«

Solche Einigkeit erwies sich in der Praxis als sehr zerbrechlich. Nur unter der Regierung von Wladimir II. Monomach (1113–1125), der durch einen Volksaufstand in Kiew an die Macht kam, und seines Sohnes Mstislaw (1125–1139) blieb das Zusammengehörigkeitsgefühl der Fürsten stark. Wladimir II., der in Folklore und Epik manchmal mit seinem großen Vorgänger verwechselt wird, war als Sohn einer byzantinischen Prinzessin aus dem Geschlecht der Monomachen halbgriechischer Abstammung. Er selbst heiratete Gita, eine Tochter König Haralds II. von England. Wladimir Monomach war der Architekt des Ljubetscher Fürstentages und anderer Vereinbarungen zwischen den Fürsten sowie ein unermüdlicher Verteidiger der russischen Grenzländer. Ihm gelang es, die Polowzen, die immer wieder plündernd aus der Steppe in das Reich eindrangen, endgültig zu schlagen (1103 und 1111). Weniger erfolgreich war er in bezug auf das abgelegene Fürstentum Tmutorokan am Asowschen Meer, das für immer verlorenging. Wladimir genoß als Gesetzgeber ebenso hohes Ansehen wie als Gelehrter, und sein sogenanntes »Testament« *(Ermahnung an meine Söhne)* ist eines der faszinierendsten mittelalterlichen Dokumente Rußlands. Die *Ermahnung* verbindet autobiographische Züge mit Ratschlägen für eine gute Herrschaft. Wladimir und Mstislaw konnten jedoch nicht mehr tun, als die Kiewer Probleme unter Kontrolle zu halten. Der dichterisch verherrlichte Bericht von der unglücklichen Heerfahrt des Fürsten Igor von Nowgorod-Sewersk (das *Igorlied,* ca. 1187) gedenkt wehmütig der Tage, da die Fürsten untereinander einig waren.

Wladimir II. reiste weit umher und kümmerte sich um alle Teile der Kiewer Föderation. Eine alte Festung und Stadt an der Kljasma im Nordosten Rußlands gründete er neu und gab ihr seinen Namen: Wladimir. Sie trat bald an die Stelle ihrer Nachbarn Susdal und Rostow als Hauptstadt des *salesskaja semlja* (»Land hinter dem Wald«) – gewöhnlich etwas verwirrend als Fürstentum Wladimir-Susdal bezeichnet. Diese entfernte Region war bis dahin kaum mit Russen besiedelt, doch markiert die Gründung Wladimirs den Beginn eines demographischen und politischen Wandels, der für die weitere Geschichte einschneidende Folgen haben sollte. Die Region, die sich um das fruchtbare Wladimirer Feld *(opolje)* zwischen den großen Flüssen Wolga und Oka zentrierte, erwies sich als brauchbares Siedlungsgebiet in der Waldzone. Offensichtlich kam im 12. Jahrhundert ein Strom von Kolonisten. Die vielen nach Osten fließenden Flüsse mündeten in die Wolga und boten in einer Richtung Handelsverbindungen mit Bulgarien und von da mit dem Kaspischen Meer, Georgien und Armenien; in der anderen Richtung war die Region mit einigen leichten Überführungen, wo die Waren zu Land befördert werden mußten, mit Nowgorod verbunden, dem Tor zur Ostsee. Mit dem Niedergang der Dnjepr-Route von Kiew nach Konstantinopel begann Rußland sich neu zu orientieren.

Das wurde auf brutale Weise deutlich, als Andrej Bogoljubskij, der 1157 als Großfürst den Thron bestieg, seine Residenz nicht in Kiew aufschlug, sondern Wladimir vorzog. Er behielt den Titel »Großfürst von Kiew«, aber nach Plünderung der Stadt 1169 setzte er seinen jüngeren Bruder in der alten Kapitale ein. Selbst im Niedergang blieb Kiew das geistliche Zentrum, bis im Jahr 1300 auch der Metropolit seinen Sitz nach Wladimir verlegte. Zu den Stadtgründungen des 12. Jahrhunderts, die durch Wladimir II. eingeleitet wurden, gehörte Moskau. Traditionell wird die Erhebung Moskaus zur Stadt 1156 Jurij Dolgorukij (der »Langarmige«) zugeschrieben. Der Platz war aber schon früher besiedelt, wie Ausgrabungen am Ufer der Moskwa erwiesen haben. Der ursprüngliche Name der Ansiedlung lautete Kutschkowo nach dem lokalen Grundherrn.

Der Zerfall des Kiewer Reiches wurde im letzten Jahrhundert seines Bestehens ganz offensichtlich. Selbst in Südrußland mußte das Kiewer Land seine ökonomische Führung an die im äußersten Südwesten liegenden vereinigten Fürstentümer von Galizien-Wolhynien abgeben. Polozk im Nordwesten (Zentrum des späteren Weißrußland) bot eine günstige Ausgangsposition für den Handel die Düna (Westl. Dwina) flußabwärts nach Westeuropa.

*Oben:* Die größte künstlerische Leistung der Wladimirer Rus vor dem Tatareneinfall ist ein kleines Ensemble von Kirchen in weißem Kalkstein, das den Höhepunkt der frührussischen Architektur darstellt. Die Demetrios-Kathedrale in Wladimir (1194–1197) ist berühmt wegen ihrer ornamentalen, figurativen Reliefarbeiten an den Außenwänden. Im Inneren befinden sich einige schöne (wahrscheinlich byzantinische) Fresken.

*Links.* Die Ikone der »Jungfrau von Wladimir«, die das Schutzbild der Großfürstentümer von Wladimir und Moskau war, vertritt den »zarten« byzantinischen Stil des beginnenden 12. Jahrhunderts, der in Rußland sehr populär wurde. Diese Ikone ist ein frühes, hervorragendes Beispiel für die Milderung der stilistischen Strenge hin zur Darstellung von Gefühlsbewegungen. Nur Gesicht und Hände sind original, das übrige ist mittelalterliche Übermalung. Vorhanden blieben Spuren der kunstvollen Silbereinfassung *(oklad)*, die später an dieser wie an den meisten alten Ikonen angebracht wurde.

Seine Selbständigkeit betonte es durch die Einsetzung einer eigenen Fürstendynastie seit der Zeit Wladimirs I. Ihr mächtiger Fürst Wseslaw erhob jedoch im späten 11. Jahrhundert energischen Anspruch auf den Kiewer Thron. Auch Smolensk hatte Handelsverbindungen zum Westen und erlebte im 12. Jahrhundert als selbständiges Fürstentum eine neue Blüte.

Das unabhängigste und interessanteste der russischen Gebiete war das von Nowgorod. Bis zum Ende der Kiewer Periode und noch danach blieb Nowgorod der große Umschlaghafen für den Ostseehandel. Schon seit sehr früher Zeit verfügte es eindeutig über einen besonderen Status und über Privilegien. Durch die spätere Unterwerfung seiner Fürsten und die Stärkung der Volksversammlung (*wetsche*) entwickelte sich Nowgorod de facto zu einem oligarchischen Stadtstaat, nicht unähnlich jenen in Italien und in Teilen Nordeuropas. Sein tatsächliches »Staatsoberhaupt« war nicht der Fürst, sondern der nahezu unabhängige Erzbischof, und die Stadt stilisierte sich selbst zu einem »Groß-Nowgorod«. Es kontrollierte weite Teile im Norden Rußlands, die manchmal leicht übertrieben als »Nowgoroder Reich« bezeichnet wurden. Es gab in dieser landwirtschaftlich kaum nutzbaren Region wenig andere Städte, doch im Westen besaß Nowgorod einen »jüngeren Bruder« in der alten Stadt Pskow. Sie war ein günstig gelegenes Handelszentrum, das ebenfalls eine starke Volksversammlung hervorbrachte. Pskow behauptete seine Eigenentwicklung mit solch großer Entschiedenheit, daß es sich im 14. Jahrhundert als unabhängige Republik konstituierte.

Die in das Kiewer Rußland verpflanzte byzantinische Kultur erlebte eine Blüte, wobei sie durch das Einfließen einheimischer Kulturelemente einen gewissen eigenen Charakter annahm. Abgesehen von den Hauptwerken weltlicher Literatur (*siehe Seiten 39f.*) gab es auch ein reiches religiöses Schrifttum. Dazu gehörten mehrere Fassungen der Heiligenviten von Boris und Gleb und das *Paterikon* (»Väterbuch«), eine Sammlung von Mönchsbiographien aus dem Kiewer Höhlen-Kloster. Diese Institution, die wichtigste religiöse Gründung im frühen Rußland, war zugleich ein Zentrum der Gelehrsamkeit und der Ort, wo die legendären Mönche Nestor und Sylvester die *Erzählung von den vergangenen Jahren* verfaßten, als Wladimir Monomach im frühen 12. Jahrhundert den Thron bestieg.

An großen Bauwerken ist das Kiewer Rußland nicht reich, aber das Vorhandene ist doch ein eindrucksvolles Vermächtnis seiner Kultur. Die Fundamente mit Mosaiken der von Wladimir I. errichteten großen, reich geschmückten Zehnt-Kirche in Kiew kennen wir durch Ausgrabungen. Die noch imposantere Sophien-Kathedrale (ab 1037) in der Stadt ist fast vollständig erhalten, wenn auch außen durch Anbauten aus der Barockzeit entstellt. Auch in Tschernigow, Smolensk, Polozk und Pskow haben wichtige frühe Bauwerke überdauert. Die bedeutendsten und meisten finden sich selbstverständlich in Nowgorod, darunter die strenge, monumentale Sophien-Kathedrale (1043). Im Verlauf der Kiewer Periode wurde immer mehr Augenmerk auf das Äußere der Bauten gelegt, das bislang fast schmucklos geblieben war. Zum Beispiel verwendete man jetzt Ziegelmuster oder gestreifte Pilaster. Die Dachlinien und die Tamboure erhielten eine pyramidenförmige Silhouette (Zeltdach).

Innen waren die Kirchen (und zweifellos auch die Palastarchitektur, über die wir wenig wissen) mit Stuck und Freskenmalereien verziert. Gelegentlich wurde in Kiew auch Mosaik zur Dekoration eingesetzt. Doch dafür mußten ausländische Spezialisten herangezogen werden, auch bedurfte es einer Glasmanufaktur, was das Ganze nahezu unerschwinglich machte. Die zumeist nur fragmentarisch erhaltenen Kiewer Fresken sind monumental und – zumindest bis zur Mitte des 12. Jahrhunderts – ziemlich linear. Der Treppenturm der Sophien-Kathedrale in Kiew besitzt mit seinen Malereien ein kostbares Zeugnis weltlicher Kunst: Sie zeigen Szenen aus dem Hippodrom von Konstantinopel.

Ein halbes Dutzend erstaunlicher Kirchen aus dem späten 12. und frühen 13. Jahrhundert in Wladimir und der näheren Umgebung sind vielleicht die schönsten Vermächtnisse der Kiewer Rus. Abgesehen von der Mariä-Himmelfahrts-(oder Uspenskij-)Kathedrale in Wladimir sind sie alle verhältnismäßig klein, aber ihre eleganten Proportionen werden durch die prachtvollen Steinmetzarbeiten in weißem Kalkstein noch betont. Sie erscheinen wie skulptierte Kästchen, ein Eindruck, der sich durch die außergewöhnlichen Reliefplastiken noch verstärkt. An zwei Kirchen, St. Demetrios in Wladimir (1194) und St. Georg in Jurjew-Polskij (1230), sind die Fassaden fast durchgehend mit einer verschwenderischen Fülle von Skulpturen überzogen. Pflanzliche und architektonische Motive wechseln mit Tier- und Menschendarstellungen. Die Künstler sind unbekannt, die *Erzählung von den vergangenen Jahren* bemerkt nur mysteriös, daß »Gott Handwerker aus allen Ländern zu Andrej [Bogoljubskij] schickte.«

# Die Sophien-Kathedrale in Kiew

Die »Große Kirche« von Konstantinopel, unter Justinian 532–537 erbaut, war der Hagia Sophia, der »Heiligen Weisheit« geweiht. In der ersten Hälfte des 11. Jahrhunderts gaben die jüngst zum orthodoxen Glauben bekehrten Russen drei Kathedralen in bedeutenden Städten des Landes den gleichen Namen: in Kiew (erbaut seit 1037), Polozk (1044) und in Nowgorod (1043). Die Sophien-Kathedrale in Kiew war die größte, wie es sich für die Hauptstadt geziemte. Sie wurde unter Jaroslaw dem Weisen errichtet, dessen Porträt inmitten seiner Familie sich im Hauptschiff der Kathedrale befindet; auch sein großartiger weißer Marmorsarkophag blieb erhalten. Nach der Invasion durch die Tataren halb verfallen, wurde die Kirche auf Befehl Iwans V. und Peters I. in den 80er Jahren des 17. Jahrhunderts wiederaufgebaut. Das Äußere ist fast durchweg barockisiert, die Innenansicht des 11. Jahrhunderts mit den schönen Mosaiken und Fresken blieb dagegen nahezu unverändert. Trotz der Säkularisation atmet die Kathedrale mehr als jeder andere Ort den orthodoxen Geist des frühen Rußlands.

Die 1037–1039 erbaute Sophien-Kathedrale gehört zu den wenigen großen Kirchen der mittelbyzantinischen Periode, die zu den Meisterwerken der osteuropäischen Kunst zählen. Obwohl in Konzept und Innendekor ganz byzantinisch, trägt sie in mancher Hinsicht recht individuelle Züge und nimmt schon eine spezifisch russische Entwicklung der Architektur vorweg. Sie besitzt 13 Kuppeln – eine beispiellose Zahl –, die auf ziemlich hohen Tambouren ruhen. Sie sind auf abgestuften Seitenschiffen so angeordnet, daß sie einen pyramidenförmigen Umriß ergeben, wenn wir uns die barocken Einfügungen wegdenken. Die Kuppeln haben im Aufriß eher die Form eines Helmes als eines Halbkreises. Mosaike und Fresken werden auf unübliche Weise integriert, wobei die Mosaike den mehr »himmlischen« Teilen des Bauwerkes, der Hauptkuppel und der östlichen Hauptapsis, vorbehalten sind. Die beiden oberen Galerien waren dem Großfürsten, seiner Familie und seinem Gefolge vorbehalten; mit Kuppeln überdachte Treppentürme, die bald hinzugefügt wurden, führten zum Palast. Die gemusterten Ziegel- und Steinfassaden waren ursprünglich nicht verputzt.

*Oben:* Die Hagia Sophia in Konstantinopel übte eine bleibende Faszination auf die Ostchristen aus – aber es ist merkwürdig, daß sie nur in den großen osmanischen Moscheen ihre einzige direkte Nachfolge findet. Doch nimmt sie die Eigenart der späteren byzantinischen und russischen Kirchen vorweg: mit dem großen Spiel von verwirrendem Hell und Dunkel, mit weiten und kleinen Räumen, mit Zurschaustellung und Verhüllung, mit Einfachheit und Vielfalt und der Kombination von geraden und gekrümmten Flächen.

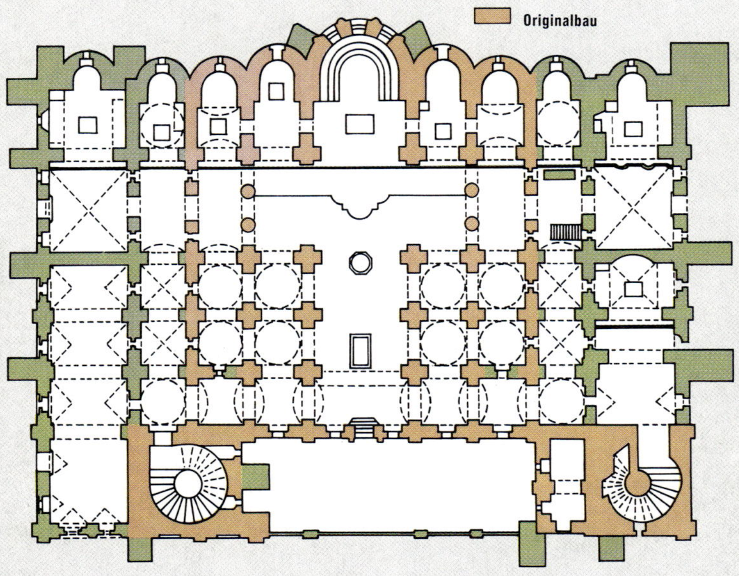

*Links:* Der Grundriß der Sophien-Kathedrale ist eine komplizierte Variante des »Kreuzes im Viereck«. Wahrscheinlich hatte man anfangs fünf Schiffe vorgesehen, die von Arkadengalerien umgeben sein sollten. Im frühen 12. Jahrhundert wurden diese einbezogen, um mehr Schiffe zu erhalten, auch wurden weitere Galerien errichtet (und schließlich auch einbezogen). Dadurch entstand ein Bauwerk, das auf überraschende Weise breiter als lang war.

*Oben und unten:* Details von der Hauptkuppel der Sophien-Kathedrale. Die Kuppeln der orthodoxen Kirchen ruhen auf Tambouren aus Mauerwerk, die mit der Zeit höher und schmäler gebaut wurden. Der Übergang zwischen dem Tambour und den Pfeilern oder Wänden, auf denen er stand, wurde entweder durch die einfache Trompe (Trichternische) oder den weit eleganteren Hängezwickel (Pendentif) gelöst. In der Kuppel wird stets der Pantokrator (der Allmächtige) dargestellt *(oben)*, und direkt unter ihm ein Kreis von Erzengeln *(unten)*. Zwischen den Fenstern des Tambours befanden sich meist Bilder der zwölf Apostel, und auf den Pendentifs oft die der vier Evangelisten.

# DIE MOSKAUER PERIODE

## Der Einfall der Tataren

Das Ende des Kiewer Rußland kam plötzlich und katastrophal, obgleich die Gefahr sich angekündigt hatte. Im Jahr 1223 erschienen bewaffnete Reiter an der südöstlichen Steppengrenze. Die Kumanen (Polowzer) warnten die Kiewer, aber es blieb nicht viel Zeit. Hastig wurde eine russische Armee unter der Führung von drei Fürsten (die zufällig alle Mstislaw hießen) aufgestellt. Sie marschierten in die Steppe und stellten sich zum Angriff. Am Fluß Kalka wurden sie nach zähem Kampf besiegt. Der Fürst, der sie befehligte, wurde getötet, trotz der Zusicherung freien Geleits, ein unheilverkündendes Zeichen: Dieses Volk führte Krieg nach anderen Regeln. Dann zogen sich die Eindringlinge zurück, ihre Geländeerkundung hatten sie zufriedenstellend abgeschlossen. Die geschockten Russen fragten sich, wer sie wohl gewesen sein mochten, woher sie kamen, wohin sie sich zurückzogen und was sie bezweckten.

Das Volk, um das es sich handelte, waren die Tataren. Es vergingen 14 Jahre, bevor sie erneut auftauchten. Sie brachen unerwartet in das Fürstentum Rjasan ein, zerstörten die Stadt Rjasan so vollständig, daß ihre Neugründung an einer anderen Stelle erfolgen mußte, plünderten verschiedene andere Städte, darunter Moskau und Wladimir, stießen in Richtung Nowgorod vor, wandten sich anschließend aber wieder nach Osten, da das Frühjahrstauwetter den Boden für ihre Kavallerie zu morastig machte. 1240 zielte ein neuer Angriff dann auf die südlichen Städte Tschernigow und Kiew. Damit begann die Herrschaft der Tataren über das Land der Rus.

Die Tataren oder Mongolen, wie sie außerhalb Rußlands öfter genannt wurden, bewohnten als Konföderation von Clans eine baumlose Region, die heutige Mongolei, deren rauhes Klima für seßhaften Ackerbau wenig geeignet, aber für Pferdezucht gerade richtig war. Als wandernde Hirten lebten sie in Zelten, hatten bis zum 13. Jahrhundert keine Städte, waren jedoch für ihre nomadische Daseinsform gut ausgestattet. Alle Männer trugen Waffen, so daß ihr militärisches Potential in umgekehrtem Verhältnis zu ihrer kleinen Zahl stand. Zu ihren explosiven Eroberungszügen hatte Temüjin (1167–1227) den Anstoß gegeben, der die tatarischen Clans vereinigte und die Völkerschaften 1206 in einer großen Kuriltai (Reichsversammlung) zusammenbrachte. Er erhielt den neuen Titel Dschingis Chan und ging daran, die Welt zu unterwerfen. Dschingis Chan zentralisierte die tatarische Armee und Verwaltung, führte in das Chan-System teilweise lehensrechtliche Formen ein, setzte strengste Disziplin durch und begann seine Karriere als Eroberer. Im Jahr 1215 fiel Peking. Dann kamen Zentralasien, Per-

**Unten: Rußland und die asiatische Welt im 13. und 14. Jahrhundert**
Entsprechend den politischen Umständen wechselten die Kontakte zwischen Rußland und seinen asiatischen Nachbarn im Laufe der Jahrhunderte. Schon bevor Aufzeichnungen über die russische Geschichte beginnen, waren die Wolga und das Kaspische Meer wichtige Bindeglieder, die Rußland und die skandinavische Welt mit dem Vorderen Orient verknüpften. Seit frühester Zeit gab es auch eine Ost-West-Wanderung über die Steppe; nicht so sehr als Handelsroute (obwohl einige Nebenwege der Seidenstraße hier verliefen), sondern vielmehr als ungehinderte Durchgangsstraße für nomadische Reitervölker. Die letzte dieser großen Bewegungen, der Einfall der Tataren, bedeutete eine gewaltige Umwälzung sowohl für das Kiewer Reich wie auch für einen großen Teil Eurasiens von China bis zum Balkan. Kiew fiel 1240 an den Tatarengeneral Batu. Danach herrschte die Goldene Horde von ihrer Hauptstadt Sarai an der Wolga bis 1480 über Rußland.

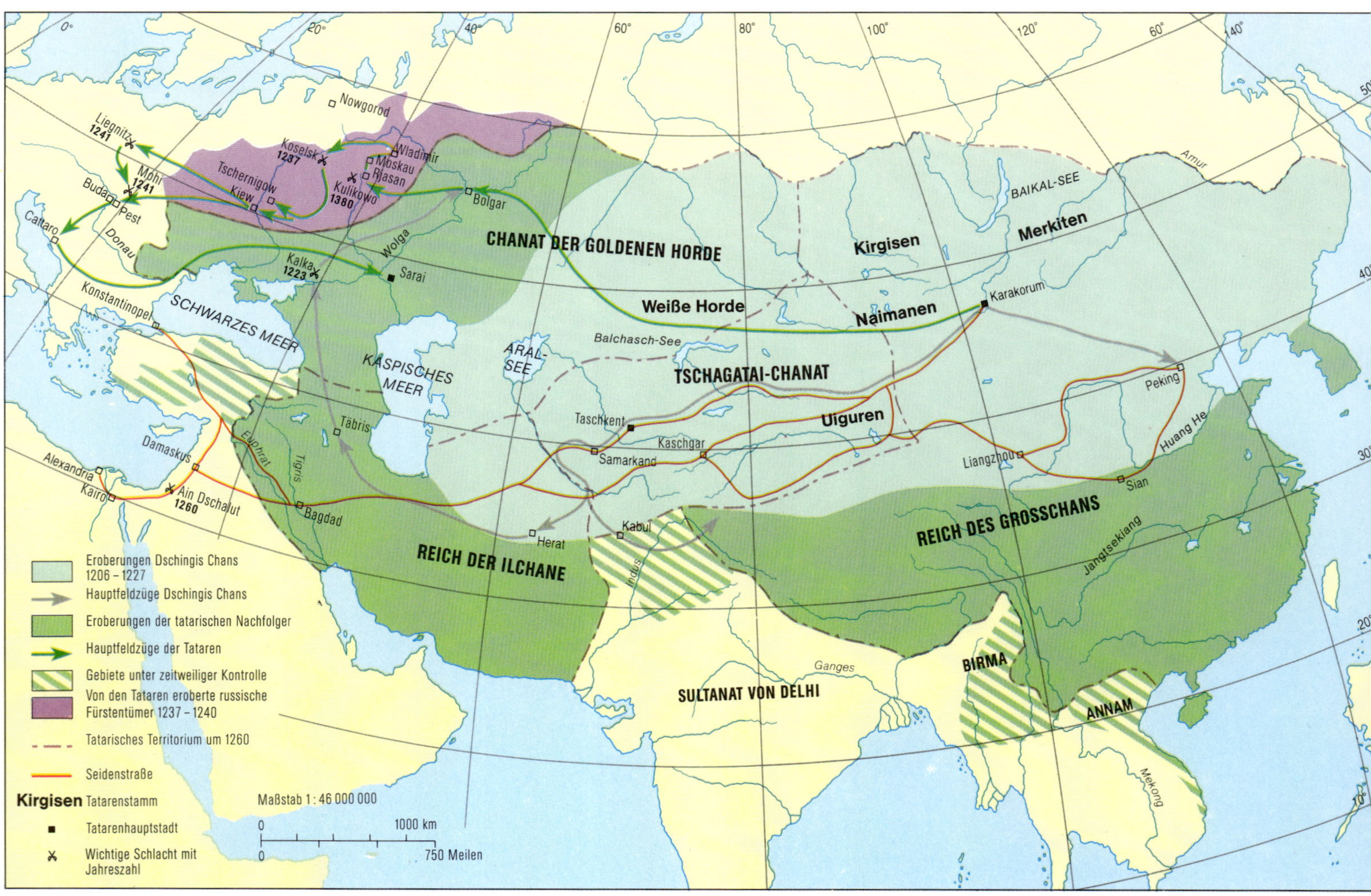

*Rechts:* Dschingis Chan (gestorben 1277), der die Mongolen (Tataren) einte und sie zur Eroberung der Welt anstachelte, ist hier auf einer persischen Miniatur des 14. Jahrhunderts dargestellt. Er sitzt auf einem Thron in einem stilisierten Nomadenzelt und ist von seinem Gefolge und seinen Söhnen Ögadei und Dschotschi umgeben. Ögadei wurde Dschings Chans direkter Nachfolger. Dschotschis Sohn Batu verwüstete Rußland in den Jahren 1237–1242. Die mongolische Dynastie in Persien bestand von 1256–1344. Die Tatarenherrschaft in Rußland wird etwa von 1240–1480 angesetzt.

*Oben:* Jaroslaw Wsewoloditsch war Großfürst von Wladimir zur Zeit der tatarischen Herrschaft. Er folgte auf seinen Bruder Jurij, der in einer Schlacht gegen die Invasoren 1238 gefallen war. Dieses Stifterporträt (1246) von ihm stammt aus der Kirche auf dem Nerediza-Berg außerhalb von Nowgorod. Die Nerediza-Kirche, die vollständig mit Fresken ausgemalt war, wurde wie mehrere andere Nowgoroder Kirchen im Zweiten Weltkrieg zerstört. Man hat sie zwar wiederaufgebaut, aber die Malereien sind zum größten Teil verloren.

sien und die transkaukasischen Länder an die Reihe: Es war eine kampferprobte Streitmacht, die durch Aserbaidschan vordrang und sich an der Kalka erstmals den Russen stellte.

Was wollten die Tataren? Beute und Macht – das war offensichtlich. Aber darüber hinaus schienen sie erstaunlicherweise nicht auf Territorialerwerb aus zu sein – schon gar nicht auf Bauernland für sich selbst. Worum es ihnen ging, war menschliches Arbeitspotential, das an Ort und Stelle durch effiziente Besteuerung ausgebeutet werden konnte, wie es im allgemeinen in Rußland der Fall sein sollte, oder zum Dienst in die Reihen der tatarischen Soldaten, Verwalter und Handwerker gepreßt wurde. Auf diese Weise wurde eine große Zahl von Turkvölkern schnell in die tatarische Gemeinschaft integriert, was unvermeidlich auch eine sprachliche Vermischung zur Folge hatte (»tatarische« Wörter, die in den russischen Wortschatz eingingen, entstammen gewöhnlich den Turksprachen). Bis zu einem gewissen Grad siedelten sich die Tataren als Führungsschicht in den Gebieten an, die sie zuerst eroberten, für Rußland trifft dies aber kaum zu. Trotz der gewaltigen Ausdehnung ihre Reiches verband ein starkes Bewußsein ihrer nationalen Tradition die Tatarenführer. Alle hatten sie nach Karakorum in der Mongolei zurückzukehren, wenn durch Todesfall die Wahl eines neuen Großchans notwendig wurde. Aber allmählich erlangten die weiträumigen Regionen des Tataren-Reiches mehr oder weniger starke Autonomie und rivalisierten manchmal sogar miteinander. Während der meisten Zeit seiner tatarischen Periode wurde Rußland nicht von der Mongolei oder Peking aus regiert, sondern von Sarai. Diese neue Stadt am Unterlauf der Wolga (zu dieser Zeit ein ziemliches Stück jenseits des von den Russen besiedelten Raumes) begründeten die Herrscher der »Goldenen Horde«, des westlichen Zweiges der Tataren. Die Horde kontrollierte nicht nur Mittel-, Süd- und Ostrußland, sondern auch das Steppenland von Sibirien bis zur Westküste des Schwarzen Meeres sowie weite Teile Zentralasiens und Kaukasiens.

Es gibt keine Möglichkeit, die Menschenverluste durch die Einfälle der Tataren zu schätzen, aber die Zerstörung von Städten, die zwangsmäßige Aushebung der Arbeitskräfte und übermäßige finanzielle Abgaben waren eine wirtschaftliche und gesellschaftliche Katastrophe, so wie die plötzliche und totale militärische Niederlage durch Ungläubige ein großes psychologisches Trauma war. Die einzigen russischen Fürstenhäuser, die der Verheerung entgingen, waren jene, die sich widerstandslos unterwarfen und Tribut zahlten, vor allem Nowgorod und Pskow. Fürst Daniil Romanowitsch von Halytsch-Wolhynien im äußersten Südwesten versuchte westeuropäische Truppen zu sammeln, gelobte dem Papst Gehorsam und erhielt eine Krone – aber keine Armeen. Die Folge war ein verheerender Überfall der Tataren 1260 und danach strenge Kontrolle. Doch obwohl die Tataren die Oberhoheit über Rußland ausübten, kann ihre Herrschaft hier nicht mit der in China bis 1368 verglichen werden. Die politische Autorität blieb weiterhin in den Händen der russischen Fürstenfamilien. Die Tataren stationierten anfangs eine kleine Zahl *baskaki* (Aufseher) in den russischen Städten, doch hat vermutlich die große Mehrheit der Bevölkerung, vor allem die bäuerliche, nie einen Tataren zu Gesicht bekommen oder irgendeine Änderung des rechtlichen oder sozialen Status erlebt.

Für die Fürsten und ihr Gefolge sah die Situation ganz anders aus. Der Gnadenbrief (*jarlyk*) des Chans, der sie berechtigte, ihre Herrschaft weiter auszuüben, war abhängig von der demütigenden und gefährlichen Reise nach Sarai oder Karakorum, von der sie nicht zurückkehrten, sobald nur der geringste Zweifel an ihrer Loyalität aufkam. Auch konnten die Tataren in jedem Augenblick zu einer Strafexpedition ansetzen. Aber das war nicht oft nötig. Verständlicherweise, wenn auch nicht sehr edel, agierten die Fürsten als Vertreter des Chans und unterdrückten im allgemeinen die Unzufriedenheit, die in der Bevölkerung durch die Methoden der Steuereintreibung, der Steuerbelastung und des Zensus aufkam.

Trotz der Fremdherrschaft verlief das Leben in mancher Hinsicht weiter normal, wobei die Tataren eine beträchtliche, aber doch nur gelegentlich eingreifende Bedrohung darstellten. Aber aus der überlieferten zeitgenössischen Literatur wird deutlich, daß die Russen Schwierigkeiten hatten, mit dem Verlust an Souveränität zurechtzukommen. Jede ihnen zugefügte Niederlage konnte als ein Zeichen von Gottes Unmut aufgenommen und bitter bedauert werden; die permanente Oberherrschaft von Ungläubigen war eine andere Sache. Sie wurde mit Schweigen übergangen oder man spielte in Ausdrücken darauf an, die eher auf die Scharmützel in der Steppe oder die Fehden der Fürsten untereinander in früheren Zeiten paßten. Später wurde natürlich eine ganze historisch-ideologische Theorie vom »tatarischen Joch« konstruiert, zu der das Bild von den Russen als einer Art europäischem Puffer gehörte, der den brutalen Angriff der Barbaren auffing und damit den Preis für den Fortschritt der westlichen Zivilisation zahlte.

**Alexander Newskij und das Kiewer Vermächtnis**

Die Vorherrschaft der Tataren stellte sich zu verschiedenen Zeiten unterschiedlich dar, auch die Russen reagierten darauf nicht einheitlich. Die Interpretation solcher Reaktionen gleicht dem Betreten eines Minenfeldes und nirgendwo mehr als bei der Betrachtung der Persönlichkeit Alexander Newskijs. Er war der älteste überlebende Sohn des Großfürsten Jaroslaw Wsewoloditsch von Wladimir, selbst Fürst von Nowgorod und zur Zeit der Tatareninvasion 20 Jahre alt. Im Sommer 1240, als die zweite große Angriffswelle über Tschernigow und Kiew hereinbrach, kämpfte er gegen die Schweden. Ihr Expansionsdrang hatte sie bis an die Newa geführt, wo sie von Alexander geschlagen wurden, der daraufhin den ehrenvollen Beinamen »Newskij« erhielt. Seinen anderen großen Sieg errang er im April 1242 auf dem zugefrorenen Peipus-See. Die Ritter des Deutschen Ordens, die entschlossen waren, die orthodoxen Länder zu erobern und in den Schoß der römischen Kirche zu führen, stießen zur Ostsee vor und erreichten Pleskau (Pskow). In der »Schlacht auf dem Eissee« vernichtete Alexanders Streitmacht eine Armee aus Deutschen und einheimischen Esten und stoppte damit die weitere Ausbreitung der Ordensritter im Osten. Um tatarische Angriffe auf Nowgorod abzuwenden, unterwarf er sich dem Chan der Goldenen Horde, Batu. Später setzten ihn die Tataren als Großfürst von Wladimir ein.

Innerhalb von wenigen Generationen wurde Alexander zur Legende. Er wurde 1547 endgültig heiliggesprochen, nachdem bereits ein Zeitgenosse (so die Quellen) eine Heldenvita verfaßt hatte. Die *Erste Nowgoroder Chronik* stellt ihn titanenhaft dar: »Von Statur ist er größer als andere Männer, seine Stimme ist wie eine Trompete . . . seine Stärke ist wie die Stärke Samsons. Gott hat ihm die Weisheit Salomos gegeben und den Mut des römischen Kaisers Vespasian . . .« Sein heldenhafter Ruf lebte auch in der sowjetischen Periode wieder auf durch Eisensteins berühmten Film (1938) und wiederum im Zweiten Weltkrieg, als ein Panzerkorps seinen Namen erhielt, das aus Spenden von orthodoxen Gläubigen aufgestellt wurde. Einige moderne Historiker sind nach Studium der zeitgenössischen Quellen, die Alexanders Feldzüge nüchterner behandeln, zu dem Resümee gelangt, daß der Sieg über die Schweden nicht mehr war als ein weiteres Scharmützel in dem jahrhundertelangen Prozeß der Grenzziehung. Sie haben auch darauf aufmerksam gemacht, daß Alexanders Unterwerfung unter die Horde weniger aus militärischer Notwendigkeit geschah, als vielmehr auf politischem Kalkül und seinen Ambitionen innerhalb der Fürstenfamilie beruhte. Hätte er mit seinen Brüdern gemeinsame Sache gemacht, wäre wahrscheinlich die Besetzung der Waldzone durch die Tataren zu verhindern gewesen. Doch welchen Handel auch immer Alexander mit dem Chan einging, er brachte nicht nur ihm persönliche Vorteile, sondern auch Rußland, indem er die grausameren Aspekte der Fremdherrschaft milderte. Desgleichen kam der orthodoxen Kirche seine Zusammenarbeit mit den Tataren gelegen, weil sie dadurch sogar die Erlaubnis erhielt, 1261 in deren Haupstadt Sarai einen Bischofssitz zu errichten.

Die Volksliteratur allegorisiert die verlorene Pracht und Souveränität des Kiewer und Wladimirer Rußlands in der *Legende von der unsichtbaren Stadt Kitesch*, die, um nicht von den Ungläubigen eingenommen zu werden, lieber in einem See versank, um in besseren Zeiten wieder auftauchen zu können. Dies ist das Thema von einer der großartigsten Opern Rimskij-Korsakows. Auch die gehobene-

*Oben:* Fresken mit den ruhmreichen Ahnen der Moskauer Großfürsten schmücken die Kathedrale des Erzengels Michael (1505) im Moskauer Kreml. Sie ist die letzte und äußerlich am reichsten verzierte in einer Reihe großer Bauwerke, die Iwan III. und sein Sohn Wasilij in Auftrag gaben, um der neuen unabhängigen Hauptstadt Glanz zu verleihen. Dieses Fresko stellt Alexander Newskij, den Fürsten von Nowgorod, dar. 1240 besiegte er die Schweden und 1242 den Deutschen Ritterorden in Schlachten, die ebenso wie seine eigene Person, auf heroisches Format hochstilisiert wurden. Nach seiner Unterwerfung gaben ihm die Tataren die Großfürstenwürde von Wladimir.

*Rechts:* Auf der griechischen Halbinsel Ajion Oros (Chalkidike), die 70 Kilometer ins Ägäische Meer hineinragt, befindet sich die Mönchsrepublik Athos. Sie war im späten Mittelalter das religiöse Zentrum der orthodoxen Welt. Neben Griechen besaßen Russen, Bulgaren, Serben, Rumänen und Georgier Klöster auf dem »Heiligen Berg«. Das hier abgebildete russische Kloster St. Panteleimon ist eine alte Gründung, besteht aber jetzt aus einer eher anonymen Ansammlung von Gebäuden aus dem 19. Jahrhundert. Unter den letzten Zaren wurde es erweitert und nahm Tausende von Pilgern auf. Alle Klöster des Athos sind festungsähnliche Gebäude, die malerisch um ihre Hauptkirche angeordnet sind.

re Literatur beklagt die Eroberung in mehreren Werken. Am eindrucksvollsten ist die fragmentarische *Klage über den Untergang des russischen Landes.* Das Epos beginnt mit der idyllischsten und poetischsten Apostrophe auf das alte Rußland: »Oh du lichtes, lichtes, zierlich geziertes russisches Land! Durch vielerlei Schönheit bist du prächtig . . .« Das strahlende Bild von Kiew hat seitdem immer wieder die russische Nostalgie inspiriert. Der Versuch, sein kulturelles und politisches Erbe neu aufleben zu lassen, ist schon im 15. Jahrhundert zu beobachten.

### Die Tatarenherrschaft

Das Trauma der Unterjochung begann im Laufe von Generationen langsam zu heilen, und die Macht der Tataren wurde zu einer, wenn auch widerstrebend akzeptierten Tatsache. Gewisse Tendenzen, die schon in den Tagen Kiews sichtbar gewesen waren, traten jetzt deutlicher hervor, besonders die stetige Aufteilung der großen Fürstentümer in immer kleinere Gebiete (da es kein Erstgeburtsrecht gab) und die allgemeinen Fehden untereinander, die noch verschlimmert wurden durch den Wunsch, die Gunst der Tataren zu gewinnen. Besondere Bedeutung verband sich mit dem *jarlyk*, dem vom Chan ausgegebenen Gnadenbrief, der zur Führung des Titels Großfürst von Wladimir berechtigte. Damit hatte allein der Großfürst das Recht auf direkten Umgang mit dem Chan, agierte für ihn als Hauptsteuereinnehmer und sorgte für die Einhaltung der Gesetze. Seit dem frühen 14. Jahrhundert waren die Herrscher von Moskau, früher ein unbedeutendes Teilfürstentum von Wladimir, darin sehr erfolgreich. Gleichzeitig gelang es ihnen, den üblichen Trend umzukehren und ihr Territorium zu vergrößern statt zu verkleinern. Aus diesem Grund wird das 14. und 15. Jahrhundert generell mit dem Aufstieg Moskaus assoziiert. Doch war dies nicht der einzige politische Prozeß, der damals in den russischen Ländern stattfand. Moskaus Aufstieg fällt zusammen mit einer ähnlichen Entfaltung des großen und bedeutenden, wenn auch oft vergessenen mittelalterlichen Staates im Westen Rußlands, dem Großfürstentum Litauen. Inzwischen erfreute sich Nowgorod im 14. Jahrhundert eines »silbernen« Zeitalters der Wohlhabenheit und der kulturellen Blüte. Um 1400 sah es eine Zeitlang so aus, als könne das alte Kiewer Föderativsystem erneuert werden. Es wäre viel zu deterministisch gedacht, wollte man den Machtzuwachs Moskaus in dieser Periode als unvermeidlich oder als eigentliche Bestimmung Rußlands ansehen.

Die Eroberung durch die Tataren hatte viele Städte zerstört, was wiederum zum Niedergang von Handel und Gewerbe führte. Weite Landesteile wurden auf ein wirtschaftliches Existenzminimum zurückgeworfen. Die Bautätigkeit, normalerweise ein Gradmesser für Reichtum, hörte, soweit bekannt ist, von den 40er bis zu den 80er Jahren des 13. Jahrhunderts auf. Kiew selbst war besonders hart betroffen, »fast auf ein Nichts reduziert«, wie der päpstliche Gesandte Giovanni de Piano Carpini 1246 auf

seiner Durchreise notierte. Daß die Tataren viele Arbeitskräfte mit handwerklichen Fähigkeiten requiriert hatten, wirkte sich wirtschaftlich aus. Aber der Verlust an Menschenleben war vermutlich gering, verglichen mit den gewaltigen Verheerungen, die ein Jahrhundert später der Schwarze Tod brachte. Die Pest erreichte Rußland in den 50er Jahren des 14. Jahrhunderts von Westen her und wurde mehrere Jahrzehnte lang endemisch. Anscheinend konnte sich Rußland von den unmittelbaren Folgen der Eroberung ziemlich schnell erholen. Es lag auch im Interesse der Tataren, den Handel zu beleben, und sie erließen bald Dekrete, die den Kaufleuten freien Durchzug sicherten. Obwohl sie ihre Herrschaft nur indirekt ausübten, zeigten sich die Tataren sehr daran interessiert, ihre Untertanen zu kontrollieren und für steuerliche Zwecke zu erfassen. Sie setzten (durchaus nicht beliebte) Volkszählungen an und richteten einen effizienten Kurierdienst ein, um ihre Begriffe von Zucht und Ordnung sogar aus der Ferne durchzusetzen.

### Kirchliches Leben und monastische Bewegung

Ein auffallendes Phänomen der russischen Kultur im 14. Jahrhundert ist der Aufschwung, den die orthodoxe Kirche nahm. Den Boden dafür bereiteten überraschenderweise die Tataren selbst. Sie verschonten die Kirchen, deren Ländereien und Bauern, von den Tributen und Zwangsrekrutierungen, unter denen die übrige Bevölkerung litt. Die Tataren waren zur Zeit der Eroberung und auch noch lange danach schamanistische Heiden, doch folgten sie Dschingis Chans Beispiel und behandelten die verschiedenen höheren Religionen, denen sie begegneten, mit Toleranz. Welche Religion sie selbst wählten, hing von ihrem Standort ab. In der Mongolei blieben sie Heiden. Im Westen liebäugelten viele mit dem Christentum, bis die Goldene Horde als Ganzes im 14. Jahrhundert den Islam annahm. Trotz der verhältnismäßig wohlwollenden Haltung der Tataren wurde die Kirche in dieser Periode stärker mit der russischen Nation identifiziert als zuvor. In einer Zeit der politischen Zersplitterung und Demoralisierung blieb sie eine gesamtrussische Institution. Erst kürzlich konnte man nachweisen, daß es eine Vereinbarung zwischen den Russen und dem Patriarchat in Konstantinopel gegeben haben muß, wodurch die Metropoliten von Kiew (sie residierten in Wladimir und später in Moskau) abwechselnd von jeder Seite gewählt wurden. Die Byzantiner waren politisch sehr geschwächt und standen zwischen 1204 und 1261 unter der Besatzung der westeuropäischen Abenteurer des 4. Kreuzzuges. Byzanz hielt nicht länger mehr die dominierende Position, die es im 9. und 10. Jahrhundert eingenommen hatte. Aber es war immer noch imstande, religiöse Ideen zu kreieren, um sich der Herausforderung durch den Erfolg des Islam und verschiedener ketzerischer Lehren zu stellen.

Eine allgemeine Stimmung erhöhter Spiritualität durchströmte im 14. Jahrhundert die gesamte orthodoxe Kirche. Sie fand ihren beachtlichsten Ausdruck in der theologischen Bewegung des Hesychasmus (griechisch von hésychía, »Ruhe«). Er bezog sich auf mystische Praktiken früher Kirchenväter und empfahl konzentriertes, ständig wiederholtes Gebet und spirituelle Übungen, die den einzelnen in direkten Kontakt mit der göttlichen Energie bringen sollten. Nach anfänglichem bitteren Streit wurde der Hesychasmus Mitte des 14. Jahrhunderts von den Kirchenkonzilien als orthodoxe Lehre anerkannt und ist es bis heute geblieben. Er nahm beträchtlichen Einfluß auf die spätmittelalterliche Kunst und Literatur.

Die orthodoxe Kirche spielte eine wichtige Rolle als Verbindungsglied zwischen Rußland und der übrigen Welt. Im 14. und 15. Jahrhundert gab es beachtliche Kontakte zu den östlichen Mittelmeerländern. Es kam zu einer Belebung des Handels, der nicht mehr über den Dnjepr, sondern über den Don und die Krim verlief, und Pilger und Kirchendelegationen besuchten Konstantinopel (ihre Wandkritzeleien in den Galerien der Hagia Sophia sind kürzlich identifiziert worden). Doch das große geistige Kraftzentrum der orthodoxen Christenheit war die Mönchsrepublik auf dem Berg Athos in der nördlichen Ägäis, wo das russische Kloster St. Panteleimon noch heute besteht. Die Mönche entfalteten eine rege Übersetzer- und Kopiertätigkeit und verwirklichten neue Formen des monastischen Lebens. Es gab auch Gesandtschaften, die in die andere Richtung reisten. So gelangten ranghohe byzantinische Kirchenleute mehrere Male nach Moskau und in andere russische Städte und baten um Opfergaben, gewöhnlich um die Gebäude von Konstantinopel reparieren zu können.

Vielleicht war es einer dieser Gesandten, der dem Patriarchen Antonios meldete, daß der seit 1389 regierende Moskauer Großfürst Wasilij I. zu sagen pflegte: »Wir haben eine Kirche, aber keinen Kaiser«, und letzteren auch nicht in sein Gebet einschloß. Der Patriarch schickte daraufhin einen langen, vorwurfsvollen Brief, in dem er klarmachte, daß Kirche und Kaiserreich untrennbar seien. Es war dies eine der klassischen Erklärungen der byzantinischen politischen Ideologie, geschrieben in den 90er Jahren des 14. Jahrhunderts, als das Kaiserreich selbst auf kaum mehr als die Stadt Konstantinopel und einige Inseln reduziert war und die osmanischen Türken bereits vor der Tür standen. Die Russen akzeptierten offensichtlich den Tadel. Erst nach 1448, ein Jahrzehnt nachdem das Florentiner Konzil eine kurzlebige Union zwischen Ost- und Westkirche zustande gebracht hatte, was Ausschreitungen an der Basis verursachte, nahmen sie vorsichtig das Schicksal ihrer Kirche in eigene Hände. Ohne in Byzanz rückzufragen, ernannten sie ihren eigenen Metropoliten. Fast das ganze 14. Jahrhundert hindurch war dem byzantinischen Patriarchat die unangenehme Aufgabe zugefallen, zwischen den rivalisierenden Ansprüchen Nordrußlands (Wladimir/Moskau) und dem Großfürstentum Litauen (das um die Mitte des Jahrhunderts Kiew, den historischen Sitz des Metropoliten, annektierte) zu entscheiden, wer Rußland repräsentiere. Litauen hatte vermutlich unter der Bevölkerung einen größeren Prozentsatz an Orthodoxen, aber die herrschende Klasse war heidnisch, eine der letzten heidnischen Nationen Europas. Nach langem Schwanken entschied sich Konstantinopel für Moskau, und die litauischen Herrscher verbanden sich mit den Polen und nahmen 1385 den römischen Katholizismus an, obgleich sie 1458 in Kiew einen orthodoxen Gegen-Metropoliten einsetzten.

Die interessanteste und wichtigste Entwicklung im russischen Kirchenleben während der Tatarenzeit war jedoch ganz interner Art. Es handelt sich dabei um die sogenannte monastische Bewegung, die zur Gründung zahlreicher Klöster und Einsiedeleien in immer abgelegeneren Wäldern im Norden führte. Vor 1300 hatten sich die bedeutenderen Klöster in oder nahe von großen Städten befunden und mit den Fürstenhöfen in engem Kontakt gestanden. Die Initiative zu einer völligen Änderung dieser Praxis ging von Sergij (Sergios) von Radonesch (ca. 1321–1391) aus, in dem Rußland später einen seiner Schutzpatrone sah. Er entstammte einer Aristokratenfa-

**Die monastischen und missionarischen Bewegungen im 14. und 15. Jahrhundert**

Vor 1300 war das russische Mönchtum zumeist mit den Fürstenhöfen verbunden und durch einen angenehmen Lebensstil charakterisiert, den die Arbeit der Leibeigenen mitermöglichte. Sergios von Radonesch (ca. 1321–1391) bewirkte eine Art Reformation, als er in das abgelegene Waldland im Norden ging, um ein asketisches Leben zu führen. Er zog eine große Zahl von Mönchen an, und zwischen 1340 und 1440 wurden nahezu 200 Klöster gegründet. Sie folgten den Prinzipien, die er für sein Dreifaltigkeits-Kloster in Sagorsk *(siehe Seiten 68–69)* festgelegt hatte. Viele dieser Neugründungen lagen jenseits der Wolga, in einer Region, die sich bis zum Ural erstreckte und im Norden bis zum großen Solowki-Kloster am Weißen Meer (gegründet 1422). Die monastische Bewegung bereitete den Weg für die Öffnung des Nordostens, und bald siedelten sich viele russische Bauern in den neuen Gebieten an. Ein weiterer Grund für diese religiös motivierte Wanderung war das Vordringen der römisch-katholischen Kirche, deren Missionen zahlreiche Polen im Westen gewonnen hatten. Der Chan von Astrachan hatte ihnen die Erlaubnis gegeben, unter den Tataren um Sarai zu predigen. Die Römisch-Katholischen und die Orthodoxen wetteiferten auch darum, die restlichen heidnischen Völker in Europa – die Wenden, Preußen und Litauer – zu bekehren.

*Unten:* Dmitrij Donskoj, Großfürst von Moskau, provozierte die Tataren zu einer Strafexpedition, die er bei Kulikowo (1380) am Don zurückschlug. Er demonstrierte, daß die Russen sich gegenüber den Tataren behaupten konnten, obgleich sie ein weiteres Jahrhundert lang tributpflichtig blieben. Ebenso wie Alexander Newskij wurde Dmitrij heiliggesprochen und Gegenstand einer recht schönfärberischen Biographie.

milie (Bojaren) in Rostow, die in seiner Kindheit auf Moskauer Druck hin ihre Besitzungen verloren hatte. Als junger Mann suchte er Zuflucht vor der Welt in einem unberührten Wald, einige Kilometer nordöstlich von Radonesch. Seine »Wildnis«, die eher symbolisch als tatsächlich eine Einöde war, zog bald andere Eremiten an. Gegen seinen Willen wurde er überredet, die Einsiedelei zu einem Kloster umzuorganisieren und es als Abt zu leiten. So entstand das Dreifaltigkeits-Sergios-Kloster, das heute am Stadtrand von Sagorsk liegt *(siehe Seiten 68/69)*.

Sergios' Kloster wurde zu seinen Lebzeiten das führende Gelehrtenzentrum der wieder aufblühenden russischen Kultur. Seine ersten Mönche gründeten Tochterklöster und von diesen gingen weitere, noch abgelegenere aus. Man schätzt, daß von 1340–1440 200 Klöster entstanden, die schließlich bis zum Weißen Meer und dem Ural verstreut lagen und auch bäuerliche Kolonisten anzogen. Es überrascht nicht, daß die Moskauer Großfürsten alles taten, um von dieser Entwicklung zu profitieren. Seine Freundschaft zu Sergios kam dem Großfürsten Dmitrij Donskoj in einem entscheidenden Moment ideologisch sehr zustatten, unabhängig davon, ob Sergios ihn tatsächlich vor seinem großen Kampf mit den Tataren gesegnet hat, wie die Überlieferung berichtet. Ein anderer Freund von Sergios war der hl. Stephan von Perm, der es in selbständiger Missionstätigkeit fertigbrachte, das Volk der Komi (Permer, Syrjänen) zum orthodoxen Christentum zu bekehren. Nach dem Vorbild der Slawenapostel Kyrill und Method entwickelte er für sie ein Alphabet und eine Literatur, die allerdings den Zentralisierungsbestrebungen des Moskauer Staates einige Generationen später zum Opfer fielen.

Die Geschichte der Machtzunahme Mokaus ist komplex, doch sind ihre allgemeinen Umrisse klar. Das Geschlecht der dort ansässigen Fürsten beginnt mit Daniil, dem jüngsten Sohn von Alexander Newskij. Von Anfang an war die Dynastie bestrebt, ihr Territorium zu vergrößern, entweder auf friedlichem Weg (Kauf, Heirat, Erbe) oder mit Gewalt. Fürst Jurij Danilowitsch heiratete um 1318 die Schwester des Chans der Goldenen Horde und erhielt den Titel Großfürst. Danach kämpften seine Nachfolger beharrlich, um den Titel in ihrer Familie zu halten. Moskau hatte zähe Rivalen. Auch Litauen vergrößerte sich schnell und mischte sich häufig in die Politik Zentralrußlands ein. Nowgorod stand auf dem Höhepunkt seiner wirtschaftlichen Macht. Die stärkste Opposition kam jedoch von einem anderen Neuankömmling auf der politischen Bühne, von der Stadt Twer am Oberlauf der Wolga. Der Kampf um die Vorherrschaft wurde bis ins 15. Jahrhundert geführt, manchmal unter blutiger Einmischung der Tataren. Die Unterstützung durch die Kirche war ein Faktor, der Moskaus Prestige stärkte. Seit etwa 1328 war es Metropolitensitz, und der weise und mutige Metropolit Alexej übernahm die Regentschaft für den minderjährigen Dmitrij Iwanowitsch. Dieser erbte das Fürstentum 1359 im Alter von neun Jahren und wurde als Dmitrij Donskoj berühmt. Der Zuname spielt auf die Quellflüsse des Don an, wo er auf dem Kulikowo pole (»Schnepfenfeld«) 1380 die Armee einer Fürstenallianz gegen eine größere Streitmacht der Tataren führte, die ausgesandt worden war, um ihn für mehrfachen Ungehorsam zu bestrafen. Mamai, der tatarische Kommandeur, verbündete sich mit dem litauischen Herrscher Jagiello, doch kamen dessen Truppen zu spät und er wurde vernichtend geschlagen.

Zwei Jahre später plünderte eine andere tatarische Armee unter Tocktamysch Moskau. Dmitrij zahlte weiter Tribut und wurde als Großfürst bestätigt. Die Tataren inszenierten gelegentlich Überfälle, die große Zerstörungen anrichteten und blieben nominell noch für ein Jahrhundert Rußlands Oberherren, doch hatte sich ihr Griff offensichtlich gelockert. Die Goldene Horde besaß keine Disziplin mehr, und die russische Unabhängigkeit unter der Führung Moskaus war nur noch eine Frage der Zeit. Ein mörderischer Familienzwist innerhalb der Moskowiter Dynastie, der das ganze zweite Viertel des 15. Jahrhunderts andauerte, kennzeichnete den letzten öffentlichen Ausbruch jener Art von »Onkel-Neffe«-Generationenkonflikt, der die Fürstennachfolge in den Kiewer Tagen so belastet hatte. Im allgemeinen jedoch war die Moskauer Dynastie in der glücklichen Lage, sich einer unkomplizierten Vater-Sohn-Erbfolge zu erfreuen.

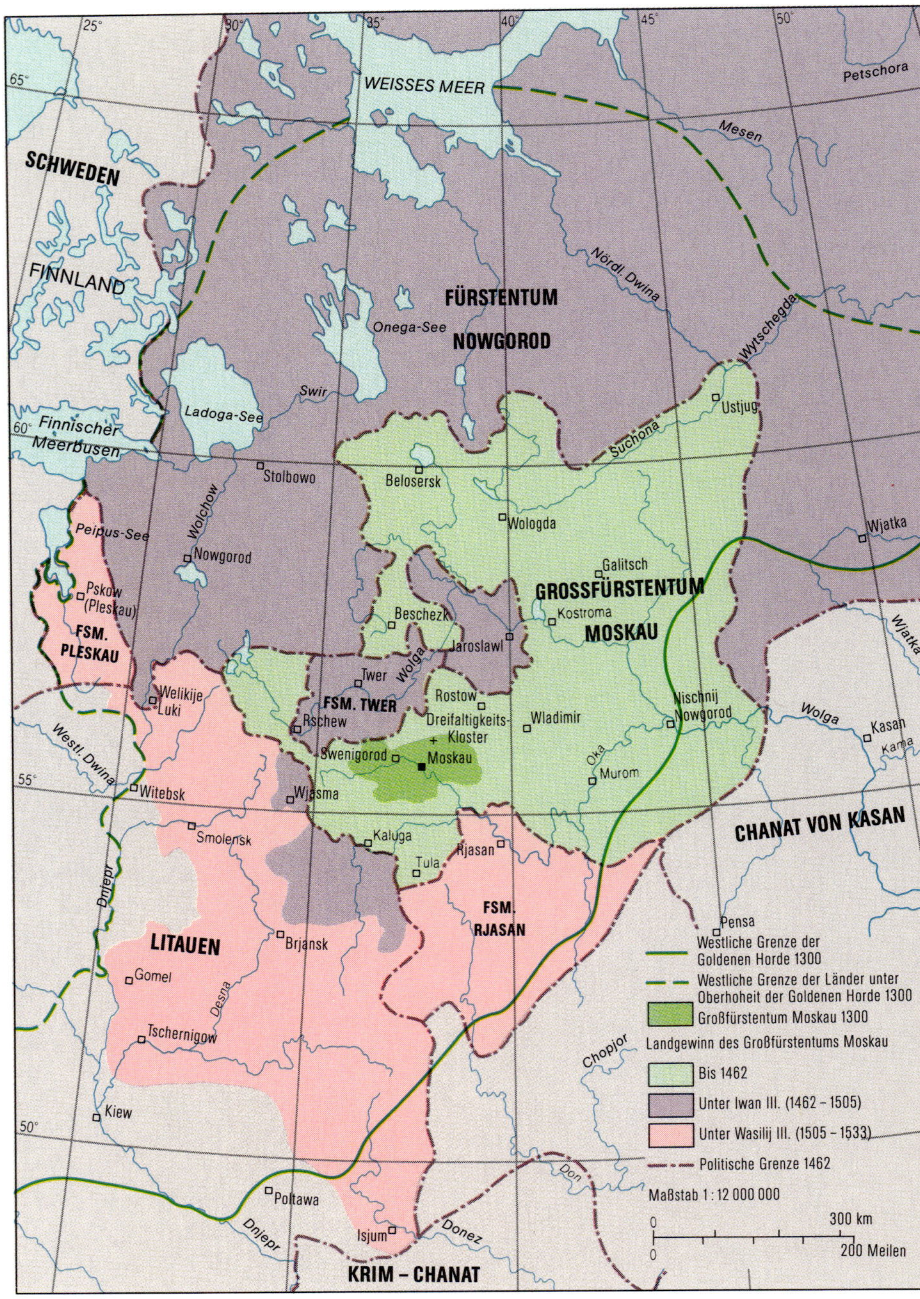


trächtliche Zahl von Kirchen, besonders in Nowgorod. Moskau erhielt unter Dmitrij Donskoj Stadtmauern, auch einige wenige frühmoskowitische Gebäude von etwa 1400 blieben erhalten. Sie nehmen die Tradition der eleganten weißen Kalksteinbauten auf, wie sie 200 Jahre zuvor in Wladimir errichtet wurden. Allerdings sind sie nicht so monumental, und die Fassaden lassen den reichen Figurenschmuck der Wladimirer Vorbilder vermissen. Schon vor der Tatarenzeit gab es eine Tendenz, die Dachlinie in den Blickpunkt zu rücken. Das wird jetzt weitergeführt mit interessanten Zeltdachvarianten, die fast pyramidenförmig zulaufen können. Kuppeln sind vermutlich eher noch helm- als zwiebelförmig. Die Fassaden erfahren eine Gliederung durch Blendarkadenfriese, dekorative Giebel, Pilaster und andere Verzierungen. Ohne Beziehung zur eigentlichen Baustruktur sind diese Dekorationen rein auf ästhetische Wirkung abgestimmt.

In besonderer Blüte stand die Malerei. Die erste Hälfte des 15. Jahrhunderts wird zu Recht als das goldene Zeitalter der russischen Ikonen betrachtet. War die frühmittelalterliche Kunst weitgehend anonym, so beginnt jetzt die künstlerische Persönlichkeit ihren Anspruch geltend zu machen, und etwa ab 1400 sind die Namen von einigen der

### Die Kunst in der frühen Moskauer Periode

Die kulturellen Leistungen Rußlands im 14. und 15. Jahrhundert standen im Schatten des Kiewer und Wladimirer Erbes. Doch war die Tatarenherrschaft, nachdem der anfängliche Schock überwunden war, kein dunkles Zeitalter. Die Bautätigkeit wurde in bescheidenem Rahmen schon vor Beginn des 14. Jahrhunderts wieder aufgenommen, und im Verlauf dieses Jahrhunderts entstand eine be-

**Links: Moskau und die »Sammlung« der russischen Länder**
Moskau entstand Mitte des 12. Jahrhunderts an einem schon vorher besiedelten Ort. Mit dem Niedergang Kiews wurde die mittlere und nordöstliche Waldzone rasch der Kolonisierung geöffnet. Moskau, das anfangs dem Fürstentum Wladimir untergeordnet war, vergrößerte nach den Tatareneinfällen von 1237–1240 sein Territorium und seine Macht, wodurch sich das zentralisierte Moskauer Reich unter Iwan III. (1462–1505) konsolidieren konnte. Im 14. Jahrhundert waren von den Moskauer Herrschern angrenzende Fürstentümer durch Eroberung, Diplomatie, Kauf oder Erbschaft »gesammelt« worden. Der Metropolit von Kiew und All-Rußland residierte zuerst in Wladimir, dann in Moskau, um das Ansehen dieser Städte zu erhöhen. Die Moskauer Fürsten verfochten erfolgreich ihren Anspruch auf den Titel »Großfürst«, trotz des Widerstandes von seiten des Großherzogtums Litauen (später mit Polen vereinigt), von Nowgorod und Twer (beide Iwan III. unterworfen). Die Fürstentümer Pskow und Rjasan durften als Pufferstaaten im Westen beziehungsweise Südosten fortbestehen, aber auch sie wurden im ersten Viertel des 16. Jahrhunderts dem Moskauer Reich einverleibt.

besten Fachleute bekannt. Das Werk des Mönchs Andrej Rubljow (Rublew, ca. 1370–1430) wurde im 20. Jahrhundert vom Mythos befreit und wiederentdeckt. Auch die ausgeprägte künstlerische Individualität von Rubljows älterem Zeitgenossen Theophanes dem Griechen (Feofan Grek, ein byzantinischer Emigrant) ist für uns erkennbar. Er arbeitete in Nowgorod und schuf 1405 zusammen mit Rubljow die Ikonostase der Mariä-Verkündigungs-Kathedrale in Moskau. Einen eigenständigen Stil vertrat auch Rubljows letzter bedeutender Nachfolger, Dionisij (spätes 15. Jahrhundert).

Aus dem Kiewer Rußland sind nur wenige Ikonen erhalten. Sie zeigen eine statische, schlichte Monumentalität. In der frühen tatarischen Periode, als die russische Kunst auf ihre eigenen Wurzeln zurückgeworfen wurde, nahm sie Einflüsse aus der Volkskunst auf: ausdrucksvolle plastische Verzerrungen und Vereinfachungen der Figuren sowie klare, nicht-naturalistische Farben. Mit dem kulturellen Wiederaufleben im späten 14. Jahrhundert konnte die Kunst sich gleichermaßen auf die einheimischen Traditionen beziehen, wie auch auf erneuerte internationale Kontakte, vor allem mit Byzanz. Es gab sicher auch Verbindungen zu den Südslawen (man weiß, daß Serben in Nowgorod gearbeitet haben), aber irgendeine Fühlungnahme zu Westeuropa läßt sich nicht belegen. Die besten Maler der spätmittelalterlichen orthodoxen Länder scheinen eine zarte Ausdruckskraft bevorzugt zu haben, die im Fall Rubljows jedoch mit *gravitas* und einer klaren, monumentalen Linienführung kombiniert war. Über die Vermittlung des eleganten Kiewer Stils oder durch jüngere byzantinische Vorlagen wurden hier offensichtlich Impulse der Klassik wiederaufgenommen und zu einer Art raffiniert verfeinertem griechischen Erbe umgeformt.

Den Ikonenmalern boten sich im frühen 15. Jahrhundert einmalige Gelegenheiten durch die Einführung der Ikonostase, einer hölzernen Wand, die den Altarraum der Kirche vom Gemeinderaum trennt und mit Reihen von lebensgroßen oder sogar noch größeren Ikonen verkleidet ist. Die mittlere Reihe, die Deesis, stellt die »Fürbitte« am Tag des Jüngsten Gerichts dar, mit der sich Maria, Johannes der Täufer und andere Heilige bei Christus für die andächtig Betenden verwenden. Die Ikonostase als Galerie von Heiligenbildern läßt sich mit den großen skulptierten Portalen der westlichen mittelalterlichen Kathedralen vergleichen; das Öffnen und Schließen der Mitteltür (die »heilige Pforte« oder »Königliche Tür«) unterstreicht den dramatischen Charakter der Liturgie. Fresken, die die Innenwände und Decken der Kirchen überziehen, betonen das stimmungsvolle Ambiente. Aus dem 14. und 15. Jahrhundert sind eindrucksvolle Beispiele, wenn auch nur fragmentarisch, in Nowgorod erhalten, darunter Malereien von Theophanes. Wandgemälde von Rubljow finden sich in der Uspenskij-Kathedrale in Wladimir. Einige wenige, sehr schön illuminierte Evangeliare entstanden im Umkreis der beiden Künstler.

Nicht unbedeutend ist auch die Literatur dieser Periode. Unter den zahlreichen Chroniken ragt die umfassende *Dreifaltigkeitschronik* heraus, die im frühen 15. Jahrhundert im Dreifaltigkeits-Sergios-Kloster zusammengestellt wurde und versucht, aus einer »gesamtrussischen« Sicht zu sprechen. Der Großfürst Dmitrij Donskoj von Moskau inspirierte zwei weitere ungewöhnliche Werke. Das eine war eine Vita Alexander Newskijs, das andere, in verschiedenen Versionen überliefert, feiert dessen Sieg von Kulikowo 1380 und wird gewöhnlich *Epos von der Schlacht am Don* genannt. Dieses Werk adaptiert das 200 Jahre früher entstandene *Igorlied*.

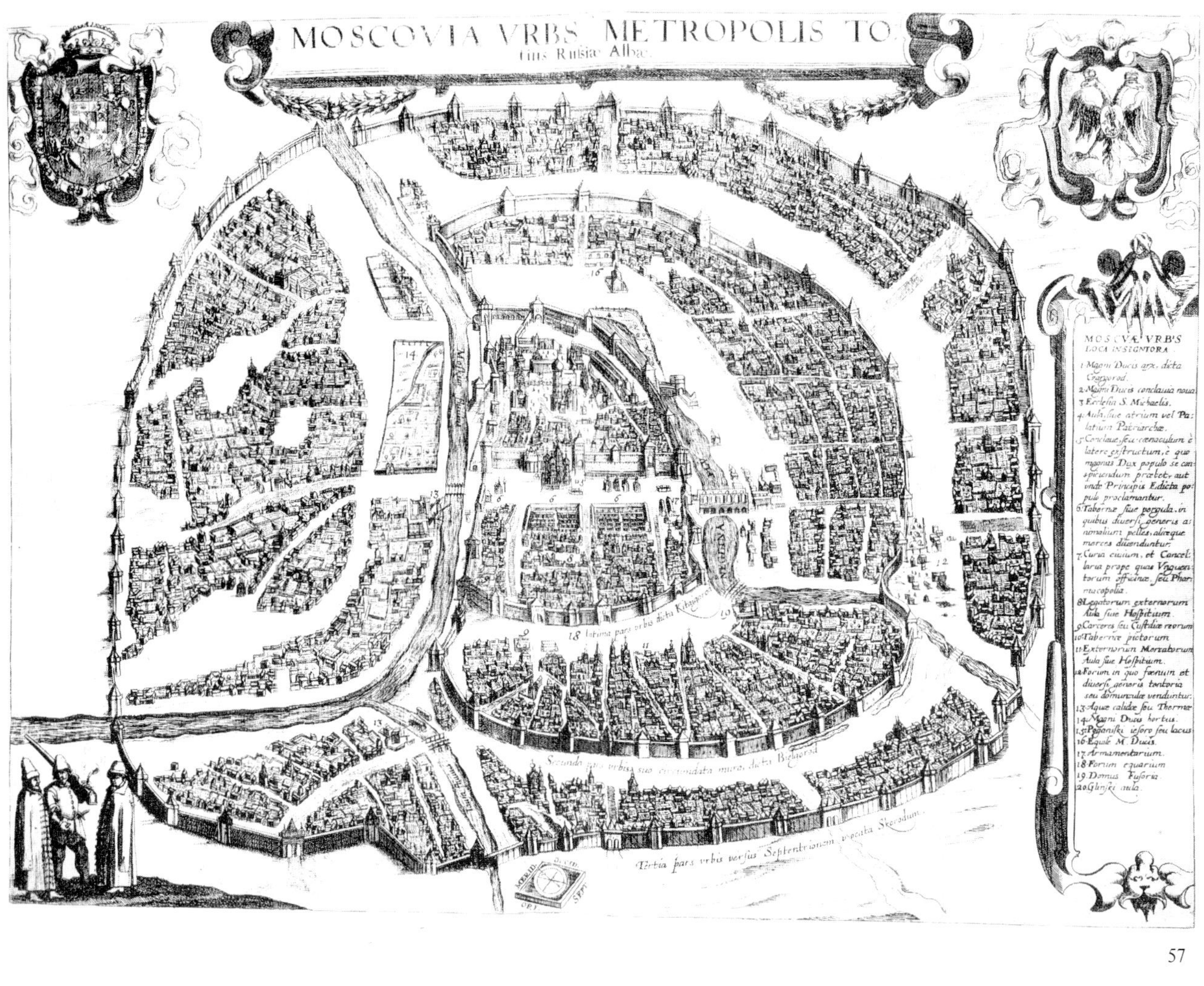


*Rechts:* Die frühesten genauen Pläne von Moskau stammen aus dem ausgehenden 16. Jahrhundert. Einige von ihnen sind Kopien eines verlorenen Originals, das Fjodor, der Sohn von Boris Godunow, gezeichnet hat. Eine ähnliche, wenn auch nicht identische Karte wurde für den König von Polen, Sigismund III., angefertigt, der von 1610–1612 Hoffnungen hegte, Moskau zu seiner Hauptstadt zu machen. Hier wird eine der Varianten der Sigismund-Karten gezeigt. Die Moskwa fließt von oben nach unten links (von West nach Ost). Die konzentrischen Stadtviertel sind alle befestigt. In der Mitte der Karte befindet sich der Rote Platz mit den Marktreihen (6) und der Kathedrale des heiligen Basilios. Als Sehenswürdigkeiten sind unter anderem die öffentlichen Badehäuser an der Moskwa und Jausa (13) hervorgehoben. Südlich der Moskwa befindet sich das Viertel der Strelitzen mit dem großen Garten des Zaren (14) gegenüber dem Kreml. Der botanische Garten grenzt an die Nordwestmauer des Kremls.

Den besten Autor der Zeit kennen wir mit Namen. Jepifanij Premudrij (Epiphanios der Allweise) war ein Mönch, der das Leben des Sergios von Radonesch, den er persönlich kannte, sowie des Stephan von Perm beschrieb. Zweifellos verfolgte er damit die Absicht, ihre Heiligsprechung herbeizuführen. Beide Werke sind über 100 Seiten lang und von kompliziertem Aufbau. Unglücklicherweise sind alle überlieferten Versionen vom *Leben des Sergios* offensichtlich neu redigiert und im Sinne der moskowitischen Propaganda im 15. Jahrhundert verfälscht worden, aber das *Leben des Stephanos* ist authentisch erhalten. Jepifanij charakterisiert seine eigene literarische Methode als »ein Wörterflechten«. Obwohl in Prosa angelegt, liest sich die Stephan-Vita wie Poesie – voll von Rhythmen, Reimen und Alliterationen. Er arbeitet mit sprachlichen Neubildungen, rhetorischen Figuren und Aneinanderreihungen. Die Wirkung ist sehr emotionsbestimmt, doch flechten beide Biographien auch viel interessante Informationen erzählerisch in die Textstruktur ein. Die zwei Werke sind tatsächlich höchst kunstvolle, verbale »Ikonen«, deren Zweck es ist, die Gefühle und die Seele zu erschüttern und so Verehrung und Bewunderung hervorzurufen. Sie sind zweifellos die besten literarischen Überbleibsel aus der kurzen, aber äußerst produktiven Periode, die grob gesprochen die Herrschaft von Dmitrij Donskoj und Wasilij I. umfaßt. Sie repräsentiert, was D.S. Lichatschow treffend die orthodoxe »Vorrenaissance« genannt hat.

## Iwan III. und der Triumph Moskaus

Das Moskowiter Reich, das den Nordosten und Nordwesten Rußlands mit Moskau als Hauptstadt umfaßte, war die Schöpfung eines Mannes, des Großfürsten Iwan III., dem manche Historiker den Beinamen »der Große« gegeben haben. Doch selbst jemand, der die historischen Ereignisse vorantreibt, kann sehr wohl ein Kind seiner Zeit sein. Es ist durchaus nicht sicher, daß Iwan in Kategorien dachte, die sich wesentlich von denen seiner Vorgänger oder Zeitgenossen unterschieden, oder daß er die Tragweite der Ziele erfaßte, die zu erreichen er so hart kämpfte. Es läßt sich kaum etwas Definitives über seine Motive, seine Überzeugungen, seine Persönlichkeit sagen. Die überlieferten Zeugnisse sind im allgemeinen höchst formaler oder offizieller Art. Auf jeden Fall war er zumindest sehr hartnäckig, was die Verfolgung seiner Absichten betraf, wenn er sich auch langsam auf ihre Realisation zubewegen mußte. Wir können auch nur vermuten, daß die Kindheitserfahrungen eines dynastischen Krieges ihn für immer mißtrauisch sein ließen. Gegen Ende seiner Regierungszeit kam es zu einer sich lange hinziehenden Krise, als Iwan seinem ältesten überlebenden Sohn Wasilij die Gunst entzog und statt dessen seinen Enkel Dmitrij (den Sohn seines verstorbenen Erstgeborenen aus einer früheren Ehe) favorisierte, eine Entscheidung, die er später wieder zu Gunsten Wasilijs zurücknahm. Die Historiker haben viel Mühe darauf verwendet, dieses wichtige Machtspiel zu interpretieren. War Iwan unsicher und un-

**Links: Die Entwicklung von Polen und Litauen**

Als im 14. und 15. Jahrhundert Moskaus Macht wuchs, erweiterte auch sein Erzrivale, der Großfürst von Litauen, sein Reich um riesige Landstriche nach Westen. Litauen entwickelte sich aus einer Konföderation heidnischer Stämme, die sich unter König Mindangas Mindovg (gestorben 1263) zusammenschlossen, um die eindringenden Deutschen Ordensritter zu bekämpfen. In dem auf die Tatareninvasion von 1237–1240 folgenden Jahrhundert wurden die alten russischen Fürstenhäuser wie Kiew und Tschernigow eine leichte Beute für den litauischen Expansionismus. Gedimin, der von 1316–1339 regierte, nahm 1321 Kiew ein und gründete zwei Jahre später seine eigene Hauptstadt Vilnius (Wilna). Algirdas (Regierungszeit 1345–1377) hinterließ seinem Sohn Jagiello ein Imperium, das sich über 900000 Quadratkilometer erstreckte und viele christlich-orthodoxe Untertanen besaß.
Mit der Union von Krewo (1385) schloß Litauen ein dynastisches Bündnis mit Polen und nahm offiziell den römisch-katholischen Glauben an. Der konfessionelle Unterschied verschlimmerte den Gegensatz zwischen den orthodoxen Moskowitern und ihren auf Machterwerb versessenen Nachbarn noch mehr. Die lange währende Auseinandersetzung Iwans III. mit Litauen wendete schließlich zu Beginn des 16. Jahrhunderts das Glück zu Moskaus Gunsten, obgleich sowohl Kiew als auch Smolensk noch einige Jahre länger innerhalb der litauischen Grenze verblieben.

*Oben:* Gesandtschaften aus dem Moskauer Reich erregten die ungehemmte Neugier der Westeuropäer, die sehr von den schönen Gewändern, den bunten Hüten und ungewohnten Sitten angetan waren. Dieser alte Holzschnitt (1576) von Michael Peterle zeigt den Gesandtschaftsaufzug von Bojaren vor Kaiser Maximilian II., gefolgt von pelztragenden Kaufleuten. Mitglieder der russischen Gesandtschaften hatten für gewöhnlich kein Bargeld und sicherten sich ihren Lebensunterhalt so gut es ging durch den Verkauf von Pelzen.

entschlossen? Spielten persönliche Faktoren eine Rolle? Vertraten Wasilij, Dmitrij und ihre jeweiligen Mütter bestimmte gesellschaftliche oder religiöse Richtungen? Es sind einfach keine Zeugnisse vorhanden, die diese Streitfragen klären könnten.

Fundamentales Ziel Iwans III. war die Wiederherstellung seiner vollen ererbten Autorität als Großfürst »von ganz Rußland« (im Westen oft falsch übersetzt als »aller russischen Länder«). Deshalb mußte er seine ungeteilte Aufmerksamkeit auf die Stärke, Sicherheit, Unabhängigkeit und das Prestige des Reiches richten. Diese Aufgabenstellungen verlangten den Kampf gegen die expansionistischen Gelüste des Großfürsten von Litauen, der zu dieser Zeit eine dynastische Allianz mit dem katholischen Polen eingegangen war, die Bewahrung der Orthodoxie und seines eigenen Autoritätsanspruchs, den sorgfältigen diplomatischen Umgang mit ausländischen Mächten, die den Kampf entscheidend gewichten konnten, die Konzentration aller Streitkräfte in den nicht-litauischen Territorien (Nord-, Ost- und Zentralrußland) in der Hand des Großfürsten sowie das Abwerfen auch der letzten Reste tatarischer Oberhoheit. Hinzu kam die Einbeziehung aller Teile der Gesellschaft in jenen Zweckorganismus, den die Historiker den moskowitischen »Dienstleistungsstaat« nennen.

Die Goldene Horde erwies sich als das geringste von Iwans Problemen. Die 240jährige Unterwerfung unter die Tataren endete nicht mit einem Fanal, sondern gänzlich unspektakulär. Im Herbst 1480 marschierten eine russische und eine tatarische Armee an den Ufern der Ugra südwestlich von Moskau auf. Nachdem sie einander wochenlang gegenübergestanden hatten, zogen sich beide Streitkräfte dann unverrichteter Dinge zurück. Iwan hörte auf, Tribute an die Horde zu zahlen, erhob sie aber weiterhin von seinen Landsleuten und verwendete sie für seine eigenen Zwecke. Einige Jahrzehnte vor der »Begegnung an der Ugra« hatten die Moskauer Fürsten schon die Macht der Horde untergraben, indem sie tatarische Adelige mit oder ohne Konversion zum orthodoxen Glauben in ihre Dienste nahmen. Der Vater Iwans III., Wasilij II., hatte sogar ein kleines tatarisches Vasallenfürstentum in Kasimow an der Oka errichtet, das von Kasim, einem Nachkommen Dschingis Chans, regiert wurde. In mancher Hinsicht sahen sich die Moskauer Herrscher offensichtlich selbst als Erben des Chans (so wie schon einige Kiewer Souveräne den Titel *kagan* geführt hatten).

Eine viel härtere und unerfreulichere Aufgabe mußte Iwan III. bewältigen, als er mit jenen seiner Landsleute abzurechnen begann, die seinen Anspruch als oberste Autorität Großrußlands nicht akzeptierten, oder die er zumindest als Bedrohung seiner Macht empfand. In erster Linie waren dies die Nowgoroder und Twerer oder wenigstens ihre herrschenden Kreise. Die Unterdrückung Nowgorods 1478 ist die spektakulärste Tat in Iwans Regierungszeit. Die politische Situation der Stadtrepublik glich seit langem einem Balanceakt. Obwohl sie die theoretische Oberhoheit des Großfürsten anerkannten – und als eigene Fürsten Mitglieder der Rjurikidenfamilie hatten –, behielten die Nowgoroder die praktische Unabhängigkeit aufgrund der Entwicklung ihrer Institutionen und der tüchtigen Verwaltung ihrer riesigen Territorien. In der Volksversammlung *(wetsche)*, die jedermann durch das Läuten einer großen Glocke einberufen konnte, lag die letzte Gewalt bei den Bürgern, aber diese große und streitbare Institution konnte Entscheidungen nicht von einem Tag zum anderen treffen. Diese fielen einem oligarchischen Rat und gewählten Beamten zu: dem Bürgermeister, dem militärischen Befehlshaber und dem Erzbischof (der auch von der Stadt ernannt wurde).

In der frühen tatarischen Periode muß Nowgorod durch seinen Reichtum, seine geographische Abgeschlossenheit und das reibungslose Funktionieren seiner Verwaltung unangreifbar erschienen sein. Mitte des 15. Jahrhunderts, als der Griff der Tataren lockerer wurde und die Polarisierung des russischen Erbanspruchs zwischen Moskau und Litauen sich zuspitzte, fiel es den Nowgorodern schwerer, ihre Sonderrolle zu behaupten. Wasilij II. demonstrierte seine Autorität, als er 1456 eine Strafexpedition gegen die Stadt unternahm und sie mit einer Geldstrafe belegte, weil sie im letzten Stadium des Moskauer dynastischen Krieges seine Feinde unterstützt hatten. Danach durfte Nowgorod nicht mehr unabhängig Verträge mit ausländischen Mächten schließen und mußte das Siegel des Großfürsten benutzen. Dennoch behielt es alle seine Institutionen, und es scheint, daß weder Wasilij II. noch anfangs Iwan III. die Absicht hatten, sie aufzulösen.

Jedoch, wie so oft in Stadtstaaten, wurde die Rivalität zwischen den reichsten Familien (die gewöhnlich den Bürgermeister stellten) und der Masse der Bevölkerung zunehmend größer. Auch die wirtschaftliche Situation stand nicht mehr zum besten: Die Hanse, deren wichtiges östliches Kontor Nowgorod war, schöpfte zunehmend mehr von den Gewinnen der Stadt ab, indem sie den Ostseehandel auf den Wasserwegen monopolisierte. Gleichzeitig war in Europa der Markt für Eichhörnchenfelle (Feh) zusammengebrochen. Vor allem aber hatte Nowgorod, obwohl noch immer reicher und bevölkerungsstärker als Moskau (die übliche Schätzung beträgt 30000 Einwohner), zwei große Handicaps, da es sich weder zuverlässig selbst verteidigen noch versorgen konnte. Die Armee bestand nur aus dem Gefolge des von außen gekommenen Fürsten, dessen vorrangige Loyalität zwangsläufig anderswo lag, sowie einer kleinen Stadtmiliz. Was die Ernährungssituation betraf, so war das Nowgoroder Klima zwar für den Anbau von Flachs und Hanf geeignet, doch selbst winterharte Getreide wie Roggen und Hafer brachten lediglich geringe Erträge. In den häufig wiederkehrenden Jahren mit schlechten Ernten wurde die Stadt gefährlich abhängig von Getreidelieferungen aus Mittelrußland, die von jedem, der die Flüsse und Überlandwege kontrollierte, abgeschnitten werden konnten.

In den Jahren nach 1456 machten die Nowgoroder Führer, unter ihnen besonders Marfa Borezkaja, die Witwe eines Bürgermeisters, den verhängnisvollen Fehler, mit Litauen zu verhandeln. Iwan III. schickte 1471 eine Strafexpedition, gab jedoch der Stadt eine letzte Chance, seine Autorität zu akzeptieren. Als sich die regierende Partei weigerte, ihn als *gosudar*, »Herrscher«, anzuerkennen (anstatt wie bisher als *gospodin*, »Herr«), griff er 1478 zum Mittel der Belagerung, verlangte die Abschaffung der separaten Institutionen und ließ die Glocke des *wetsche* nach Moskau bringen. Den Erzbischof schickte er ins Exil, ersetzte ihn anschließend durch einen starken Mann aus Moskau, Gennadij, und konfiszierte große Teile der Kirchenländereien.

Zusätzlich zu den Beschlagnahmungen siedelte Iwan einige tausend der wohlhabenderen Nowgoroder Bürger (Bojaren, Kaufleute) während der 80er Jahre in andere Teile Rußlands um. An ihre Stelle setzte er eine kleinere Zahl von Adeligen aus der Moskauer Gegend. Die ihnen zugeteilten umfangreichen Dienstgüter *(pomestje)* waren als Entlohnung für militärische Ausrüstung und den zu leistenden Militärdienst gedacht. Bedeutsam war, daß sie das Land nicht als *wotschina* (»Erbgut«) übertragen bekamen, wie bisher üblich, sondern nur auf Lebenszeit und unter der Bedingung, daß sie ihren Dienst zufriedenstel-

**Großnowgorod und seine Handelsverbindungen**
Nowgorod war spätestens seit dem 9. Jahrhundert ein wichtiger Handelsposten zwischen Wikingern, slawischen und finnischen Völkern. Der Name bedeutet »Neustadt«, wobei »neu« vielleicht in bezug zur älteren Siedlung Ladoga steht. Zwischen dem 12. und 15. Jahrhundert erfreute sich Nowgorod als nördlichster der großen europäischen Stadtstaaten einer wirklichen Unabhängigkeit. Es wurde mehr oder weniger demokratisch regiert und kontrollierte weite Landstriche des nördlichen Territoriums bis zum Ural. Dieses sogenannte Reich bildete das Reservoir für den Pelzhandel Nowgorods, das in fünf Stadtviertel (*konzy*, »Enden«) unterteilt war. Bedeutende Handelsrouten verliefen von Nowgorod östlich zum Wolga-Becken, südlich nach Kiew (und letztlich nach Konstantinopel) sowie westwärts nach Schweden und in die Länder des Heiligen Römischen Reiches. Nowgorod war der letzte große Vorposten der Hanse und hatte seinen eigenen wichtigen Umschlaghafen auf Gotland (wo wahrscheinlich Freskomalereien Nowgoroder Ursprungs erhalten sind). Zwei Städte des Nowgoroder Reichs – Pskow im Südwesten und Chlynow (Wjatka) im Osten – erlangten im späten Mittelalter die Unabhängigkeit, bis sie, wie Nowgorod selbst, zwangsweise dem Moskauer Reich einverleibt wurden.

lend verrichteten. Etwa 1,2 Millionen Hektar wurden auf diese Weise vergeben, und das neue *pomestje*-System erfuhr eine schnelle Ausweitung. Unter den Nachfolgern Iwans III. mußten selbst *wotschina*-Besitzer Dienstleistungen erbringen unter Androhung der Enteignung; sie waren nur insofern gegenüber den *pomeschtschiki* im Vorteil, als sie ihr Land verkaufen oder testamentarisch vererben konnten.

Das System der Landbelehnung im 15. Jahrhundert mag obskur erscheinen, doch bildete es die wesentliche Grundlage des Moskauer Reiches, war eine Ursache sowohl seiner Stärken wie seiner Schwächen. Es beeinflußte die Ideologie der Zaren bis hin zu Nikolaus II. Gleichermaßen wirkte es sich auf ihr Verhalten auf der internationalen Bühne aus und förderte die Arroganz, für die der Moskauer Hof bekannt war. Ein Brief von Iwan IV. an Königin Elisabeth I. von England (1570) beklagt, daß er angenommen habe, sie sei die wahre Herrscherin, »doch nun merken wir, daß da andere Männer sind, die regieren«. Damit verwies er auf die Tatsache, daß Elisabeth anerkannte, daß ihre Untertanen Rechte hatten. Der Brauch Land, eine offensichtlich unendliche Ressource in einem Staat, der ansonsten alles andere als reich war, als Belohnung für Dienstleistungen zu vergeben, überlebte das Moskauer Reich lange und wurde bis ins 18. Jahrhundert fortgesetzt.

Die Unterwerfung Nowgorods brachte einen Einschnitt in der Geschichte Rußlands, nicht nur wegen der darauffolgenden Einführung des *pomestje*-Systems. Nowgorod repräsentierte das eigenständige städtische Leben, die republikanische Alternative zur Autokratie. Es schuf eine Gesellschaft, die eher auf der Loyalität als auf der Furcht seiner Bürger beruhte, es war freiheitsliebend, relativ demokratisch, berühmt als geistig beweglich, tolerant in seinem Gesetz- und Strafwesen und künstlerisch kreativ. Nowgorod war auch ein »Fenster zum Westen«, bis Iwan III. in den 90er Jahren des 15. Jahrhunderts das Hansekontor schloß. Die Unterdrückung der Stadtrepublik, wenn auch durch Iwans Furcht vor den Litauern verständlich, wurde noch verhängnisvoller durch die erzwungene Umsiedlung, die damit einherging. Im Moskowiter Reich galten Leben und Würde des einzelnen nicht viel, und die Menschen wurden als bloße Anhängsel zum Land angesehen. In einer solchen Atmosphäre konnte die allmähliche Einführung der Leibeigenschaft während des 16. Jahrhunderts nahezu glatt vonstatten gehen. Sie begann mit der gelegentlichen, dann regelmäßigen Aufhebung des traditionellen Rechts der Bauern, ihren Dienstherrn während der zwei Wochen um den St. Georgstag im November zu wechseln. Damit sollte sichergestellt werden, daß die nötigen Kräfte zur Bearbeitung des Bodens vorhanden waren.

Nach der Unterjochung Nowgorods trieb Iwan die »Sammlung des russischen Landes« weiter voran. Twer, Moskaus alter Rivale, kapitulierte 1485: Sein letzter unabhängiger Fürst hatte verzweifelt Rückendeckung bei Litauen gesucht, während seine Bojaren, um zu retten, was zu retten war, sich auf die Seite Moskaus stellten. Iwan behandelte Twer relativ milde, weil seine erste Gemahlin aus dem Twerer Herrschergeschlecht stammte. Es blieben noch zwei andere, weniger bedeutende Stadtstaaten mit republikanischen Institutionen nach Nowgoroder Muster übrig. Der eine war Pskow, ein Verbündeter von Moskau, auf das es wegen der militärischen Unterstützung gegen die deutsch-baltischen Kolonisatoren nicht verzichten konnte. Bei dem anderen handelte es sich um Chlynow (seit 1780 Wjatka, seit 1934 Kirow), eine große, aber nur dünn von Jägern und Freibeutern besiedelte Region im äußersten Nordosten, die traditionell eine mindestens so freiheitliche Ideologie vertrat wie Nowgorod. Die Bewohner dieser Region machten nur zu gern gemeinsame Sache mit ihren Nachbarn, den Kasantataren, gegen Moskau. Sie verloren 1489 ihre Selbständigkeit, und Iwan III. bestrafte sie mit Zwangsumsiedlung. Am Ende seiner Regierungszeit hatten nur zwei russische Gebiete ihre Autonomie behauptet: Pskow, der Pufferstaat gen Westen, und ein gestutztes Fürstentum Rjasan, das dieselbe Funktion am östlichen Steppenrand erfüllte. Wasilij III. beendete ihre Selbständigkeit 1510 beziehungsweise 1520, siedelte die Pskower um und beschlagnahmte ihre *wetsche*-Glocke, wie sein Vater es in Nowgorod getan hatte.

Litauen war ein Gegner von härterem Kaliber. Iwan ging vorsichtig und listig vor. 1495 verheiratete er seine Tochter mit dem litauischen Großfürsten Alexander, offensichtlich in der Hoffnung, politischen und religiösen Einfluß an dessen Hof zu erhalten. Er bekam einige Grenzgebiete zurück, wenn auch nicht den Hauptpreis Smolensk. 1503 wurde ein sechsjähriger Waffenstillstand geschlossen, der die wechselseitigen Spannungen auf Zeit überdeckte. Die fortgesetzte Existenz eines unabhängigen Litauen stellte jedoch für das Moskowiter politische System eine stärkere Gefahr dar als die reine Territorialfrage annehmen läßt. Das älteste und am hartnäckigsten verteidigte Recht der Oberklasse in den altrussischen Fürstentümern war das des freien Dienstes: Ohne lange Vorankündigung konnte der Adel sein Treueverhältnis auf einen anderen Fürsten übertragen. Durch die »Sammlung« Rußlands blieben nur der Moskowiter Großfürst sowie dessen Todfeind, der Großfürst von Litauen, als Dienstherren übrig. Es überrascht deswegen nicht, daß seit der Zeit Iwans III. der Dienstwechsel als Verrat betrachtet wurde. Plötzlich sah sich der russische Adel den Launen des Herrschers genauso schutzlos gegenüber wie die Bauern oder sogar die Sklaven. Es gab keinen »Feudalvertrag« wie in Westeuropa, der auch dem schwächeren Partner die Einhaltung gewisser Verpflichtungen zusicherte. Vielsagend ist, daß den Westeuropäern im 16. Jahrhundert am Moskauer Reich besonders die Selbsterniedrigung der Bojaren und der Dienstklasse generell vor dem Herrscher auffiel.

### Orthodoxie und Häresie

Die Entstehung des moskowitischen Systems war von einer Reihe religiöser und ideologischen Entwicklungen begleitet, die häufig miteinander zusammenhingen. Im späten 14. Jahrhundert tauchten mit den »Scherern« (Strigolniki) und im späten 15. Jahrhundert mit den »Judaisierenden« (Schidowstwujuschtschije) zwei wichtige häretische Gruppen auf. Da sich beide von Nowgorod aus verbreiteten (deshalb der Sammelbegriff »Nowgoroder Häresie«), sind Verbindungen mit westeuropäischen vorreformatorischen Bewegungen denkbar, obgleich die östlichen Bogomilen Rußland auch vom Balkan aus beeinflußt haben könnten. Beide Gruppen waren anscheinend rationalistisch und gegen die kirchliche Hierarchie sowie den geistlichen Besitz eingestellt, aber darüber hinaus lassen sich ihre Überzeugungen schwer beschreiben, denn diese sind größtenteils nur aus den Angriffen ihrer Gegner bekannt. Die erfolgreichere der zwei Strömungen waren die »Judaisierenden«, die sogar in Moskau am Hof des Großfürsten Fuß faßten. Nachdem sie zunächst das Wohlwollen und den Schutz Iwans III. genie-

# Iwan der Schreckliche

Das Bild von Iwan IV. wurde für viele Menschen durch Eisensteins zweiteiligen Film (1943–1946) geprägt. Eisenstein zeichnete ein recht treffendes Charakterporträt, das den Zaren in seiner ganzen Vielschichtigkeit, der Mischung aus Vornehmheit und Groteske, Verfolgungsangst und maßlosem Jähzorn zeigt.

Iwan führte im Lauf seiner langen Regierung (1533–1584) rationale politische Ziele (besonders die Stärkung des Dienststaates durch den Angriff auf die alte Aristokratie und die Förderung des niederen Adels) mit zunehmend irrationaleren und unvorhersehbareren Mitteln herbei. Er liebte Verstellung und Maskerade, in seinen Taten ebenso wie in dem Bild, das er von sich selbst entwarf. Mit seiner großen, nur zu oft falsch eingesetzten Energie schuf er eine umfangreiche Korrespondenz in einem unnachahmlichen theatralischen Stil. Ausländer waren von seiner hohen Bildung und seinem schlagfertigen Witz beeindruckt. Trotz des Terrors der *opritschnina*, seines Staates im Staat, der 3000–4000 Opfer gefordert hat, wird er im Volk eher bewundert als Verfechter von Rußlands Einheit, Tradition und Frömmigkeit. Doch sein Moskau war schon ein erstarrtes, ideologisch engstirniges, rückschrittliches und gefährdetes Reich, unter dessen Oberfläche die Unzufriedenheit brodelte.

*Oben:* Das große Staatssiegel Iwans IV. Der gekrönte doppelköpfige Adler ist byzantinischen Ursprungs und stellte das Alte und das Neue Rom dar. Sein Brustschild zeigt das Moskauer Emblem des hl. Georg. Die zwölf Siegel der Fürstentümer, die zum Moskauer Reich gehören, sowie das orthodoxe Kreuz sind ringsum angeordnet. Die um den Rand verlaufende Inschrift zählt die Titel Iwans IV. auf.

*Rechts:* 1564 zog sich Iwan IV. plötzlich in die kleine Stadt Alexandrow, 100 Kilometer nordöstlich von Moskau, zurück und drohte mit seiner Abdankung. Er machte eine erneute Übernahme der Staatsgewalt davon abhängig, daß er seine Feinde nach Belieben bestrafen und die *opritschnina* einrichten könne. Die Hauptgruppe seiner Polizei (*opritschniki*) führte ein pseudomönchisches Leben mit dem Mittelpunkt in Alexandrow, falls sie nicht das Land terrorisierte. Auf dieser zeitgenössischen Darstellung sind die *opritschniki* bei einem festlichen Gelage in Gegenwart des Zaren zu sehen, das jeden Morgen um zehn Uhr stattfand.

*Oben:* Diese Miniatur aus der illustrierten Chronik, die Mitte des 17. Jahrhunderts auf Veranlassung des Patriarchen Nikon angefertigt wurde, zeigt den Bau eines neuen Palastes in Moskau, um die *opritschniki* Iwans IV. unterzubringen. Der Zar selbst überwacht den Fortgang der Arbeiten von einem phantasievoll gestalteten Kreml aus.

*Unten:* Das Hauptbanner der Truppen Iwans IV. bei der Belagerung von Kasan; es erscheint auch im Hintergrund der Miniatur der Belagerung *(unten rechts)*. Das Banner trägt eine Ikone mit dem Antlitz Christi – traditionell die »erste Ikone«.

*Oben:* Porträts von Einzelpersonen, meist zu ihrem Gedenken, sind in Rußland seit der zweiten Hälfte des 16. Jahrhunderts bekannt. Sie stehen anfangs völlig in der Tradition der Ikonenmalerei, doch wird auch eine Individualisierung versucht. Diese Darstellung Iwans IV. auf einem Holzpaneel, wahrscheinlich aus dem frühen 17. Jahrhundert, befindet sich heute in Kopenhagen.

*Oben rechts:* Die Eroberung Kasans (1552) war der bedeutendste militärische Erfolg Iwans IV. in seinen frühen Jahren. Kasan war der mächtigste Nachfolgestaat der tatarischen Goldenen Horde: seine strategische Lage an der mittleren Wolga machte es zum Tor nach Süden und Osten. Der Sieg über Kasan bedeutete für Rußland die Öffnung von Sibirien und dem Ural. Diese Miniatur zeigt Iwans IV. neue Strelitzentruppe, die Feuerwaffen gegen die tatarische Kavallerie von Kasan einsetzt. Links sieht man die Stadt, im Hintergrund Iwan IV. und seine berittenen Gefolgsleute.

*Ganz oben:* Eines der seltsamsten und die Gesellschaft am stärksten erschütternden Ereignisse in der Regierungszeit Iwans IV. war die Schaffung der *opritschnina* (»das Abgesonderte«, 1564–1572). Iwan setzte in der *opritschnina* eine parallele Verwaltung ein und schuf die *opritschniki*, um seine Feinde zu vernichten. Zur Verspottung der Mönche kleideten sie sich einheitlich in schwarze Gewänder, wie das hier gezeigte.

ßen konnten, wurden sie schließlich auf Betreiben der Kirche schärfstens bekämpft und ihre Führer verbrannt. Gennadij, der unbarmherzige moskowitische Erzbischof von Nowgorod, hatte Iwan III. gedrängt, dem Beispiel der spanischen Inquisition zu folgen. Um der überlegenen Bibelkenntnis der Häretiker zu begegnen, gab Gennadij auch die erste vollständige russisch-kirchenslawische Bibelübersetzung in Auftrag. In diese Zeit fielen ferner mönchische Reformbestrebungen. Sie betonten die Weltabgewandtheit und griffen auf das Vermächtnis der großen eremitischen und monastischen Bewegungen zurück, die der hl. Sergios im 14. Jahrhundert ins Leben gerufen hatte. Die Tradition des kontemplativen hesychastischen Mönchtums wurde während der Regierung Iwans III. und seines Sohnes Wasilij (1505–1533) von einigen bedeutenden geistlichen Persönlichkeiten neu aufgenommen. Zu ihnen zählte der hl. Nil Sorskij (»Der vom Sora-Fluß«, gestorben 1509), seine Nachfolger Wassian Patrikejew und ihre Anhänger, die »Trans-Wolga-Starzen«, die in Einsiedeleien in den nördlichen Wäldern lebten. Man nannte sie die »Nichterwerbssüchtigen« oder »Uneigennützigen« (*nestjaschateli*), weil sie die Landbesitzrechte der Klöster entschieden ablehnten. Eine gegensätzliche Auffassung vertrat der hl. Joseph von Wolokolamsk (Iosif Wolotskij, gestorben 1515). Er unterstützte die Integration der Klöster in die Gesellschaft, die Förderung der Künste durch die Kirche sowie Großgrundbesitz, dessen Erträge den Klöstern die guten Werke ermöglichen würden. Die beiden divergierenden Standpunkte führten zu einer Auseinandersetzung von politischer Tragweite, da die Besitzlosigkeit der »Uneigennützigen« die Trennung religiöser und weltlicher Angelegenheiten mit sich brachte, während die Josephiten (Josifljane), wie die Anhänger Josephs von Wolokolamsk hießen, den Großfürsten als Beschützer der Kirche betrachteten und diese eng mit dem Staat verflochten sahen. Im Jahr 1503 entschied ein Kirchenkonzil zugunsten der Josephiten, was angesichts des Trends zur zentralisierten Autokratie des Moskauer Reiches nicht überrascht. Obwohl die »Uneigennützigen« danach unterdrückt und verfolgt wurden, war ihre Geisteshaltung nicht völlig auszumerzen. Viele individualistische Besonderheiten, die in der russischen Orthodoxie fortlebten (beispielsweise die zahlreichen herumwandernden »heiligen Männer« – einschließlich der »Narren in Christo« im 16. Jahrhundert) stehen ganz und gar außerhalb der josephitischen Tradition.

Für einige Historiker ist die orthodoxe Kirche Rußlands nicht mehr als der verlängerte Arm der Regierung. Nach 1503 sei die Kirche vollständig vom Herrscher kontrolliert worden, was Arnold Toynbee zu der Bezeichnung »Caesaropapismus« veranlaßt hat. Der Begriff ist indessen nicht präzis. Der russische Herrscher übernahm nie die Rolle eines »Hohenpriesters« und konnte letzten Endes von der Kirche mit Sanktionen belegt werden, so eng diese auch sonst mit ihm zusammenarbeitete. Als das willkürliche Schreckensregime Iwans IV. seinen Höhepunkt erreichte, wurde er von dem Metropoliten Philipp mutig getadelt, wofür dieser mit seinem Leben büßen mußte. Tatsächlich hat es den Anschein, daß die Kirchenführer öfter auf die Angelegenheiten des Moskauer Staates Einfluß nahmen als umgekehrt. Außer Zweifel steht jedoch, daß sich Iwan III. in einer besonderen Rolle als Beschützer der Orthodoxie sah, wenn nicht aus freier Entscheidung, so doch durch die Macht der Umstände. Da Konstantinopel 1453 von den osmanischen Türken erobert worden war, wurde Rußland nach Abschütteln des Tatarenjochs

zur einzigen freien orthodoxen Nation von Bedeutung. In den Augen Iwans III. ging eine ebenso gravierende religiöse Bedrohung wie durch den Islam vom Westen aus. Der Bruch zwischen den beiden Hälften des Christentums, den die Kreuzfahrer durch die Plünderung Konstantinopels 1204 noch vertieft hatten, wurde allen durch das Scheitern der Konzilsbeschlüsse von Florenz in den 30er Jahren des 15. Jahrhunderts deutlich vor Augen geführt. Das Resultat beider Ereignisse war eine lang währende Verbitterung.

Mit dem Fall Konstantinopels kam in Rußland eine bizarre Theorie auf, die anscheinend im slawischen Teil des Balkans entwickelt worden war. Sie besagte, daß Moskau zum »Dritten Rom« geworden sei (nach Konstantinopel, dem »Neuen Rom«, »und ein viertes wird es nicht geben«). Alle christlichen Reiche seien übergegangen in das Moskauer Reich, das »auf dem ganzen Erdkreis leuchte«. Diese Formulierung der Doktrin steht in einem berühmten Brief aus dem Jahr 1515, den der Mönch Filofej von Pskow an Wasilij III. schrieb, aber viele Jahrzehnte zuvor war sie bereits auf Moskaus Rivalin Twer angewendet worden. Auf jeden Fall begannen Iwan III. und Wasilij III. bald, ihren Anspruch als Nachfolger des byzantinischen Kaisers nachdrücklich zu demonstrieren, angefangen vom doppelköpfigen byzantinischen Adler als Herrschaftszeichen bis zur Verbreitung von Texten mit dem Zweck, ihrer Dynastie einen römischen Stammbaum zu geben. Die Herrschertitulatur wurde immer anspruchsvoller, bis schließlich der junge Iwan IV. zum ersten russischen »Zar« gekrönt wurde. Dieser Titel, von »Caesar« abgeleitet, war in altrussischen Quellen in bezug auf den byzantinischen Kaiser und den tatarischen Großchan verwendet worden. Weiteres Prestige erwarb Iwan III. dadurch, daß er nach dem Tod seiner ersten Frau die Nichte des letzten byzantinischen Kaisers Konstantin XI. heiratete. Da seine Braut Zoë Palaiologos (in Rußland Sofija genannt) in Italien aufgewachsen war, nahm der Vatikan besonderen Anteil an dieser Verbindung. Aber Iwan III. war nur daran interessiert, sein väterliches Erbe zusammenzuhalten, zeigte sich taub gegenüber Schmeicheleien, selbst als ihm eine antitürkische Allianz angeboten wurde, die ihn auf den Thron eines wiedereroberten Konstantinopels hätte bringen können.

Die Verbindung nach Italien führte indessen zu einem heute noch sichtbaren Ergebnis, zum Neubau der Hauptgebäude des Kremls. Moskowitische Architekten begannen mit der Errichtung der größten Kathedrale, die der Himmelfahrt Mariä gewidmet war. Aber sie mischten den Mörtel schlecht, das Gebäude stürzte ein. Iwan III. rief daraufhin eine Gruppe von Experten aus Pskow, die die Ursache des Schadens herausfanden und mehrere Bauwerke im Raum von Moskau entwarfen. Die Mariä-Himmelfahrts-Kathedrale (Uspenskij-Kathedrale) selbst jedoch wurde dem italienischen Ingenieur Aristotele Fioravanti anvertraut, der in Wladimir die Mariä-Himmelfahrts-Kathedrale aus dem 12. Jahrhundert studierte und von 1475–1479 in Rußland blieb. Obwohl er in den Grundzügen dem Wladimirer Vorbild folgte, gab er der Kathedrale insbesondere durch seine Bautechnik einen ganz eigenen Charakter. Andere Italiener kamen im Laufe der folgenden 30 Jahre. Ihre Handwerkskunst dokumentiert der Facetten-Palast, so benannt nach der Form der Steine an der Fassade, die Ziegelmauern des Kreml mit ihren schwalbenschwanzförmigen italienischen Zinnen und – als spätestes dieser Bauwerke – die große Erzengel-Kathedrale (entstanden 1505–1508), die zwar einen byzantinischen Grundriß hat, deren Details aber den Stil der Hochrenaissance vertreten.

*Oben:* Italienische Architekten und Ingenieure arbeiteten 30 Jahre lang an verschiedenen Bauwerken im Moskauer Kreml. Das letzte und kunstvollste war die Kathedrale des Erzengels Michael (1505), die Grabkirche der Zaren. Sie wurde von Alovisio Nuovo (russifiziert Nowij, »der Neue«) entworfen, der während seines Rußlandaufenthaltes für den Chan der Krimtataren in Bachschisaraj arbeitete. Durch die Erzengel-Michael-Kathedrale wurden als Außendekorationen im Renaissancestil schwere Gesimse, Wandpfeiler mit Kapitellen und Muschelschalen in Giebelabschlüssen im Zarenreich populär. Die Portale (hier das Nordtor) tragen kunstvolle Flachreliefs, die in den Kalkstein gemeißelt wurden. Im Innern der Kathedrale sind altrussische Formen dominant.

*Links:* Die kleinste der Hauptkathedralen des Kreml ist die Mariä-Himmelfahrts-Kathedrale, die in der Mitte des 16. Jahrhunderts nach einem Brand wiederaufgebaut wurde. Anscheinend konnten zwei Reihen der schönen Ikonostase gerettet werden, die 1405 von Theophanes und seinen Mitarbeitern (darunter Rubljow) gemalt worden waren. Die Ikonenwand ist hier von der Galerie aus durch das Westportal fotografiert. Der Kalkstein des Westportals ist nach Art des Alovisio bearbeitet und bemalt, aber noch kunstvoller. Der Boden besteht aus Halbedelsteinen aus dem Ural.

### Iwan IV., »der Schreckliche«

Mit der byzantinischen Architektur brach das vielleicht erstaunlichste moskowitische Bauwerk, die Christi-Himmelfahrts-Kathedrale in Kolomenskoje, der ehemaligen Sommerresidenz der Zaren in der Umgebung von Moskau. Sie hat eine große Turmspitze aus Ziegeln, eine Übertragung des Holzbaustils auf den gemauerten Stein. Das Gotteshaus wurde 1530 anläßlich der Geburt eines Knaben für den lange erbenlosen Wasilij III. errichtet. Dieses Kind war der künftige Iwan IV., »der Schreckliche« (eigentlich der »Furchtgebietende«). Als Iwan drei Jahre zählte, starb sein Vater, und seine Mutter Elena Glinskaja übernahm die Regentschaft. Es folgte eine Zeit der Wirren, in der der Kinderzar in Lebensgefahr schwebte und persönliche Erniedrigungen erfuhr. Die Mutter verschied 1538, möglicherweise an Gift, und die Bojaren erwiesen sich als selbstsüchtig und unzuverlässig. Es ist merkwürdig, daß Iwans bedeutender Vorgänger, Iwan III. (während des Moskauer Bürgerkrieges), und später Peter I. ähnlich beunruhigende, vielleicht sogar traumatische Erfahrungen in ihrer Kindheit machten. Alle drei waren im späteren Leben äußerst argwöhnisch gegenüber verräterischen Anschlägen, vielleicht sogar auf krankhafte Weise, und es ist nicht abwegig, die Ursache hierfür in den gewaltsamen und ungesicherten Verhältnissen ihrer frühen Jahre zu sehen.

In der langen Regierungszeit Iwans IV. ist das »Moskowitische« am stärksten ausgeprägt. In seiner Ära wurden die Ressourcen Rußlands unter einem anscheinend völlig stabilen Regime zentralisiert. Doch über lange Zeit hin war es auch eine krisenhafte Periode, und Rußland brauchte mehrere Generationen, um sich von ihren Nachwirkungen zu erholen. Schuld an dieser Krise hatte sicherlich die Persönlichkeit des Zaren, obwohl dieser seine unzuverlässigen Anhänger dafür verantwortlich machte. Seine Herrschaft gestaltete sich zuweilen intrigenreich und mysteriös, doch ist sie im großen und ganzen durchschaubar. Sie bestand aus einer etwa gleichlangen »guten« und einer »schlechten« Hälfte, deren Zäsur in die frühen 60er Jahre des 16. Jahrhunderts fiel. Obgleich wir Iwans Charakterbild besser interpretieren können als das seiner Vorgänger, ist es dennoch schwierig zu sagen, ob dieser Bruch aus einer Geistesstörung resultiert oder ob die Bedrohungen, die er überall wahrzunehmen glaubte, irgendeinen realen Hintergrund hatten. Seine Regierung begann außerordentlich vielversprechend, endete aber in fast jeder Hinsicht enttäuschend und verhängnisvoll.
Im Jahr 1547 entschied Iwan IV. plötzlich, daß die Zeit für seine Krönung gekommen sei, die wie üblich mit großem Pomp gefeiert wurde. Kurz danach ging er seine erste und glücklichste Ehe mit Anastasia ein. Sie entstammte der Familie der Romanows, die später eine so wichtige Rolle spielen sollten. Mit einem Gremium erfahrener Ratgeber – darunter der Metropolit Makarij – setzte er eine Reihe von Reformen durch und ließ sie durch die Reichsversammlung bestätigen. Zu den Maßnahmen gehörten die Veröffentlichung eines Gesetzbuches (1550) und eine große Reformsynode (1551). Daran schlossen sich neue Regelungen für den Dienstadel sowie eine Reorganisation der Armee an, wozu die Aufstellung der Strelitzen, eines modernen Schützenregimentes, gehörte.

In den jetzt folgenden Kriegen verbuchten die Russen

erhebliche Zugewinne. Die beiden letzten tatarischen Chanate, Kasan und Astrachan, fielen 1552 und 1554. Damit hatte Iwan IV. nicht nur sein Territorium und Ansehen beträchtlich erweitert, sondern auch das Tor nach Sibirien und dem Osten geöffnet. In den Jahren 1558–1563 konnte man gegen den Livländischen Orden (Nachfolger des Deutschritterordens) beachtliche Erfolge erzielen, und es schien nur noch eine Frage der Zeit zu sein, daß Rußland ungehinderten Zugang zur Ostsee haben würde. Inzwischen hatte Iwan IV. Ausländer in seine Dienste genommen und war 1553 Richard Chancellor begegnet, dem Kapitän eines englischen Schiffes, der auf der Suche nach einer Nordpassage nach Indien an der Küste des Weißen Meeres gestrandet war. Nun wurden Handelsbeziehungen mit England über den rasch an Bedeutung gewinnenden Hafen Archangelsk an der Mündung der Nördlichen Dwina geknüpft. Städte, die wie Jaroslawl zwischen Archangelsk und Moskau lagen, blühten dadurch auf. Um diesen Glücksfall auszunutzen, gründeten die Engländer die erste Aktiengesellschaft in der Geschichte und behielten auf Jahre fast ausschließlich das Monopol für den Rußlandhandel.

Nach Anastasias plötzlichem Tod 1560 änderte sich der Herrschaftsstil Iwans IV. und damit auch die Atmosphäre am Hof. Iwan war tief erschüttert und glaubte, sie sei vergiftet worden. Er brach mit seiner Ratsversammlung und ging gegen seine Vertrauten mit großer Grausamkeit vor. Fürst Kurbskij und einige andere setzten sich klugerweise ins Ausland ab. Der Zar bekam immer öfter Wutanfälle, neigte zu Aberglauben, Gotteslästerung und dann wieder zu extremer Frömmigkeit. Im Jahr 1564 setzte sein Terrorgime mit voller Härte ein. Zunächst zog er sich ohne Vorankündigung in ein Kloster der kleinen Stadt Alexandrow, 100 Kilometer nordöstlich von Moskau, zurück. Dann schrieb er dem Metropoliten, daß er abdanke, denunzierte seinen Adel und lobte das gemeine Volk. Die theatralische Inszenierung, falls es sich um eine solche handelte, tat ihre Wirkung, denn das verblüffte Volk bat ihn inständig, den Thron wieder einzunehmen, was immer für Forderungen er auch stellte. Er tat dies unter der Bedingung, daß er die »verräterischen« Bojaren nach eigenem Gutdünken bestrafen und einen Staat im Staat errichten könne, der nach seinem Belieben gelenkt würde.

Diese außerordentliche Einrichtung, genannt *opritschnina* (»das Abgesonderte«), war ein ständig wachsendes Gebilde von Gütern, Städten und sogar Teilen von Moskau, neben dem als Reststaat die *semschtschina* (von *semlja*, »Land«) mit eigener Verwaltung bestand. Da Dokumente über dieses zweigeteilte Staatswesen fehlen, weiß man kaum, wie es funktionierte, doch ist bekannt, daß Iwan IV. in der *opritschnina* ein Schreckensregiment installierte. Die Ausführenden waren eine Truppe von gewalttätigen Dienstleuten, die *opritschniki*, die den Auftrag hatten, die Feinde des Zaren zu vernichten. Die schlimmste Greueltat unter vielen war das Massaker an den Nowgorodern (meist Abkömmlinge von moskowitischen Siedlern, die Iwan III. dorthin umgesiedelt hatte). Den Anlaß dazu bot das unbegründete Gerücht, daß sie mit Polen-Litauen verhandelten. Die *opritschnina* wurde 1572 abrupt abgeschafft, vermutlich wegen eines Raubzugs der Krim-Tataren im vorhergehenden Jahr, bei dem sie sogar das unvorbereitete Moskau gebrandschatzt hatten. Unterdessen schleppten sich die Kämpfe im Westen dahin und verliefen immer ungünstiger. Schweden trat in den Krieg ein, und schließlich mußte Rußland durch Verträge in den frühen 80er Jahren des 16. Jahrhunderts wieder aufgeben, was es 20 Jahre zuvor erobert hatte. Jede Hoffnung auf einen Hafen an der Ostsee war bis zu den Tagen Peters des Großen zerronnen.

Nach dem Tode Iwans IV. 1584 – er wurde wahrscheinlich vergiftet – kam sein Sohn Fjodor auf den Thron. Er war ein frommer Mann ohne Durchsetzungsvermögen, besaß aber in seinem Schwager Boris Godunow, in dessen Adern tatarisches Blut floß, einen ersten Minister mit bemerkenswerten Fähigkeiten. Während Fjodors Regierung stellten sich endlich wieder einige militärische Erfolge ein. Außerdem wurde in dieser Zeit das Haupt der russischen Kirche zum Patriarchen aufgewertet. Damit stand er in gleichem Rang mit den fünf traditionellen Patriarchaten (Rom, Konstantinopel, Antiochia, Alexandria und Jerusalem).

Fjodor, der letzte der Rjurikiden-Dynastie, verschied 1598 kinderlos, und das Land erlebte eine noch nie dagewesene Krise wegen der Thronfolge. Dmitrij, der zweite Sohn Iwans IV., war 1591 im Alter von neun Jahren in der abgelegenen Stadt Uglitsch gestorben. Bis heute sind die Umstände seines Todes nicht geklärt, seinerzeit aber kamen Gerüchte in Umlauf, daß Boris Godunow, der selber den Thron begehrte, Dmitrij ermorden ließ. Da Boris zu jener Zeit nicht wissen konnte, daß Fjodor erbenlos bleiben würde, ist das Gerücht auf den ersten Blick unglaubwürdig. Für Rußland sollte es aber katastrophale Folgen haben. Boris wurde schließlich von der Reichsversammlung zum Zaren gewählt, sehr zum Ärger alter Bojarenfamilien wie der Schujskijs. Die folgenden Ereignisse sind durch Puschkins Drama und Mussorgskijs Oper gut bekannt. Unter Boris' Regierung (1598–1605) kam es zu einer Reihe von Katastrophen, vor allem zu Mißernten, die große Hungersnöte auslösten. Er wurde nie populär, obwohl er die Bautätigkeit wieder belebte, den Handel förderte und die Steuern senkte. 1601 tauchte in Polen ein Thronprätendent auf, der behauptete, der auf wunderbare Weise gerettete Dmitrij zu sein. Im Herbst 1604 marschierte er mit einer bunt zusammengewürfelten Armee, die trotz Niederlagen anwuchs, gegen Moskau. Nachdem der kranke Zar gestorben und sein junger Sohn Fjodor II. von Verschwörern umgebracht worden war, nahm er im Juni 1605 von der Hauptstadt Besitz und ließ sich zum Herrscher ausrufen. Damit begann die »Zeit der Wirren« *(smuta)*, die fast ein Jahrzehnt dauern sollte.

### Die Zeit der Wirren

Ob nun Dmitrij selbst an die Rechtmäßigkeit seines Thronanspruchs glaubte oder nicht, in jedem Fall erwies er sich als fähiger Regent. Allerdings verlor er bald die Unterstützung der Moskauer Bojaren, für die er mit dem Sturz der Familie Godunow seine Schuldigkeit getan hatte. Auch beging er den Fehler, die Polin Marina Mniszech zu heiraten, was ihn weithin unbeliebt machte. Im Mai 1606 fiel er einer von Wasilij Schujskij organisierten Adelsverschwörung zum Opfer, und seine Asche wurde mit einer Kanone in Richtung Polen geschossen. Neuer Zar wurde Wasilij Schujskij (bis 1610), aber auch er konnte keinen großen Rückhalt finden. Im Jahr seiner Absetzung befand sich Rußland in Aufruhr. Es gab keine anerkannte Autorität mehr. Nur der allgemein beliebte Feldherr Fürst Skopin-Schujskij vermochte, das Land zusammenzuhalten, aber er starb im April 1610 unter rätselhaften Umständen. Ein zweiter »Falscher Dmitrij«, der ausgerechnet von Marina Mniszech als echt anerkannt worden war, hatte einen eigenen Hof und eine Gegenregierung in Tuschino, unweit von Moskau begründet, und

**Rußland zur »Zeit der Wirren«, um 1600**
Die Nachfolgekrise, die 1598 der Tod Fjodors I., des letzten Rjurikiden, heraufbeschwor, stürzte das Land in die »Zeit der Wirren« *(smuta)*. In dieser Periode war durch Rebellion, das Fehlen einer geeinten Regierung und durch ausländische Intervention die Eigenstaatlichkeit Rußlands bedroht. Zwei große Aufstände – einer von russischen Bauern unter Bolotnikow und ein anderer von nichtslawischen Stämmen im Wolga-Becken – brachen im Gefolge einer schweren Hungersnot zu Beginn des 17. Jahrhunderts aus. Polen und Schweden versuchten sofort, einen Vorteil aus dem politischen und sozialen Chaos zu ziehen, und besetzten Gebiete im Westen und Nordwesten. Eine Zeitlang waren sowohl Moskau wie Nowgorod unter fremder Herrschaft. Dank der Anstrengungen der orthodoxen Kirche gelang es, angesichts der drohenden Anarchie ein allgemeines Solidaritätsgefühl zu wecken. Unter Kosma Minnin und Fürst Poscharskij sammelte sich eine Streitmacht, um die Polen aus Moskau zu vertreiben. Obgleich im Jahr 1613 mit der Thronbesteigung von Michail Romanow die Ordnung wiederhergestellt wurde, hatte Rußland den Zugang zur Ostsee wie auch weite Gebiete im Westen verloren.

*Links:* Ein stilisiertes Porträt von Boris Godunow (Zar von 1598–1605) mit Krönungsinsignien. Boris, der wahrscheinlich tatarische Ahnen hatte und nicht aus einer der angestammten Bojarenfamilien kam, gehörte zu den »neuen Männern«, die unter Iwan IV. in Erscheinung getreten waren. Unter Fjodor I. (1584–1598), dem schwachen Erben Iwans IV., war er der eigentlich regierende Minister. Als er nach dem Aussterben der Rjurikiden-Dynastie zum Zaren gewählt wurde, erwies er sich als ein wohlmeinender, kluger, aber glückloser Regent, unter dessen Herrschaft es zu Mißernten mit Hungersnöten und Unzufriedenheit im Volk kam. Boris Godunow belebte die Bautätigkeit (er vollendete den Glokkenturm des Kreml) und schickte schon vor Peter I. Studenten zur Ausbildung ins Ausland.

auch polnische und schwedische Thronprätendenten traten auf den Plan. Moskau stand von 1610–1612 unter polnischer Besatzung; bewaffnete Banden, besonders Kosaken, verbreiteten Angst und Schrecken. Nur die großen ummauerten Klöster, vor allem das Dreifaltigkeits-Kloster in Sagorsk, bildeten Bollwerke gegen die Anarchie.

Was das Land am dringendsten brauchte, war die nationale Einheit und die Ernennung eines russischen Zaren, der allgemein akzeptiert wurde. Es waren Führer der Kirche, und damit Vertreter der letzten noch respektierten Institution, die diesen Appell verbreiteten. Und er fiel auf fruchtbaren Boden. In Nischnij-Nowgorod (heute Gorkij), stellte der Stadtälteste Kosma Minin, ein Metzger, mit beachtlichem organisatorischen Geschick eine Volksarmee auf. Unter dem Oberbefehl des Fürsten Dmitrij Poscharskij vertrieb sie 1612 die Polen und schuf Bedingungen, unter denen eine Landesversammlung *(semskij sobor)* einen neuen Zaren bestimmen konnte. Die Wahl fiel auf den 16jährigen Michail aus der Familie der Romanows, Verwandte der populären ersten Gemahlin Iwans IV. Er war zu jung, als daß er sich durch die Parteienkämpfe in der »Zeit der Wirren« hätte kompromittieren können. Sein Vater, der unter Boris Godunow gezwungen worden war, Mönch zu werden, befand sich zu dieser Zeit in polnischer Gefangenschaft. Als ein Waffenstillstand ausgehandelt wurde, kehrte er als neugewählter Patriarch Filaret zurück und nahm entscheidenden Einfluß auf die Regierung seines Sohnes. Damit endete die »Zeit der Wirren«, eine Periode der Verwüstung und sozialen Erschütterung, aus der keine gesellschaftliche Gruppe als eindeutiger »Sieger« hervorging, die aber die nationale Einigung auch für die Zukunft als großes Ideal erscheinen ließ und Anarchie und fremde Intervention als Schreckensbilder heraufbeschwor.

# Das Dreifaltigkeits-Sergios-Kloster in Sagorsk

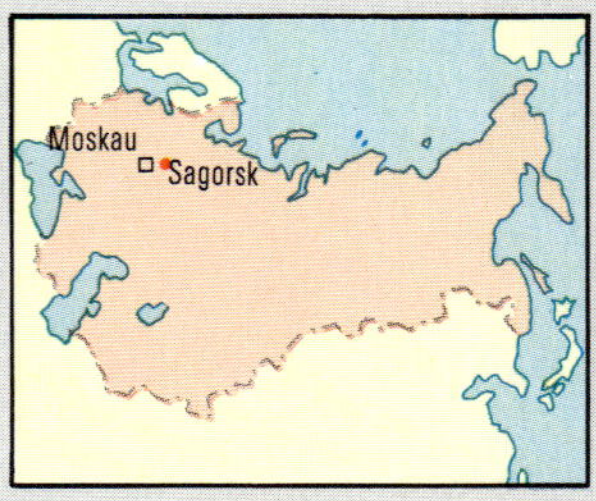


Unter den großen Klöstern des Zarenreichs ist die Troize Sergijewa Lawra, 70 Kilometer nordöstlich von Moskau, zweifellos das bedeutendste. Das weitläufige und malerische Bauensemble bewahrt einige der wertvollsten Kunstschätze Rußlands, es wurde Zeuge wesentlicher Ereignisse in der russischen Geschichte und spielt noch immer eine wichtige Rolle in der orthodoxen Kirche.

Heute liegt das Kloster an einer der großen Straßenverbindungen, doch als der junge Sergios (geboren 1321) sich vom nahegelegenen Radonesch hierher zurückzog, war die Gegend ein unberührtes Waldgebiet. Sergios' Klause zog andere Mönche und auch bäuerliche Siedler an. Widerstrebend übernahm er als Abt die Führung eines organisierten Klosters. Bei seinem Tod (1391) nahm das Kloster bereits eine einzigartige Position im geistlichen (und sogar politischen) Leben ein. Über hundert Tochtergründungen gingen von hier aus.

Im 15. Jahrhundert war das Dreifaltigkeits-Kloster der kulturelle Mittelpunkt ganz Rußlands. Als Schirmherr von Kunst und Literatur stand es über den zersplitterten Fürstentümern und brachte die bedeutendste mittelalterliche Chronik hervor. Im Jahr 1408 von einer tatarischen Strafexpedition zerstört, wurde das Kloster in Stein neu errichtet, zusammen mit der Dreifaltigkeits-Kathedrale (1422–1423), die heute noch steht und das älteste Bauwerk in Sagorsk ist. Jedes folgende Jahrhundert fügte Kirchen, Refektorien, Wohnräume, Türme hinzu. Die massiven Mauern des Klosters hielten einer langen Belagerung in der »Zeit der Wirren« stand und boten Peter I. Zuflucht in der Krise von 1689: Hierher bestellte er seine Militärkommandeure, die ihm Loyalität schwören mußten. Noch heute ist das Kloster ein großes Pilgerziel und beherbergt ein Seminar und Büros des Patriarchats.

*Rechts:* Wer von Moskau kommend das Dreifaltigkeits-Kloster des hl. Sergios erblickt, ist tief beeindruckt. Über einem kleinen Tal erheben sich Mauern aus dem 16. Jahrhundert, die 1608–1610 einer 18monatigen Belagerung getrotzt haben. Hinter ihnen baut sich eine ungewöhnlich malerische Silhouette der Klostergebäude auf – jedes ist stilistisch anders, aber sie fügen sich harmonisch zusammen. Hier sind die wichtigsten Gebäude (mittlere Gruppe) abgebildet: das Refektorium, eines der größten Bauwerke des »Moskauer Barock«; der freistehende Glockenturm, entworfen von D. Uchtomskij (ab 1741), der das wellige Land auf Kilometer im Umkreis beherrscht; sowie die Mariä-Himmelfahrts-Kathedrale (ab 1550), ein einfacher, getünchter Würfel mit fünf Jochen, deren Stil sich leicht an die Himmelfahrts-Kathedrale im Moskauer Kreml anlehnt und die von blauen und gelben Kuppeln gekrönt ist.

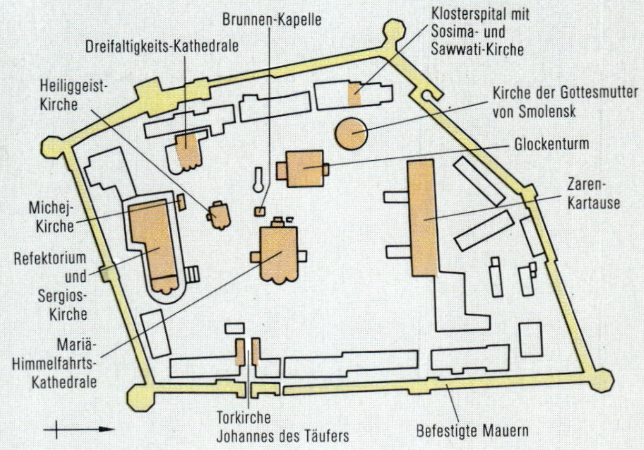

*Links außen:* Das Innere der Dreifaltigkeits-Kathedrale. Die große Ikonostase aus den späten 20er Jahren des 15. Jahrhunderts hatte nur in der Mariä-Verkündigungs-Kathedrale im Moskauer Kreml ihresgleichen. Sie wurde unter der Anleitung des betagten Rubljow gemalt und zeigt eine stilistische Vielfalt, die die Wandlungsfähigkeit der russischen Kunst bezeugt, ehe die moskowitische Zentralisierung die Angleichung der lokalen Schulen (besonders die von Nowgorod) bewirkte. Neben der »Königstür« in der Mitte stand mit Rubljows Dreifaltigkeits-Ikone *(siehe Seite 72)* die am meisten verehrte russische Ikone. Sie wurde durch eine Kopie ersetzt, das Original befindet sich nun in der Tretjakow-Galerie. Die Fresken wurden noch nicht restauriert, man nimmt jedoch an, daß jene aus Rubljows Zeit nicht erhalten geblieben sind.

*Links:* Zwei malerische kleine Kirchen in Sagorsk: die Kirche zu Mariä Opfer und die Kirche der hl. Paraskewa vom Rüsttag (beide 16. Jahrhundert). Die malerisch geschwungene Dachlinie, die für die russischen Kirchen vor dem 17. Jahrhundert so bezeichnend ist, wurde später oft durch ein billigeres Flachdach ersetzt und (wie hier) mitunter in moderner Zeit restauriert.

*Oben:* Zu den kleineren Bauwerken im Dreifaltigkeits-Kloster gehören auch diese eklektizistische offene Rotunde aus dem 19. Jahrhundert über der heiligen Quelle und die elegante Brunnen-Kapelle im Stil des Moskauer Barock aus dem späten 17. Jahrhundert. Über ihnen ragen steil die Mauern der zentralen Mariä-Himmelfahrts-Kathedrale auf. Daneben liegt das Grabgewölbe für Boris Godunow und seine Familie.

Links: Gläubige mit Kerzen in der Mariä-Himmelfahrts-Kathedrale. Der große Innenraum erinnert an die Moskauer Himmelfahrts-Kathedrale, aber in Sagorsk befinden sich schöne Fresken im Stil von Jaroslawl: leuchtend hell und ziemlich kleinformatig.

# Nowgorod

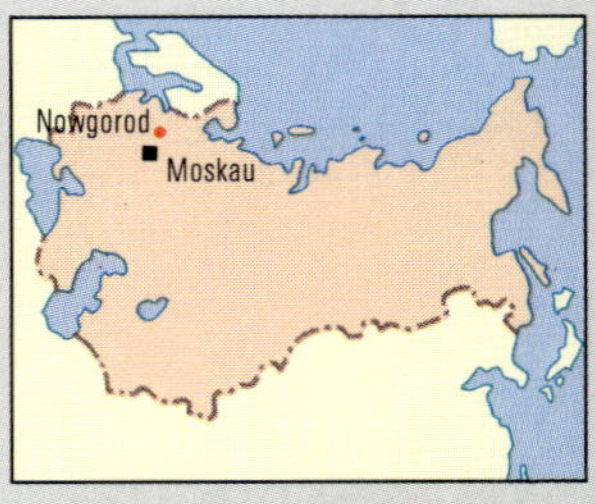


Das Gebiet von Nowgorod, das fast am nördlichen Siedlungsrand des alten Rußland lag, war für die landwirtschaftliche Nutzung unbedeutend – nur Flachs und Hanf gediehen hier gut. Doch für den Ostseehandel und die wirtschaftliche Ausbeutung der Waldzone war die Lage geradezu ideal. Gegründet im 9. Jahrhundert, bildete Nowgorod den Hauptstandort der Waräger und beherrschte den Handel zwischen der Ostsee, Mittelrußland und (über die Wolga) dem Nahen Osten. In der Kiewer Zeit entwickelte es sich zum unabhängigen Stadtstaat und kontrollierte weite Territorien im Norden, bis es in den 70er Jahren des 15. Jahrhunderts dem Moskauer Reich einverleibt wurde. Nowgorod war auch die östlichste Niederlassung der Hanse, an die es Pelze, Salz, Wachs und Honig lieferte. Die Stadt besaß eine Volksversammlung mit der oligarchischen *wetsche* an der Spitze, die ermächtigt war, die regierenden Beamten zu wählen – sogar den Fürsten. Tatsächliches Oberhaupt war der Erzbischof. Nachdem Iwan IV. die Stadt 1570 und 1575 verwüstet hatte, verlor sie rasch an Bedeutung. Ihre Rolle wurde später von St. Petersburg übernommen.

Nowgorod besaß eine reiche Kultur und brachte neben den *Bylinen* (mündlich überlieferten Epen), die das Kaufmannsleben spiegeln, mehrere bedeutende Chroniken hervor. Im 14. und 15. Jahrhundert blühte hier eine besondere Schule der Ikonenmalerei, die stilisiert, sehr linear und klar in den Farben war. Charakteristisch ist das leuchtende Zinnoberrot, oft als »Nowgoroder Rot« bezeichnet. Die frühen Ziegel- und Steinkirchen (Sophien-Kathedrale, 1043) sind monumental, reich an Kuppeln, doch schmucklos in ihren Fassaden. Mehrere Kirchen der Stadt besitzen stilistisch unterschiedliche Fresken, allerdings wurde vieles davon im Zweiten Weltkrieg zerstört.

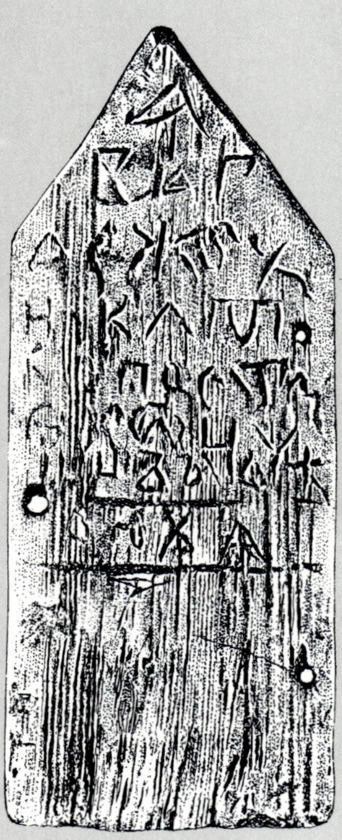

*Links:* Eine Holztafel mit dem eingeschnittenen altrussischen Alphabet. Sie konnte als Lehrhilfe an der Wand befestigt werden. Viele Bewohner Nowgorods waren des Lesens und Schreibens mächtig, aber auch die höhere Bildung erlebte einen Aufschwung. Sie fand ihren Ausdruck in zahlreichen Chroniken und Hagiographien, die größtenteils in den Studierzimmern der Klöster verfaßt wurden. Die einfache Kenntnis der Schrift gestattete Geschäftsberichte und Privatbriefe in großer Zahl, die in telegraphischer Kürze mit Griffeln auf Birkenrinde aufgezeichnet wurden.

*Rechts:* Diese hypothetische Rekonstruktion zeigt Nowgorod, wie es im späten 15. Jahrhundert ausgesehen haben mag. Die Stadt wird durch den Wolchow in zwei Hälften geteilt. Unten befindet sich der Stadtteil mit der Kathedrale, oben der Handelsbezirk. Zur Uferfestung auf der Kathedralenseite gehören der Hof des Erzbischofs und die Räumlichkeiten der Stadtversammlung. Die Wohnviertel gruppieren sich um Pfarrkirchen.

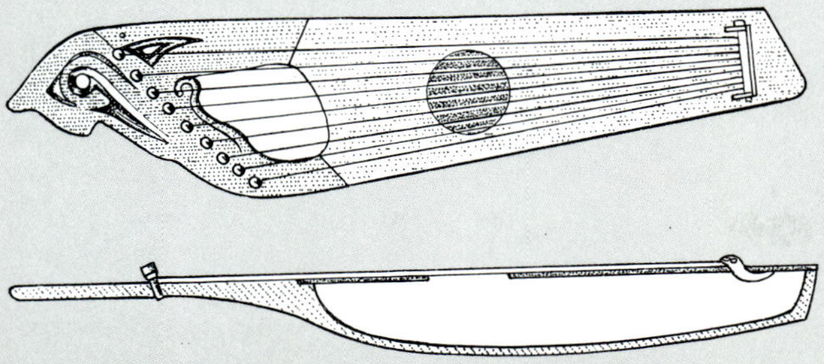

*Links:* Die *gusli*, ein Saiteninstrument aus Holz, war in Nowgorod sehr beliebt. Ihre Länge variierte zwischen 20 und 70 Zentimetern, und sie konnte zwischen drei und acht Saiten haben. Am Wirbelende wurden herkömmliche Ziermotive eingeschnitzt. Die *gusli* begleitete die Rezitation von mündlich überlieferten Sagen.

*Rechts:* Dieses Reliquienkreuz aus Metall gehörte wahrscheinlich einem Nowgoroder Geistlichen. Es hat unten ein Scharnier und oben einen Ring, um es vor der Brust tragen zu können. Zur Rechten des gekreuzigten Christus ist die Gottesmutter, zur Linken der Evangelist Johannes und oben der hl. Georg dargestellt.

# Die große Zeit der russischen Ikonenmalerei

Als Rußland im späten 10. Jahrhundert das orthodoxe Christentum übernahm, übernahm es damit gleichzeitig die frühmittelalterliche Kultur und Kunst von Byzanz. Für die orthodoxe Kirche waren Ikonen ein wesentlicher Teil der Verehrung, und ihre Herstellung galt als liturgische Handlung. Die typischen Ikonen wurden in Temperafarben auf Holzplatten gemalt, obwohl als Malgrund auch andere Materialien (Metall, Stein, Glas) Verwendung fanden. Russische Ikonen aus der Zeit vor den Tatareneinfällen sind selten, aber von hoher Qualität.

Während des 14. Jahrhunderts wurde die Bautätigkeit und damit die Malerei allmählich wiederbelebt. Hauptsächliche Förderer waren zunächst Nowgorod und dann verstärkt Moskau, doch die politische Zersplitterung zu jener Zeit führte gleichfalls zu produktiven künstlerischen Aktivitäten in vielen kleineren Orten. Durch die neu auflebenden Kontakte mit dem Mittelmeerraum arbeiteten serbische Maler in Nowgorod, ebenso der Grieche Theophanes (russisch Feofan Grek), der daneben auch in Moskau wirkte.

Aber es waren einheimische Talente, an erster Stelle Andrej Rubljow (ca. 1370–1430), die diese Periode zur großen Zeit der russischen Malerei machten. Rubljow ist zuerst als einer der Maler (1405) der Mariä-Verkündigungs-Kathedrale in Moskau belegt. Er kannte offensichtlich die neuen Stiltendenzen in der zeitgenössischen byzantinischen Kunst, vermittelte aber auch deren hellenistischen Hintergrund. Eine besondere Entwicklung dieser Periode war die »hohe«, mehrreihige Ikonostase (Ikonenwand), die den Malern ganz neue Möglichkeiten der Entfaltung bot.

*Links außen: Die Jungfrau des Don* aus der Schule des Theophanes. Die fragmentarisch erhaltenen Fresken in Nowgorod, die Ikonostase in der Mariä-Verkündigungs-Kathedrale im Kreml und einige andere Werke, die dem Theophanes oder seinen Schülern zugeschrieben werden, sind durch einen höchst individuellen Stil charakterisiert, der sich durch Helle, Dramatik, lineare Zeichnung und unnaturalistische Überhöhung auszeichnet. Wahrscheinlich handelt es sich dabei um Einflüsse der hesychastischen Mystik.

*Oben links:* Drei prachtvolle Ikonen, die 1919 in einem Holzschuppen in Swenigorod westlich von Moskau entdeckt wurden, können mit Sicherheit Rubljow auf der Höhe seiner Schaffenskraft zugeschrieben werden. Die zentrale Ikone des Christus ist ein Beispiel für die ausgewogene Feierlichkeit und Zartheit seiner besten Bilder. Sein Stil geht zurück auf die sehr lineare spätbyzantinische Formgebung, die im Moskau der 90er Jahre des 14. Jahrhunderts durch die importierten Wysozkij-Ikonen bekannt war.

*Links:* Die *Dreifaltigkeit des alten Testaments* wurde zum Gedenken an den hl. Sergios gemalt, als das Dreifaltigkeits-Kloster nach dem Tatareneinfall von 1408 restauriert wurde. Dargestellt ist die Gastfreundschaft Abrahams (1. Mose 18), der drei als Pilger auftretende Engel bewirtet.

*Oben:* Detail aus dem *Jüngsten Gericht*, einem Wandgemälde von Andrej Rubljow und Daniil Tschornij in der Mariä-Himmelfahrts-Kathedrale in Wladimir (1408). Im späten 15. Jahrhundert wurden einige der großen Bauwerke der vortatarischen Zeit restauriert. Chroniken berichten über die Arbeit Rubljows und seiner Mitarbeiter in Wladimir. Teile einer großen Ikonostase und ein Freskenzyklus haben die Zeiten überdauert. Hier sieht man, wie die Heiligen Peter und Paul die Gerechten ins Paradies einlassen.

*Rechts:* Der letzte bedeutende Exponent des großen Zeitalters der russischen Malerei war Dionisij, der in den 80er Jahren des 15. Jahrhunderts mit einer Gruppe von Künstlern die Moskauer Himmelfahrts-Kathedrale ausmalte. Seine Fresken und die späteren seiner Söhne im Ferapont-Kloster nahe dem Weißen See (1500) sind vorzüglich erhalten. Sein Stil ist leicht, linear und zart, aber verglichen mit dem Rubljows steif und blutleer. Die Ikone *In Dir ist Freude . . .* zeigt die Jungfrau Maria und ist charakteristisch für den komplexen und abstrakten Stil, der nach 1450 beliebt wurde.

# DAS LETZTE JAHRHUNDERT ALTRUSSLANDS

**Das Moskauer Reich unter den frühen Romanows**

Der moskowitische Staat mit seinem im Grunde mittelalterlichen Regierungssystem, Lebensstil und Kulturverständnis wurde mit Überwindung der *smuta* und Begründung der Romanow-Dynastie 1613 wieder zum Leben erweckt, wiewohl dies dem allgemeinen Gang der Geschichte zuwiderlief. Er überdauerte fast ein weiteres Jahrhundert, aber seine anscheinend unerschütterliche, zeitlose Stabilität war in der zweiten Hälfte des 17. Jahrhunderts Störfaktoren ausgesetzt, die Schritt für Schritt sein Ende einläuteten. Zwei sehr einsichtige Herrscher, deren Regierungszeit mehr als die Hälfte des Jahrhunderts ausfüllte – Michail Romanow (Zar 1613–1645) und sein Sohn Alexej Michailowitsch (Zar 1645–1676) – verliehen der herkömmlichen Ordnung Geltung und Dauer. Doch als die Krise im letzten Viertel des Jahrhunderts gewaltsam ausbrach, wirkte sie nur um so schlimmer. Dynastische Wirren, militärische Gehorsamsverweigerung, Unzufriedenheit des Volkes, religiöse Verbitterung und soziokulturelle Unsicherheit führten mehr und mehr zu chaotischen Zuständen.

Allerdings wäre es falsch anzunehmen, die letzte Phase des Moskauer Reiches sei nur durch Niedergang oder gar Verfall gekennzeichnet gewesen. Rußland war in territorialer Hinsicht bereits das größte Land der Welt und begann nach den verlustreichen Kriegen der 50er und frühen 60er Jahre des 17. Jahrhunderts einen bescheidenen Wohlstand zu erwerben. Das sichtbarste Zeugnis dieser Prosperität ist die beträchtliche Zahl von Gebäuden aus dem späten 17. Jahrhundert, die sich noch in Moskau, in mehreren großen Klosterbezirken und in einigen Provinzstädten wie Jaroslawl und Archangelsk finden. Modernisierungsmaßnahmen in militärischer, technischer und wirtschaftlicher Hinsicht – später sprach man von »Verwestlichung« – wurden wohl durchgeführt, allerdings nur zögerlich und unsystematisch. Gleichzeitig stiegen die Bildungsansprüche, und sogar europäische Gelehrsamkeit war gefragt. In dieser Periode entstand in Moskau

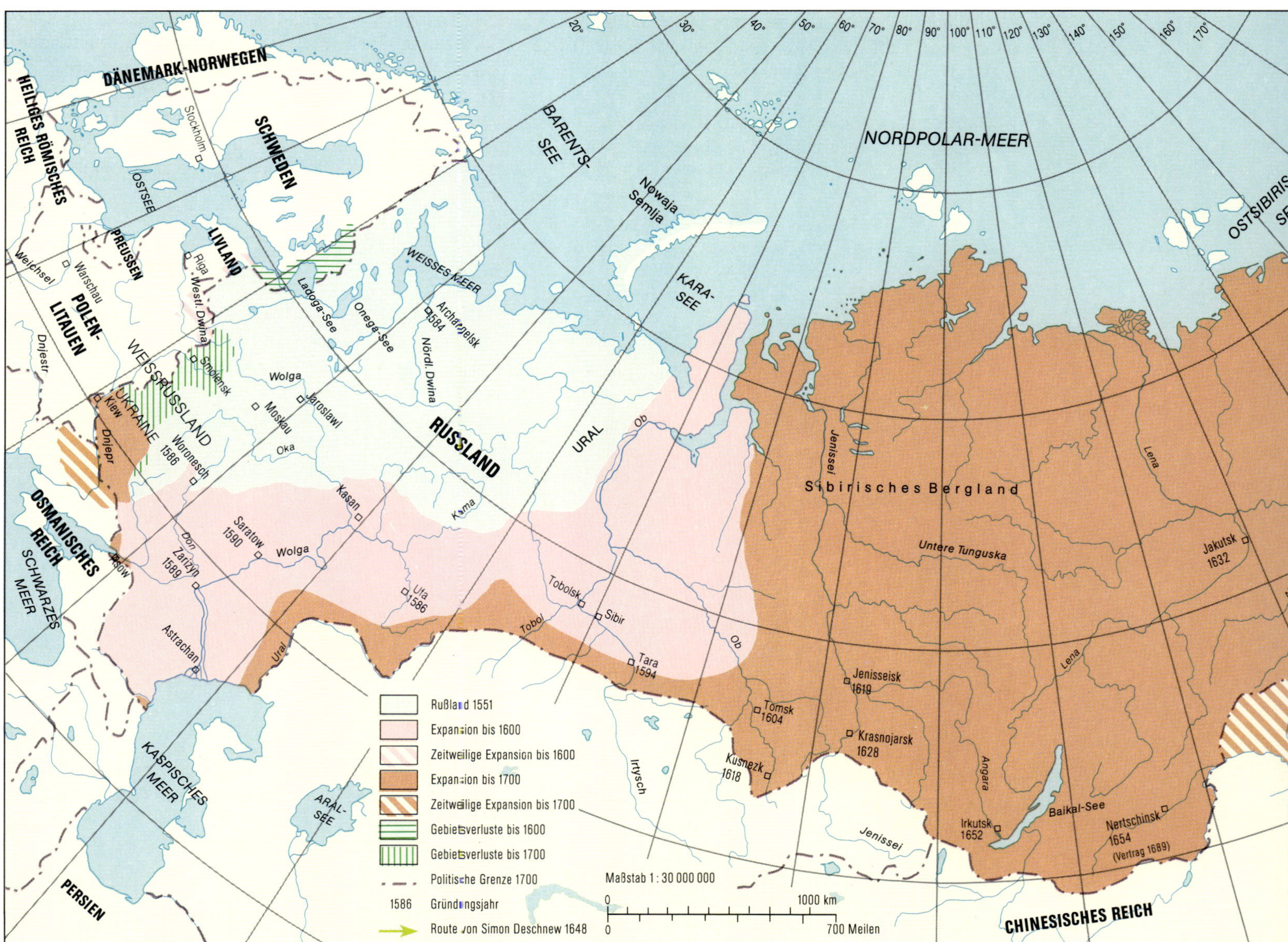

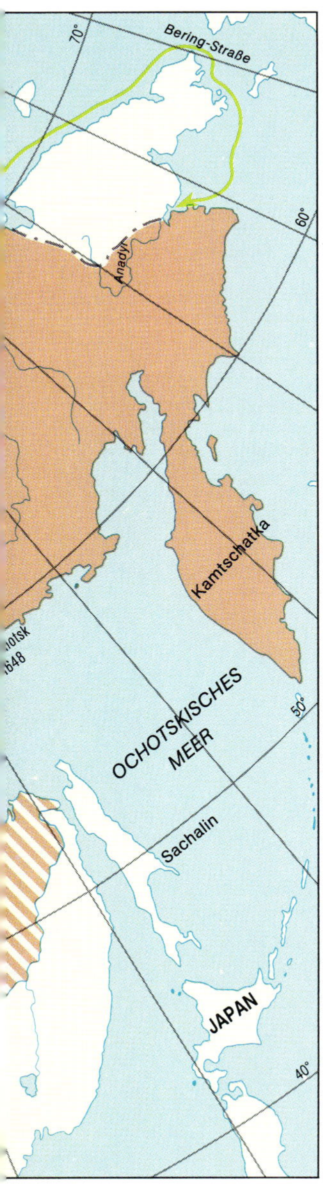


**Die Ausdehnung des Moskauer Reiches im 16. und 17. Jahrhundert**
Die auffälligste Gebietserweiterung fand im letzten Jahrhundert des Moskauer Reiches statt, wobei die größten Landgewinne im Osten gemacht wurden. Die erfolgreichen Feldzüge von Iwan IV. gegen Kasan und Astrachan in den 50er Jahren des 16. Jahrhunderts wurden im späten 16. und im 17. Jahrhundert weiter verfolgt. Sobald die Russen erst einmal jenseits des Urals waren, lagen ihnen die weiten sibirischen Ebenen mit ihren ausgedehnten Flußsystemen und den einfachen Überlandstrecken offen. Sie versuchten, von der spärlichen Bevölkerung »Pelztribute« *(jasak)* einzutreiben. Der erste namentlich bekannte Mann, der durch die spätere Bering-Straße segelte, war 1648 der Kosaken-Abenteurer Simon Deschnew.
Im Süden, Westen und Norden verlief die Expansion weniger geradlinig. Zar Alexej brachte große Teile der heutigen Ukraine und Weißrußlands unter die Moskowiter Herrschaft. Der Vorstoß nach Süden kam nur langsam voran. Versuche, sich auch im Nordwesten, in die baltischen Gebiete, auszudehnen, stießen auf heftigen Widerstand Schwedens, das sich mit Polen-Litauen verbündete; die endgültige Eroberung dieser Gebiete blieb Peter dem Großen vorbehalten.

1687 die sogenannte Slawisch-griechisch-lateinische Lehranstalt *(utschilischtsche)*.

Bezeichnend für die allmähliche Horizonterweiterung im ausgehenden 17. Jahrhundert ist die Art und Weise, mit der jede Kunstgattung »moderne« Elemente aufnahm und sie mehr oder weniger erfolgreich mittelalterlichen Denkmustern anglich. So fand in die Literatur die neue Form des syllabischen Verses Eingang, die letztlich über Polen aus Frankreich kam. Die Kirchenmusik erfuhr besonders während der Regentschaft des höchst musikalischen Fjodor III. (Zar 1676–1682) grundlegende Veränderungen, vor allem auf dem Gebiet der Harmonielehre. Die Ikonenmalerei tendierte zur weltlichen Porträtkunst, die ein neues Genre darstellte (bei den Russen hieß sie *parsuna*, abgeleitet von lateinisch *persona*). Die Wandmalerei, namentlich der Jaroslawler Schule, wurde durch Details belebt, die oft weltlich inspiriert waren und zuweilen ihren ikonographischen Ursprung im Westen hatten. In der Baukunst pfropfte man Ziergiebel und andere Reminiszenzen an das klassische Ordnungssystem den altrussischen Formen auf, desgleichen gewannen weltliche Stein- und Ziegelbauten plötzlich an Bedeutung und Würde, die sie vorher nicht besaßen: Die neuen Paläste des Zaren und einige große Häuser (besonders das von W. W. Golizyn aus den 80er Jahren des 17. Jahrhunderts) zeigen Komfort und Wohnlichkeit in westlicher Manier. Eine ganz neue Kunstform – das literarische Schauspiel – war bereits in den letzten Regierungsjahren von Alexej Michailowitsch bei Hofe eingeführt worden. (Bis dahin hatte es in Rußland Theater nur als kirchliches Mysterienspiel und als Volksbelustigung der *skomorchi*, herumziehender Possenreißer, gegeben.)

Mehrere Faktoren förderten seit der Mitte des 17. Jahrhunderts diese Entwicklungen. Zunächst kamen teils durch Krieg, teils durch freiwillige Unterwerfung umfangreiche Gebiete der heutigen Ukraine und Weißrußlands, einschließlich der alten Hauptstadt Kiew, zum Moskauer Reich. Diese historischen russischen Länder entwickelten sich zwar selbständig in sprachlicher Hinsicht, so daß Ukrainisch und Weißrussisch als separate Sprachen angesehen werden, hielten aber an der orthodoxen Religion fest und stellten dem Reich im letzten Drittel des 17. Jahrhunderts neben Handwerkern eine große Zahl von Kirchenmännern, Intellektuellen und Künstlern, die in der westlich beeinflußten Nachrenaissance-Gesellschaft des polnisch-litauischen Machtbereichs aufgewachsen waren und häufig eine humanistische Erziehung jesuitischer Prägung erfahren hatten.

Obwohl es sich im Prinzip vom übrigen Europa abschloß und fremdenfeindlich verhielt, waren Ausländer im Rußland des 17. Jahrhunderts nichts Ungewöhnliches: Hunderte, schließlich Tausende von Westeuropäern wohnten in Moskau, lebten nach 1652 in ihrem eigenen Vorort und spielten eine wichtige Rolle besonders in militärischen Angelegenheiten. Auch westliche Bücher gelangten im 17. Jahrhundert in die Moskauer Bibliotheken. Ehen zwischen Russen und Westeuropäern kamen selten vor, aber es gab sie: So heiratete Artamon Matwejew, eine der einflußreichsten Persönlichkeiten in der späten Regierungszeit von Zar Alexej, Eudoxie (Mary) Hamilton aus Schottland, und in diesem völlig westlich orientierten Haushalt wuchs Natalia Naryschkina auf, die zweite Gemahlin des Zaren. Ihrem Einfluß wird gewöhnlich Alexejs wachsender Geschmack an westlichen Dingen in seinen letzten fünf Jahren zugeschrieben. Wegen der polnischen und schwedischen Kriege der 50er Jahre war Alexej der erste Zar, der Rußlands Westgrenze überschritt. Es ist interessant und sogar überraschend, daß alle drei De-facto-Herrscher vor Peter dem Großen (Alexej, Fjodor, die Regentin Sophia) in verschiedener Weise prowestliche Einstellungen hatten und vorsichtig Rußlands Kulturhorizont zu erweitern versuchten. Allerdings lag es ihnen fern, die herkömmliche Religion oder das erstarrte Hofzeremoniell in Frage zu stellen.

### Expansion und Diplomatie

Die politische Geschichte des Moskauer Reiches im letzten Jahrhundert seines Bestehens kreist im wesentlichen darum, wie eine zentralisierte Autokratie, die ihre antiquierten Prinzipien und Methoden im Grunde nicht ändern will, mit enormen inneren Schwierigkeiten kämpft. Die Außenpolitik hatte demgegenüber sekundäre Bedeutung, trotz der Gebietsgewinne im Westen, Süden und Osten. Rußland war für die Staaten Westeuropas von geringem diplomatischen Interesse und spielte auch keine Rolle bei der großen Regelung der Konfessionsfrage und der europäischen Grenzen im Westfälischen Frieden 1648 – im Gegensatz zu seinen damals noch mächtigen Nachbarn Schweden und Polen.

Polen-Litauen war der Hauptwidersacher bei der russischen Westexpansion. Fünf Jahre nach der »Zeit der Wirren« (1605–1613) hatte man einen 14jährigen Waffenstillstand mit Polen ausgehandelt. Als dieser auslief, kam es erneut zu Kämpfen, besonders um die wichtige Festungsstadt Smolensk, ohne daß eine Entscheidung herbeigeführt wurde. Zar Alexej war erfolgreicher. Der antipolnische Volksaufstand der ukrainischen Kosaken 1648 und seine eigenen Feldzüge seit 1654 brachten »das linke Ufer« der Ukraine (das heißt östlich des Dnjepr) mit den Städten Smolensk und Kiew in die Hand Moskaus und besiegelten den Niedergang von Polens Großmachtstellung. Später wurde über einen Romanow-Kandidaten für den Königsthron in Polen verhandelt, woran sogar das Papsttum Interesse zeigte, das stets hoffte, Rußland in die katholische oder unierte Kirche zu führen. Alexej ließ seine Kinder Polnisch und Latein lernen und bedauerte, daß er selbst keine Fremdsprachenkenntnisse besaß.

Im Süden setzten sich die besiedelten Territorien des Reichs über das »Wilde Feld« *(Dikoje pole)* der nahen Steppe bis zum Schwarzen Meer fort. In den südlichen Gebieten machten unabhängige Kosaken den Hauptteil der Bewohner dieses dünnbesiedelten Raumes aus. Manche waren bereits landbesitzende Bauern, andere noch umherziehende Plünderer. Da Russen nach Ursprung und Sprache, stellten sich die Kosaken meist gern unter den Schutz des Zaren, solange ihre alten Rechte garantiert wurden, aber ihre leichtsinnigen Kriegszüge gegen die Türken und Perser brachten den Moskauer Herrschern mehr Kopfschmerzen als Vorteile. Mehrere Male im 17. und 18. Jahrhundert wurde Asow – Festungsstadt an der Mündung des Don und Tor zum Meer – eingenommen, ging aber immer wieder an das Osmanische Reich verloren.

Nach Osten hin erzielten die Zaren im 17. Jahrhundert weit bedeutendere Gebietsgewinne. In der ersten Periode seiner Regierung hatte Iwan IV. die Tataren-Chanate Kasan und Astrachan erobert. Die sanft ansteigenden Pässe über den Ural stellten kein Hindernis dar. Dahinter erstreckte sich eine weite Ebene mit einem Flußsystem, das die Russen, unterbrochen nur von leichten Transportstrecken zu Lande, fast bis zum Baikal-See brachte. Die Kaufmannsfamilie Stroganow, von Iwan IV. zur Erschließung Sibiriens ermächtigt, warb fast tausend Mann (zumeist Kosaken unter dem Befehl von Jermak) an, die in den 80er Jahren des 16. Jahrhunderts Isker, die Festung des westsibirischen Chans am Irtysch, einnahmen. Nahe davon gründeten sie die neue sibirische Hauptstadt Tobolosk, heute ein vergleichsweise unbedeutender und abgelegener Ort.

Der Kolonialgeist der russischen Pelzjäger war außergewöhnlich. Im Jahr 1632 wurde Irkutsk in der Nähe des Baikal-Sees gegründet, und in den 1640ern erfolgte der Vorstoß durch gebirgiges Gebiet bis zum Amur-Becken und zum Pazifischen Ozean. Simon Deschnew, auch ein Kosak, fuhr die Indigirka bis zum Nordpolar-Meer hinauf und dann auf der Nordostpassage um die äußerste Spitze Sibiriens herum (durch die spätere Bering-Straße) nach Anadyr. Im Amur-Tal trafen die Russen jedoch auf eine beträchtliche Zahl mandschurischer Siedler, die Untertanen Chinas waren. Schließlich geboten chinesische Truppen ihrem Vormarsch Einhalt, und aufgrund des Vertrags von Nertschinsk 1689 zogen sich die Russen nördlich des Stanowoij-Gebirges zurück, aber der Zugang zum Ochotskischen Meer blieb ihnen offen.

Alle diese Expansionen berührten jedoch die großen internationalen Beziehungen wenig, und das Rußland des 17. Jahrhunderts blieb im wesentlichen politisch abgeschlossen, wenn es auch Gesandtschaften mit westeuropäischen Mächten austauschte. Besondere Bedeutung als wichtigstem Handelspartner kam England zu, seit in den 1550ern ein »Außenamt« in Moskau eingerichtet worden war. Die russische Diplomatie tendierte allerdings mehr dazu, die eigenen Ziele zu behindern als zu fördern. Während die pragmatisch denkenden, merkantilen und bürgerlichen Staaten Europas zweckdienliche Verhandlungen wollten, betrachtete das Moskauer Reich Außenbeziehungen zuallererst unter dem Gesichtspunkt des Zeremoniells. Die englische und andere westliche Gesandtschaften mußten sich mit mysteriös verzögerten oder umständlichen Reisevereinbarungen abfinden, mit endlosen und unverständlichen Ansprachen, mit höchst feierlichen Gelagen, wo es »Fleischbrocken und stinkenden Fisch« (Jenkinson, 1557) im Überfluß gab, und schließlich Audienzen im Kreml, die durch die Anwesenheit des Zaren geheiligt und durch ein ungemütliches strenges Ritual geregelt waren. Vom Moskauer Standpunkt verhielten sich die ausländischen Emissäre widerspenstig und unhöflich und schimpften andauernd über so harmlose Dinge des Protokolls wie beispielsweise das Absteigen vor einem höheren Beamten an den russischen Grenzen.

Russische Gesandte im Westen versuchten, ihr eigenes Protokoll beizubehalten, was sie eigentlich nur behinderte, und gebärdeten sich zuweilen wie der sprichwörtliche Elefant im Porzellanladen. In Verhandlungen agierten sie unfähig, da sie sich nach starren Anweisungen aus Moskau richten mußten und keine eigenen Initiativen ergreifen durften. Ihr Verständnis der Vorgänge im Ausland war gänzlich unangemessen. Der sachliche Zar Alexej stellte schließlich die Informationsbeschaffung auf eine vernünftigere, aber immer noch sehr primitive Grundlage. In den 50er Jahren beurteilte er seine Gesandtschaft nach Venedig mehr nach den faszinierenden Schilderungen fremder Bräuche als nach den handfesten Erfolgen.

### Innere Krisen und Kirchenschisma

Die Spannungen im späten Moskauer Reich führten während des ganzen 17. Jahrhunderts zu zahlreichen Volkserhebungen. Der Bolotnikow-Aufstand von 1606–1607 war der erste von vielen, die ihr Zentrum in den erst kürzlich besiedelten Waldsteppen des Südens hatten. Diese Bauernrevolte bedrohte Moskau und führte fast zum Sturz des Zaren Wasilij Schujskij. Während der 20er und 30er Jahre kam es zu einer Reihe von Rebellionen in der Ukraine gegen Polen, die 1648 in der erfolgreichen »Befreiung« der Kosaken durch Bodgan Chmelnizkij gipfelten. Zu den wichtigeren Erhebungen zählten ferner die Moskauer Aufstände von 1648 (Salzrevolte) und 1662 (Kupferrevolte), die beide Zar Alexej in Lebensgefahr brachten, die Nowgoroder Brotunruhen (1650), der große Volksaufstand an Wolga und Don unter dem Kosaken Stepan (Stenka) Rasin (1670–1671) sowie die Meutereien der Moskauer Strelitzen (1682 und 1698). Im ersten Jahrzehnt des nächsten Jahrhunderts folgte der von Kondratij Bulawin geführte Kosaken-Aufstand am Don (1707) und eine Art nationaler Unabhängigkeitskrieg der Turk-Baschkiren, der mehrere Jahre dauerte. Außerdem bestand seit den 60er Jahren des 17. Jahrhunderts eine schwelende Spannung, die mit dem Kirchenschisma zusammenhing.

Die Aufstände hatten sehr verschiedene Ursachen. Einige wurden durch die städtischen, andere durch die ländlichen Lebensbedingungen ausgelöst. Manche waren mit einer klar definierten Gesellschaftsschicht verknüpft, andere nicht. Die Erhebungen wurden sowohl von Russen als auch von Nichtrussen, manchmal auch von beiden durchgeführt. Sie konnten gut organisiert sein oder völlig anarchisch verlaufen. Einige hatten ein positives Programm, andere gar keines. Sie brachen überall im Reich

Zar Alexej empfängt fremde Gesandte. Die Abbildung stammt aus der *Beschreibung der moskowitischen und persischen Reise* (Ausgabe von 1660) des deutschen Autors Adam Olearius. Dies ist einer der inhaltsreichsten, bestinformierten und bestillustrierten Berichte über das späte Moskauer Reich. Olearius erwähnt unter anderem die doppelköpfigen Kaiseradler auf dem Zarenthron und die Bekleidung des Zarengefolges, die sich ganz wesentlich von der Aufmachung der westlichen Besucher unterscheidet.

Alexej Michailowitsch (Zar 1645–1676). Dieses anonyme Gemälde, das ein westlicher Künstler vom zweiten Zaren der Romanows anfertigte, hatte wahrscheinlich ein lebensechtes Porträt zum Vorbild. Soweit wir wissen, taucht europäische Porträtmalerei in Rußland zum ersten Mal im späten 17. Jahrhundert auf.

aus, doch war das südliche und südöstliche Grenzland in dieser Hinsicht besonders anfällig. Einige Aufstände wollten – oft recht unglaubwürdige – Prätendenten auf den Zarenthron bringen. Alle Rebellionen aber entstanden im Volk aus Unmut über Mißstände und Ungerechtigkeiten. Die Ursachen waren hohe Steuerabgaben, Lebensmittelverknappungen, Inflation, soziale und religiöse Neuerungen, Unterdrückung von nicht-russischen Nationalitäten, überhöhte Forderungen der Grundbesitzer oder der Druck der Leibeigenschaft.

Unter diesen Umständen erscheint es ziemlich erstaunlich, daß der Staat überhaupt zu überleben vermochte. Aber er überdauerte nicht nur Bauernaufstände und Militärrevolten, sondern auch die langwährende religiöse Krise, wie sie im Schisma zum Ausdruck kam. Diese Spaltung der russischen Orthodoxie führte dazu, daß wahrscheinlich die Hälfte der Bevölkerung sich von der offiziellen Kirche abwandte und eine bürgerkriegsähnliche Situation entstand.

Das Schisma wirkte auf Außenstehende oft als eine ziemlich groteske Angelegenheit, wobei die gewaltigen Gegensätze und das Blutvergießen nicht etwa von gravierenden Unterschieden in der Lehre, sondern von ritualistischen und formalistischen Zänkereien herrührten. Bezeichnend hierfür war der Streit um die Fragen, ob man sich mit zwei oder drei Fingern bekreuzigen oder an bestimmten Stellen der Liturgie ein zweifaches oder ein dreifaches Halleluja singen sollte. Gerade die heroischsten Gestalten des Schismas zeichneten sich am meisten durch Unwissenheit und Rückständigkeit aus. Alles in allem erscheint die Spaltung als die natürliche Folge einer religiösen Kultur, die auf Aberglauben, Engherzigkeit und geistiger Trägheit beruhte.

Am Anfang der Entwicklung, die zum Abspalten der »Altgläubigen« führte, stand das Bemühen, eine offizielle Festlegung für die kursierenden unterschiedlichen Lesarten kirchlichen Schrifttums zu treffen. Als die Texte und Kultpraktiken unter der Regierung von Zar Alexej Michailowitsch überprüft wurden, stellte sich heraus, daß sie nicht mit den griechisch-orthodoxen Vorbildern übereinstimmten.

Eine Reformbewegung, die sogenannten Gottesfreunde (»Eiferer der Frömmigkeit«), setzte sich zum Ziel, die Riten wieder in Einklang mit der griechischen Mutterkirche zu bringen. Ihr Hauptexponent war der nachmalige Patriarch Nikon (geboren 1605), sein anfänglicher Verbündeter und späterer Feind der Protopope Awwakum (geboren 1620/21). Beide kamen aus einfachen Bauernfamilien des mittleren Wolga-Gebietes, also aus der tiefsten Provinz. Der dritte in einer engen Dreiecksbeziehung war der weit jüngere Zar Alexej (geboren 1629). Nach dem Tod seiner Kinder und dem Eintritt seiner Frau in ein Nonnenkloster hatte Nikon die Mönchskutte angelegt und damit die Voraussetzung für seinen Aufstieg bis zur Bischofswürde geschaffen. Awwakum blieb Mitglied der verheirateten »weißen« Gemeinde-Geistlichkeit, bis man ihn 1666 zwang, in ein Kloster zu gehen. Die »Eiferer« wünschten, die russische Kirche zu erneuern und zu reinigen, laxe Sitten im Ritual auszumerzen und dem auf dem Land weitverbreiteten Fortbestehen heidnischer Bräuche (sogenannter Doppelglaube – *dwojewerije*) neben dem Christentum entgegenzuwirken. Sie fanden ein geneigtes Ohr bei dem jungen und frommen Alexej, dessen Beichtvater Stephan zu den führenden Köpfen der »Eiferer« zählte.

Der Zar berief mehrere Mitglieder ihrer Gruppe, die geistliche Ämter in Moskau übernehmen sollten. Nikon wurde rasch befördert, zuerst im Jahr 1648 zum Metropoliten von Nowgorod, dann 1652 zum Patriarchen. Alexej scheint völlig unter seinem Einfluß gestanden zu haben. Er versprach Nikon, ihm in geistlichen Dingen zu gehorchen, und als er selbst in den Krieg gegen Polen-Litauen zog, verlieh er ihm den Titel eines Regenten: »Großer Herr« (*welikij gosudar*).

Nikon war von Natur aus gebieterisch, selbstbewußt und ungeduldig. Sofort nach seiner Ernennung zum Patriarchen versuchte er, die nationalkirchlichen Traditionen generell zugunsten des byzantinischen Vorbildes zurückzudrängen. Er leitete Reformen des Ritus in die Wege und schrieb revidierte Kirchentexte vor, angefangen beim Psalter, dem Teil der Bibel, der allen Russen am vertrautesten war. Dies brachte ihm Entrüstung insbesondere von seiten seiner früheren Mitstreiter ein, die es damit bewenden lassen wollten, die gravierendsten liturgischen Abweichungen zu beseitigen, und nicht bereit waren, die nationale Kirchentradition gänzlich der Gräkophilie Nikons zu opfern. Die Griechen waren schließlich vom Latinismus verdorben (viele ihrer Bücher wurden in Venedig gedruckt!), und Gott hatte sie ihrer Stadt Konstantinopel beraubt. Um die Kritiker zum Schweigen zu bringen, versuchte man es zunächst mit Überredung, aber im Laufe des Jahrhunderts griff man mehr und mehr zu Gewaltmaßnahmen. Awwakum wurde verbannt, anfangs nach Tobolsk, dann in das ferne Daurien (Ostsibirien) und schließlich bis in den arktischen Norden nach Pustosersk, wo er seine Lebenserinnerungen niederschrieb. Nachdem er sich standhaft geweigert hatte, seine »altgläubigen« Ansichten zu widerrufen, fand er 1682 den Tod auf dem Scheiterhaufen.

Nikon war zu dieser Zeit kaum in irgendeiner Gesellschaftsschicht populär, obwohl man ihm widerwillig gehorchte. Aus Alexejs Sicht hatte der Patriarch erstaunlichen Erfolg, da er die russische Kirche und ihre Bücher in Ordnung brachte. Er begann aber auch, den Primat der geistlichen Herrschaft vor der weltlichen anzudeuten, weshalb man ihn oft mit Papst Gregor VII. verglichen hat. Ein bezeichnendes Symptom hierfür war bereits 1652 sein insistierendes Ansinnen, die Reliquien des Metropoliten Philipp vom Solowki-(Soloweckij-)Kloster im Norden nach Moskau zu überführen. Philipp hatte den Märtyrertod erlitten, weil er Widerstand gegen Iwan den Schrecklichen geleistet hatte, den Alexej verehrte, dessen Vergehen Nikon aber klar herausstellen wollte.

Für ein paar Jahre jedoch arbeiteten Zar und Patriarch eng zusammen und demonstrierten noch einmal das byzantinische Ideal der *symphonia* (»Harmonie«). Anzeichen von Meinungsverschiedenheiten schienen sich überspielen zu lassen. In der Tat fand diese Harmonie ihren sichtbaren Ausdruck in den großen Klostergründungen, die beide gemeinsam förderten. Am bedeutendsten war 1657 Nikons außerordentliches Projekt Neu-Jerusalem, 60 Kilometer westlich von Moskau unweit der heutigen Stadt Istra gelegen. Im Sommer 1658 indes brachen die Gegensätze auf. In der politisch heiklen Frage der Kirchenautorität über die neuerworbenen Länder der Ukraine kooperierte Nikon nicht mit Alexej. Danach verschlechterten sich die Beziehungen schnell, und keiner machte ein Hehl daraus.

Nikon verließ Moskau, ging in seine Klosterfestung Neu-Jerusalem und kam seiner Amtspflicht als Patriarch nicht mehr nach, ohne allerdings auf den Titel zu verzichten. Dieses riskante Manöver erinnerte an den theatralischen Rückzug Iwans IV. nach Alexandrow. 1660 wurde Nikon von einer russischen Bischofssynode abgesetzt. Es folgte bis in die Mitte der 60er Jahre ein Katz- und Mausspiel, dann wollte Alexej eine endgültige Entscheidung herbeiführen. Das einzige Mittel bestand in der Untersuchung des Falles vor einem Konzil, an dem nichtrussische orthodoxe Würdenträger teilnehmen und unparteiische Urteile abgeben konnten. Alexej wandte sich an die vier traditionellen Patriarchate der Ostkirche: Konstantinopel und Jerusalem wollten nicht involviert werden, aber Antiochia und Alexandria stimmten glücklicherweise zu. Ende 1666 begann das Konzil seine Arbeit. Die letztlich ausschlaggebende Vorschrift für die Entscheidungsfindung stammte aus dem byzantinischen kanonischen Rechtsbuch (*Nomokanon*): »Wer immer dem Kaiser Schwierigkeiten macht und sein Reich verunsichert, hat keine Rechtfertigung.« Nikon wurde formell seines Amtes enthoben und in den Stand eines gewöhnlichen Mönches zurückversetzt.

Merkwürdigerweise hörten damit die Kontakte zwischen dem Zaren und dem früheren Patriarchen nicht auf: Alexej schickte sogar Geschenke an Nikon, erhielt aber nicht den förmlichen Segen, den er erwartete. Nach Alexejs Tod bekam Nikon die Erlaubnis, nach Neu-Jerusalem zurückzukehren, und den Ausbau seiner Gründung zu Ende zu führen. Seine Zellenkirche (*skete*) hat die Zerstörung des Klosters im Zweiten Weltkrieg überstanden und steht noch heute.

Nach der Absetzung des Patriarchen mußte das Konzil von 1666–1667 einen neuen Amtsinhaber wählen und – als dringlichstes Anliegen des Zaren – der richtungslosen Kirche eine verbindliche Ordnung geben. In den Jahren unmittelbar davor, als Nikon fern von Moskau war und Alexej verzweifelt auf Lösungen drängte, hatte es den Anschein gehabt, als ob die »Altgläubigen« (*starowery, staroobrjadzy*) sich mit der neuen Ordnung verständigen könnten. Awwakum kam kurz aus dem sibirischen Exil nach Moskau zurück und wurde mit Gunstbeweisen des Zaren überhäuft. Die neuen Bücher für den Gottesdienst waren zwar schon ein Jahrzehnt in Gebrauch, aber noch nicht obligatorisch. Nikons Sturz 1666 erschien den Reformgegnern wie ein Triumph, führte aber zu weiteren Belastungen, da einige Geistliche, obgleich sie ihn persönlich verurteilten, die Absetzung eines Patriarchen aber noch mehr mißbilligten.

Trotz Nikons Sturz stützte das Konzil jedoch die von ihm eingeleiteten liturgischen Reformen, für die natürlich der Zar selbst eingetreten war, und verurteilte die Unwissenheit der von Iwan IV. einberufenen Konzile. Als Awwakum und andere »Altgläubige«, von denen einige wie die verwitwete Bojarina Feodosija Morosowa eine hohe Stellung einnahmen, jeden Kompromiß verweigerten, forderten sie damit in vielen Fällen ihre Bestrafung, Exil und sogar den Märtyrertod heraus.

Während sich Zar Alexej, wenn auch nicht tolerant, so doch einigermaßen gnädig und einsichtig gegenüber den Schismatikern erwies, kam es unter den folgenden Regierungen zu einer Verschlechterung ihrer Lage. Gegenüber der Androhung oder Anwendung militärischer Gewalt reagierten mehrere Gemeinden der »Altgläubigen« mit Massenselbstmord. Sie zündeten ihre Holzkirchen an und verbrannten sich darin. Peter I. verdoppelte die Besteuerung der »Altgläubigen«, seine Nachfolger erlegten ihnen Rechtsnachteile auf. Nur unter Katharina der Großen wurden diese Benachteiligungen verringert und wohl auf Anregung Potemkins ein Versuch der Aussöhnung gemacht. Die Schismatiker spalteten sich bald untereinander noch weiter. Die dominierende Richtung, aus der im Laufe der Zeit weitere Sekten hervorgingen, waren die »Popenlosen« (*bespopowzi*), die die Auffassung vertraten, daß es keine gültigen Priesterweihen mehr geben könnte, da sich kein Bischof gegen die Kirchenreformen gestellt hätte. Aufgrund ihrer Überzeugung führten sie ein besonderes Gemeindeleben ohne Geistliche und Liturgie.

Aus den Reihen der »Altgläubigen« kamen in den nächsten beiden Jahrhunderten viele der tatkräftigsten Kolonisten, Händler und freien Bauern wie auch viele Rebellen. Bis zur Mitte des 19. Jahrhunderts hatte sich eine sehr wohlhabende Schicht »altgläubiger« Kaufleute herausgebildet. Demgegenüber führte die Abgeschlossenheit einiger »Altgläubigen«-Gemeinden zu der merkwürdigen Erscheinung, daß in entlegenen Dörfern des Nordens alte Sektenstreitigkeiten beständig auf der Grundlage von Handschriften ausgefochten wurden, die in bäuerlichen Schreibstuben immer wieder kopiert wurden – eine Form des Lebensunterhaltes im 17. Jahrhundert, die an ein oder zwei Orten noch in der Sowjetunion des späten 20. Jahrhunderts überdauerte.

## Die politischen Strukturen

Trotz des absoluten Machtanspruchs des Zaren konnte natürlich keine Einzelperson alle Entscheidungen treffen, die für die Regierung eines so großen Reiches notwendig waren. Der Zar wurde durch die Bojarenduma unterstützt, eine Versammlung des hohen Adels, die anscheinend permanent bestand und jederzeit im Kreml einberufen werden konnte. Die übliche Formel für den Anfang eines Erlasses lautete: »Der Zar befahl und die Bojaren stimmten zu ...« Diese Bojaren leisteten allerdings einen besonderen Staatsdienst für den Zaren, sie vertraten nicht verschiedene Interessen in der Art eines Parlaments. Da

**Rußland zur Zeit Alexejs**
Bei der Erweiterung der Grenzen des Moskauer Reiches war Alexej erfolgreicher als seine Vorgänger. Seine Feldzüge seit 1654, die vor dem Hintergrund des Volksaufstandes der Saporoger Kosaken gegen ihre polnischen Herren durchgeführt wurden, brachten die »linksufrige« Ukraine in moskowitischen Besitz. Die russische Unterstützung der Kosaken machte eine Konfrontation mit Polen unvermeidlich, und der daraus resultierende Krieg dauerte bis 1667. In diesem Jahr bestätigte der Vertrag von Andrusowo den russischen Besitz des Landes am Ostufer des Dnjepr, eines kleinen Gebiets am Westufer um Kiew sowie der Provinz Smolensk.
Alexejs Regierungszeit wurde jedoch von sozialen Spannungen überschattet, die sich aus der Polarisierung von Tradition und Neuerung ergaben. In vielen Regionen brachen Aufstände aus, die die verschiedensten Gesellschaftsschichten einbezogen. Die Bauern erhoben sich fast überall, besonders aber im Süden und Südosten. Oft taten sie es zur Unterstützung der Kosaken, und das baschkirische Turkvolk führte praktisch einen nationalen Unabhängigkeitskrieg. Obgleich all dies den Eindruck eines Staates am Rande der Anarchie vermittelt, hatten die Aufstände keine gemeinsame Basis und stellten keine geschlossene Bedrohung der bestehenden Regierungsform dar.

*Links:* »Ein Altgläubiger« in der charakteristischen altrussischen Kleidung (englische Zeichnung aus der Mitte des 19. Jahrhunderts). Die Sekten der »Altgläubigen« entstanden durch das Schisma, das der Widerstand gegen die Reformen des Patriarchen Nikon in der Mitte des 17. Jahrhunderts verursacht hatte. Diese Reformen sollten die russische Orthodoxie, was das Dogma und das Ritual betraf, in Einklang mit der griechisch-orthodoxen Kirche bringen.

aber keine Protokolle ihrer Debatten erhalten sind, wissen wir nicht, ob sich Ansätze eines Pluralismus entwickelten oder hätten entwickeln können.

Noch schwieriger zu charakterisieren ist die Rolle der anderen großen Beratungsinstanz, des *semskij sobor* (Landes- oder Reichsversammlung). Zu solchen Versammlungen, die aus einem besonderen Anlaß einberufen wurden, gehörten die Vertreter verschiedener Stände: Bojaren, Dienstleute, Geistliche, Städter und gelegentlich sogar Bauern. Manchmal trafen sie kritische Entscheidungen wie bei der Wahl Michail Romanows zum Zaren, die die »Zeit der Wirren« beendete. In der ersten Hälfte des 17. Jahrhunderts kamen die Versammlungen häufig zusammen, diskutierten über die Frage von Krieg und Frieden, trafen wahrscheinlich auch einige Finanzentscheidungen. Zu Anfang der Regierung von Alexej wurde eine große Versammlung einberufen, um das chaotische Rechtssystem zu ordnen und zu kodifizieren. Es ist ganz unklar, inwieweit der Zar die Versammlung »benutzte« oder die Versammlung den Zaren oder inwieweit sie konstruktiv zusammenarbeiteten. Auf jeden Fall war das große Rechtsbuch (*Uloschenie*) von 1649 das erste, das offiziell die bereits bestehende Institution der Leibeigenschaft anerkannte, aber auch das erste, das den Grundsatz »gleiches Recht für alle« verkündete.

In der zweiten Hälfte des 17. Jahrhunderts wurde die Versammlung erheblich seltener einberufen, da Alexej die Verwaltung stärker zentralisierte und besser organisierte. Es ist überliefert, daß im Jahr 1682 »eine Gruppe von Männern aller Schichten aus dem ganzen Moskauer Reich« die Vorbereitungen für die folgende Regentschaft Fjodors III. bestätigte oder vielleicht betrieb. Dies scheint auf eine solche Landes- oder Reichsversammlung Bezug zu nehmen, und wenn das zutrifft, war es die letzte, die wir

Fjodor III. (Zar 1676–1682): ein sogenanntes »ikonisches« Porträt des russischen Malers B. Saltanow, wie es für das ausgehende 17. Jahrhundert typisch ist. Fjodor stammte aus Alexejs erster Ehe mit Maria Miloslawskaja und folgte als 16jähriger seinem Vater auf den Thron. Doch er litt an Skorbut und starb kinderlos bereits mit 20 Jahren.

kennen, denn Peter der Große hatte keine Verwendung mehr für sie. Vielleicht kann man die große Gesetzgebende Kommission von 1767 und den von Gorbatschow im Juni/Juli 1988 einberufenen 19. Parteikongreß der KPdSU, von dem wichtige innenpolitische Weichenstellungen ausgingen, als späte Fortsetzungen betrachten.

Auf einer niedrigeren Ebene wurde Rußland durch einen Apparat von etwas mehr als 50 Ämtern (*prikasy*) verwaltet. Einige, wie das Außenamt, gingen bis ins 16. Jahrhundert zurück. Andere befaßten sich mit neuen territorialen Erwerbungen wie Sibirien und der Ukraine und wurden zusätzlich eingerichtet, wobei oft Überschneidungen der Kompetenz vorkamen. Die lokale Selbstverwaltung der Provinzstädte, die ein wenig überraschend von Iwan IV. gefördert wurde, verschwand mit der »Zeit der Wirren«. Große Provinzen wurden von königlichen Gouverneuren oder »Statthaltern« verwaltet. Hier handelte es sich im Grunde um Steuerverwalter, die Einkünfte an den Staatsschatz ablieferten, während sie sich selbst auf Kosten der Gemeinden mit Naturalien bereicherten, ein gänzlich mittelalterliches Verfahren, das bei den Russen *kormlenije* (wörtlich »Fütterung«) hieß. In diesem autokratischen, aber schlecht organisierten Staatswesen nimmt es nicht wunder, daß nacheinander dynamische »starke Männer« auftauchten und durch das ganze 17. Jahrhundert die Macht eines »Kanzlers« ausübten, angefangen von Boris Godunow bis hin zu Menschikow (die beide einfacher Herkunft waren). Zu ihnen zählen auch die beiden Patriarchen Filaret und Nikon, Boris Morosow, Ordyn-Naschtschokin, Artamon Matwejew und W. W. Golizyn.

**Dynastische Wirren**

Das Ende des Moskauer Reiches – und damit des alten Rußland – wurde durch eine andere langwierige Krise eingeläutet, die dieses Mal dynastische Ursachen hatte. Als Alexej starb, waren von seinen 16 Kindern aus zwei Ehen noch drei Knaben und sechs Mädchen am Leben. Vier von ihnen sollten schließlich an die Herrschaft kommen. Obwohl das System der Erbfolge in Rußland von jeher nicht sehr fest geregelt und die Dynastie der Romanows verhältnismäßig jung war, stand der Thronfolger fest, da Alexej seinen ältesten überlebenden Sohn Fjodor zeremoniell dem Volk präsentiert und als Nachfolger hatte krönen lassen. Fjodor III. war intelligent, fromm, belesen und kunstsinnig, aber ohne Durchsetzungsvermögen, von labiler Gesundheit und noch sehr jung. Nach nur sechs Regierungsjahren starb er 20jährig, seine Frau und sein einziges Kind hatten noch vor ihm das Zeitliche gesegnet. Es kam buchstäblich zu einem Kampf auf Leben und Tod um das Erbe des Reiches zwischen verschiedenen Bojarencliquen, an deren Spitze mit den Miloslawskijs (Maria, Mutter Fjodors) und den Naryschkins (Natalia, Mutter des späteren Peters des Großen) die Familien der beiden Frauen Alexejs standen. Unter Fjodor hatte ein trügerisches Gleichgewicht geherrscht, obgleich die rachsüchtigen Miloslawskijs dominierten und die wichtigste politische Gestalt der Alexej-Periode, Artamon Matwejew, Leiter des Außenamtes und früherer Vormund von Natalia Naryschkina, verbannt worden war.

Als Fjodor am 28. April 1682 ohne Erben starb, war der nächste Thronanwärter sein 16jähriger, mittlerer Bruder Iwan (ein Miloslawskij), der aber wegen seiner geistigen Minderbegabtheit nicht allein regieren konnte. Sein zehnjähriger Halbbruder Peter dagegen brachte mit offenkundiger Intelligenz und Gesundheit vielversprechende Voraussetzungen für einen künftigen Zaren mit. Neben der Rivalität unter den Bojaren gab es ernste Spannungen bei den Moskauer Strelitzen, die zu jenem Zeitpunkt etwa 20 000 Mann umfaßten. Als man die Strelitzen in der Mitte des 16. Jahrhunderts unter der Regierung Iwans des Schrecklichen aufgestellt hatte, bildeten sie eine moderne Armee, doch in den 80er Jahren des 17. Jahrhunderts galten sie als Truppe von zweifelhaftem Wert. Da sie unregelmäßig besoldet wurden, trieben sie als Nebenerwerb Handel und Landwirtschaft, sie waren ungebildet, unzuverlässig in ihrer Loyalität und rückständig im Vergleich mit dem stehenden Heer unter ausländischen Offizieren. In der Mehrzahl »Altgläubige«, mißtrauisch gegenüber den westlichen Neuerungen und um den Erhalt ihrer privilegierten Stellung besorgt, drängten sie in das nun entstandene Machtvakuum.

Nach Fjodors Tod rief der Patriarch sofort den jungen Peter zum Zaren aus – mit seiner Mutter Natalia als Regentin. Matwejew war bereits auf dem Rückweg aus seinem Exil. Die politisch unerfahrene Natalia beging jedoch den Fehler, 16 Obristen der Strelitzen auspeit-

*Ganz oben:* Die Goldmünze (ca. 1682) zeigt Sophia mit Krone, die Regentin für ihren jüngeren Bruder Iwan V. und ihren Stiefbruder Peter I. war. Die gemeinsame Herrschaft der beiden jungen Halbbrüder unter der Regentschaft ihrer älteren Schwester war ein Übereinkommen, das nach dem Tod Fjodors III. zur Lösung der Thronfolgekrise getroffen wurde. Auf einer anderen Goldmünze aus derselben Periode *(oben)* sind die beiden Kinderzaren mit dem Emblem des doppelköpfigen Adlers zu sehen. Sieben Jahre später wurde Sophia von dem damals 17jährigen Peter gezwungen, in ein Kloster zu gehen. Peter I. und Iwan V. regierten danach gemeinsam bis zum Tod des letzteren 1696.

schen zu lassen. Das Gerücht, daß sowohl Fjodor als auch Iwan durch die Naryschkins vergiftet worden seien, provozierte dann den offenen Aufstand der Strelitzen. Der zurückgekehrte Matwejew nahm seinen Sitz an der Spitze des Bojarenrates am 15. Mai ein, aber am selben Abend wurde er von den Strelitzen brutal umgebracht, und drei Tage lang tobte eine erbarmungslose Jagd auf die Naryschkins. Der zehnjährige Peter und seine Mutter waren Gefangene im Kreml. Sie blieben zwar selbst von den Aufrührern verschont, mußten aber Zeugen einiger Morde werden.

Als Ergebnis dieser Vorgänge kam es zu einer Modifizierung der Thronfolgeregelung, die am 26. Mai verkündet wurde und die gemeinsame Regierung von Iwan und Peter vorsah. Die eindeutige Nutznießerin des Strelitzen-Aufstands war jedoch ihre 25jährige Miloslawskij-Schwester Sophia. Wie alle Kinder des Zaren Alexej sehr gebildet, sah sie ihre Chance mit beachtlichem Weitblick und erreichte, daß man sie mit der Regentschaft für ihre beiden Brüder betraute. Sie war damit nach Olga im 10. Jahrhundert die zweite Frau, die über Rußland regierte. Sophia besaß eine rasche Auffassungsgabe und Entschlußkraft und hatte die Unterstützung des führenden Staatsmannes W.W. Golizyn, zu dem sie eine Liebesbeziehung unterhielt. Anfangs wurden Erlasse im Namen der merkwürdigen Doppelherrschaft der Kindzaren Iwan V. und Peter I. ausgegeben. Ein Thron, der sich heute in der Rüstkammer des Kreml befindet, hat einen doppelten Sitz und ein kleines »Soufflierfenster« dahinter – vermutlich, damit Sophia Anweisungen oder Antworten zuflüstern konnte. Bald bediente sie sich Titel wie »Selbstherrscherin« und sie wurde mit Insignien porträtiert, die für besondere, einer Kaiserin zukommende Zeremonien entworfen waren.

Iwan V. wurde mit 17 Jahren verheiratet und zeugte eine ganze Reihe von Töchtern, von denen eine rund 40 Jahre später als Zarin Anna den Thron besteigen sollte. Obwohl der 16jährige Peter noch wenig Interesse an den Staatsgeschäften erkennen ließ, brachten ihn offensichtlich seine Anhänger und seine Familie dazu, am Bojarenrat von 1688 teilzunehmen. Im Januar 1689 heiratete auch er, und im Spätsommer wandte er sich gegen seine Halbschwester, erhob Einwände gegen ihre Anwesenheit bei Zeremonien und schmähte sie in einem Brief an seinen Mitzaren, Iwan V.: »Und jetzt, souveräner Bruder, ist die Zeit für uns gekommen, das uns von Gott anvertraute Reich zu regieren . . . Es ist zu entehrend, daß bei unserer Mündigkeit diese schändliche Person den Staat an unserer Stelle führen sollte.« Sophia wurde gezwungen, sich ins Moskauer Nowodewitschij-(Neues Jungfrauen-)Kloster zurückzuziehen, wo sie bis zu ihrem Tod im Juli des Jahres 1704 lebte.

Fjodors und Sophias Regentschaft sind nur kurze Phasen zwischen den langen und ereignisreichen Zeiträumen, die von Alexej und Peter geprägt wurden, und werden daher von den Rußlandhistorikern nur beiläufig erwähnt, obwohl sie große Aufmerksamkeit verdienen. Die »Verwestlichung« schritt – wenn auch zögernd – unter Fjodor und Sophia weiter voran. Kurz vor seinem Tod traf Fjodor eine politische Entscheidung von weitreichender symbolischer und praktischer Bedeutung, indem er das *mestnitschestwo* abschaffte, die Rangplatzordnung, nach der die Bojaren nur gleichhohe oder höhere Dienststellungen annahmen, wie sie früher in ihrer Familie üblich gewesen waren. Dabei wurde auch ihr Status innerhalb der Familie berücksichtigt. Dieses System löste dauernd Streit aus, war ineffizient und mußte oft in Kriegszeiten aufgehoben werden. Fjodors drastische Maßnahme, nicht nur das System abzuschaffen, sondern auch die großen Rangordnungsbücher *(rasrjadnye knigi)* demonstrativ zu verbrennen und so für immer eine Restauration zu verhindern, öffnete das Tor für Peters leistungsorientierte Dienstrangtabelle.

Fürst Golizyn war die entscheidende Persönlichkeit, die die Beendigung des *mestnitschestwo* in den letzten Monaten Fjodors durchsetzte, und er blieb auch der dominierende Politiker während der Regentschaft von Sophia. Er stand an der Spitze des Außenamtes, war Sophias Favorit und de facto »Kanzler«. Die Außenpolitik spielte in den 80er Jahren in Rußland eine größere Rolle als je zuvor, und diese Phase verdient die Bezeichnung friedlich, wenn man sie mit dem kostspieligen polnischen Krieg Alexejs und den langwierigen nordischen Kriegen Peters vergleicht. Unter Fjodor und Sophia herrschte eine entschieden propolnische Stimmung: Polen, noch mächtig und wohlhabend, bot das am leichtesten zugängliche Modell kulturellen Fortschritts nach westlichem Muster. Im Jahr 1685 wurde unter Sophias Regierung ein wichtiger Vertrag mit Polen geschlossen, der – für die russische Seite sehr bedeutsam – den dauernden Erwerb der Stadt Kiew bestätigte.

Das polnische Bündnis brachte jedoch unerwünschte Verwicklungen. Zum ersten Mal in seiner Geschichte kam das Moskauer Reich in eine Allianz europäischer Staaten (Heilige Liga), die militärische Verpflichtungen einschloß. Ihr letzter großer Vorstoß hatte die Osmanen 1683 bis vor die Tore Wiens geführt, und Rußland wurde in den Krieg gegen sie hineingezogen, obwohl es selbst keine besonderen Streitpunkte mit ihnen hatte. Ein osmanischer Vasallenstaat bestand nördlich des Schwarzen Meeres mit dem Chanat der Krimtataren, türkisierte Reste der Großen Horde, die über 200 Jahre lang in unregelmäßigen Abständen das Moskauer Reich bedrängt hatte. Ein zögernder Golizyn mußte vertragsgemäß 1687 und 1689 zwei große Expeditionen gegen die Krimtataren in Marsch setzen, aber keiner gelang es, über die Landenge von Perekop auf die Krim vorzudringen noch irgendwelche Eroberungen zu machen, die die beträchtlichen Verluste an Menschenleben hätten aufwiegen können. In Moskau wurden beide Expeditionen jedoch als triumphale Erfolge dargestellt, und wahrscheinlich brachte nichts anderes Sophia so sehr in Verruf wie diese doppelte Niederlage und ihre angestrebte Vertuschung. Und nichts anderes stärkte so sehr Peters Stellung, denn er ließ den wahren Sachverhalt aufdecken, was das Ende der Regentschaft seiner Halbschwester bedeutete.

Was Golizyn angeht, so wurde er nach Sophias Sturz für den Rest seines langen Lebens (bis 1714) in die Verbannung geschickt. Damit verlor das Zarenreich zu Beginn von Peters Machtantritt die Persönlichkeit, mit der sich die besten Hoffnungen auf eine allmähliche und wohl auch unblutige Annäherung an die westliche Lebensform verbanden.

Golizyn war ein Mann von großer Bildung und Intelligenz, der mehrere Sprachen beherrschte, eine Bücher- und eine Gemäldesammlung anlegte, sich in westeuropäischer Gesellschaft ganz zu Hause fühlte, menschlich und weitsichtig dachte. Zu seinen Leistungen gehörten die Milderung mehrerer Teile des Strafgesetzbuches, die Eröffnung der Slawisch-griechisch-lateinischen Lehranstalt und der Beitrag zur Neugestaltung der Moskauer Innenstadt, die so oft durch Feuer verwüstet worden war, indem er Ziegel und Stein anstelle des Holzes als Baumaterial verwenden ließ. Sein eigenes großes Giebelhaus, das in Moskau bis ins 20. Jahrhundert überlebte, bevor es mutwillig abgerissen wurde, genoß Berühmtheit wegen seiner geschmackvollen und kostbaren Einrichtung, obgleich Golizyn sonst einen bescheidenen, ja geradezu spartanischen Lebensstil bevorzugte. Er war eine ungewöhnliche Gestalt unter den moskowitischen Politikern, weil er nicht nur die Errichtung einer guten Ordnung und die Stärkung der geheiligten Institutionen anstrebte, sondern auch die Entfaltung und Erziehung der Gesellschaft zum Ziel hatte, ihr ökonomisches Wachstum und ihre finanzielle Absicherung, die Freiheit der Religion und sogar das Ende der Leibeigenschaft.

**Kultur und Künste im Übergang**

Die Kultur gegen Ende des Moskauer Reiches war anscheinend in Vorurteilen und zuweilen einer Sterilität befangen, die damals und später vielfach negativ beurteilt wurden. Obgleich ausländische Besucher den Moskowitern meist nicht unfreundlich gesonnen waren, reagierten sie in ihren Berichten kritischer als je zuvor auf die Borniertheit der religiösen und allgemeinen Anschauungen und auf den Absolutismus des Staatswesens. Gelegentlich erhoben auch einzelne Einheimische ihre kritische Stimme. Zu ihnen zählte Grigorij Kotoschichin, ein Beamter des Außenamtes, der aus Rußland emigrierte und 1666 in schwedische Dienste trat. Seine Darstellung der Gesellschaft und Regierung ist wertvoll, weil sie viele Einzelheiten bringt, verrät aber auch eine völlig ablehnende Haltung, wenn er beispielsweise behauptet: »Die Männer des russischen Staates sind von Natur aus arrogant und ungebildet in jeder Hinsicht, weil sie in ihrem Land keine gute Erziehung bekommen können.« In seinen Augen war das Zarenreich völlig rückständig und unwissend, und auch in bezug auf die Religion bezeichnete er seine Landsleute als »blindes Volk«.

Erst in den letzten 50 Jahren unseres 20. Jahrhunderts wurde die spätmoskowitische Kultur neu bewertet. Man sah nicht mehr nur ihre Verarmung und Rückständigkeit, sondern auch ihre Komplexität, die im Laufe des 17. Jahrhunderts zunahm, ihre intellektuellen Bemühungen und ihre gelegentlichen ästhetischen Leistungen.

Besonders die sogenannte Moskauer Barockperiode, die in den 80er Jahren des 17. Jahrhunderts ihren Höhepunkt erreichte, findet neuerdings sehr viel Aufmerksamkeit. Für D.S. Lichatschow, einen der größten heutigen Kulturhistoriker, stellt diese Periode das verspätete russische Äquivalent zur Renaissance dar. Es sei allerdings hier vermerkt, daß man damit die folgende petrinische Zeit einer solchen Zuordnung beraubt. Tatsächlich traten einige interessante »Renaissance«-Menschen mit vielseitiger schöpferischer Begabung in Erscheinung und prägten diese Periode mit.

Der bedeutendste von ihnen war Simeon Polozkij (1629–1680), ein Westrusse mit immenser theologischer und weltlicher Bildung, die auf der lateinischen Kultur basierte. Er kam 1664 nach Moskau, verfügte über Einfluß in Hofkreisen, wurde Erzieher der Zarenkinder und begründete nahezu selbständig eine neue russische Literatur, die weitgehend dem Vorbild des westlichen, insbesondere polnischen Barocks folgte. Zu seinen zahlreichen Schriften gehören weltliche Oden und kürzere Gedichte mit silbenzählender Metrik. Diese Art Metrik gilt heute als ziemlich ungeeignet für die russische Sprache mit ihrer starken, akzentuierenden Betonung. Er verfaßte auch Schauspiele über biblische Sujets und eine einflußreiche gereimte Übersetzung des Psalters. In dieser »russischen Renaissance« gab es jedoch keine bleibenden Genies, wenn man von Simeon absieht und von einigen Männern seines Zirkels wie Silvester Medwedew (1641–1691), Berater und Historiker der Regentin Sophia, der später auf Peters Befehl hingerichtet wurde.

Die blühende Volksdichtung vermochte zuweilen die ziemlich gestelzten, verknöcherten Formen der »intellektuellen« Kunst zu befruchten. Aus einer solchen Interaktion entstand als literarisches Meisterwerk das *Leben* des Protopopen Awwakum. Es wurde von ihm selbst verfaßt und datiert aus der Zeit seiner Gefangensetzung in einem Kloster des Nordens in den 70er Jahren des 17. Jahrhunderts. Die traditionell festgelegte religiöse Kunstform der Heiligenvita in eine Autobiographie zu verwandeln, war ein aufsehenerregender Schritt, der wagemutig ausgeführt wurde. Offiziell durfte das Werk nicht vor 1861 erscheinen. Es ist paradox, daß Awwakums Lebensbeschreibung trotz ihrer Individualität und stilistischen Originalität als ein letztes Aufleuchten der moskowitischen Kultur angesehen werden muß und keineswegs das Ergebnis der neuen westlichen Strömungen seiner Zeit darstellt.

Ein großer Teil der Prosa des 17. Jahrhunderts ist uns überliefert worden: historische Berichte sowie weltliche Erzählungen mit erdichteten und halbfiktiven, phantastischen, parodistischen und pikaresken Themen. Solche Werke erlangen nur literarischen Rang, wenn sie, wie Awwakum es tat, die volkstümlichen Quellen der russischen Sprache ausschöpfen, um den Leser emotional zu bewegen. Ein schönes Beispiel hierfür ist der *Brief der Donkosaken an den Zaren anläßlich der Verteidigung der Stadt Asow*, der von einem Soldaten, der Augenzeuge war, in den 40er Jahren des 17. Jahrhunderts geschrieben wurde. Hier wird der trockene Faktenstil der Soldatengeschichte mit sehr rhetorischen Glanzstellen vermischt, die von der Volksdichtung beeinflußt sind. Noch bemerkenswerter ist die *Erzählung von Leid und Unglück (Powest o gore-slotschastii)*, eine höchst metaphorische und poetische Variante des Motivs vom Verlorenen Sohn, der das ganze Leben vom personifizierten Leid verfolgt wird. Stärkste Resonanz beim Leser findet jedoch die – oft nicht genau datierbare – anonyme Dichtung des 17. Jahrhunderts. Sie entstand mehr oder weniger auf Grundlage der Volkspoesie. Vor allem die sogenannten *Geistlichen Verse (Duchownie stichi)*, die aus biblischen und apokryphen Geschichten schöpfen, spiegeln russisches Volksbewußtsein und populäre religiöse Ideen.

Über das Musikleben dieser Periode läßt sich kaum etwas aussagen. Aus der Überlieferung ist zu entnehmen, daß es lediglich unbegleitete Kirchenmusik gab, aber gegen Ende des Jahrhunderts traten auch hier unter dem Einfluß des polyphonen Kiewer Kirchengesangs große Veränderungen ein. W. Titow vertonte 1680 die volkstümliche Versübersetzung des Psalters von Simeon Polozkij. Darüber hinaus gab es natürlich Volksmusik, die zum Teil instrumental war. Wir können auch davon ausgehen, daß westeuropäische Musik im Moskau des 17. Jahrhunderts zu Gehör gebracht wurde. Wie oft, wie gut und zu welchen Gelegenheiten bleibt der Mutmaßung überlassen. So zerstörten beispielsweise 1648 die Moskauer Aufständischen mehrere Wagenladungen mit Musikinstrumenten aus dem Westen. Und der Holsteiner Schriftsteller Adam Olearius (1599–1671), der von 1633–1635 in Rußland weilte, bemerkt in seinen berühmten, kulturge-

Diese Zeichnung aus dem frühen 19. Jahrhundert zeigt den Patriarchen Nikon im liturgischen Gewand.

schichtlich sehr wertvollen Reisenotizen, daß Nikita Romanow, ein Verwandter des Zaren, »ein Freund deutscher Musik sei«. In den 70er Jahren besuchte Zar Alexej das Ballett *Orpheus*, das vermutlich nach der Musik von Schütz inszeniert wurde, dem größten deutschen Komponisten jener Zeit. Peter besaß als Dreijähriger sein eigenes Klavichord.

Es wird häufig erwähnt, daß aus dem Westen übersiedelte Porträtmaler und Graveure (zugegebenermaßen nicht die besten ihres Fachs) im Rußland des 17. Jahrhunderts arbeiteten. Die einheimische Malerei beschränkte sich meist auf das mittelalterliche Gebiet der religiösen Ikonen und Fresken. Aber gelegentlich versuchte sie sich auch an weltlichen Ikonenporträts *(parsuna)*. Derselbe Patriarch Nikon, der einem Reisenden zufolge eigenhändig Ikonen zerstörte, die ihm zu sinnlich erschienen, wurde zusammen mit seinen Untergebenen sehr realistisch von einem holländischen Porträtisten dargestellt. Doch während des 17. Jahrhunderts setzte sich immer stärker ein westlich inspirierter Manierismus in den Ikonenwerkstätten des Moskauer Hofs durch. Gesichter und Gliedmaßen wurden jetzt emphatischer wiedergegeben, für den architektonischen Hintergrund bedienten sich die Künstler der Renaissanceperspektive und benutzten geschickt eine Farbe, die Ölpigmente imitierte oder manchmal sogar enthielt.

Was von der russischen Malerei des 17. Jahrhunderts überdauert hat, wirkt zumeist nichtssagend, doch gab es auch einige beachtliche Künstler. Der wichtigste ist Simon Uschakow (1626–1684). Von 1664 an leitete er die bedeutende Kunstwerkstatt, die in der Rüstkammer des Kreml untergebracht war. Er konnte weltliche Sujets auf westliche Art darstellen, wurde aber vor allem berühmt wegen der zahlreichen Ikonen, die er und seine Mitarbeiter schufen. Am interessantesten sind solche, die einen neuen Stoff, womöglich mit politischem Anliegen, aufgreifen. Ein ganz ungewöhnliches Werk ist *Die Pflanzung des Baumes des Moskauer Staates*. Darin integriert sind Abbildungen des Zaren Alexej und seiner Familie mit 20 Medaillonporträts seiner großen Vorgänger, die wie Trauben an einem Weinstock angeordnet sind, der die Jungfrau mit dem Kind als »Ikone in der Ikone« einrahmt. Einige Ikonen des späten 17. Jahrhunderts verraten eine zarte Feinheit, die aus der früheren Stroganow-Schule stammt, und verwenden viele naturalistische Details. Unerwartet und rein zufällig evozieren sie die Welt der westlichen Gotik um 1400, die ebenfalls das letzte Aufleuchten einer überfeinerten Kunst darstellte. Diese exquisite Zartheit sieht man am wirkungsvollsten in den Fresken der Schule von Jaroslawl, die mit leuchtenden Farben gemalt und voller kleiner Figuren sind. Hier finden wir das andere Extrem zu der gedämpften, einfachen Monumentalität der frühen russischen Wandmalerei. Der größte Teil der weltlichen Malerei dieser Periode ging verloren, weshalb unser Eindruck der gesamten Kunstszene zwangsläufig unausgewogen ist. Erhalten blieben kunstvolle, mitunter überladene, aber handwerklich stets prächtige Metallarbeiten: Ikoneneinfassungen (*oklady*), Buchdeckel, Umrahmungen, aufklappbare Ikonen aus Metall, emaillierte und damaszierte Stücke.

### Die Architektur des späten Moskauer Reiches

Die Kunstrichtung, die sich im letzten moskowitischen Jahrhundert vor allen anderen entfaltete, war die Architektur. Das 17. Jahrhundert beginnt mit den Versuchen Boris Godunows, das Land mit monumentalen Bauten auszustatten, die dort wieder anknüpfen sollten, wo Iwan III. und Wasilij III. ein Jahrhundert zuvor aufgehört hatten. Das herausragendste Vermächtnis hiervon ist der imposante Moskauer Glockenturm, der »Große Iwan« (*Iwan welikij*), der nicht, wie oft angenommen wird, nach Iwan III., dem Großen, benannt ist, sondern nach dem heiligen Johannes Klimakos. Am prachtvollsten muß bis zu ihrer Zerstörung im frühen 19. Jahrhundert die von Godunow geplante Stadt Borisow Gorodok nahe Moschajsk gewesen sein. Sie besaß die mit mindestens 73 Meter höchste aller Zeltdachkirchen. Nach dem Stillstand in der »Zeit der Wirren« lebte unter Zar Michail (1613–1645) die Bautätigkeit allmählich wieder auf. An diese düstere Periode erinnert die eleganteste der Zeltdachkirchen, die 1618 entstandene dreitürmige »Wunderbare Kirche« in Uglitsch. In den 30er Jahren des 17. Jahrhunderts war der Moskauer Kaufmann Grigorij Nikitnikow so wohlhabend, daß er die »Dreifaltigkeits-Kirche in Nikitniki« neben seinem Wohnhaus in Auftrag geben konnte. Eine bewußt malerische und asymmetrische Anordnung verschiedener Räume, innen wie außen reich verziert, barock im Geist, wenn auch altrussisch in den Formen. Regelmäßiger, zumindest von außen, ist der Terem-Palast im Kreml, den Baschen Ogurzow ebenfalls in den 1730ern errichtete.

Das eindrucksvollste Bauwerk aus Zar Alexejs Regierungszeit ist das Kloster des Patriarchen Nikon in Neu-Jerusalem. Es wurde 1658 begonnen, im Zweiten Weltkrieg größtenteils zerstört und wird jetzt restauriert. Nikon mißbilligte den moskowitischen Zierat und förderte eine eher strenge Architektur, die auf den byzantinischen kubischen Kirchen mit fünf Kuppeln gründete. Er erklärte, daß Zeltdachkirchen nicht kanonisch seien, doch im Zentrum von Neu-Jerusalem stand eine der größten und kühnsten Kirchen dieses Typs, die die Auferstehungs-Kathedrale überragte. Nikon hatte sich aus Palästina ein Holzmodell der Kirche zum Heiligen Grab kommen lassen, um es als Prototyp zu verwenden. Dieses Modell existiert noch. Viele weißrussische Arbeiter halfen beim Bau von Neu-Jerusalem, und ganz offenkundig sind Elemente des westlichen Architekturkanons übernommen worden. Die große zeltähnliche Rotunde brach im 18. Jahrhundert zusammen und wurde in ihrer endgültigen Form von Rastrelli, dem bedeutenden russischen Architekten des 18. Jahrhunderts, der italienischer Abkunft war, wiedererrichtet. Die letzte und erstaunlichste Zeltdachkirche in Moskau war die Mariä-Geburtskirche in Putinki (vollendet 1652). Ihre sechs absichtlich unregelmäßigen Turmspitzen grüßten die Reisenden auf der Nowgoroder Straße beim Eintritt in die Stadt.

Der entgegengesetzte Zugang von Südosten die Moskwa entlang führte über die alte Zarendomäne von Kolomenskoje, und hier gab Alexej 1667 den Auftrag zum außergewöhnlichsten Projekt jener Zeit, dem großen Holzpalast mit mehr als 200 Räumen, der nach seinen genauen Anweisungen in nur drei Jahren fertiggestellt wurde. Dieses märchenhafte Durcheinander höchst verschiedener pittoresker Elemente war der Lieblingsaufenthalt des Zaren während seiner zweiten Ehe, aber der Palast verfiel in der Petersburger Ära und mußte hundert Jahre später abgerissen werden. Glücklicherweise ließ Katharina II. von ihm ein Holzmodell anfertigen, das noch heute zu bewundern ist.

Die Bautätigkeit erreichte während der oft unterschätzten Regierung Fjodors III. und der Regentschaft Sophias ihren Höhepunkt. Dies war die Blütezeit des Moskauer

Barocks, in dessen typischsten Beispielen westliche und altrussische Elemente so spielerisch ausgewogen sind, daß sie weder als alt noch als modern eingeordnet werden können. Die Kirchen haben häufig mehrere Stockwerke, die sich nach oben verjüngen, besitzen einen zentralisierten Grundriß, und verschlungene Bandverzierungen ziehen sich entlang den aufeinanderfolgenden Dachlinien. Die Glockentürme sind offen gestaltet. Befestigungstürme weisen erstaunlich filigrane Zinnen mit Bandverzierungen auf. Privathäuser, von denen aus jener Zeit zum ersten Male viele erhalten blieben, zeigen reich geschmückte Fenstereinfassungen.

Die Kunst der Farbkeramik wurde schon seit dem 15. Jahrhundert oder noch früher als ein gelegentliches Stilmittel in der russischen wie byzantinischen Architektur verwendet. Jetzt erreicht sie in dieser kurzen Ära, die kaum ein Vierteljahrhundert währt, einen glanzvollen Höhepunkt in der Oberen Erlöser-Kirche (1680) hinter dem »Goldenen Gitter« im Kreml und in dem schönen Moskauer Palais Krutizkij Teremok, das vollständig mit polychromen Ziegeln verkleidet ist. Auch außerhalb Moskaus haben viele Baudenkmäler überdauert – Landgüter, Stadtanlagen, Festungen und Klöster, die sich besonders an der großen nordöstlichen Handelsstraße nach Jaroslawl und darüber hinaus befinden. Hier in Rostow am Nero-See errichtete der Metropolit Jona Sysojewitsch in den 70er und 80er Jahren des 17. Jahrhunderts als seine Residenz einen vollständigen Kreml im Einheitsstil, was schon damals einen nostalgischen Anachronismus darstellte (Jona war ein heimlicher Anhänger von Nikon).

Vor allem aber war es eine große Zeit für Moskau selbst, die mit etwa einer Viertelmillion Einwohnern bevölkerungsstärkste Stadt im Reich. Bis weit ins 19. Jahrhundert hinein breitete sie sich weiter aus, bewahrte aber ihren dörflichen Charakter. Außerhalb des Kremls gab es eine Unterteilung in *slobody* (gewöhnlich mit »Vorort« übersetzt, zutreffend ist allerdings »Stadtviertel«), wo Kaufleute für bestimmte Waren lebten. Überbleibsel der *slobody*, deren Holzhäuser sich um eine lokale Kirche drängten, blieben bis zum 19. Jahrhundert erhalten.

Verstärkt wurde der dörfliche Charakter des alten Moskau durch die Wohnhäuser der dienstleistenden Schicht und des Adels, die mit ihren Nebengebäuden, Parkanlagen, Obstgärten und Kirchen eher kleinen Landgütern ähnelten. Relikte solcher Wohnanlagen kann man gegenwärtig noch an einigen Stellen besichtigen. Zu nennen sind hier vor allem der Krutizkij-Palast und das Palais des Bersenew (1652). Im Morgengrauen und am frühen Abend zogen Viehherden durch die Moskauer Straßen, denn sie weideten außerhalb der Stadtgrenzen, und jeder Hof hielt sich sein Geflügel. Tagsüber wurden die Plätze, besonders das Marktareal um das heutige Kaufhaus GUM, zum riesigen Handelszentrum für einen halben Kontinent.

### Zar Alexej: der letzte Byzantiner?

Die turbulente, widersprüchliche Phase des Moskauer Reiches ist schwerlich auf einen einzigen Nenner zu bringen. Generell läßt sich sagen, daß mittelalterliche Wertvorstellungen vorherrschten. Die religiöse Grundlage des Lebens wurde nicht in Frage gestellt, das Religiöse dominierte über weltliche Kulturelemente. Es fehlte ein eigentlicher Fortschrittsgedanke und die gesellschaftlichen Normen waren ganz starr. So denkwürdig viele Gestalten dieser Zeit sind, geraten wir doch in Verlegenheit, wenn wir Näheres über ihre Motive oder ihren Charakter aussagen wollen: Genaue Zeugnisse fehlen, wie so oft bei Menschen des Mittelalters, selbst im Fall eines Nikon oder eines Awwakum.

Es gibt jedoch eine Ausnahme und sogar eine höchst bedeutsame in der Person des Zaren Alexej selbst. Sein großes Privatarchiv blieb erhalten, außerdem haben unzählige Zeitgenossen aus den verschiedensten Kulturen über ihn berichtet. Man kann getrost behaupten, daß wir besser über ihn Bescheid wissen, als über jede andere Persönlichkeit des alten Rußland. Untersucht man heute die erhaltenen Dokumente, so entsteht das Bild eines Monarchen, dessen geistige Anlage und bewußte Entscheidung ihn zum letzten Herrscher von echt byzantinischer Prägung in Europa machten. Er war byzantinisch nicht nur in dem Sinn, daß er eine religiöse Ausrichtung zeigte, gräkophile Sympathien hegte und von der hohen Berufung seines Zarentums überzeugt war sowie das Hofzeremoniell

Groß-Rostow (Rostow Welikij, heute Rostow Jaroslawskij) nordöstlich von Moskau. Der hier gezeigte Kreml wurde gegen Ende der altrussischen Periode durch den Metropoliten Jona Sysojewitsch in den 70er und 80er Jahren des 17. Jahrhunderts erbaut und ist vorzüglich erhalten.

symbolisch überhöhte. Er war es auch, weil er über eine große menschliche Einfühlungsgabe verfügte, politischen Spürsinn (bis hin zu Verschlagenheit), ein Gefühl für gottgegebene Rechtschaffenheit, vor allem aber eine Leidenschaft für Ordnung und Harmonie besaß, wie sie für den idealen byzantinischen Herrscher typisch ist.

Alexej hatte einen Sinn für Rußlands nationale Anliegen. Als eifriger Gärtner unternahm er auf seinen Gütern ausgedehnte Versuche auf landwirtschaftlichem Gebiet, und er war ein leidenschaftlicher und kenntnisreicher Geograph zu einer Zeit, als das Reich stark expandierte. Sein Lebensstil wirkt auf uns trotz einiger Veränderungen in den letzten fünf Jahren gänzlich mittelalterlich und drehte sich um langwierige Zeremonien bei Hof und in der Kirche. Sein Hauptvergnügen bildete die Jagd und hier besonders die Falknerei, über die er auch ein Handbuch verfaßte. Obwohl er rückständig erscheinen mag, bestand doch ein Teil seiner Größe darin, daß er geistig flexibel war, seinen Horizont zu erweitern verstand und aus Fehlern zu lernen vermochte. Er zählte zu den am meisten verehrten russischen Herrschern. Trotz seiner disziplinierten Entschlossenheit und gelegentlicher Härte stand er im Ruf, heilig und sanftmütig zu sein. Das Adjektiv *tischajschij*, »sehr sanft«, das ihm zu Lebzeiten beigefügt wurde und seither meist als Beschreibung seiner persönlichen Eigenschaften verstanden wird, ist in Wahrheit die russische Entsprechung der lateinischen Anrede *serenissimus* (oder ihres byzantinischen Äquivalents *galenotatos*). Mehr als jeder andere kam er in der Phantasie des Volkes dem nostalgischen Bild des idealen Zaren nahe. Jedenfalls hatte er einen großen und meist unterschätzten Einfluß auf seinen Sohn Peter, dem wir es zu verdanken haben, daß die Privatpapiere seine Vaters erhalten blieben und katalogisiert worden sind.

# Holzarchitektur im Norden Rußlands

Nirgendwo wird das kreative Talent der einfachen Leute in Rußland augenfälliger als in der Holzarchitektur der Waldzone. Während der gesamten altrussischen Periode waren Stein oder Ziegel dem gelegentlichen Gebrauch für Kirchen, Klöster oder einige wenige bedeutende Stadthäuser vorbehalten. Holz war durchweg das vorherrschende Baumaterial, selbst für Festungen und Paläste. Den Höhepunkt der einheimischen Holzarchitektur stellte 1667 der malerische Palast dar, der für Zar Alexej in Kolomenskoje bei Moskau errichtet wurde. Er wurde bis in die 60er Jahre des 18. Jahrhunderts benutzt, und nach seinem Abriß ließ man ein Modell davon anfertigen.

Das traditionell russische Blockhaus *(isba)* basierte auf einfachen Bauelementen, die gewöhnlich vorgefertigt waren. Die Hölzer legte man horizontal übereinander, wobei ihre Enden oft überlappten. Zur Isolierung wurden sie fest ausgestopft, doch »atmeten« Holzhäuser auch weiterhin und galten als sehr gesund. Hölzerne Wohnräume standen oft auf einem Ziegelfundament, das sich für Vorratskammern nutzen ließ.

Die Entwicklung der vom Volk getragenen hölzernen Kirchenarchitektur bleibt im Dunkeln, da dieses Material sehr anfällig für Feuer und Verfall ist. Die ältesten erhaltenen Kirchen stammen aus dem späten Mittelalter. Doch wissen wir zum Beispiel, daß eine hölzerne Kirche mit »13 Spitzen« (Kuppeln?) im 10. Jahrhundert in Nowgorod gebaut wurde und vielleicht die Anregung gab für die 13kuppelige Sophien-Kathedrale in Kiew.

*Oben:* Ein Fenster des Jelisarow-Hauses, erbaut 1880 in Seredka unweit des Onega-Sees, das sich heute auf der Insel Kischi befindet. Für solche gehobeneren Häuser waren dekorative Fensterumrahmungen typisch, die oft mit Ziergiebeln und anderen Formen aus dem klassischen Repertoire effektvoll kombiniert wurden.

*Links:* Zu den Holzgebäuden, die in jüngster Zeit zerlegt und auf Kischi wieder zusammengesetzt wurden, gehört die schlichte kleine Lazarus-Kirche des Murom-Klosters am Onega-See, die vor dem Tod des Mönchs Lazarus (1391) errichtet wurde. Sie ist wahrscheinlich die älteste erhaltene Holzkirche in Rußland. Drei viereckige Zellen dienen als Narthex (Vorraum), Schiff und Altarraum. Jede der Zellen hat ein unterschiedlich abgeschrägtes Dach; am höchsten ist das Dach des Schiffes.

*Unten:* Auf der Insel Kischi im Onega-See befinden sich einzigartige Werke der Holzbaukunst. Dazu gehören die Verklärungs-Kirche (1714) im Hintergrund rechts sowie die Mariä-Schutz-Kirche (1762), deren Kuppeln man im Bildvordergrund sieht. Die berühmten Zimmerleute der Insel, die ein religiöses und ein Handelszentrum war, arbeiteten vor allem mit Äxten und kamen ohne Konstruktionspläne aus. Die Pokrow-Kirche hat einen kubischen Unterbau und einen oktogonalen Turm mit insgesamt zehn Kuppeln. Die steil aufstrebende, 38 Meter hohe Verklärungs-Kirche besitzt einen oktogonalen Grundriß und 22 Kuppeln.

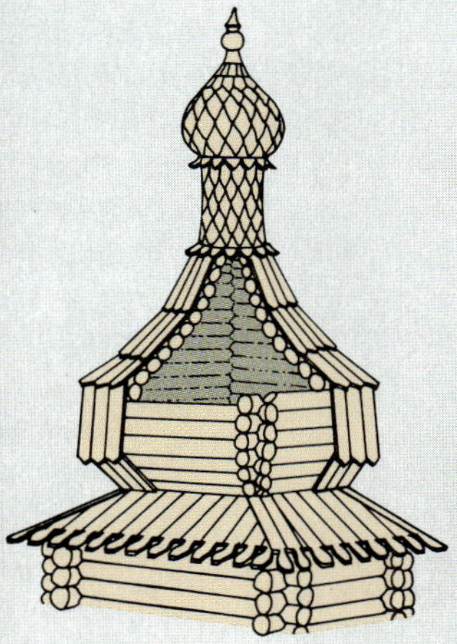

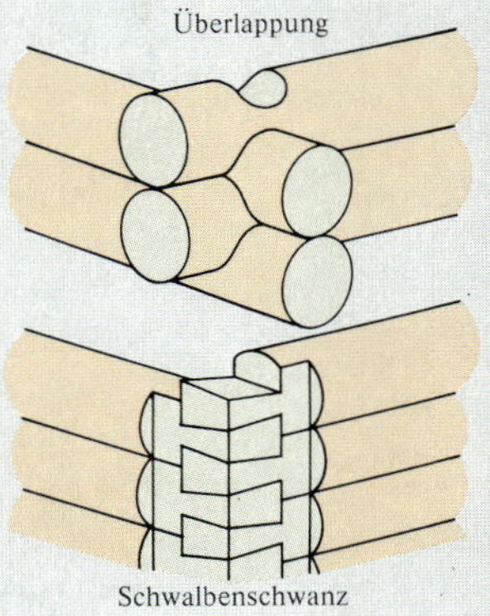

*Oben:* Die Schemazeichnungen zeigen Techniken des Holzbaus. Die Würfelform des Daches ermöglicht den Übergang vom Viereck der Mauern zur Zwiebelkuppel. Weil sie nicht imstande waren, die meisten der gekrümmten Formen, die das Maurerhandwerk ausführen konnte, mit Baumstämmen nachzuvollziehen, verfielen die Zimmerleute auf eine Vielzahl einfallsreicher Lösungen, um gleiche ästhetische Wirkungen zu erzielen. Seit dem 17. Jahrhundert waren nach oben verjüngte Stockwerke mit unterschiedlichem Querschnitt beliebt (wie im Moskauer Barock). Kleine Zwiebelkuppeln als rein dekorative Bauelemente wurden üblicherweise mit Schindeln aus Silberpappeln verkleidet. Zwei weitverbreitete Methoden, die Ecken von Gebäuden zu stabilisieren, waren Überlappung und Schwalbenschwanzverbindung.

*Oben links:* Das Innere der Mariä-Schutz-Kirche auf Kischi. Sie besitzt ein relativ niedriges falsches Gewölbe und eine schöne Ikonostase mit geschnitzten und bemalten »königlichen Türen« in der Mitte. Die Ikonostase besteht (von oben nach unten) aus Ikonen, die lokale Verehrung genießen (die »zwölf großen Feste« aus den Evangelien), aus der Deesis (Maria, Johannes der Täufer und andere, die bei Christus für die Menschheit Fürbitte tun) sowie aus Darstellungen der Propheten.

*Links:* Mehrere Holzgebäude aus entfernten Orten wurden in Susdal, Nowgorod, Kolomenskoje und anderswo wieder aufgebaut. Diese hölzernen Windmühlen aus dem 19. Jahrhundert stehen heute in Susdal.

# PETER DER GROSSE

**Rußlands neues Zeitalter**

Schon in den ersten Jahrzehnten der Regierung Peters des Großen zeichnete sich ab, daß für das Moskauer Reich die Todesstunde geschlagen hatte. Der französische Beamte Liboy, der abkommandiert worden war, um Peter 1717 auf seiner zweiten Reise nach Westeuropa zu begleiten, berichtete: »Erlauben Sie mir zu bemerken, daß die Bezeichnung moskowitisch oder selbst Moskauer Reich auf alle an diesem Hof tief beleidigend wirkt.« Übrigens ist interessant, daß beide Namen nur in Westeuropa verwendet wurden, ohne russische Entsprechungen zu haben. Die Zaren nannten ihr Land Rus, was später (unter polnischem Einfluß) zu Rossija latinisiert wurde, genauso wie der Titel Zar offiziell, wenn auch natürlich nicht im populären Sprachgebrauch, zum lateinischen *imperator* (Kaiser) wurde. Das Ereignis, das das tatsächliche Ende des Moskauer Reiches anzeigte, war die Verlegung des Regierungssitzes 1712 in die von Peter neugegründete Stadt mit dem bewußt auffällig unrussischen Namen St. Petersburg. Doch selbst danach galt Moskau weiterhin als alternative Metropole. Es schien, als ob beide Städte und das, was sie repräsentierten, um die geistige Treue der Bevölkerung wetteiferten.

Schon recht früh in seiner Herrschaft (ca. 1698) zielten Peters Aktionen, wie impulsiv sie auch erscheinen mochten, systematisch darauf hin, das Verständnis für eine fundamentale Änderung in Rußland zu verstärken. Charakterisiert wurde dieser Wandel durch die neue Terminologie, für die die oben genannten Beispiele am auffälligsten sind. Das Ausland zeigte sich durchaus beeindruckt: Voltaire, der gewiß nicht leicht zu täuschen war, schrieb Mitte des Jahrhunderts: »Die Errichtung des Zarenreiches ist vielleicht das größte Ereignis in Europa nach der Entdeckung der Neuen Welt.«

Peters frühe Jahre waren von einer Reihe von Ereignissen geprägt, die sich direkt aus den politischen Verhältnissen herleiteten. Der lang ersehnte und heißgeliebte Sohn Zar Alexejs aus seiner zweiten Ehe mit Natalia Naryschkina wurde im Mai 1672 im Palast von Kolomenskoje am Rande von Moskau geboren. Während der Regierung seines Vaters verbrachte Peter viel Zeit hier und in anderen außerhalb der Stadt gelegenen Residenzen. Nach Alexejs Tod 1676 erhielten Natalia und ihre Kinder Räume im Kreml zugewiesen. Die erste große und schreckliche Erschütterung in Peters Leben brachte das Jahr 1682, als sein Halbbruder Fjodor III. starb. Die unmittelbar darauf folgenden Ereignisse wurden schon beschrieben *(siehe Seite 80/81)*. Peters Familie zog sich weitgehend aus Moskau zurück und nahm Wohnung in dem alten Jagdpalais von Preobraschenskoje, etwa fünf Kilometer nordöstlich an dem kleinen Fluß Jausa gelegen.

Von Kindheit an praktisch veranlagt, wißbegierig und allem Neuen gegenüber aufgeschlossen, verbrachte er seine Jünglingsjahre in Preobraschenskoje, eignete sich verschiedene handwerklich-technische Fähigkeiten an und spielte mit Leidenschaft Soldat. Er stellte Kinderregimenter auf, drillte sie und richtete mit ihnen Schlachten aus. Im Laufe der Zeit wurden seine »Soldaten« älter, ihre

Peter der Große (Zar 1682–1725) wurde viele Male porträtiert oder skulptiert. Dies ist das früheste große Porträt von ihm, gemalt auf Anregung des englischen Königs Wilhelm III. von Sir Godfrey Kneller, als Peter im Januar 1698 mit der »Großen Gesandtschaft« in England eintraf. Obwohl es sehr stilisiert ist, fand es der junge Zar von bewundernswerter Ähnlichkeit. Dieses Porträt wurde vielfach kopiert.

Übungen realistischer. Sophia sah sie offensichtlich nicht als Bedrohung an und erlaubte den Gebrauch von Waffen und Munition. Peters Kinderregimenter entwickelten sich zu den Elitetruppen des neuen Rußland und einige seiner ehemaligen Spielkameraden – besonders Alexander Menschikow, der von einfacher Herkunft war – wurden zu seinen engsten Freunden und Mitarbeitern. Größte Begeisterung, die sein ganzes Leben hindurch anhielt, löste in der Preobraschenskoje-Zeit ein eher zufällig in einem Schuppen gefundenes Segelschiff westeuropäischer Machart aus, vermutlich ein Geschenk von Elisabeth I. von England an Iwan IV. Peter ließ es reparieren und auf der Jausa zu Wasser bringen. Da das Flüßchen nicht erlaubte, gegen den Wind zu segeln, verlegte er seine seemännischen Ambitionen nach Pereslawl-Salesskij, eine kleine Stadt etwa 160 Kilometer nordöstlich von Moskau am Pleschtschejewo-See. Peters Schiff wurde später nach Petersburg gebracht, wo es seit 1723 als Museumsstück vor der Kathedrale der Peter-und-Pauls-Festung in einem kleinen Bootshaus stand. Heute befindet es sich im Leningrader Zentralmuseum der Kriegsmarine.

Anfang 1689 wurde der 16jährige Peter mit Ewdokija Lopuchina vermählt. Seine Mutter hatte die Heirat arrangiert, die für alle Betroffenen katastrophale Folgen haben sollte, vor allem für den unglücklichen Erben Alexej, der dieser Ehe entstammte. Im Spätsommer des gleichen Jahres kam es zu einem Wendepunkt in Peters Leben. Ein Mißverständnis führte zu der falschen Information, daß die Moskauer Strelitzenregimenter auf Sophias Betreiben bedrohlich gegen Preobraschenskoje marschierten. Peter floh mit seinem unmittelbaren Gefolge mitten in der Nacht und begab sich in das schwer befestigte Dreifaltigkeitskloster, etwa 70 Kilometer nordöstlich der Stadt. Dort ließ er es zu einer Kraftprobe mit seiner Halbschwester kommen. Er sandte ihr Briefe, in denen er verlangte, daß die Obristen der Strelitzen und die Offiziere der ausländischen Söldner ihm persönlich ihre Loyalität geloben sollten. Auch schickte er seinem Mitzaren Iwan jenes bemerkenswerte Schreiben, das wir schon zitierten *(siehe Seite 81)*, in dem er Sophia der Usurpation anklagte. Peters Initiative verursachte in Moskau Schock und Bestürzung, besonders unter den ausländischen Offizieren, die völlig verunsichert waren, wem sie gehorchen sollten. Den entscheidenden Schritt tat der altgediente und erfahrene schottische General Patrick Gordon (1635–1699). Er spürte, wie unentschlossen Sophias Regierung war und ging zu Peter über. Sophias führende Minister hatten keine andere Wahl als ihm zu folgen. Sophia wurde gezwungen, in das Neue-Jungfrauen-Kloster am Stadtrand von Moskau einzutreten. Patrick Gordon sollte anläßlich der mißglückten Strelitzenrebellion von 1698 noch einmal Peters Thron retten.

Es ist eine – selten erwähnte – Ironie, daß die Herrschaft einer Frau (Sophia) durch die einer anderen (Peters Mutter Natalia) ersetzt wurde. Aber im Gegensatz zu Sophia war die Zarenwitwe Natalia politisch passiv und unerfahren. Das Land wurde von einer Bojaren-Oligarchie regiert, die unter dem starken Einfluß des fremdenfeindlichen und fortschrittshemmenden Patriarchen Joakim stand. Es folgten einige Jahre, in denen alles, was aus dem Ausland kam oder innovativ wirkte, strikt abgelehnt wurde. Iwan V. übte nur zeremonielle Aufgaben aus, Peter richtete sein ganzes Augenmerk auf den Schiffsbau in Archangelsk, Rußlands einzigem Seehafen.

Im Hinblick auf seine spätere Politik überrascht es, daß Peter jahrelang der Thronkandidat war, den die Konservativen (allerdings nicht die »Altgläubigen«) favorisierten, und zwar beide Gruppen: die orthodoxen Fremdenfeindlichen um den Patriarchen ebenso wie die führenden Bojarenfamilien, deren Positionen durch die Aufhebung der Rangplatzordnung unter Fjodor III. gefährdet waren. Peter schien mit seinen Schiffen und Kriegsspielen offensichtlich so zufrieden, daß er die Politik anderen überließ. Er hatte jedoch die schlechte Gewohnheit, mit Westeuropäern, vor allem Holländern, im Moskauer Ausländerviertel zu verkehren, das von Preobraschenskoje zu Fuß zu erreichen war. Er fand dort Fachleute für die Handwerke und Technologien, die ihn faszinierten, und darüber hinaus entdeckte er bei ihnen eine alternative, ganz und gar nicht steife, fröhliche Lebensart.

Die Zarinwitwe Natalia starb zu Peters großem Kummer 1694, zwei Jahre später verstarb auch Iwan V. Peter scheint mit seinem Bruder immer friedlich ausgekommen zu sein und behandelte ihn als seinen formalen Mitzaren. Nun blieb er als Alleinherrscher zurück, und die Ereignisse überstürzten sich. 1695 hatte er einen neuen Versuch unternommen, die türkische Festung Asow, den Schlüssel zum Süden, zu erobern. Die Türken und ihre Vasallen, die Krimtataren, bildeten eine ständige Bedrohung für das ukrainische Grenzland, in das sie immer wieder einfielen, um Gefangene zu machen, die sie als Sklaven brauchten. Rußland leistete bis 1700 regelmäßige Zahlungen an die Krimtataren. Peter wurde durch ein spöttisches Sendschreiben des Patriarchen von Jerusalem aufgestachelt, der erklärte, dies bedeute, die Russen seien praktisch Tributpflichtige der Türken. Den ersten Feldzug führte Peter persönlich, er endete in einer Katastrophe, obgleich er – wie ehedem Golizyns Kampagne – in Moskau als Triumph hingestellt wurde. Peter entschloß sich 1696 zu einem zweiten Angriff. Er verfügte jetzt über eine innerhalb von

Eine Vedute des Hauptkanals der Newa in St. Petersburg aus der Mitte des 18. Jahrhunderts. Das vorderste Gebäude auf dem linken (Süd-)Ufer ist der kaiserliche Winterpalast vor dem Umbau in seine heutige Form (1754). Dahinter sieht man das weitläufige Gebäude der Admiralität, dessen Flügel Schiffswerften umschließen. Seine große, goldene Kuppel mit Spitze (1732) ist noch immer ein herausragendes Wahrzeichen von Leningrad. Heute ist sie allerdings von einer offenen Säulenarkade eingefaßt, die der neoklassizistische Architekt A. Sacharow hinzufügte, als er 1806 das gesamte Ensemble umbaute. Auf dem gegenüberliegenden (Nord-)Ufer stehen die Akademie der Wissenschaften und das Menschikow-Palais.

wenigen Monaten in Woronesch erbaute Galeerenflotte, mit der er den Don kontrollierte. Dank Gordons militärischer Erfahrung nahm er auf diesem zweiten Feldzug Asow ein, wenn er es auch 15 Jahre später wieder aufgeben mußte. Nach seiner Rückkehr in Moskau im Oktober verkündete er sofort die zwangsweise Übersiedlung von Tausenden von Arbeiter und Strelitzen nach Asow, die Errichtung von Rußlands erster Marinebasis an der Küste westlich der Donmündung bei Taganrog sowie ein großangelegtes, teures und – wie sich später herausstellte – übereiltes Schiffsbauprogramm. Ausländische Schiffsbauer trafen innerhalb der nächsten Wochen ein. Im November nannte Peter die Namen von über 50 russischen Adeligen, denen ohne Rücksicht auf ihre eigenen Wünsche befohlen wurde, sich nach Venedig, an die dalmatinische Küste, nach Holland und England zu begeben, um Navigation und andere seetechnische Fertigkeiten zu erlernen. Es waren die ersten von vielen, die danach im Ausland studieren sollten. Meistens handelte es sich um junge Leute, aber der älteste, Peter Tolstoj, war 52 Jahre alt. Sie hatten selbst für ihre Ausgaben aufzukommen und mit einem Zeugnis über die erworbenen Fertigkeiten zurückzukehren. Peter selbst legte ihr Lehrprogramm fest. Die große Geschäftigkeit des letzten halben Jahres gipfelte im Dezember in der Ankündigung, daß des Zaren »bedeutendste Botschafter und Bevollmächtigte« in Kürze zu verschiedenen europäischen Staaten abreisen würden. Es kursierten sogar Gerüchte, daß Peter selbst unter den Teilnehmern sein würde.

**Die »Große Gesandtschaft«**

Die »Große Gesandtschaft« war ein aufwendiges Unternehmen. Das Gefolge des Zaren, der unter dem Namen Peter Michailow reiste und dessen Inkognito unter Todesstrafe gewahrt werden mußte, bestand aus 250 Mann, darunter Trompeter und Hofzwerge. Während seiner Abwesenheit von Moskau, die kaum unbemerkt geblieben sein kann, führte ein Regentschaftsrat von drei Männern die Staatsgeschäfte. Der tatsächliche Machthaber war jedoch eine Persönlichkeit, die nicht weniger beunruhigend war als Peter selbst: Fürst Fjodor Romodanowskij, der Gouverneur von Moskau, der erfolgreiche Chef der Geheimpolizei. Das sogenannte Preobraschenskij-Büro, das Romodanowskij leitete, war tatsächlich so geheim, daß wir nicht einmal wissen, wann und wie es errichtet wurde. Es führte seine wenig sympathische Aufgabe so wirkungsvoll aus, daß verräterische Konspirationen, die unter Peters Herrschaft publik wurden, uns heute als bemitleidenswert schlecht organisiert oder wenig bedrohlich erscheinen. Romodanowskij aber spielte noch eine weit seltsamere Rolle als De-facto-Herrscher von Rußland. Er war nichts weniger als der »alternative Zar«, halboffiziell von Peter als »Fürst/Caesar« bezeichnet und inoffiziell von ihm »König« oder »Herr« (*gosudar*) genannt. Mehrere der besten Quellen des 18. Jahrhunderts (Kurakin, Schtscherbatow, Golikow) bestätigen dies und bieten weitere Einzelheiten der ganzen seltsamen Maskerade.

Die Vorgeschichte für Romodanowskijs besonderen Status liegt in den letzten und realistischeren, wiewohl noch immer formalisierten Schlachten, die den Höhepunkt von Peters Kriegsspielen in Preobraschenskoje in den frühen 90er Jahren bildeten. Dabei war Romodanowskij als Sieger vorbestimmt (während Peter und ausländische Soldaten zu seinen »Untergebenen« gehörten) gegen das sogenannte Semjonowskij-Regiment von I. Buturlin, das durch Strelitzen ergänzt wurde. All das wird im allgemeinen von den Historikern übersehen, ist aber für das Verständnis von Peters Mentalität aufschlußreich. Kindheitserfahrungen und spielerische Zerstreuungen gingen bei ihm unmerklich in die Belange des Erwachsenen über, wo Maskerade zur Zeremonie werden konnte und umgekehrt. Eine Woche vor Abreise der »Großen Gesandtschaft« deutete ein unheilvolles Vorzeichen auf das, was am Ende kommen sollte. Ein Obrist der Strelitzen, Iwan Zykler (Ziegler), der unzufrieden über seine Versetzung nach Asow war, hatte sich zu offen bei einigen konservativ eingestellten Bojaren beklagt. Romodanowskijs Abteilung witterte eine Verschwörung, das Resultat war eine Exekution, die unter höchst bizarren und grausamen Umständen über die Bühne ging.

Bei der »Großen Gesandtschaft« handelte es sich nicht, wie oft angenommen wird, in erster Linie um eine Art Erkundungsmission, sondern sie verfolgte als ganz speziellen diplomatischen Zweck, die Westmächte für eine anti-türkische Allianz zu interessieren, die Peter helfen könnte, seine Erfolge in Asow vielleicht (über Kertsch) auf das Schwarze Meer auszuweiten. Doch blieben diese Bemühungen völlig erfolglos, obgleich sogar Österreich in den 80er Jahren gegen die Türken um sein Leben gekämpft hatte und Venedig ein traditioneller Rivale der Osmanen im Mittelmeer war. Die westlichen Mächte hatten genug damit zu tun, um die wachsenden Ansprüche Frankreichs unter Ludwig XIV. abzuwehren, der die Wiederaufnahme des Krieges an einer anderen Front wünschte. Als die Österreicher endlich Frieden schlossen, wurden zu Peters anhaltender Verbitterung Rußlands Interessen nicht beachtet.

Während der Gesandtschaft wurde jedoch ganz beiläufig ein anderer Krieg ausgeheckt, der 20 Jahre währen und Europas Landkarte dauerhaft verändern sollte. Im Laufe seiner Rundreise durch Nordeuropa kamen Peter Hinweise zu Ohren, daß andere Länder mit der Macht und der territorialen Expansion Schwedens, das im Dreißigjährigen Krieg eine so bedeutende Rolle gespielt hatte, unzufrieden waren. Das schwedische »Imperium« nahm die gesamte östliche Ostseeküste ein und blockierte den Russen den Zugang zu jedem nach Westen orientierten Hafen. In Peters Phantasie nahmen neue Pläne Gestalt an. Im ersten Teil der Rundreise war man durch schwedisches Gebiet gekommen und hatte in Riga haltgemacht. Eine Wache, die nicht um »Peter Michailows« Identität wußte, hatte ihn auf den Festungsanlagen aufgehalten. Dieser triviale Zwischenfall sollte 1700 den absurden Vorwand für die russische Kriegserklärung abgeben.

Der unklare Zweck und der ungewöhnliche Charakter der Mission verursachte in den verschiedenen Staaten, die besucht wurden, allgemein Verstörung. Ein spezielles Problem ergab sich vor allem aus der Frage, wie Peter behandelt werden sollte. Seine Gegenwart war ein offenes Geheimnis, doch sein Inkognito mußte gewahrt werden. Er erwartete und erfuhr gewöhnlich auch königliche Ehren, während er vom zeitaufwendigen Protokoll unbehelligt blieb. Sophie, die Kurfürstin von Hannover, die ihn zum Diner einlud, hinterließ eine berühmte Beschreibung seiner Person. Sie lobte sein gutes Aussehen, seine geistige Wendigkeit und Schlagfertigkeit, wünschte aber, seine Manieren wären etwas weniger bäurisch.

Erwartungsgemäß stieß die Gesandtschaft überall auf großes Interesse. Peters geradezu manische Leidenschaft, bei vielen Arbeiten selbst Hand anzulegen, wurde hier im Westen jedermann offensichtlich. Seine größten Bemühungen galten natürlich dem Schiffsbau und den damit

**Die »Große Gesandtschaft« Peters I. und der Nordische Krieg**
Die »Große Gesandtschaft« nach Westeuropa mit Besuchen in Preußen, den Niederlanden, Großbritannien und Wien bedeutete einen symbolischen Bruch mit den vorhergegangenen moskowitischen Traditionen, die deutlich fremdenfeindlich gewesen waren. Der eigentliche Hauptzweck der Gesandtschaft, die 18 Monate dauerte, bestand darin, ein Bündnis gegen die Türken zu knüpfen, denen Peter I. 1696 die Festungsstadt Asow abgenommen hatte. Das Zarenreich erhielt damit den langersehnten Zugang zum Schwarzen Meer mit allen Möglichkeiten, die die Seefahrt bot. Daher rührte das Interesse Peters am Schiffsbau und an den Werften in Deptford und Zaandam. Während seiner Reise faßte der Zar den kühnen Entschluß zum Krieg gegen Schweden, das die Länder der östlichen Ostsee beherrschte und für Rußland den Zugang zum Handel mit dem Westen blockierte. Nach einer anfänglichen Niederlage bei Narwa (1710) gelang es den russischen Truppen, einen Stützpunkt im Mündungsdelta der Newa zu halten, wo Peters neue Hauptstadt St. Petersburg entstehen sollte. Da Karl XII. von Schweden auch gegen Preußen und Polen Krieg führen mußte, konnte Peter seine Kontrolle der baltischen Küste südlich bis Riga ausdehnen. Große russische Siege bei Lesnaja und Poltawa bannten schließlich die schwedische Bedrohung, aber die militärischen Auseinandersetzungen zogen sich noch einige Jahre hin, bis der Friede von Nystad (1721) die meisten Eroberungen Rußlands bestätigte.

zusammenhängenden handwerklichen Fertigkeiten in Zaandam in Holland und in Deptford bei London. Aber gleichsam im Vorübergehen lernte er während seiner Reise auch das Reparieren von Uhren, und bei einem unvorhergesehenen Aufenthalt in Pillau in Ostpreußen ließ er sich im Geschützwesen unterrichten. Zu den Handwerken, die er in Rußland entwickelte, gehörten die Stiefelherstellung, das Holzschnitzen und das Zahnziehen, wofür er berüchtigt war – wehe denjenigen seiner Untergebenen, die in seiner Gegenwart über Zahnschmerzen klagten. Zwar war es eine alte Tradition, daß jeder Herrscher ein Handwerk lernen sollte, doch dieser, in seinem Überschwang und seiner Arroganz, wollte sich offensichtlich in allen auskennen.

Rauschende Feste begleiteten die Gesandtschaft auf ihrem Weg durch Europa. Den sensationellen Höhepunkt bildete ein großer Maskenball in Wien. In Deptford, wo die Russen mehrere Monate lang in dem schönen Haus des Chronisten John Evelyn untergebracht waren, hinterließen sie eine gewaltige Reparaturrechnung (die von der englischen Regierung bezahlt wurde). Es scheint, daß es ihnen besonderen Spaß machte, mit Schubkarren durch die Stechpalmenhecken zu fahren. Lord Carmathen, ein glänzender Seemann und Trinkkumpan Peters, verschaffte sich auf diese Weise ein ungeheuer einträgliches Tabakmonopol in Rußland. Sein Angebot von 28 000 Pfund Bargeld sicherte den weiteren Fortgang der Gesandtschaft, nachdem das Moskauer Schatzamt schon ziemlich auf dem trockenen saß. (Die Reise kostete am Ende 26 Millionen Rubel.) Die Förderung einer russischen Tabakindustrie erwies sich finanziell wie ideologisch als sehr nützlich, da Tabak von der orthodoxen Kirchenhierarchie als äußerst sündhaft angesehen wurde. Etwas systematischer ging Peter vor, indem er etwa tausend ausländische Offiziere, Techniker und Experten für sein Land engagierte.

Als die Gesandtschaft sich auf die Weiterreise von Wien nach Venedig vorbereitete, wurde die festliche Stimmung durch einen Boten von Romodanowskij abrupt gestört. Zur Überraschung seiner Gastgeber verließen Peter und sein Gefolge die Stadt nicht in südwestlicher, sondern in nordöstlicher Richtung und eilten durch Polen in Richtung Heimat. Romodanowskij hatte die alarmierende Meldung überbringen lassen, daß vier Strelitzenregimenter, die die Weisung hatten, sich von Asow an die Westgrenze zu begeben, um während der Wahl eines neuen polnischen Königs russische Präsenz zu zeigen, den Befehlen nicht gehorchten und auf Moskau marschierten. Peter schickte Order, die Rebellion mit äußerster Strenge zu unterdrücken. Kurz danach kam die Botschaft, daß die Aufständischen geschlagen und entwaffnet seien. Zu verdanken war dies dem russischen Armeebefehlshaber Schein und der Kaltblütigkeit des Generals Gordon. So konnte Peter einige erfreuliche Tage in Rawa mit dem neuen polnischen König August dem Starken verbringen und eine Verschwörung gegen Schweden aushecken. Dennoch erfolgte seine Ankunft in Moskau am 25. August 1698 plötzlich und unangekündigt. Das Datum (nach dem alten Julianischen Kalender) verdient Erwähnung, obgleich unter den modernen Historikern nur Boris Uspenskij seine Bedeutung bemerkt zu haben scheint: Es war eine Woche vor dem Neujahrstag (bis 1700 der 1. September) von 1699, dem Jahr, in dem eschatologisch gesinnte Russen mit dem Auftauchen des Antichrist rechneten. Aber selbst sie konnten kaum das Chaos und das Blutvergießen erwartet haben, das ausgelöst werden sollte.

### Peters Rückkehr

Kaum wieder in der Heimat, entwickelte Peter einen spektakulären Aktionismus. Bereits am Tag nach seiner Ankunft begann er ohne Vorwarnung, den Bojaren in seiner Umgebung die langen Bärte zu scheren. Das war mehr als ein Scherz, da Bärte den Orthodoxen als Symbol der den Männern von Gott verliehenen Würde galten. Bald mußte sich der gesamte Dienstadel von seinem Kinnschmuck trennen; ausgenommen von dieser Verfügung blieben die

Geistlichkeit und die Bauern. Damit entstand eine sichtbare Kluft in der äußeren Erscheinung zwischen höheren und niederen Klassen. Sie verstärkte sich noch, als Peter die langen Ärmel der traditionellen russischen Kaftantracht abschneiden ließ und den Kaftan seinen Dienstleuten schließlich ganz verbot. Am Ende wurden die Bärte gegen Zahlung einer ziemlich hohen Steuer wieder erlaubt (bescheinigt durch Bart-»Münzen«), erlebten aber bis zur Mitte des 19. Jahrhunderts kein auffälliges Comeback. Als nächstes schickte Peter ohne Begründung seine ungeliebte, unverständige und wenig fügsame Gemahlin Ewdokija in ein Kloster in Susdal und trennte sie gewaltsam von ihrem achtjährigen Sohn Alexej, den er einer seiner Schwestern anvertraute. Mittlerweile, Mitte September, begann er, mit den Strelitzen abzurechnen.

Die führende Figur bei diesen langwierigen und schrecklichen Strafaktionen war Romodanowskij, ihr Zentrum bildete Preobraschenskoje, der Standort der neuen Regimenter, die die Strelitzen demütigten und als Vertreter der überholten altrussischen Verhältnisse hinstellten. 14 besonderen Vernehmungskammern wurden an jedem Wochentag Gruppen von Strelitzen zu Folter und Befragung vorgeführt. Diese Inszenierung geballter Grausamkeiten brachte nicht die von Peter erwarteten Resultate. Weder erhielt er bedeutende Informationen über eine Verschwörung in höheren Adelskreisen noch über die aktive Teilnahme seiner eingekerkerten Schwester Sophia, die er persönlich vernahm. Bald fanden Exekutionen statt, sowohl in Preobraschenskoje als auch in Moskau selbst.

Über diese Schreckensherrschaft ist viel geschrieben worden. Johann Korb, ein Mitglied der kurz zuvor angekommenen österreichischen Botschaft in Rußland, führte ein sehr genaues und viel zitiertes Tagebuch. Darin schildert er detailliert Ereignisse, deren Zeuge er wurde, und Gerüchte, die zu ihm drangen. Sehr wahrscheinlich ließ der Zar führende Mitglieder seines Kreises an dem Blutvergießen teilnehmen, unabhängig davon, ob er selbst mit anwesend war. Einige Ereignisse kennzeichnete eine abstoßende Symbolik, zum Beispiel, wenn Priester, die die Strelitzen gesegnet hatten, an einem kreuzförmigen Galgen gehängt wurden, wobei der Hofnarr in klerikaler Kleidung als Henker agierte.

Es sollte angemerkt werden, daß Korb und andere zeitgenössische Chronisten nicht in Frage stellten, daß die Strelitzen Rebellen waren, die ein so hartes Schicksal verdient hatten. Doch Korbs Tagebuch fängt die ganze Stimmung von Panik und Terror ein und erfaßt die rachsüchtige Überreaktion des Zaren. Peter versuchte später, die Veröffentlichung in Österreich zu verhindern. Es gab zwei große Hinrichtungswellen im Herbst 1698 und nach der Fastenzeit im folgenden Frühjahr mit insgesamt 1200 Opfern. Dies war zwar nur ein kleiner Bruchteil der Strelitzen als Klasse, aber die Repressalien endeten damit nicht: Einige (es traf vor allem die noch nicht 20jährigen), deren Leben geschont worden war, wurden verstümmelt und ins Exil geschickt, während die Frauen und Kinder der Opfer als Bettler aufs Land ziehen mußten. Die übrigen Strelitzenregimenter löste man in den nächsten Jahren auf und siedelte sie zwangsweise in entlegene Landesteile um. Die Episode traumatisierte die russische Gesellschaft in einer Weise, die in gar keinem Verhältnis zur Zahl der Opfer stand. Es schien, als ob der Zar durch diese blutige Geste signalisierte, daß er gewillt sei, einen grausamen Krieg gegen die ganze traditionelle und bisher geheiligte Kultur zu führen.

*Links:* Als er von seiner Auslandsreise 1698 zurückkam, scherte Peter I. ohne Vorwarnung seinen Bojaren die Bärte, und übetrug dann das Bartverbot auf den gesamten Adel und die Händlerschicht, ausgenommen von dieser Verordnung waren nur die Bauern und die Geistlichen. Der Verlust des Bartes, der als ein Symbol gottgegebener Würde galt, wurde besonders schmerzlich empfunden von den »Altgläubigen«. Im Jahr 1705 erlaubte Peter das Barttragen wieder gegen Zahlung einer Steuer, aber nur wenige machten von der kostspieligen Konzession Gebrauch.

Vielleicht rettete Peter durch das Strafgericht seinen Thron und die Stabilität des Reiches, wie er selbst glaubte. Doch auch noch danach brachen Aufstände aus. Astrachan, die zweitgrößte Stadt in Rußland, war 1705 der Schauplatz eines Aufruhrs, der seine Ursachen im Groll der »Altgläubigen«, der Verbitterung der Strelitzen, in schweren Steuerbürden, dem absoluten Autoritätsanspruch von Peters Gouverneur (der von den Rebellen geköpft wurde), Befürchtungen der orthodoxen Geistlichkeit und wilden Gerüchten hatte. So wurde behauptet, daß alle jungen Frauen der Stadt zwangsweise mit Deutschen vermählt würden (worauf an einem einzigen Tag hundert heirateten, um diesem Schicksal zu entgehen), und daß die Perücken, die die herrschenden Schichten nun trugen, Idole seien, die das fromme Volk zu verehren habe. Hinter all dem stand der weitverbreitete Glaube, daß immer mehr Fremde nach Rußland kämen und schließlich alles übernehmen würden und daß der echte Zar während der Auslandsreise gestorben und »Peter« ein deutscher Betrüger sei.

In Peters Persönlichkeit trat noch ein anderer Aspekt zutage, der in jener Zeit auf schockierende Weise publik wurde. Es handelt sich um seine Beziehung zu einer Gruppe von alten Bekannten und Freunden, die zum Teil mit seinem engeren Kreis von Ratgebern identisch waren. Angeführt wurden sie von Romodanowskij, der ihnen den Namen »Immer-Scherzhafte«-Synode *(wseschutjejschij sobor* oder *wsepjanejschij* »Immer-Trunkene«) gab. Sie trafen sich zu orgiastischen Trinkgelagen, bei denen Kirchenrituale parodiert wurden, falsche Würdenträger agierten und Scheinzeremonien abgehalten wurden. Manches davon drang in die Öffentlichkeit und untergrub den Ruf der Führungsschicht, besonders im Winter 1698/99. Was an diesem Klub so bedeutsam war, abgesehen davon, daß er eine traditionelle Gesellschaft bewußt schockieren sollte, ist die Tatsache, daß Peter selbst ihn für sehr wichtig hielt. Er stand noch vor seinem 20. Lebensjahr bis zu seinem Tod im Mittelpunkt dieser Aktivitäten, arbeitete die »Statuten« aus, konzipierte die »Rituale«. Historiker haben die Bedeutung der Saufsynode verschieden interpretiert oder sie nur als Rüpelei oder als Entspannung verstanden (der Name wurde abgeschwächt in »Fröhliche Gesellschaft«). Daß das öffentliche Rowdytum im Zusammenhang mit der Saufsynode im Winter 1698/99 seinen Höhepunkt erreichte, hängt zweifellos mit den fürchterlichen Vergeltungen an den Strelitzen zusammen, die zur gleichen Zeit stattfanden. Diese Spannungen scheinen Peter belastet zu haben, und Berichterstatter bemerkten, daß fortan ein auffälliger Tick in Streßsituationen sein Gesicht entstellte.

Wenn Peter, wie manche Autoren andeuten, der Religion indifferent gegenübergestanden oder gar atheistische Neigungen gehabt hätte, könnten die Aktivitäten der Saufsynode einfach als geschmacklose Possenreißerei abgetan werden. Aber das trifft absolut nicht den Kern. In seinen Schreiben erfleht er immer wieder die Billigung Gottes, er zitiert häufig die Bibel, seine Bibliothek enthielt viele religiöse Bücher, er sang sogar gern in der Kirche. Als während der ersten Terrorwelle gegen die Strelitzen der Patriarch Adrian (Joakims Nachfolger, der 1690 gegen Peters Wunsch ernannt wurde) versuchte, an des Zaren Mitleid zu appellieren, wurde er – nach Korb – mit einer aufschlußreichen Rede zurückgewiesen: »Wisset, daß ich Gott und die heilige Mutter Maria vielleicht mehr verehre, als Ihr es tut . . .« Die Saufsynode war, um es auf einen einfachen Nenner zu bringen, ein blasphemisches Abenteuer aus Motiven, die man nur vermuten kann. Es gab auch einen bewußten Versuch auf Peters Seite, in der Rolle des Antichrist zu überzeugen, die so viele seiner Untertanen ihm zuschrieben, besonders als er sich 1700 nach Adrians Tod die Funktion des Patriarchen anmaßte und dieses Amt nicht wieder besetzte. Feofan Prokopowitsch, der von klerikaler Seite her Peter immer in Schutz nahm, sah in ihm den Pontifex maximus, den höchsten Vertreter Gottes. Ausländer verstanden die Haltung des Zaren nicht ganz: Da sie fühlten, daß er mit der orthodoxen Hierarchie unzufrieden war, versuchten sie, sein Interesse für den Katholizismus, den Protestantismus, sogar den Anglikanismus oder die Quäker zu wecken. Doch der Blasphemist kann nicht ohne das Objekt seiner Blasphemie leben.

**Der Nordische Krieg**

Das Jahr 1700 markiert ein anderes wichtiges Moment in Peters Herrschaft. Der innere Terror war für den Augenblick beendet. Ein Friedensvertrag mit den Osmanen bedeutete die Aufhebung der Tributzahlungen an die Krimtataren. Doch im gleichen Jahr wurde ein viel langwierigeres und gefährlicheres Militärunternehmen begonnen: der Nordische Krieg (auch Großer Nordischer Krieg genannt) gegen die Schweden. Er bestätigte am Ende Rußland als eine Macht, mit der auf der europäischen Bühne gerechnet werden mußte. In den östlichen Ostseeprovinzen, die zum Schwedischen Reich gehörten, gärte die Unzufriedenheit. Schweden hatte sich mit seiner Vormachtstellung übernommen und war zusehends in die Isolierung geraten, sein neuer König Karl XII. zählte noch keine 20 Jahre. Aber die Auseinandersetzung war kein Kinderspiel, und mehr als einmal mußte Peter nahezu tödliche Schläge hinnehmen. Zunächst konzentrierte

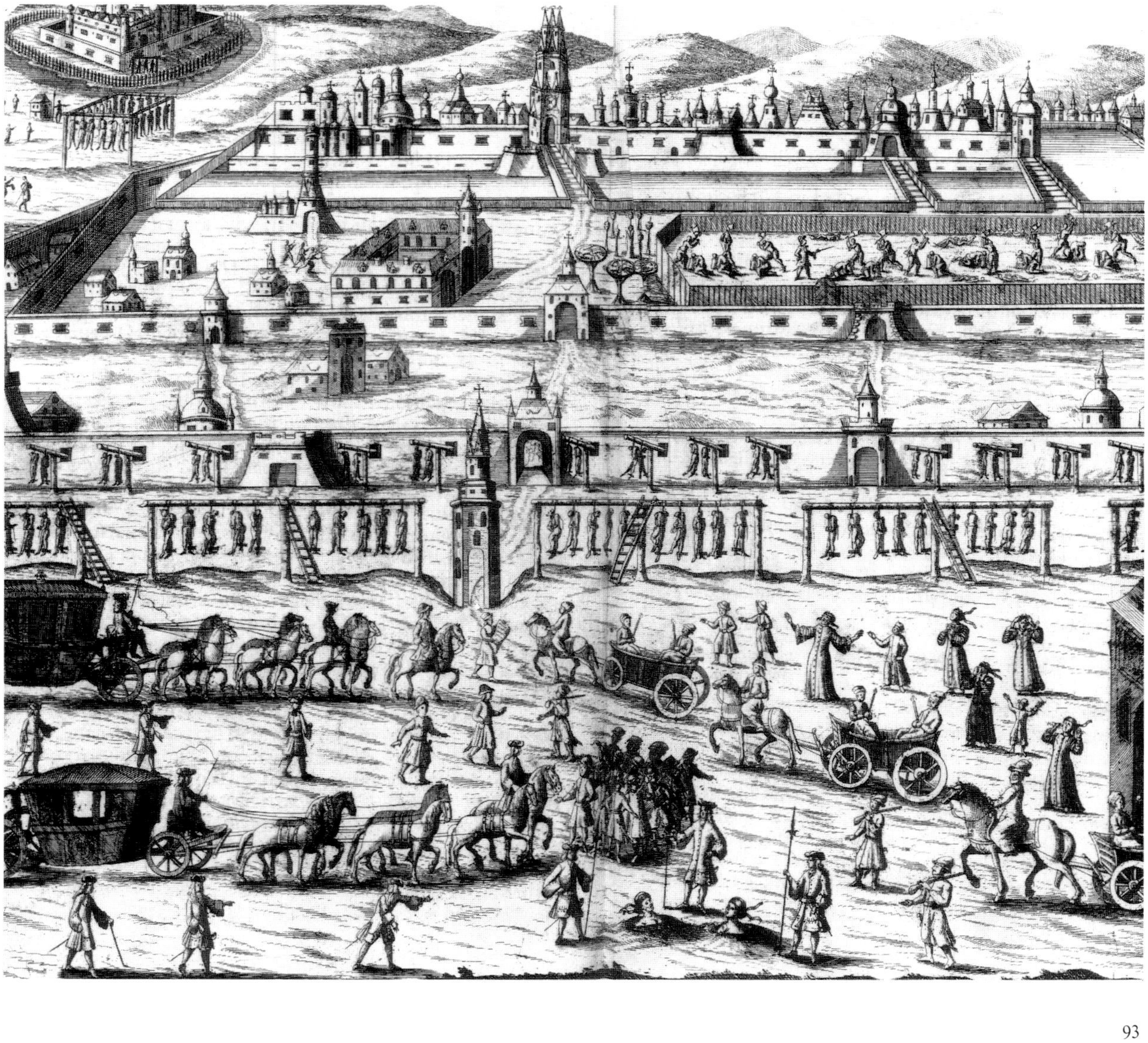

Nach seiner Rückkehr in Rußland rechnete Peter grausam mit den aufständischen Strelitzen ab. Von Ende 1698 bis Anfang 1699 wurden in und um Moskau etwa 1200 Rebellen verhört und anschließend gehängt oder enthauptet. Der Sekretär der österreichischen Gesandtschaft, Johann Korb, hinterließ den bekanntesten Bericht über das Schreckensregiment. Diese Darstellung der Massenhinrichtungen ist seinem Tagebuch *Diarium itineris in Moscoviam* (1700) entnommen. Obwohl die Hingerichteten nur einen kleinen Teil der etwa 20000 Strelitzen ausmachten, wurden alle bestehenden Strelitzenregimenter durch den Zaren aufgelöst.

sich der Kampf auf die alte Festungsstadt Narwa am Finnischen Meerbusen, wo das russische Belagerungsheer von einer viel kleineren schwedischen Streitmacht vernichtend geschlagen wurde. Zum Glück für Peter drang Karl XII. nicht nach Rußland ein, sondern beschäftigte sich mit dem sächsischen Kurfüsten und König von Polen, August dem Starken.

Die Atempause der nächsten paar Jahre genügte, daß sich die Zarentruppen soweit erholten, um in die östlichste und am wenigsten besiedelte baltische Provinz Schwedens, Ingermanland, einzumarschieren. Dies war, wie Peter verkündete, altes russisches Territorium und trotz seiner Ungastlichkeit als Handelsroute im Mittelalter für den Nowgoroder Staat lebenswichtig gewesen. Während Karl XII. in Polen beschäftigt war, eroberten hier Peters Verbände die alten russischen Städte Jam und Koporje zurück und nahmen im Mai 1703 die beiden schwedischen Festungen an der Newa ein, die den Ladoga-See mit der Ostsee verbindet. Wenige Kilometer flußabwärts von Nyenskans, der einzigen schwedischen Stadt am Fluß, fächert sich die Newa vor ihrer Mündung in den Finnischen Meerbusen in ein sehr niedrigliegendes Delta auf, das oft überschwemmt wird und deshalb kaum Ansiedler anlockte. Unmittelbar nach der Eroberung von Nyenskans beteiligte sich Peter zum ersten Mal in seinem Leben an einem erfolgreichen Marineunternehmen und kaperte einige schwedische Schiffe, die die Stadt entsetzen sollten. Plötzlich hatte Rußland wieder direkten Zugang zur Ostsee und zum Westen. Peter feierte das Ereignis, indem er auf der Hasen-Insel, einem kleinen Stück Land am Ende des Deltas, eine Festung anlegte: St. Petersburg war geboren. Während der 17 Jahre wechselnden Schlachtenglücks, das den weiteren Verlauf des Krieges kennzeichnete, klammerte er sich hartnäckig an dieses ungeschützte Stück Küstenlinie.

Schweden kämpfte zu dieser Zeit vor allem gegen Polen, da es in August dem Starken seinen bedrohlichsten Gegner sah. Das gab den Russen Gelegenheit, die schlecht verteidigten Ostsee-Provinzen zu überfallen. Peter organisierte und drillte verzweifelt seine unerfahreren und undisziplinierten Armeen, um der gut ausgebildeten schwedischen Streitmacht begegnen zu können. Immer mehr Geld floß in die militärischen Bemühungen, teilweise mehr als 90 Prozent des Staatseinkommens, und das Schatzamt wußte kaum noch, wo es die Finanzmittel hernehmen sollte. Alles nur Erdenkliche wurde besteuert, von Badehäusern bis zu Särgen. Schließlich wurde 1718 die grundsätzliche Land- oder Haushaltsbesteuerung, die vom Moskauer Reich übernommen worden war, abgeschafft. An ihre Stelle trat eine Kopfsteuer, zu der alle erwachsenen Männer der Bauern- und Arbeiterklasse veranlagt wurden. Sie sollte von den Grundbesitzern eingetrieben werden. Damit quetschte man aus den Betroffenen dreimal mehr an Einnahmen heraus als die bisherigen Steuern gebracht hatten. Außerdem wurde die Stellung von Rekruten durch die Bauern festgelegt; beide Maßnahmen gehörten zu Peters dauerhaftesten Neuerungen. Für die öffentlichen Bauten des Zaren fanden massenhafte Zwangsaushebungen statt. Festungen und Kanäle entstanden, und immer dringender war nach 1703 die Errichtung von St. Petersburg in der morastigen, kühlen und ungesunden Flußmündung.

Karl XII. reagierte auf seine Rückschläge in den baltischen Provinzen ungerührt und verstärkte seinen Druck auf die vereinigten Streitkräfte von Polen und Sachsen. Es war eine schwere Zeit für Rußland: Die Staatskasse war leer, die Armee immer noch nicht gut gedrillt, und in rascher Folge brachen mit der Meuterei der Garnison von Astrachan, dem Kosakenaufstand unter Bulawin und dem Bürgerkrieg in Baschkirien gefährliche öffentliche Revolten aus. Gleichwohl feierte Peter in diesem Jahrzehnt große militärische Erfolge in der Schlacht von Lesnaja (1708) und der von Poltawa (1709), in der die schwedische Armee total aufgerieben wurde und die allgemein als eines der herausragendsten Ereignisse der europäischen Geschichte betrachtet wird. Nachdem Karl mit seinen westlichen Gegnern abgerechnet hatte, marschierte er allmählich ostwärts nach Weißrußland und ließ die Russen im unklaren, wo er seinen nächsten Schlag austeilen würde. Spätere Historiker haben ihn getadelt, weil er sich nicht unmittelbar gegen Moskau wandte. Er schwenkte mit seinen Armeen nach Süden in Richtung auf die reichere Ukraine, wo der Hetman (Kosakenführer) Iwan Mazepa heimlich auf seine Seite getreten war. Das verlängerte aber seine Nachschublinie und machte ihn von der Ankunft einer gewaltigen Verstärkung von über 12000 Mann mit einem großen Troß abhängig. Im September 1708 gelang es einer etwa gleich starken russischen Streitmacht, die gegnerischen Ersatztruppen am Dorf Lesnaja aufzuhalten. Sie bereiteten den Schweden eine umfassende Niederlage und kamen erstmals durch ihre kämpferischen Fähigkeiten und nicht durch ihre zahlenmäßige Überlegenheit zum Erfolg. Peter nannte diesen Sieg »die Mutter der Schlacht von Poltawa«.

Bei Poltawa wurde hart gekämpft, aber nach einem halben Tag war die Sache entschieden. Karl, schwer am Fuß verwundet, entfloh mit Hilfe Mazepas und einigen hundert Begleitern südostwärts. Seine einzige, wenn auch nur schwache Hoffnung bestand darin, osmanisches Gebiet zu erreichen, die alte Feindschaft der Türken und ihrer stark anti-russischen Vasallen, der Krimtataren, gegen Peter zu reaktivieren, den Krieg mit seiner winzigen Armee wiederaufzunehmen und sich irgendwie durch ganz Europa einen Weg in seine nordische Heimat zu bahnen. Unglaublicherweise gelang ihm dies auch alles, jedoch brauchte er dazu fünf Jahre. Inzwischen hatte auch Peter seine Ambitionen zu hoch gesteckt und den Bogen überspannt. Nur zwei Jahre nach Poltawa wurde er am Prut im Fürstentum Moldau von überlegenen türkischen Streitkräften eingeschlossen. Er hatte den alten Zarentraum von einer Erhebung des christlichen Balkans unter russischer Führung gegen die Türken realisieren wollen. Angesichts einer drohenden Niederlage war er gezwungen, um einen nahezu bedingungslosen Frieden zu bitten – nur Petersburg aufzugeben, war er nicht bereit. Durch das Verhandlungsgeschick seines Diplomaten P. Schafirow, durch die Bestechung des Paschas und – noch entscheidender – aufgrund der Differenzen zwischen den örtlichen und den zentralen osmanischen Behörden sowie zwischen den Krimtataren und den Schweden, entging Peter mit knapper Not der Gefangennahme. Der Preis waren Asow und einige andere Festungen, ferner mußte er zu seinem tiefen Kummer die Flotte im Asowschen Meer, die er aufgebaut hatte, an die Türken verkaufen.

Nach Poltawa wären die erschöpften Schweden ebenso wie die Russen glücklich über einen Friedensschluß gewesen. Aber da Karl XII. überlebte, zog sich der Krieg weiter hin, verlief jedoch nach den Ereignissen am Prut vergleichsweise undramatisch. Die Russen befestigten ihre baltischen Eroberungen, besetzten Finnland, gewannen mehrere Seegefechte und drangen schließlich sogar auf das schwedische Festland vor. Karl fiel 1718 in Norwegen,

Im Jahr 1717 unternahm Peter I. seine zweite Reise in den Westen. Sie galt diesmal Frankreich, nicht zuletzt weil Ludwig XIV. unlängst gestorben war. Dieses Ölbild von L. M. J. Hersènt zeigt den Zaren in Versailles, wie er den Kinderkönig Ludwig XV. hochhebt. Die diplomatischen Ergebnisse dieses Besuches, der wiederum als Gesandtschaft angesehen wurde, waren allerdings unbedeutend.

und der Frieden von Nystad (1721) sicherte Rußland seine neugewonnenen Territorien, obwohl Peter kurioserweise den größeren Teil von Livland kaufen mußte. Nystad war wahrscheinlich die Krönung von Peters Lebensziel. Um den Frieden zu feiern, wurde er zum Kaiser ausgerufen, zum »Vater des Vaterlandes« und erhielt den Beinamen »der Große«. Danach genoß er aber nicht die Früchte seines Erfolges, sondern begann 1722 einen Krieg gegen Persien, der einige Territorialgewinne brachte, die aber auf Dauer nicht gehalten werden konnten. In diesen letzten Jahren seines Lebens nahm er jene Veränderungen der Gesellschaftsstrukturen vor, die seine Erinnerung wachhalten. Erwähnenswert ist dabei vor allem die Neuordnung des gesamten Dienstadels entsprechend einer Rangtabelle, wonach die Ränge in Armee und Marine, am Hof und in den Zivilbehörden in eine Stufenleiter von ursprünglich 14 Rängen eingeteilt wurden, auf der man sich Stufe um Stufe hinaufarbeiten konnte. Die obersten acht Ränge erhielten den erblichen Adel verliehen.

**Das Nachfolgedrama**

1717, 20 Jahre nach der »Großen Gesandtschaft«, als die kritischen Phasen des Nordischen Krieges vorbei waren, unternahm Peter seine zweite Reise nach Westeuropa, dieses Mal nach Holland und Frankreich. Wiederum leiteten ihn diplomatische Beweggründe. Mit dem Ende des Spanischen Erbfolgekrieges und dem kürzlichen Tod Ludwigs XIV. schien ein glücklicher Zeitpunkt gekommen, um mit Frankreich kommerzielle und militärische Verträge zu knüpfen. Doch erneut trugen Peters diplomatische Anstrengungen wenig Früchte, obgleich ein etwas vager Freundschaftsvertrag unterzeichnet wurde und Spezialisten zur Arbeit in Rußland angeworben werden konnten, wenn auch weniger als in früheren Jahren.

Nach seiner Rückkehr brach abermals eine dramatische Krise aus, bei der tatsächlicher oder gemutmaßter Verrat eine Rolle spielte. Dieses Mal war das Hauptopfer sein eigener Sohn Alexej, ein zwar ganz intelligenter, aber oberflächlicher, verworrener und träger Charakter. Die Verschiedenartigkeit ihrer Persönlichkeiten war schon lange offenkundig. Alexej hatte nicht nur Angst – durchaus nicht grundlos – vor seinem dominierenden Vater, sondern verhielt sich ihm gegenüber auch völlig ungeschickt, indem er sich abwechselnd unterwürfig, störrisch und ausweichend benahm. Verschiedene Schreiben, die zwischen ihnen gewechselt wurden, blieben erhalten und enthüllen eine komplexe und wahrhaft tragische Geschichte. Als Peter 1716 Alexej ultimativ aufforderte, sein Wesen zu ändern, und mit der Verbannung in ein Kloster drohte (womit sich das Geschick seiner Mutter wiederholt hätte), ging dieser ins Ausland und verschwand einfach für viele Monate. Er tauchte in Österreich wieder auf, das zu Rußland nur kümmerliche diplomatische Beziehungen unterhielt, und brachte den Habsburger-Kaiser Karl VI. dadurch in eine verzwickte Lage. Würde Peter Gewalt anwenden, um seinen Sohn zurückzubekommen? Die österreichische Regierung erlaubte dem ebenso klugen wie skrupellosen Peter Tolstoj, mit ihm zu sprechen. Alexej war unerfahren genug, auf ein falsches Versprechen des sicheren Geleites zurückzukehren. Auf ihn hatten sich die Hoffnungen der Unzufriedenen in den höheren Diensträngen gerichtet, und Peter witterte eine gefährliche Verschwörung. Alexej und alle, die im Verdacht standen, ihm geholfen zu haben, wurden zum Tode verurteilt. Vor Bestätigung des Spruchs starb er jedoch im Gefängnis, zweifellos als Folge der gängigen Vernehmungsmethoden.

Alexejs Tod war für Peter eine Erleichterung, und er verheimlichte dies nicht. Neuer Erbe wurde sein junger Sohn Peter (Pjotr Petrowitsch), der aus seiner zweiten, 1712 geschlossenen – und in orthodoxen Augen fragwürdigen – Ehe mit Katharina stammte. Aber das Kind verschied früh, und durch ein seltsames Geschick war der letzte männliche Erbe der Romanows (Pjotr Alexejewitsch) ein Sohn des unglücklichen Alexej . Es gibt noch eine andere seltsame Verwicklung in dieser Familiengeschichte. Als Katharina (geborene Marfa Skawronskaja aus Livland) zur orthodoxen Kirche übertrat, war Alexej ihr Pate, so daß sie im orthodoxen Glauben als Katharina Alexejewna »wiedergeboren« wurde. Für viele symbolisierte Peters darauffolgende Eheschließung mit ihr auf groteske Weise die Blasphemie einer Heirat mit seiner »Enkeltochter«.

Nach der Krise trat ein dynastisches Problem zutage. Da so vieles in der »petrinischen Revolution« eindeutig von der Person des Zaren abhing, stellte sich die Frage, wie ein würdiger Erbe zu garantieren sei. Die Macht sollte offensichtlich nicht länger mehr als göttlich verliehenes Vorrecht, sondern als eine Sache der persönlichen Befähigung betrachtet werden. Peter verkündete ein Gesetz, wonach jeder Herrscher seinen Nachfolger bzw. seine Nachfolgerin nach freiem Ermessen ernennen könne. Er selbst machte davon nicht mehr Gebrauch. Es ist bekannt, daß er kurz von seinem Tod auf ein Papier die Worte kritzelte: »Ich vermache alles . . .«, ohne weiterschreiben zu können. Allerdings hatte er nicht lange zuvor Katharina in einer großartigen Zeremonie zur Kaiserin gekrönt und damit bewußt auf die byzantinische Tradition der Krönung des eigenen Erben zu Lebzeiten angespielt. Katharina war zäh, vernünftig, nicht zu kompliziert und eine liebende Interpretin von Peters Wünschen; sie würde nicht eigenmächtig aus einer Laune heraus seine Vertrauten entlassen oder ihrerseits irgendwelche störenden Reformideen einbringen. Ein ad hoc zusammengerufener Rat von Peters Günstlingen – vor allem Menschikow hatte viel zu gewinnen oder zu verlieren – bedrängte sie, sofort ihren Herrschaftsanspruch wahrzunehmen, noch bevor ihr Gatte seinen letzten Atemzug getan hatte. Doch der entscheidende Faktor war die Unterstützung der Garderegimenter. Sie waren Peters ureigenste Schöpfung und das Herzstück seiner Macht: Deshalb hatten sie eine entscheidende Stimme bei allen Thronnachfolgedebatten bis zu Alexander I. 1801.

### Das petrinische Erbe

Die Aufgabe, Peter und seine Herrschaft als Ganzes zu beurteilen, ist zu komplex, um sie ernstlich lösen zu können, denn es handelt sich dabei vielleicht um das Zentralproblem der gesamten russischen Geschichte. Hier beschränken wir uns auf einige wenige Kommentare und Schlußfolgerungen, die unter vier Gesichtspunkten stehen: dem militärischen Erfolg samt territorialen Erwerbungen, den innenpolitischen Reformen, der Orientierung nach Westen und dem Vermächtnis für Rußland.

Peters Regierung brachte nur wenig Territorialgewinn verglichen mit der seines Großvaters Michail (weite Gebiete Sibiriens), seines Vaters (in Polen und der Ukraine) und der Nachfolger im 18. Jahrhundert (in Zentralasien und anschließend südwärts auf der Krim). Doch seine Landgewinne waren bedeutsam, nicht nur weil sie die Gründung von St. Petersburg ermöglichten. Indem er die Ostseeprovinzen annektierte, machte sich Peter in gewissem Sinn zum Erben eines anderen Reiches, nämlich Schwedens, und integrierte in diesem Prozeß auch etliche, zahlenmäßig nicht kleine nicht-slawische Nationalitäten in sein Reich: Letten und Esten, einige Juden und eine deutsche Oberschicht. Zusammen mit den verstreuten finnischen, türkischen und palaearktischen Völkern sowie den verschiedenen kaukasischen Gruppen und den Persern rund um das Kaspische Meer machten sie Rußland um 1725 zu einem auffallend multinationalen Staat. Peters ständige Kriegführung verarmte und erschöpfte das Reich, brachte aber zumindest Sicherheit und legte den Grundstock für einige recht lange friedliche Intervalle im restlichen 18. Jahrhundert. Dasselbe läßt sich vom Aufbau seiner Flotte sagen, wie unbedeutend ihre Wirkung anfangs auch war. Obwohl er ausländische Offiziere einstellte, förderte er gleichermaßen die Russifizierung der Armee und ihre größere Effizienz. Der Preis, den er dafür zu zahlen hatte, war die Militarisierung der Gesellschaft, und die neuen Garderegimenter kontrollierten zuzeiten die politische Macht.

Die Reformen hatten ihre Wurzeln in der militärischen und politisch-ökonomischen Situation, in die Peter sich gestellt sah, aber auch in persönlichen Antipathien und Vorlieben. Nach der Jahrhundertwende und besonders in seinem letzten Lebensjahrzehnt begannen sie einen systematischeren Charakter anzunehmen und gründeten auf der Vorstellung von einer gut geführten Gesellschaft. Viele aufgezeichneten Bemerkungen sowie Briefe bezeugen sein Interesse am Gemeinwohl Rußlands, an seinem Wohlstand, seiner Ordnung und seinem internationalen Ansehen. Es lag darin nichts besonders Scharfsinniges, geschweige denn Revolutionäres, aber dieses Ziel wurde mit einer ungewöhnlichen Zähigkeit und Gewissenhaftigkeit verfolgt. Peter arbeitete monatelang, um persönlich Vorschriften und Erlasse zu konzipieren; er begab sich normalerweise um vier Uhr früh an die Amtsgeschäfte. Auffallend ist die Gewohnheit seiner späten Jahre, die Erlasse mit Vorworten zu versehen, in denen er ihren öffentlichen Nutzen erklärte. Als wohl erster russischer Regent hatte er ein klares Konzept vom Staat als einer Wesenheit, die unabhängig vom jeweiligen Herrscher existierte und über ihm stand.

Die petrinischen Reformen bezogen sich in erster Linie auf die Verwaltung. Um den Unterschied zu den moskowitischen Praktiken herauszustellen, führte der Zar eine neue Nomenklatur ein. An die Stelle der über 50 Zentralämter *(prikasy)* trat eine viel kleinere Zahl von »Kollegien« oder Ministerien, die in ihren Aufgaben deutlicher voneinander abgegrenzt waren. In die Leitung jedes Kollegiums mußte mindestens ein ausländischer Experte aufgenommen werden. Die alte Bojaren-Duma, der ständige Rat des Adels, hatte in dieser neuen Verwaltungsordnung keinen Platz mehr, noch weniger die Landesversammlung. Statt dessen wurde ein »Regierender Senat« eingesetzt. Zu Anfang oblagen ihm nur die Regierungsgeschäfte, solange Peter im Krieg war. An der Spitze stand des Zaren oberste Aufsichtsinstanz, der Generalprokureur, der sein »Auge und Anwalt der Staatsangelegenheiten« war. Die Kirche, deren Patriarchen Peter abgesetzt hatte, wurde durch die Synode verwaltet, die eigentlich nur eine andere Abteilung der Regierung darstellte. Den Vorsitz führte ebenfalls der Oberprokureur. Die Gesellschaftsstruktur selbst wurde nicht so sehr verändert als vielmehr unten und oben nivelliert. So glich die Zahlung

*Oben:* Dieser Stich aus Johann Korbs Tagebuch zeigt Schiffe, die Peter der Große in Archangelsk bauen ließ. Das in den 80er Jahren des 16. Jahrhunderts gegründete Archangelsk lag an der Mündung der Nördlichen Dwina ins Weiße Meer nahe dem Polarkreis. Die Stadt bildete für das Moskauer Reich den einzigen Zugang zum Meer, nachdem das Gebiet des späteren St. Petersburg 1703 von den Schweden erobert worden war. Die Werften von Archangelsk steigerten Peters Interesse am Schiffsbau, das von seinen nautischen Spielen am Pleschtschejewo-See in den frühen 1690ern herrührte.

der Kopf- oder »Seelen«-Steuer die verschiedenen unteren sozialen Gruppierungen einander an, die für das alte System typisch gewesen waren.

Auch dem Adelsstand wurde die Möglichkeit beschnitten, die Pflichten des Staatsdienstes zu umgehen oder seine Bedingungen für sich zu verbessern. Peters einfaches gesellschaftliches Prinzip lautete, daß jeder entsprechend seinen Fähigkeiten zu dienen hatte, der Zar selbst mehr als jeder andere. Er erklärte einmal, daß »adlig ist, wer nützlich ist«. Sicherlich war es zum Teil Peters Ziel, eine Staatsform zu schaffen, in der jeder nach seinem Talent und seinen Leistungen eingesetzt und belohnt würde, und die Rangtabelle, die theoretisch allen qualifizierten Personen den Aufstieg erlaubte, formalisierte diese Absicht. Einigen wenigen niedriggeborenen Dienstleuten (Menschikow, Jaguschinskij, Schafirow) gelang eine bemerkenswerte Karriere, aber die höchsten Stufen der Erfolgsleiter blieben weiterhin zumeist den Mitgliedern der großen alten Familien wie den Golizyns, Golowins, Dolgorukijs und Scheremetjews vorbehalten. Es gab zweifellos öfter die Möglichkeit, die soziale Klasse zu wechseln, aber man kann kaum behaupten, daß weitere Kreise der Gesellschaft sich nun »freier« fühlten. Die Leibeigenschaft wurde eher noch strenger, und die Tatsache, daß Tausende von Bauern zum Militärdienst oder zur Zwangsarbeit gepreßt wurden, brachte schmerzliche Härten mit sich. Eine echte Ausnahme bildete die verbesserte Stellung der Frauen in der Gesellschaft, zumindest in den Oberklassen, auch wurden arrangierte Heiraten offiziell verboten. Ein weiteres positives Moment stellte ohne Frage die Ausweitung der Erziehung dar, die Peter, anfangs noch ungeschickt, propagierte. Für Beförderungen im Dienst wurde das Bestehen von Examina zur Bedingung gemacht; auf einer Stufe der Rangtabelle war es sogar verboten, Heiratslizenzen jenen auszustellen, die durchgefallen waren.

Trugen Peters Reformen den Stempel der »Verwestlichung«? Zweifellos sind in der Struktur der Regierungsorgane, den Rangtiteln, dem Erziehungsprogramm, den Namen von Städten und Palästen, den in Architektur und Malerei geförderten Stilrichtungen Anklänge an den Westen festzustellen. Westliche Dinge schienen manchmal für Peter und seine Umgebung schon einfach deshalb attraktiv, weil sie nicht moskowitisch waren. Sehr oft fühlt man jedoch, daß der Zar das Hauptverdienst der »Verwestlichung« in der Schocktherapie sah, die für weite Teile der Bevölkerung den Geist des Neuen unterstrich, den seine Propagandisten gewissenhaft förderten.

Dennoch behaupten viele überzeugend, daß Peter eine »moderne«, sprich »westliche«, Mentalität besaß. Seine Welt war nicht länger mehr statisch mittelalterlich, er war sich des historischen Fortschritts bewußt, des Aufstiegs und Niedergangs von großen Reichen, der Möglichkeit, daß jetzt Rußland am Zuge sei, als bedeutende Nation ins Blickfeld zu treten. Der Wunsch nach verstärkten Wirtschaftsbeziehungen und militärischem Erfolg kann an sich kaum als »modern« bezeichnet werden, aber die aktive Ermunterung kapitalistischer Handelsformen und das intensive Interesse an den Naturwissenschaften waren es. Eine Erweiterung des Horizonts, ein Gefühl neuer Möglichkeiten, ähnlich wie im Europa der Nachrenaissance, sind Teil des petrinischen Zeitalters. Doch dahinter verstecken sich auch Schattenseiten. Zugegebenermaßen war der Zugang zu Informationen leichter geworden, ab 1703 wurde eine Art öffentlicher Zeitung gedruckt, doch gab es eine beispiellose strenge Kontrolle abweichender Meinungen, und Peter ging es mehr um die Verbreitung von Propaganda (besonders im Ausland) als um freien Meinungsfluß. Der Dienststaat, der unter Peter zu einem schönen Vehikel für die Verwirklichung des Absolutismus heranwuchs, beruhte im wesentlichen auf einem durch und durch »unmodernen« Konzept. Mehr als die Hälfte von Peters Leben spielte sich im 17. Jahrhundert ab. Er muß also mit Zeitgenossen verglichen werden wie den englischen Stuarts, Ludwig XIV. von Frankreich oder Friedrich Wilhelm I. von Preußen – allesamt linkische, von fixen Ideen besessene und starrsinnige Persönlichkeiten, die merkwürdig weit von modernen Vorstellungen und Begriffen entfernt sind.

Peters Vermächtnis erschien vielen späteren Russen im Guten wie im Bösen allumfassend. Die Verehrung seiner Person trieb seltsame Blüten. Manche Anhänger vergötterten ihn so fanatisch, daß sein Porträt wie eine »Ikone« behandelt wurde. Feofan Prokopowitsch, der westrussische Kirchenmann, der Peters führender intellektueller Propagandist wurde, verhielt sich seltsam ungeistlich. Er erhob den Herrscher, der das Patriarchat abgeschafft hatte, in beinah gottähnliche Höhe. Neben konkreten Hinterlassenschaften wie der russischen Flotte und der neuen Hauptstadt St. Petersburg betraf Peters Erbe das Verhältnis zur Macht und ihrer Ausübung und das Bild, das die Russen von sich selbst hatten, und wie sie im Ausland gesehen wurden.

Wie auch immer wir die petrinischen Reformen beurteilen, die Stärke seines persönlichen Beispiels läßt sich kaum leugnen. Als unermüdlicher Arbeiter mit bescheidenen, wenn auch nicht asketischen Ansprüchen, der selbst mit dem niederen Volk auf vertrautem Fuße stand, erwarb er sich das Image eines dynamischen Mannes und beeindruckte auch außerhalb Rußlands sehr. In einem unveröffentlichten englischen Manuskript schilderte ein Kaufmann die Kontaktnahme mit Peter in Archangelsk: »Er ist kein stolzer Mann, versichere ich Ihnen, denn er nimmt mit jedermann die Mahlzeiten ein und ist mit allen fröhlich ... Er lud all die unangenehmen Seeleute ein, mit ihm zu essen.« Er war einer der ersten großen politischen Voluntaristen der Moderne, einer derjenigen, die daran glauben, daß durch Willenskraft und Leistung die Welt zu verändern sei. Energische Menschen seiner Art denken normalerweise, daß der Erfolg die Mittel heiligt, und zu den Mitteln gehört gewöhnlich die Grausamkeit. Peter war zwar fähig zur Grausamkeit, aber er war nicht sadistisch, außer im Fall der Strelitzen. Er wandte die Todesstrafe nicht oft oder kritiklos an.

Doch die Erinnerung an die unangenehmen Folgen seines unbeugsamen Willens leben fort und vermischen sich (wie bei Iwan IV.) mit den großen Leistungen, als seien Ruhm und Grausamkeit untrennbar miteinander verbunden. Alexander Puschkin erfaßte das sehr gut in dem berühmten Poem *Der eherne Reiter* und auch in der Versdichtung *Poltawa*, in denen er die Persönlichkeit Peters mit ihren positiven und negativen Seiten beschwört. Die Auswirkungen des Petrinismus auf Rußland waren, was den Kultus um den Herrscher betrifft, weder im ganzen noch in einzelnen Aspekten unbedingt positiv: weder die »Vergöttlichung« der reinen Macht in der Person eines Zaren, der auf die göttliche Sanktion verzichtete, noch der Glaube an die Wirkungskraft einer einzelnen übermenschlichen Anstrengung, alles neu oder besser zu machen. Doch wurde die petrinische Ära, wie groß auch der Schatten war, den sie auf die russische Geschichte warf, zweifellos eine Quelle der Legendenbildung.

*Unten:* Eine Seite aus *Wedomosti* (vom 30. November 1723), der ersten in Rußland gegründeten Zeitung. Sie wurde in St. Petersburg herausgegeben und brachte Berichte aus dem Ausland. Hier wird über die Beendigung eines Staatsbesuches, den König Georg I. von England Berlin abstattete, berichtet. Man beachte die klare, neue, »bürgerliche« Schrifttype, die Peter der Große einführte, sowie die Ansicht der Newa in St. Petersburg auf der Vignette oben.

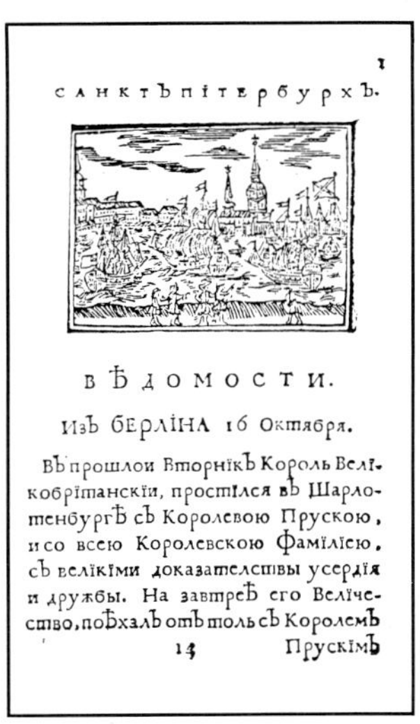

1

санктъпітербурхъ.

вѣдомости.

Изъ Берліна 16 Октября.

Въ прошлои вторнікъ Король Велікобрітанскіи, простілся въ Шарлотенбургѣ съ Королевою Прускою, и со всею Королевскою Фаміліею, съ велікіми доказателствы усердія и дружбы. На завтреѣ его Велічество, поѣхалъ отъ толь съ Королемъ

14 Прускімъ

# Das russische Barock

Der kulturelle Einfluß des Westens brachte in Verbindung mit der starken einheimischen Tradition eine manchmal ungleichgewichtige, aber oft faszinierende Stilmischung hervor. Sie ist besonders auffällig in den russischen Barockbauten. Diese Stilrichtung blühte von den 1680er bis zu den 1760er Jahren und zeitigte einige der bedeutendsten Bauwerke der gesamten russischen Architektur.

Wenigstens vier Formen des »Barock« können unterschieden werden. Gemeinsam ist ihnen das Bemühen um mehrfarbige Ausschmückung mit pastellfarbenen Mauern, auf denen Details in Weiß abgehoben sind, die Verwendung von Kacheln, Vergoldungen sowie kunstvoll ausgearbeitete Fensterumrahmungen. Die Blüte des »Moskauer Barocks« war nur kurz und fiel im wesentlichen mit der gemeinsamen Regierungszeit (1682–1696) der jungen Zaren Iwan V. und Peter I. zusammen. Förderer dieses Stils waren die führenden Familien der Naryschkins, Golizyns, Scheremetjews sowie die Regentin Sophia. Das »Moskauer Barock« ist sehr eigenständig und bildet die letzte Stufe der altrussischen Architektur mit einer Fülle von aus dem Westen übernommenen Details, die man vermutlich zumeist aus Architekturhandbüchern kennen lernte. Das »petrinische Barock«, das besonders mit den frühen Jahren St. Petersburgs in Verbindung steht (obwohl es seinen Ursprung in Moskau hatte), war vergleichsweise bescheiden und nüchtern. Das späte, während der Herrschaft Elisabeths (1741–1761) blühende »elisabethanische Barock« wurde in erster Linie durch die Paläste Rastrellis bekannt. Auch das »Ukrainische Barock« verdient Erwähnung. Es war ein Ableger des mitteleuropäischen Barocks, hatte aber eigene Formen.

*Oben links:* Die Mariä-Schutz-Kirche (um 1693) im Moskauer Vorort Fili ist ein Beispiel für die Barockarchitektur der Moskauer Kirchen. Im Auftrag der Naryschkins erbaut, erhebt sie sich verjüngend wie eine Pyramide über einem Grundriß, der die Form eines Vierpasses hat. Die Bauweise deutet auf das Werk von Jakow Buchwostow, des besten Moskowiter Architekten jener Zeit.

*Links:* Bartolomeo Rastrelli (1700–1776), Sohn des eingewanderten italienischen Bildhauers Carlo Rastrelli, arbeitete in und um St. Petersburg sowie für Ernst von Bühren (Biron) in Kurland. Sein Einfluß wurde zur Zeit von Zarin Elisabeth (1741–1761) maßgebend. Das hier gezeigte »Große Schloß« in Sarskoje Selo (heute Puschkin) gehört zusammen mit dem sogenannten Vierten Winterpalast in Petersburg (beide in den 50er Jahren) zu Rastrellis Meisterwerken. Die Kapelle ist durch typisch »elisabethanische« vergoldete Kuppeln gekrönt.

*Rechts:* Wenige Privathäuser blieben aus der Zeit Peters des Großen erhalten. Der Kikin-Palast nahe dem Smolny in Leningrad ist ein seltenes Beispiel, wenn er auch seit seiner Erbauung 1714 stark restauriert wurde. A. V. Kikin war einer der engsten Vertrauten Peters, aber er riet dem Zarewitsch Alexej, ins Ausland zu fliehen, und wurde 1718 hingerichtet. Von den fünf Häusern, die Kikin in Petersburg besaß, war dies zweifellos das großartigste, doch ist seine Architektur, wie viele petrinische Bauten, unprätentiös. Charakteristisch sind die Pilaster, die symmetrisch vorspringenden Flügel und die naiv-fröhlichen Ziergiebel. Erhalten blieben auch einige Holzhäuser, in denen Peter gewohnt hat, sein bescheidener Sommerpalast, Menschikows unregelmäßiger Palast an der Newa sowie ein Haus in der Bersenewka in Moskau. Ferner sind Entwürfe des schweizerischen Architekten Trezzini für Petersburger »Musterhäuser« erhalten, die für verschiedene Gesellschaftsschichten gedacht waren.

*Oben:* Obgleich das Moskauer Barock ziemlich plötzlich Fuß faßte, hatte es doch seine Vorgeschichte. Bereits im 17. Jahrhundert tauchten westliche Motive auf, besonders bei dekorativen Fensterumrahmungen, sowie ein außerordentlich ornamentaler Manierismus und ein auf effektvolle Wirkungen bedachter Stil. Eine unvergleichliche Ansammlung von Bauten im Moskauer Barock stellt das Neue-Jungfrauen-Kloster am südwestlichen Zugang der Stadt dar. Die Hauptkathedrale ist ein einfacher »offizieller« Bau des 16. Jahrhunderts. Fast alles wurde während der Regentschaft der Zarin Sophia entworfen oder gebaut. Sophia selbst wurde später hier von Peter gefangengehalten. Die dicken, festen Mauern und Türme sind von zartem Filigranwerk gekrönt. Es gibt zwei ganz unterschiedlich gebaute Torkirchen, charakteristische Privat- und Wirtschaftsgebäude (hier auf dem Bild) und einen großartigen Glockenturm mit sich nach oben verjüngenden Stockwerken.

# DAS REICH NACH PETER

## Die Mäuse und die Katze

Das von Peter erlassene Gesetz, wonach jeder Herrscher seinen Nachfolger selbst ernennen könne, war so weit entfernt von der menschlichen Realität, der russischen Tradition und den tatsächlichen Vorgängen der Machtübertragung, daß es im 18. Jahrhundert – in dessen weiterem Verlauf sieben Zaren und Zarinnen auf Peter folgten – nur zweimal de facto angewendet wurde, und beide Male zugunsten kurzlebiger und ungeeigneter Regenten. Das erste Mal war 1740, als die Kaiserin Anna den Thron ihrem neugeborenen Großneffen (Iwan VI.) übertrug. Dieses eigenwillige Vermächtnis erwies sich auch als verhängnisvoll für den Empfänger selbst. Der zweite, der auf diese Weise ernannt wurde, war im Jahr 1742 Peter III. Unter Zar Paul I. wurde 1797 das Nachfolgegesetz Peters I. zugunsten des Erstgeburtsrechts abgeschafft, aber trotzdem kam es 1825 zu einer weiteren großen Krise um das Erbe auf den Zarenthron.

Die Nachfolger Peters im 18. Jahrhundert werden mit Ausnahme Katharinas II. meist als mittelmäßig abgetan. Hierbei ist aber zu berücksichtigen, daß eine Regierung, die so aus dem Rahmen fiel wie bei der Ausnahmeerscheinung Peter, bei den meisten Untertanen geradezu den Wunsch nach Normalität auslösen mußte. Die Schadenfreude vieler »kleiner« Leute beim Tode ihres Unterdrückers wird denkwürdig in verschiedenen populären Holzschnitten allegorisiert, die nach Peters Ableben in Umlauf kamen und illustrieren »wie die Mäuse die Katze begruben«. Was uns an diesen Herrschern, von denen einige nur kurz regierten, interessiert, ist nicht so sehr ihre Persönlichkeit, sondern in welchem Maße die petrinischen Reformen in mittelmäßigen, aber ruhigeren Zeiten überdauerten, angepaßt oder einfach beiseite gelegt wurden.

Wenn die Autokratie die Zügel lockert, gibt es andere Kräfte, die nach der Macht greifen. Die Aufeinanderfolge dominierender Interessengruppen, die ziemlich abrupt nach oben gelangten, um ebenso rasch wieder zu fallen, war ein Wesenszug dieser Periode. Die Thronbesteigung Katharinas I. beim Tod ihres Gemahls bedeutete einen Höhepunkt für die Beamten Peters, namentlich für Menschikow (dessen skrupellose Habgier ihn in den letzten Jahren in Verruf gebracht hatte). Die an der Politik desinteressierte Katharina I. etablierte einen »Obersten Geheimen Rat« für die täglichen Staatsgeschäfte. Er stand über dem Senat und war ein oligarchisches Kabinett aus »neuen Männern« (ehemalige Mitstreiter Peters von verhältnismäßig niederer Herkunft) und Vertretern des alten Adels, aber Menschikow hatte den dominierenden Einfluß. Diese Institution befaßte sich nach besten Kräften damit, negative Auswirkungen der petrinischen Reformen auf Rußland zu mildern, etwa durch Herabsetzung der drückenden Kopfsteuer.

Katharina I., die sehr dem Alkohol zusprach, regierte nur zwei Jahre. Bei ihrem Tod war ein einziger männlicher Erbe der Romanow-Linie übrig geblieben: des unglücklichen Alexej elfjähriger Sohn Peter, ein Kind von hoher Statur, kräftig und intelligent. Angeblich hatte Katharina I. ein Testament gemacht, in dem sie ihm die Kaiserwürde hinterließ, wiewohl nahezu sicher ist, daß andere dafür verantwortlich waren. Jedenfalls wurde die Thronfolge nicht angefochten. Der »Oberste Geheime Rat« übernahm die Regierung, und Menschikow versuchte sofort, das Leben des jungen Zaren zu bestimmen, wie er schon dessen Vater vor mehr als 20 Jahren erzogen – und eingeschüchtert – hatte. Er arrangierte sogar eine Verlobung mit seiner eigenen Tochter Maria. Jedoch scheint Peter II. trotz seiner zarten Jugend sowohl die Entschlossenheit seines Großvaters wie auch das Mißtrauen seines Vaters gegen die Anhänger des »neuen Zeitalters« geerbt zu haben. Im Bündnis mit der altadeligen Familie der Dolgorukijs konnte er die Verhaftung Menschikows erreichen und ihn nach Sibirien verbannen, wo dieser verstarb. Auch Peter Tolstoj, der Verräter an Alexej, der inzwischen über 80 Jahre zählte, wurde für den Rest seiner Tage auf eine Insel im Weißen Meer ins Exil geschickt. Die Straßen von Petersburg verödeten, und eine offizielle Verlegung der Hauptstadt zurück nach Moskau schien unmittelbar bevorzustehen. Der jetzt 14jährige Peter II. wurde mit einer Dolgorukij-Tochter verlobt, aber plötzlich erkrankte er an den Pocken und verschied im Januar 1730 am geplanten Hochzeitstag. Einige der Dolgorukijs erhoben – wenig überzeugend – den Anspruch, er habe den Thron seiner Verlobten hinterlassen. Peter II. war bereits ein Herrscher mit ausgeprägten eigenen Vorstellungen, wenn ihm auch noch die geistige Schulung fehlte, und es wäre interessant zu spekulieren, welchen Verlauf die russische Geschichte ohne seinen frühen Tod genommen hätte.

Dieser volkstümliche Holzschnitt *(lubok)* ist einer aus einer ganzen Reihe mit Darstellung einer großen Katze, die von den Mäusen, die sie gequält hatte, zu ihrer Beerdigung geleitet wird. Diese Holzschnitte zirkulierten in weiten Kreisen nach dem Tod Peters des Großen 1725 als Allegorien der verschiedenen Gruppen in der Bevölkerung, die Peter verfolgt hatte. Die lustige und ausdrucksvolle Kunstform des *lubok* (oft mit satirischer Aussage) blühte vom 17.–19. Jahrhundert.

## Anna und der deutsche Einfluß

In dieser plötzlichen Krise übernahm der »Oberste Geheime Rat«, in dem jetzt die Dolgorukijs und Golizyns

Katharina I. (Zarin 1725–1727), hier von Jean Marc Nattier dargestellt, wurde 1684 als Marfa Skawronskaja in Livland geboren. Aus einer Bauernfamilie stammend, wurde sie die Geliebte Peters des Großen und 1712 seine zweite Frau. Katharina übte einen beschwichtigenden Einfluß auf den Zaren aus und war die einzige Person, die die Muskelkrämpfe beruhigen konnte, zu denen er neigte (wahrscheinlich milde epileptische Anfälle, die von einem schweren Fieber herrührten). Peter ließ sie 1724 zur Kaiserin krönen, und als er ein Jahr später starb, ohne einen Nachfolger benannt zu haben, setzten die Garderegimenter sie trotz ihrer mangelnden Bildung und einfachen Herkunft auf den Thron, da sie große Popularität genoß.

das große Wort führten, die Aufgabe, einen Thronfolger zu finden. Da kein männlicher Romanow der Herrscher-Linie mehr am Leben war, tat der Rat einen kühnen Schachzug, der mit seinen ungewollten Folgen einen wichtigen, oft unterschätzten Wendepunkt in der russischen Geschichte darstellt. Statt eine der Töchter aus der Ehe Peters I. mit Katharina zu wählen, verfielen sie auf Anna, eine Tochter von Peters Mitzaren Iwan V. Sie war verwitwete Herzogin von Kurland (einem kleinen, halb unabhängigen Fürstentum im Süden des heutigen Lettland). Unter der Führung von Wasilij Dolgorukij reiste eine Abordnung des Rates in geheimem Auftrag nach Mitau (russisch Mitawa), der Hauptstadt Annas, um einen ungewöhnlichen Vorschlag zu unterbreiten: Sie sollte den russischen Thron besteigen, aber eine Reihe von Bedingungen annehmen, die sie nach heutigen Begriffen zur konstitutionellen Monarchin gemacht hätten – tatsächlich sollten alle Entscheidungen von politischer Bedeutung durch den »Obersten Geheimen Rat« gebilligt oder veranlaßt werden.

Der Gedanke war glänzend. Zwar hatten schon zuvor Frauen Rußland regiert, aber nur in der Funktion als Zarenwitwen (Katharina I.) und/oder als Regentinnen (Sophia, Natalia Naryschkina, Jelena Glinskaja, selbst die Kiewer Olga). Von Anna durfte man erwarten, daß sie für das Angebot dankbar wäre, zudem verfügte sie als kurländische Herzogin über politische Erfahrung und schien als Mitdreißigerin jung genug, um sich wieder zu verheiraten und einem Erben das Leben zu schenken. Alles deutete auf einen planmäßigen Verlauf der Aktion hin. Anna akzeptierte ohne Widerspruch, unterschrieb die Bedingungen und brach nach Moskau auf, wo sie Ende Februar eintraf. Doch schon Anfang des Monats waren die vom Rat auferlegten Bedingungen durchgesickert, was zu hektischen Aktivitäten des niederen Adels führte, der den Hauptanteil der Soldaten und Offiziere in den Garderegimentern stellte. Die meisten von ihnen fürchteten, daß eine oligarchische Clique der Hocharistokratie das petrinische System umformen wollte, das den Niedriggeborenen zumindest im Prinzip die gleichen Aufstiegschancen gegeben hatte.

Die Auseinandersetzung in der großen Empfangshalle des Kremls war dramatisch. Wir besitzen einen genauen Bericht darüber, den General Manstein, ein ausländischer Augenzeuge, aufzeichnete. Anfang März versammelten sich – von den Wachen streng observiert – der Rat, der Senat und eine große Zahl des niederen Dienstadels, um die Lage zu klären. Ein Abgeordneter des niederen Adels machte geltend, daß Rußland stets von souveränen Monarchen regiert wurde und nicht von einem Rat. Er bat Anna, die Zügel der Macht in die eigenen Hände zu nehmen. Sie mimte Erstaunen: »Geschah es nicht mit dem Willen der ganzen Nation, daß ich das mir in Mitau vorgelegte Dokument unterschrieb?« »Nein!« war die laute Antwort, die bei jedem Punkt der Bedingungen wiederholt wurde, die der unglückliche, nach vorn geschobene Wasilij Dolgorukij der Versammlung vorlas. Anna zerriß daraufhin feierlich das von ihr unterzeichnete Papier mit den Worten: »Dann ist dieses Geschriebene nicht nötig«, und forderte das Vorrecht, das ihre Vorfahren genossen hatten: Erbrecht, nicht Wahl durch den Rat. So endete der einzige Monat konstitutioneller Monarchie, den Rußland bis 1906 erleben sollte.

Offenkundige Verlierer dieser Ereignisse von 1730 waren die Mitglieder des »Obersten Geheimen Rates« und der durch ihn vertretene Hochadel, denn das Gremium wurde sofort aufgelöst. Annas Regierung geriet aber schon bald in Verruf wegen der Willkürakte und strengen Strafen. Trotz ihres entschiedenen Auftretens im Kreml schien sie sich nicht sehr für die Staatsgeschäfte zu interessieren. Der Senat erhielt seine frühere hohe Stellung nicht zurück, statt dessen übte eine kleine Gruppe – noch kleiner sogar als der ehemalige Rat – die Macht aus. Ernst Johann von Bühren (russifiziert Biron), ein baltendeutscher Baron und Annas Günstling aus den Tagen in Kurland, war die Schlüsselfigur. Die ganze Periode der Unterdrückung wurde von den Russen *bironowschtschina* (»Biron-Regime«) genannt.

Rückblickend hielt man diese und die folgende kurze Regierung Iwans VI. für eine Zeit, in der die »deutsche Partei« völlig dominierte. Dies ist eine Übertreibung oder eine zu große Vereinfachung. Die betreffenden Deutschen waren unterschiedlicher Herkunft und hatten keineswegs gemeinsame Ansichten. Zu ihnen gehörten B. Ch. Münnich, ein Soldat und Techniker, der Bührens Sturz in die Wege leitete, sowie der schlaue, erfahrene Politiker H.J.F. Ostermann, der völlig russifiziert war, seitdem ihn Peter I. als 17jährigen 1703 in seine Dienste genommen hatte. In der Tat muß man feststellen, daß diese »Germanisierung« der Aristokratie eine direkte, wenn auch unwillkommene Folge der petrinischen Politik darstellte – und nicht nur, weil Peter so viele Deutsche und Nordeuropäer ins Land geholt hatte, um vor allem seine neuen Ministerien und »Kollegien« zu besetzen. Nach Peters Heirat mit der niedriggeborenen Katharina I. und der seines Sohnes mit einer deutschen Prinzessin fand die russische kaiserliche Familie durchweg ihre Ehepartner in kleinen westeuropäischen (meist deutschen) Fürstenhäusern, statt in der orthodoxen russischen Aristokratie, wie es im Moskauer Reich üblich gewesen war. Es wurde daher ganz allgemein behauptet, daß Rußland in der ersten Hälfte des 18. Jahrhunderts und auch noch später die kulturelle und politische Atmosphäre eines deutschen Duodezfürstentums besaß.

**Elisabeth**

Anders als erhofft, heiratete Anna nicht wieder und bekam keinen Erben. Nach den Klauseln des Nachfolgegesetzes von Peter I. vermachte sie den Thron dem zwei Monate alten Sohn ihrer Nichte Anna Leopoldowna, der Enkelin Iwans V. Sie war die Tochter von Karl Leopold von Mecklenburg und Gemahlin des Prinzen Anton Ulrich von Braunschweig-Wolfenbüttel. Eine Urkunde, die von Ostermann bezeugt wurde, bestimmte Bühren zum Regenten. Dies trieb die Germanisierung zu weit. Münnich und Manstein setzten Bühren ab und übergaben die Regentschaft an Iwans leichtlebige und dümmliche Mutter Anna Leopoldowna. Nach einigen Monaten des Zögerns sammelten sich antideutsche Kräfte, zu denen auch einige Franzosen gehörten, um jene Persönlichkeit am Hofe, die echt russischer Herkunft war, aus der Romanow-Dynastie stammte und nicht abgeneigt war, die Thronfolge anzutreten. Es handelte sich um Elisabeth, die 32jährige Tochter Peters des Großen. Mit der begeisterten Unterstützung der älteren Garderegimenter (Anna hatte ein neues gegründet) ließ sich der Staatsstreich leicht durchführen, und Elisabeth wurde im Dezember des Jahres 1741 Kaiserin. Anna Leopoldowna hingegen sah sich mit Gemahl und Familie nach Cholmogory nahe Archangelsk verbannt, wo sie bis zu ihrem Tod (1746) ein kümmerliches Leben fristete, während der abgesetzte Zar Iwan VI. auf die Festungsinsel Schlüsselburg in der Newa gebracht wurde.

Elisabeth versprach einen neuen Regierungsstil. Sie räumte nicht nur mit der »deutschen Partei« auf, sondern hatte auch ein anziehenderes Wesen als Anna. Sie sah gut aus, war kontaktfreudig, klug und mitfühlend. Berühmt wurde sie, weil sie die Todesstrafe abschaffte, oder – genauer – sich weigerte, Todesurteile zu bestätigen. Es ist interessant, daß nach ihr, während des ganzen 18. und 19. Jahrhunderts, die Todesstrafe meist nur in Fällen des Verrats oder der bewaffneten Rebellion zur Anwendung kam. Jedoch wurden manchmal Strafen verhängt, die den Tod verursachen konnten, wie beispielsweise 50 Schläge mit der Knute. Nicht abgeschafft wurde die Folter, auch nicht die Geheimpolizei, die von Peter II. zeitweilig aufgelöst, aber unter Anna wieder eingeführt worden war. Die Günstlingswirtschaft nahm weniger unberechenbare und eklatante Formen an, blieb aber erhalten. Es traten neue Familien in Erscheinung, vor allem die Rasumowskijs und die Schuwalows. Alexej Rasumowskij, ein einfacher ukrainischer Bauernsohn, war aufgrund seiner schönen Stimme in den kaiserlichen Chor gekommen, wo er Elisabeths Aufmerksamkeit erregte und sie vermutlich im geheimen heiratete. Der Staatsmann der Familie war Alexejs Bruder Kirill. Unter den Mitgliedern der Familie Schuwalow war Iwan der fähigste und aufgeklärteste. Er gilt als die treibende Kraft bei der Gründung der Petersburger Akademie der Künste (1757) und der Moskauer Universität (1755).

Schlüsselburg – hier nach einem Druck des 19. Jahrhunderts – nimmt eine kleine Insel in der Newa ein und beherrscht den Zugang zum Ladoga-See. Peter konnte St. Petersburg erst gründen, nachdem er die Schweden aus dieser Festung vertrieben hatte. Hier verbrachte Iwan VI. die größte Zeit seines kurzen traurigen Lebens. Anna hatte ihn zum Erben benannt, als er noch ein Kind war, aber nach 15 Monaten wurde er von den Anhängern Elisabeths abgesetzt und in Schlüsselburg interniert. Als Anfang Juli 1764 ein Versuch gemacht wurde, ihn zu befreien und zum Zaren auszurufen, tötete ihn seine Wache.

Obwohl Anna und Elisabeth sich im Wesen unterschieden, und die kulturelle Atmosphäre unter ihnen jeweils eine ganz andere war, kann man in ihren Regierungen eine fortlaufende Linie erkennen. Rußlands Stellung in der europäischen Politik, die Peter I. so mühevoll und unsicher begründet hatte, festigte sich stetig – vor allem dank kluger Diplomatie und der nunmehr schlagkräftigen Armee (Rußlands unbesiegtes Militärgenie Suworow begann zu dieser Zeit seine Laufbahn). Rußland sah sich wiederholt bedroht, einmal von Schweden, das aus dem Interregnum von 1741 Vorteile zog, und dann von der Türkei (1736–1739), gewann aber im Gegenzug einen Teil Finnlands und das so schwer zu haltende Asow. Von nun an war Rußland in das europäische Bündnissystem eingebunden, auf das wir hier im einzelnen nicht einzugehen brauchen. Der verläßlichste Verbündete war Österreich, der hartnäckigste Feind Frankreich. Großbritannien war im großen und ganzen ein Freund und überdies ein guter Handelspartner, Preußen blieb im allgemeinen feindlich eingestellt, und als Rußland sich in den Siebenjährigen Krieg (1756–1763) einmischte und damit seine größte europäische Intervention dieser Epoche unternahm, hätten seine erfolgreichen Truppen leicht Ostpreußen erwerben können: Friedrich der Große wurde schließlich nur durch Elisabeths Tod gerettet und schloß dann mit dem neuen Zaren Peter III. ein Bündnisabkommen.

Anna wie Elisabeth versuchten bewußt, sich mit den Leistungen Peters des Großen zu identifizieren. Die praktische Folge war, daß St. Petersburg nach Peter II. wieder fester Regierungssitz wurde und sich in dieser Periode zu einer großen Stadt im europäischen Maßstab zu entwickeln begann. Was die Zügellosigkeit von Annas Hofleben betraf, so sind zahlreiche Geschichten über geschmacklose Späße überliefert, die sogar die sehr ausgeprägte Rüpelhaftigkeit Peters I. in den Schatten stellten. Es ist bezeichnend, daß sechs ihrer Hofnarren aus alten Adelsfamilien stammten. Die entspanntere Atmosphäre zur Zeit Elisabeths führte zu leichtsinnigen Geldausgaben, besonders durch die Zarin selbst, deren Kreditwürdigkeit mit zunehmender Zerrüttung der Staatsfinanzen schwand.

Elisabeth (Zarin 1741–1762) nach einem Barockporträt von Pietro Rotari (1743). In ihrer ersten Regierungsphase war sie eine bezaubernde Persönlichkeit – schön, milde und volkstümlich. Als letztes überlebendes Kind von Peter dem Großen und Katharina I. wurde sie durch einen Staatsstreich auf den Thron gebracht (auf Kosten des unglücklichen Kindes Iwan VI. und der ganzen »deutschen Partei«).

Bewundernswert war die Bautätigkeit, die unter Anna begann und in Elisabeths mittleren Jahren eindrucksvoll zunahm. Die Nüchternheit der petrinischen Barockarchitektur wurde durch Stilmittel des Rokoko aufgelockert, doch machen sich in Bartolomeo Rastrellis großen, vielfach gegliederten Palästen auch bereits klassizistische Strukturen bemerkbar. Die Epoche ist vor allem wegen ihrer Palastarchitektur berühmt, zu deren prachtvollsten Beispielen das »Große Schloß« in Sarskoje Selo und der Petersburger Winterpalast gehören. Da aber Elisabeth auf eine sehr persönliche Weise fromm war, erlebte unter ihr auch der orthodoxe Kirchenbau einen neuen Aufschwung, wobei die Kuppel wieder als krönender Abschluß verwendet wurde.

### Der Dienstadel des 18. Jahrhunderts

Anna und Elisabeth unterminierten das Erbe Peters, indem sie dessen äußerst gerechten, auf dem Dienstprinzip aufgebauten Staat durch eine Reihe von Maßnahmen aus dem Gleichgewicht brachten. Keine von ihnen war für sich sehr bedeutungsvoll, aber zusammen machten sie das Leben für die Dienstleistenden weit weniger beschwerlich, für die Bauern aber um so härter. Vielleicht wollte Anna den Dienstadel für die Unterstützung entschädigen, die er ihr gegen den »Obersten Geheimen Rat« gegeben hatte. Das unpopuläre petrinische Gesetz über die ungeteilte Erbschaft wurde abgeschafft und die Dauer der Dienstpflicht verkürzt. Den Landbesitzern gewährte man nach dem Rotationsprinzip lange Beurlaubungen zum Aufenthalt auf ihren Gütern. Von den männlichen Mitgliedern einer Landbesitzerfamilie brauchte eines überhaupt keinen Dienst zu leisten. Die Kinder des Adels konnten von früher Kindheit an in Eliteregimenter eingeschrieben werden, dieser Zeitpunkt galt dann als Anfang ihres Dienstes. Im Jahr 1762 war der Boden für die völlige »Befreiung« der dienstleistenden Klasse bereitet. Wegen solcher Maßnahmen wurde das 18. Jahrhundert in Rußland von Historikern allgemein als »Zeitalter des Adels« beschrieben.

Sicherlich erhielt in diesem Jahrhundert die Oberschicht, die einen Bruchteil der Bevölkerung ausmachte, nicht denselben materiellen Gewinn, den die wachsende, wenn auch primitiv geleitete Wirtschaft erzielte, aber sie erfreute sich einer freieren Berufswahl und einer Erweiterung des geistigen Horizontes aufgrund verbesserter Bildung. Auch konnte sie ins Ausland reisen und hatte einen ungleich größeren Zugang zu Druckschriften. Abgesehen von ganz wenigen wirklich reichen Familien, die ihr Geld sehr oft in Hofkreisen verschwendeten, war der Status des gewöhnlichen Adels aber weder luxuriös noch gesichert. Man muß zunächst fragen, wer denn eigentlich zum »Adel« gehörte. Für die Länder Westeuropas, wo es seit dem Feudalismus einen landbesitzenden Adel gab, ist die Abgrenzung ziemlich einfach zu treffen. Schon vor Peter dem Großen stellte sich in Rußland die Lage weit weniger klar dar, denn der Adel gründete hier auf dem Dienst, war mithin mehr ein Geschenk des Zaren als ein Rechtsanspruch. Im vorpetrinischen Rußland kannte man keinen anderen Titel als »Fürst«, besaß keine Ritterorden und keine Tradition des Rittertums. Selbst die Dienstlisten mit der Rangplatzordnung *(rasrjadnye knigi)* waren unter Zar Fjodor III. vernichtet worden. Da kein Erstgeburtsrecht bestand, wurde privater Landbesitz von Generation zu Generation aufgeteilt, und um nicht zu verarmen, blieben die meisten Adelsfamilien auf Landschenkungen angewiesen, die mit Dienstpflicht verknüpft waren. Viele »Adlige« sanken auf das Niveau von Bauern herab. Eine ganze Gruppe von ihnen, die *odnodvorzy* (»Einhöfer«), die besonders zahlreich im südlichen Mittelrußland lebten, kämpften ohne großen Erfolg das ganze 18. Jahrhundert hindurch, um sich Reste eines besonderen Status zu bewahren. Zur selben Zeit konnten Bürgerliche durch ihren Dienst geadelt werden, was mit der Einführung von Peters Rangtabelle dann automatisch erfolgte. Die Vertreter des Erbadels konnten sich im 18. Jahrhundert durchaus verunsichert fühlen. Sie sahen sich von ehrgeizigen »neuen Männern« (besonders Söhnen des Klerus) bedroht, die geistig für eine Dienstkarriere besser geeignet schienen. Trotz Peters Gehaltstabelle für Dienstränge fielen die Bezüge gering aus und wurden nicht immer regelmäßig ausgezahlt. Da die Erbadeligen fern von ihrem Landgut lebten, konnten sie es nicht beaufsichtigen, und aufgrund ihrer Erziehung und ihrer »ausländischen« Verhaltensformen, die von der Tradition der alten Umgebung abwichen, waren sie ihrer Familie, die sie selten sahen, entfremdet.

### Die Leibeigenen

Im Gegensatz zu den Verbesserungen für den Dienstadel verschlechterten sich im 18. Jahrhundert die Bedingungen der Leibeigenen. Die Leibeigenen, die ihrer Lage entgehen wollten, konnten sich nicht mehr einfach vom Herrenland davonstehlen. Wer solche Läuflinge aufnahm und beschäftigte – es herrschte in vielen Teilen Rußlands immer ein Mangel an Arbeitskräften –, mußte mit gerichtlicher Verfolgung rechnen. Zudem wurde die Leibeigenschaft in dieser Periode stark erweitert. Anna (1730–1740) begründete die Tradition, Dienstleute mit staatlichem Landbesitz zu entlohnen: Die dort ansässigen Staatsbauern, für die Schollenpflicht bestand, die ansonsten jedoch – vorausgesetzt sie zahlten ihre Seelensteuer – in ihrer Lebensführung frei waren, sahen sich über Nacht durch die neuen Gutsherrn zu Leibeigenen gemacht. Annas Nachfolger setzten diese Praxis fort, weil sie eine probate Entlohnungsmöglichkeit in einem Land darstellte, wo selbst bei Hof Bargeld knapp war, aber wo noch große territoriale Expansionen stattfanden, auch in dichtbesiedelten, fruchtbaren Gebieten im Westen. Da der Bedarf

**Die Ausdehnung des Russischen Reiches im 18. Jahrhundert**
Nachdem Peter der Große die baltischen Staaten Estland und Livland gewonnen und St. Petersburg zu seiner Hauptstadt gemacht hatte, war die Basis für einen Wohlstand gelegt, der aus dem zunehmenden Handel mit dem Westen erwuchs. Die größten territorialen und strategischen Gewinne wurden jedoch unter Katharina II. erzielt. Seit dem 12. Jahrhundert war zum ersten Mal wieder der Zugang zum Schwarzen Meer sichergestellt. Die Krim wurde 1783 annektiert und durch Potemkins Programm zur Besiedlung und Eingliederung neu hinzugekommener Territorien rasch russifiziert. Als die Auseinandersetzungen mit den Osmanen 1791 beendet waren, entstand der Hafen Odessa als südliches Gegenstück zu St. Petersburg. Die enorme Ausdehnung des Reiches nach Westen war das Ergebnis der Teilung Polens zwischen Rußland, Preußen und Österreich.

am Staatsdienst des Adels nachgelassen hatte, mußten die Leibeigenen überall damit rechnen, daß die Grundbesitzer viel stärker in ihr Leben eingriffen. Sie waren nun die meiste Zeit persönlich auf ihren Domänen präsent. Während unter Peter ihre erzwungene Abwesenheit die Produktivität der Güter gemindert hatte, konnten sie jetzt mit den althergebrachten Produktionsformen experimentieren und den Bauern zusätzliche Arbeiten und Risiken zumuten. Sie konnten auch – mit wechselndem – Erfolg quasi-militärische Vorschriften und Stundenpläne aufstellen.

Schädlicher für die alte Gesellschaftsstruktur im 18. Jahrhundert erwies sich aber der Umstand, daß immer mehr Leibeigene vom Land abgezogen wurden. In erster Linie lag dies an der verstärkten militärischen Rekrutierung, die Peter eingeführt hatte. Die Rekruten wurden nach Ableistung des Dienstes zwar frei, standen dann allerdings schon in hohem Alter und waren wahrscheinlich ihrer früheren bäuerlichen Existenz entfremdet. Hinzu kam eine zweite Form der Entwurzelung, indem man die Leibeigenen zu häuslichen Diensten in den Städten, für Fabrikarbeit und andere Tätigkeiten verpflichtete, die nicht mit der Landwirtschaft zusammenhingen. Das Dasein im Heimatdorf mochte eintönig und beschwerlich sein, bot aber wenigstens die Vorteile, daß man mit den eigenen Leuten zusammenleben, im eigenen Haus wohnen und seine Geschicke weitgehend selbst bestimmen konnte. Als im 17. Jahrhundert die Leibeigenen zum ersten Mal formal im Gesetzbuch genannt wurden, betrachtete sie die Regierung als Menschen, die unter ihrer besonderen Obhut standen, selbst wenn sie als Schollenpflichtige an ihren Grundherren gebunden waren. Im Verlauf des 18. Jahrhunderts fielen die Leibeigenen immer mehr unter die Machtbefugnis des Grundbesitzers. Sie konnten gekauft und verkauft werden und obwohl dies theoretisch nur zusammen mit dem Land und als Familie möglich war, wurden sie manchmal wie Vieh behandelt. Bei Ungehorsam drohten den Leibeigenen körperliche Strafen, wenn es auch weiterhin gegen das Gesetz verstieß, sie zu töten. Gegen Ende der Regierung Elisabeths

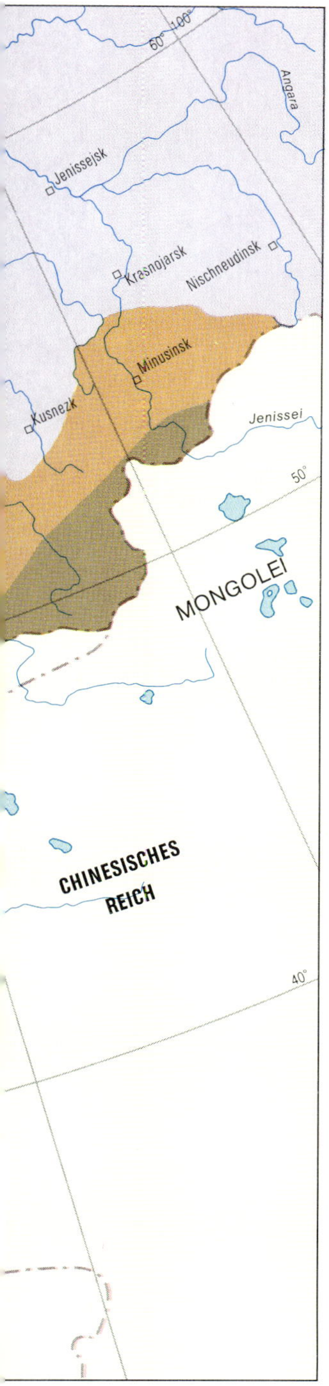


Im Osten nahmen die kasachischen Stämme die Oberhoheit Rußlands hin, als es seine Macht mit den Festungsstädten längs des Jaik (Ural) sichtbar demonstrierte. Aber erst ein Jahrhundert später hatte die Zentralgewalt die Region ganz unter ihrer Kontrolle.

(1760) erlaubte ein Dekret, anmaßende und widerspenstige Bauern mit staatlicher Hilfe nach Sibirien zu verbannen. G. Wernadsky beschrieb dies als den Tiefstpunkt im Rechtsstatus der Leibeigenen, doch sollte man vermerken, daß dieser Erlaß ziemlich selten zur Anwendung gebracht wurde.

Nicht nur Ausländer sondern auch Russen sprachen zu jener Zeit von Leibeigenen als »Sklaven«, wobei die Agitation für die Abschaffung der Sklaverei in der westlichen Welt die Begriffsbestimmung zu einer heiklen Angelegenheit machte. Tatsächlich bestand im Zarenreich immer eine Trennlinie zwischen Leibeigenen und Sklaven (russisch *cholopy* – Knechte), so dünn sie auch zeitweilig erschienen sein mag. Sie drückte sich weniger evident im Rechtsstatus aus (obgleich Leibeigene und Sklaven vor dem Gesetz nie als identisch galten), als vielmehr in der generellen Einstellung. Verschiedene russische und ausländische Zeitzeugen stellten fest, daß der Leibeigene Würde, Humor und ein Selbstwertgefühl besaß, also Eigenschaften, die nicht auf Sklaverei hindeuteten. Relevanter ist wohl die Tatsache, daß die Leibeigenen nicht zu einer besonderen und unverwechselbaren Kaste zählten. Sie gehörten derselben Rasse, Sprache und Religion wie ihre Herren an, natürlich auch wie der Klerus, die Händler und die freien Bauern (Bauern heißen im Russischen *krestjane* – eine Variante des Wortes für »Christen« – und sie wurden durchweg als »Seelen« bezeichnet). Es hatte den Anschein, daß die Leibeigenen in einem tieferen Sinn das Land, das sie bearbeiteten, ebenso als ihren Besitz betrachteten wie ihre Häuser und ihre bewegliche Habe, obwohl sie de facto selbst Eigentum der jeweiligen Grundherren waren.

Der hauptsächlichste Vorteil der Leibeigenen gegenüber den Sklaven bestand aber darin, daß erstere über die Produkte ihrer Arbeit verfügen konnten. Entscheidend war in hohem Maße, wie die Ansprüche des Gutsbesitzers erfüllt werden mußten, ob in Fronarbeit *(barschtschina)* oder durch Pachtgeld *(obrok)*. Zur *barschtschina* gehörte Arbeitspflicht an bestimmten Tagen der Woche auf Feldern des Grundbesitzers, das *obrok*-System sah eine feste Zinsabgabe vor. Die Fronarbeit dominierte dort, wo das Land sehr fruchtbar war, besonders im Schwarzerdegebiet. Dies war die »klassische« Form der Leibeigenschaft, bei der der Grundherr die Bauern genau kontrollieren konnte, die daher wenig Zeit oder Gelegenheit zu zusätzlicher Arbeit hatten, ausgenommen für Heimtätigkeiten, die meist im Winter ausgeführt wurden.

Die *obrok*-Bauern, die in vielen Gebieten des Nordens drei Viertel der Leibeigenen ausmachten, waren in einer ganz anderen Lage. Sie konnten den Boden nach eigenem Gutdünken bebauen, da das aber in der Waldregion kaum lohnte, suchten sie oft um Reisegenehmigungen nach, um sich eine bezahlte Arbeit (meist in Moskau oder Petersburg) zu suchen, während sie in ihren Heimatdörfern registriert blieben. Sie konnten irgendeinem Artel beitreten, das heißt einer kooperativen Gilde gelernter Arbeiter. Ferner stand es ihnen frei, ihr Land unterzuverpachten oder selbst Leibeigene anzustellen. Auf diese Weise wurden zuweilen große, ja sogar Millionenvermögen angehäuft. Es gab auch Fälle, daß begabte Leibeigene von ihren Herren im 18. und frühen 19. Jahrhundert für eine berufliche Ausbildung als Maler, Musiker, Schauspieler und Architekt ausgewählt wurden. Wer solchen Ruhm erlangte, konnte sich die Freiheit erkaufen oder erhielt sie gewährt. War dies nicht der Fall, blieb er dem uneingeschränkten Befehl seines Herrn unterstellt. Es war in der Tat das Willkürsystem der Leibeigenschaft, das sie weithin in Verruf brachte, und nicht so sehr die selten vorkommenden Fälle unerhörter Brutalität. Angemerkt werden muß auch, daß das späte 18. Jahrhundert für die russischen Bauern (gleichgültig ob frei oder leibeigen) offensichtlich eine Zeit relativen Wohlstands gewesen ist, wenn man ihre Lebensbedingungen beispielsweise mit denen irischer und schottischer Landarbeiter oder englischer Fabrikarbeiter vergleicht.

### Die Ereignisse von 1762

Dieses bedeutsame Jahr begann mit dem Tode Elisabeths am 25. Dezember 1761 nach dem Julianischen bzw. am 5. Januar 1762 nach dem Gregorianischen Kalender. Sie war so weitsichtig gewesen, ihren Nachfolger fast 20 Jahre zuvor zu bestimmen, eine Wahl, die zunächst vielversprechend aussah, aber schlimme Folgen zeigen sollte. Karl Peter Ulrich Herzog von Holstein-Gottorp, der nachmalige Peter III., war der Sohn ihrer älteren Schwester Anna Petrowna und erstaunlicherweise der Neffe Karls XII. von Schweden, des alten Widersachers seines Großvaters Peter I. Er hätte auch einen anderen Thron erlangen können, wurde aber als 14jähriger nach Rußland gebracht. Dennoch übte Deutschland auf seinen ziemlich beschränkten Verstand weiterhin einen beträchtlichen Einfluß aus, und das Preußen Friedrichs des Großen faszinierte ihn über die Maßen.

1745 wurde für ihn eine Frau ausgesucht, die aus einem anderen kleinen deutschen Fürstentum stammte: Sophie von Anhalt-Zerbst. Im Alter von 15 Jahren kam sie in Rußland an, wurde im orthodoxen Glauben unterrichtet, auf den neuen Namen Katharina getauft und mit Peter verheiratet. Diese Ehe stand unter keinem glücklichen Stern. Peter war körperlich und geistig von einer fast tödlich verlaufenden Pockenerkrankung gezeichnet, besaß ein rüpelhaftes und interesseloses Wesen und hatte keinerlei Verständnis für die russische Kultur und den orthodoxen Glauben. Anders als er versuchte Katharina, sich den russischen Verhältnissen anzupassen, erwarb rasch eine gute Kenntnis der Umgangssprache und ertrug zähneknirschend ihre einsame, bedeutungslose und recht unsichere Stellung an Elisabeths Hof. Nach Jahren der Kinderlosigkeit bedeutete man ihr, daß ein Erbe erwünscht sei – mit oder ohne Peters Zutun. 1754 wurde Paul geboren, und bis heute bleibt umstritten, ob er wirklich Peters Sohn gewesen ist. Katharina gebar 1762 einen zweiten Sohn, der mit Sicherheit illegitim war und unter dem Namen Alexej Bobrinskij ein ereignisloses Leben führte. (Berichte über andere Kinder entbehren der Grundlage.) Beide Söhne wurden Katharina zu ihrem Kummer sofort weggenommen, um unter der Aufsicht des Hofes großgezogen zu werden. Unterdessen mehrten sich die Anzeichen, daß Peter Katharina verstoßen und seine eigene Favoritin Elisabeth Woronzowa heiraten wollte.

Nach Peters Thronbesteigung brachte ihn seine Begeisterung für Preußen bald dazu, die erfolgreichen russischen Truppen ohne territoriale oder andere Entschädigung aus dem Siebenjährigen Krieg zurückzuziehen und damit Friedrich den Großen vor der Vernichtung zu bewahren. Danach unternahm er einen unnötigen Krieg gegen Dänemark, um seine Holsteiner Interessen zu verfolgen. Seine deutschen oder zumindest protestantischen Sympathien hatten noch spürbarere Folgen für seine Untertanen, als er begann, Kirchenbesitz zu konfiszieren. Peters Mangel an Respekt für das orthodoxe Ritual war offenkundig, und es ging das Gerücht, er wolle fast alle religiösen Bilder verbrennen und die Geistlichen zwingen, sich den Bart zu scheren und nach westlicher Sitte zu kleiden. Trotz seiner Verachtung gegenüber allem Russischen müssen zwei seiner Erlasse (verkündet im Februar 1762) als wahrhaft fortschrittlich gelten. Der eindeutig liberalere war die Schließung der Geheimkanzlei, dieses vielgefürchteten Amtes, das mit allen Nachforschungen bei Majestätsbeleidigung und staatsschädigendem Verhalten beauftragt war, sich gewöhnlich auf mündliche Denunziationen verließ und routinemäßig die Folter anwandte. Es gab zwar auch danach noch Sicherheitsorgane, aber sie führten ihre Aufgaben in geordneterer und humanerer Form durch.

Der andere Erlaß, eines der berühmtesten Manifeste in der Geschichte des kaiserlichen Rußlands, wurde am 18. Februar verkündet, wenn er auch schon in einer Ansprache im Januar vorweggenommen worden war. In der Präambel wird versucht, den Adelsdienst in den historischen Rahmen der petrinischen Reformen zu stellen. Dann wird »dem ganzen russischen Adel (*dworjanstwo*) Freiheit und Ungebundenheit ... für alle Zeiten und alle Generationen« gewährt und sogar (ein seltsamer Rückgriff auf die Kiewer Rus) seinen Angehörigen gestattet, sich in die Dienste fremder Herrscher zu begeben. Einschränkungen gelten für »die besondere Notlage« (gemeint ist wahrscheinlich der Kriegsfall), in der der Souverän weiterhin Zwangsdienst verfügen kann, ferner sind Vorkehrungen für die Erziehungspflicht der Adels-Kinder geplant. Am Schluß steht ein seltsamer Aufruf, daß Adlige sich aus Dankbarkeit »nicht vom Dienst ausschließen oder vor ihm verbergen« sollten; wenn sie »ihre ganze Zeit träge und faul zubringen«, müssen sie geächtet, geschmäht und vom Hof und öffentlichen Anlässen ausgeschlossen werden.

Es ist nicht zu klären, inwieweit dieser Erlaß auf die persönliche Initiative Peters III. zurückgeht oder ob er, was wahrscheinlicher ist, dem Drängen der Adelsbürokratie nachgab. Bereits am Ende der Regierung Elisabeths waren die Befreiung des Adels und das Ausmaß seiner wirtschaftlichen Privilegierung auf höchster Ebene diskutiert worden. Der veröffentlichte Erlaß macht den Eindruck, als wäre er das Ergebnis schlechter Kompromisse. Aber es bedurfte wohl eines neuen, nicht zu feinfühligen Herrschers, der die Unterstützung des Adels dringend brauchte, um ihn unter so spekulativen Umständen durchzubringen.

Peter III. selbst konnte sich des Erfolges kaum mehr erfreuen, er lebte nur noch ein knappes halbes Jahr, jedoch auf längere Sicht zahlte sich der Erlaß für Rußland aus. Das Befreiungsmanifest erreichte mehr oder weniger sein offensichtliches Ziel, das Selbstwertgefühl des Adels zu erhöhen und seine Möglichkeiten zu erweitern, wobei aber auch eine gewisse moralische Verpflichtung etwas Nützliches für die Gesellschaft zu leisten und den Nachwuchs zu erziehen, erhalten blieb. Wenn der Adel nun auch weiterhin seinem Dienst nachkam, geschah es aus einer neuen Position der Stärke und Entscheidungsfreiheit. Das Manifest befruchtete das Leben in der Provinz und die Landwirtschaft, da sich jetzt mehr Grundbesitzer in allen Teilen Rußlands niederließen. Auch eine Erweiterung des intellektuellen und künstlerischen Horizonts war bei einem Teil der Adligen zu verzeichnen. Sie durften nun nach Belieben ins Ausland reisen und wurden nicht mehr als kuriose Existenzen angesehen. Ein neuer Wohlstand und ein internationales Niveau des ästhetischen Geschmacks machten das letzte Drittel des 18. Jahrhunderts zum goldenen Zeitalter des russischen Landhauses und Landschaftsparks.

Es gab indessen auch Kritiker des Befreiungsmanifestes. Als es verkündet wurde, hielten es einige für eine gefährliche, destabilisierende Maßnahme. Auch Peters Gemahlin Katharina dachte offensichtlich so. Tatsächlich kam es zu einer Destabilisierung auf zwei getrennten Gebieten, wenn sie auch nur langsam spürbar wurde. Auf der einen Seite beschleunigte die plötzliche Auflösung der Bindung zwischen Herrscher und dienstleistender Klasse deren Entfremdung vom Souverän, auf der anderen Seite tat sich eine bedrohliche Kluft zwischen Staat und Bauernschaft auf. Nicht nur die russische Intelligenz hatte den Eindruck, daß der Erlaß Peters III. auf halbem Weg stehen blieb, sondern auch und viel unmittelbarer die große Klasse der Leibeigenen. Leibeigenschaft war schließlich ihrem Ursprung und Wesen nach lediglich eine andere Form des Staatsdienstes. Aus Gründen der Gleichheit schien es nur recht und billig, daß nach Abschaffung der adligen Dienstpflicht auch die Leibeigenen befreit würden und sie Anspruch auf ihr Land erhielten. Als ein derartiger Ergänzungserlaß nicht zustande kam, kursierte das Gerücht, die mächtigen Grundbesitzer hätten sich zusammengeschlossen, um seine Bekanntmachung zu verhindern. Daß Peter III. kurz darauf abgesetzt und dann ermordet wurde, schien die Verschwörungstheorie zu bestätigen. Das Manifest über die volle Befreiung der Leibeigenen kam erst am 19. Februar 1861, 99 Jahre und einen Tag später. In der Zwischenzeit war jeder russische Herrscher und jede russische Regierung mit den zunehmenden Problemen der fortdauernden Leibeigenschaft konfrontiert. Peter III. selbst erlangte ein außerordentliches »Nachleben«. Thronprätendenten bedienten sich seines Namens, und er mußte als Integrationsfigur für ihre Revolten im letzten Drittel des 18. Jahrhunderts herhalten. Dieser ganz an Preußen orientierte, lutherisch gesinnte Herrscher, der sich nie an Rußland anpaßte, wurde merkwürdigerweise zur Symbolgestalt für all jene, die die petrinische Verwestlichung nicht akzeptiert hatten. So löste Jemeljan Pugatschow in den Jahren 1773–1774 als der auf wunderbare Weise errettete »Peter III.« den größten und gefährlichsten Bauernaufstand aus, den es in der russischen Geschichte gegeben hat.

Obwohl Peter III. den Adel umworben hatte, war es ihm nicht gelungen, die tonangebenden Kräfte in Verwaltung und Armee für sich zu gewinnen. Sie befürchteten, daß es wieder zu einer Germanisierung wie unter der Zarin Anna kommen würde. Schlimmer noch wirkte sich der Umstand aus, daß er mit seiner Gemahlin Katharina die Persönlichkeit brüskiert und bedroht hatte, deren Unterstützung er am meisten bedurfte. Es war geradezu absurd einfach für Katharinas Anhänger in den Garderegimentern (besonders die Brüder Orlow), ihn zu isolieren und an seinem Namenstag, dem 29. Juni 1762 (alte Zeitrechnung), seine Abdankung zu erzwingen. Auf einem Landgut unter Bewachung gestellt, wurde er eine Woche später ermordet, aller Wahrscheinlichkeit nach bei einem Streit in trunkenem Zustand. In einer eilig hingeworfenen Notiz, die erhalten blieb, bat Alexej Orlow Katharina um Gnade wegen dieser Bluttat, was nahelegt, daß die neue Zarin nicht die Anstifterin gewesen ist. Peters III. Tod wurde öffentlich auf »hämorrhoidale Kolik« zurückgeführt, aber seine gewaltsame Ursache war kein großes Geheimnis und warf einen Schatten auf den Regierungsbeginn von Katharina II. sowohl in Rußland selbst als auch im Ausland.

# DIE BLÜTEZEIT DES KAISERLICHEN RUSSLANDS

Dieses Gruppenbild (1756) des deutsch-polnischen Künstlers R. M. Lisiewska befindet sich heute in Stockholm. Es zeigt drei künftige Monarchen Rußlands (Peter III., Katharina II. und Paul I.) in einer stilisierten Harmonie, die durch die historischen Ereignisse nicht gestützt wird. Das Gemälde entstand gegen Ende der Regierungszeit Elisabeths. Der deutschfreundliche Peter – eine außerordentlich unsympathische Erscheinung, wenigstens nach Katharinas Berichten – folgte Elisabeth im Dezember 1761 auf den Thron, wurde aber schon sechs Monate später durch eine von den Brüdern Orlow angezettelte Palastrevolution gestürzt und danach bei einem Trinkgelage getötet.

**Katharina II., die Große**

Zwischen 1762 und 1825 – den Regierungszeiten von Katharina II. (1762–1796), Paul (1796–1801) und Alexander I. (1801–1825) – erreichte das russische Kaiserreich nahezu seine maximale Ausdehnung. Damals erlangte es auch den Status einer Weltmacht und spielte in den Napoleonischen Kriegen eine entscheidende Rolle. Sein Wohlstand und sein Bildungsniveau erhöhten sich dramatisch und bedeutende künstlerische Leistungen wurden erbracht. Dennoch blieb es eine überwiegend bäuerliche, weitgehend analphabetische Gesellschaft. Es hatte noch keine systematische Industrialisierung stattgefunden, und für das Management der Wirtschaft fanden sich kaum Fachleute. Die anachronistischen und despotischen Züge des Zarentums wurden zunehmend auffälliger, die wachsende intellektuelle Klasse stellte mehr und mehr unangenehme Fragen, und niemand war imstande, für das zugegebene Problem der Leibeigenschaft eine Lösung zu finden. Doch trotz bisweilen heftiger sozialer Unzufriedenheit war es eine selbstsichere, nach außen orientierte und im ganzen optimistische Epoche, in der Rußland kulturell mündig wurde.

Die Thronerhebung Katharinas vermittels eines Staatsstreiches gegen ihren Gemahl ist von Historikern oft als »Usurpation« bezeichnet worden. Das scheint unangemessen. Nachdem die Gardeoffiziere sich der Abdankung Peters III. ohne einen designierten Nachfolger versichert hatten, besaß nach dem petrinischen Nachfolgerecht niemand einen vorherbestimmten Anspruch auf den Kaisertitel. So fiel nach der früheren Präzedenzliste Katharina die offensichtliche Anwartschaft zu. Ihr einziger ernsthafter Rivale war ihr minderjähriger Sohn Paul, für den sie ohnehin die Regentschaft übernommen hätte, doch war dieser von Peter III. von der Ernennung ausgeschlossen worden. Als Paul heranwuchs, gab es zwischen Mutter und Sohn wegen dieser Angelegenheit erhebliche Spannungen. Beide waren von ihrer Persönlichkeit her grundverschieden, und Katharina II. zeigte stillschweigend ihre Vorbehalte, indem sie davon Abstand nahm, ihn zu ihrem offiziellen Nachfolger zu erklären. In ihren letzten Tagen sollte dann ganz deutlich werden, daß sie einen ihrer fast erwachsenen Enkel zum Zaren bestimmen würde, und Pauls Thronergreifung wurde nur dank des Umstandes sichergestellt, daß sie ihr Leben nach einem Schlaganfall im Koma beendete.

Die Regierungszeiten sowohl Katharinas II. als auch Alexanders I. lassen sich leicht in eine »gute« erste Periode, die liberal oder zumindest reformistisch und modernisierend war, und in eine »schlechte«, reaktionäre oder nicht mehr liberale einteilen. Hierin folgten die beiden Monarchen wohl nicht nur einer allgemein menschlichen Entwicklung von Radikalismus zum Konservatismus mit zunehmendem Alter, sondern zugleich einem Verhaltensmuster, das auch bei einigen anderen willensstarken russischen Herrschern auffällig war: bei Iwan IV. und Boris Godunow zuvor und bei Alexander II. danach. Solche Beobachtungen könnten zu den moralisierenden Schlußfolgerungen führen, daß ihre »progressive« Motivierung nur oberflächlich gewesen ist und daß ihnen ein echter Wille fehlte, das ererbte System zu verbessern. Das Ansehen Katharinas II. litt besonders unter solchen Auffassungen. In Wahrheit jedoch waren diese theoretisch allmächtigen Monarchen in ein Netz von äußeren Umständen eingebunden, von dem sie sich nie ganz befreien konnten, und das einen jeden ihrer politischen Schritte behinderte.

Einer der Faktoren, die ihre Handlungsfreiheit einschränkten, waren Kriege. Iwan IV., Katharina II. wie auch Alexander I. wurden, wenn auch aus verschiedenen Gründen, durch einen oder mehrere Kriege von der Neugestaltung ihrer Gesellschaft abgehalten. Die inneren Zwänge erwiesen sich aber von durchgängiger Problematik. Nach Richard Pipes treffender Beobachtung realisierten diese Monarchen mit zunehmender Erfahrung, »daß ihnen einfach die Macht fehlte, ihr Reich dorthin zu führen, wohin sie wollten, und daß sie bestenfalls darauf hoffen konnten, es vor dem Abgleiten ins Chaos zu bewahren«. Jede gerechte Bewertung der Politik Rußlands in dieser Periode muß solche Faktoren in Rechnung stellen.

Kein Herrscher jedoch vermochte den nationalen Aufschwung und das Gefühl für allmählichen sozialen Fortschritt länger wachzuhalten als Katharina die Große. Die meisten negativen Einschätzungen ihrer Regierung durch ihre jüngeren Zeitgenossen und spätere Historiker beruhen zuallererst auf Wesenszügen der Endphase nach 1790/91: die Abkehr von der Aufklärungsphilosophie, die Sanktionen gegen russische Freidenker, den zynischen, verschwenderischen Hof, der von unwürdigen Favoriten und Anhängern dominiert wurde, die unmoralische Außenpolitik, die zur Vernichtung des unabhängigen Polens führte, die allgemeine Auffassung, daß der bewegliche Geist der Kaiserin und ihre verständnisvolle Haltung mehr und mehr erstarrten. In dieser unbefriedigenden Schlußphase einer im allgemeinen erfolgreichen Regierung entglitten Katharina gar nicht einmal so sehr die Zügel, auch änderte sie nicht etwa ihre Prinzipien, sondern sie sah sich neuen Sitationen gegenüber, auf die es noch keine fertigen Antworten gab.

Möglicherweise läßt sich aber auch schon innerhalb der langen Hauptphase von Katharinas Herrschaft ein Wendepunkt ausmachen, nämlich das Jahr 1774. Die Jahre zuvor waren die Zeit der Verheißung, die danach die Zeit der Erfüllung, wenn auch mit niedriger gesteckten Zielen als ursprünglich vorgesehen. Das Jahr 1774 selbst brachte verschiedene wichtige Ereignisse. Der Türkenkrieg ging zu Ende, doch im Inneren erreichte der Pugatschow-Aufstand seinen Höhepunkt. Philosophie und praktische Politik begegneten sich, als Diderot nach Petersburg kam und Katharina II. endlich einen bedeutenden Philosophen mehrere Monate lang von Angesicht zu Angesicht um sich hatte. Sehr bedeutsam für das Privatleben der Kaiserin wie auch für die Öffentlichkeit war ihre Liaison, wahrscheinlich sogar Heirat, mit Grigorij Potemkin (geboren ca. 1739). Dies war bei weitem die wichtigste ihrer Liebesaffären, von denen es über 30 Jahre lang rund ein Dutzend gab und die die Phantasie romantischer Biographen auf übertriebene Weise anregten. Es schmälert ihre Leistungen nicht, wenn man sagt, daß Potemkins persönliche und staatsmännische Qualitäten für Rußlands Prosperität und zukünftiges Schicksal eine ebenso große Bedeutung hatten wie Katharinas Eigenschaften. Potemkin war eine bemerkenswerte Mischung aus Tatmensch, Intellektuellem und Träumer. Sein seltsames und launisches Temperament machten ein längeres Zusammenleben der beiden unmöglich, doch blieb er ihre nächste Stütze und ihr eigentlicher »Kanzler«. Sein Tod 1791 fiel mit dem Ende der besten Jahre der katharinischen Ära zusammen.

Der Stil von Katharinas Regierung wurde durch ihre spezifischen Charaktereigenschaften bestimmt. Ihrem Temperament nach war sie hartnäckig, aber fröhlich, auch freundlich und optimistisch. Sie lernte mit großem Eifer, was ihr in der langen Zeit zugute kam, da sie unter Elisabeth auf den Thron warten mußte. Dieser Wissensdrang verließ sie auch nach der Krönung nicht, erfuhr aber eine Veränderung, indem sie sich nun als Lehrmeisterin ihrer Gesellschaft verstand. Sie stürzte sich gern in harte Arbeit und begann ihr Tagesprogramm gewöhnlich um fünf Uhr morgens. Angesichts ihres intellektuellen Wesens überrascht es vielleicht, daß sie einen sicheren politischen Instinkt besaß. Dazu gehörte die Pflege der Öffentlichkeitsarbeit, was heute als ganz normale politische Klugheit gelten würde, in der Vergangenheit indes häufig den Vorwurf der Heuchelei auslöste. Noch bedeutsamer war, daß sie ein profundes Gefühl für die Politik als »Kunst des Möglichen« (Bismarck) entwickelte. Dies bedeutete, daß sie von Natur aus nur schrittweise Veränderungen anstrebte, daß ihre Neuerungen nicht aufsehenerregend waren und anders als die Reformen Peters des Großen nicht auf die Oberfläche, sondern auf den Kern der Dinge zielten. Obgleich man ihr später Halbherzigkeit vorwarf, versicherte sie sich, daß ihre Maßnahmen gut ausgeführt wurden und mit allgemeiner Zustimmung erfolgten. Erst in ihren letzten Jahren wurde ihr politisches Geschick durch Herrschsucht und Intoleranz beeinträchtigt – es war die Zeit, als die Krise der Französischen Revolution ihre Schatten auf ganz Europa warf.

Ungeachtet der Sympatien, die Katharina von vielen Seiten entgegenschlugen, waren das Faktum und die Art und Weise ihrer Thronbesteigung nicht überall populär. Jedoch hatte nur eine einzige der gegen sie gerichteten Verschwörungen öffentliche Konsequenzen. Es handelte sich um den unbesonnenen Versuch des jungen ukrainischen Offiziers Wasilij Mirowitsch, den nach Zarin Annas Tod Mitte Oktober 1740 als Säugling zum Kaiser proklamierten und durch die Palastrevolution vom November 1741 abgesetzten Iwan VI. wieder auf den Thron zu bringen. Der inzwischen über 20 jährige Iwan befand sich jetzt in der Festung Schlüsselburg, wo der dort stationierte Mirowitsch von dem »namenlosen Gefangenen« hörte. Katharina II. hatte mit Iwan gesprochen und gehofft, ihn zum Eintritt in ein Kloster bewegen zu können. Mirowitsch, dem es offensichtlich um seinen persönlichen Erfolg ging, führte eine Schar verdutzter Soldaten an, um Iwan VI. zu befreien und ihn zum Herrscher auszurufen. Aber schon unter Peter III. hatten Iwans Gefängniswärter den Befehl erhalten, ihren Gefangenen in solch einem Fall zu töten – und das führten sie unverzüglich aus. Mirowitsch wurde hingerichtet. Der ganze Zwischenfall stärkte zwar in gewisser Weise Katharinas Stellung, lieferte aber auch neues Belastungsmaterial in die Hände ihrer Verleumder, besonders im Ausland.

### Kirche und Regierung unter Katharina II.

In ihren ersten Jahren auf dem Thron machte sich die Kaiserin mit den Regierungsgeschäften vertraut, holte Rat ein über institutionelle Reformen und setzte Komitees zur Prüfung jüngst erfolgter Maßnahmen ein, wie etwa der Dienstpflichtbefreiung des Adels und der Säkularisierung von Kirchenland. Der letztere Punkt war heikel. Obgleich sie anscheinend eine aufrichtige Konvertitin zum

**Der Rasin-Aufstand**
Stepan (bekannter unter dem Namen »Stenka«) Rasin war ein Donkosak, der mit einer Gruppe von Anhängern bei Raubzügen an der unteren Wolga und entlang dem Kaspischen Meer bis nach Persien waghalsige Heldentaten vollbrachte. Anfang der 70er Jahre des 17. Jahrhunderts fuhr er mit seinen Schiffen die Wolga hinauf, massakrierte Beamte und Landbesitzer und proklamierte die Freilassung der Leibeigenen. Seine Anhängerschaft wuchs enorm, bis Regierungstruppen ihm bei Simbirsk eine schwere Niederlage bereiteten. Sein Stützpunkt in Astrachan hielt sich noch eine Zeitlang, aber dann wurde Rasin gefangengenommen und in Moskau enthauptet. Er lebt in zahllosen Legenden und Volksliedern fort, als ein Mann, der Rußland Frieden und Freiheit bringen wollte.

**Der Pugatschow-Aufstand**
Jemeljan Pugatschow, ein Donkosak wie Rasin, führte den größten der russischen Bauernaufstände an. Die Quelle der Rebellion war diesmal unter den Uralkosaken zu suchen, die besondere Gründe zur Klage gegen die russischen Behörden hatten. Weitere Kräfte kamen aus den Reihen der »Altgläubigen« und aus den dichtbesiedelten Bergwerksgemeinden im Ural, von wo Pugatschow großen Nachschub an Feuerwaffen erhielt. Als Thronprätendent fand er auch die Unterstützung von nichtrussischen Völkern im Osten, besonders von den Baschkiren. Im Sommer 1774 konnte er eine riesige Armee um sich sammeln und schien die Absicht zu haben, Moskau anzugreifen. Doch auf das Engagement seiner Anhängerschaft war kein unbedingter Verlaß, und sein Glück verließ ihn. Nach kurzer Zeit wurde er gezwungen, sich nach Süden in seine Heimat zurückzuziehen. Aber es gelang ihm nicht, die Unterstützung der Donkosaken, denen es viel besser ging, zu erhalten. Schließlich wurde er von seinen früheren Mitstreitern an die Behörden ausgeliefert und in Moskau hingerichtet.

orthodoxen Glauben war und sich durch die Verdrängung des lutherisch gesinnten Peters III. die Sympathie der Kirche erworben hatte, konnte sie als Anhängerin Voltaires schwerlich die unkritische Förderin einer organisierten Religion sein, die zu jener Zeit gleichbedeutend war mit Ignoranz und Trägheit. Überdieß besaß die orthodoxe Kirche sehr viel Grundbesitz, bot aber kaum Gegenleistungen im Erziehungswesen oder anderen gesellschaftlich nützlichen Bereichen. Auch waren die Bauern auf den Kirchengütern sehr unzufrieden. Als die Säkularisierung, von der viele in Rußland profitieren konnten, 1763 schließlich eingeleitet wurde, verurteilte sie nur der Bischof von Rostow, allerdings so vehement, daß es ihm und der Geistlichkeit schadete. Er wurde seines Amtes enthoben und – als er insistierte – eingesperrt. Katharina II. versuchte, die Härten ihrer Maßnahmen zu mildern, aber es blieb eine Tatsache, daß der Verlust des Landes, der auf Peters I. Säkularisierung der Kirchenverwaltung folgte, das Ende der 250 Jahre währenden »josephitischen« Übereinkunft zwischen Kirche und Staat bedeutete.

In spiritueller Hinsicht mußte dies nichts Schlechtes für die Orthodoxie bedeuten, die im späten 18. Jahrhundert eine Art Renaissance erfuhr Der hesychastische Mystizismus lebte erneut auf und brachte so bedeutende Persönlichkeiten wie Paisij Welitschkowskij, der das einflußreiche Werk *Philokalia* ins Russische übersetzte, und ein wenig später den heiligen Serafim von Sarow hervor. Auch Intellektuelle begannen in der Orthodoxie wieder eine Rolle zu spielen: Zu nennen sind hier vor allem der heilige Tichon Sadonskij und der Ukrainer Grigorij Skoworoda. Letzterer war berühmt als Lehrer, Philosoph und religiöser Dichter. Er begann ein Wanderleben als Weiser und Asket, grub sich vor seinem Tod 1794 selbst ein Grab und hinterließ seine eigene bewegende Grabinschrift »Die Welt jagte mich, konnte mich aber nicht fangen« *(Mir lowil menja i ne pojmal).* Die Sektenanhänger begannen sich zu jener Zeit gerade von den Jahrzehnten der Verfolgung zu erholen: 1769 stellte Katharina II. ihre Staatsbürgerschaft wieder her, indem sie ihnen gestattete, vor Gericht Zeugnis abzulegen. Als neue Sekte traten in der Mitte des 18. Jahrhunderts die Duchoborzen (»Geisteskämpfer«) auf, die sich zum Teil unter dem Einfluß der Quäker-Bewegung gebildet hatten und ähnlich wie diese wegen ihres Ungehorsams dem Staat gegenüber verfolgt wurden.

Die Hauptreformen, die Katharina II. am Anfang ihrer Regierung durchführte, erstreckten sich auf den wenig spektakulären, aber wichtigen Bereich der lokalen Administration. Der große Staat, der zu 90 Prozent eine ländliche Bevölkerung mit niedrigem Bildungsniveau besaß, verfügte über einen nur ungenügenden Verwaltungsapparat, die Verbindungswege waren zu langsam und die Polizei war eher zufällig verteilt. Die Zentralverwaltung hatte nicht nur wenig Kenntnis von den lokalen Vorgängen, sondern konnte sich nicht einmal sicher sein, ob beispielsweise ihre Erlasse überall bekanntgemacht wurden. Nach dem Befreiungsmanifest von 1762 konnte die Regierung den Dienstadel nicht mehr als feste Klasse betrachten, die im staatlichen Interesse auf dem Land agierte. Katharina II. mußte die Mitarbeit der Gutsherren durch Überzeugungskraft und Belohnungen sicherstellen. Dies fand seinen Höhepunkt in der »Gnadenurkunde« von 1785, die dem Adel praktisch die völlige Selbstverwaltung gewährte. Katharina II. wertete die Lokalbürokratie auf und gab ihr eine feste Ordnung. Später verfolgte sie entschieden eine Politik, die darin bestand, neue städtische Zentren und Märkte in den einzelnen Regionen einzurichten. Die wichtigsten Reformen, darunter die Einsetzung gerichtlicher Institutionen unabhängig von der Verwaltung, folgten auf den Pugatschow-Aufstand 1775, dem größten Ausbruch der Unzufriedenheit auf dem Land. Aber Fragen in Zusammenhang mit der Leibeigenschaft erwiesen sich als unlösbar. Katharina II. wollte die Fesseln der Leibeigenen allmählich lösen, etwa dadurch, daß sie beim Besitzwechsel von Gütern die Freiheit erhalten oder daß alle nach einem bestimmten Datum geborenen Kinder befreit werden sollten. Das allgemeine Thema der Bauernrechte wurde öffentlich diskutiert, nicht zuletzt durch die von ihr 1765 mitbegründete »Freie ökonomische Gesellschaft« (die erste autonome Gesellschaft dieser Art in Rußland), aber de facto war am Ende von Katharinas Herrschaft sogar noch eine verstärkte Abhängigkeit von den Gutsherren eingetreten.1766 erließ die Kaiserin ihre aufsehenerregendste politische Verlautbarung. Sie forderte die verschiedenen sozialen Stände (ausgenommen die Leibeigenen) in allen Teilen ihres Reiches zusammen mit den Regierungsbehörden auf, Vertreter zu einer Versammlung von mehr als 500 Teilnehmern nach Moskau zu entsenden. Dort sollten sie die Lage und die Bedürfnisse ihrer Gemeinden aufzeigen und an der Abfassung eines neuen Gesetzbuches mitwirken. Diese Versammlung ist als »Gesetzgebende Kommission« bekannt, obwohl es sich um eine »große Landesversammlung« *(semskij sobor)* im Geiste des Moskauer Reiches im 17. Jahrhundert handelte.

Eigentlich kam nichts bei dieser Bemühung heraus. Weder wurde ein Gesetzbuch verfaßt, noch erzielte die Versammlung bei ihren Beratungen irgendein handgreifliches Ergebnis. Sie wurde ohne festen neuen Termin auf-

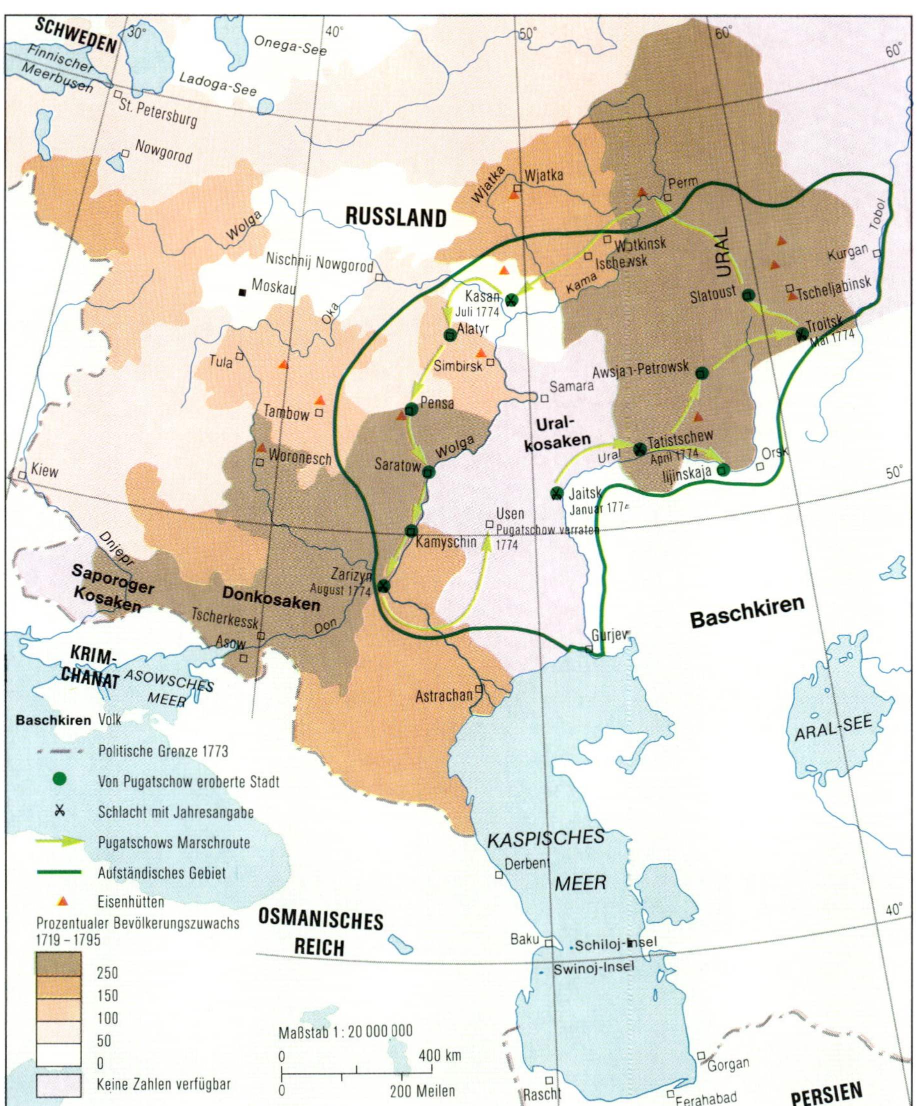

Ein allegorischer Stich von Katharina der Großen aus der Frühzeit ihrer Herrschaft. Der Stich zeigt sie auf einer triumphalen Rundreise durch ihr Land. Über ihr sieht man die Personifizierung des Friedens und rechts die Personifizierung des Schicksals, die die Tugenden der Kaiserin mit der Trompete verkündet. Der Wohlstand wird symbolisiert durch ein Kind, das Münzen fallen läßt. Beifall klatschende Bauern säumen den Weg der Kutsche, während aus den Wolken Peter der Große, neben Jupiter sitzend, wohlwollend herabblickt.

gehoben, als die Türkei im Sommer 1768 Rußland den Krieg erklärte und nie wieder einberufen (lediglich einige Unterkomitees zu verschiedenen Problemen trafen sich noch). Manche Historiker haben deshalb das ganze Unternehmen als Farce und als völlig konträr zur soziopolitischen Entwicklung Rußlands bezeichnet. Selbstverständlich sollte die Versammlung niemals ein Meilenstein auf dem Weg zur parlamentarischen Demokratie sein: Auch wenn die Vertreter durch Abstimmung ausgesucht worden waren, handelte es sich bei ihnen nicht um frei gewählte Delegierte. Wie in den Versammlungen des Moskauer Reiches gab es Vertreter der freien Bauernschaft, aber nicht der Leibeigenen. Nichtrussische Nationalitäten waren gut repräsentiert, die Kirche fast gar nicht.

Die Mitglieder der Versammlung, die ein Gehalt erhielten und andere Privilegien bekamen, beschränkten sich aufs Diskutieren, und ihre Beratungen liefen sich in den verschiedenen Ausschüssen bald fest. Die Vertreter waren mit einem *nakas* (einer »Anweisung«) von ihrem Herkunftsort ausgestattet, der jeden Gegenstand mit Ausnahme persönlicher Beschwerden behandeln konnte. Dann gab es Protokolle der Debatten, oft zusammenhanglos und nicht schlüssig, aber für Rußland etwas Neues und Faszinierendes. Am bemerkenswertesten war es, daß die Zarin ihren eigenen *nakas*, die »Große Instruktion«, verfaßte, ein umfangreiches Dokument in 22 Kapiteln mit mehr als 500 Artikeln – das Ergebnis 20jähriger Beschäftigung mit den wichtigsten politischen Philosophen ihrer Tage. Ihr Ziel war, den Russen ein Ideal vor Augen zu stellen, wie ihre Gesellschaft sein könnte oder sein sollte. Es handelte sich nicht um das geplante Gesetzbuch, noch weniger um eine Verfassung, sondern mehr um einen pädagogischen Text. Als solcher wurde er jahrzehntelang am Samstagmorgen Abschnitt für Abschnitt den Beamten vorgelesen. Seine freiheitlichen Ansichten erschienen so subversiv, daß er in Frankreich verboten wurde. Dabei muß erwähnt werden, daß Katharina nie in Betracht zog, Rußland könne anders als autokratisch regiert werden.

**Innere und äußere Kriegführung**

Die Einberufung der »Gesetzgebenden Kommission« war für die Zarin sehr informativ. Es zeigte sich, daß offensichtlich keine grundlegende Opposition zu der Art und Weise bestand, wie das Land regiert wurde, aber es gab einen ziemlich ausgeprägten Klassenantagonismus. Auch wurden viele praktische Anregungen vorgebracht, wie die gesellschaftlichen Beziehungen, die Steuerpflicht und anderes geregelt werden könnten. Nur wenige Jahre später entluden sich die Antagonismen in dem großen Aufstand, den Jemeljan Pugatschow anführte. Wie Rasin ein Jahrhundert zuvor, war Pugatschow ein Donkosak. Doch fand er die Keimzelle seiner Rebellion unter den entlegensten Kosakenstämmen am Jaik im Norden des Kaspischen Meeres (der Fluß Jaik wurde nach dem Aufstand im Ural umbenannt). Die Erhebung Rasins hatte sich auf die Wolga beschränkt. Pugatschow, ein desertierter Soldat und unsteter Charakter, bewegte sich in einem größeren Gebiet, das bis zu den Fabriken und Eisengießereien in Baschkirien und den Vorbergen des Ural reichte. Dort hoffte er, Feuerwaffen zu bekommen. Die Uralkosaken hatten nicht nur spezifische Klagen, sondern fühlten sich ganz allgemein benachteiligt, weil sie immer mehr an den Rand der Gesellschaft gedrängt wurden und Privilegien einbüßten.

Anders als Rasin war Pugatschow ein Thronprätendent und gab sich von Anfang an als der wunderbar errettete Peter III. aus. Dem Phänomen der unzähligen Prätendenten, die vom 16.–19. Jahrhundert in Rußland auftraten und oft unglücklich endeten, wird erst in neuerer Zeit die anthropologische Aufmerksamkeit geschenkt, die es verdient. Man glaubte, daß ein echter Zar an bestimmten Körpermerkmalen zu erkennen sei – gewöhnlich einem Kreuz oder einem Adler –, und offensichtlich besaß Pugatschow dergleichen. Proklamationen der Rebellen mit merkwürdigen Siegeln und in einer noch seltsameren Sprache vermitteln uns eine Vorstellung von ihrer einfachen, archaischen politischen Ideologie.

Keiner der Bauernaufstände, nicht einmal der Pugatschows, wurde zu einem echten Befreiungskrieg. Man hat oft angemerkt, daß von den beiden russischen Wörtern für »Freiheit« die Bauernschaft eine starke Beziehung zu *wolja* (existentielle Freiheit, uneingeschränkte Ausübung des Willens) hatte, aber kaum eine Vorstellung von *swoboda* (politischer Freiheit) besaß. Pugatschows Aufstand mag für etwa ein Jahr enorm erfolgreich gewesen sein, aber sein Widerhall im einfachen Volk ist schwer zu beurteilen, da jeder, der ihm nicht die Gefolgschaftstreue erklärte, auf der Stelle mit seiner Hinrichtung rechnen mußte. Das Engagement der Baschkiren und anderer nichtrussischer Völker, deren Stammesfürsten sich der Rebellion anschlossen, ging wahrscheinlich tiefer. Schließlich zog Pugatschow nach Süden, scheiterte bei der Eroberung von Zarizyn und vermochte nicht, die bessergestellten Donkosaken zu mobilisieren. Genau ein Jahr nach Beginn der Erhebung wurde er von früheren Anhängern »einem gerechten Richter« in Jaizk übergeben und anschließend in Moskau hingerichtet. Die Zarin versicherte, daß Vergeltungsmaßnahmen gegen seine Anhänger auf ein Minimum begrenzt werden würden.

Einer der Faktoren, die es der Regierung ermöglicht hatten, effektive Streitkräfte gegen Pugatschow einzusetzen, war die Beendigung des Türkenkriegs gewesen. Dieser Krieg hatte bis dahin beachtliche, wenn auch nicht überwältigende russische Erfolge gebracht. So wurde der Krim-Chan unabhängig von den Osmanen, und Rußland erhielt zum ersten Mal seit dem 12. Jahrhundert wieder einen Zugang zum Schwarzen Meer. Die russische Flotte (mit zwei Schotten unter ihren Admiralen) segelte von der Ostsee über Gibraltar hinaus und errang einen überwältigenden Seesieg bei Tschesme 1770 über die viel größere türkische Marine. Obwohl viele griechische Inselbewohner den Untertaneneid auf Katharina II. schworen, war es nicht möglich, einen allgemeinen griechischen Aufstand gegen die Türken zu organisieren, und die Flotte versuchte nicht, durch die Dardanellen bis Konstantinopel vorzustoßen. So wurde Rußlands beste Gelegenheit versäumt, einen Balkanaufstand zu inszenieren, durch den die Osmanen besiegt und Konstantinopel für den orthodoxen Glauben wiedererobert hätte werden können. Erst später in den 70er Jahren war es Potemkins visionäres Denken, das solche Ideen zum »Großen Projekt« einer Erneuerung des Byzantinischen Reiches durch Rußland kristallisierte. Mit den im Friedensschluß von 1774 erworbenen riesigen Gebieten versuchte er, ein »Neues Rußland« zu schaffen.

1783 wurde die Krim annektiert und 1787 flammte erneut der Krieg gegen die Türken auf. Die Ereignisse gestalteten sich für Katharina II. beunruhigend, als Schweden, unterstützt von Preußen und Großbritannien, in das militärische Geschehen eintrat. Diplomatische Verwicklungen, die letztlich von der Französischen Revolution ausgelöst wurden, machten alle Parteien 1791 friedenswillig, aber erst nachdem Rußland durch Einnahme der wichtigen Festungen Otschakow und Ismail Konstantinopel bedroht, den Besitz der Krim gesichert und das Protektorat über Georgien errichtet hatte. Der Friedensschluß von Jassy führte sofort zur Gründung des großen Seehafens Odessa, der internationale Bedeutung erlangte und das südliche Gegenstück zu St. Petersburg darstellte.

Die türkische Frage war zumindest am Anfang mit der polnischen verknüpft. Beide Länder besaßen eine umfangreiche Bevölkerung, deren Religion und Sprache sich von der ihrer Herrscher unterschied, und es gab in beiden Fällen ausländische Mächte, die den Schutz solcher Bewohner für ihre Pflicht hielten. Während das Moskauer Reich und das petrinische Rußland die zentrale Autokratie stärkten und die Gesellschaft vereinheitlichten, waren im vereinigten Staat von Polen und Litauen entgegengesetzte Prozesse wirksam. Dort festigte die landbesitzende Klasse (etwa 8 Prozent der Bevölkerung) ihre eigene Autonomie erheblich. Die Zentralmacht hingegen wurde durch das berüchtigte Recht des »freien Veto« geschwächt, wodurch eine einzige abweichende Stimme die Geschäfte des regierenden Landtags *(sejm)* lähmen konnte. Die gewählten Könige, oft nicht polnischer Herkunft, konnten selten mehr als Militärführer sein.

Die erste Teilung Polens erfolgte 1772. Für Rußland bedeutete sie lediglich die Wiederherstellung der Grenzen, wie sie ungefähr unter Zar Alexej (1654–1676) bestanden hatten. Preußen nahm sich den kleinen, aber wichtigen »Danziger Korridor«, der seine zwei Landesteile getrennt hatte. Österreich indessen erwarb ein reiches und dichtbevölkertes Gebiet des polnischen Kernlandes am Fuße der Karpaten. Die verstörten Polen, unter denen es scharfe Gegensätze vor allen zwischen pro- und antirussischen Parteien gab, unternahmen dann Anstrengungen, ihr Haus in Ordnung zu bringen. Zu Reformen hätten auch eine Erbmonarchie und ein angemessenes Parlament mit Vertretung der Mittelschicht gehört. Ob-

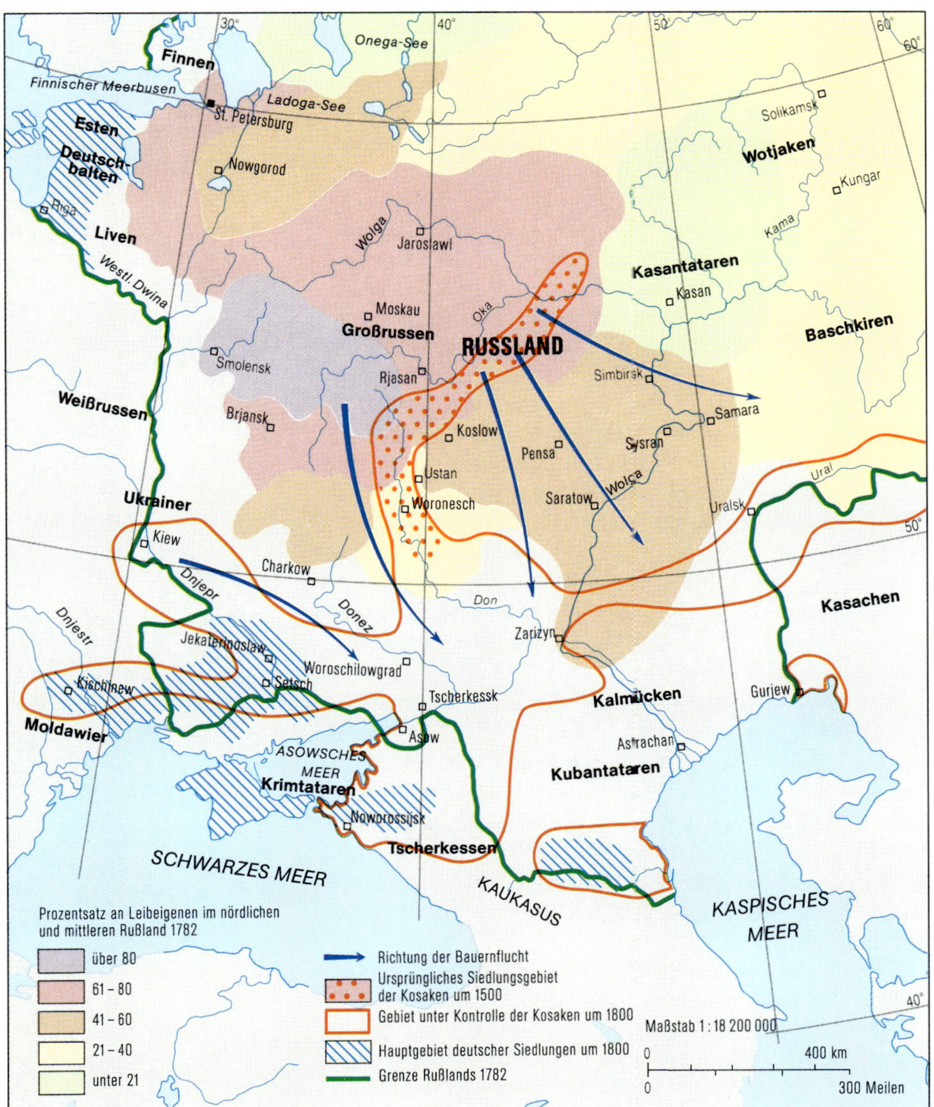


**Die Sozialstruktur Rußlands im späten 18. Jahrhundert**
Weitreichende soziale Umschichtungen veränderten gegen Ende der Regierungszeit Katharinas II. die Bevölkerungsstrukturen des Landes. Ein großer Teil der Wanderungen hatte seine Ursache in der Flucht von Leibeigenen aus Zentralrußland, trotz aller Versuche von seiten der Regierung, dies zu unterbinden. Einige der Läuflinge gingen zu den Donkosaken in den Regionen von Dnjepr, Don, Wolga, Kuban und Ural, deren Kontrolle über die südlichen und östlichen Gebiete rasch wuchs. Das deutsche Element in der Bevölkerung nahm beträchtlich zu, da Katharina deutsche Siedler in die Gebiete nördlich des Schwarzen Meeres holte. Sie brachten soziale Stabilität und eine effektive Landwirtschaft. Obgleich um die Fabriken und Bergwerke städtische Gemeinden entstanden, waren 95 Prozent der Bevölkerung noch immer bäuerlich.

wohl seinen Nachbarn kaum an einem gestärkten Polen gelegen war, hätte alles gut verlaufen können. Doch die Französische Revolution, deren Ideen sich in ganz Europa verbreiteten, wirkte hier als störender Faktor. Die polnische Verfassung, die im Mai 1791 verabschiedet wurde, erschien Katharinas Geschmack allzu jakobinisch, ja sogar einigen Polen selbst. Sie bildeten die Konföderation von Targowitz, um das alte System zu verteidigen. Von der Konföderation aufgefordert, besetzte Rußland weite Teile der früheren russisch-litauischen Gebiete in Ost- und Südpolen.

Es folgte 1793 die zweite Teilung Polens, bei der Preußen fast bis Warschau vorrückte. Im Jahr 1794 unternahm die polnische nationale Erhebung unter Kosziuszko den Versuch, die Annexionen rückgängig zu machen. Ihre Niederschlagung führte zu der dritten Teilung und zum Ende eines unabhängigen Polen im Jahr 1795. Bei dieser letzten Teilung erhielt Rußland ganz Litauen, Kurland und die alte Kiewer Provinz Wolhynien. Katharina, die triumphierend schrieb, »nicht einen einzigen Polen« annektiert zu haben, sah in ihren Eroberungen zweifellos eine Wiederherstellung des alten russischen Staatswesens, obwohl Litauer, Letten und besonders eine zahlreiche städtische jüdische Bevölkerung dem Zarenreich einverleibt wurden. Katharinas Nachfolger Paul I. untersagte den Gebrauch des Begriffes »Königreich Polen«. Nach den Napoleonischen Kriegen wurde das Herzogtum Warschau, das als polnischer Rumpfstaat noch einige eigene Institutionen besaß, unter russische Verwaltung gestellt und 1832 dem Zarenreich einverleibt.

### Die Kaiserin und die Aufklärung

Es ist üblich geworden, den Regierungsstil von Katharina und anderen zeitgenössischen Monarchen wie dem österreichischen Joseph II. als »Aufgeklärten Absolutismus« zu bezeichnen. Obwohl sich Katharina laut ihrem *nakas* durchaus als Autokratin sah, erfaßte sie dennoch rasch die Tatsache, daß Macht letzten Endes auf Überzeugung beruht: »Wenn ich schon im vorhinein der allgemeinen Zustimmung sicher bin, dann erlasse ich meine Befehle und habe die Freude, daß man sie in blindem Gehorsam befolgt, wie Sie sagen würden. Und dies ist die Grundlage von uneingeschränkter Macht ...«, beschied sie einmal einen Fragesteller. Auch war sie bemüht, anderen Verantwortung zu übertragen: Wenn ihr ein Problem zur Entscheidung vorgelegt wurde, schickte sie es oft mit dem Kommentar zurück, daß entsprechend dem Gesetz entschieden werden sollte. Offensichtlich war sie »aufgeklärt« in dem Sinn, daß sie zumindest versuchte, sich den Regierungsfragen mit Ratio und Flexibilität zu widmen.

Doch ist »die Aufklärung« insgesamt ein zu fließender Begriff, um ihn als eine Art von Maßstab für Katharinas Rußland zu verwenden. Aufklärung als Idee durchlief ein breites Spektrum zwischen Montesquieu, Beccaria oder Voltaire und einem Diderot, Hume oder Rousseau. Katharina schuf sich eine eigene Begriffssynthese. Sie führte eine lebhafte Korrespondenz mit mehreren Philosophen: mit Voltaire (er hatte an Rußland als angeblich »neuer Kultur« großes Interesse), mit Friedrich Melchior von Grimm, dem Herausgeber der *Correspondence Littéraire* (der »Hauszeitschrift« der aufgeklärten Herrscher) und mit Diderot, den sie in einem kritischen Augenblick seiner Karriere vor dem finanziellen Ruin rettete, indem sie seine Bibliothek kaufte, sie ihm als Leihgabe wieder überließ und ihn als bezahlten Bibliotheksdirektor einstellte.

Diderot war jener berühmte Philosoph, mit dem sie sich ausführlich unterhielt, als er nach einigem Zögern im Winter 1773/74 nach Rußland reiste, um seine Dankbarkeit zu zeigen. Die Geschichte dieses großen Zusammentreffens von Intellekt und Politik ist gleichermaßen komisch, traurig und aufschlußreich. Ihre Diskussionen berührten alle gesellschaftlichen Themen, ohne daß Diderot es fertig gebracht hätte, die Zarin davon zu überzeugen, daß seine aufgeklärten Gedanken sich auch auf jedwede Art praktischer Politik bezogen. Nach Katharinas eigenem Bericht wies sie Diderot schließlich darauf hin, daß »Sie nur auf dem Papier streiten, das alles ertragen kann ... während ich, eine arme Kaiserin, auf der menschlichen Haut arbeite, was einen großen Unterschied macht: reizbar und schnell dabei, beleidigt zu sein«. Diderot, der sich im kühlen St. Petersburg verkroch, sich krank fühlte und Heimweh hatte, stellte inzwischen fest, daß es unmöglich war, direkte Antworten zu bekommen, wenn er nach statistischen Informationen über Rußland fragte. Aber er war seiner Umgebung gegenüber nicht blind: »Mir scheint, daß Eure Untertanen von einem Extrem ins andere fallen, entweder glauben sie, ihre Nation sei zu fortschrittlich oder zu rückschrittlich ...« Obwohl der Besuch also kaum ein Erfolg genannt werden konnte, waren Diderot und Katharina beide zu gutherzig, um nicht als Freunde zu scheiden, doch es ist zu vermuten, daß sie danach beschloß, ihr eigener Philosoph zu sein.

»Aufklärung« auf russisch implizierte auch pädagogische Verbesserungen. Katharina, die mit einem außergewöhnlichen Minister, I. Bezkoj, zusammenarbeitete, hob das Bildungsniveau gewaltig an und erweiterte die Ausbildungsmöglichkeiten. Schon unter Elisabeth hatten die Akademie der Künste und die Moskauer Universität als Ergänzung zu Peters Akademie der Wissenschaften ihre Tätigkeit aufgenommen, und Rußland brachte mit Michail Lomonosow (1711–1765) seinen ersten großen Universalgelehrten hervor, der sich Meriten als Dichter, Literaturtheoretiker, Physiker, Chemiker, Kartograph, Geologe, Astronom und auf vielen anderen Feldern erwarb. Er wurde weithin zur Symbolfigur – um so mehr, da er einer Staatsbauernfamilie hoch im Norden entstammte und zu Fuß in die Hauptstadt gekommen war, um zu studieren. Unter Katharina führte ein ziemlich modernes Bildungskonzept zu einigen fortschrittlichen Experimenten, darunter die Erziehung von Frauen. Eine der bedeutenden intellektuellen Frauen der Zeit, die Prinzessin Daschkowa, wurde 1782 zur Direktorin der Akademie der Wissenschaften und im folgenden Jahr zur Präsidentin der neuen Akademie der Künste ernannt. Zum Bildungsplan zählte auch die Publikation von Büchern, die dramatisch zunahm, sowie die Entwicklung einer öffentlichen Meinung. Katharina gab ein tatkräftiges Beispiel, förderte satirische Journale und verfaßte selbst mindestens 30 Stücke (meist Komödien, milde Satiren und Szenen aus der russischen Geschichte). Ihr Russisch war grammatisch nicht korrekt, aber flüssig und im umgangssprachlichen Stil. Ebenso leicht ging ihr das Französische von der Hand.

Im Verlauf ihrer Regierungszeit begannen die Begründer der modernen russischen Literatur und Publizistik in den Vordergrund zu treten: der Dramatiker Denis Fonwizin (1745–1792); der Novellist Fjodor Emin (ca. 1735–1770); Gawriil Derschawin (1743–1816), ein Dichter von ungeschliffener Genialität; der Publizist und Verleger Nikolaj Nowikow (1744–1818); Nikolaj Karamsin (1766 bis 1826), ein vorromantischer Lyriker und Prosaist, der zugleich Rußlands erster großer Historiker wurde; und schließlich der weithin am besten bekannte Alexander Radischtschew (1749–1802). Radischtschews *Reise von St. Petersburg nach Moskau* ist ein Werk, das sich jeder klaren Klassifizierung entzieht. Der Autor unterbricht seine imaginäre Reise immer wieder, um zu beobachten, um sich zu Szenen des Landlebens zu verbreiten und ab-

Diese Büste stammt von dem Bildhauer F. I. Schubin (1740–1805). Sie stellt Michail Lomonosow (1711–1765) dar, der schon längst tot war, als sie 1792 angefertigt wurde. Schubin wie Lomonosow sind Aufsteiger aus dem russischen Norden. Schubin wuchs unter bäuerlichen Knochen- und Holzschnitzern auf und wurde später der größte neoklassizistische Bildhauer Rußlands. Lomonosow stammte aus einer Fischerfamilie und war ein erstaunlicher »Renaissance-Mensch«. Er trat gleichermaßen als hervorragender Dichter, Literaturtheoretiker, Historiker, Ökonom, Künstler und Geograph hervor, vor allem aber war er ein vielseitiger Naturwissenschaftler, der auf dem Gebiet der physikalischen Chemie seiner Zeit weit voraus war. Ihm verdankt die naturwissenschaftliche Forschung und die Geisteswissenschaft Rußlands im 18. Jahrhundert viele Anregungen.

zuschweifen. Der Reiz des Textes, der sich zu einem im allgemeinen unerbittlichen Bild der Leibeigenschaft rundet, liegt darin, daß er in Rousseauscher Manier ans Herz rührt. Er endet ziemlich unerwartet mit einem Preislied auf Lomonosow, der als Genius des Volkes dargestellt wird, und einer »Ode an die Freiheit«. Das Werk ist oft naiv und schlecht koordiniert – der anspruchsvolle Puschkin konnte es nicht leiden –, es warnt jedoch mit aller Macht vor der schwelenden Volksrebellion. Dieser Aspekt ärgerte Katharina, die es im spannungsgeladenen Sommer 1790 las, besonders, wie ein erhaltenes Exemplar mit ihren Randbemerkungen beweist. Das Buch wurde beschlagnahmt, der anonyme Autor identifiziert, gefangengesetzt, zuerst zum Tod verurteilt, dann nach Sibirien verbannt. Fünf Jahre später kehrte Radischtschew unter Zar Paul zurück, spielte im öffentlichen Leben eine Rolle, beging aber dann, offensichtlich aus ideologischen Gründen, Selbstmord.

Zu den Intellektuellen, die in jenen letzten Jahren Katharinas Weg kreuzten, gehörte auch Nowikow, der ebenfalls 1792 arretiert wurde. In diesem Fall scheinen die Schwierigkeiten von seinem Engagement in der Freimaurerbewegung herzurühren, besonders von den Kontakten mit dem geheimen Rosenkreuzorden, der größtenteils von Preußen kontrolliert wurde und außerordentliches Interesse am Thronerben Paul zeigte. Die ungeheure Verbreitung der Freimaurerei und von religionsähnlichen Bewegungen verschiedenster Art im Rußland des späten 18. Jahrhunderts fand bei weitem nicht Katharinas Sympathien, ernst zu nehmender waren aber wohl die angedeuteten Drohungen vom »kleinen Hof« ihres zunehmend exzentrischeren Sohnes in Gatschina außerhalb von St. Petersburg. Doch es wäre ungerecht, würden wir die Betrachtung der intellektuellen Atmosphäre in Katharinas Ära nur mit Bitternis beschließen. Während ihrer Regierungszeit kam es zu einem beispiellosen Aufschwung der Künste, vor allem in dem friedlichen Jahrzehnt ab Mitte der 70er Jahre. Die persönliche Lebensführung der Kaiserin war gemäßigt und bescheiden, wenn nicht gar spartanisch, aber sie liebte Gesellschaften, und die Hoffeste wurden mit aller Pracht ausgerichtet. Das Hoftheater stand ohne Eintrittsgelder allen offen, die angemessen gekleidet waren, ebenso die Parkanlagen des Palastes. Unter Potemkins Schirmherrschaft erlebte die Musik eine Blüte mit einer Reihe von ausländischen Komponisten, die sich in Rußland einen Namen machten, beispielsweise Galuppi (1765–1768 Hofkapellmeister in St. Petersburg) und Paisiello. Auch eine einheimische Schule von Komponisten begann – lange vor Glinka – vorsichtig einen nationalen Stil in volksliedhafter Klaviermusik oder komischen Opern zu entwickeln.

Kathariana behauptete von sich selbst, unmusikalisch zu sein, aber sie hatte viel für die Malerei übrig und begründete jene Gemäldekollektion, die zum Herzstück der großen Sammlung in der Eremitage in Leningrad wurde. Rußland brachte mit Dmitrij Lewizkij (1735–1822), F. Rokotow (ca. 1735–1808) und W. Borowikowskij (1757–1825) drei bedeutende Porträtisten hervor. Sie arbeiteten mehr für den einfachen Adel als für die Hocharistokratie und können jedem Vergleich mit europäischen Künstlern standhalten. Auch die Plastik entwickelte sich zur Vollendung, besonders die Porträtbüsten von F. Schubin, der unter bäuerlichen Holzschnitzern im hohen Norden aufgewachsen war.

Seinen sichtbarsten Ausdruck fand dieses Zeitalter allerdings in der Architektur. Der Petersburger Barock von Rastrelli und seiner Schule endete mit Beginn der 60er Jahre ziemlich abrupt, und es entwickelte sich eine ungewöhnlich klar geschnittene, ausgewogene und schlichte Version des internationalen Klassizismus. Er paßte sich gleichermaßen dem Glanz von Pawlowsk oder des Taurischen Palais in St. Petersburg wie den Stadthäusern in der Provinz oder den Marktstraßen mit ihren einfacheren Säulenreihen an. Ein früher Vertreter des Klassizismus war

Der Senatsplatz in St. Petersburg mit dem Denkmal Peters I. (Falconets »Eherner Reiter«, vollendet 1782). Dieser große Platz liegt stromabwärts an der Newa gleich neben der Admiralität. An seiner Westseite stehen die schönen Gebäude des Senats und des Synodes, die von K. Rossi, einem geborenen Russen, im spätneoklassizistischem Stil erbaut wurden. Auf dem anderen Ufer der Newa befindet sich die Akademie der Künste (1765). Auf dem Senatsplatz versammelten sich 1825 3000 Soldaten im gescheiterten Dekabristenaufstand. Der »Eherne Reiter« spielt seit Puschkins Verserzählung eine zentrale Rolle im »Mythos Petersburg«.

der Franzose Jean Baptiste Vallin de la Mothe neben anderen Architekten aus dem Ausland wie dem Schotten Charles Cameron. Aber es gab auch eine Reihe einheimischer Talente, unter denen vor allem Matwej Kasakow (1738–1813) und Wasilij Baschenow (1737–1799) Erwähnung verdienen. Ersterer wirkte nur in und um Moskau, baute sehr viel und setzte sich in der ruhigen Zwanglosigkeit des Moskauer Klassizismus ein Denkmal. Baschenow, ein führender Freimaurer, wurde gleichermaßen berühmt für seine realisierten wie nicht realisierten Projekte. Sein bekanntester Plan sah die Umgestaltung des Moskauer Kremls vor (um die alten Kathedralen), wobei als Dominante ein Säulengang nach dem Vorbild des Diokletians-Palastes in Split vorgesehen war. Zu seinen tatsächlich verwirklichten Bauten gehört das unvergleichliche Paschkow-Haus in Moskau sowie das Michaels-Schloß in St. Petersburg, das 1797 von Paul in Auftrag gegeben wurde und eine seltsam manieristisch anmutende Interpretation einer Burg mit Burggraben in klassizistischem Stil ist.

Aber das vielleicht wertvollste architektonische Vermächtnis jener Periode ist St. Petersburg selbst. Man hat es als »eine der einheitlichsten klassizistischen Städte der Welt« bezeichnet. Katharina gab ihm ein ästhetisches Zentrum mit dem Reiterstandbild Peters des Großen. Es ist unerreicht in der Einfachheit des Konzepts verbunden mit mannigfaltigen symbolischen Anklängen. Es wurde von 1766 an unter der Aufsicht von Étienne Maurice Falconet errichtet, den Diderot Katharina empfohlen hatte, und 1782 eingeweiht. Das sich aufbäumende Pferd zertritt unter seinen Hufen die durch eine Schlange symbolisierten Feinde Peters. Die Skulptur steht auf einem 1600 Tonnen schweren Block aus rotem Granit, der oben als Wellenkamm gestaltet wurde. Dieses Standbild ist allgemein als der »Eherne Reiter« bekannt, nach Puschkins epischem Gedicht.

### Die Regierung Pauls

Als Paul nach langer und oft demütigender Wartezeit 1796 auf den Thron kam, war klar, daß sein Regierungsstil in jeder nur denkbaren Weise von dem seiner Mutter abweichen würde. Das waren gute Nachrichten für Exulanten wie Radischtschew, Nowikow und Kosciuszko, die nun wieder ihre Freiheit erhielten. Doch ansonsten leerten sich die Gefängnisse nicht sehr, denn Paul selbst zeigte sich nur allzu bereit, launenhafte Strafen auszusprechen, da er dem Adel mißtraute, den seine Mutter zum Partner bei den Staatsgeschäften gemacht hatte. Im Gegensatz dazu genoß er große Beliebtheit bei den Bauern, wiewohl er bei der Milderung der Leibeigenschaft nicht weiter ging, als die Fronarbeit für den Gutsherren auf drei Tage in der Woche zu begrenzen. Paul war ein belesener und kultivierter Mann, der sein eigenes organisches und autoritäres Modell einer vorbildlichen Gesellschaft ausgearbeitet hatte. Aber alles, was an seinem Konzept positiv war, untergrub er selbst beständig durch sein kapriziöses, reizbares und neurotisches Temperament.

In der Außenpolitik, die von den Nachwehen der Französischen Revolution beherrscht wurde, zeigte Paul einen abrupten Meinungswandel. Zuerst hatte er Frieden mit Frankreich verkündet, dann schloß er sich der anti-französischen Allianz an. Der große, unschlagbare General Suworow (inzwischen schon fast 70 Jahre alt) führte mit den russischen Streitkräften sehr erfolgreich den Feldzug in Italien und überquerte dann in einem aufsehenerregenden Unternehmen die Alpen. Die russische Flotte nahm im Bündnis mit den Türken die Ionischen Inseln ein, und zu Beginn des 19. Jahrhunderts erstreckte sich das Zarenreich von der Adria bis zur Westküste Nordamerikas. Pauls Hauptinteresse galt jedoch Malta, da er 1798 zum Großmeister des Malteser-Johanniterordens gewählt worden war. Napoleon hatte die Insel eingenommen und zu Pauls Empörung hatten seine eigenen Verbündeten, die Engländer, sie zurückerobert und hielten sie in ihrer Hand. Der Zar, der inzwischen in Napoleon einen Garanten strenger Herrschaft und Ordnung sah, wechselte im Jahr 1800 plötzlich die Fronten: Er schickte eine Kosakenarmee in südöstlicher Richtung – ohne Karten und geordneten Nachschub – mit der wahnwitzigen Mission, das von den Briten besetzte Indien zu erobern. Sie konnten von Glück sprechen, daß sie nicht alle in der Wüste umkamen, aber das Abenteuer brachte einen Nebenerfolg in der dauerhaften Annexion des alten Königreiches Georgien, das seit dem 16. Jahrhundert unregelmäßig unter russischer Protektion gestanden hatte.

Mitglieder des Hofadels, die durch die angestrebte Wiederbelebung des adligen Zwangsdienstes und die neueingeführte Besteuerung des Gutsbesitzes verstimmt und aufgeschreckt waren, hatten seit 1799 an Pauls Sturz gearbeitet. Katharina hatte ihm einmal gesagt, falls er plane, gegen Ideen mit Gewehrfeuer vorzugehen, würde seine Regierung nur kurz sein, und kurz war sie in der Tat. Als eine seiner ersten Amtshandlungen hatte Paul Baschenow beauftragt, das repräsentative Michaels-Schloß zu entwerfen. An seinem Tor ließ er die von C. B. Rastrelli, dem Vater des großen Architekten, geschaffene Barockstatue Peters I. aufstellen und mit der Inschrift versehen »Dem Urgroßvater der Urenkel« – eine »Antwort« auf Katharinas »Ehernen Reiter«. Ängstlich sich vor seinen Feinden abschließend, zog Paul in die Burg, bevor die Mauern trocken waren. Dort spürten seine Gegner ihn wenige Wochen später auf, zogen ihn in einer opernreifen Szene hinter einem Wandschirm hervor, setzten ihn förmlich ab und töteten ihn unter unklaren, aber sehr brutalen Umständen. Sein ältester Sohn Alexander, damals Anfang 20, war zwar durch den Gouverneur von St. Petersburg vorgewarnt worden, daß sein Vater den Thron verlieren würde, doch der Mord traf ihn völlig unvorbereitet. Pauls Ende rettete die Kosaken auf ihrem Weg nach Indien vor dem Verdursten, denn sie wurden prompt zurückgerufen.

### Alexander I.

Sobald Alexander überredet worden war, den Thron zu akzeptieren, versicherte er den Garderegimentern, daß alles wieder so werden würde wie in den Tagen seiner Großmutter Katharina II. Er rehabilitierte etwa 12000 Menschen, die Paul bestraft hatte, lockerte die Zensur, die Reisebeschränkungen und andere von seinem Vater eingeführte Beschneidungen der Freiheit.

Der bedeutsame Krieg mit dem Napoleonischen Frankreich bestimmte die historische Perspektive der Ära Alexanders I. Doch er nahm innerhalb seiner Regierungszeit nur kurze Abschnitte ein (1805–1807 und 1812–1814), so daß Alexander genug Zeit hatte, sich auf innenpolitische Aufgaben zu konzentrieren. Zu Beginn seiner Herrschaft begann er gemeinsam mit einem »Inoffiziellen Komitee« reformfreudiger Freunde systematisch auszuarbeiten, was unbedingt im Interesse Rußlands getan werden müßte. Aufzeichnungen wurden nicht gemacht, aber es ist eindeutig, daß das Ende der Leibeigenschaft und selbst der Autokratie diskutiert worden sind. Maßnahmen von solcher Tragweite hätten allerdings einen Grad von staatsmännischer Klugheit und geduldigen Vorbereitungen erfordert, die Alexander fehlten: Um 1805 hatte er das Interesse daran verloren. Dennoch unternahm er Schritte, um die Effizienz der Regierungsarbeit zu verbessern, und er stellte es den Gutsbesitzern frei,

**Rechts: Die Napoleonischen Kriege**
Bis 1807 wurde der Krieg gegen Napoleon von Großbritannien und seinen Alliierten geführt, die sich in mehreren Koalitionen gegen Frankreich verbanden. Sowohl Österreich wie auch Preußen wurden zu Schachfiguren in einem Machtkampf, dessen Verzweigungen sich auch auf so entfernte Länder wie Ägypten und Indien auswirkten. Die russischen Feldzüge auf dem Balkan und in Italien sollten für Napoleon eine Warnung sein, mit welchen Kräften er im Osten zu rechnen habe. Aber nach den schweren Verlusten, die die Zarentruppen 1807 bei Austerlitz und Friedland erlitten, zog sich Alexander I. aus dem Krieg zurück. Dadurch hatte er die Möglichkeit, in Finnland einzumarschieren (1808) und die Schweden zu zwingen, ihm dieses Territorium zu überlassen. Ein anderer russischer Gewinn als Ergebnis der Napoleonischen Kriege war Bessarabien.
Napoleon benutzte seinen Verbündeten, das Herzogtum Warschau, als Basis, um eine große Anzahl Polen zu einer Streitmacht von über einer halben Million Soldaten (die Mehrheit waren keine Franzosen) zur Invasion Rußlands zu rekrutieren. Die Einnahme von Moskau mit ihren katastrophalen Folgen für Napoleons Armee war der entscheidende Wendepunkt in dem sich lange hinziehenden Krieg: 18 Monate später standen die russischen Truppen in Paris.

Porträt des Zaren Paul I. von W. Borowikowskij (1757–1825). Borowikowskij, der aus der Ukraine stammte, war der letzte von drei Porträtmalern (die beiden anderen sind F. Rokotow und D. Lewizkij), die für die russische Malerei des 18. Jahrhunderts von größter Bedeutung waren. Ein gewisser Zug von Romantizismus oder Sentimentalität charakterisiert die besten Arbeiten Borowikowskijs aus den 90er Jahren. So porträtierte er Katharina ganz ungezwungen, wie sie im Park spazierengeht. Der neurotische und unglückliche Paul I. erscheint würdevoll als soldatisch gesinnter Zar und Großmeister der Malteser-Ritter.

Leibeigene durch Einzelverträge zu freien Bauern zu machen, wenn dies auch nicht sehr weitreichend praktiziert wurde.

Der Krieg gegen Frankreich, dem sich Rußland 1805 anschloß, war nicht der einzige in Alexanders Kaiserzeit. Aus der Annexion Georgiens resultierten Feindseligkeiten mit Persien (1804–1815) und mit der Türkei (1806–1812). Wie unter den beiden vorhergehenden Regierungen erzielte die schlagkräfte russische Armee beachtliche Erfolge. So wurden den Persern große Teile des Kaukasus-Gebietes abgenommen, obgleich es noch Jahrzehnte dauern sollte, bevor die Bewohner der wilden Bergtäler ihre Unabhängigkeit aufgaben, und von den Türken gewann man Bessarabien und Abschitte an der östlichen Schwarzmeerküste. Ein weiterer Sieg gegen Schweden (1808–1809) brachte Finnland ein. Der erste Krieg gegen Frankreich verlief jedoch weniger gut als die anderen Auseinandersetzungen oder die Feldzüge Suworows unter Paul. Nach den Niederlagen von Austerlitz (1805) und Friedberg (1807) erkannte Alexander, welch große Verluste ihm drohten, und zog sich von den Schlachtfeldern zurück. Darauf folgte die Konferenz von Tilsit im Juli 1807. Napoleon und Alexander entschlossen sich, persönlich und geheim auf einem Floß auf der Memel (Neman) zu konferieren. Sie zeigten ein gewisses joviales Entgegenkommen, was aber kaum ihre Differenzen überspielen konnte. Zumindest stimmten sie in ihrer Antipathie gegen England überein. Wer überlistete den anderen? Alexander handelte für sich einige Konzessionen aus und gewann Zeit. Napoleon hielt ihn für einen »schlauen Byzantiner«, und sein unaufrichtiger Charme scheint allgemein in der Außenpolitik die beste Wirkung entfaltet zu haben.

Die fünfjährige Atempause nach Tilsit erlaubte es Alexander, seine Aufmerksamkeit wieder den inneren Angelegenheiten zuzuwenden. Mit seinem umsichtigen und weitblickenden Ausbau des Bildungswesens sowohl auf Schul- wie Universitätsebene setzte er die Politik seiner Großmutter fort und übertraf sie darin vielleicht sogar. Besonders berühmt war die Eliteschule in Zarskoje Selo, wo Puschkin und andere literarische Größen eine ausgezeichnete Erziehung erhielten. Aber das bemerkenswerteste Ereignis jener Jahre war der erste sachlich fundierte Versuch, Rußland eine Konstitution zu geben. Sie wurde 1809 von Michail Speranskij (1772–1839) ausgearbeitet. Speranskij, der aus dem einfachen geistlichen Stand stammte, war ein strenger Monarchist, der gleichermaßen fest an die Herrschaft des Gesetzes und die Partizipation der Gesellschaft an der Regierung glaubte. Das hätte für einen reformfreudigen Kaiser die Chance bedeuten können, die allmähliche Liberalisierung oder wenigstens Modernisierung des Staates durchzusetzen. Aber Alexander zögerte, und inzwischen baute sich eine starke Machtgruppe gegen Speranskij auf. Mit der Begründung, frankophil zu sein, wurde er 1812 entlassen. Später sollte er auf die politische Bühne zurückkehren, aber sein großer Entwurf wurde nicht wieder in Erwägung gezogen.

Die Ereignisse von 1812 sind wohlbekannt, vor allem den Lesern von Tolstojs *Krieg und Frieden*. Auf vielen unterschiedlichen Gebieten war es zwischen Frankreich und Rußland zu Spannungen gekommen, und die Wiederaufnahme des Krieges konnte nur eine Frage der Zeit sein. Napoleons Grande Armée zählte fast eine halbe Million Mann, ja sogar mehr, wenn Verstärkung kam. Ihr stand eine viel kleinere russische Streitmacht gegenüber, zumindest am Anfang. Mehr als die Hälfte von Napoleons Soldaten kamen nicht aus Frankreich, sondern wurden von bereitwilligen oder widerstrebenden Alliierten gestellt. So gab es ein großes polnisches Kontingent, das sich vom Krieg die Wiederherstellung eines polnischen Staates erhoffte. Napoleons Vormarsch und später sein Rückzug führten auf der traditionellen Route nach Rußland durch die Moränen-Hügellandschaft von Smolensk auf Moskau zu. Er traf damit eher das Herz des Landes als seine Verwaltungshauptstadt. Westlich Moskaus wurde am 7. September 1812 die unentschiedene Schlacht bei Borodino ausgefochten. Sie brachte auf beiden Seiten große Verluste (die am Ende für die Franzosen schwerer wogen). Obgleich Moskau nicht gehalten werden konnte, hatten Alexander, sein alter und listiger General Kutusow und das russische Volk als Ganzes nicht die Absicht, um Frieden zu bitten. Napoleon hatte die verlassene und bald eingeäscherte Hauptstadt zu spät verlassen: er verfügte über keinen Nachschub mehr, der Winter nahte, die erhoffte Bauernerhebung gegen den Zaren blieb aus und er konnte nicht vom Land leben, obgleich es keine systematische Politik der verbrannten Erde gegeben hatte. Mitte Oktober begann der Rückzug im frühen und mit bitterer Kälte hereinbrechenden Winter. Viel wirkungsvoller als russische Partisanen es gekonnt hätten, reduzierten Krankheiten die Grande Armée. Nur knapp ein Zwanzigstel der Soldaten erreichte die Heimat. Zum Jahresende war das Zarenreich von den Invasoren befreit. Die russische Armee setzte die Verfolgung fort und besetzte 1814 Paris. Hier hinterließ sie vermutlich als sprachliches Andenken das Wort *bistro* von russisch *bystro* – »schnell«.

Die Ereignisse von 1812 haben im russischen historischen Bewußtsein einen hohen Stellenwert behalten und wurden als *otchestvennaja wojna* (»Vaterländischer Krieg«) bezeichnet. Der Name leitet sich von der Tatsache her, daß sich die Kampfhandlungen auf russischem Boden entfalteten. Der Krieg gegen Hitlers Einmarsch 1941 erhielt denselben Namen. Alexander wurde der Titel *blaschennyj* (»der Gesegnete«) verliehen, was beinhaltete, daß man in ihm einen lebenden Heiligen sah. In der allgemeinen Euphorie, die die konservativen Mächte in Europa nach 1815 erfaßte, stand Alexander ganz oben. Obgleich seiner Neigung nach ein konstitutioneller Monarch, war er eine treibende Kraft der Heiligen Allianz, in der die gekrönten Häupter Europas sich verpflichteten, in christlicher Bruderschaft zusammenzuleben. Er gehör-

# Napoleons Rußlandfeldzug

Die Ereignisse des Jahres 1812 und ihre Folgen für Rußland können nur im Kontext einer Gesellschaft richtig eingeschätzt werden, deren gebildete Kreise ganz und gar frankophil waren, unabhängig von ihrer politischen Überzeugung. Während Paul I. eine profranzösische Politik verfolgt hatte, stellte sich sein Sohn Alexander I. zunächst im Dritten und Vierten Koalitionskrieg gegen das napoleonische Frankreich. Nach dem Frieden, den Napoleon und Alexander I. dann 1807 in Tilsit schlossen, durfte sich keiner von beiden durch diese Allianz abgesichert fühlen, aber jeder bekam eine Atempause. Als schließlich im Sommer 1812 die Grande Armée verheerend in Rußland einfiel, konnte nichts ihren Vormarsch aufhalten, doch im Herbst wurde sie durch den Brand Moskaus und den Wintereinbruch gezwungen, den Rückzug anzutreten. Dabei kamen 80 Prozent der Soldaten um.

Napoleons Einfall hätte ein Befreiungskrieg sein können. Es war anfangs völlig offen, auf welche Seite sich die leibeigenen Bauern stellen würden, namentlich in den westlichen Gebieten, die erst seit einer Generation zum Zarenreich gehörten. Das polnische Unabhängigkeitsstreben spielte ein große politische Rolle bei diesem Feldzug. Mehr als die Hälfte der Invasionsarmee bestand aus Polen. Die einzigen, die dann jedoch in Napoleon ihren Retter sahen, waren einige »altgläubige« Schismatiker, während die breite Mehrheit der russischen Bevölkerung über alle Klassenschranken hinweg treu zum Zaren stand. Die psychologischen und politischen Auswirkungen des Sieges über Napoleon waren enorm. Alexander I., nun von seiner göttlichen Sendung überzeugt, schwang sich zum »Retter Europas« auf.

*Unten links:* Fürst Michail Kutusow hatte, als er mit 67 Jahren 1812 russischer Oberbefehlshaber wurde, bereits eine glänzende Karriere hinter sich. Napoleon marschierte von Wilna aus nicht gegen die Hauptstadt St. Petersburg, sondern gegen Moskau, das Herz Rußlands. Die Öffentlichkeit war zutiefst beunruhigt, und Kutusow erhielt den Oberbefehl. Bei Borodino, gut 100 Kilometer von Moskau entfernt, kam es zu einer Schlacht, die viele Tote forderte. Obwohl sie unentschieden ausging, lagen die Nachteile letztlich bei den Franzosen mit ihren überlangen Nachschublinien. Der listige Kutusow setzte den Rückzug fort und lockte die Franzosen in eine Falle. Für den deterministisch denkenden Tolstoj war es der nüchterne Kutusow und nicht Napoleon mit seiner Maßlosigkeit, der den Gang der Geschichte begriff.

*Links:* Viele große Künstler bewegte das menschliche Leid, das der Rückzug aus Moskau mit sich brachte: Hier sehen wir Théodore Géricaults (1791–1824) Zeichnung verwundeter Franzosen. Allerdings waren selbst bei Beginn des Feldzuges die Franzosen in Napoleons Armee in der Minderzahl.

*Oben:* Zar Alexander I. in Tilsit, nach einem Gemälde G. Serangelis (1810). Zwei Jahre lang hatte Rußland der napoleonischen Kriegsmaschinerie verbissen Widerstand entgegengesetzt – trotz Austerlitz und anderer Rückschläge der Verbündeten. Schließlich zwang die Schlacht von Friedland den Zaren, um Frieden nachzusuchen. Er konnte die Erniedrigung vermeiden, die Preußen zuteil geworden war. In der Grenzstadt Tilsit (heute Sowjetsk) an der Memel stimmen Alexander und Napoleon persönlich überein, daß Rußland zur Unterstützung Frankreichs verpflichtet war, aber freien Spielraum behielt. Alexander, ein liebenswürdiger und listenreicher Diplomat, wußte wohl, daß er Zeit gewann. Eine dynastische Heirat zwischen seiner Schwester und Napoleon kam nicht zustande, und eine Reihe diplomatischer Zwiste führte unaufhaltsam zu den Ereignissen von 1812.

*Links:* Der Rückzug der »Großen Armee« (hier auf einem Gemälde von E. Meissonier aus dem späten 19. Jahrhundert) begann am 19. Oktober. Die russischen Truppen überfielen die Franzosen immer häufiger, als der Rückzug ungeordneter wurde. Starke Verluste wie beim Übergang über die Beresina in Weißrußland schwächten die Kampfmoral, aber schließlich forderten Seuchen und Hunger die größten Opfer. Bis Ende 1812 hatten die letzten Nachzügler der »Großen Armee« den russischen Boden verlassen.

# Dekabristen und Anarchisten

Unten: Die Dekabristen versammelten sich auf dem Senatsplatz in St. Petersburg am Denkmal Peters des Großen. Dort wurden sie von loyalen Einheiten der Regierung umzingelt, die auf sie schossen und sie auseinandertrieben.

Der Absolutheitsanspruch der zaristischen Autokratie gab der Opposition oftmals einen revolutionären Charakter, selbst wenn ihre Protagonisten Liberale oder gemäßigte Sozialisten waren. Das galt auch für die meisten der Dekabristen von 1825, die eine starke Symbolwirkung auf die spätere russische Opposition hatten.

Während 1917 der Marxismus die Haupttriebfeder der russischen Revolutionsbewegung darstellte, trifft dies für den größten Teil des 19. Jahrhunderts nicht zu. Typisch für Rußland war zu jener Zeit vielmehr der Anarchismus in verschiedenen Formen. Zu seinen führenden Exponenten zählten Michail Bakunin (1814–1876) und Peter Kropotkin (1842–1921). Bakunin war in mehreren Ländern Europas konspirativ tätig und bewirkte die Auflösung der Ersten Internationale, Peter Kropotkin gab dem Anarchismus eine intellektuelle Grundlage. Erstaunlicherweise stehen beide in der Sowjetunion in hohem Ansehen.

Die sozialen Besonderheiten Rußlands brachten es mit sich, daß der Anarchismus leicht mit dem seit der Mitte des 19. Jahrhunderts dominierenden Populismus verschmelzen konnte. Die Politik neigte zur Polarisierung, und die Revolutionäre wandten sich immer mehr terroristischen Methoden zu. Zwar gelang es ihnen, Alexander II. zu ermorden, doch darüber hinaus bewirkten sie kaum etwas. Schließlich ging die revolutionäre Führung auf die methodisch operierenden Marxisten über.

Michail Bakunin *(links außen)*, der bedeutendste der Anarchisten, emigrierte nach seiner Haftzeit (1851–1857) und wurde im Westen berühmt. Anfangs war er (wie viele russische Denker) ein Hegelianer, verabscheute aber später jede Art von Politik, Religion und Staatsgewalt; statt dessen pries er den »heiligen Instinkt der Revolte«. Er und gleichgesinnte Theoretiker wurden von der gebildeten Elite gefeiert, deren Toleranz gegenüber dem Terrorismus den Freispruch von Vera Sasulitsch *(links)* durch die Geschworenen begünstigte. Sie hatte 1881 auf den Militärgouverneur von St. Petersburg geschossen und ihn verwundet.

*Unten:* Sophia Perowskaja, die aus einer Familie höchster Verwaltungsbeamter stammte, war eine Führerin des »Volkswillens«, einer terroristischen Vereinigung, die Anschläge auf Regierungsbeamte plante. Ihr Ziel war letztlich Alexander II., aber ihre wiederholten Attentatsversuche auf den Zaren schlugen fehl.

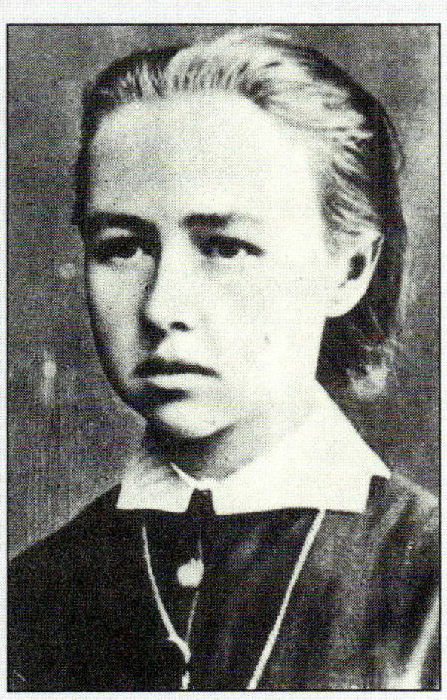

*Links außen:* Alexander II. fiel einer Bombe zum Opfer, die ein einzelner Terrorist geworfen hatte. Am Tag seines Todes wollte er seine konstitutionelle Reform zum Abschluß bringen.

*Links:* Diese Fotografie von Terroristinnen, die einen Zug besteigen, der sie nach Sibirien ins Exil bringen soll, verdeutlicht die Klassenschranken, vor der die Revolutionäre im ausgehenden 19. Jahrhundert standen. Die Frauen gehören allesamt der Oberschicht an. Die Eisenbahner verhalten sich ihnen gegenüber gleichgültig.

te auch zu den Initiatoren des eher praktische Zwecke vertretenden Kongreßsystems politischer Allianzen, die die Ordnung Europas erhalten und Revolutionen unterdrücken sollten. Er schlug eine internationale Armee vor, was zugleich aber mit Abrüstung gekoppelt war, doch überstimmten ihn seine Partner. Der griechische Aufstand (1821–1829) gegen das Osmanische Reich brachte das Kongreßsystem in Verlegenheit: Hatte man den Aufstand als Revolution zu werten oder als christlichen Befreiungskrieg gegen die Ungläubigen? Schließlich stellten sich die Russen unter Alexanders Nachfolger entschieden auf die Seite Griechenlands. Ähnliche Probleme sollten das »Europäische Konzert« bis zum Ersten Weltkrieg hin stören.

In Rußland kamen die zögernden Reformbewegungen fast ganz zum Stillstand. Alexander war von seiner besonderen gottgegebenen Bestimmung überzeugt und gleichermaßen von der hohen internationalen Politik wie von religiösen Sekten in Beschlag genommen. Obwohl eine neue Verfassung, deren Schwerpunkt in einer Dezentralisation lag, entworfen wurde, dieses Mal vom Grafen Nikolaj Nowosilzow, konnte sich Alexander abermals nicht zu ihrer Einsetzung entschließen. Um die Lage der Leibeigenen zu erleichtern, geschah nur wenig, lediglich in den baltischen Provinzen wurden die Bauern befreit, allerdings ohne Land zu erhalten.

**Die Dekabristen**

Am 1. Dezember 1825 alter Zeitrechnung starb Alexander plötzlich an einem Fieber in dem weit entfernten südlichen Hafen Taganrog. Er war 48 Jahre alt und hatte nicht lange zuvor vertraulich mitgeteilt, mit 50 abdanken zu wollen. Verschiedene seltsame Umstände führten dazu, daß in der Folge der Verdacht aufkam, sein Tod sei eine Falschmeldung; ein wandernder Eremit, Fjodor Kusmitch, wurde später für den Kaiser gehalten. Die Nachricht von Alexanders Tod brauchte eine Woche, bis sie Petersburg erreichte. Damit begann eine außergewöhnliche Zeit der Unsicherheit: Da der Zar keine Söhne hinterließ, wäre gemäß Pauls Nachfolgegesetz der Thron an Alexanders Bruder Konstantin gefallen. Doch hatte Konstantin sich vor einigen Jahren gut in Warschau etabliert, eine Polin geheiratet und auf seine Rechte verzichtet. Daraufhin hatte Alexander bestätigt, daß die Herrschaft nun an seinen jüngsten Bruder Nikolaus gehen müsse, ohne dies aber bekannt zu machen. Eilige Korrespondenzen gingen zwischen Petersburg und Warschau hin und her, um Konstantins augenblickliche Absichten zu ergründen. Nikolaus und seine Truppen leisteten inzwischen öffentlich den Treueeid auf Konstantin. Aber der wollte nicht einmal die Macht unter der Bedingung annehmen, um danach abzudanken. So wurde für den 24. Dezember Nikolaus' Thronbesteigung festgesetzt. Diese verwirrenden und geheimnisvollen Vorgänge alarmierten die gebildeten Kreise, während die Reformanhänger die Aussicht beunruhigte, daß sie der strenge Nikolaus statt des leutseligen Konstantin regieren würde. Könnte nur jemand schnell genug handeln, die Umstände sprächen für einen Staatsstreich.

Jene, die die Initiative ergriffen, wurden später Dekabristen genannt (russisch *dekabr,* »Dezember«). Sie bildeten ein ziemlich weites Netz meist junger Armeeoffiziere und unterteilten sich in drei Hauptgruppen. Die radikalste war die »Südgesellschaft« unter Oberst Pawel Pestel. Sie war gut organisiert, hatte aber ihre Basis im Hauptquartier der Südarmee, weit von der Hauptstadt entfernt. Die Petersburger Gruppe (»Nordgesellschaft«) plante, auf dem großen Senatsplatz am »Ehernen Reiter« Truppen zu sammeln und mit dieser Demonstration der Stärke Nikolaus zu zwingen, zugunsten Konstantins zurückzutreten. Etwa 3000 Soldaten wurden am späten Vormittag eines kalten Wintertages aufgestellt. Sie riefen »Konstantin und Konstitution«. Es ist überliefert, daß die Männer glaubten, »Konstitution« (*konstituzia*) wäre Konstantins Gemahlin. Aber der vorgewarnte Nikolaus ließ den Platz durch Truppen umstellen, die ihm ergeben waren. Auf beiden Seiten warteten die Soldaten frierend und beobachteten sich, während die Stunden vergingen. Bevor es dunkel wurde, überwand Nikolaus die Scheu, seine Herrschaft mit Blut zu taufen, und gab seiner Artillerie den Feuerbefehl. Etwa 50 Männer fanden den Tod. Die Verschwörung brach zusammen, und ihre Führer wurden verhaftet.

Alle Dekabristen wollten eine konstitutionelle Regierung und ein Ende der Leibeigenschaft. Darüber hinaus bestand wenig Übereinkunft, und ihre Pläne reichten von einem milden Liberalismus bis zu Pestels jakobinischer Republik, die streng zentralistisch sein sollte. Diese Pläne waren schon längere Zeit gereift, da die einheimischen Wurzeln der Dekabristenbewegung auf jeden Fall ein Jahrzehnt zurückreichten, vielleicht auf Radischtschew und damit ins 18. Jahrhundert. Gleich bedeutend war das Vorbild ähnlicher politischer Bünde in Westeuropa, der italienischen Carbonari und des deutschen Tugendbundes. Die Freimaurerlogen im späten 18. und im frühen 19. Jahrhundert in Rußland erwiesen sich als ein fruchtbarer Boden für unorthodoxes – oft auch weltfremdes – politisches Denken. Historiker weisen oft darauf hin, daß die große Zahl russischer Soldaten, die Napoleon bis Paris verfolgten, ihren geistigen Horizont erweiterten, weil sie fremde Lebensformen als Augenzeugen erleben konnten. Daran mag etwas Wahres sein, doch waren die meisten Dekabristenoffiziere zu jung, als daß sie an dem Feldzug hätten teilnehmen können. Was ihre grundverschiedenen Charaktere vereinigte, waren gewisse Verhaltensmuster und der alltägliche Lebensstil: Sie glaubten an Taten, an unverblümte Worte, an eine »römische« Offenheit. Der Held in Alexander Gribojedows satirischer Komödie *Verstand schafft Leiden* (1824) ist das gelungene literarische Ebenbild des »Dekabristentyps«. Da sie in jeder Versammlung auffielen, waren sie keine guten Verschwörer. Die Regierung Alexanders wußte sehr wohl, was sich anbahnte, aber sie reagierte kaum, außer daß sie die Freimaurerlogen verbot.

Der Dekabristenaufstand hatte im wesentlichen eine symbolische Bedeutung. Einige seiner Führer setzten das Scheitern voraus, ehe es überhaupt erfolgte. Der symbolische Charakter des Aufstandes prägte das Bild der Dekabristen, ihre Offenheit und ihren Mut. Diese Eigenschaften sollten auf Revolutionäre späterer Zeiten und auch auf Liberale eine starke Wirkung ausüben, denn sie lebten in einer Gesellschaft, wo Unentschiedenheit und listige Heuchelei vor allem unter den fortschrittlichen Intellektuellen vorherrschte. Was aber die Autokratie damals besonders beeindruckte und beunruhigte, war die Tatsache, daß die Dekabristen eine Bewegung begründeten, und zwar eine, die sich unter Offizieren und Intellektuellen des Dienstadels weit verbreitete. Damit war die privilegierteste Klasse der Nation, von der die Regierung abhing, Träger dieser Bewegung. Auch wenn sie wenig Beziehung zur Masse des Volkes hatten, konnten die Dekabristen gleichwohl nicht als vereinzelte Träumer oder Fanatiker abgetan werden. Sie verfügten auch über die geistige Macht einer Ideologie, die fest im russischen Boden wurzelte, über ein Geschichtsbild, das an den alten Freiheitsrechten von Kiew und Nowgorod orientiert war, und nahmen für sich tapfere Vorbilder gegen die Tyrannei wie den Fürsten Kurbskij in Anspruch. Sie besaßen in der Tat die Vision eines »alternativen Rußlands«.

# DIE VIER LETZTEN ZAREN

**Reaktion und Unterdrückung**

Nikolaus I. zählte 30 Jahre, als er den Thron bestieg, und seine Regierung umfaßte wiederum 30 Jahre. Diese Periode ist in das Bewußtsein der Russen als eine Zeit der Reaktion, politischen Stagnation und sozialen Unterdrückung eingegangen. Sie endete mit dem ersten Krieg, den die Russen seit den unglücklichen Krimfeldzügen der 80er Jahre des 17. Jahrhunderts verloren, und Nikolaus I. wußte bei seinem Tod, daß alles zerbröckelte, wofür er eingetreten war. Daß seine Herrschaft in so negativem Licht erscheint, ist vor allem den beredten Regimegegnern zuzurechnen, unter denen der Schriftsteller und Publizist Alexander Herzen (russisch Gerzen) eine führende Rolle spielte. Was indessen die russische Kultur betraf, so wurde in dieser Zeit Bedeutendes geleistet. Dies galt vor allem für die Literatur, aber auch für die anderen Künste sowie das gesellschaftliche und politische Denken.

Nikolaus I. war Soldat und der erste Stratege seiner Armee. Er sah seinen Lebensinhalt darin, jeder Bedrohung von Ordnung und Disziplin zu begegnen. Er war jene Art von »Exerzierplatztyp«, wie er mit beunruhigender Regelmäßigkeit mit jedem zweiten Monarchen seit der Mitte des 18. Jahrhunderts bis zum Ende der Romanow-Dynastie in Erscheinung trat. Königin Viktoria von England beschrieb ihn 1844 als »ernst und streng und mit Grundsätzen von seinen Pflichten, von denen keiner auf Erden ihn abbringen kann ... Er ist aufrichtig, selbst in seinen despotischsten Handlungen, und besitzt die Vernunft, die zum Regieren gehört«. Nikolaus I., gewiß nicht von Natur aus brutal, herrschte aber auf eine Weise, die eine allgemeine Roheit förderte. Eine berüchtigte Episode war die Scheinexekution des Petraschewskij-Kreises, eines informellen Debattierklubs mit unbestimmt utopisch-sozialistischen Neigungen: 21 seiner Mitglieder, darunter der junge Fjodor Dostojewskij, wurden 1849 zum Tode verurteilt. Als die erste Gruppe bereits zur Erschießung festgebunden war, wurde eine inszenierte Begnadigung gewährt. Eines der Opfer blieb dauernd geistesgestört, und Dostojewskij ging bis 1856 nach Sibirien in die Verbannung.

Anfang und Ende der Regierung Nikolaus' I. waren durch Kriege gegen die Türken gekennzeichnet. Der erste (1828/29) verlief erfolgreich, der zweite (Krimkrieg, 1853/54–1856) erfolglos, nachdem Briten und Franzosen den Osmanen zu Hilfe kamen. Die militärische Auseinandersetzung Ende der 20er Jahre, die die Politik Alexanders I. fortsetzte, brachte schließlich Griechenland die Garantie der Unabhängigkeit und anderen christlichen Gebieten des Balkans die Autonomie. Zwischenzeitlich kam es zu Frieden und guten Beziehungen mit den Osmanen, und in den 30er Jahren half man sogar Konstantinopel gegen den ägyptischen Aufrührer Ibrahim Pascha. Im europäischen Revolutionsjahr 1848/49 stand Rußland Österreich bei, um den ungarischen Volksaufstand niederzuschlagen. Die französische Februarrevolution 1848 und die Thronbesteigung Napoleons III. machten einen Zusammenstoß mit Frankreich unvermeidlich, was dann, verbunden mit der Großmachtkonkurrenz zu England, in den Krimkrieg mündete.

In der Innenpolitik zeigte Nikolaus' Streben nach Ordnung viele negative und nur ein oder zwei eher positive Ergebnisse. M.M.Speranskij, der 20 Jahre zuvor »Kanzler« Alexanders I. gewesen war, vollbrachte die Aufgabe, alle russischen Gesetze seit 1649 zu kodifizieren, die Finanzverwaltung wurde effizienter gemacht, ein Wirtschaftswachstum war zu verzeichnen und Getreideexporte (hauptsächlich über Odessa) gewannen an Bedeutung, besonders nach Aufhebung der britischen Getreidegesetze. Auch die Lage der Staatsbauern – fast die Hälfte aller Bauern – verbesserte sich. Indem sie Anspruch auf ihr Land erhielten, genossen sie praktisch die Freiheit. Ansonsten aber blieb die Leibeigenschaft unangetastet, obschon die Gutsherren mehr als eine halbe Million ihrer Abhängigen während der 40er und 50er Jahre vom ländlichen in den häuslichen Dienst überführten. Sie hofften, auf diese Weise die Aufteilung ihrer Güter möglichst zu begrenzen, falls es doch zur Abschaffung der Leibeigenschaft kommen sollte. Das persönliche Interesse Nikolaus' I. an der Beibehaltung der sozialen Disziplin und natürlich auch sein Mißtrauen gegen den Adel, aus dessen Kreisen die Dekabristen hervorgingen, hatten dazu geführt, daß er nicht durch die etablierten Staatsorgane regieren wollte, sondern weniger förmlich durch besondere Komitees einiger gleichgesinnter Anhänger. »Seiner Kaiserlichen Majestät Eigene Kanzlei« wuchs an Größe und Macht: Ihre »Dritte Abteilung« (geleitet von Graf Benckendorff) war in Wirklichkeit Nikolaus' politische Polizei, die mit der gewöhnlichen Polizei rivalisierte, sich in alle Bereiche des Lebens einmischte, zahllose anonyme Denunziationen entgegennahm, zugleich aber auf groteske Weise ineffizient blieb. Die Zensur von Druckschriften und strenge Beschränkungen der Reisen ins Ausland waren typisch für diese Periode.

Nikolaus I. machte es sich zur Aufgabe, die Revolte der Dekabristen und ihre Hintergründe selbst zu untersuchen. Über hundert Teilnehmer wurden vor Gericht gestellt, fünf hingerichtet (darunter der bekannte Dichter Kondratij Rylejew) und die meisten anderen nach Sibirien verbannt. Die Dekabristen standen zu ihren Ansichten und äußerten bei den langen Verhören im Gefängnis offen ihre Hoffnungen und Überzeugungen. Manchmal richteten sie persönliche Sendschreiben an den Zaren. Wenn Nikolaus I. Gnade zeigte, so geschah dies zuweilen nicht ohne Hintergedanken. Puschkin, der mit vielen Verhafteten befreundet war, sagte Nikolaus I., daß er mit auf dem Senatsplatz gewesen wäre, wenn er sich zur Zeit der Revolte in Petersburg befunden hätte. Nikolaus entgegnete, er erteile Puschkin Pardon und fungiere als sein persönlicher Zensor. Der Dichter zeigte sich über diese Geste von Großherzigkeit sehr erfreut, bis er merkte, daß er seine Arbeiten zu Graf Benckendorff bringen mußte, was beunruhigender war als die gewöhnliche Zensur. Später wurde er auf erniedrigende Weise mit einer kleinen Stellung bei Hofe bedacht, die nicht nur langweilig war, sondern ihn auch zur Zielscheibe von letztlich tödlichen Intrigen machte.

Der Aufstand der Dekabristen unterschied sich grundlegend von vorangehenden Rebellionen in Rußland, die elementare Ausbrüche der Volkswut gewesen waren, weil er eine ideologische Basis hatte. Daher lag es im Interesse der Obrigkeit, den Ideen des Aufstandes mit eigenen Vorstellungen zu begegnen. Aus dieser Notwendigkeit und

Dieser französische Stich zeigt Nikolaus I. (Zar 1825–1855) bei der Inspektion seiner Truppen. Wie Paul I. und Peter III. vor ihm hatte Nikolaus I. starkes Interesse am Militär. Er war bekannt als »Gendarm Europas«. Nach dem Revolutionsjahr 1848 war seine Herrschaft über Rußland besonders streng. Russische Heere waren während seiner gesamten Regierungszeit sehr erfolgreich, bis es zum Krimkrieg (1853–1856) kam, der als Konflikt mit den Türken begann. Die militärischen Schwächen, die sich nach dem Kriegseintritt der Engländer und Franzosen zeigten, verdunkelten die letzten Tage des Zaren.

weil man – wie überall in der ersten Hälfte des 19. Jahrhunderts in Europa – die revolutionären Kräfte des Nationalismus für die Interessen der etablierten Ordnung ausnützen wollte, wurde eine neue Staatsideologie entwickelt. Ihr Hauptpropagandist war Graf Sergej Uwarow, der von 1833–1849 als Minister für Volksaufklärung wirkte. Seine Doktrin fußte auf den drei Prinzipien Orthodoxie, Autokratie (die Grundlage des gesamten Staatsaufbaus) und *narodnostj*. Der unübersetzbare Begriff *narodnostj*, der gewöhnlich mit »volksverbundener Patriotismus« wiedergegeben wird und gewisse Grundeinsichten in den Geist und Willen des Volkes als Bewahrer des Zarentums voraussetzte, tauchte unerwartet in den 30er Jahren unseres Jahrhunderts wieder auf als eines der drei Prinzipien des Sozialistischen Realismus. Der »volksverbundene Patriotismus« wurde in Schulen und Universitäten gewaltsam propagiert, aber er war keine ganz künstliche Konstruktion. Vielmehr artikulierte er das im 19. Jahrhundert typische intellektuelle Streben nach Gemeinschaft, nach einer Nation als organischem Ganzen, die auf festeren Bindegliedern als Gesetzen und gesellschaftlichen Konventionen beruht.

Einher damit ging der Versuch, sich Volkssagen über das Verhältnis zwischen Zar und Bevölkerung für die autokratische Ideologie zu eigen zu machen – ungeachtet der Tatsache, daß die »Germanisierung« der Zarenfamilie seit der Mitte des 18. Jahrhunderts weiter fortschritt, bis zu Anfang des 20. Jahrhunderts kaum noch ein Tropfen russischen Blutes in den kaiserlichen Adern floß. Insbesondere bemühte man sich, den berühmten Begriff des »heiligen Rußlands« in Beschlag zu nehmen. Er tauchte zum ersten Mal in Kurbskijs Briefen an Iwan IV. in der Mitte des 16. Jahrhunderts auf. Seit der »Zeit der Wirren« war er allgemein verbreitet und beinhaltete eine Vorstellung des russischen Landes, das unabhängig vom jeweiligen Souverän und manchmal im Gegensatz zu diesem bestand. Der Begriff könnte aus der phonetischen Ähnlichkeit zwischen *swatoj* (»heilig«) und *swetlij* (»hell«) stammen, verwendet zum Beispiel in der *Klage über den Untergang des russischen Landes* aus dem 13. Jahrhundert. Die »Adelskultur« des 18. Jahrhunderts hatte dafür keine Verwendung, aber nach den Ereignissen von 1812, die viele Russen als Krieg der Rechtgläubigkeit gegen den Antichristen ansahen, war das Wort vom »heiligen Rußland« auf allen Lippen. Mit der Übernahme dieser Konzeption versuchte Nikolaus I. nicht nur die Ideen der Aufklärung zurückzudrängen, sondern die ganze Adelsklasse, die er so sehr fürchtete und mißachtete, in ihre Schranken zu verweisen.

Es wäre aber falsch anzunehmen, daß solche und ähnliche Gedanken nur von den Anhängern der Autokratie verbreitet wurden. Der Schriftsteller Nikolaj Gogol (1809–1852) formulierte sie in seinen späten Jahren auf ziemlich exzentrische Weise. Danach fanden sie in Fjodor Dostojewskijs (1821–1881) »polyphonischen« Romanen und in journalistischen Aufsätzen eine machtvolle Stimme. Sie beeinflußten auch andere führende Dichter jener Zeit, namentlich Wasilij Schukowskij (1783–1852), der als Tutor des zukünftigen Zaren Alexander II. auserwählt wurde, und Fjodor Tjutschew (1803–1873). Auf der anderen Seite gab es eine besondere Strömung »konservativen« Denkens in Rußland, die zumindest bis zum Fürsten M. Schtscherbatow zurückreicht, der ein gewandter Redner in der gesetzgebenden Kommission von 1767 war und später polemische Essays veröffentlichte. Diese Strömung vertraten auch Persönlichkeiten wie der Historiker Nikolaj Karamsin (1766–1826) und der »archaistische« Lyriker Alexander Schischkow (1754–1841).

### Die Slawophilen und die Kultur in der Mitte des 19. Jahrhunderts

Die bemerkenswerteste Diskussion jener Zeit fand zwischen den Slawophilen und ihren verschiedenen Gegnern statt, die zusammenfassend Westler *(sapadniki)* genannt wurden, obgleich sie im Unterschied zu den Slawophilen keine programmatisch einheitliche Gruppe bildeten. Offensichtlich löste 1836 die Publikation des ersten philosophischen Briefes von Pjotr Tschaadajew (1794–1856) die slawophile Bewegung aus. Er hatte Verbindungen zu den Dekabristen, ein Interesse an den »Liebhabern der Weisheit« *(ljubomudry)*, einer mystisch orientierten Gruppe, die nach dem Dekabristenaufstand aufgelöst wurde, und zeigte Sympathie für das religiöse und historische Denken der europäischen Romantik. Das Hauptanliegen seines Briefes war eine rhetorische Beschwörung all dessen, was er als Rußlands kulturelle Ziellosigkeit, Mangel an Spiritualität und Fehlen westlicher Tugenden wie Pflichtgefühl, Gerechtigkeit und Vernunftdenken erachtete. In einem solchen Land könnte es keinen Fortschritt

# Puschkin und Gogol

Wenn wir im Westen von Klassikern der russischen Literatur sprechen, meinen wir in der Regel Tolstoj und Dostojewskij, vielleicht auch Turgenjew und Tschechow. Viele Russen betrachten jedoch als ihre wirklichen Klassiker zwei Autoren, die schon tot waren, bevor das große Zeitalter des russischen Romans überhaupt begann: Alexander Puschkin (1799–1837) und Nikolaj Gogol (1809–1852). Beide stammten aus Gutsbesitzerfamilien und waren trotz aller persönlichen und dichterischen Verschiedenheiten miteinander befreundet.

Puschkin bezeichnete sich selbst als Romantiker, womit er sagen wollte, daß er ein Vertreter der Moderne war und Byron verehrte. Zu seinen Vorbildern zählte ferner Shakespeare, dessen Gattung der »chronicle plays« er mit der historischen Tragödie *Boris Godunow* (1831) in Rußland einführen wollte. Er schrieb auch mit *Die Hauptmannstochter* (1836) »die beste Novelle, die Walter Scott nicht schrieb«. Puschkin beherrschte alle literarischen Formen und bediente sich ihrer mit Sachlichkeit, Takt und Witz. Weil er rhetorische Mittel und sogar Metaphern behutsam gebrauchte, kann er in Übersetzungen, wo die sprachliche Genauigkeit, ihre Variationsbreite und ihr Glanz verloren gehen, »flach und monoton« klingen, wie Flaubert beanstandete.

Puschkin war der Mozart der Literatur. Nicht nur ihr Werk, auch ihre Persönlichkeiten und ihre Lebensläufe weisen starke Ähnlichkeiten auf. Puschkin fühlte diese Wesensverwandtschaft und nahm in seiner »kleinen Tragödie« *Mozart und Salieri* (Uraufführung 1832) Peter Shaffers *Amadeus* vorweg. Wie viele seiner besten Werke (*Pique Dame,* 1834, *Der eherne Reiter* 1834/37) ist es gleichermaßen die Studie einer Besessenheit und ein »Problemstück«, in dem der Leser nicht nur die Antworten, sondern auch schon die Fragen finden muß. Puschkin war sich der Grenzen der Literatur bewußt: Seinen großen »Roman in Versen« *Eugen Onegin* (1833) ließ er mitten im Satz auf dem Höhepunkt enden.

Gogol konnte anfangs von dem Interesse der Städter für ukrainisches Lokalkolorit profitieren und seine ukrainische Herkunft literarisch verwerten. Die nationalbewußte Volkstümlichkeit seiner frühen Erzählungen galt als heiter, Puschkin spottete, daß Gogols Fröhlichkeit »zugleich naiv und listig« sei. Die folgenden Erzählungen *Geschichte, wie Iwan Iwanowitsch mit Iwan Nikiforowitsch in Streit geriet* und die *Petersburger Novellen* zeigten unter der Oberfläche aus Komödie und Pathos alarmierend ernsthafte Töne. Zwischen 1835 und 1842 schuf er seine Meisterwerke: *Der Revisor* (1836), *Der Mantel* (1842) und den ersten Teil von *Die Toten Seelen* (1842). Im Detail sind diese Werke ungeheuer humorvoll, im Ganzen aber erschrecken sie durch ihren ausgeprägten Sarkasmus. Kritiker hielten sie für eine gesellschaftspolitische Satire, aber dem widersprach Gogol heftig, denn er wollte sie unter religiösen Gesichtspunkten gelesen wissen. Seine höchstpersönliche Religion hatte wenig Platz für Gott – der Teufel war überall, und er arbeitete vor allem mit *poschlost,* der anmaßenden Plattheit und Abgeschmacktheit. Nikolaj Gogols geplante »Göttliche Komödie«, die *Toten Seelen,* blieb unvollendet, und er starb in tiefer Niedergeschlagenheit.

*Oben:* Eine von Puschkin selbst stammende Illustration zu seinen *Erzählungen Belkins.*

*Links:* Eine Illustration zu einem Puschkinschen Volksmärchen von I. Bilibin (1876–1942). Der Künstler stand mit der symbolistischen »Welt der Kunst«-Gruppe in Verbindung und war einer der besten Graphiker der Jahrhundertwende. Puschkins Werke haben ein erstaunliches »Nachleben« als Quelle für Opern, Lieder, Ballette und auch für die bildende Kunst.

*Unten links:* Dieses Porträt Puschkins in einer Stimmung romantischer Einsamkeit stammt von O. A. Kiprenskij (1782–1836). Kiprenskij war einer der letzten in der unprätentiösen, aber hervorragenden Reihe russischer Porträtmaler des 18. Jahrhunderts.

*Unten:* Michajlowskoje (1941 stark beschädigt, aber wiederhergestellt) im Bezirk Pskow war das Familiengut der Puschkins und der Beisetzungsort des Dichters. Dorthin wurde er Mitte der 20er Jahre verbannt. Er hatte auf dem Gut nur wenig Gesellschaft außer seiner alten Kinderfrau Arina Rodjonowina, der er sein bleibendes Interesse an der Volksdichtung verdankte. Wie seine anderen Perioden der Isolation war auch diese Verbannung schriftstellerisch eine höchst fruchtbare Zeit.

*Oben:* Puschkin hatte die Angewohnheit, stets etwas auf seine vielfach überarbeiteten Manuskripte zu kritzeln. Auch verfertigte er mit großem Geschick Albumverse, Skizzen und Karikaturen mit beißenden oder unzüchtigen Einfällen. Sein eigenes Gesicht kehrt auf den Zeichnungen immer wieder. Oft werden die »afrikanischen« Züge betont, die er von seinem äthiopischen Vorfahren Hannibal geerbt hatte, der Diener Peters I. gewesen war.

*Links:* Im Gegensatz zu dem weltmännischen Puschkin war Gogol, dessen Porträt hier wohl geschmeichelt ist, linkisch und ohne Ausstrahlung. Er fürchtete sich vor Frauen, war ohne Selbstvertrauen und zweifelte an seinem Talent. Puschkins beste Arbeiten sind Ideen verpflichtet, die ursprünglich von Gogol stammten.

und keine wahre Geschichte geben. Tschaadajews Brief verursachte einen Aufruhr, und er selbst wurde für wahnsinnig erklärt.

Demgegenüber verteidigten die Slawophilen Rußlands reiche und alte Kultur, die sie grundverschieden von der des Westens ansahen. (Es ist ein durchgängiger Fehler russischer Denker von Tschaadajew bis Solschenizyn, ganz allgemein vom »Westen« zu sprechen, als ob es sich hier um einen einheitlichen Begriff handelte.) Der Ausdruck »slawophil« bedeutet nicht unbedingt eine Parteinahme für die anderen Slawen oder Panslawismus, viel eher ein Interesse an Rußlands nichtwestlicher Eigenart und ihren tiefen religiösen und historischen Wurzeln. Die führenden Schriftsteller der Bewegung – Iwan Kirejewskij (1806–1856) und Alexej Chomjakow (1804–1860) – entwickelten eine Geschichtstheorie, die den westlichen Rationalismus dafür verantwortlich machte, daß die Gesellschaft verhängnisvoll »atomisiert« und die sozialen Beziehungen steril und legalistisch gestaltet seien. Im Gegensatz hierzu sei das russische Volk im Besitz »innerer Wahrheit« und Freiheit – und sei es immer gewesen –, also von Werten, die vor allem in der Dorfgemeinschaft (*mir* oder *obschtschina*) und der orthodoxen Kirche maßgeblich waren. Chomjakow entwickelte darüber hinaus sein berühmtes Konzept der *sobornostj* (Gemeinde), womit er versuchte, das Wesen der Orthodoxie (aber nicht so sehr ihre weltliche Wirklichkeit) zu definieren, die für freiwilliges Übereinkommen und für Verbrüderung ganz im Gegensatz zum autoritären System der Päpste eintrat. Eine praktische Folge der slawophilen Strömung war die methodische Erforschung der Volkskultur. Das zeigt sich besonders deutlich in der großen Sammlung von Volksliedern, die Iwan Kirejewskijs Bruder Pjotr initiierte. Nach der »heroischen Periode« der slawophilen Bewegung in den 40er und 50er Jahren, als sie die Befreiung der Leibeigenen als wesentlich für die Erneuerung des einzigartigen russischen Kulturerbes bezeichnete, wurde diese Strömung zersplittert und fand zu einem gewissen Grad allgemeine Verbreitung. Einige ihre Vertreter wurden Persönlichkeiten des Establishments. Unter Nikolaus I. waren führende Slawophile jedoch oft der Zensur unterworfen, weil man in ihrer Ideologie anarchische und libertinistische Hintergedanken witterte.

Es ist keineswegs überraschend, daß die Zensur die radikalen Denker der Zeit noch mehr einengte, einschließlich derer, die als »Westler« angesehen wurden. Selbst die Komödie *Verstand schafft Leiden* (1824) von Gribojedow, eines Dichters der vorhergehenden Generation, war nicht zu veröffentlichen, obwohl Tausende von Handschriften kursierten. Alexander Herzen (1812–1870), einer der maßgeblichen Freidenker in Europa, emigrierte 1847 nach England, obwohl er den »Westen« nicht durchweg sympathisch fand, und veröffentlichte viele nichtzensierte Schriften, von denen seine Autobiographie *Erlebtes und Gedachtes* am bedeutendsten ist. Auch der erste Anarchist Rußlands, Michail Bakunin (1814–1876), emigrierte. Es war bezeichnend für diese Periode, daß sich soziales Denken und die Literatur überschnitten. Zum Teil lag es daran, daß man von der offiziellen Doktrin abweichende Meinungen schwerlich direkt formulieren konnte, aber es war auch bedingt durch das allgemeinrussische Gefühl für die Unteilbarkeit der Kultur.

Vertreter des gesellschaftlichen Determinismus mögen jedoch Schwierigkeiten haben, wenn sie erklären sollen, wieso die Jahre von 1820–1840, die politisch so wenig erfolgversprechend waren, als das goldene Zeitalter der russischen Literatur gelten. Das Phänomen kann unter zwei Gesichtspunkten betrachtet werden: entweder als Anfang der modernen Blüte, die sich nach der Jahrhun-

*Links:* Dieses Propagandaflugblatt beschwört göttlichen Segen für die militärischen Anstrengungen der Russen im Krieg gegen die Türken. Es erinnert an eine Seite des Krimkrieges, die in westlichen Geschichtsbüchern kaum erwähnt wird: an eine Reihe russischer Siege und individueller Heldentaten kurz vor und nach dem anglo-französischen Kriegseintritt. Die Szenen sind auf einem griechischen Kreuz angeordnet wie auf einem St. Georgs-Orden mit dem Heiligen im Mittelpunkt. Das unterste Segment des Kreuzes zeigt die Vernichtung der türkischen Flotte bei Sinope an der Nordküste der Türkei, die die westlichen Alliierten am meisten beunruhigte. Auf den drei anderen Bildsegmenten sind die weiteren Kriegsschauplätze (Balkan, Odessa und Gurien = Transkaukasien) zu sehen.

dertmitte in der klassischen Romanliteratur fortsetzte, oder als Höhepunkt einer langen Vorbereitungsphase. Die letztere Auffassung hat viel für sich, denn die führende Literaturgattung dieser Zeit ist die lyrische (bis zu einem gewissen Grad auch die erzählende) Dichtung als Endprodukt einer Tradition, die sich seit den 50er Jahren des 18. Jahrhunderts entwickelt hatte. Daß die russische Literatursprache zu einem modernen, flexiblen und vielseitigen Medium wurde, ist vor allem Alexander Puschkin (1799–1837) zu verdanken, der heute noch als größter Dichter seines Landes gilt. Doch neben ihm gab es so herausragende Gestalten wie Nikolaj Gogol *(siehe Seite 122/23)* und Jewgenij Baratynskij (1800–1844), ein entschiedener, aber widersprüchlicher Pessimist. Als 30jähriger wandte sich Puschkin der Prosa zu und schrieb die ersten russischen Novellen von Weltgeltung, darunter *Pique Dame.* Auch erforschte er die Geschichte des Pugatschow-Aufstandes. Puschkin fand als Lyriker und Prosaist einen bedeutenden Nachfolger in Michail Lermontow (1814–1841). Lermontow – der sich als russischer Byron sah – ersetzte Puschkins kalte Ironie und Zartheit des Gefühls durch beißenden Witz und rhetorische Ich-Darstellung. Sein einziger wichtiger Prosaroman *Ein Held unserer Zeit* (1840) gilt als eines der ersten wahrhaft europäischen Werke der russischen Literatur und weist mit seiner Konzeption bereits ins 20. Jahrhundert.

Die bildenden Künste dieser Periode hielten mit der literarischen Entwicklung nicht Schritt. Zwar fand die blühende Porträtmalerei des 18. Jahrhunderts ihre Fortsetzung, aber selbst die bedeutenden Werke von Alexan-

**Der Krimkrieg**
Seit den 20er Jahren des 19. Jahrhunderts wuchs das Interesse der europäischen Großmächte – Österreich, Großbritannien, Frankreich und Rußland – an der Kontrolle über den Balkan in dem Maße, wie das Osmanische Reich dort seine Machtstellung verlor. Rußland ging es vor allem darum, über das Schwarze Meer den Zugang zum Mittelmeer zu erlangen. Es betrachtete sich auch als natürlichen Beschützer der orthodoxen Christen unter osmanischer Herrschaft. Als 1853 Streitkräfte des Zaren in die türkischen Provinzen Moldau und Walachei einmarschierten, schickten Großbritannien und Frankreich dem Sultan starke Expeditionstruppen zu Hilfe. Sie entsandten auch eine Flotte, um Sewastopol an der Südspitze der Krim, die Heimatbasis der russischen Flotte, anzugreifen. Nach ihrer Landung wurden die Expeditionstruppen vom russischen Heer gebunden, und es entwickelte sich eine Pattsituation mit schweren Verlusten auf beiden Seiten. Zar Nikolaus I. starb 1855, und sein Nachfolger Alexander II. erkannte, daß er angesichts der wachsenden sozialen Spannungen im Innern den Krieg nicht fortsetzen konnte. Der 1856 geschlossene Vertrag von Paris war für Rußland sehr nachteilig.

der Iwanow (1806–1858) und Karl Brjullow (1799–1852) erreichten weder ihre ausländischen Vorbilder noch ihre eigenen Idealvorstellungen. Der langlebige Neoklassizismus in der russischen Architektur brachte unter Alexander I. immer noch Meisterwerke hervor, so die Admiralität in St. Petersburg, die 1806 von Andrejan Sacharow umgebaut wurde. Zur Zeit Nikolaus' I. setzten sich allmählich eklektizistische Stile durch. Ein eindrucksvolles Beispiel dafür ist der große Kremlpalast in Moskau von Konstantin Ton aus dem Jahr 1838.

Die Musik besaß einen hervorragenden Vertreter in Michail Glinka (1804–1857). Er war nicht, wie manchmal behauptet wird, der erste russische Komponist, denn er konnte auf dem aufbauen, was sich im Laufe des 18. Jahrhunderts vorbereitet hatte. Seine beiden großen Opern *Das Leben für den Zaren* und *Ruslan und Ljudmila* verwenden Volksliedbearbeitungen in einem »internationalen« musikalischen Kontext. Es ist indessen die Orchesterphantasie *Kamarinskaja*, die durch Interpretation folkloristischer Vorlagen den Grundstein für eine Entwicklung legte, aus der die nationale Schule der russischen Musik des späten 19. Jahrhunderts hervorging.

## Der Krimkrieg

Der Krimkrieg diente als Katalysator für die tiefgreifendsten politischen und sozialen Veränderungen, die während des 19. Jahrhunderts in Rußland durchgeführt wurden. Der Hintergrund und die allgemeinen Ursachen des Krieges hingen alle mit der Orientfrage zusammen, dem komplexen internationalen Machtkampf unter den großen Staaten Europas in Verbindung mit dem Niedergang des Osmanischen Reiches. Die Hauptbeteiligten Großbritannien, Frankreich und Österreich (das 1854 dem westlichen Bündnis beitrat) auf der einen sowie Rußland auf der anderen Seite wollten jeweils ihren Einfluß auf bestimmte Teile des osmanischen Herrschaftsgebietes in Europa sichern, um weitere imperiale Ziele verfolgen zu können. Rußland war an der Neutralisierung der Türken, des jahrhundertelangen Feindes, interessiert und hegte den Wunsch, eine freie Durchfahrt vom Schwarzen Meer ins Mittelmeer zu erlangen. Der Streit begann Mitte der 20er Jahre, verstärkte sich immer mehr und hatte zu Beginn der 50er Jahre eine brisante Atmosphäre gegenseitigen Mißtrauens geschaffen.

Der unmittelbare Anlaß zum Krieg war mit Ereignissen im Heiligen Land verknüpft. Im Jahr 1852 überredeten die Franzosen die Türken, der römisch-katholischen Kirche die Aufsicht und Treuhänderschaft über die Geburtskirche in Bethlehem zu geben. Dieses Recht lag traditionellerweise bei den Griechisch-Orthodoxen. Nikolaus I. forderte in seiner Eigenschaft als Schutzherr der orthodoxen Bevölkerung unter der osmanischen Herrschaft, die Rückgabe dieses Rechts. Als sich die Türken weigerten, ließ der Zar Truppen in die Fürstentümer Moldau und Walachei einrücken, die unter türkischer Kontrolle standen und unmittelbar an Rußlands Balkangrenze lagen.

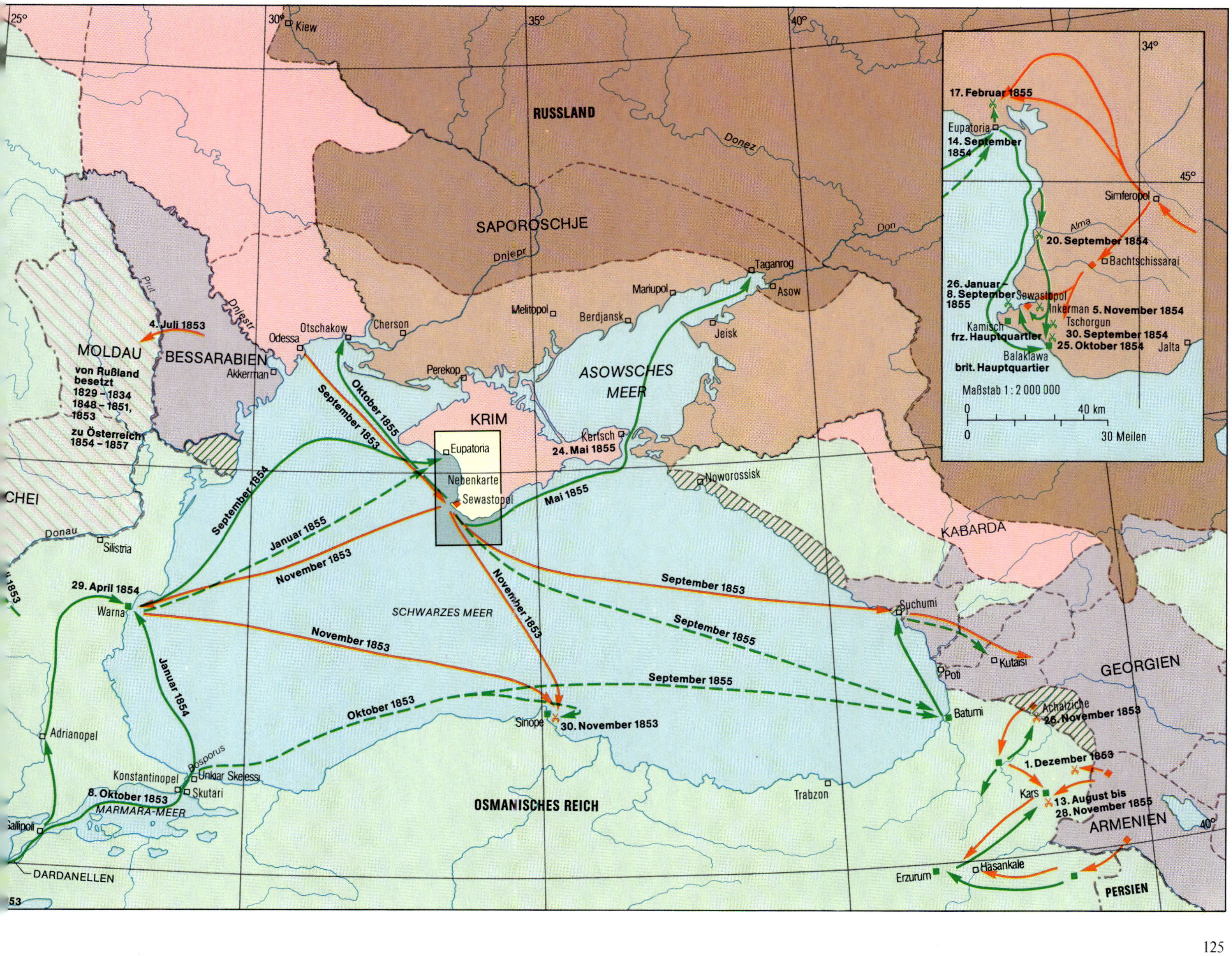

Der am 3. März 1878 unterzeichnete Vertrag von San Stefano beendete den Russisch-türkischen Krieg von 1877/78. Obwohl es sich um einen begrenzten Konflikt handelte, spielte er in der Diplomatie der Großmächte eine Rolle, und das Abkommen von San Stefano mußte auf dem anschließenden Berliner Kongreß revidiert werden. Serbien, Montenegro und Rumänien erhielten die Unabhängigkeit von den Osmanen, Bulgarien wurde ein tributpflichtiges, autonomes Fürstentum, und Bosnien und die Herzegowina kamen unter österreichische Oberhoheit. Der zeitgenössische Druck zeigt die russische Verhandlungsdelegation bei ihrer Ankunft in San Stefano, einem kleinen Dorf in der Nähe von Istanbul.

Großbritannien und Frankreich argwöhnten, Nikolaus I. könne demnächst einen großen Feldzug zur Zerschlagung der Türkei beginnen. Als 1853 die Osmanen Rußland den Krieg erklärten, kamen Großbritannien und Frankreich dem Sultan schnell zu Hilfe und entsandten eine große Expeditionsstreitmacht.

Die alliierte Marine setzte sich in Richtung auf Sewastopol auf der Krim in Bewegung. Hier lag die Heimatbasis der russischen Flotte, die kurz nach Ausbruch der Feindseligkeiten den türkischen Kriegsschiffen bei Sinople eine empfindliche Niederlage bereitet hatte. Die Russen zogen ihre Flotte schnell zurück, hoben auf dem Land Festungsanlagen aus und leisteten standhaften Widerstand gegen die Expeditonstruppen, als diese 1854 landeten. Der darauffolgende Stellungskrieg brachte eine Pattsituation mit ungeheuren Verlusten auf beiden Seiten.

Nikolaus I. starb im Februar 1855, und Alexander II. trat die Nachfolge an. Beinah gleichzeitig erlitten die Russen neue Rückschläge auf der Krim. Trotz der ursprünglichen Absicht, den Krieg fortzusetzen, sah der neue Zar bald ein, daß sein Land um jeden Preis Frieden brauchte. Der 1856 geschlossene Vertrag von Paris brachte nur Nachteile: Rußland verlor Gebiete an der Balkangrenze, Seerechte auf dem Schwarzen Meer, das Recht der Durchfahrt ins Mittelmeer und die Schutzherrschaft über die orthodoxen Christen in den osmanischen Territorien. Dieser gravierende Verlust an Einfluß und Prestige wurde in der russischen Öffentlichkeit mit Verstimmung aufgenommen. Tatsächlich aber hatten Alexander II. und seine Berater erkannt, daß eine Beendigung des militärischen Konflikts nötig war, um die schweren sozialen und politischen Spannungen, die sich in seinem Gefolge entwickelt hatten, abzubauen.

In den ländlichen Gebieten war es zu einer wachsenden sozialen Unruhe unter den Bauern gekommen. Sie richtete sich nicht gegen den Krieg und die Regierung, sondern gegen die Leibeigenschaft und die Grundherrn. Für die Leibeigenen hatten sich die Bedingungen in den Jahrzehnten vor dem Krimkrieg drastisch verschlechtert. Einer der wenigen Wege aus der Leibeigenschaft führte über einen langen Militärdienst, bei dessen Beendigung die Freiheit winkte. Der Krieg war deshalb unter den Leibeigenen populär, aber gleichzeitig kursierten wilde Gerüchte, daß neue Arten der Rekrutierung und der Dienst bei den Zivilgarden weitere Möglichkeiten böten, um frei zu werden. Diese Berichte führten zu Volksversammlungen und sogar zu massenhaften Abwanderungen, die mit Gewalt gestoppt werden mußten. Besonders ein Gerücht verbreitete sich wie ein Lauffeuer. Danach sollte Alexander, dessen Aufgeschlossenheit und guter Wille schon vor seiner Thronübernahme weithin bekannt geworden waren, ein Ende der Leibeigenschaft verkündet haben, die Nachricht sei jedoch von den Gutsbesitzern unterdrückt worden. Daraufhin kam es zu Aufständen gegen die Grundherrn. Als diese niedergeschlagen waren, lief bei den Bauern ein neues Gerücht um von einem »Gelobten Land« ohne Leibeigenschaft, das irgendwo im Zarenreich existiere. Große spontane Abwanderungsbewegungen auf der Suche danach zerrütteten Rußland.

Die politischen Spannungen, die der Krieg verursacht hatte, beeinflußten auch das andere Ende des sozialen Spektrums, die städtische Intelligenzija – Journalisten, Erzieher, Beamte und den niederen Adel. Eine Ursache der Unzufriedenheit lag in dem Bewußtsein, wie schlecht der Krieg verlief und wie sehr Rußlands Prestige litt, ferner führten die hohen Kriegssteuern, die den Städten auferlegt waren, zu wirtschaftlicher Zerrüttung und Preisanstieg. Die Desillusionierung und der Ärger der Intelligenzija entluden sich in Demonstrationen in Moskau. Die Liberalen äußerten sich in gelehrten Kommentaren zu den bedrückenden politischen Problemen. Sie wurden zumeist in Form ausführlicher Artikel und Briefe veröffentlicht, die im Untergrund zirkulierten und starken Einfluß auf den liberalen Flügel der Presse ausübten.

Alexander II. war sich dieser sozialen und politischen Spannungen bewußt und sah ein, daß das Wohlergehen seines Landes davon abhing, daß sie entschärft würden. Schon in seiner Rede vor dem Moskauer Adel am 30. März 1856 machte er deutliche Anspielungen auf seinen Entschluß, die Leibeigenschaft aufzuheben. Diese und andere Reformen, die er zu Beginn der 60er Jahre in Angriff nahm, waren die ehrgeizigsten Versuche, Rußlands politische und soziale Strukturen zu verändern, die vor der Revolution von 1917 unternommen wurden.

### Die Reformen Alexanders II.

Ab 1857 ernannte Alexander eine Reihe von Kommissionen, die mit den Vorbereitungen zur Abschaffung der Leibeigenschaft sowie Reformen der Lokalverwaltung, des Rechtswesens und des Militärapparates beginnen sollten. Diese Arbeit ging trotz vielfältiger Konsultationen und Entwürfe unter enger persönlicher Beteiligung und Ermutigung des Zaren rasch voran. Das Ergebnis waren vier wichtige Reformen, die vom Jahr 1861 an verkündet wurden.

Das erste Reformwerk betraf die Bauernbefreiung. Es war von großer Komplexität, da es versuchte, den Leibeigenen die Unabhängigkeit zu geben, ohne gleichzeitig die wirtschaftliche Grundlage des Adels zu unterminieren. Das Gesetz sah Maßnahmen für eine graduelle Frei-

**Die orientalische Frage**
Als die Macht des Osmanischen Reiches im Schwinden begriffen war, unternahmen die europäischen Mächte große Anstrengungen, um die Kontrolle über die Balkan-Halbinsel und damit den Zugang zum Nahen Osten auf dem Landweg zu erlangen. In diesem Raum versuchte Rußland während des ganzen 19. Jahrhunderts, seinen Einfluß geltend zu machen. Türkische Greueltaten gegenüber den Bulgaren in den 70er Jahren lieferten dem Zarenreich einen Grund zur Kriegserklärung. Durch seinen Sieg konnte Rußland die Türkei im Vertrag von San Stefano zwingen, der Schaffung eines großen, unabhängigen Staates Bulgarien zuzustimmen. (Rußland erwartete natürlich, daß Bulgarien aus Dankbarkeit für die Befreiung zum Bundesgenossen würde.) Großbritannien, Deutschland und Österreich-Ungarn lehnten jedoch auf dem Berliner Kongreß drei Monate später diesen Plan ab. Man einigte sich auf ein viel kleineres Bulgarien, wobei die angrenzenden Territorien an Rumänien, Serbien, Montenegro und Griechenland fielen. Im Balkankrieg 1913 wurden die meisten europäischen Gebiete, die noch unter türkischer Herrschaft verblieben waren, unabhängig. Österreichs Einfluß hatte sich nun sehr verstärkt. Im Jahr 1914 war Serbien Rußlands Hauptverbündeter auf dem Balkan, und wegen Serbien trat es in den Ersten Weltkrieg ein.

lassung der Leibeigenen über einen Zeitraum von 20 Jahren zusammen mit der Entschädigung ihrer früheren Herren vor. Während die Bauern ihre persönliche Freiheit unverzüglich erhielten, war die Bodenzuteilung äußerst kompliziert und zog Vorkehrungen für verzögerte Übergaben nach sich. Die Leibeigenen hatten Anspruch auf einen vereinbarten Anteil des von ihnen bearbeiteten Landes, doch mußte dieses zu Preisen gekauft werden, die von den Gutsherren festgesetzt wurden. Da die befreiten Bauern nicht über eigenes Kapital verfügten, mußten sie unmäßige Rückzahlungsbedingungen über einen Zeitraum von 49 Jahren akzeptieren. Außerdem war nicht erlaubt, daß das Land in den individuellen Besitz der Bauern überging: Es wurde an die Dorfgemeinden verkauft, die die kollektive Verantwortung für Rückzahlungen übernahmen und das Recht hatten, den Boden zwischen ihren Mitgliedern neu zu verteilen. So waren die Bauern im Grundsatz frei, praktisch aber wirtschaftlich abhängig. Auch hatten sie durch das kommunale Besitzrecht keine persönliche Kontrolle über ihr Land.

Das fortschrittliche Prinzip, das die Reform leitete, wurde dadurch verwässert und zu einem hohen Grad durch die Handhabung der Verordnung ausgehöhlt. Die Bauern blieben abhängig und arm. Sie mußten sich in der Winterzeit einen Nebenerwerb suchen, um die Rückzahlungen einhalten zu können, was allein durch die Bodenerträge nicht zu bewältigen war. Diese Saisonarbeit führte sie in die Städte, wo sie sich auf ganz neue Weise auch der Politik zuwandten. Der Befreiungsakt von 1861 brachte es

Dieses Familienporträt der Romanows zeigt Alexander II. sitzend gegenüber seiner Gemahlin Maria Alexandrowna aus dem großherzoglichen Haus Hessen. Hinter ihnen steht der Zarewitsch und künftige Herrscher Alexander III. Das Attentat auf seinen reformfreundlichen Vater führte dazu, daß die Regierung Alexanders III. sehr konservativ war.

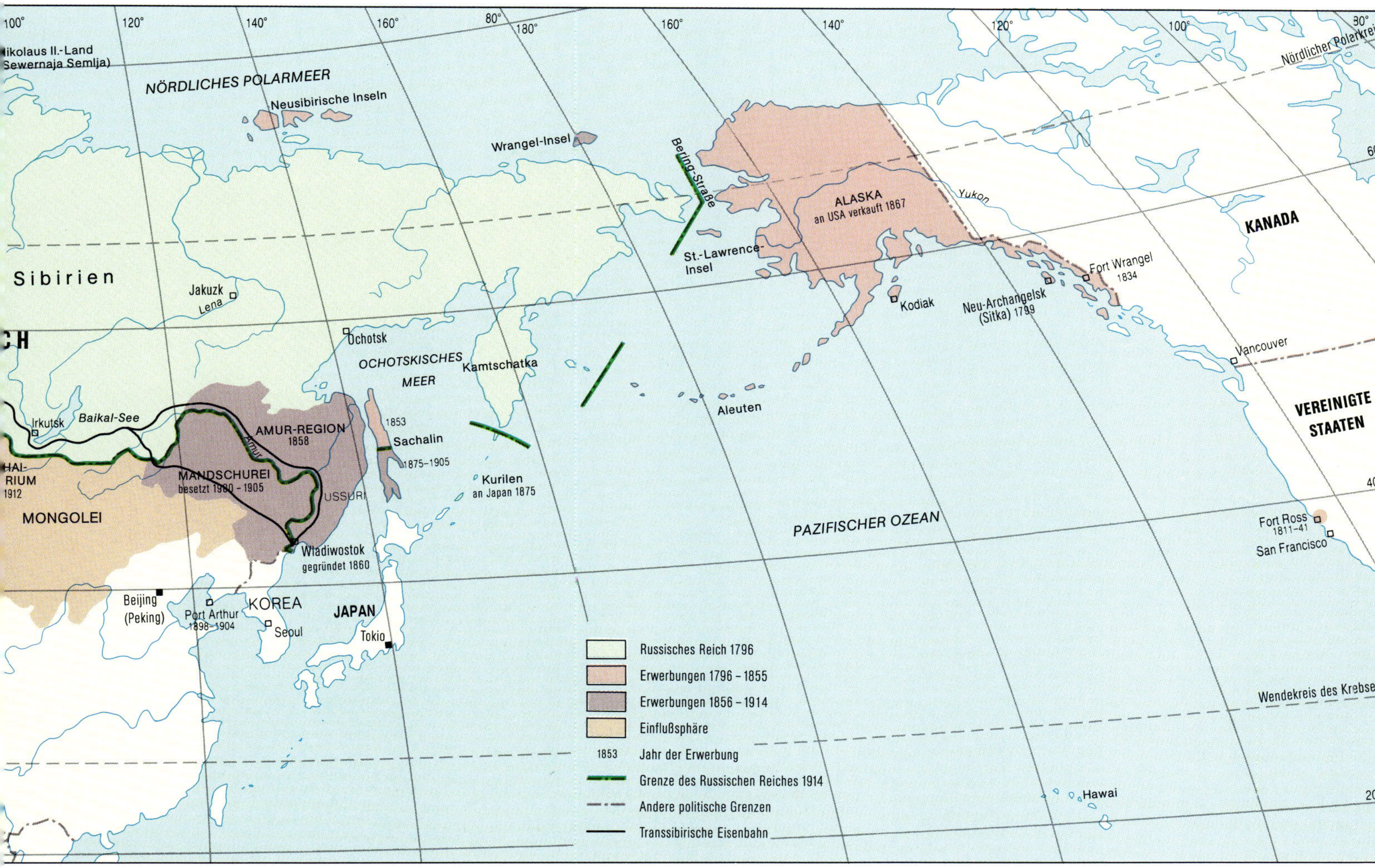


**Das Russische Reich zur Zeit seiner weitesten Ausdehnung**
Um die Mitte des 19. Jahrhunderts umfaßte das Zarenreich ein beträchtlich größeres Territorium als sein Nachfolgestaat, die Sowjetunion. Zusätzlich zu den ehemals polnischen Gebieten, die Rußland durch die Teilungen Polens im 18. Jahrhundert zugefallen waren, kam 1815 das Großherzogtum Warschau in seinen Besitz. Das Großherzogtum Finnland wurde 1809 von den Schweden an Rußland abgetreten. Bessarabien, Dagestan und einige andere Regionen Transkausiens sowie Gebiete an der Küste des Schwarzen Meeres wurden am Anfang des 19. Jahrhunderts vom Osmanischen Reich und von Persien erworben. Ein russischer Stützpunkt am Mittelmeer mit Protektoraten über Montenegro und die Ionischen Inseln überdauerte nicht den Vertrag von Tilsit 1807.
Eher zufällige Expansionen in Zentralasien, die meist auf der Auffüllung eines Machtvakuums beruhten, brachten Rußland an die Grenze von Afghanistan, und im späten 19. Jahrhundert wurden die Chanate von Buchara und Chiwa zu Protektoraten. Im Fernen Osten gestattete die Schwäche Chinas die Gründung des Flottenstützpunktes Port Arthur (der 1905 nach dem Russisch-japanischen Krieg verloren ging). An der Westküste Amerikas ließen sich russische Kolonisten zeitweilig bis hinunter nach Fort Ross im nördlichen Kalifornien nieder. Alaska wurde schließlich 1867 den Amerikanern für 7,2 Millionen Dollar verkauft.

fertig, gleichermaßen die russische Bauernschaft zu enttäuschen wie auch die Intelligenzija zu entfremden, die dafür eingetreten war.

Die zweite Reform (1864) hatte das erste wirkliche System einer örtlichen Selbstverwaltung in Rußland seit der moskowitischen Periode zum Ziel. Sie beruhte auf den *semstwa*, Organen auf Kreis- und Gouvernementsebene, die sich aus einer Versammlung und einem Exekutivausschuß zusammensetzten. Die Vertreter in den *semstwa* wurden aus den Grundherrn, den Bauerngemeinden und der örtlichen Stadtbevölkerung gewählt, wobei jede Gruppe ihre Beauftragten selbst bestimmte. Die *semstwa* hatten keine exekutive Macht, sondern hingen von der Polizei und der Zentralverwaltung ab, um ihre Entscheidungen durchzusetzen. Die ihnen zugebilligten Machtbefugnisse bezogen sich weitgehend auf die lokale Wirtschaft und die städtische Verwaltung: öffentliche Projekte, Verkehrsnetz, Industrie und Handel, Landwirtschaft, Erziehung, Gesundheitswesen und Armenfürsorge. Die Wirksamkeit der *semstwa* wurde noch weiter eingeschränkt durch zu geringe Geldmittel und Einmischung von seiten der Zentralbürokratie. Die Reform der örtlichen Verwaltung wurde anfangs von der liberalen und radikalen öffentlichen Meinung sehr willkommen geheißen. Die Begeisterung kühlte aber bald ab und machte einer Gleichgültigkeit Platz, als sich die Grenzen der neuen Institution zeigten.

Die dritte Reform, die ebenfalls 1864 verkündet wurde, betraf das Justizwesen. Sie war von wesentlich bedeutenderer und dauerhafterer Wirkung als die vorhergehenden. Das russische Rechtssystem war unübersichtlich, willkürlich und korrupt, und schon seit einiger Zeit hatte man erkannt, daß es unbedingt verändert werden müßte. Die nun ins Werk gesetzte Reform basierte auf dem Vorbild der westlichen Justiz. Die juristischen Verfahren wurden systematisiert, ein Geschworenengericht und eine Staatsanwaltschaft eingeführt. Die Richter der unteren Instanzen wurden gewählt, die Angeklagten erhielten das Recht, in öffentlichen Verfahren aufzutreten, und die Führung der Voruntersuchung ging von der Polizei an einen Untersuchungsrichter über. Ferner richtete man ein System von Gerichtshöfen ein, das nach Zuständigkeiten unterteilt war. Es reichte von der Ebene der *semstwo*-Versammlung bis zum kaiserlichen Senat als dem Obersten Gerichtshof. In der unparteiischen Rechtsstruktur, die die Reform anstrebte, gab es jedoch ernsthafte Lücken. So blieb für die Bauern weiterhin das *wolostj*-Gericht zuständig, und bis zu einem gewissen Grad hatte die Regierung Eingriffsmöglichkeiten. Dennoch war die Rechtsreform alles in allem ein Erfolg, wofür als ein indirekter Maßstab auch der gestiegene Status und Einfluß der Rechtsberufe sprachen.

Die letzte Reform, die seit 1863 schrittweise eingeführt und im Januar 1874 abgeschlossen wurde, betraf die Armee. Die klägliche Vorstellung, die sie im Krimkrieg gegeben hatte, machte deutlich, wie notwendig eine Reorganisation und Modernisierung war. In der Vergangenheit hatte das Heer sein Reservoir aus der Massenrekrutierung von Bauern, besonders der Leibeigenen, bezogen. Der Dienst währte 25 Jahre und spielte sich unter unmenschlich brutalen Bedingungen ab. Dennoch nahmen viele Bauern das harte Los bereitwillig auf sich, um der Leibeigenschaft zu entgehen. Die Heeresreform war vielleicht die demokratischste unter den von Alexander II. eingeführten Neuerungen. Sie sah eine allgemeine Militärpflicht vor (Freistellungen gab es nur bei bestimmten familiären Verhältnissen) und verkürzte die bisherige Dienstzeit auf grundsätzlich sechs Jahre. Die tatsächliche Dauer richtete sich jedoch nach der Qualität der Ausbil-

# Leo Tolstoj

Kein Russe des 19. Jahrhunderts war in der Heimat wie im Ausland so berühmt und wurde so ungeheuer verehrt wie Leo Nikolajewitsch Tolstoj (1828–1910), der »ungekrönte Zar« von Jasnaja Poljana, wie sein Gut südlich von Moskau hieß.

Tolstoj war sein ganzes Leben lang auf der Suche nach der absoluten Wahrheit und nach dem Sinn des Daseins. Als radikaler Denker des 19. Jahrhunderts kann er durchaus in eine Reihe mit Darwin, Marx oder Freud gestellt werden. Doch anders als diese (aber ähnlich wie Nietzsche und sein eigener Landsmann Dostojewskij) lehnte er die Ansprüche des modernen naturwissenschaftlichen Fortschritts ab. Wenn er zu den Revolutionären zählte, dann war er einer ihrer seltsamsten Vertreter: Er verabscheute Gewalt, Sozialismus, sogar Liberalismus und die bürgerlichen Werte mit der Verachtung des Aristokraten, der zu sein er niemals aufhörte. Aber er prangerte den Staat, die etablierte Kirche und das ganze künstliche System der modernen Gesellschaft mit Formulierungen an, deren Heftigkeit nur wenige Revolutionäre des linken Flügels erreichten. Seine Gedanken waren nie konstruktiv, sie verurteilten nur und hatten oft einen anarchistischen Anklang. Tolstojs Vision von einer gerechten Gesellschaft war patriarchalisch und populistisch, seine Argumente waren moralisierend, Maßstab der Entwicklung bildeten für ihn die einfachen Werte eines natürlichen, unverdorbenen Lebens.

Was er im Endeffekt propagierte, war seine persönliche Religion: ein reines Christentum, frei von allem Obskurantismus, das von den Evangelien einige essentielle Gebote bezog (vor allem »Richte nicht, damit Du nicht gerichtet wirst«, »Vergilt keinem Menschen Böses mit Bösem«).

Mit zunehmendem Alter wandte sich Tolstoj dann überraschenderweise immer extremeren und tatsächlich revolutionären Ansichten zu. Als junger Mann hatte er das konventionelle und ziemlich ausschweifende Leben eines jungen Aristokraten und Offiziers geführt: brillant, weitgereist, gebildet, doch niemals in intellektuellen, freidenkerischen oder künstlerischen Kreisen zu Hause. Der Dienst auf der Krim und im Kaukasus weckte nicht nur sein literarisches Talent, sondern auch die moralisch motivierte Ablehnung des Krieges und die Frage nach den fundamentalen Werten des menschlichen Charakters. Es folgten Heirat, die Geburt mehrerer Kinder, das seßhafte Leben auf dem Land. Dies war die Periode, als *Krieg und Frieden* (erschienen 1868/69) und *Anna Karenina* (erschienen 1878) entstanden, die großen Romane, auf die sich sein Ruf gründete. Beide befassen sich weitgehend mit Familiengeschichten, enthalten aber viel Material, das mit fiktiver Literatur unvereinbar scheint: *Krieg und Frieden* bietet eine voll ausgearbeitete Geschichtstheorie, die die Rolle der »großen Männer« abwertet, *Anna Karenina* hat die gesellschaftlichen Zustände auf dem Lande zum Thema. Diese Meisterwerke der europäischen Romanliteratur des 19. Jahrhunderts sind aber auch in ihrer Struktur revolutionär. Sie gehen formal und inhaltlich über die Grenzen ihrer Gattung hinaus, indem sie die tiefgründige und unliterarische Frage nach dem Zusammenhang von Ursache und Wirkung einbringen.

*Rechts:* Kraftvoll und aktiv noch als 60jähriger, zog Tolstoj eine extreme Schlußfolgerung aus seinem Populismus, als er sich entschloß, wie ein Bauer zu leben und Bauernarbeit zu verrichten. Auf diesem Porträt beim Pflügen von 1891 – dem Jahr, in dem er auf seine literarischen Tantiemen verzichtete – stellte ihn Ilja Repin so dar, wie er sich selbst zu sehen wünschte. Aber Tolstojs bäuerliche Interessen waren mehr als nur die Schrulle eines alternden Mannes; er hatte sich seit den 50er Jahren intensiv mit den Belangen der Bauern, besonders mit ihrer Erziehung beschäftigt.

*Unten:* Weniger bekannt als der Patriarch mit wallendem Bart ist der schmucke, junge, weltmännische Armeeoffizier. Das Porträt entstand unmittelbar vor der qualvollen Belagerung von Sewastopol; Tolstoj ist hier Mitte 20.

*Links:* Als Repin einen ruhiger gewordenen Tolstoj im letzten Lebensjahr malte, schien dem 80jährigen Dichter mehr denn je die Heiterkeit zu fehlen. Er hatte den Gedanken an den Tod nie leicht in sein Bild vom Universum einfügen können, und nun erfüllte ihn sein nahendes Ende wegen unlösbarer Spannungen in der Familie noch mit größerer Bitterkeit. Sein eindringliches Verständnis privater und öffentlicher Probleme hatte diese Probleme der Lösung nicht näher gebracht, sondern nur dazu geführt, daß er die Fragen, die er stellen mußte, für unbeantwortbar hielt. Im Herbst 1910 verließ er heimlich sein Haus, um seinen Frieden zu finden, erkrankte aber und starb nach zehn Tagen im Haus eines Bahnhofsvorstehers in Astapowo.

*Rechts:* Tolstoj und seine Helfer treffen 1891 Maßnahmen gegen die Hungersnot in einem Dorf in der Provinz Rjasan. Da Tolstoj davon überzeugt war, daß man seine Ideen selber in die Praxis umsetzen sollte, widmete er sich bei vielen Gelegenheiten der direkten Nächstenhilfe, beispielsweise schon 1859, als er die Dorfschule von Jasnaja Poljana gründete.

dung, so daß beispielsweise Volksschulabgänger nur vier, Abiturienten nur zwei Jahre und Studenten lediglich sechs Monate dienen mußten. Weiterhin wurden Maßnahmen für eine durchgreifende Humanisierung im Disziplinbereich und die Aufhebung von Klassenunterschieden als Kriterium einer Beförderung getroffen. Auf diese Weise entstand eine schlagkräftige, moderne Armee, die gleichzeitig zur demokratischsten Institution in Rußland wurde. Die Neuerungen der 60er Jahre wurden in großem Maßstab geplant, in einer nicht so vielversprechenden Form eingeleitet und unterschiedlich und zögernd ausgeführt. Sie dienten dazu, Hoffnungen auf einen Wandel zu wecken, die sich nicht voll erfüllten. Aber trotz ihrer Mängel demonstrierten Alexanders Reformen, daß eine Vision von fundamentalen politischen und gesellschaftlichen Veränderungen in die Tat umgesetzt werden könnte.

**Populismus und revolutionäre Bewegung**

Die unbefriedigende Lösung der Bauernfrage veränderte das politische Denken und Fühlen der russischen Intelligenzija drastisch. Das Anliegen der Leibeigenen war in den 40er und 50er Jahren des 19. Jahrhunderts von den Slawophilen im Sinne sozialer Reformen verfochten worden. Die Einschränkungen in Alexanders Gesetzgebung sorgten nun dafür, daß der Anspruch, die Bauernschaft zu repräsentieren, in die Hände der radikalen Intelligenzija überging, deren Ziel auf revolutionäre Veränderungen gerichtet war.

Der neue Radikalismus, der in den 60er und 70er Jahren in Rußland auftauchte, wurde durch zwei Tendenzen aus dem Westen bewirkt. Da war einmal die Popularität der bedeutenden naturwissenschaftlichen Leistungen der 40er Jahre, die nahelegten, daß Mensch und Gesellschaft mit Hilfe der Naturwissenschaft verstanden und verändert werden könnten. Zum anderen gab es die Ideen des französischen utopischen Sozialismus, die sich mit den Vorstellungen so individualistischer russischer Publizisten wie Pjotr Lawrow und Nikolaj Michajlowskij verbanden. Die Hauptrichtung des neuen Radikalismus wurde *narodnitschestwo* genannt. Es handelte sich um eine Form des sozialistischen revolutionären Populismus, die auf dem Glauben gründete, daß eine sozialistische Massenrevolution nötig sei, um die bestehende Ordnung umzustürzen. Nach Auffassung der *narodniki* (wörtlich »Volksfreunde«) garantierte die spezielle Sozialstruktur Rußlands die unmittelbare Einführung des Sozialismus unter Umgehung des Kapitalismus. Da für sie die Dorfgemeinden im Grunde sozialistisch waren, sahen sie in den Bauern die natürliche revolutionäre Kraft, die nur darauf wartete, aktiviert zu werden. Darüber hinaus konnten sich die *narodniki* aber nicht auf eine geeignete Methode einigen, um die Revolution in Gang zu bringen. Einige gaben Terrorakten den Vorzug (Netschajew und Tkatschew), andere wollten die Revolution organisch sich entwickeln lassen (Lawrow), doch die Mehrheit entschied sich schließlich dafür, die Bauern persönlich für eine aktive Teilnahme zu gewinnen.

Die Agitationsversuche begannen mit der »Gang ins Volk«-Bewegung von 1873/74. Eine große Zahl junger *narodniki*, hauptsächlich städtische Studenten besserer Herkunft, legten Bauernkleidung an und wanderten durch das Land, um den Bauern die Revolution zu predigen. Die Aktion wurde ein völliger Mißerfolg. Die *narodniki* hatten keine Ahnung von den Realitäten des Dorflebens und von bäuerlicher Mentalität und Motivation. Die Bauern ihrerseits waren skeptisch und mißtrauten den jungen Leuten, die einer völlig anderen Gesellschaftsklasse entstammten und deren Wortschatz ihnen fremd war. Die Bewegung fiel auseinander, viele *narodniki* wurden eingesperrt und vor Gericht gestellt. Die Bauernschaft ließ sich nicht aufrütteln. Ende der 70er Jahre wurde die »Gang ins Volk«-Bewegung noch einmal aufgenommen, blieb aber wiederum erfolglos.

Dieses Versagen des Populismus hatte eine doppelte Wirkung. Während einige sich den Glauben an die Bauernschaft als einer revolutionären Macht bewahrten, aus ihren Fehlern lernten und zu Vorläufern der Sozialistischen Revolutionären Partei werden sollten, kamen andere zu dem Schluß, daß es zum Entfachen einer Revolution mehr bedürfe, als nur das allgemeine Bewußtsein der Massen zu wecken. Diese Leute wandten sich teils dem Terrorismus zu, teils der rationalistischen revolutionären Politik, deren hervorragendster Praktiker Lenin wurde.

Mit dem Niedergang des Populismus ging ein Aufschwung des Terrorismus einher. Die zugrundeliegende Vorstellung von der revolutionären Dynamik blieb jedoch dieselbe. Sobald einmal die richtige Methode gefunden sei, um die Massenrebellion anzutreiben, würde die etablierte Ordnung unvermeidlich zusammenbrechen. Die Methode, von der Gebrauch gemacht wurde, war öffentlicher Terror und in erster Linie Mord durch Attentate. Diese Kampagne des Terrors erstreckte sich von den späten 70er bis zu den frühen 80er Jahren. Sie wurde von einer kleinen, geheimen Gesellschaft organisiert, die sich »Land und Freiheit« (*semlja i wolja*) nannte. Sie hatte ihre Basis in St. Petersburg und bestand zumeist aus radikalen Studenten der privilegierten Klassen. Sie konnten vielfach auf die Sympathie und die finanzielle Hilfe der gesellschaftlichen Elite bauen, aus der sie selbst stammten. Ab 1878 gingen Attentate auf zahlreiche höhere Polizei- und Regierungsbeamte in ganz Rußland auf das Konto der »Land und Freiheit«-Gruppe. Seinen Höhepunkt erreichte der planmäßige Terror mit der Ermordung Alexanders II. im März 1881, aber damit war gleichzeitig sein Ende angebrochen. Die Mitglieder der »Land und Freiheit«-Bewegung wurden durch das scharfe Vorgehen der Sicherheitskräfte ausgehoben und – was noch wesentlicher war – ihre Politik hatte sich als unwirksam erwiesen. Selbst die Ermordung des Zaren konnte keinen Aufstand herbeiführen, die Regierung blieb stabil und die kaiserliche Nachfolge wurde ohne Schwierigkeiten vollzogen. Die Radikalen begannen, nach anderen revolutionären Methoden Ausschau zu halten.

Die Suche dauerte rund zwei Jahrzehnte. In den 80er Jahren tauchte als eine neue revolutionäre Theorie der Marxismus in Rußland auf. Gründungsvater war Georgij Plechanow, ein ehemaliger Populist, der in der Schweiz den deutschen Marxismus studiert hatte und seine Theorie auf die russischen Bedingungen übertrug. Er vertrat die Ansicht, daß Rußland, wie alle anderen Länder, vor dem Übergang zum Sozialismus eine Periode kapitalistischer Entwicklung zu durchlaufen habe. Die traditionellen bäuerlichen Dorfgemeinden hätten kein sozialistisches Potential, die gesellschaftliche Kraft für eine Revolution in Rußland sei das städtische Proletariat. Um die Arbeiterklasse zu organisieren, gründete Plechanow 1883 mit dem »Kampfbund zur Befreiung der Arbeit« die erste russische sozialdemokratische Organisation, und bald darauf breitete sich über das ganze Land eine Netz angegliederter Gruppen aus. Eines der jungen Mitglieder, das sich Ende der 80er Jahre dem Bund anschloß, war Wladimir Iljitsch Uljanow, besser bekannt als Lenin.

Das Attentat auf Alexander II. 1881 in St. Petersburg bewirkte einen konservativen Rückfall in Rußland. Seine Beisetzung wurde zu einer großen öffentlichen Angelegenheit, bei der das kaiserliche Prinzip und der dynastische Mythos aufs neue bekräftigt wurden. Am Ort des Attentates erbaute man die reichverzierte, neo-mittelalterliche »Kirche auf dem Blut«. Das Foto zeigt die Trauerprozession mit dem kaiserlichen Katafalk beim Überschreiten der Newa-Brücke mit dem Winterpalast im Hintergrund. Am anderen Ufer drängen sich die Menschen am Weg des Trauerzuges.

Lenin wurde 1870 als Sohn einer Beamtenfamilie in der Wolga-Region geboren. Er kam aktiv zur Politik, als sein älterer Bruder als Mittäter einer Verschwörung gegen Zar Alexander III. hingerichtet wurde. Nachdem er erst mit der *narodnitschestwo*-Bewegung geliebäugelt hatte, begann er sich dem Marxismus zuzuwenden und wurde ein Anhänger Plechanows. Im Jahr 1895 erhielt Lenin die Leitung der ersten marxistischen Zelle in St. Petersburg, deren Ziel es war, die Arbeiter der Hauptstadt zu agitieren. Aber die Zelle wurde entdeckt, Lenin verhaftet und zu drei Jahren Verbannung in Sibirien verurteilt. Die Bedingungen des Exils waren allerdings sehr milde, und Lenin schrieb in dieser Zeit seine wesentlichen politischen Abhandlungen und entwickelte seine eigene Auslegung der marxistischen Theorie. Unmittelbar nach seiner Entlassung erhielt er die Erlaubnis, nach Europa zu reisen. Die russischen sozialdemokratischen Emigranten, die sich hier aufhielten, waren zerstritten. Gemeinsam mit seinem früheren Mentor Plechanow übernahm Lenin die Führung. Doch zwischen den beiden Männern brachen schwerwiegende Differenzen über die Natur und das Tempo der revolutionären Strategie auf. Diese Meinungsverschiedenheiten führten auf dem 2. Parteikongress der russischen Sozialdemokratischen Arbeiterpartei 1903 in Brüssel und London zu einem Zusammenstoß. Plechanows Anhänger wurden fortan als Menschewiki bezeichnet, die Parteigänger Lenins als Bolschewiki (von russisch *mensche,* »weniger«, und *bolsche,* »mehr«).

Während sich die russische marxistische Bewegung im Ausland entwickelte, wurden im Zarenreich selbst andere politische Richtungen aktiv. Unter den Revolutionären waren ehemalige Anhänger der *narodniki*, die ihre Tradition 1900 in der neuen »Partei der Sozialrevolutionäre« fortsetzten und 1901 die politischen Terroroperationen wieder aufleben ließen. Die Sozialrevolutionäre hatten vor allem in bäuerlichen Gebieten großen Einfluß, wo sie ihre Organisation ausbauten und ihre Ideen unter den Bauern propagierten. Sie gaben sich alle Mühe, um ihre Vorstellungen in einer den Bauern angemessenen Sprache zu übermitteln, schnitten sie auf die Sorgen der Bauern zu und wurden im ländlichen Rußland die dominierende revolutionäre Partei.

In den ersten Jahren des 20. Jahrhunderts wuchs auch eine liberale Opposition gegen die Regierung zu einer politischen Macht heran. Hauptorganisatoren waren liberale Politiker, die eine führende Rolle im lokalen *semstwo*-Verwaltungssystem spielten, dessen Autorität und weiterer Ausbau zu Beginn des 20. Jahrhunderts stark beschnitten wurde. Ihnen schlossen sich liberale Gutsbesitzer auf dem Lande und liberale Akademiker in den Städten an, die gehofft hatten, daß die *semstwa* zur allmählichen Verbreitung einer parlamentarischen Regierung in Rußland führen würden. 1903 gründeten die Liberalen eine Union der »Befreier«. Ihr Programm verlangte volle bürgerliche Freiheiten, Gleichheit aller Bürger vor dem Gesetz, Demokratisierung und weitere Ausbreitung der *semstwo*, Zurücknahme der kürzlich eingeführten restriktiven Gesetzgebung, vollständige politische Amnestie und die Schaffung einer wirklich repräsentativen gesetzgebenden Versammlung. Ihr Ziel war es, die Umformung Rußlands in eine konstitutionelle Monarchie zu erreichen, mit einer Gesellschaftsordnung, die auf den Prinzipien einer liberalen Demokratie beruhte.

Die Regierung reagierte auf die Revolutionäre mit weiteren repressiven Maßnahmen und auf die Liberalen mit Gleichgültigkeit. Nikolaus II., der 1894 auf den Thron gelangt war, sah wenig Unterschiede zwischen den beiden Herausforderungen und hatte im besonderen eine Abneigung gegen jegliche Art von Repräsentativsystem. Folglich setzten die Revolutionäre ihre Politik des gewaltsamen Umsturzes fort, während die Liberalen der etablierten Ordnung zunehmend feindlicher gegenüberstanden.

**Die Künste im späten 19. Jahrhundert**

Die klassische Periode des russischen Romans war kurz und fiel im wesentlichen mit der Regierungszeit Alexanders II. zusammen. Seit der literarischen Blüte der 20er und 30er Jahre des 19. Jahrhunderts war das des Lesens kundige Publikum zahlreicher und gebildeter geworden. Neben dem Adel und der Intelligenzija (eine Wortbildung aus dem Lateinischen, die praktisch alle gebildeten Leute bezeichnete) umfaßte es eine bedeutende Zahl von *rasnotschinzy*, Mitglieder der sich herausbildenden Mittelklasse. Die Politik wurde zunehmend polarisiert, da die radikalen Denker den liberalen Kompromissen ihrer Vorgänger mit Ungeduld begegneten. Die große Welle des Populismus, die die »Gang ins Volk«-Bewegung antrieb, hatte starken Einfluß auf viele bedeutende Künstler – von Tolstoj bis Mussorgskij. Die jüngere Generation vertrat mit Vorliebe eine nüchterne Haltung, die auf alles metaphysische Gepäck, vorgefaßte Meinungen und selbst gewöhnliche Höflichkeit verzichtete und statt dessen nach Werten suchte, die utiliteraristisch und naturwissenschaftlich begründet waren. Das klassische Porträt dieser Mentalität schuf Iwan Turgenjew (1818–1883) in seinem Roman *Väter und Söhne* (1862), durch den der Begriff »Nihilist« populär wurde.

Daneben gab es noch ausgezeichnete Lyriker, wie Fjodor Tjutschew (1803–1873) mit seiner formal vollendeten Gedanken- und Naturlyrik, Afanasij Fet (1820–1892), einer der wenigen Vertreter der L'art pour l'art-Dichtung und Alexej K. Tolstoj (1817–1875), ein erstaunlich vielseitiger und wandlungsfähiger Dichter, der durch seine Balladen bekannt war, vor allem aber auch durch eine Dramentrilogie, die die Geschichte von Iwan dem Schrecklichen über Fjodor I. bis zu Boris Godunow behandelte. Alexander Ostrowskij (1823–1886), der noch heute zu den meistgespielten russischen Dramatikern gehört, charakterisierte in seinen gesellschaftskritischen Stücken besonders das Milieu des russischen Kaufmannsstandes. Unter den Erzählern sind zu nennen Wsewolod Garschin (1855–1888), der als empfindsamer Impressionist hervortrat, der Satiriker Michail Saltykow-Schtschedrin (1826–1889) und Nikolaj Leskow (1831–1895), einer der bedeutendsten Realisten Rußlands.

Der Roman entwickelte sich zu jener Zeit als die große russische Literaturgestaltung. Seine ältesten Vertreter waren Iwan Gontscharow (1821–1891) und der bereits erwähnte Iwan Turgenjew. Ersterer schrieb drei Romane, von denen sein Hauptwerk *Oblomow* (1859) am berühmtesten ist. Es handelt sich um eines der wichtigsten »handlungsarmen« Werke der europäischen Romanliteratur. Gontscharow legt die Psyche des Helden offen, dessen Rückzug in völlige Passivität zusammen mit der Vernachlässigung seines Äußeren die Form einer metaphysischen Verweigerungshaltung gegenüber den Leiden eines aktiven Lebens annimmt. Verkörperte ein solcher Charakter etwas spezifisch Russisches? Die Zeitgenossen sahen das gewiß so und prägten den Ausdruck »Oblomowerei«. Turgenjews schriftstellerisches Schaffen setzte ein mit Gedichten und den *Aufzeichnungen eines Jägers* (1845–1852), einer Reihe von skizzenartigen Erzählungen aus dem bäuerlichen Leben, die bei ihrem Erscheinen als starker Angriff gegen die Leibeigenschaft gewertet wurden. In seinen psychologisch zart gestalteten Romanen, die sich fast immer auch mit den sozialen und politischen Problemen beschäftigten, geht es um zwischenmenschliche Beziehungen, wobei er die Heldinnen meist willensstark, die Männer eher als Versager zeichnet. Mit Turgenjews Werken fand die russische Literatur zum ersten Mal auch im Ausland zahlreiche Leser und beeinflußte beispielsweise Henry James.

Fjodor Dostojewskij (1821–1881) war der Ideologe eines rechten Flügels der Slawophilen. Persönliche Erfahrungen wie seine im letzten Augenblick abgewendete Exekution und das anschließende Exil wegen seiner Teilnahme an Treffen des utopisch-sozialistischen Petraschewskij-Kreises, seine Epilepsie, der gewaltsame Tod seines Vaters, seine Spielleidenschaft und eine turbulente Liebesgeschichte fanden in seine Romane Eingang, am direktesten in *Der Spieler* (1867). Um den vom Verleger festgelegten Termin einzuhalten (was für seine augenblicklichen und zukünftigen Finanzen von zentraler Bedeutung war), diktierte er dieses Werk innerhalb eines Monats und heiratete anschließend seine Stenographin. Am berühmtesten wurde er durch seine vier großen Romane *Schuld und Sühne* (1866), *Der Idiot* (1868–1869), die glühende politische Satire *Die Dämonen* (1871), sowie *Die Brüder Karamasow* (1880), die sein umfangreichstes und komplexestes Werk sind. Dostojewskij verwob religiöse, psychologische und soziale Themen in einen großen Ideenteppich, wobei keine Ideologie dominiert. Diese »Polyphonie« ist von der Literaturwissenschaft in jüngster Zeit umfassend untersucht worden. Anders als Tolstoj fand Dostojewskij nur langsam die Zuneigung des Publikums. Sein Durchbruch kam eigentlich erst in der Periode des Symbolismus um die Jahrhundertwende, und kurz danach wurde er in ganz Europa als prophetischer Dichter gefeiert.

Was die bildenden Künste betraf, so hatte während der ersten Hälfte des 19. Jahrhunderts die Akademie eine geradezu lähmende Wirkung auf die Kreativität ausgeübt. 1863 trat eine Gruppe von 14 Studenten unter Protest aus der Akademie aus, als für die jährliche Preisverleihung in der Historienmalerei das Thema »Das Fest der Götter in Walhall« festgesetzt wurde. Der Anlaß mag ziemlich trivial erscheinen, doch die zugrundeliegende Unzufriedenheit reichte tief und führte zur Gründung einer Künstlervereinigung, die sich, da sie Wanderausstellungen anstrebte, »Die Wanderer« (*peredwischniki*) nannte. Ihre Mitglieder wollten sich mit Themen der Gegenwart und Vergangenheit ihrer eigenen Kultur befassen und sich an breite Schichten wenden, statt nur zu dem großstädtischen und zahlungskräftigen Publikum Verbindung zu halten. Sie hatten das Glück, Unterstützung durch den führenden Kritiker und Ästhetiker W. Stasow (1824–1900) und den Moskauer Kaufman P. Tretjakow (1832–1898) zu finden. Tretjakow gründete die größte Galerie russischer Kunst, deren Grundstock die Gemälde der »Wanderer« bildeten. Der Leiter der Vereinigung war Iwan Kramskoj (1837–1887), ihr bekanntester Vertreter Ilja Repin (1844–1930), doch als hervorragendster Künstler und Vorläufer zukünftiger Entwicklungen muß Wasilij Surikow (1848–1926) angesehen werden.

Die Musik dieser Periode brachte viele Neuerungen, die in erster Linie von einer Gruppe von Freunden ausgingen. Zu diesen sogenannten »Fünf« oder *mogutschaja kutschka* (»Das mächtige Häuflein«) zählten Alexander Borodin (1834–1887), César Kjui (1835–1918, französischer Herkunft), Milij Balakirew (1837–1910), Modest Mussorgskij (1839–1881) sowie Nikolaj Rimskij-Korsakow (1844–1908). Balakirew war als einziger der Gruppe ein ausgebildeter Komponist und dominierte zu Anfang. Borodin war Chemiker, Kjui Heeresingenieur, Mussorgskij Beamter und Rimskij-Korsakow Marineoffizier. Letzterer wurde Professor am Petersburger Konservatorium

und brachte sich gleichzeitig selbst die musikalische Ausbildung bei, die ihm fehlte. Er komponierte weit mehr als seine Freunde, und nach Borodins und Mussorgskijs frühem Tod vollendete er einige ihrer unvollständigen Partituren und richtete zahlreiche ihrer Werke neu ein.

Daß die »Fünf« nicht als professionelle Musiker an die Arbeit gingen, machte ihre Originalität aus, denn dadurch blieben sie frei von den herrschenden formalen und ästhetischen Konventionen. Sie nahmen sich Berlioz, der in Rußland sehr geschätzt war, zum Vorbild und schufen einen spät-romantischen Stil, in dem der Inhalt gegenüber der festen Form dominierte und instrumentale Klangfarben und Programmusiken bevorzugt wurden.

Von Glinka übernahmen sie die Verwendung russischer folkloristischer Motive, denen sie mit orientalischen Elementen exotisches Flair verliehen. Sie und ihre Nachfolger schufen keine abstrakte Instrumentalmusik oder klassische Formen (Borodins zwei Streichquartette sind eine glänzende Ausnahme), sondern setzten an deren Stelle das Lied, Programmusik, Tongedichte und Klavierstücke, vor allem aber schätzten sie die Oper. Sie wählten sorgfältig ihre Librettos, manchmal aus der russischen Geschichte (Mussorgskijs *Boris Godunow* und *Chowanschtschina*, Borodins *Fürst Igor*), doch auch aus der klassischen Literatur des 19. Jahrhunderts. Puschkin ist dadurch außerhalb Rußlands möglicherweise besser durch die Opern als durch sein eigenes dichterisches Werk bekannt geworden. Neben der Gruppe der »Fünf« hatte große Verdienste an dieser Entwicklung Pjotr Iljitsch Tschaikowskij (1840–1896), dessen bedeutende Opern *Eugen Onegin* und *Pique Dame* auf Puschkin-Texten beruhen. Unter einigen seiner streng national gesinnten Zeitgenossen galt Tschaikowskij als unverbesserlicher »Westler«; er war als Musiker ausgebildet, schrieb Kammermusik, Solokonzerte mit Orchesterbegleitung und Sinfonien, verehrte Mozart und wurde vom Publikum in Europa geschätzt. Aber auch er verwendete folkloristische Motive, dramatische Rhythmen und instrumentale Klangfarben wie die anderen Komponisten seiner Zeit.

### Soziale und ökonomische Veränderungen im späten 19. Jahrhundert

Rußlands Wirtschaft erfuhr zwischen den 60er Jahren und dem Beginn des 20. Jahrhunderts einen tiefgreifenden Wandel. Die Städte verdoppelten in dieser Zeit nahezu ihre Bevölkerung und wurden zu Zentren des industriellen Wachstums. Das Tempo der Industrialisierung und Verstädterung stieg allmählich, beschleunigte sich aber stark im letzten Viertel des 19. Jahrhunderts. Diesem Wachstum stand anfangs der Mangel an ausgebildeten Facharbeitern entgegen. Sachverständige für Industrie und Management fehlten ebenso wie die Geldmittel und die Fähigkeit, mit dem Kapital profitbringend zu arbeiten. Doch wurden diese Grundlagen schnell entwickelt und damit auch ein städtisches Proletariat und ein städtisches Unternehmertum.

Das Proletariat hatte seine Wurzeln in der Bauernschaft. Die unvollständige Bauernbefreiung von 1861 traf mit der ersten Welle der industriellen Modernisierung zusammen, die auf den Krimkrieg folgte. Viele Bauern zogen auf der Suche nach einem Auskommen in die Städte. Anfangs nahmen sie nur Beschäftigungen auf Zeit an, kehrten danach in ihre Dörfer zurück und integrierten sich nicht in das städtische Leben. Das änderte sich aber bald, und die ehemaligen Bauern wurden zu Arbeitern und Stadtbewohnern, blieben jedoch in ihren Gewohnheiten und ihrem Wesen der ländlichen Herkunft verhaftet. Die sozialen und rechtlichen Bedingungen waren sehr hart, und das Gesetz verbot streng jede gewerkschaftliche Or-

*Links: Die Krähen sind zurückgekehrt* (1871) von A. K. Sawrasow. Vor der Malergruppe der »Wanderer« spielte die Landschaftsmalerei in Rußland kaum eine Rolle. Sawrasow (1830–1897) war einer ihrer frühesten Vertreter. Die Heimkehr der Krähen und Stare aus dem Süden gilt in den russischen Dörfern als Zeichen des beginnenden Frühlings.

*Unten:* Eine Gruppe von Dienstmännern und Bauern erholt sich beim Kartenspiel am Rande eines überdachten Marktes in einer russischen Provinzstadt. Die Dienstmänner tragen Lederschuhe, die Bauern hingegen Bastschuhe mit Gamaschen.

ganisation. Proteste und Streiks blieben zumeist unpolitisch und hatten vor allem eine Verbesserung der Arbeitsverhältnisse zum Ziel. In den 80er Jahren führte die Regierung Reformen ein, die die Arbeitsbedingungen erleichterten. Weitere begrenzte Reformen (u.a. Verbot von Kinderarbeit unter zwölf Jahren und generelle Entlohnung in Geld anstatt in Naturalien) folgten in den 90er Jahren. Die ersten Gewerkschaften wurden 1902 legitimiert, 1903 führte man eine Unfallentschädigung ein. Die Lage des Proletariats verbesserte sich allmählich, wenn auch nicht im notwendigen Umfang.

Die städtische Unternehmerklasse setzte sich überwiegend aus der früheren Kaufmannsschicht zusammen. Ihre Geschäftsmethoden waren eher levantinisch als europäisch, doch reichten ihre, wenn auch nicht planvoll eingesetzten Talente aus, um die Industrialisierung in den 60er Jahren in Gang zu bringen. Um 1880 hatte die neue Klasse die Grundlage zur wirtschaftlichen Entwicklung beträchtlich erweitert. Binnen 20 Jahren vervierfachte sich das Diskontgeschäft, die kurzfristigen Anleihen nahmen um das 25fache, die langfristigen Anleihen um ein Drittel zu. Zur gleichen Zeit stieg auch die Gesamtzahl der Unternehmen und beschäftigten Arbeiter um etwa ein Drittel. Produktivität und Rentabilität waren jedoch niedriger als im Westen. Dennoch hatten die Fortschritte bei ausländischen Anlegern ein Klima des Vertrauens geschaffen, so daß eine Reihe großer Gesellschaften des Westens in den 80er und 90er Jahren in die russische Industrie investierte.

Die russischen Unternehmer zeigten sich nur an der Politik interessiert, soweit es ihre geschäftlichen Belange betraf. Sie konsultierten die für die Wirtschaft zuständigen Minister und suchten sie für sich zu gewinnen, namentlich Iwan Wynschegradskij (Minister 1887–1892) und Sergej Witte (1892–1903), die umfassende fiskalische und administrative Reformen durchführten, um die Entwicklung von Industrie und Handel noch weiter zu fördern. Die Unternehmerklasse wurde parteipolitisch nicht sehr aktiv. Ganz anders verhielt es sich auf kulturellem Gebiet. Da viele Geschäftsleute aus einfachen Händlerfamilien stammten, legten sie besonderen Wert auf Bildung und Kunst. Einige wurden große Mäzene der Künste und des Theaters und sammelten auch selbst russische und europäische Kunst.

**Der Einfluß des Symbolismus**

In den 1880er Jahren wurde offensichtlich, daß der künstlerische Elan nachließ, der nach dem Krimkrieg so unvergängliche Meisterwerke hervorgebracht hatte. Dostojewskij und Mussorgskij starben 1881, Turgenjew und Borodin nur wenig später. Tolstoj machte Ende der 70er Jahre eine innere Krise durch und schuf danach nur noch den einen Roman *Auferstehung.* Unter dem strengen Regime Alexanders III. (1881–1894) gab es für die Intellektuellen kaum einen Spielraum zwischen Konservativen und Revolutionären. In den 90er Jahren änderte sich das geistige Klima, als eine neue intellektuelle Generation die Entwicklung im übrigen Europa aufgriff. 1894 begann der junge Dichter Walerij Brjusow (1873–1924) eine Reihe von Bänden unter dem Titel *Russische Symbolisten* zu veröffentlichen. Sie enthielten Übersetzungen von Vertretern des französischen Symbolismus, der sich in den 80er Jahren herausgebildet hatte, sowie eigene, daran orientierte Gedichte. Der Symbolismus hatte eine enorme Wirkung auf alle Künste und das intellektuelle Leben im Zarenreich. Er führte nicht nur zu neuen, bisher unbegangenen künstlerischen Wegen, sondern auch zu einem generellen Überdenken der russischen Kulturposition. Als Träger des literarischen Symbolismus in Rußland unterscheidet man gewöhnlich zwei Generationen, wobei die jüngeren Symbolisten mit Andrej Belyj (1880–1934) und Alexander Blok (1880–1921) die größten Talente hervorbrachten. Belyjs fragmentarischer Roman *Petersburg* (1913) beschreibt die gespenstische Stimmung in der Hauptstadt als Symbol einer dem Untergang geweihten Gesellschaftsschicht. Blok übernahm als 20jähriger unerwartet mit seiner mystischen Lyrik *Die Verse von der schönen Dame* (1904) eine führende Rolle in der Literaturlandschaft. Er starb jung, erschöpft und entmutigt, hinterließ aber dem revolutionären Rußland mit *Die Skythen* (1918) und *Die Zwölf* (1918) zwei große Poeme.

Auf dem Gebiet der Musik konnte der Aufschwung der 60er und 70er Jahre nicht fortgesetzt werden, obwohl Rimskij-Korsakows letzte Oper *Der Goldene Hahn* (1909), von der Zensur als politische Satire verboten, vielleicht seine beste ist. Der interessanteste Komponist dieser Periode war Alexander Skrjabin (1872–1915). Allerdings stellte eine postsymbolistische Generation (Strawinskij, Prokofiew), die nur unwesentlich jünger war, kurz vor dem Ersten Weltkrieg wiederum die Russen in die erste Reihe der europäischen Komponisten. Die Entwicklung des russischen Balletts, das ein sehr hohes Niveau erreichte, eröffnete den Komponisten neue Möglichkeiten (die schon Tschaikowskij genützt hatte), und das Zarenreich brachte mit Fjodor Schaljapin (1873–1938) auch einen der

*Rechts: Skizze zur Komposition IV, Schlacht* (1910) von Wassily Kandinskij (1866–1944). Er fand spät zur Kunst, nachdem er zunächst Jura studiert und an ethnographischen Expeditionen teilgenommen hatte. Kandinskij war nicht unvermögend und ließ sich in München nieder, wo er seinen postimpressionistischen, symbolistischen Stil entwickelte. Seine Bindungen an Rußland blieben stark. Er kehrte im Ersten Weltkrieg dahin zurück und blieb auch nach der Revolution, bis deutlich wurde, daß seine pädagogischen Ideen nicht aufgenommen wurden. Nach seinem Jahrbuch *Der Blaue Reiter* und seinem Manifest *Über das Geistige in der Kunst* wandelte sich seine gegenständliche Malweise ziemlich rasch zur Abstraktion. Andere gingen in dieselbe Richtung, aber Kandinskij war bahnbrechend. Figürliche Elemente aus seiner dichten, emotionalen und folkloristischen Welt sind bei diesem Gemälde in verkrümmte Formen übergeführt, jedoch noch in Spuren zu entdecken: Lanzen, Reiter, eine Regenbogenbrücke, eine Stadt.

*Links:* Das Foto von 1914 zeigt Ilja Repin, wie er den berühmten Sänger Fjodor Schaljapin (1873–1938) malt.

*Unten rechts:* Sergej Prokofjew (links), Dmitrij Schostakowitsch (Mitte) und Aram Chatschaturjan zusammen auf einem Foto von 1945. Die drei international geschätzten sowjetischen Komponisten (Chatschaturjan ist Armenier) waren trotz ihrer Popularität keineswegs vor staatlicher Kritik geschützt. Der schon vor der Revolution bekannte Prokofjew (1891–1953) war emigriert, jedoch zurückgekehrt, als Stalin anscheinend Ordnung und Wohlstand in den 30er Jahren wiederhergestellt hatte. Der 15 Jahre jüngere Schostakowitsch erfreute sich eines frühen Triumphes in den 20er Jahren, erregte aber in den 30ern mit seiner 4. Symphonie und mit der Oper *Lady Macbeth von Mzensk*, die auf Leskows finsterer Erzählung beruhte, das persönliche Mißfallen Stalins. Seine 5. und 7. Symphonie indessen fanden die bewundernde Zustimmung der Öffentlichkeit. Ein allgemeiner Angriff auf den »Formalismus« (sprich auf alle modernistischen Strömungen) in der Musik wie in der Literatur folgte in den späten 40er Jahren.

größten Opernsänger hervor. 1898 schlossen sich russische Maler unter der Führung von Alexander Benua (oder Benois, 1870–1960), zu der Vereinigung *Mir iskusstwa* (»Welt der Kunst«) zusammen, und im Jahr darauf begründete Sergej Djaghilew (1872–1929) die gleichnamige, luxuriös ausgestattete Kunstzeitschrift. Djaghilew war ein hervorragender Impressario, ein Mittler zwischen moderner westlicher und russischer Kunst und machte auch auf Michail Wrubel (1856–1910) als einheimischen Vorläufer des russischen Symbolismus aufmerksam. Das Journal »Welt der Kunst« erschien bis 1904; um diese Zeit traten eine Vielzahl unterschiedlicher, am Symbolismus orientierter Talente nicht nur in der Hauptstadt, sondern auch in Moskau und verschiedenen Provinzzentren hervor, darunter die bedeutenden Saratower Maler Viktor Borisow-Musatow (1870–1905) und Pawel Kusnezow (1878–1968).

Zwei der ganz Großen der modernen Malerei entstammten ebenfalls dem Milieu des russischen Symbolismus: Wasilij Kandinskij (1866–1944) und Marc Chagall (1887–1985). Kandinskij vergaß seine russische Herkunft nie, und seine epochemachenden Experimente in der abstrakten Malerei waren die logische Fortsetzung seiner vorangehenden Entwicklung. Sein Essay *Über das Geistige der Kunst* (1912), eine der einflußreichsten von einem Künstler geschriebenen Kunsttheorien, wurde zuerst als Vortrag in Rußland gehalten. Chagall, der es in Paris zu Berühmheit brachte, hatte seine Wurzeln im chassidisch-jiddischen Kleinstadtleben Weißrußlands.

# Bäuerliches Leben vor der Revolution

In Rußland machten die Bauern stets den Löwenanteil der Bevölkerung aus. Im Jahr 1914 lebten noch 85 Prozent auf dem Lande, wenn auch viele Bauern im Norden sich Saisonarbeiten in den Städten suchten. Etwa die Hälfte der Bauern (proportional war die Zahl in den zentralen Regionen größer) waren Leibeigene, die erst 1861 befreit wurden und dann nur unter restriktiven Bedingungen: Sie gelangten weder in den vollen Besitz des Bodens noch erhielten sie irgendeine wirkliche wirtschaftliche Hilfe. Die Agrarproduktion war mühsam und konnte die einfache Landbevölkerung nicht angemessen ernähren. Neben der Saisonarbeit in den Städten stellte das Handwerk einen wichtigen Nebenerwerbszweig dar. Zwar wurde der Bauernschaft eine umfassende Selbstverwaltung gewährt, aber diese blieb von der höheren regionalen und zentralen Administration getrennt. Ökonomische und politische Benachteiligung führte dazu, daß sich die Bauern an der Revolution von 1905 mit zerstörerischen Aktionen beteiligten. Zwischen 1906 und 1912 verbesserten eine Reihe von grundlegenden Reformen ihre Lage entscheidend. Die landwirtschaftliche Produktion stieg steil an, und viele Bauern, die bislang am Rand des Existenzminimums gelebt hatten, erlangten einen leidlichen Wohlstand.

*Oben:* Holz war für die russischen Bauern von vielfältigem Nutzen. Hier schnitzen drei Generationen einer Familie, die in einem großen Blockhaus wohnen, im Herbst nach der Erntezeit Holzlöffel, um eine zusätzliche Einnahmequelle zu haben.

*Links:* Die christliche Barmherzigkeit hatte im vorrevolutionären Rußland eine feste Tradition, besonders in ländlichen Gebieten. Hier bittet ein Bauer, der zusammen mit einem Knaben vor einem öffentlichen Gebäude sitzt, um Almosen von einer Dame. Am häufigsten wurden Almosen auf Friedhöfen gegeben.

*Rechts:* Viele Russen bäuerlicher Abstammung wanderten in die städtischen Fabriken ab. Trotzdem behielten sie eine starke persönliche und emotionale Bindung an ihre Heimatdörfer. Die in der Stadt gewonnenen Eindrücke und Einstellungen wirkten auf das Land zurück, wodurch revolutionäre Stimmungen ebenso verbreitet wurden wie durch die Aktivität von Propagandisten und Agitatoren.

*Links:* Diese Szene aus dem ausgehenden 19. Jahrhundert illustriert die Wurzeln bäuerlicher Frömmigkeit. Die Kapelle über der Quelle, aus der die Wolga, Rußlands längster Strom, entspringt, geht wahrscheinlich auf einen alten heidnischen Kult an diesem Platz zurück. Die Verehrung von Wassergeistern spielte unter den frühen Ostslawen eine wichtige Rolle, wobei besondere Kulte mit Flüssen, Seen, Strudeln und Quellen verknüpft waren. Umgedeutet im christlichen Sinn lebten diese Kultstätten fort, indem sie kleineren Heiligen gewidmet wurden. Die Bauernkultur war im allgemeinen von Ritualen, Aberglauben und Traditionen durchdrungen, die aus dem vorchristlichen slawischen Heidentum stammten. Die Landschaft hier ist waldreich und sumpfig und damit typisch für große Teile Mittel- und Nordrußlands. Selbst die Böden, die sich für eine Kultivierung eignen, erbringen nur geringe Erträge, die zudem durch die Klimaschwankungen gefährdet sind.

*Unten:* Die Ernährung und Hygiene der Bauern war oft dürftig und führte in schlechten Jahren zu vielen Erkrankungen und häufigen Epidemien. Die größte Mißernte des 19. Jahrhunderts ereignete sich 1891 und führte zu einer schlimmen Hungersnot. Das Foto aus einem Ort bei Nischnij-Nowgorod (dem heutigen Gorkij) zeigt zwei Typhus-Kranke, die auf Pritschen in einem typischen Bauernhaus liegen. Solche Pritschen mit aufgeschüttetem Stroh waren die üblichen Schlafplätze für Erwachsene wie Kinder. In diesem Gebiet wirkte sich die Hungersnot besonders verheerend aus.

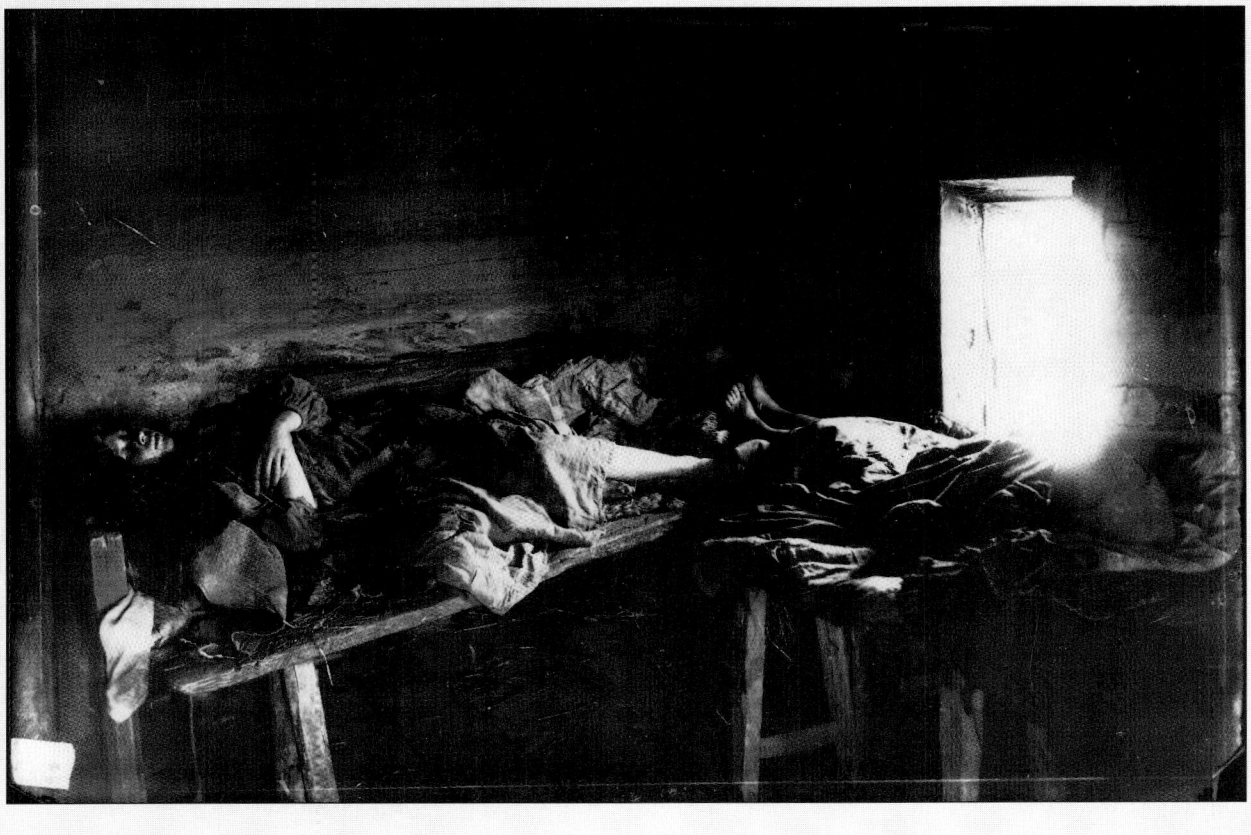

# 1905

*Unten:* Der Terrorismus, vor allem von der Sozialrevolutionären Partei ausgeübt, blieb das ganze Jahr 1905 hindurch eine Gefahr. Ihre Attentatstruppe, eine »Kampforganisation«, die seit 1902 operierte, ermordete Anfang 1905 den Großfürsten Sergej, Vetter zweiten Grades und Schwager des Zaren, der auch Kommandeur des Moskauer Militärdistriktes war.

Die turbulenten Ereignisse von 1905 waren ein politisches Vorspiel zu den Revolutionen von 1917. Die Unruhen erfaßten breite Volksschichten, waren aber unkoordiniert und endeten mit der Einführung der konstitutionellen Monarchie und mit einem erfolglosen Revolutionsversuch in Moskau. Liberale und revolutionäre Bewegungen hatten sich erst vor kurzem zu politischen Parteien zusammengeschlossen, wobei die Feindschaft zwischen den Liberalen und Revolutionären sofort offenbar wurde. Wirtschaftliche Schwierigkeiten, die Niederlagen im Russisch-Japanischen Krieg und die aufrührerische Agitation der Revolutionäre schufen gegen Ende des Jahres 1904 eine brisante soziale Lage. Am 22. Januar 1905, dem sogenannten Blutsonntag, löste die brutale Niederschlagung einer loyalistischen Demonstration in St. Petersburg heftige Proteste aus.

Marxistische Parteien, besonders die Menschewiki und die Sozialrevolutionäre, steuerten den radikalen Aufruhr. Die fortschrittliche Opposition wurde von liberalen Parteien gelenkt, besonders von den Konstitutionellen Demokraten, die eine Monarchie mit parlamentarischer Regierung anstrebten. Die zaristische Regierung beugte sich schließlich den liberalen Forderungen und erließ das Oktober-Manifest, das die Wahl einer Volksversammlung (Duma) verkündete. Daraufhin ließ die Popularität der Revolutionäre nach, und ihr Aufruf zur nationalen Revolution hatte nur einen bewaffneten Aufstand in Moskau im Dezember zur Folge, der nach einer Woche unterdrückt wurde. Das parlamentarische Experiment in Rußland konnte jetzt beginnen. Die revolutionären Parteien wurden zwar in den Hintergrund gedrängt, warteten aber auf andere Gelegenheiten zur Machtergreifung.

*Links:* Bei vielen Unruhen des Jahres 1905 errichteten die Aufständischen Barrikaden aus Wagen und Karren gegen Polizei- und Militäreinheiten.

*Rechts:* Im Jahr 1905 war Trotzkij ein Führer des Menschewiki-Flügels der Sozialdemokratischen Partei, die gegen den Flügel der Bolschewiki opponierte. Er organisierte den ersten revolutionären Sowjet in St. Petersburg. 1917 schloß er sich den Bolschewiki an. Er strukturierte die Sowjets neu und ermöglichte es ihnen dadurch, die radikalen Kräfte der Revolution zu koordinieren und auf ihre Linie zu bringen.

*Rechts außen:* Pjotr Stolypin, Innenminister in den ersten Dumas, führte weitreichende Reformen ein, die die russische Industrie ankurbeln und die Lage der Bauern verbessern sollten. Seine Maßnahmen zur Eindämmung des revolutionären Terrorismus machten ihn zur Zielscheibe der Extremisten. Nach vielen mißlungenen Versuchen – hier sind die Folgen eines gescheiterten Bombenanschlags zu sehen – fiel er 1911 dann doch einem Attentat zum Opfer.

*Links:* Dieser zeitgenössische französische Druck zeigt die gewaltsame Auflösung der Demonstration in St. Petersburg am 22. Januar 1905, dem berüchtigten »Blutsonntag«. Die Soldaten schießen auf die Menge, die vom Priester Georgij Gapon (mit erhobenem Kreuz) angeführt wird. Ein Kosakenangriff über die Brücke zerstreut weitere Demonstranten.

*Unten links:* Nikolaj Bucharin trat 1905 als aktiver Bolschewist hervor. Zu Beginn der 20er Jahre wurde er ein führender Theoretiker des frühen kommunistischen Staates und Herausgeber der Zeitung *Prawda*. 1938 nach einem Schauprozeß wegen angeblichen ideologischen Verrats hingerichtet, ist er vor kurzem durch die Sowjetregierung rehabilitiert worden.

*Unten:* Der Aufstand von 1905 dehnte sich auch auf die bewaffneten Streitkräfte aus. Berühmt ist die Besitznahme des Panzerkreuzers »Potemkin« durch seine Besatzung. Die »Potemkin« war ein altes Reserveschlachtschiff der Schwarzmeerflotte. Unter menschewistischer Führung fuhr die Mannschaft mit ihm nach Rumänien, wo sie sich den örtlichen Behörden ergab. Durch Eisensteins berühmten Film (1925), der ganz bewußt einen heroischen Mythos schaffen wollte, wurde die »Potemkin« Gegenstand des revolutionären Kultes.

# DIE REVOLUTION UND DER AUFBAU DES KOMMUNISTISCHEN STAATES

**Der Russisch-Japanische Krieg und die Revolution von 1905**

Durch den verlustreichen Krieg gegen Japan (1904–1905) spitzten sich die unterschwelligen sozialen Spannungen rapide zu und entluden sich schließlich in der ersten russischen Revolution. Die Ursachen des Krieges lagen in der Rivalität zu Japan, das ebenfalls die Herrschaft über die Mandschurei und Korea anstrebte, wo nach dem Boxeraufstand (1900–1901) die chinesische Regierungsgewalt zusammengebrochen war. Die Feindseligkeiten begannen, als Japan im Februar 1904 Port Arthur angriff, die neue russische Flottenbasis auf der Halbinsel Liaodong in Nordchina. Dieser Krieg war von Anfang an vor allem deshalb so unpopulär, weil sich die öffentliche Meinung nicht für Rußlands strategische Interessen im Fernen Osten erwärmen konnte.

Der Feldzug in der Mandschurei brachte den Russen eine Reihe von Niederlagen, aber nach der Schlacht von Mukden (Februar 1905) gelang es, ein weiteres japanisches Vordringen zu verhindern. Der Seekrieg führte hingegen zur Katastrophe. Die russischen Schiffe in Port Arthur, die versuchten, die Blockade zu durchbrechen, wurden zum größten Teil von der japanischen Flotte zerstört. Der Zar befahl daraufhin eine tollkühne, doch unrealistische Expedition zum Entsatz von Port Arthur. Dies bedeutete, daß die russische Ostseeflotte über den Atlantik, den Indischen Ozean und das Südchinesische Meer nach Korea entsandt wurde. Die Flotte fuhr im Oktober 1904 los und traf im Mai des folgenden Jahres im Kriegsgebiet ein. Da Port Arthur im Dezember 1904 kapituliert hatte, besaß die Ostseeflotte bei ihrer Ankunft keinen sicheren Hafen und wurde in der Schlacht bei Tsuschima vollständig versenkt. Der Krieg endete im September 1905 durch Vermittlung der Vereinigten Staaten im Frieden von Portsmouth. Dem tüchtigen Hauptbevollmächtigten des Zaren, Graf Sergej Witte, gelang es, annehmbare Bedingungen auszuhandeln. Doch die Enttäuschung über das militärische Desaster hatte schon zum Ausbruch der Revolution beigetragen.

Die Kapitulation von Port Arthur erschütterte ganz Rußland und fiel mit den Streiks von Fabrikarbeitern in St. Petersburg zusammen. Diese Streiks richteten sich anfangs gegen die Arbeitsbedingungen und hatten mehr soziale als politische Ursachen. Im Januar 1905 versammelten sich über 100 000 Arbeiter vor dem Winterpalast. Sie wollten dem Zaren eine Petition überreichen. Die Truppen, die den Palast abriegelten, feuerten in die Menge, töteten 130 Menschen und verwundeten eine noch größere Zahl. Dieser Tag wurde als »Blutsonntag« berüchtigt. Das fatale Einschreiten der Staatsmacht führte zu einer nationalen Katastrophe.

Eine Welle des Abscheus durchdrang alle Schichten der russischen Gesellschaft und entflammte die Empörung über die Verschleppung von Reformen und die Mißerfolge des Krieges. Verschiedene Gruppen der politischen Opposition verstärkten ihre Tätigkeit und fanden nun für ihre Ideen ein viel größeres Echo in der Bevölkerung. Die Regierung verlor noch mehr an Glaubwürdigkeit, als die Nachricht von der Niederlage bei Tsuschima bekannt wurde. Die Unzufriedenheit erreichte im Oktober 1905 mit dem ersten Generalstreik in Rußland ihren Höhepunkt. Die Streikenden verlangten anfänglich eine verfassunggebende Versammlung, die Aufhebung der repressiven Notstandsgesetzgebung, bürgerliche Freiheiten und reduzierte Arbeitszeiten. Jedoch ging die Kontrolle über den Streik bald auf die Radikalen über, und an die Stelle der maßvollen Wünsche traten revolutionäre Forderungen. In Petersburg übernahm die Führung ein neugeschaffener Sowjet der Arbeiterdeputierten, der sich als Vertretung des Proletariats bezeichnete. Er wurde von den Menschewiki unter Leo Trotzkij beherrscht.

Trotz des starren Widerstands des Zaren stimmte im Oktober die Regierung der Hauptforderung der Oppositionsmehrheit zu, indem sie die Umwandlung der Autokratie in eine konstitutionelle Monarchie proklamierte. Das Oktober-Manifest, die Arbeit des hervorragenden Staatsmannes Sergej Witte, bewilligte grundlegende bürgerliche Freiheiten (Unverletzbarkeit der Person, Freiheit des Gewissens und der Rede, Versammlungs- und Vereinsfreiheit), allgemeines Wahlrecht und eine

*Links:* Graf Sergej Witte (1849–1915) war ein hervorragender russischer Staatsmann der Jahrhundertwende. Er hatte verschiedene Ministerposten inne und hinterließ auf vielen Gebieten seinen prägenden Einfluß. Seine Leistungen reichen von Wirtschaftsreformen und der Schaffung der Duma bis hin zur Aushandlung des Vertrages von Portsmouth, der den Russisch-Japanischen Krieg zu vernünftigen Bedingungen für das Zarenreich beendete.

*Unten:* Boris Kustodiews Gemälde *Der Bolschewik* (1905) vermittelt ein romantisches Bild der bolschewistischen Revolutionäre, wie es viele russische Intellektuelle und Künstler hatten. Kustodiew ist bekannt für seine Szenen aus dem russischen Provinzleben und dem Bauern- und Kaufmannsmilieu, die durchströmt sind von einem unterschwelligen Gefühl für die Lebenskraft und die Dynamik des Nationalcharakters. Der allegorische Riese auf diesem Gemälde stellt den Bolschewismus als einen typischen Arbeiter dar, der mit einer roten Fahne und entschlossenem Ausdruck durch die Stadtlandschaft von Moskau schreitet, die mit wogenden revolutionären Massen angefüllt ist.

neue gesetzgebende Nationalversammlung (Duma). Die Duma sollte landesweit auf der Grundlage parteipolitischer Gruppierungen, einschließlich der radikalsten Revolutionäre, gewählt werden. Diese Neuerung schenkte Rußland eine repräsentative Staatsform, die den besten konstitutionellen Monarchien Westeuropas zu jener Zeit entsprach. Die ersten Wahlen waren für das Frühjahr 1906 vorgesehen.

Die Mehrheit der russischen Bevölkerung reagierte mit großer Spannung auf das Oktober-Manifest und die in Aussicht gestellte Duma. Der Generalstreik verlor an Bedeutung und Unterstützung, denn er hatte Massenarbeitslosigkeit und Not verursacht. Die Duma hingegen versprach eine fühlbare Veränderung, wie sie die Revolutionäre nicht formuliert hatten. Außerdem hatte sich die Stimmung im Lande beruhigt, als die Nachricht von den unerwartet günstigen Bedingungen des Friedens von Portsmouth eintraf.

Obwohl die Revolutionäre ihren Einfluß auf das Proletariat verloren, beschlossen sie, ihre Aktivitäten zu verstärken. Ein neuer, für November angesetzter Generalstreik scheiterte ebenso wie Versuche, die Arbeiter von der Wiederaufnahme der Produktion abzuhalten. Der Petersburger Sowjet, der diese Störmanöver leitete, wurde im Dezember von der Polizei aufgelöst. Ein geplanter Proteststreik schlug völlig fehl, und die letzte Nachhutaktion der Revolutionäre war ein bewaffneter Arbeiteraufstand in Moskau, der eine Woche im Dezember andauerte. Die Revolution von 1905 blieb erfolglos, weil ihre radikale Führung mit den liberalen und gemäßigten politischen Bestrebungen der großen Mehrheit des russischen Volkes nicht im Einklang stand.

### Die Konsequenzen von 1905

Auf den Zusammenbruch der Revolution folgten neun Jahre, die im Zeichen einer evolutionären Veränderung der politischen Strukturen standen. Die im Oktober-Manifest von 1905 vorgesehenen Reformen waren nicht leicht zu verwirklichen. Die Revolution war noch im Gange, die kaiserliche Verwaltung hatte weiterhin Bedenken, die Macht mit der Duma zu teilen, und die liberalen Politiker, die in die neue gesetzgebende Institution gekommen waren, hatten wenig Erfahrung im Umgang mit der Macht. Jedoch waren die meisten Menschen im Grunde mit dem Inhalt des Manifests zufrieden, der revolutionäre Elan ebbte ab, und der Regierung gelang es, allmählich ihre volle Autorität wiederherzustellen.

Die erste Duma wurde im März 1906 gewählt und im folgenden Monat einberufen. Über 40 politische Parteien und Gruppierungen waren in ihr vertreten. Die führende Kraft stellten die liberalen Konstitutionellen Demokraten (Kadetten) dar. Die Duma erwies sich als zu liberal für die zaristische Verwaltung und für die rechtsstehenden Parteien, die diese unterstützte. Als die Duma den Antrag stellte, grundlegende Bodenrechtsreformen zum Nachteil des konservativen Adels durchzuführen, übte der Zar im Juli 1906 sein Vorrecht aus, die Versammlung aufzulösen.

Die zweite Duma, im März 1907 gewählt und einberufen, zeigte sich gegenüber der kaiserlichen Regierung noch feindseliger als die erste. Das lag zum Teil daran, daß Lenin und die Bolschewiki in dieser Versammlung vertreten waren. Die zweite Duma wurde noch schneller als die erste aufgelöst. Danach änderte die Regierung entgegen den Bestimmungen des Oktober-Manifests das Wahlsystem, um den konservativen Parteien eine größere Vertretung zu sichern.

Die dritte Duma war infolgedessen von den Parteien der Rechten beherrscht und überdauerte problemlos die volle fünfjährige Legislaturperiode (1907–1912). Trotz der konservativen Dominanz führte sie viele Reformen ein, zum Beispiel dehnte sie die vollen Bürgerrechte auf die Bauern aus, verbesserte das örtliche Justizwesen und erweiterte das Bildungssystem. Die vierte Duma (1912–1917), die noch konservativer als die dritte war, befaßte sich vorrangig mit Problemen der Kriegszeit und dem Beginn der Revolutionen von 1917.

Obwohl sich die Regierung ständig einmischte, wurde die Institution der Duma als wertvolles Mitspracheforum weithin akzeptiert. Die politische Beteiligung behielt eine breite Basis, was die große Zahl der Parteien bezeugt, die das ganze Spektrum politischer Ansichten umfaßten und auch besondere ethnische und regionale Gruppen vertraten. Wenn die Resultate auch Flickwerk gewesen sein mögen, blieb das Engagement für das parlamentarische System unübersehbar. Diese evolutionäre Stimmung des Landes zeigte sich auch an der drastischen Abnahme revolutionärer Aktivitäten und einem deutlichen Anstieg der wirtschaftlichen Produktivität zwischen 1905 und 1914.

Damit einher ging eine bemerkenswerte Vielfalt auf allen Feldern des künstlerischen Schaffens. Allein im Jahr 1912 gab es 2167 Zeitschriften, die praktisch jede Meinungsschattierung wiedergaben. Die Zensur war nachsichtig selbst jenen gegenüber, die eine Revolution forderten. So publizierten die Bolschewiki und die Menschewiki nicht weniger als 3300 Titel zwischen 1906 und 1914.

Die Literatur war vielleicht durch das Scheitern der Revolution am meisten betroffen, besonders die Lyrik. Die Symbolisten wie Alexander Blok und Andrej Belyj wechselten vom politischen Messianismus zur mystischen Innenschau und zum Ästhetizismus. Symbolistische Prosaschriftsteller wie Dmitrij Mereschkowskij (1865–1941) und Leonid Andrejew (1871–1919) vertraten den Mystizismus in ihren historischen Romanen oder dekadenten Erzählungen. Die realistische Bewegung gewann an Einfluß durch die Romane Maxim Gorkijs (1868–1936), der seinen Ruf als engagierter Sozialkritiker festigte. Von besonderer Bedeutung war Iwan Bunin (1870–1953), Rußlands erster Nobelpreisträger für Literatur, dessen Kurzgeschichten und Novellen über den Niedergang des Adels Realismus und tiefes psychologisches Verständnis verbinden. Andere Entwicklungen reichten von der Zunahme literarischer und politischer Monatszeitschriften, die den Vergleich mit den besten in Europa aushalten, bis hin zu einer schwelgerischen Prosa, deren angesehenster Vertreter Michail Arzybaschew (1878–1927) war.

Am kreativsten und vielseitigsten zeigte sich in der Periode von 1905–1914 die Bühnenkunst. Führend waren das Moskauer Künstler-Theater unter Konstantin Stanislawskij (1863–1938) und das Kaiserliche Alexandrowskij-Theater in Petersburg unter Wsewolod Meyerhold (1874–1942). Auch das Ballett gewann an Bedeutung und Einfallsreichtum. Inspirierend wirkten hier die Choreographien von Michael Fokine (1880–1942) vom Petersburger Ballett. Besonderen Erfolg hatten die »Ballets Russes« von Sergej Djaghilew. Theater wie Ballett widmeten der Bühnenausstattung eine ganz neue Aufmerksamkeit. Die Maler, die zum Theater kamen, standen zum größten Teil mit der Mir-Isskustwo-Gruppe in Verbindung, deren führende Mitglieder allesamt Exponenten der neuen experimentellen Malerei waren. Die erfolgreiche Zusammenarbeit von phantasievollen, ingeniösen Regisseuren, Choreographen und Malern ließ eine Büh-

# Tschechow und das Moskauer Künstler-Theater

*Unten* Eine Seite aus Stanislawskijs Arbeitsexemplar von Tschechows *Möwe* (Ende des 2. Aktes), die seine minuziösen Bemerkungen zur Inszenierung zeigt

*Rechts* Obwohl das Moskauer Künstler-Theater seinen Ruf mit dem modernen Drama erwerben sollte, wurde seine erste Saison mit dem historischen Stück *Zar Fjodor Iwanowitsch* des vielseitigen Autors A. K. Tolstoj aus der Mitte des 19. Jahrhunderts eröffnet. Stanislawskij verwendete alle Mühe, um authentische Kostüme und Requisiten zu entwerfen

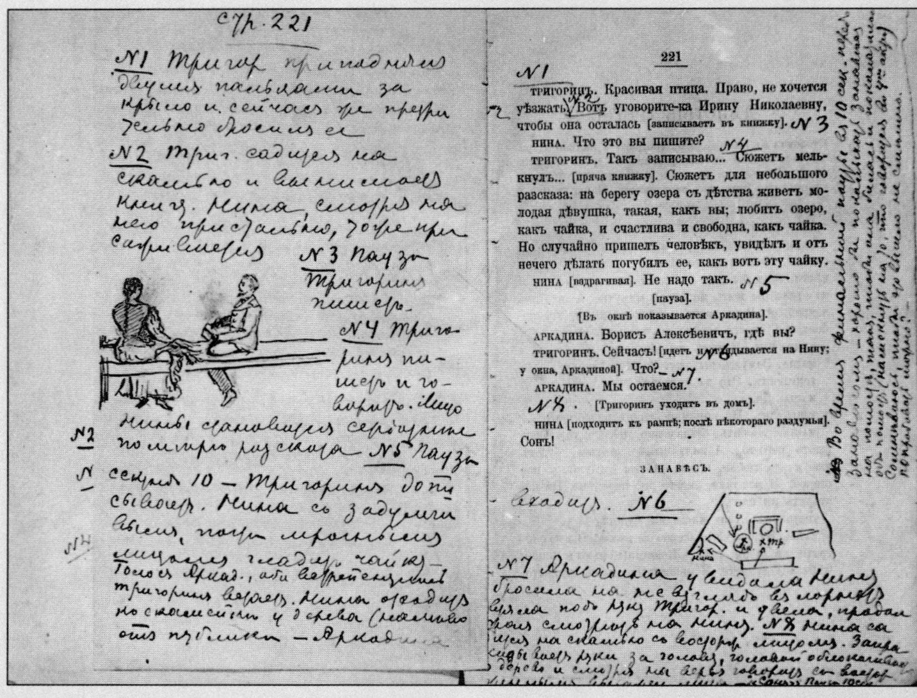
221

ТРИГОРИНЪ. Красивая птица. Право, не хочется уѣзжать. Вотъ уговорите-ка Ирину Николаевну, чтобы она осталась [записываетъ въ книжку].

НИНА. Что это вы пишите?

ТРИГОРИНЪ. Такъ записываю... Сюжетъ мелькнулъ... [пряча книжку]. Сюжетъ для небольшого разсказа: на берегу озера съ дѣтства живетъ молодая дѣвушка, такая, какъ вы; любитъ озеро, какъ чайка, и счастлива и свободна, какъ чайка. Но случайно пришелъ человѣкъ, увидѣлъ и отъ нечего дѣлать погубилъ ее, какъ вотъ эту чайку.

НИНА [вздрагивая]. Не надо такъ.

[пауза].

[Въ окнѣ показывается Аркадина].

АРКАДИНА. Борисъ Алексѣевичъ, гдѣ вы?

ТРИГОРИНЪ. Сейчасъ! [идетъ и оглядывается на Нину; у окна, Аркадиной]. Что?

АРКАДИНА. Мы остаемся.

[Тригоринъ уходитъ въ домъ].

НИНА [подходитъ къ рампѣ; послѣ нѣкотораго раздумья]. Сонъ!

ЗАНАВѢСЪ.

Anton Tschechow (1860–1904) studierte in Moskau Medizin und verdiente sich seinen Lebensunterhalt mit dem Verfassen von Kurzgeschichten und Humoresken, die er in Zeitschriften veröffentlichte. Während seiner Tätigkeit als Arzt entstanden dann längere Erzählungen, in denen nicht mehr die Pointe im Mittelpunkt stand, sondern Charaktere und Stimmungen. In den 80er Jahren hatte er eine Tolstoj-Periode (Tolstoj stand ihm zwar freundlich gegenüber, schätzte aber sein literarisches Werk nicht). Seine abendfüllenden Theaterstücke, bewußt »undramatisch« angelegt, hatten anfangs wenig Erfolg, bis ihnen dann das Moskauer Künstler-Theater zum Durchbruch verhalf.

Gegründet wurde das MCHAT (Moskowskij Chudoschestwennij Akademitscheskij Teatr) von Konstantin Stanislawskij (1863–1938) und Wladimir Nemirowitsch-Dantschenko (1858–1943) bei ihrem berühmten Treffen im Restaurant Slawjanskij Bazar 1897, wo sie zwölf Stunden lang diskutierend zusammensaßen. Mit dem aktuellen Bühnenleben unzufrieden, gründeten sie eine Theatertruppe, die ohne Stars auskommen und billige und melodramatische Effekte vermeiden wollte. Statt dessen verlangten sie innere Wahrheit und völlige Hingabe an die schauspielerische Arbeit. Auf der Suche nach neuen Talenten, die ihre Ansprüche erfüllten, inszenierten Stanislawskij und Nemirowitsch-Dantschenko Tschechows *Die Möwe* und hatten sofort Erfolg.

Sie ermutigten den Autor, der schon schwer an Tuberkulose erkrankt war und deshalb in Jalta leben mußte, seine drei Hauptwerke zu schreiben: *Onkel Wanja* (1897), *Drei Schwestern* (1899–1900), *Der Kirschgarten* (1904).

*Oben:* Viel hing von der letzten Inszenierung der Spielzeit 1898 ab. Tschechows *Möwe* war in St. Petersburg durchgefallen, aber Nemirowitsch las das Stück und erkannte seine Stärke. Der triumphale Erfolg in Moskau sicherte das Fortbestehen des Künstler-Theaters, das aus Dankbarkeit eine stilisierte Möwe als Emblem verwendete. Bis heute ziert sie den eisernen Vorhang.

*Rechts:* Tschechow liest dem Ensemble des Moskauer Künstler-Theaters den Text der *Möwe* vor, Stanislawskij schaut ihm dabei über die Schulter.

*Links:* Tschechow und Gorkij im Jahr 1900. Tschechow, gerade 40 Jahre alt, litt damals schon an Tuberkulose, an der er vier Jahre später sterben sollte. Der acht Jahre jüngere Maxim Gorkij (eigentlich Alexej Peschkow) war der »kommende Mann« der russischen Literatur: Im Jahr zuvor hatte er seinen ersten Roman *Foma Gordejew* veröffentlicht. 1902 sollte sein Schauspiel *Nachtasyl*, dem wie den Stücken Tschechows eine eigentliche Handlung fehlte, am Moskauer Künstler-Theater aufgeführt werden. In diesem Jahr wurde seine Wahl in die Akademie wegen seiner revolutionären Sympathien widerrufen, und Tschechow fügte sich unter Protest, obwohl er selbst kein Revolutionär war

nenkunst entstehen, die erregend und wagemutig zugleich war und alte Elemente der Nationalkultur mit reinen Neuerungen verband. Das Theater profitierte auch von der Bereicherung, die die russische Musik zur gleichen Zeit erfuhr. Komponisten grundverschiedener Richtungen traten hervor und schufen einen großen Teil des russischen Musikrepertoires unseres Jahrhunderts. An der Spitze der Neuerer stand Igor Strawinskij (1882–1971), dessen Werke *Feuervogel* 1910, *Petruschka* 1911 und *Le sacre du printemps* 1913 uraufgeführt wurden. Eine andere unorthodoxe Linie verfolgte Alexander Skrjabin (1872–1915), während die klassische Tradition vor allem von Sergej Rachmaninow (1873–1943) weiterentwickelt wurde.

Für den Fortschritt eines politischen Pluralismus in Rußland spielte die Kulturszene bei all ihrer Vielfalt aber bestenfalls eine indifferente, vielleicht sogar ablehnende Rolle. Die Gegnerschaft war am stärksten unter den Lyrikern, die meist eine allegorische Betrachtungsweise der Wirklichkeit besaßen und sich nach der Revolution als apokalyptischem Katalysator sehnten, der Rußland in ein messianisches Zeitalter führen würde. Prosaschriftsteller neigten dem gleichen visionären Fatalismus zu. Es war im Grunde das verbitterte Rußlandbild, wie es von der literarischen Elite in den Jahren 1905–1914 gepflegt wurde, das eine negative Haltung gegenüber den konstitutionellen Reformen begünstigte. Die politische Entwicklung und die kulturelle Vielgestaltigkeit blieben ohne ausreichende Wechselwirkung, um in den gebildeten Schichten gemeinsame bürgerliche Werte und Bestrebungen hervorzubringen.

### Das Zarenreich vor dem Untergang

Die politischen und kulturellen Strömungen nach 1905 entfremdeten Nikolaus II. und den Zarenhof immer mehr vom Trend der Zeit. Dies war wesentlich in der Persönlichkeit des Kaisers selbst und im exzentrischen Lebensstil seiner Familie begründet. Nikolaus II. war ein Mann von mäßigem Intellekt und Weitblick, stark konservativ gesinnt, beeinflußbar durch ähnliche Ansichten und empfänglich für Manipulationen. Weil es unvermeidlich war, fügte er sich dem Oktober-Manifest von 1905, aber ohne Achtung und Wohlwollen für die Institution der parlamentarischen Demokratie. Alle von ihm ernannten Minister teilten seinen Widerwillen gegen die Duma und waren wenig begabte Männer, die die Innen- und Außenpolitik nicht innovativ und erfolgreich zu lenken vermochten. Die einzige auffällige Ausnahme bildete Pjotr Stolypin, von 1906 bis zu seiner Ermordung 1911 Ministerpräsident, der Regelungen für die Landreform einführte, die den Empfehlungen der ersten Duma nicht unähnlich waren. Politisch stand der Zar immer auf der Linie der extremkonservativen Kräfte. Die öffentliche Meinung begünstigte allgemein das konstitutionelle Experiment und setzte große Hoffnungen auf die Dumas. Das Image des Herrschers litt in dieser Periode sehr, und fast in ganz Rußland wich Gleichgültigkeit allmählich der Verachtung.

Der Popularitätsschwund von Nikolaus II. wurde noch beschleunigt durch das exzentrische Benehmen der Zarin. Alexandra, Prinzessin von Hessen, war eine Frau mit starkem Charakter, die auf ihren schwächeren Mann in allen Dingen, die Staatsgeschäfte eingeschlossen, einen entscheidenden Einfluß ausübte. Ihre persönlichen Interessen lagen nicht auf dem Gebiet der Politik, sondern in einem modischen Mystizismus, in übersinnlichen Erscheinungen und im Okkulten. Auf ihre Veranlassung gab

**Rechts: Das europäische Mächteverhältnis 1914**
In Europa bestanden 1914 zwei entscheidende Machtblöcke: die Mittelmächte (Deutschland, Österreich-Ungarn) und die Tripel-Entente (Großbritannien, Frankreich und Rußland), der sich bald Italien anschließen sollte. Die Außenpolitik sowohl von Rußland wie von Österreich war zu dieser Zeit auf den Balkan fixiert. Der Balkankrieg von 1913 brachte das Ende der türkischen Herrschaft in diesem Raum, und Österreich füllte das entstandene Machtvakuum aus, indem es Bosnien und die Herzegowina annektierte. Die unabhängigen südslawischen Königreiche Serbien und Montenegro fürchteten Österreich und erhielten Unterstützung durch Rußland. Die Ermordung des österreichischen Thronerben Franz Ferdinand am 28. Juni 1914 in der bosnischen Hauptstadt Sarajevo durch einen südslawischen Nationalisten führte den österreichisch-russischen Konflikt und letztlich aufgrund der Bündnissysteme den Ersten Weltkrieg herbei.

es am Hof zahlreiche Hellseher, Medien und Wahrsager. Die Vorliebe der Zarin für solche Scharlatane wurde zum Gegenstand breiten Klatsches und Gelächters, noch bevor sie den berüchtigten Grigorij Rasputin entdeckt hatte. Dieser sibirische Bauer, der angeblich übernatürliche Kräfte besaß, wurde von 1905 an die dominierende Persönlichkeit im Zarenhaushalt und bei Hofe. Seine besondere Stellung verdankte er vor allem der mutmaßlichen Fähigkeit, die inneren Blutungen Alexejs, des hämophilen Zarewitsch, zu stillen. Der derbe und ordinäre Rasputin genoß das volle Vertrauen Alexandras. Er hatte die Gewohnheit, Staatsangelegenheiten aus seiner Sicht zu kommentieren, was bedeutete, daß seine Ansichten dem Zaren von Alexandra kritiklos aufgedrängt wurden. Rasputin mischte sich direkt in die Regierung ein, wenn seine persönliche Gunst oder Mißgunst über Ernennungen zum Minister entschieden. Seine Anwesenheit am Hof schadete dem Ansehen der Romanows ungemein, das bereits durch die Schwäche Nikolaus' II. gelitten hatte.

### Rußland im Ersten Weltkrieg

Der Eintritt des Zarenreichs in den Ersten Weltkrieg ergab sich aus seinen Verpflichtungen innerhalb der Tripel-Entente gegenüber Frankreich und Großbritannien und aus seiner Balkanpolitik, die verhindern sollte, daß der österreichisch-ungarische Einfluß auf jene Balkanstaaten übergriff, die seit kurzem nicht mehr zum Osmanischen Reich gehörten. Als Österreich-Ungarn die Unabhängigkeit Serbiens bedrohte, fühlte sich Rußland zur Hilfeleistung verpflichtet und ordnete die Generalmobilmachung an, allerdings ohne Kriegserklärung. Das Deutsche Reich, der stärkere Bündnispartner Österreich-Ungarns, sah in dieser Aktion einen Vorwand, seinerseits Rußland den Krieg zu erklären (19. Juli) und beschwor kurz darauf durch seine Kriegserklärung an Frankreich den großen Weltkonflikt herauf, in den auch Großbritannien unmittelbar hineingezogen wurde. Der Ausbruch des Krieges löste in ganz Rußland eine große Welle des Patriotismus aus. Streitigkeiten unter den Parteien wurden vertagt (außer bei den Revolutionären), soziale Konflikte zurückgestellt und Streiks abgesagt. Selbst der Zar gewann ein gewisses Maß an Popularität zurück.

Die militärischen Auseinandersetzungen begannen in der ersten Augustwoche, und für den Rest des Jahres 1914 hielten sich für Rußland Erfolg und Mißerfolg die Waage. Eine Großoffensive gegen die Deutschen in Ostpreußen endete mit einer vernichtenden Niederlage in der Schlacht bei Tannenberg, aber der andere große Angriff, gegen Österreich-Ungarn in Galizien, verlief siegreich. Darüber hinaus wurde ein deutscher Vorstoß auf Warschau abgewiesen. Das Glück wendete sich 1915. Die Deutschen verstärkten ihre Kräfte im Osten, und im Frühjahr zwang eine Großoffensive die Zarenarmee bald zu einem allgemeinen Rückzug: Bis zum Herbst war sie aus Polen und den baltischen Provinzen vertrieben und hatte große Teile der Ukraine und Weißrußlands verloren. Zum Glück geriet die Versorgung der Deutschen ins Stocken, so daß ihr Vormarsch zum Stillstand kam. Im folgenden Jahr brachte ein russischer Gegenangriff keine Ergebnisse, doch die berühmte Sommeroffensive unter Brusilow an der österreichisch-ungarischen Front war erfolgreich und führte weit nach Galizien hinein.

Der Krieg bürdete Rußland gewaltige wirtschaftliche und soziale Probleme auf. Seine Armeen erlitten enorme Verluste und waren in bezug auf Waffen, Munition und Proviant stets schlecht versorgt. Die Unfähigkeit der Regierung, den Erfordernissen gerecht zu werden, löste Unzufriedenheit in der Truppe und auch an der Heimatfront aus, wo sich die Lage rasch verschlechterte. Die Wirtschaft kam bald in Schwierigkeiten, als sie sich auf den Krieg umstellen mußte. Durch die Generalmobilmachung war ein großer Mangel an Arbeitskräften entstanden, so daß die Rüstungsindustrie nicht die nötigen Waffen und Ausrüstungen produzieren konnte. Gleichzeitig führten Lebensmittellieferungen an die Front zu einer Knappheit in den Städten. Die Steuereinnahmen gingen zurück, weil die meisten Männer eingezogen waren, die Staatsausgaben stiegen, während die Einkommen abnahmen, und die

*Links außen:* Die Stimmung in Rußland am Vorabend des Ersten Weltkriegs war im allgemeinen ruhig und zuversichtlich. Die Elite traf sich unbeschwert bei gesellschaftlichen Anlässen wie dem von der Gräfin Sochuwalow gegebenen Rosenball, den Militärs, hohe Beamte und Industrielle besuchten. Von den auch hier vertretenen jungen Offizieren schlossen sich nach dem Ersten Weltkrieg viele der Weißen Bewegung an, um im Bürgerkrieg die Kommunisten zu bekämpfen.

*Links:* Das Rußlandbild des Auslandes vor dem Ersten Weltkrieg war mitunter von Skepsis geprägt. Die französische Karikatur zeigt Nikolaus II., der Finanzhilfe von Frankreich (dargestellt als Frau) annimmt. Der vertrauliche Umgang wird mißtrauisch durch den preußischen Adler beobachtet.

Inflation beschleunigte sich, weil die Waren immer knapper wurden.

Wegen der wirtschaftlichen und politischen Schwierigkeiten begann 1915 die gesellschaftliche Moral zu zerbröckeln. Die militärischen Fehlschläge jenes Jahres führten dazu, daß die Duma nunmehr wirksam die Rolle der kaiserlichen Verwaltung an sich riß, um die Kriegsanstrengungen zu koordinieren, und dringlicher verlangte, daß ein glaubwürdiges Kabinett zur Führung der Regierung zusammengerufen werde. Nikolaus II. versuchte, der politischen Krise auszuweichen, indem er den Rang des Oberbefehlshabers übernahm: Seine Unentschlossenheit in dieser Rolle schadete seinem Image noch mehr. Die Loyalisten starteten einen verzweifelten Versuch, das Ansehen des Hofes wiederherzustellen, indem sie sich zur Ermordung Rasputins zusammenschlossen. Obgleich das Attentat erfolgreich war, weckte es weder neue Führungsqualitäten im Zaren, noch hielt es den Untergang der Romanows und des ganzen zaristischen Systems auf.

Der innere Zustand des Reiches am Ende des Jahres 1916 war prekär. Nikolaus II. war politisch isoliert und wurde weithin verachtet. Die Duma übernahm zwar noch im Rahmen der konstitutionellen Monarchie mehr und mehr die Aufgaben der Zentralregierung, besaß aber nicht genügend Vertrauen im Volk. Die wirtschaftlichen Probleme und Unsicherheiten, die Desillusionierung in bezug auf den Krieg und die Bestürzung über die politische Führung des Landes bewirkten in der gesamten Gesellschaft einen Verfall der nationalen Gesinnung. Liberale und linksgerichtete Politiker sahen einen grundlegenden politischen Wechsel voraus, wobei sie davon ausgingen, daß er in Richtung auf eine pluralistische, parlamentarische Regierung erfolgen würde. Eine kleinere Gruppe radikaler Politiker, die die gewaltsame Revolution zum Ziel hatten und zu denen die Bolschewiki unter Lenins Leitung gehörten, förderten die defätistische Stimmung in der Bevölkerung und organisierten die Streikbewegung, die 1916 verstärkt wiederauflebte.

### Die Februarrevolution und die Provisorische Regierung

In der Hauptstadt Petrograd, wie St. Petersburg seit 1914 hieß, nahmen im Winter 1916/17 die Unruhen beträchtlich zu. Die Duma verlangte von Nikolaus II. abermals die

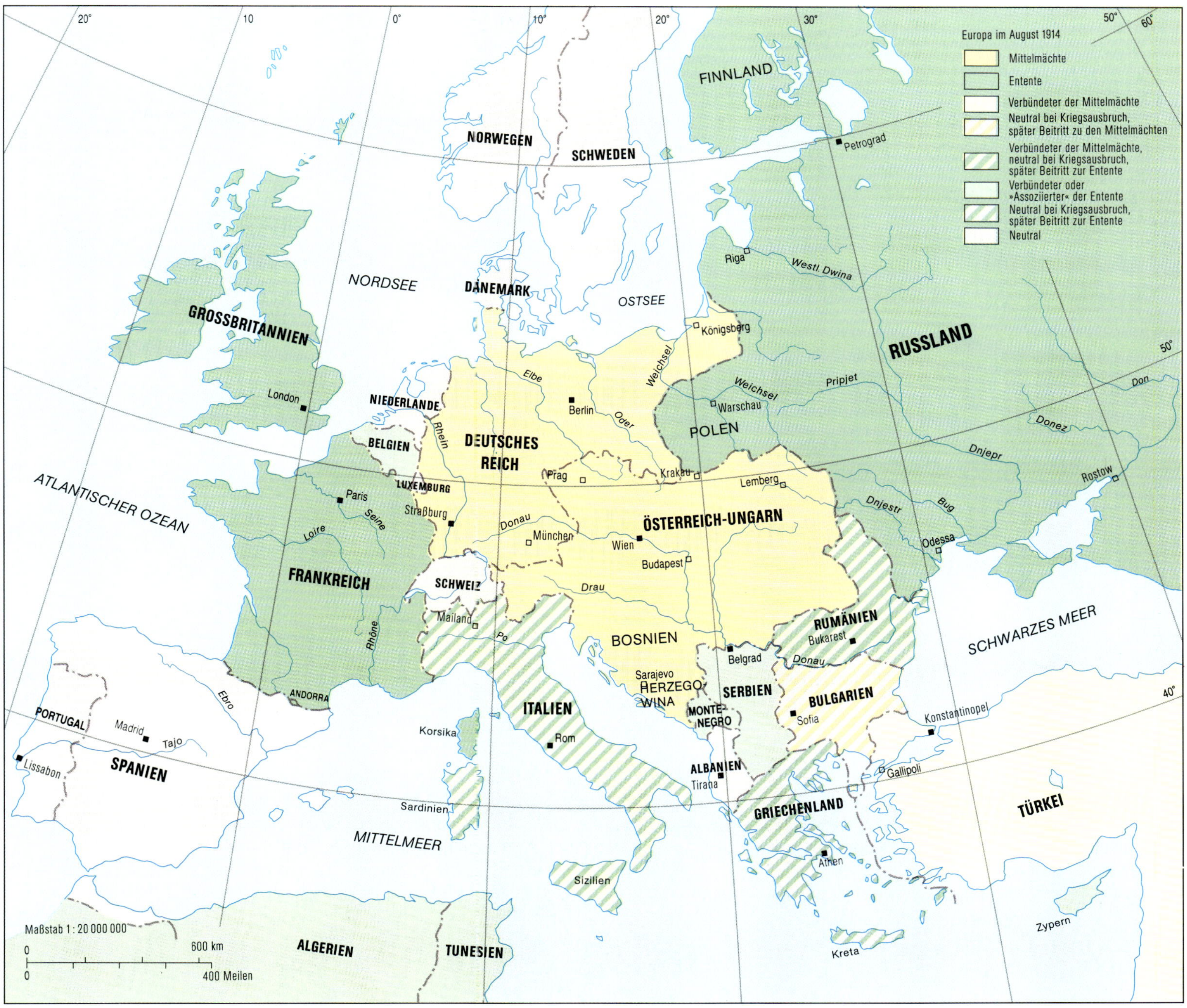

Grenze Rußlands 1914
Frontlinien
Dezember 1914
November 1915
Dezember 1916
Dezember 1917
Ententemächte
Mittelmächte
Neutral
Größere Schlacht
Meuterungen der russischen Armee im Juli 1917
Von fremden Truppen besetzte russische Gebiete im März 1918
Deutsche
Österreicher
Rumänen
Türken
Briten, Amerikaner und andere Ententemächte
Maßstab 1 : 15 000 000
0
300 km
0
200 Meilen
BARENTS-SEE
WEISSES MEER
Murmansk
Archangelsk
Nördl. Dwina
Schenkursk
Onega-See
Ladoga-See
FINNLAND
SCHWEDEN
NORWEGEN
Bottnischer Meerbusen
Oslo
Stockholm
Helsinki (Helsingfors)
Finnischer Meerbusen
Kronstadt
Petrograd
Reval (Tallinn)
ESTLAND
LIVLAND
OSTSEE
Riga
KURLAND
Memel
LITAUEN
Dwinsk
Westl. Dwina
Königsberg
Gumbinnen
OST-PREUSSEN
Danzig
Elbing
Kaunas
Wilkowiskij
Wilna
Masuren
Tannenberg
Smorgon
Krewo
Minsk
Smolensk
Mogiljow
DEUTSCHES REICH
Weichsel
Mlawa
Neman (Memel)
Bialystok
Plozk
POLEN
WEISSRUSSLAND
Kalisz
Lodz
Piotrkow
Warschau
Brest-Litowsk
Pinsk
Pripjet
Oder
Krasnik
Lublin
Komarowo
Krakau
Tarnow
GALIZIEN
Lemberg
Tarnopol
Stanislau
Czernowitz
Wien
Budapest
ÖSTERREICH-UNGARN
Dnjestr
UKRAINE
BESSARABIEN
Jassy
MOLDAU
Kischinew
Nikolajew
Odessa
Ismail
Kiew
Dnjepr
Charkow
Donez
Rostow
Moskau
Nischnij Nowgorod
Oka
Wolga
Kama
RUSSISCHES REICH
Orel
Woronesch
Ural
Don
Astrachan
ASOWSCHES MEER
Krim
Simferopol
Sewastopol
Noworossisk
SCHWARZES MEER
Belgrad
SERBIEN
RUMÄNIEN
Bukarest
Donau
MONTE-NEGRO
BULGARIEN
Sofia
ALBANIEN
GRIECHENLAND
Gallipoli-Halbinsel
Dardanellen
Konstantinopel
ÄGÄISCHES MEER
Athen
OSMANISCHES REICH
Trabzon
Erzurum
Euphrat
Tigris
Mosul
KAUKASUS
GEORGIEN
Tiflis
Kura
Batumi
Kars
ARMENIEN
ASERBAIDSCHAN
Araxes
Baku
KASPISCHES MEER
Täbris
PERSIEN
Teheran
10°
20°
30°
40°
50°
60°
60°
50°
40°

*Rechts:* Ein russisch-orthodoxer Priester segnet die Verwundeten in einem Feldlazarett an der deutschen Front während des Ersten Weltkriegs. Die Schwer- und Leichtverwundeten liegen in Reihen nur auf aufgeschüttetem Stroh. Der Priester spendet individuellen Segen und führt die letzten Riten aus. Die Sterblichkeit war unter solch primitiven Umständen hoch, und die Unzufriedenheit der Überlebenden trug zum Zusammenbruch der militärischen Moral am Vorabend der Revolution bei.

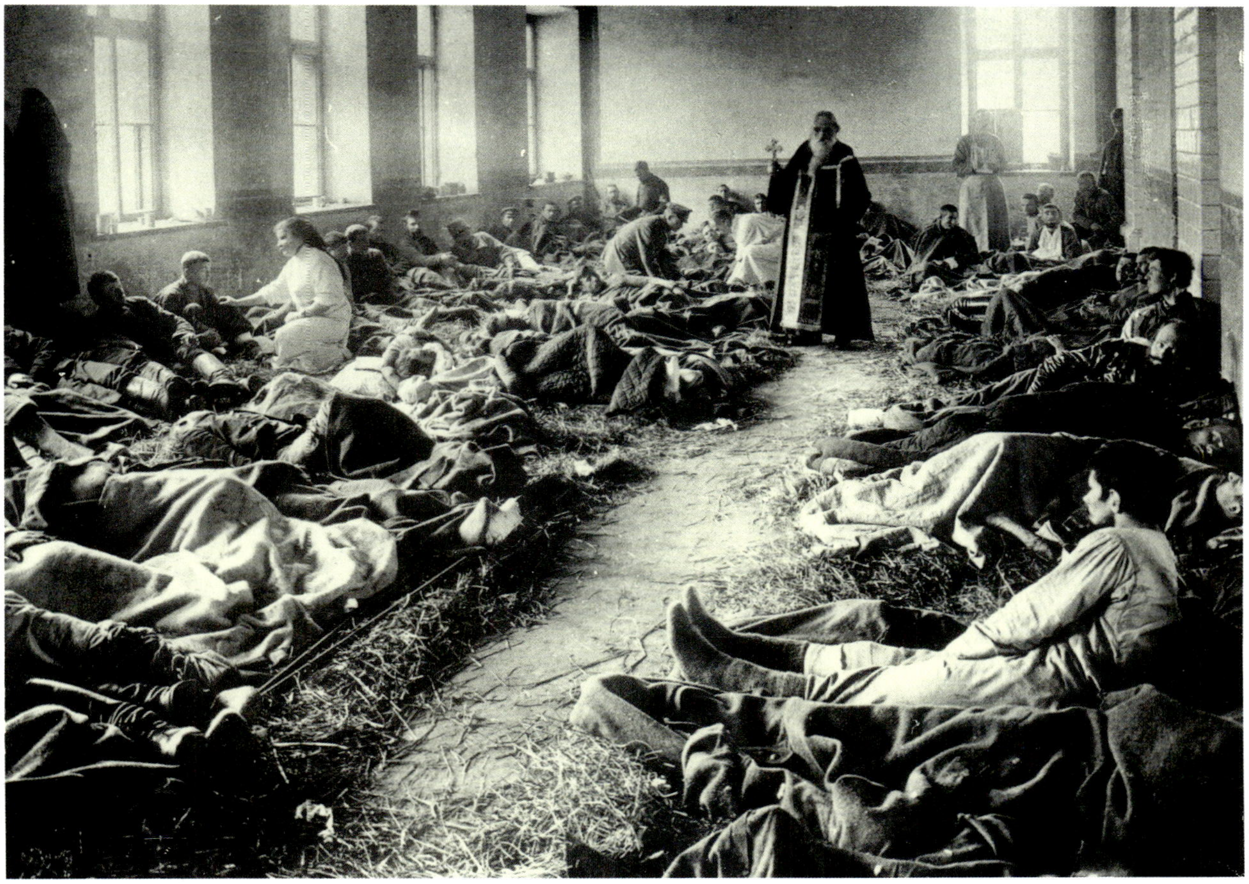

**Links: Der Erste Weltkrieg**
Rußland wurde in den Krieg hineingezogen, weil es zur Unterstützung Serbiens verpflichtet war. Anfangs glichen die Erfolge die Niederlagen aus und hielten die Kampfmoral aufrecht, die eine Zeitlang durch die einigende Wirkung des »vaterländischen Kampfes« gestärkt wurde. Nachdem aber Deutschland Verstärkungen an die Ostfront geschickt und 1915 den Russen vernichtende Niederlagen zugefügt hatte, kam es zu einer enormen wirtschaftlichen und sozialen Belastung. Bis zum Herbst 1915 wurden die zaristischen Armeen aus Polen und den baltischen Gebieten vertrieben und verloren Teile der Ukraine und Weißrußlands. Trotz erfolgreicher Gegenoffensiven im folgenden Jahr, besonders unter Brusilow in Galizien, erlitt die russische Armee schwere Verluste auf den Schlachtfeldern und wurde durch Nahrungs- und Munitionsknappheit demoralisiert, was schließlich zum Ausbruch von Meutereien führte. Die bolschewistische Propaganda nutzte die Lage aus, und es kam zu massenweisen Dessertionen. Nach der Machtergreifung durch die Bolschewiki gingen im Frieden von Brest-Litowsk (März 1918) große Gebiete Rußlands an das Deutsche Reich. Die im Juli 1917 ausgerufene Ukrainische Republik versuchte unter deutschem und österreichischem Einfluß den Bolschewismus niederzuschlagen. Das gleiche Ziel verfolgten britische Streitkräfte, die ursprünglich zum Schutz von Munitionsdepots in Murmansk und Archangelsk gegen deutsche Angriffe entsandt worden waren. Sie unternahmen 1918 einen vergeblichen Versuch, die anti-bolschewistischen Generäle zu unterstützen.

Bildung eines neuen akzeptablen Kabinetts, das auch eine Vertrauensbasis im Volk anstreben sollte. Als der Zar die Auflösung der Duma verfügte, weigerte sich diese, dem Erlaß zu folgen und übernahm am 27. Februar (12. März neuen Stils) die Rolle der Regierung. Nikolaus II. - isoliert und machtlos - dankte am 2. März (15. März neuen Stils) ab. Die Februarrevolution entschied damit im wesentlichen auf gewaltlose Weise den Machtkampf zwischen der Duma und dem Zaren, der 1905 begonnen hatte. Die Duma sah sich in der Rolle des Hausverwalters und bereitete den Boden für eine völlig neue und direkt gewählte Volksvertretung. Die unter dem Fürsten Lwow gebildete Provisorische Regierung wurde in ihrer Autorität jedoch sofort nachhaltig behindert durch das verzweigte System der Räte (Sowjets), die eine parallele Form der Herrschaft bildeten.

Die Provisorische Regierung bestand hauptsächlich aus den liberalen und gemäßigten konservativen Gruppen, die in der Duma dominiert hatten. Die Vertreter der sozialistischen Kräfte, besonders die Radikalen unter ihnen, strebten die völlige Machtergreifung durch die Sowjets an. Dem Petrograder Sowjet der Arbeiter- und Soldatendeputierten, einem lose organisierten und uneinheitlichen Volksrat, der für eine radikale sozialistische Politik eintrat, gelang es, sich als alternative Regierung durchzusetzen. Die Provisorische Regierung erhielt ihren Rückhalt hauptsächlich von den gebildeten und gewerbetreibenden Schichten, während sich der Sowjet auf die Fabrikarbeiter und die gemeinen Soldaten stützte, die meist nur ein geringes Bildungsniveau besaßen.

Die Provisorische Regierung bereitete eine Reihe fundamentaler Reformen vor. Die wichtigste schuf die Grundlage für die Einberufung einer Verfassunggebenden Versammlung, eines allgemein, frei, geheim und direkt gewählten Nationalparlamentes, das ein neues demokratisches System in Rußland einführen sollte. Dies stand im Gegensatz zu den Wahlen der Dumas, die indirekt und auf der Basis eines begrenzten Wahlrechts erfolgt waren. Die lokalen Selbstverwaltungen (*semtwa*) wurden neu geordnet und mit der Aufstellung von Wahlregistern für die Wahlen der Verfassunggebenden Versammlung beauftragt, die für Herbst 1917 geplant waren. Die Provisorische Regierung bemühte sich stets, genau auf die Legalität in den politischen Entscheidungen und auf die parlamentarischen Verfahren bei der Durchführung ihrer Geschäfte zu achten.

Demgegenüber war der Sowjet eine gänzlich andere politische Institution. Er bestand aus einer eher zufälligen Versammlung von Deputierten, die durch die Akklamation des Volkes gewählt wurden, und arbeitete ohne festgelegte Regeln und Verfahren. Die Sitzungen des Sowjet verliefen zumeist chaotisch, und die wirkliche Macht und Administration blieb auf eine kleine Führungsgruppe beschränkt. Die politische Zusammensetzung des Sowjet war fast ausschließlich sozialistisch. Hinzu kamen einige kleine radikale Gruppen, die den Anspruch erhoben, die eigentlichen Interessen der Arbeiter zu vertreten. Der Sowjet verfolgte als zweifaches Ziel die Schaffung einer uneingeschränkt sozialistischen Ordnung in Rußland und die Zurückdrängung aller nichtsozialistischen politischen Kräfte, die mit dem Etikett »bürgerlich« oder »kapitalistisch« versehen wurden.

Die größte Gruppe im Sowjet machten die Sozialrevolutionäre aus, eine radikale Volkspartei, die sich stark auf die Bauernschaft stützte. Die zweitwichtigste Kraft stellten die Sozialdemokraten, die seit ihrem Kongreß in Brüssel und London (Juli/August 1903) aus den Fraktionen der Menschewiki und der Bolschewiki bestanden. Im Frühjahr 1917 spalteten sich die Bolschewiki unter Lenins Führung vollständig ab und gründeten eine unabhängige Partei. Obwohl sie nur eine Minorität im Sowjet bildeten, gewannen sie bald dank ihrer guten Organisation und ih-

Während der Revolutionen von 1917 kam es zu zahlreichen Übergriffen des Volkes auf Gefängnisse, um die Inhaftierten zu befreien. Dieses Gefängnis in Petrograd blieb nach der Erstürmung nur noch als ausgebrannte Ruine zurück. Der Zusammenbruch der Stadtverwaltungen 1917 führte dazu, daß große Areale in Petrograd und Moskau von der Bevölkerung in Brand gesteckt und verheert wurden.

rer Dynamik überproportionalen Einfluß. Sie vertraten beharrlich die extremistische Linie, daß der Sowjet sofort vollständig die Macht ergreifen sollte.

Das Konzept des Sowjet verbreitete sich schnell über ganz Rußland. Örtliche Sowjets entstanden fast in jeder Stadt und jedem Dorf wie auch in der Armee. All diese Gremien erkannten den Petrograder Sowjet als oberste nationale Autorität an. Seit Mitte 1917 bildeten die Sowjets landesweit den funktionierenden Prototyp des nationalen, regionalen und lokalen Regierungsapparates. Im Vergleich dazu wurde die Provisorische Regierung von einer viel schmäleren Basis in Petrograd getragen und übte eine weitaus schwächere Kontrolle über die etablierte Lokalverwaltung aus.

Daß aus der Sowjetbewegung eine Nationalregierung hervorgehen könnte, wurde durch den 1. Allrussischen Sowjetkongreß im Juni bestätigt. Die Partei der Bolschewiki verfügte nur über 16 Prozent der mehr als 650 Deligierten. Ihre extremistischen Standpunkte wurden wiederholt zurückgewiesen, und Lenin war nicht imstande, seine Ansichten in der Versammlung durchzusetzen. Es war in der Tat nicht Lenin, sondern ein anderer sozialistischer Politiker, der bis Oktober 1917 die russische Regierung und Politik leiten sollten: Alexander Kerenskij, der Vizepräsident des Petrograder Sowjet. Er gehörte zugleich der Provisorischen Regierung an und bestimmte bis Oktober 1917 deren Politik. Dadurch vermochte er ein zeitweiliges Zusammengehen der Sowjets und der Provisorischen Regierung zustandezubringen.

Im Spätsommer wurde die Provisorische Regierung durch zwei bedrohliche Vorgänge in eine schwierige Lage gebracht. Zuerst kam es zum Versuch eines gewaltsamen Staatsstreiches, den im Juli die Bolschewiki unter Lenins Führung in Petrograd unternahmen. Er konnte nur eine kleine Gruppe von Matrosen und Soldaten aus der Petrograder Garnison mobilisieren. Sie wurden von einer Kavallerieeinheit, die von der Front gekommen war, überwältigt. Lenin und Trotzkij, die beiden Initiatoren des Aufstandes, flohen ins Ausland, um eine andere Gelegenheit zur Machtergreifung abzuwarten. Die zweite Krise trat ein, als die desorganisierte Armee unter ihrem neuen Oberbefehlshaber General Lawr Kornilow wiedererstarkte. Kornilow war ein dynamischer und erfolgreicher Frontoffizier. Seine Ansichten sprachen die konservativen und gemäßigten Elemente in der Provisorischen Regierung an. Als Kerenskij, der nach der Unterdrückung des Leninschen Aufstandes Ministerpräsident geworden war, immer mehr Sozialisten in die Regierung holte, wurde seine Stellung durch die schnell wachsende Popularität und das politische Engagement Kornilows gefährdet. Im September versuchte Kerenskij, den General zu entlassen, aber dieser widersetzte sich, bat die Öffentlichkeit um Unterstützung und entsandte eine bewaffnete Truppe nach Petrograd. Kerenskij suchte Hilfe bei den sozialistischen Organisationen, und vor allem dank der Transportarbeiter konnte er die Bewegung der Truppen Kornilows behindern und sich somit als Ministerpräsident halten.

Doch dies war nur ein Pyrrhussieg. Kerenskij hatte seine Glaubwürdigkeit bei den gemäßigten Kreisen verspielt und die Unabhängigkeit der Provisorischen Regierung durch zu große Zugeständnisse an die Sozialisten bedrohlich untergraben. Indem er gegen Kornilow Front machte, verscherzte er sich die einzige Kraft, die seine Regierung hätte verteidigen können. Unterdessen war die öffentliche Meinung weitgehend zu Gunsten der Sowjets umgeschwenkt, und seit September dominierten die Bolschewiki im Petrograder Sowjet.

### Die Oktoberrevolution und der Bürgerkrieg

Lenins Pläne zur Machtergreifung zielten darauf ab, die Verfassunggebende Versammlung zu unterminieren, deren Wahl und Einberufung das Hauptanliegen der Provisorischen Regierung waren. Die Wahlen waren für Anfang November vorgesehen und die Einberufung der Versammlung für die erste Januarwoche 1918. In der ersten Oktoberhälfte beendete Lenin in enger Zusammenarbeit

Besonders die Oktoberrevolution war von schweren Plünderungen und willkürlichen Zerstörungen begleitet. Das Hauptziel der Übergriffe bildeten Häuser der Mittel- und Oberschicht, um die bourgeoise Lebensweise zu zerschlagen. Das Foto zeigt einen verwüsteten Raum im Winterpalast. Viele wertvolle Kunstgegenstände, wie Skulpturen oder Gemälde, verkaufte der kommunistische Staat in den 20er Jahren ins Ausland, um harte Währung zu bekommen.

mit Trotzkij und Stalin die Vorbereitungen für einen Staatsstreich, der am 24. und 25. Oktober (6./7. November neuen Stils) stattfand. Die Roten Garden, ausgewählte Einheiten bolschewistischer Arbeiter und Soldaten, besetzten alle strategisch wichtigen Punkte in Petrograd. Die Provisorische Regierung, die im Winterpalais zusammentrat und praktisch schutzlos war, wurde schnell aufgelöst und ihre Führer verhaftet. Ein 2. Allrussischer Sowjetkongreß, binnen weniger Stunden einberufen, billigte das ganze von den Bolschewiki vorgetragene Regierungsprogramm, desgleichen ein von Lenin geleitetes Kabinett. Kerenskij floh aus Petrograd, und die Regierung befand sich vollständig in den Händen Lenins.

Der Machtwechsel in Petrograd konnte jedoch nicht die Wahlen zur Verfassunggebenden Versammlung aufhalten. Die Beteiligung war hoch, besonders wenn man die politischen Wirren der Zeit in Rechnung stellt: Etwa 42 Millionen der geschätzten 90 Millionen Wahlberechtigten gaben ihre Stimme ab. Von den 703 bekannten Delegierten vertraten über 50 Prozent die Sozialrevolutionäre, 24 Prozent die Bolschewiki, 13 Prozent die bürgerlichen Parteien und 11 Prozent verschiedene nationalistische Parteien. Zusammen mit ihren Sympathisanten kontrollierten die Bolschewiki weniger als ein Drittel der Delegierten. Wenn die Verfassunggebende Versammlung Handlungsfreiheit besessen hätte, wäre die Überlebenschance von Lenins Regime gering gewesen. Doch er war entschlossen, diese Bedrohung seiner Macht nicht hinzunehmen.

Unter Lenins Führung verkündete die neue Regierung sofort eine Reihe radikaler Reformen. Einige waren konstruktiv und auch populär. Zu ihnen gehörte die Abschaffung des Privateigentums an Grund und Boden und die Einleitung von Friedensverhandlungen ohne Annexionen und Reparationen. Andere ließen nichts Gutes ahnen, wie zum Beispiel die Einrichtung der Staatssicherheitspolizei Tscheka (aus der der KGB hervorging) sowie das Verbot der Konstitutionellen Demokraten, was die Auflösung aller politischen Parteien mit Ausnahme der Bolschewiki ankündigte. Die Staatssicherheitspolizei bediente sich systematisch des Terrors, um die Opposition auszuschalten.

Die Verfassunggebende Versammlung trat in Petrograd am 5. Januar 1918 zusammen. Obwohl die nichtbolschewistische Mehrheit von den Roten Garden eingeschüchtert wurde, verwarfen die Delegierten fast im Verhältnis zwei zu eins ein Reformpaket, das die Bolschewiki eingebracht hatten. Lenin akzeptierte die Mehrheitsentscheidung nicht und ließ die Versammlung gewaltsam auflösen. Damit wurde die zwölfjährige Entwicklung in Richtung auf eine volle parlamentarische Demokratie in Rußland von einem Tag zum andern beendet.

Die ablehnende Haltung gegenüber den bolschewistischen Zielen und Methoden verstärkte sich in den ersten Monaten des Jahres 1918 und führte schließlich zum Bürgerkrieg. Die Gegnerschaft war am stärksten in Petrograd und Moskau, wo die Weigerung der Bolschewiki, mit anderen Parteien zusammenzuarbeiten, sowie ihre gewalttätige Machtpolitik das gesamte übrige politische Spektrum empörte. Auf dem Land wuchs der Widerstand, als die Bolschewiki zum Klassenkampf innerhalb der Bauernschaft aufhetzten und ein Programm zur Requisition von Lebensmitteln durchsetzten, um ihre Machtzentren in den Städten versorgen zu können.

Als sich herausstellte, daß die Bolschewiki vor keinem Mittel zurückschreckten, um ihre Gegner auszuschalten, schritt die Opposition zur Tat. Es war jedoch zu spät, etwas gegen die Kontrolle über die Hauptstädte zu unternehmen. In Petrograd und Moskau war die Herrschaft der Bolschewiki gefestigt und unumstößlich. Die Geschichte des Bürgerkrieges bedeutete logistisch einen Kampf zwischen dem bolschewistischen Zentrum Rußlands und einer weiten Peripherie unterschiedlicher antibolschewistischer Regierungen. Da sich die Bolschewiki im Zentrum befanden, kontrollierten sie die russische Kriegsindustrie und die Verbindungswege, wodurch sie eine militärische Schlagkraft und strategische Überlegenheit besaßen, mit der sich die Opposition nie messen konnte.

Die hauptsächlichsten antibolschewistischen Regierungen entstanden im Frühjahr 1918. Der wichtigste Raum war der Süden Rußlands, der die Basis der »Weißen« Bewegung darstellte. Zu ihr zählte die Freiwilligenarmee, die um einen Kern nichtsozialistischer russischer Armeeoffiziere unter General Kornilow und Politikern der Konstitutionellen Demokraten aufgestellt wurde. Hier im Süden hatten sich auch zwei neue Kosakenregierungen gebildet, die eine am Don, die andere im Kuban-Gebiet. Nach einiger Zeit verbanden sich die Weißen und die Kosaken, um ihre Operationen vereint durchzuführen. Ihr gemeinsames politisches Ziel war die Wiedereinberufung der Verfassunggebenden Versammlung. Andere Regierungen wurden in Ostrußland und im Ural-Gebiet eingesetzt. Die Sozialrevolutionäre stellten eine in Samara auf, die aus Deputierten der aufgelösten Verfassunggebenden Versammlung bestand. Regierungen der Konstitutionellen Demokraten traten in Omsk und in Jekaterinburg auf. Die Regierungen von Samara und Omsk vereinigten sich schließlich zur antibolschewistischen Einheitsfront unter Admiral Koltschak.

Auch der Kaukasus bekämpfte den Bolschewismus. In Georgien, Armenien und Aserbaidschan etablierten sich sozialistische Regierungen, die alle für die Wiedereinsetzung der Provisorischen Regierung und die Wiedereinberufung der Verfassunggebenden Versammlung eintra-

NORDPOLAR-MEER
Entente-Flotte
Petsamo
Murmansk
Nördlicher Polarkreis
WEISSES MEER
Archangelsk
FINNLAND
Bottnischer Meerbusen
Finnen
Entente-Truppen
Nördl. Dwina
Schenkursk
Onega-See
Ladoga-See
Helsinki
Hangö
Wyborg
Kronstadt
Narwa
Reval (Tallinn)
OSTSEE
ESTLAND
Peipus-See
Dorpat
Petrograd
Lenin kehrt zurück aus dem Exil im April 1917
Malaja Wischera
Wologda
Suchona
Pskow
Walka
Riga
LETTLAND
Dwinsk
LITAUEN
Kaunas
Königsberg
Wilna
Memel (Neman)
POLEN
Brest-Litowsk
Warschau
Pripjet
Polen
Minsk
Mogilew
Witebsk
Westl. Dwina
Smolensk
Dnjepr
Bolschewiki
Twer
Iwanowo
Wolga
Nischnij Nowgorod
Moskau
RUSSLAND
Regierung von Petrograd verlegt im März 1918
Oka
Kaluga
Tula
Don
Orel
Gomel
Desna
Tambow
Pensa
Kasan
Simbirsk
Samara
Ufa
Orenburg
Ural
Wjatka
Glasow
Perm
Tschechen
Koltschak
Vorstoß der sibirischen Armee 1918–1919
Jekaterinburg (Swerdlowsk)
Zar Nikolaus II. mit Familie von den Bolschewiki im Juli 1918 ermordet
Woronesch
Denikin 1919
Saratow
Sommer 1919
Charkow
Kiew
Schitomir
Lwow
Poltawa
Donez
UKRAINE
Jekaterinoslaw
Bug
Dnjestr
Rumänen
RUMÄNIEN
BESSARABIEN
Prut
Franzosen
Nikolajew
Odessa
Bukarest
Donau
BULGARIEN
Taganrog
Mariupol
Rostow
Nowotscherkassk
Zarizyn
Kosaken 1918–1920
Astrachan
Ukrainer, Kosaken, Weißrussen
Sewastopol
Simferopol
Kuban
Noworossisk
Briten
SCHWARZES MEER
Entente-Flotte 1918–1920
Wladikawkas
Sotschi
Batumi
Tiflis
Kura
Baku
KASPISCHES MEER
Aral-See
Krasnowodsk
Kars
Araxes
TÜRKEI
PERSIEN
Maßstab 1 : 15 000 000
400 km
300 Meilen
Grenze des Russischen Reiches 1914
Zentrum des bolschewistischen Einflusses Juli – September 1917
Bedeutende Stadt unter bolschewistischer Herrschaft, Nov. – Dez. 1917
Östliche Front 1917
Grenze des von deutschen und türkischen Truppen besetzten Gebietes (nach dem Vertrag von Brest-Litowsk im März 1918)
Von den Bolschewiki kontrolliertes Gebiet im August 1918
Vorrücken antibolschewistischer Truppen
Grenze des bolschewistischen Territoriums im Oktober 1919
Frontlinie der antibolschewistischen Armeen im Mai 1920
Territorium der Sowjetunion im März 1921
Andere politische Grenze
Hauptstrecken der russischen Eisenbahn
Kronstadt
St. Petersburg
Balten
Riga
Libau
OSTSEE
DEUTSCHES REICH
Suwalki
Warschau
Lodz
Polen
Lublin
Rowno
ÖSTERREICH-UNGARN
Moskau
Wolga
Nischnij Nowgorod
Perm
RUSSLAND
Samara
Kiew
Belgorod
Dnjepr
Jekaterinoslaw
Ukrainer
Nikolajew
Don
Rostow
Rußland 1905
Nationale Gruppe mit revolutionärer Aktivität
Bauernaufstände gegen die Grundherrn
Zentren des Aufstandes, von Armeeeinheiten niedergeworfen
Maßstab 1 : 30 000 000
600 km
400 Meilen
Feodosija
Jekaterinodar
Armawir
Stawropol
Mineralnye Wody
Sewastopol
Noworossijsk
Majkop
Pjatigorsk
Grosnyj
SCHWARZES MEER
Sotschi
KASPISCHES MEER
Batumi
Georgier
Kars
Baku
Armenier
OSMANISCHES REICH

**Die Revolutionen und der Bürgerkrieg**
Die Revolution von 1905 (kleine Karte) führte in verschiedenen Teilen Rußlands zu einer starken Aufwallung nationaler Gefühle sowie zu weitverbreiteten Aufständen der Bauernschaft gegen ihre Grundherren. Grausame Unterdrückung durch die Zarenmacht und glaubhafte Versprechungen konstitutioneller Änderungen durch die Duma entschärften die Situation. Nach Jahren des Konflikts mit der Duma und seiner unheilvollen Führungsrolle während des Ersten Weltkrieges wurde Zar Nikolaus II. schließlich durch die Februarrevolution von 1917 zur Abdankung gezwungen. Durch das Fehlen einer starken Zentralregierung gelang es dem neuen politischen Phänomen der örtlichen Sowjets, im ganzen Land Einfluß zu gewinnen. Die gutorganisierten, dynamischen und kompromißlosen Bolschewiki erhielten zunehmend mehr Macht trotz ihrer relativ kleinen Zahl. Hauptsächlich in abgelegeneren Gebieten kristallisierten sich verschiedene antibolschewistische Kräfte (zusammengefaßt als »Weiße« bezeichnet) unter Führern wie Denikin und Koltschak heraus, während die »Roten« die zentral gelegenen Städte hielten, wo sie die Kriegsindustrie und den Nachrichtenverkehr kontrollierten. In einigen Teilen im Norden und Süden des Landes wurden die »Weißen« von den Briten und ihren Alliierten aus Furcht vor einer Ausbreitung des Bolschewismus unterstützt, aber diese Einmischung geschah nur halbherzig. Selbst die polnische Intervention in der Ukraine reichte nicht aus, die »Roten« niederzuwerfen.

ten. Schließlich bildeten die drei Staaten die Transkaukasische Föderative Republik, deren Ziel es blieb, eine Föderation mit einem demokratischen, nichtbolschewistischen Rußland einzugehen. Die Ukraine beschritt ihren eigenen Weg und proklamierte eine unabhängige nationale Republik, die aber stark auf deutsche Unterstützung angewiesen war. Einige Regierungen und Truppenverbände versuchten sich an der Macht zu halten, indem sie gleichzeitig zu den Roten und den Weißen Beziehungen anknüpften. Am bekanntesten war die Grüne Armee, die von dem sendungsbewußten Nestor Machno geführt wurde. Machnos Territorium umfaßte das südliche Rußland und die nördliche Ukraine. Zu seinen Truppen gehörten Kosaken und Bauern. Machno war ein Anarchist, der zum Sozialismus tendierte, sein primäres Anliegen jedoch in der regionalen Autonomie sah. Lenin versuchte im Sommer 1918 persönlich, ihn zum Bolschewismus zu bekehren, hatte aber keinen Erfolg.

Im März 1918 gaben sich die Bolschewiki den Namen »Kommunistische Partei Rußlands« (KPR) und verlegten die Hauptstadt von Petrograd nach Moskau. Die erste Hälfte des Jahres verlief für die Weißen sehr erfolgreich. Ihre Truppen waren, wiewohl zahlenmäßig denen der Roten unterlegen, erfahrener und besaßen die bessere Leitung, denn sie standen unter dem Oberbefehl des kampferprobten Generals Anton Denikin. Zwar hatten die Kommunisten Erfahrung in Straßenkämpfen, taten sich aber schwer mit der Kriegführung außerhalb der Städte. Hinzu kam, daß die Weißen einige Hilfe von den Aliierten erhielten. Briten, Amerikaner, Japaner und Franzosen entsandten kleine Expeditionskorps nach Rußland. Die Kommunisten waren zu dieser Zeit damit beschäftigt, die nach wie vor andauernde deutsche Offensive aufzuhalten. Mitte Juli 1918 wurden Nikolaus II. und die Zarenfamilie, die viele Monate in Gefangenschaft gelebt hatten, von ihren Bewachern ermordet.

Seit der zweiten Hälfte 1918 verbesserte sich die Situation für die Kommunisten. Weitere Erfolge der Weißen blieben aus, ihre militärischen und logistischen Grenzen wurden offenbar. Für die Roten bedeutete der im März geschlossene Frieden von Brest-Litowsk mit den Mittelmächten, daß sie über Frontsoldaten unter kommunistischem Einfluß verfügen konnten, und Leo Trotzkij schuf aus der roten Miliz die kampfstarke Rote Armee. Im September begann die Tscheka unter Lenins Führung mit einem durchorganisierten Programm zur Ausschaltung jeder politischen Opposition, das Massenfestnahmen, Verhöre unter Folter, Geiselnahme von Familienangehörigen und Kindern, Massenhinrichtungen und Exekutionen zum System erhob.

Die Südrussische Regierung, die aus dem Freiwilligenheer hervorgegangen war, erzielte im Winter 1918/19 einige größere Geländegewinne gegen die Rote Armee, aber das war auch ihr letzter Erfolg. Die Weißen konnten ihre Anstrengungen nicht fortsetzen, gerieten in Südrußland in die Defensive und wurden in Sibirien geschlagen. Die sozialistischen Oppositionsregierungen, die militärisch immer Schwächen zeigten, waren inzwischen zusammengebrochen, und die Transkaukasische Republik sah sich in ihrem Bestand gefährdet. Die Südrussische Regierung hielt sich unter Wrangels Kommando weiter auf der Krim, mußte aber 1920 nach Istanbul fliehen.

Doch noch gab es Widerstandsbewegungen der bäuerlichen Bevölkerung. Die Bauern hatten schwer unter der Beschlagnahme von Lebensmitteln gelitten, auch darunter, daß der Terror aufs Land ausgedehnt wurde. Er wurde hier besonders rücksichtslos durchgeführt, weil die meisten Bauern auf seiten der Sozialrevolutionäre standen, deren Liquidierung die Kommunisten zum Ziel hatten. Es bildeten sich zahlreiche antikommunistische Widerstandsbewegungen, die in Aufständen in den mittelrussischen Provinzen, der Wolga-Region und in Sibirien 1920–1921 kulminierten. Zu den größten dieser gut gelenkten Erhebungen kam es in Westsibirien und im Tambow-Gebiet Mittelrußlands. Die ganze Stärke der Roten Armee und des Terrors waren nötig, um die Aufstände niederzuschlagen. Mit der erfolgreichen Beendigung dieser Operation 1921 hatte die kommunistische Regierung dann die gesamte Macht in ihren Händen.

Auf die Oktoberrevolution und den Bürgerkrieg folgte eine Emigrationswelle aus Rußland. Sie umfaßte den großen antibolschewistisch gesinnten Teil der Bevölkerung – weiße Militärs, liberale und konservative Politiker, Schriftsteller und Journalisten, Rechtsanwälte, Gelehrte, Wissenschaftler und Ingenieure, Beamte und Künstler –, insgesamt wahrscheinlich mehr als eine Million Menschen. Das Gros der Auswanderer konzentrierte sich bis Mitte der 20er Jahre in Berlin, später verlagerte sich das Zentrum nach Paris.

Ein kleiner Teil der Emigranten, vor allem Naturwissenschaftler und Ingenieure, assimilierten sich leicht in der fremden Umgebung. Die intellektuelle Mehrheit schuf in der Diaspora eine russische Gesellschaft und Kultur. Es entstand eine blühende Emigrantenliteratur, zu deren führenden Autoren Iwan Bunin, Boris Saitzew, Iwan Schmeljow und der junge Wladimir Nabokow gehörten. Einige Schriftsteller, wie Ilja Ehrenburg, zogen es allerdings vor, nach wenigen Jahren im Ausland in die Heimat zurückzukehren.

Manche Emigranten sahen ihre Aufgabe darin, die »authentische« vorrevolutionäre Kultur Rußlands zu bewahren. Die Ehrgeizigeren gründeten Organisationen, um antikommunistisches Gedankengut in die Sowjetunion zu schleusen. Am geschicktesten operierte dabei die NTS (National Labor Alliance – Nationales Arbeitsbündnis). Im Jahr 1930 gegründet, ist sie heute noch tätig. Andere gewannen die Überzeugung, daß das kommunistische Regime zur Läuterung fähig sein würde und entschieden sich daher für die Rückkehr. Sie wurden in der Mehrzahl sofort oder später in Straflager geschickt.

Typisch für die Meinungsverschiedenheiten in bezug auf das moderne Rußland war 1921 ein Streit in der russisch-orthodoxen Kirche der Emigranten über die Frage, ob man weiter den Primat des Patriarchen von Moskau anerkennen sollte, der sich angesichts der brutalen Verfolgung zu gewissen Zugeständnissen gegenüber den Kommunisten verpflichtet hatte. Eine Fraktion stimmte für die Akzeptanz. Aus ihr ging die sogenannte Synodalkirche hervor, die unter europäischen Emigranten am angesehensten war. Die andere Fraktion kam zu dem Schluß, daß Moskau seine religiöse Mission verloren habe, und erklärte sich zum alleinigen Schutzherren der russischen Orthodoxie. Diese Exilkirche ist unter den Emigranten in Amerika führend.

### Der Aufbau des kommunistischen Staates unter Lenin

Der erste Versuch ein neues kommunistisches Rußland zu schaffen, erfolgte in den Jahren 1918–1921 im Rahmen des Programmes »Kriegskommunismus«. Seine Ziele waren die Vernichtung aller Spuren der alten Ordnung, die Einführung umfassender und radikaler institutioneller Veränderungen entsprechend einer extremen Vision des

*Oben:* Die anfangs enge Beziehung zwischen zwei kommunistischen Führern der ersten Stunde wird auf diesem Foto deutlich, das auf dem Roten Platz in Moskau 1919 während der Feiern aus Anlaß des zweiten Jahrestages der bolschewistischen Revolution aufgenommen wurde. In der gestellten Szene sind neben Lenin und Trotzkij Kinder postiert, um eine ungezwungene Atmosphäre zu schaffen. Das Transparent links trägt die Aufschrift: »Strahlender Ruhm jenen, die für den Kommunismus starben«.

sozialistischen Utopismus sowie die Konzentration der gesamten Macht in den Händen der Kommunistischen Partei. Zerstört wurde die alte Ordnung durch die Abschaffung der bestehenden Staatsinstitutionen, des Verwaltungsapparates, des Rechtssystems, des Geldwesens, der Banken, des kommerziellen Systems, des Bildungswesens, aller nichtsozialistischen Parteien und des Familienrechts. Menschen, die in irgendeiner Weise dem alten System dienten, wurden als Feinde des neuen bezeichnet und weitreichenden Repressalien ausgesetzt, wozu Exekutionen im Schnellverfahren gehörten. Diesen Personenkreis, wie auch einen großen Teil der Bauernschaft, ordnete man offiziell als *lischenzy* (Entrechtete) ein und beraubte ihn aller bürgerlichen und politischen Rechte.

Im Sinne der Umstrukturierung wurde die Industrie durchweg nationalisiert, das Privateigentum in Staatsbesitz überführt, und Bezugsscheine ersetzten das Geld. Die politische Erziehung und die Schaffung politischer Büros sollten vermittelnde und hilfestellende Funktionen übernehmen. Wirtschaftlich war es das oberste Ziel, die gesamte Produktion und die allgemeine Verteilung der Waren an die Bevölkerung zu kontrollieren und damit ein sozialistisches, nicht am Profit orientiertes System einzuführen, das die Marktmechanismen des Kapitalismus ersetzen sollte. Alle neugeschaffenen Verwaltungsapparate waren mit Kommunisten besetzt, die aufgrund ihrer Eignung als Revolutionäre ausgewählt wurden. Man ging davon aus, daß die neue Ordnung nicht scheitern konnte und daß die Befähigung zum Regieren schnell erlernt werden würde. Den kommunistischen Funktionären stand man weitgehende Privilegien zu, wodurch sie von Anfang an eine elitäre Klasse bildeten.

Geplant war eine zentralistische Ordnung unter Kontrolle der Sowjetregierung, die ihrerseits vollständig von der Kommunistischen Partei gesteuert werden sollte. Die Regierung setzte sich nach außen hin aus den gleichen Sowjetversammlungen zusammen, die der Hauptkatalysator der Revolution gewesen waren. Obwohl von den Kommunisten kontrolliert, gehörten zu den Mitgliedern dieser ein wenig unberechenbaren Versammlungen auch noch einige Menschewiki und Sozialrevolutionäre. Die Kommunistische Partei unter Lenin stellte sicher, daß die ganze reale Macht in ihren Händen lag. Gleichermaßen war Lenin daran interessiert, daß innerhalb der Partei eine kleine Elite die volle Autorität und Gewalt besaß. Um dies zu erreichen, schuf er eine institutionelle Pyramide mit aufsteigenden Kompetenzen. In diesem System wies ein nationaler Oberster Sowjet, der unregelmäßig einberufen wurde, die Regierungsaufgabe der KPR zu und zwar unmittelbar in Form ihres ständigen Zentralkommitees, das seinerseits unter der Kontrolle des Politbüros stand. Das Politbüro besaß die oberste Macht und setzte sich aus einer sehr kleinen Gruppe von Spitzenfunktionären zusammen. Das erste Politbüro bestand aus sieben Personen mit Lenin, Trotzkij und Stalin an der Spitze. Zur Rechtfertigung des Systems diente die Doktrin von der »Diktatur des Proletariats«. Damit wurde vorausgesetzt, daß die Kommunisten im Namen des Proletariats handelten, das in der nachrevolutionären Situation noch ungefestigt war und daher überzeugte Revolutionskader brauchte, die es auf den vorbestimmten Weg zum Arbeitersozialismus führten. Die Kommunistische Partei schrieb sich deshalb selbst die Rolle der »Vorhut des Proletariats« zu.

Wirtschaftlich und sozial erwies sich der »Kriegskommunismus« als Katastrophe. Da die Anreize für die Marktwirtschaft beseitigt waren, fehlte auch die Motivation zur Arbeit, was den Zusammenbruch der industriellen und landwirtschaftlichen Produktion bewirkte. Die Folge waren bedrohliche Versorgungsmängel, eine galoppierende Inflation und soziale Zerrüttungen. Dies alles wurde noch verschärft, als der Bürgerkrieg zu Ende ging. Die Kommunisten wahrten ihre privilegierte Stellung in den Städten, indem sie die knappen Versorgungsgüter requirierten und bei den Bauern systematisch die Agrarerzeugnisse beschlagnahmten. Diese Zwangseintreibung löste, zusammen mit Dürrekatastrophen, 1921/22 die wahrscheinlich größte Hungersnot aus, die Rußland bis dahin erlebt hatte.

In den Städten wie auf dem Lande wuchs die Opposition gegen die Regierung, was die Kommunisten mit noch mehr Unterdrückung und Terror beantworteten. Von 1920–1921 kam es zu einer Welle von Bauernerhebungen, und im Februar/März 1921 sahen sich die Kommunisten durch den Aufstand von Kronstadt der stärksten Bedrohung ihrer Herrschaft ausgesetzt. Die Matrosen der Flottenbasis Kronstadt hatten bei der Revolution von 1917 zu den wichtigsten Bundesgenossen der Bolschewiki gezählt. Aber jetzt waren sie über den Machtmißbrauch der Kommunisten und die Mißachtung ihrer revolutionären Zusagen empört. Das Programm der Aufständischen forderte neue Wahlen zu den Sowjets auf der Grundlage geheimer Abstimmung, Rede- und Pressefreiheit für alle revolutionären und anarchistischen Kräfte, die Freilassung sämtlicher sozialistischen politischen Gefangenen, eine Erleichterung der Handelsbeschränkungen, um die Lebensmittelversorgung Petrograds zu verbessern, sowie die Aufhebung von Restriktionen gegenüber der Bauernschaft. Das Programm war im wesentlichen ein breiter sozialistischer Protest gegen das repressive Machtmonopol der Kommunisten. Diese setzten sich zur Wehr, indem sie die Aufständischen als Konterrevolutionäre bezeichneten. Die Erhebung wurde von Truppen unter der Führung Michail Tuchatschewskijs, dem späteren Stabschef der Roten Armee, endgültig am 18. März brutal niedergeschlagen.

*Unten:* Die Oktoberrevolution hinterließ in ganz Rußland und besonders in den Städten Verwüstungen. Aufräumarbeiten und Reparaturen blieben meist Stückwerk, an neuralgischen Punkten wurden sie aus Sicherheitsgründen von Einheiten der Roten Armee ausgeführt. Diese Abteilung der Roten Garde arbeitet im Moskauer Kreml, dem Sitz der kommunistischen Regierung. Im Hintergrund sieht man die Kuppeln der Basilios-Kathedrale. Die kleine neogotische Kapelle neben dem größeren Tor zur Linken wurde bald abgerissen.

Die Hungersnot und der Aufstand von Kronstadt signalisierten das Ende des »Kriegskommunismus«. Lenin entschied, daß in nächster Zukunft die praktischen Maßnahmen vor den doktrinären Beschlüssen den Vorrang haben müßten, um das Abgleiten in chaotische Zustände aufzuhalten und die nationale Wirtschaft zu beleben. Auf dem Zehnten Parteitag der KPR im März 1921 proklamierte er die Beendigung des »Kriegskommunismus« und führte statt dessen die »Neue Ökonomische Politik« (NEP) ein und damit eine Reihe wirtschaftlicher und institutioneller Reformen, die die undurchführbaren Maßnahmen des »Kriegskommunismus« durch konventionellere Schritte ersetzten. Auf dem Agrar- und Gewerbesektor wurde wieder ein bescheidenes Maß an Privatinitiative zugelassen, während die Regierung ihr Monopol über die Schwerindustrie, den Außenhandel und die Finanzen behielt. Desgleichen wurden im beträchtlichen Umfang der freie Binnenhandel und Finanzgeschäfte wieder ermöglicht.

Die Privatinitiative zeigte Erfolge im Kleingewerbe, im Einzelhandel und in der Dienstleistungsindustrie. Diese Sektoren machten zwar nur einen kleinen Anteil der Gesamtökonomie aus, doch ihr erstaunliches Wachstum trug zur Stabilisierung der Wirtschaft bei und schuf eine gewisse soziale Beruhigung, weil die Bedürfnisse des hungernden Volkes zumindest teilweise befriedigt werden konnten. Die kleinen Unternehmer, die mit Spitznamen »Neppmänner« hießen und die dieses Wachstum ermöglichten, waren im Grunde die letzte Verkörperung des alten russischen Kaufmannsstandes, der besonders in den letzten Jahrzehnten vor der Oktoberrevolution Bedeutendes geleistet hatte. Die Wirtschaftssektoren unter dem Staatsmonopol wiesen während der NEP bestenfalls marginale Verbesserungen auf.

Der neue Wirtschaftskurs war aber nicht von entsprechenden politischen Veränderungen begleitet. Die kommunistische Herrschaft und Kontrolle wurde 1921–1922 sogar noch ausgeweitet und verschärft. Die letzten Überbleibsel nichtkommunistischer sozialistischer Parteien, die Menschewiki und die Sozialrevolutionäre, beseitigte man 1921. Innerhalb der KPR setzte Lenin ein Verbot der Fraktionsbildung durch. Mitglieder, deren Meinungen deutlich von denen Lenins abwichen, bezichtigte man der »Fraktionsbildung«, eine Anklage, die ideologischem Verrat gleichkam. Im Sommer 1921 fand die erste systematische Säuberung innerhalb der KPR statt. Ihr gehörte damals weniger als ein Prozent der russischen Bevölkerung an. Selbst das gesamte Proletariat, in dessen Namen die Kommunisten zu herrschen beanspruchten, war lediglich mit etwa 15 Prozent in der Partei vertreten. Die Tscheka wurde 1922 in die GPU (Staatliche Politische Verwaltung) umgewandelt, erhielt viel größere Vollmachten und durfte außerhalb der Legalität operieren. Sie war verantwortlich für die Disziplin innerhalb der Partei und befugt, Parteimitglieder festzunehmen und zu verhören. Somit war aus der Sicherheitsüberwachung eine Kontrolle der politischen Überzeugung geworden.

Es ist offensichtlich, daß Lenin in der Flexibilität der Wirtschaft und der verstärkten Unterdrückung nur die zwei notwendigen Seiten einer Sache sah. Die freiere Entfaltung von Produktion und Handel bedeutete einen vorübergehenden Rückgriff auf den Kapitalismus zur Stützung der Wirtschaft, während die politische Unterdrückung den Kommunisten die absolute Macht sicherte. Doch Lenin stellte nicht klar, wie es nach der NEP weitergehen sollte. Im Mai 1922 erlitt er einen Schlaganfall, der ihn teilweise lähmte. Im Frühjahr 1923 konnte er nach einem weiteren Schlaganfall nicht mehr sprechen und starb am 24. Januar 1924. Für die Kommunistische Partei bedeutete dies praktisch eine Zeit des Interregnums, in der die NEP zunächst fortgesetzt wurde.

Unter den möglichen Nachfolgern waren Stalin und Trotzkij die führenden Köpfe. Stalin hatte durch außergewöhnliche organisatorische Fähigkeiten und durch seine loyale Ergebenheit gegenüber Lenin großen Einfluß gewonnen und war von diesem als Nachfolger aufgebaut worden. Trotzkij war als charismatischer Führer, besonders des Militärs, aufgestiegen. Als Ideologe ergänzte er Lenin, wenn auch zuweilen mit abweichenden Vorstellungen. Stalin wollte die Entwicklung einer kommunistischen Ordnung in der Sowjetunion konzentrieren (Theorie vom »Sozialismus in einem Land«), während Trotzkij weiter die Idee der Weltrevolution vertrat. Beide befürworteten aber die kommunistische Monopolstellung, die doktrinäre Geschlossenheit und Parteidisziplin sowie einen wachsenden Staatssicherheitsdienst.

Stalin war von Anfang an im Vorteil, denn er besaß Lenins Gunst und kontrollierte alle Ernennungen innerhalb der Partei. Zwar lehnte Lenin kurz vor seinem Tod Stalin als Nachfolger ab, gab allerdings nicht zu erkennen, wer statt dessen gewählt werden sollte. Es bleibt unklar, ob diese Ablehnung eine letzte geniale Voraussicht Lenins war oder ein Zeichen der Verwirrung in der Schlußphase seiner Krankheit. Der Sinneswandel hatte jedoch keinen Einfluß auf die Partei. Stalin stärkte seine Stellung dadurch, daß er Lenins Begräbnis gekonnt inszenierte und eine denkwürdige Rede hielt, in der er sich zum einzigen Garanten des Leninismus hochstilisierte.

### Der Stalinismus

Der programmatische Inhalt des Leninismus war bei weitem nicht eindeutig. Lenin hatte sich als autoritativer Theoretiker, als erfolgreicher Revolutionsführer und als perfekter Krisenmanager im Bürgerkrieg gezeigt. Doch stellte sich heraus, daß er ungeeignet war, einen kommunistischen Staat aufzubauen. Stalin bewies, daß er das Konzept und die Entschlossenheit dazu besaß.

In den Jahren 1924–1927 festigte Stalin allmählich seine Stellung, während die Partei darüber diskutierte, welche Programmrichtung sie nun einschlagen sollte. Eine Gruppe mit Stalin als Führer und Bucharin als Ideologen war für die Fortsetzung eines pragmatischen Kompromißkurses, wie er durch die NEP vertreten wurde. Eine andere, von Trotzkij geleitete Gruppe sprach sich für ein radikaldoktrinäres Programm aus, das einer Rückkehr zum »Kriegskommunismus« nahekam, und die verstärkte Zentralisierung des Parteiapparates sowie größere Disziplin bei der Masse der Mitglieder forderte. Die erste Gruppe kontrollierte das Zentralkommitee und das Politbüro, die zweite wurde »Linke Opposition« genannt. Trotzkijs Anhänger versuchten, das Moskauer Proletariat in ihrem Sinn zu mobilisieren, hatten aber keinen Erfolg, weil die Arbeiter indifferent blieben. Dieser Fehlschlag bewies, daß Trotzkij nicht mehr der charismatische Führer der Massen war, obwohl er starken Einfluß auf die Parteimitglieder hatte. Stalin untergrub diesen Einfluß, indem er eine Werbekampagne für den Parteieintritt ins Leben rief, die die Zahl der Mitglieder auf über eine Million verdoppelte. Da Stalin die Entscheidungen über die Eintrittsgesuche kontrollierte, konnte er seine Macht in der vergrößerten Partei erheblich ausdehnen. In der Mitte des Jahres 1927 bezichtigte er die »Linke Opposition« eines Komplottes zur Spaltung der Partei und organisierte den Ausschluß ihrer Anhänger. Trotzkij wurde zunächst nach Kasachstan verbannt und im Frühjahr 1929 aus der Sowjetunion ausgewiesen. Mit diesem Schachzug hatte sich Stalin als alleiniger Führer der KPR durchgesetzt.

Ende 1927 verkündete Stalin seine Vorstellungen von der zukünftigen Wirtschaftsentwicklung und Sozialordnung. Das Herzstück bildete das Konzept der Planwirtschaft. Die Strategien und Ziele der staatlichen Entwicklung sollten von zentralen Planungsbehörden aufgestellt werden, die die Planerfüllung an die Industrie delegierten. Die Planwirtschaft sah aufeinanderfolgende Fünfjahrespläne vor, die für jeden Sektor der sowjetischen Industrie und des Handels gültig waren.

Im Mittelpunkt des Ersten Fünfjahresplans, der im Frühjahr 1928 in Kraft trat, standen als Hauptziele die Durchführung einer industriellen Revolution sowie die Kollektivierung der Landwirtschaft. Zur industriellen Revolution gehörten die völlige Neustrukturierung der industriellen Basis, die intensive Erweiterung der Schwer- und der Verarbeitungsindustrie und die Konzentrierung der neuen Industrievorhaben im Ural und in Westsibirien. Das Ziel war letztlich ein zweifaches: Zum einen sollte die Sowjetunion ein moderner und unabhängiger Industriestaat werden, zum anderen würde das damit verbundene Anwachsen des Proletariats die Klassenbasis verbreitern, in deren Namen die Kommunisten zu herrschen beanspruchten. Die letztere Überlegung war besonders wichtig, da die Sowjetunion vorwiegend ein Bauernland war.

Die Kollektivierung der Landwirtschaft sollte die bäuerliche Gesellschaft im Sinne der kommunistischen Ordnung umformen. Die Bauern hatten weder für den Bolschewismus noch für den Kommunismus Sympathien gezeigt und wurden von allen kommunistischen Ideologen mit Mißtrauen behandelt. Die NEP war von den Bauern lebhaft begrüßt worden, weil die Zunahme der privaten Erzeugung es erlaubte, die Lebensmittelversorgung und die Vorratshaltung zu normalisieren. Nun schaffte der Fünfjahresplan die Privatinitiative wieder ab. Alle Bauerngemeinden und Landbesitzer sollten in Kollektivbetrieben unter der Zentralverwaltung der Partei zusammengelegt werden. Weiterhin war vorgesehen, sämtliche überkommenen sozialen und administrativen Einrichtungen aufzulösen und selbst die kleinsten Vermögensunterschiede in der bäuerlichen Gesellschaft abzuschaffen. Die Kollektivierung verfolgte wiederum ein zweifaches Ziel. Durch die neuen industriell geführten Agrarbetriebe versprach man sich eine Erhöhung der Produktion und damit eine bessere Versorgung der Bevölkerung. Ferner sollte das größte passive Widerstandspotential gegen den Kommunismus ausgeschaltet werden, indem man die herkömmliche Lebensweise der Bauern zerstörte und

**Die Konsolidierung der Sowjetunion**
Die Machtergreifung durch die Bolschewiki 1917 gab den Anstoß zu mehreren Versuchen, die Revolution in andere europäische Länder zu übertragen: nach Ungarn, in die Tschechoslowakei, nach Bulgarien und sogar nach Deutschland. Eine Zeitlang sah es so aus, als könnten alle diese Länder ideologische Verbündete der Sowjetunion werden. Aber der ernsthafteste Versuch, die Revolution zu exportieren, endete in einer Katastrophe, als die rote Reiterarmee, die vom Bürgerkriegsschauplatz in der Ukraine direkt nach Polen marschiert war, in der Nähe von Warschau zurückgeschlagen wurde. In dem anschließenden Abkommen verschob Polen seine Grenzen weit nach Osten. Im Jahr 1922 hatte der neue sowjetische Staat einen großen Bereich des vorrevolutionären Rußland an den Westen verloren. Nicht nur Polen, auch Finnland und die baltischen Staaten erklärten ihre Unabhängigkeit, Bessarabien war von Rumänien annektiert worden. Im Kaukasus blieb der Versuch erfolglos, 1917/18 eine unabhängige Transkaukasische Föderation zu gründen. Nach einer kurzen Periode unter unabhängigen sozialistischen Regierungen wurden Georgien, Armenien und Aserbaidschan als autonome Republiken der Sowjetunion einverleibt.

durch eine quasi-industrielle unter der totalen Kontrolle der Partei ersetzte. Die Schaffung der kommunistischen Ordnung könnte somit fortschreiten. Der Preis hierfür übertraf aber noch die schlimmsten Befürchtungen.

### Die Kunst in der revolutionären Periode

Schon vor 1900 hatte die Avantgarde in Rußland den Gedanken der »Modernen Bewegung« in den Künsten mit großem Elan aufgegriffen. Die Dichter und Maler des Symbolismus zeigten ihre Zugehörigkeit zu dieser sehr weitgefaßten Kunstrichtung, indem sie sich international gaben und die verstaubte Provinzkultur durch frischen Wind aus der Ferne beleben wollten. Marxisten waren schon aufgrund ihrer Definition internationalistisch eingestellt, aber es gab auch Künstler wie den postsymbolistischen Autor Osip Mandelschtam (1892–1938), der mit einer einprägsamen Wendung seine Dichtung als »Sehnsucht nach Weltkultur« beschrieb. Viele bildende Künstler, Schriftsteller und besonders Musiker sahen jedoch den Modernismus in spezifisch russischen Begriffen als einen Weg, ihr nationales Erbe zu erforschen und auszubauen. Der volkstümliche Sergej Rachmaninow (1873–1943) komponierte fast in der ganzen ersten Hälfte des 20. Jahrhunderts, als ob es Mussorgskij und Rimskij-Korsakow nie gegeben hätte. Auch die Anhänger der »Wanderer«, vor allem Ilja Repin, kamen in der Stalinzeit wieder in Mode.

Die Bewegung der russischen Symbolisten begann nach 1905 auseinanderzufallen. Es handelte sich um eine Vertrauenskrise. Die Revolution erschütterte ihr verfeinertes und unpolitisches Künstlermilieu und zwang sie, sozialen Problemen ihre Aufmerksamkeit zu schenken. Daraus resultierte unter anderem eine konservative Reaktion um den Almanach *Wechi* (»Wegmarke«, »Zeichen«), dessen Mitarbeiter die frühere allgemeine Vorliebe der Intelligenzija für revolutionäre oder wenigstens liberale Positionen in Frage stellten. Eine neue Generation trat in Erscheinung, die meist zwischen der Mitte der 80er Jahre und 1900 geboren wurde. Sie verdrängte ziemlich plötzlich und umfassend die Symbolisten als Führer des Modernismus nach 1910. In allen Künsten war der postsymbolistische Trend durch eine nüchterne Betrachtungsweise gekennzeichnet. Die scheinbar übertriebene Verfeinerung des Symbolismus, sein elitäres Selbstverständnis und seine kosmischen Ansprüche wurden verworfen. Im russischen postsymbolistischen Modernismus übten die bildenden Künste während des zweiten und dritten Jahrzehnts den größten Einfluß aus. Sie gaben ihre Methoden und ihre Terminologie an die Literatur weiter, beeinflußten die Choreographie der Ballette des führenden Komponisten der neuen Generation, Igor Strawinskij, ebenso wie das Werk des bedeutendsten Filmregisseurs der Zeit, Sergej Eisenstein (1898–1948), der nach Ausbildung und Begabung bildender Künstler war.

Ein vielleicht überraschendes Ereignis in der Kunstszene war die Wiederentdeckung des altrussischen Erbes der Ikonen- und Freskomalerei. Die Restaurierung von Rubljows Dreifaltigkeits-Ikone im Jahr 1903 markierte den Ausgangspunkt dieser Tendenz: 1913 fand eine bemerkenswerte Ausstellung restaurierter alter Ikonen statt, die auf eine überwältigende Resonanz stieß. Wie auch immer die Künstler über die orthodoxe Kirche denken mochten, sie erkannten jetzt, daß sie eine reiche, verfeinerte Maltradition besaßen, die nicht dem Nach-Renaissance-Stil des Westens verpflichtet war. Diese Tradition, transzendental und spirituell ausgerichtet, diente aber auch dem Alltagsgebrauch und war nicht nur für den Handel oder die Erbauung von Experten bestimmt. Sie war vor allem russisch, und damit ein Erbe, auf dem sich aufbauen ließ.

In den Jahren um 1910 wuchs auch das Interesse an der primitiven Kunst mit einer Vielzahl unüblicher Formen (Malereien von Kindern und Bauern, Holzschnitte, Ladenschilder). Diese Bewegung wurde nur zum Teil von Gauguin, Matisse und anderen westlichen Künstlern inspiriert. Die jüngere Generation, vor allem David Burljuk (1882–1967) und Michail Larionow (1881–1964) genossen weniger die direkte Ausdruckskraft als vielmehr den außerordentlichen Schock, den der »grobe« Primitivismus in der Öffentlichkeit erzeugte. Burljuk wurde einer der Begründer des russischen Futurismus, Larionow bemühte sich in den Jahren nach 1910, einen abstrakten Stil zu entwickeln, den er Rajonismus *(lutschism)* nannte.

Die Geschichte der russischen Kunst nach 1910 ist sehr komplex, da die »linken« Kräfte sich nochmals unterteilten, je nachdem wie extrem oder wie antiwestlich sie sich verstanden. Führende neue Talente waren Kasimir Malewitsch (1878–1935), Pawel Filonow (1883–1941) und Wladimir Tatlin (1885–1953). Alle drei durchliefen eine komplizierte Entwicklung, in der der französische Kubismus eine Rolle spielte. Diese Künstler und einige ihrer Zeitgenossen wie die Brüder Burluk können alle mit einigem Recht »Futuristen« genannt werden, zumindest in den ersten Jahren nach 1910. Doch im russischen Kontext wird diese Bezeichnung allgemein mehr auf eine neue Avantgarde von Schriftstellern bezogen, die mit den Malern, deren bekannteste Gruppe sich »Kubofuturisten« nannte, verbunden waren. Es bleibt ungeklärt, inwieweit sie der italienische Futurismus beeinflußte, aber die Russen konnten in Anspruch nehmen, daß ihre führenden Köpfe, besonders der Dichter Welimir Chlebnikow (1885–1922), um 1908 einen ganz unabhängigen postsymbolistischen Stil entwickelt hatten.

Der literarische Futurismus als Bewegung wurde geboren, wenn man seiner eigenen Lesart folgt), als der junge Kunststudent Wladimir Majakowskij (1893–1930) empört ein Konzert von Rachmaninows *Toteninsel* verließ und David Burljuk traf, der seine negative Einschätzung teilte. Die interdisziplinären künstlerischen Kontakte wurden zahlreich – der andere große Dichter der gleichen Richtung, Boris Pasternak (1890–1960), war der Sohn eines bedeutenden Malers. Er studierte zunächst Philosophie, wurde dann unter Skrjabins Einfluß Komponist, wechselte aber plötzlich zur Literatur, wobei er sich vor allem Majakowskij als Vorbild nahm. Beide waren herausragende Erscheinungen im europäischen Maßstab des 20. Jahrhunderts.

Die Dichtkunst blühte auch außerhalb der futuristischen Bewegung. Eine Schule der »Bauerndichter«, ein spezifisch russisches Phänomen, hatte als älteren Vertreter Nikolaj Kljujew (1887–1937). Sein Werk ist komplex, modern, doch tief mit dem Landleben und den Volksliedern und Hymnen der »Altgläubigen« verbunden. Sein Nachfolger Sergej Jesenin (1895–1925) wuchs als Dorfjunge auf. Seine zarten, aber eindringlichen Gedichte errangen dauernde Popularität. Eine stürmische Ehe mit der Tänzerin Isadora Duncan gehörte zu seinem bewegten Leben, das in Alkoholismus und Selbstmord endete.

Die Hauptgruppe der Nichtfuturisten waren aber die kultivierten und sensiblen Dichter, die als »Akmeisten«

# Der Kommunismus

Wir sprechen von »kommunistischen Ländern«, aber weder die Sowjetunion noch ihre Verbündeten behaupten, den Kommunismus verwirklicht zu haben. Im Sinne der 2-Phasen-Lehre von Karl Marx sehen sie sich in der »niedrigeren« sozialistischen Stufe, die erst nach einem langen Entwicklungsprozeß in die »höhere« kommunistische Stufe einer voll nach dem Bedürfnisprinzip gestalteten Gesellschaft einmünden wird. Marx definierte diese Gesellschaft der Zukunft nur vage, glaubte aber, daß die Gesetzmäßigkeiten der Geschichte eine solche Entwicklung vorhersagen ließen. Er vertrat anfangs die Ansicht, daß das bäuerliche Rußland ungeeignet für die Revolution sei, doch weckten russische Anhänger sein Interesse an der traditionellen Bauernkommune. Als die Bolschewiki unter Lenins Führung die Macht ergriffen, standen sie vor der schwierigen Aufgabe, die marxistische Theorie in die Tat umzusetzen. Die Bemühungen, die bürgerlich-kapitalistischen Verhältnisse grundlegend zu überwinden und einen neuen Menschentyp zu schaffen, führten schließlich zum Totalitarismus Stalins.

*Rechts:* Karl Marx (1818–1883) erarbeitete zusammen mit Friedrich Engels (1820–1895) die historische, ökonomische und politische Theorie, die Lenins revolutionäres Programm bestimmte: »Die Philosophen haben die Welt nur verschieden interpretiert, es kommt aber darauf an, sie zu verändern«. Auf der Grundlage ihrer Ideen entwickelte Lenin seine Theorie des »dialektischen Materialismus«.

*Unten:* »Lang lebe weltweit der Rote Oktober« – ein Plakat von 1920. Das linke Bild zeigt den Triumph der Bolschewiki über die Feinde im Innern; das rechte gibt die naive Erwartung wieder, daß die Roten Garden eine Arbeiterrevolution quer durch Europa anführen würden.

*Oben:* »Proletarier aller Länder vereinigt euch!« Dieser berühmte Schlußsatz des *Kommunistischen Manifests* (1848) erscheint auf einem Teller, der 1921 in Petrograd hergestellt wurde. Nach 1917 stellte sich heraus, daß ein großer Posten unglasierten Porzellans in der Kaiserlichen Manufaktur lagerte: Führende Künstler (sogar abstrakte Suprematisten) schufen dafür neue Designs mit oftmals propagandistischer Aussage.

*Links:* Lenin spricht zum Zweiten Kominternkongreß 1920. Marx hatte 1864 die Erste Internationale (Internationale Arbeiterassoziation) gegründet, eine Versammlung von Arbeiterdelegierten, die sich auf Druck des anarchistischen, antiautoritären Flügels unter Bakunin 1872 spaltete. Die Zweite Internationale zerbrach 1914 mit dem allgemeinen Wiedererwachen des Kriegspatriotismus. Es gehörte zu Lenins Prioritäten, die internationale Sicht von Marx durch die Dritte Internationale (1919) zu bekräftigen. Hierfür sollte der von Tatlin entworfene »Turm« *(siehe Seite 165)* zugleich Denkmal und Sekretariat sein.

*Links:* Leo Trotzkij (1879–1940) war ein tatkräftiger bolschewistischer Führer im Bürgerkrieg 1918–1920. Er schuf aus der unorganisierten, führerlosen Roten Garde die disziplinierte Rote Armee. Trotz seines politischen Gewichts schwand danach sein Einfluß. Sein Glaube an den »Export der Revolution« war unvereinbar mit Stalins »Sozialismus in einem Land«. Trotzkijs Opposition scheiterte 1926. Es folgten das Exil, die Gründung einer rivalisierenden »Internationale« und schließlich die Ermordung in Mexiko auf Stalins Betreiben.

*Rechts:* Die Bolschewiki wurden sowohl durch die Theorie wie durch Lenins persönliche ablehnende, geradezu feindliche Haltung dazu angetrieben, die Religion als Teil der alten Ordnung hinwegzufegen. Viele weltliche Ersatzkulte wurden eingeführt, wie es schon während der Französischen Revolution geschehen war. Einige versuchten, den Menschen eine beinah religiöse Verehrung des sowjetischen Vaterlandes einzuimpfen. Zu dieser »sowjetischen Taufe« gehörte die Verpflichtung, dem Regime loyal zu dienen.

(von *akme*, »Blüte«) bezeichnet wurden. Ihr Führer Nikolaj Gumiljow (1880–1921), der wegen angeblicher Verwicklung in eine antibolschewistische Verschwörung erschossen wurde, war ein Mann der Tat mit einem starken Gefühl für die Mehrdeutigkeiten der Geschichte. Sein Gedicht *Der Bauer (Muschik)* beschwört eindringlich Rasputin, ohne ihn direkt zu nennen. Gumiljows Frau Anna Achmatowa (1889–1966) wurde wegen ihrer Liebesgedichte berühmt. Osip Mandelschtam (1891–1938), der dritte große Akmeist, beherrschte das literarische Metier auf subtile Weise. Sein Werk und seine harten Lebensumstände werden in zwei, zu Recht berühmten Erinnerungsbüchern seiner Witwe Nadeschda geschildert.

Auch Prosa und Drama blühten nach 1900. Ein Mitbegründer des Symbolismus, der Dichter Dmitrij Mereschkowskij (1865–1941), wandte sich Romanen und historischen Stoffen zu und wurde in Europa bekannt. Es gab beachtliche Erzähler und Novellisten wie Alexander Kuprin (1870–1953), Alexej Remisow (1877–1957) und Iwan Bunin (1870–1953). Der hervorragendste Vertreter des russischen Romans war Maxim Gorkij (1868–1936), ein kraftvoller, kantiger Schriftsteller aus bescheidenen Verhältnissen, der sehr gut verstand, daß das russische Volk sowohl zur Güte als auch zu anarchischer Bosheit neigte. Sein Revolutionsroman *Die Mutter* (1907) wurde ein sowjetischer Klassiker. Nach seiner autobiographischen Trilogie (*Meine Kindheit* 1914, *Unter fremden Menschen* 1916, *Meine Universitäten* 1923) wurden von Mark Donskoj drei der bedeutendsten Filme des frühen sowje-

*Links außen:* Der sowjetische Regisseur Sergej Eisenstein (1898–1948) bei den Dreharbeiten zu *Das Alte und das Neue* (1926). Eisensteins offenbar spontaner Realismus ist das Ergebnis von Stilisierung und minuziös kontrollierter Regiearbeit.

*Unten:* Natalia Gontscharowas Bühnenbild für Rimskij-Korsakows letzte Oper *Der Goldene Hahn* nach einer Erzählung von Puschkin. Gontscharowa (1881–1962) war wohl die brillanteste der wenigen großen Künstlerinnen im Rußland des frühen 20. Jahrhunderts.

*Links:* Sergej Rachmaninow (1873–1943) auf einer Fotografie von 1908. Nahezu alle seiner größeren Kompositionen stammen aus der Zeit vor der Revolution. Nach seiner Emigration in die USA 1918 wurde er als Pianist berühmt.

tischen Kinos gedreht. In der Musik war zunächst ein Stillstand zu verzeichnen, bevor zwei Komponisten von Weltformat – Igor Strawinskij (1882–1971) und Sergej Prokofjew (1891–1953) – in Erscheinung traten.

Der Erste Weltkrieg beeinträchtigte bei weitem nicht so sehr wie in einigen westeuropäischen Ländern die russische Kunstszene, wenn auch einige führende Vertreter zu den Waffen gerufen wurden. In diesen Jahren begann die Bewegung des »Proletkults« in der Literatur mit Alexej Gastews (1882–1941) seltsamen Prosagedichten (1917), die die werktätigen Massen begeisterten. Durch die Revolution dieses Jahres wurden die Futuristen weder verstört noch überrascht, aber mehrere Vertreter der symbolistischen Generation emigrierten (nicht aber Blok und Belyj). Strawinskij war während des Krieges im Ausland und blieb dort, Prokofjew emigrierte, kehrte aber in den 30er Jahren zurück. In den 20er Jahren gingen Kandinskij und Chagall. Andere bedeutende Künstler, die emigrierten, waren Larionow und Natalia Gontscharowa.

Die 20er Jahre waren eine komplizierte und erregende Periode des sowjetischen Kulturlebens: Das Versprechen einer neuen Ordnung zog auch viele an, die nicht unbedingt Bolschewiki waren. Die breitgefächerte Bewegung der Konstruktivisten ließ sich zum Teil von Tatlins »Kultur der Materialien« anregen (obgleich Tatlin selbst den Konstruktivismus nicht schätzte), zum Teil von Malewitschs geometrischen Flächen. Der Konstruktivismus prägte den Stil der Architektur, des Bühnenbildes, der Buch- und Plakatentwürfe, der Gegenstände des täglichen Bedarfs (einschließlich der Kleidung), der Fotografie (mit der Entwicklung der Fotomontage) und der Skulptur. Die konstruktivistische Architektur war besonders wegen ihrer integrierten Baupläne interessant, in denen Fabriken, Wohnhäuser, Klubs, Läden, Schulen und Verkehrsmittel als Gesamtanlage entworfen wurden. Andere Strömungen standen oft in strengem Gegensatz zu den utilitaristischen Zielen des Konstruktivismus: die spirituelle Kunstauffassung, wie sie durch Malewitschs Suprematismus verwirklicht wurde, ferner die »Makowez«-Gruppe, Filonows »Analytische Kunst«, die in den späten 20er Jahren viele Schüler anzog; die Realisten; jüngere »proletarische« Gruppen. Den Mittelpunkt bildete eine neue Künstlerorganisation, die in Moskau von 1920 an unter dem Akronym *Inchuk* ihre Wirksamkeit entfaltete. Andere neugegründete oder umgestaltete Kunstschulen gab es in Petrograd und Witebsk, wo El Lisitzky (1890–1941) die dominierende Kraft war. Es bestanden bemerkenswerte Kontakte mit dem Westen, besonders mit dem deutschen »Bauhaus«.

*Unten:* Ein ebenso bedeutender, wenn auch weniger bekannter Pionier des Modernismus wie Malewitsch oder Tatlin ist Pawel Filonow (1883–1941), der in Leningrad als visionärer Asket und Lehrer lebte. In einer Reihe von Gemälden (1915–1920) entwickelte er sein Prinzip des »universalen Aufblühens«, das die normale Komposition zugunsten des Versuches aufgab, jedes Atom der natürlichen Prozesse durch winzige Pinselstriche darzustellen.

Die Prosa erlebte in den 20er Jahren einen neuen Aufschwung. Einer der größten Meister der Kurzgeschichte im 20. Jahrhundert war Isaak Babel (1894–1941), der durch die Erzählungssammlung *Budjonnys Reiterarmee* (deutsch 1926) berühmt wurde. Babels kompromißlose Offenheit in bezug auf die Brutalitäten des Krieges bewirkte einen Aufruhr. Weniger bekannt, aber sehr subtil sind die Novellen von Andrej Platonow (1899–1951), dem psychologischsten proletarischen Schriftsteller. Jewgenij Samjatin (1884–1937), ein überzeugter Revolutionär, war zunächst der Führer einer Gruppe von ausgezeichneten Schriftstellern gewesen, die den poesievollen Namen »Serapionsbrüder« trugen, und hatte 1920 sein Meisterwerk, die antiutopische Phantasie *Wir* begonnen. Als es Mitte der 20er Jahre im Westen erschien, wurde es in der Sowjetunion wütend als antisowjetische Satire verurteilt. Samjatin wandte sich kühn an Stalin und durfte emigrieren. Der Roman *Wir* beeinflußte deutlich George Orwells *1984*. Ein wichtiger Aspekt der Literaturszene war auch die Entwicklung einer modernen kritischen Theorie durch die sogenannten Formalisten, deren einfallsreichster Kopf Viktor Schklowskij (1893–1985) war.

Die Sowjetregierung, die wichtigere Probleme zu bewältigen hatte, entschied sich über ein Jahrzehnt für keine der künstlerischen Gruppierungen. Die Zensur war nachsichtig, aber gegen Ende der 20er Jahre wurde offenbar, daß die »Proletarier« (RAPP) im Gegensatz zur »linken Kunst« bevorzugt wurden. Der Experimentalismus war noch nicht am Ende: Eine neue Gruppe sowjetisch erzogener Autoren, unter ihnen der Dichter Nikolaj Sabolozkij (1903–1958), bildeten 1928 den geistreichen und anarchisch-modernistischen Zirkel OBERIU in Leningrad. Auch das Theater steckte voller Neuerungen, was besonders der Genialität Meyerholds zu danken ist. Der erste bedeutende sowjetische Bühnenautor war der Arzt und Schriftsteller Michail Bulgakow (1891–1940). Sein unparteiisches Drama des Bürgerkrieges *Die Tage der Turbins* (1926) gefiel erstaunlicherweise Stalin, der es etwa zwanzigmal sah, was Bulgakow, dessen Sympathien nicht auf der Seite der Revolution lagen, vor einem vielleicht unglücklichen Ende bewahrte. Die von der Sowjetregierung am meisten geförderte Kunstform war – wegen Lenins Enthusiasmus – der Film: Die ersten sowjetischen Regisseure, allen voran Sergej Eisenstein, entwickelten die kraftvollen Montagetechniken, die den Film auf der ganzen Welt beeinflußten.

# Djaghilew und Strawinskij

Unten: Nijinskij in *Petruschka* (1911), eine seiner größten Rollen. Der Einfall, daß die Marionette zum Leben erweckt wird, stammt von Strawinskij. Die Partitur war eine Collage aus den Teilen volkstümlicher Melodien. Die »Petruschka-Dissonanz« (gleichzeitige Akkorde von C und Fis) wurde berühmt.

Sergej Djaghilew (1872–1929) trat in den 90er Jahren voller Dynamik in den Petersburger Künstlerzirkeln in Erscheinung: Er gab ihr Journal heraus und arrangierte eine Reihe von Ausstellungen. 1906 organisierte er eine russische Kunstausstellung in Paris und veranstaltete dort in den folgenden Jahren Konzerte russischer Musik (Werke der »Fünf«), Opernaufführungen *(Boris Godunow)* und gründete 1909 die »Ballets Russes«; 20 Jahre lang galt seine maßgebliche Arbeit dem Ballett. Er engagierte nicht nur großartige Tänzer und Tänzerinnen (Pawlowa, Nijinskij), sondern war auch bemüht, Bühnenbild, Choreographie und Musik zu einer integralen Tanzform zu verbinden. Djaghilews Hauptbegabung lag zweifellos in der Organisation und im Aufspüren von Talenten. Auf der Suche nach Neuem arbeitete er mit einer jungen Generation von Komponisten (Prokofjew, Poulenc) und Malern (Larionow, Gontscharowa, Pevsner, Jakulow) zusammen.

Igor Strawinskij (1882–1971), ein Schüler von Rimskij-Korsakow, wandte sich erst durch die Aufträge Djaghilews hauptberuflich dem Komponieren zu. Mittellos 1914 in der Schweiz gestrandet, schuf er eine zeitgenössische Version des russischen Wandertheaters mit *Die Geschichte vom Soldaten* (1918), und *Les Noces* (1923). Nach dem Krieg nahm er die Zusammenarbeit mit Djaghilew wieder auf *(Pulcinella 1920)*, aber die kurze Oper *Mawra* (1922) nach einer Vorlage von Puschkin, war sein letztes spezifisch russisches Werk. Kurz vor seinem Tod im April 1971 konnte Strawinskij, der seit 1939 in Kalifornien lebte, noch einmal die Sowjetunion besuchen und emphatischen Beifall entgegennehmen.

Links: Porträt von Sergej Djaghilew mit seiner Kinderfrau (1903) von Leon (Lew) Bakst. Bakst (1866–1924), heute weltberühmt durch seine Bühnen- und Kostümentwürfe, war wie mehrere Maler der »Welt der Kunst« ursprünglich ein begabter Porträtist. Ein Teil der Aufgabe, die sich die »Welt der Kunst«-Gruppe vorgenommen hatte, bestand darin, innerhalb eines »modernistischen« Kontextes die künstlerische Disziplin und Technik wiederherzustellen, die zur Glanzzeit der »Wanderer« etwas verlorengegangen war.

Links: Djaghilew und Strawinskij. Kein größerer körperlicher Gegensatz ist vorstellbar als der zwischen dem stämmigen, dominierenden Djaghilew und dem schmächtigen, kleinen Strawinskij. Beide flüchteten sich aus ermüdenden Rechtsstudien in die Kunst und waren voller Selbstsicherheit und schöpferischer Tatkraft.

Oben: Strawinskij mit seinem lebhaften, ovalen Gesicht, unproportionierten Händen und natürlicher Vornehmheit machte auf andere Künstler großen Eindruck. Sowohl Picasso wie Jean Cocteau zeichneten ihn. Letzterer zeigt ihn in der Garderobe des Tänzers Nijinskij, der sich für seine Rolle in *Karneval* schminkt.

*Unten:* Kostümentwürfe von Benois für *Le Sacre du Printemps*. Dieses Ballett, uraufgeführt in Paris am 29. Mai 1913, bedeutete den Höhepunkt der gemeinsamen Arbeit von Strawinskij und Djaghilew. Es war die wagemutigste Partitur des Komponisten, ein Höhepunkt der modernen Musik. Klangfetzen zusammenhangloser Melodien, oft nicht mehr als rhythmische Muster, verbinden sich mit litauischer Volksmusik in einem unglaublich hohen Fagott-Register. Die grausame Handlung von Ritus und Opfer in der heidnischen Rus (*ganz unten)* in einer Aufführung des Bolschoj-Theaters) stammte im wesentlichen von N. Roerich (1874–1947). Leider konnte Nijinskij als Choreograph mit der musikalischen Komplexität nicht Schritt halten.

*Unten:* Ein Kostümentwurf von Bakst für *Feuervogel* (1910). Mit einer Meisterschaft der Linie, die wahrscheinlich von Beardsley beeinflußt war und diesem gleichkam, verwandelte Bakst Bühnendekorationen und Kostüme in hohe, ja heitere Kunst. Dieser Entwurf ist eine exquisite kleine Studie in Gouache und Goldfarbe. Er und andere Maler der »Welt der Kunst« hatten eine Vorliebe für orientalische Motive. Golowin, Baksts Mitarbeiter am *Feuervogel*, schuf mit Michail Wrubel einen erzählenden Keramikfries, der noch heute das Moskauer Hotel Metropol ziert. Die Inszenierung von *Feuervogel* in Paris im Juni 1910 bedeutete den Aufstieg Strawinskijs zum großen Komponisten, und hier fanden die »Ballets Russes« von Djaghilew zur wahren Originalität. Die Partitur war durch und durch russisch, wie es einem Volksmärchen zukam, zugleich aber völlig modern, weit über Borodin und Rimskij-Korsakow hinausgehend. Die Inszenierung wurde während des vorhergehenden Winters in enger Zusammenarbeit mit den Bühnendesignern und mit dem Choreographen, Michail Fokine, geschaffen.

# Zwei Wege zur modernen Kunst: Malewitsch und Tatlin

In der europäischen Kunstszene des frühen 20. Jahrhunderts spielten russische Maler eine bedeutende Rolle. Wasilij Kandinskij (1866–1944), der seit 1896 in München studierte und dort die Künstlervereinigung »Blauer Reiter« mitbegründete, reduzierte die Formen seiner apokalyptischen spät-symbolistischen Malerei um 1910 bis hin zum Abstrakten und kann wohl als der erste abstrakte Maler bezeichnet werden. Ebenso radikal mit den Konventionen brach Kasimir Malewitsch (1878–1935). Er begann mit volkstümlich-dekorativer Jugendstilmalerei, ließ sich dann in rascher Folge von der primitiven Kunst, dem Kubismus und dem Futurismus beeinflussen, bis er den sogenannten Alogismus schuf, einen Stil, der den Surrealismus vorwegnahm. Im Jahr 1915 entwickelte er eine rein abstrakte, geometrische Malerei, der er den Namen »Suprematismus« gab.

Wladimir Tatlin (1885–1953), Malewitschs Kollege und Rivale, stand als Maler unter dem Einfluß des Kubismus. Nach einem Besuch bei Pablo Picasso 1914 begann er eine Serie von »Reliefs«, abstrakte Gegenstände aus Metall, Holz und Glas, und entwickelte seine »Kultur der Materialien«. Berühmt wurde er im Jahre 1919 mit seinem nicht realisierten Entwurf für ein riesiges Monument für die Dritte Internationale.

*Oben:* Malewitschs *Mädchen mit Harke* (30er Jahre). Malewitsch kehrte in den 20er und 30er Jahren zur figurativen Form zurück. Ein häufiges Thema war die Arbeit der Bauern. Der Suprematismus hat in der formalen Vereinfachung dieser Arbeiten und in der häufigen Verwendung des Kreuzes als Kompositionselement seine Spuren hinterlassen. Bezeichnend ist die kompromißlose dualistische Teilung des menschlichen Gesichts und des Körpers in helle und dunkle Hälften.

*Rechts:* Malewitschs *Der Messerschmied* (1912). Diese blendende Arbeit ist zweifellos der Höhepunkt im Frühwerk von Malewitsch, als er unter den sehr unterschiedlichen Einflüssen des Primitivismus von Matisse, russischer Ikonen, des Kubismus und des Futurismus stand. Die kubistische Zerlegung des Gegenstands in »metallische« Segmente (wie bei Léger) verbindet sich hier mit futuristischer Dynamik. Aber es gibt keinen Kult der Modernität oder der Maschine, den man sonst häufig antrifft. Malewitschs Thema ist der uralte Rhythmus des bäuerlichen Lebens. Die geometrisierende Form und die hellen Farbstellen verweisen schon auf den Suprematismus.

*Unten:* Malewitschs *Suprematistische Komposition* (1916). Bei der 0.10-Ausstellung 1915 zeigte er seine suprematistischen Werke: freischwebende geometrische Formen in Weiß, Schwarz und unabgestuften Primärfarben. Hoch in einer Ecke plazierte er ein einfaches schwarzes Viereck, die »Null der Form«, durch die die neue Kunst zu gehen hatte.

*Rechts:* Tatlins Gemälde *Der Seemann* von 1911/12. Es handelt sich wahrscheinlich um ein Selbstporträt. Bis etwa zu seinem 30. Lebensjahr fuhr Tatlin zur See. Das Segelschiff war vielleicht sein ideales Kunstwerk – schön und funktionell, dynamisch, in Harmonie mit den Naturgewalten. Seine Gemälde und Zeichnungen sind kühn, mit ikonischen, primitivistischen und auch kubistischen Elementen. Bei der 0.10-Ausstellung kam es zum Bruch mit Malewitsch. Während Malewitschs Suprematismus »dematerialisiert« war, zeigte sich Tatlin fasziniert von der Materialität der Objekte und stellte abstrakte, dreidimensionale Reliefs aus, wobei er die Möglichkeiten des Holzes und des Metalles erforschte.

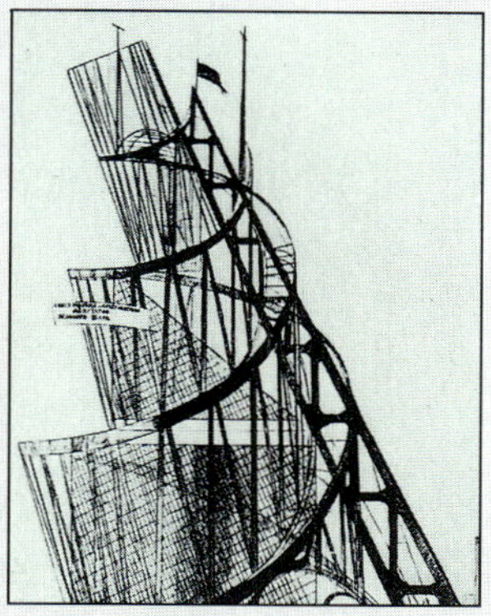

*Links:* Wladimir Tatlins Denkmalentwurf für die Dritte Internationale (1919). Ihm schwebte eine gigantische Doppelspirale vor mit offenem Ende wie ein Teleskop. Sie sollte vermutlich die Newa überragen.

*Unten:* Malewitschs *Ein Engländer in Moskau* (1914). Dieses Bild ist charakteristisch für die »urbane« Periode (etwa 1913/14) des Künstlers. Es erscheint als eine »alogistische« Montage disparater Gegenstände, wobei eine private, überrationale Ordnung vorhanden ist. Die russischen Buchstaben ergeben wieder zusammengesetzt die Worte »Teilweise Verfinsterung«.

# Religiöses Leben in der Sowjetunion

Im Jahr 988/89 nahm Wladimir der Heilige das orthodoxe Christentum an. Die mittelalterliche Kultur Rußlands wurde durch eine einheitlich orthodoxe Kirche geprägt, bis es im 17. Jahrhundert durch die Nikonschen Reformen zum großen Schisma kam. Seither gibt es neben der offiziellen Richtung eine Vielzahl von sektiererischen Gruppierungen. Alle orthodoxen Gläubigen sahen sich nach der bolschewistischen Revolution einer permanenten Verfolgung ausgesetzt, die von dem militanten Atheismus der kommunistischen Ideologie herrührte. Seit 1917 wurden alle Konfessionen unterdrückt – von der Orthodoxie und dem Katholizismus bis hin zum Judentum und dem Islam.

Unter den heutigen Christen der Sowjetunion sind die Baptisten und die Pfingstchristen am aktivsten. Die orthodoxe Kirche bewahrt ihre tausendjährige Tradition, in deren Mittelpunkt die geistliche Gemeinsamkeit des liturgischen Gottesdienstes und die Pflege der reflektierenden Innenschau stehen. Der Einfluß der Orthodoxie auf die russische Kultur ist immer sehr groß gewesen und reicht von der mittelalterlichen Kunst, hier besonders die Ikonenmalerei, bis hin zu den literarischen Werken Dostojewskijs und Tolstojs.

*Links:* Der *starez* (geistliche Vater) ist für die persönliche Spiritualität in der russisch-orthodoxen Kirche unentbehrlich. Er ist ein Mönch, der lebenslanger Beichtvater und religiöser Berater eines Gläubigen wird, der vollständig und vorbehaltlos die Führung des *starez* akzeptiert. Das lebensbejahende Lächeln dieses Abtes vermittelt die spirituelle Stärke, die ein *starez* besitzt.

*Oben:* Der große antireligiöse Fanatismus, den der kommunistische Staat in den 20er Jahren pflegte, wird in dieser Karikatur eingefangen. Sie trägt den Titel »Der Heilige Geist kommt über die Apostel«. In Form einer Ikone dargestellt, verspottet sie die Hauptreligionen der Sowjetunion, indem sie ihre Geistlichen grotesk und habgierig zeigt. Der Heilige Geist, als fliegender Geldbeutel unter dem Zylinder eines Kapitalisten, läßt Münzen regnen. Sie fallen auf einen kritzelnden Mullah, einen orthodoxen und einen katholischen Priester und einen Rabbiner. Jeder wird nach festen Klischees karikiert, die beim Betrachter Abscheu und Haß erzeugen sollen.

*Rechts:* Thora-Lesung in einer der wenigen Synagogen, die in der Sowjetunion offiziell gebilligt sind. Die jüdische Ansiedlung in Weißrußland und der Ukraine wurde im späten Mittelalter durch den Polnisch-litauischen Staat ermutigt und es entwickelten sich große Gemeinden. Während der Zarenzeit blieben die Juden auf bestimmte Gebiete in den westlichen und südwestlichen Gouvernements (sogenannter Ansiedlungsrayon) beschränkt, wo sie eine relative Glaubensfreiheit genossen. Unter den Kommunisten wurden die Siedlungsbeschränkungen aufgehoben, aber die jüdische Religion und Kultur wurden unterdrückt und das Lehren der hebräischen Sprache verboten. Trotzdem hat die jüdische Tradition überdauert und erfreut sich heute einer gewissen Neubelebung.

*Unten:* Der Buddhismus war die am wenigsten bedeutende der Weltreligionen in Rußland und der Sowjetunion, aber unter den Kommunisten wurde er wie die anderen verfolgt. Während des Zarenreiches gab es Buddhisten entlang dem Südrand Ostsibiriens, der an die Äußere Mongolei grenzt. Ihre nächste heilige Stadt war Urga mit seinem großen Kloster und den Lamas, deren Stellung nördlich von China an die der tibetischen Lamas im Süden erinnerte.
Urga wurde zerstört, nachdem die Kommunisten in den 20er Jahren in der Mongolei die Macht ergriffen hatten. Der Buddhismus hielt sich in der türkischen und mongolischen Bevölkerung des sowjetischen Sibirien, besonders bei den Burjäten.

*Ganz unten:* Freitagsgebet in der Chadschesud-Murad-Moschee in Samarkand. Die meisten Gläubigen tragen die herkömmliche Tracht. Der Islam behauptete sich sehr stark in den zentralasiatischen Gebieten der Sowjetunion und im Ostkaukasus; die kommunistischen Unterdrückungsversuche waren weit weniger wirksam als im Fall anderer Religionen. Der Islam Zentralasiens geht zurück auf die mittelalterliche Kultur der transoxanischen Städte wie Samarkand, Buchara und Chiwa. In letzter Zeit ist der schiitische Einfluß unter den sowjetischen Muslimen größer geworden.

# Die russische orthodoxe Kirche

Der orthodoxe Glaube war das Hauptziel einer militanten atheistischen Offensive, die der kommunistische Staat nach der Revolution einleitete und während der 20er und 30er Jahre beibehielt. 1921 waren mehr als die Hälfte der russischen Klöster geschlossen, zahllose Kirchen zerstört oder entweiht und für weltliche Zwecke genutzt. Etwa 30 Bischöfe und über tausend Priester hatte man verhaftet oder umgebracht. In Moskau ging man besonders rigoros vor, hier wurden während der 20er und 30er Jahre mehr als zwei Drittel der Kirchen zerstört. Von den Säuberungsaktionen blieben bis 1939 nur zwölf Bischöfe verschont, während es im Jahr 1930 noch 163 gegeben hatte.

In der Zeit des Zweiten Weltkriegs, als Stalin das Volk zum nationalen Patriotismus aufzustacheln suchte, hielt er es für angebracht, eine Wiederbelebung der Kirche zu gestatten. Diese Politik erlaubte der Kirche, sich partiell von der praktischen Auslöschung zu erholen, die Zahl der Priester zu erhöhen und einen Patriarchen zu wählen. Unter Chruschtschow wurde dann aber wieder versucht, die Orthodoxie ganz zu zerschlagen. Während der 70er Jahre ließen die Anfeindungen nach, gleichwohl blieben die Einschränkungen für Gottesdienste und Neubekehrungen bis in die Mitte der 80er Jahre im wesentlichen unverändert. Seither erlaubte die Regierung, sich für die Erhaltung der religiösen Kunst einzusetzen und in ihr ein nationales Erbe zu sehen. Viele Kirchenbauten wurden restauriert, wenn auch kaum für den Gottesdienst, sondern mehr als Monumente der russischen Geschichte.

*Links:* Die Zerstörung einer Kirche in den 20er Jahren wird durch das Aufbrechen des bemalten Gewölbes vollendet. Solche Demontagen kamen oft vor und gipfelten im Abriß der Moskauer Erlöser-Kirche.

*Unten links:* Nichtzerstörte Kirchen wurden meist für weltliche Zwecke umgestaltet, zum Beispiel zu Klubs, Kinos und Warenhäusern. Diese Kirche dient als Getreidesilo. Eine Leiter und Gerüste rechts weisen darauf hin, daß man dabei ist, das religiöse Interieur herauszureißen.

*Unten:* Die Restauration von Kirchen als Kunstwerke wurde in den 60er Jahren wiederaufgenommen. Solche Arbeiten konzentrieren sich zumeist auf die Außenfassaden. Nur in den wenigen Fällen, in denen die Kirchen noch bedeutende Fresken und Mosaike im Innern enthielten, führte man auch eine Innenrestauration durch. Dieses Bild zeigt eine solche seltene Innenrestauration in der Kirche des Danilow-Klosters in Moskau, die aus dem 15. Jahrhundert stammt. Sie wurde vor kurzem der orthodoxen Kirche als Hauptsitz des Patriarchats zurückgegeben.

*Unten:* Die Vitalität der zeitgenössischen russischen Orthodoxie beweisen die stark besuchten Versammlungen der Gläubigen zu bestimmten Riten wie zu dieser Priesterweihe im Freien. Der zu weihende Priester steht auf einem Teppich vor einem Bischof, der seines Amtes waltet. Die Geistlichen mit den kuppelförmigen Hüten in den Händen sind ebenfalls Bischöfe, die mit den schwarzen Hüten Gemeindepfarrer. Hinter den ersteren stehen barhäuptige Mönche in Schwarz, hinter den letzteren verschleierte Nonnen in schwarzer Tracht. Die versammelten Laien unterscheiden sich stark im Alter und der sozialen Herkunft.

*Links:* Das russische Mönchstum umfaßt die koinobitischen und anachoretischen Regeln wie auch die kenotische Tradition, die die Demut und Nächstenliebe innerhalb der Gemeinde betonen. Handarbeit war wichtig für alle, weniger aus materieller Notwendigkeit, sondern als Weg zur Innenschau und Demut. Nonnenklöster, die es seit dem frühen Mittelalter gab, waren zahlreich bis zur Revolution, litten dann aber stark unter den Verfolgungen. Die hier gezeigten Nonnen aus einem der wenigen noch bestehenden Nonnenklöster mähen ein Feld mit den seit alters her üblichen Sensen.

*Oben:* Der Chor des berühmten Pskower Höhlen-Klosters (Petscherskij-Kloster) unter Leitung seines Dirigenten singt in einem Gottesdienst zur 500-Jahr-Feier der Gemeinde. Dieses westlich von Pskow nahe der estnischen Grenze gelegene Kloster ist heute ein bedeutendes Zentrum der Mönchskultur in der Sowjetunion. *Petschera* bedeutet auf Altrussisch »Höhlen«, was darauf hindeutet, daß die Gemeinde ursprünglich dort in Höhlen wohnte. Auch das erste und angesehenste Kloster Rußlands, das Kiewer Höhlen-Kloster, hatte seinen Anfang in Berghöhlen genommen.

# Die Kunst der Propaganda

Die Propaganda spielte im kommunistischen Staat von Anbeginn eine entscheidende Rolle und behielt bis heute diese ausschlaggebende Bedeutung. Vom Staat total gesteuert, benutzte man sie, um das Bewußtsein der Massen mit den kommunistischen Zielen in Einklang zu bringen. Viele Formen der Propaganda wurden als Instrumente politischer Indoktrinierung entwickelt, eng verknüpft mit der Ausbreitung der Volksbildung und der Alphabetisierungskampagne. Die Hauptziele der sowjetischen Propaganda sind die Glorifizierung der Revolutionsgeschichte, die Schaffung einer sozialistischen Arbeitsmoral und die Verdammung aller nichtkommunistischen Kräfte und Wertvorstellungen.

Ihre wichtigsten Gestaltungsmittel waren stets für das Auge berechnet, man bevorzugte großformatige Skulpturen, Plakate und Wandgemälde mit anspornenden Parolen. Die Formgebung wurde mit der Zeit modifiziert, aber die Grundthemen sind die gleichen geblieben. Die direktesten und didaktischsten rufen zu härterer Arbeit und größerer Produktivität auf. Eine eher unterbewußte Einflußnahme beabsichtigen die Mythen, die über die bolschewistischen Gründer des kommunistischen Staates verbreitet werden. Der Leninkult ist der einzige dominierende Heldenmythos in der sowjetischen Propaganda. Dazu gehört auch die pseudo-religiöse Verehrung seines einbalsamierten Leichnams im Moskauer Mausoleum, das ganz gezielt für die andachtsvolle Besichtigung entworfen wurde.

*Links:* Ein zaristisches Plakat aus dem Ersten Weltkrieg preist Kriegsanleihen mit den Worten an: »Wenn du nicht mit deinem Körper den Feind zurückschlägst, dann kaufe Kriegsanleihen zu 5½ Prozent Zinsen.« Die Sowjetpropaganda ist in manchem der einfacheren und künstlerisch weit weniger gekonnten Agitation des zaristischen Rußland verpflichtet. Beide offenbaren ähnlichen Fremdenhaß und Fanatismus. Die besessenen Gesichter der Soldaten beim Angriff erinnern an ähnliche Bilder auf sowjetischen Propagandaplakaten im Zweiten Weltkrieg.

*Oben:* »Hinweg mit den Tölpeln und Pfuschern im industriellen Versorgungssektor.« Dieses frühe Sowjetplakat gehörte zu einem ständigen Propagandafeldzug gegen die Bürokraten, die als Schuldige für die Knappheit von Industriegütern und Konsumwaren verantwortlich gemacht wurden. Ein fettleibiger Bürokrat, der ein großes Aktenstück umklammert, erscheint als Glucke, die Bürokraten ausbrütet. Sie tragen zu ihrer persönlichen Bereicherung Warenkisten fort, die für das staatliche Versorgungssystem bestimmt sind. Ein Arbeiter mit einem gewaltigen Spaten räumt den Bürokraten hinweg. Solche Propagandaplakate wurden an öffentlichen Orten und vor allem in Fabriken und Warenhäusern ausgehängt.

*Rechts:* »Erfüllen wir den Ernteplan in vorgegebener Zeit!« Der Aufruf zu fleißiger Arbeit in der Landwirtschaft auf diesem Plakat steht im Zusammenhang mit der Kollektivierung der frühen 30er Jahre. Die kleine Inschrift auf dem Getreidedrescher lautet »Dreschen wir wissenschaftlich!« Die plakative Schriftzeile verkündet: »Zwingen wir den Kulaken, den Plan zur Brotternte vorbehaltlos zu erfüllen!« Der brutal aussehende Kulak (Privatbauer) unten wird als skrupelloser Hamsterer dargestellt, dem aufgebrachte sowjetische Arbeiter zusetzen.

*Unten:* Die kommunistische Agitation zu aktuellen politischen Themen ahmte oft die russische Volkskunst nach, wie auf diesem bolschewistischen Plakat, das Rekruten für den Bürgerkrieg anwerben soll. Man bedient sich der Klischees bäuerlicher Lackgemälde, um einen Angriff der Roten Reiterarmee vor dem Hintergrund einer brennenden Stadt darzustellen.

*Rechts oben:* Als Aufruf zur erhöhten Metallproduktion zeigt dieses in 40 000 Kopien gedruckte Plakat ein großes Eisenwerk mit dem Schlagwort »Mehr Metall!«, das als Echo noch zweimal in kleinerer Schrift erscheint.

*Rechts Mitte:* »Wo ist mein Geld? Wo ist meine Familie?« Die sowjetische Agitation führte einen ständigen Kampf gegen den weit verbreiteten Alkoholismus. Dieser Trinker hat schon alles für Alkohol verbraucht, was für seine Familie bestimmt war. Die riesige Flasche beleuchtet die Größe des Problems.

*Oben:* Erinnerungsteller aus Porzellan waren während der 20er Jahre sehr beliebte Propagandamittel in der Sowjetunion. Der Rand dieses Tellers trägt die Inschrift »Ruhm der sowjetischen Herrschaft«. Das zentrale Motiv verbindet das übliche Hammer-und-Sichel-Emblem mit einer Zange.

*Links:* »Wissen wird die Ketten der Sklaverei brechen.« Der Ansporn zum Lernen nach kommunistischen Regeln war ein vitales Thema in der frühen Sowjetpropaganda. Auf diesem Plakat von 1920 drückt eine allegorische Hand einen Stapel Bücher, die das Lernen symbolisieren, auf eine Sperrkette zwischen zwei Fabriken.

# VON STALIN BIS GORBATSCHOW

**Kollektivierung, Hungerterror und die großen Säuberungen**

Die Zwangskollektivierung der Landwirtschaft begann 1928. Zwei Jahre später wurde das Programm zur Vernichtung der »reichen« Bauern (Kulaken) verkündet. Sie waren bestenfalls etwas weniger arm als die übrigen, hatten aber normalerweise Einfluß in den Dorfgemeinden. Die Kulaken wurden enteignet, und da sie nicht den Kollektiven beitreten durften, gerieten sie sofort in bitterste Not. Dann deportierte man sie in entlegene Teile Rußlands in Straflager, wobei unterwegs zahlreiche verhungerten. Zur gleichen Zeit erfaßte die Enteignung auch alle anderen Bauern als Voraussetzung für die Schaffung der Kollektive. Selbst als die Kulaken deportiert waren, widersetzten sich viele Bauern aktiv oder passiv und schlachteten lieber ihr Vieh, als es den Kollektiven zu überlassen. Nicht wenige flohen einfach aus ihren Häusern und zogen umher. Die Regierung bediente sich daraufhin einer neuen Strategie und führte ein Paßsystem für das Inland ein, um die Bauern an ihren Wohnort zu binden, und sie dann durch Hunger zum Nachgeben zu zwingen. Der Hungerterror, aufgezogen als gut organisierte militärische Kampagne, begann mit der totalen Beschlagnahme der Nahrungsmittel in den bäuerlichen Gebieten, die anschließend von jeder Versorgung von außen abgeschnitten wurden. Diese Kampagne konzentrierte sich am stärksten auf die reichen landwirtschaftlichen Regionen im Süden des europäischen Rußland. Das Ergebnis war eine enorme Hungersnot, die absichtlich von 1930–1932 aufrechterhalten wurde. Am schlimmsten betroffen waren die Gebiete an Wolga, Don und Kuban sowie die Ukraine, wo man die Hungersnot dazu nutzte, den ukrainischen Nationalismus

**Industrialisierung, Urbanisierung und Kollektivierung**

Auf die materiellen Opfer des Ersten Weltkriegs und des Bürgerkriegs folgten die Hungersnöte der frühen 20er Jahre. Schließlich wurde die Wirtschaft durch die Neue Ökonomische Politik (NEP) stabilisiert. Nach Beendigung der NEP 1928 setzte Stalin auf die sozial-ökonomische Umgestaltung durch den Ersten Fünfjahresplan. Ein riesiger Gürtel von Bauernland von der Westgrenze bis südlich des Urals war von der Kollektivierung betroffen. Bislang ungenutzte Kohlevorkommen wurden ausgebeutet, die die Energie für die neuen Eisen- und Stahlwerke und die Elektrizitätserzeugung liefern sollten. Diese wiederum waren wichtig für den landwirtschaftlichen Maschinenbau, die Nahrungsmittelverarbeitung und die Textilfabriken. Neuerbau-

te Schienenwege verliefen meist von West nach Ost; die von Süden nach Norden fließenden Ströme ermöglichten andererseits den Austausch von Rohstoffen und Fertigwaren zwischen den an Bodenschätzen reichen arktischen Regionen und den neuen Industriezentren. Die Bedrohung durch Hitler führte zwangsläufig zum ökonomischen Aufschwung der Gebiete östlich der Wolga. Hunderte von Fabriken und dazugehörige Neubausiedlungen wurden seit 1941 aus dem westlichen Rußland in den Ural, nach Zentralasien und Sibirien verlegt, das dennoch in weiten Teilen bis heute dünn besiedelt ist.

mitsamt dem traditionellen Bauerntum auszurotten. Die Kollektivierung und der Hungerterror forderten eine enorm hohe Zahl an Menschenleben. Eine neue glaubwürdige Schätzung spricht von nahezu 14 Millionen Toten. Zahllose Dörfer, Städte und ganze Regionen wurden dadurch entvölkert. Auch der ökonomische Verlust war immens. Die landwirtschaftliche Produktion brach zusammen, sowohl was die Ernteerträge als auch die Viehhaltung betraf. Die Bodenbearbeitung ging beträchtlich zurück, und die Lebensmittelknappheit verschlimmerte sich in der ganzen Sowjetunion. Trotzdem triumphierten die Kommunisten: Die Bauernschaft war unterjocht, und das verlassene Land konnte für neue Kollektivwirtschaften genutzt werden.

Auch in Verwaltung und Partei kam es in den 30er Jahren zu systematischem Terror mit ähnlich verheerender Wirkung. Die aufeinanderfolgenden Säuberungen, die ihren Höhepunkt von 1936–1938 erreichten, zerrütteten die gesamte Struktur der sowjetischen Gesellschaft und der Kommunistischen Partei selbst. Die ersten Säuberungsprozesse fanden bereits im Herbst 1930 statt. Regierungsangestellte, Techniker und Betriebswirte wurden konterrevolutionärer Tätigkeit in Verbindung mit nichtexistenten subversiven Organisationen angeklagt und hingerichtet. Diese frühen Prozesse sollten Sündenböcke schaffen, um die Fehlschläge des Ersten Fünfjahresplans bei der Industrialisierung zu erklären.

Die großen Säuberungen begannen 1934 nach dem Attentat auf Kirow, einem prominenten Mitglied des Politbüros. Wahrscheinlich hatte Stalin die Ermordung angestiftet, weil er Kirows Popularität fürchtete. Es folgte eine Verhaftungswelle in den oberen Rängen der Partei. Auch Kamenew und Sinowjew, zwei Angehörige des Politbüros, wurden festgenommen und 1936 wegen Sabotage und Hochverrat im ersten der großen Schauprozesse vor Gericht gestellt. Die Grundlage bildete eine konstruierte Anklage wegen internationaler Verschwörung, die angeblich geplant war, um die Kommunisten zu stürzen und eine halbkapitalistische Ordnung einzuführen. Den »Verschwörern« unterstellte man, sie seien von der deutschen Regierung unterstützt und von Trotzkij aus dem Exil geführt worden. Kamenew und Sinowjew wurden aufgrund dieser Anklage verurteilt und hingerichtet. Säuberungen erstreckten sich dann auf alle Ebenen der Verwaltung und Partei, vom Kreml bis zum kleinsten Provinzort. Stets bediente man sich konstruierter Anklagen wegen Sabotage und verräterischer Verschwörung. Verhaftung, Folterverhör und Verurteilung zum Tode oder langjähriger Zwangsarbeit – mit oder ohne inszenierte Verhandlung – waren die gängige Praxis. Diesen Massenterror krönten zwei weitere große Schauprozesse gegen die führenden Kommunisten Pjatakow und Radek (1937) sowie gegen Rykow und Bucharin (1938). Ein anderes prominentes Opfer war Tuchatschewskij, der 1935 zu einem der fünf Marschälle der Sowjetunion ernannt worden war und drei Jahre später als angeblicher Anführer einer Militärverschwörung erschossen wurde. Die Säuberungen dezimierten die oberen Ränge der Roten Armee, die Zivilberufe vom Fabrikdirektor bis zum Akademiker, im Grunde jeden Teil der Gesellschaft. Es ist schwer zu sagen, wieviele Opfer diese Säuberungen forderten. Neue Schätzungen gehen von einer Gesamtzahl von zwölf Millionen aus, wobei eine Million hingerichtet und acht Millionen in Straflager geschickt wurden (von diesen kamen mehr als sieben Millionen in den Lagern um). Von den Mitgliedern der Kommunistischen Partei fiel die Hälfte (rund 1,2 Millionen) unter die Säuberung, und mehr als 90 Prozent von ihnen starben in den Lagern. Die Verluste an Menschenleben betrugen somit mindestens acht Millionen.

Das Terrorprogramm hatte seine Wurzeln in Lenins Verfolgungskampagnen gegen alle nichtkommunistischen Gegner, auf die in den 20er Jahren die parteiinternen Säuberungen folgten. So muß Stalins Terrorregime als eine logische Erweiterung und ausgeklügelte Verbesserung des leninistischen Präzedenzfalles verstanden werden. Die Partei säte nahezu paranoisch politisches Mißtrauen gegen innere und äußere Feinde, damit die Öffentlichkeit die konstruierten Anklagen wegen Sabotage und Verschwörung akzeptierte und bereit war, weiterhin Denunziationen vorzunehmen, statt gegen die Exzesse zu protestieren. Als Stalin den Terror in Gang setzte, wollte er die kommunistische Ordnung von allen potentiellen Gegnern befreien, um selbst unangefochten herrschen zu können. Die Massenvernichtung der oppositionellen Bauernschaft und der enorme Aderlaß auf allen gesellschaftlichen Ebenen waren Mittel, um den Aufbau des Staates im ideologischen Sinn Stalins voranzutreiben.

### Der Zweite Weltkrieg

Das sowjetische Verhalten vor dem Zweiten Weltkrieg kündigte nicht an, was folgen würde. Stalins Außenpolitik zielte in den späten 30er Jahren auf immer engere Beziehungen zum Dritten Reich ab und kulminierte im deutsch-sowjetischen Nichtangriffs- und Neutralitätspakt vom August 1939, der mit einem Handelsvertrag zum erweiterten Austausch von Rohstoffen und Waffen verknüpft war. Der Pakt regelte auch in einem geheimen Zusatzabkommen die Aufteilung Polens und Ostmitteleuropas zwischen den beiden Mächten. Deutschland hatte damit freie Hand, in das westliche Polen einzumarschieren (1. September 1939), während die Sowjetunion wenig später (17. September) Ostpolen besetzte. Die baltischen Staaten kamen unter die Einflußsphäre der Sowjetunion und wurden 1940 von ihr besetzt. Finnland dagegen stellte sich erfolgreich gegen die Rote Armee im Winterkrieg 1939/40. Die Sowjetunion mußte eine begrenzte Territorialerweiterung durch einen Vertrag regeln. Die deutsch-sowjetischen Beziehungen zerbrachen nur an Hitlers persönlichem Entschluß, Rußland anzugreifen.

Die deutsche Invasion begann am 22. Juni 1941. Der Überfall kam überraschend und traf die Rote Armee unvorbereitet, so daß die Wehrmacht auf breiter Front vorrücken konnte. Bis September hatte sie die gesamte Ukraine erobert und bedrohte Moskau und Leningrad. Nur der verzweifelte Kampf der rückwärtigen Verbände der Roten Armee und der frühe Einbruch eines strengen Winters hielten den Vormarsch auf. Drei Faktoren sorgten dafür, daß die Deutschen ihre Erfolge nicht fortsetzen konnten. Zunächst lag dies an ihrer Politik in den besetzten Gebieten. Zwar begrüßten die Russen und Ukrainer die Deutschen sehr oft als Befreier von der kommunistischen Herrschaft, doch ordnete die nationalsozialistische Weltanschauung alle Slawen als Untermenschen ein. Die Bevölkerung mußte Zwangsarbeit leisten und erlebte grausame Verfolgungen, die sich nur wenig von denen der Kommunisten unterschieden. Aus Verzweiflung entstand im Volk ein neuer russischer Patriotismus. Der zweite Faktor war das Leih- und Pachtgesetz der Alliierten, das es der Sowjetunion erlaubte, sich ohne sofortige Bezahlung mit Rüstungstechnologie und Waffen zu versorgen, die die Rote Armee dringend benötigte, da die einheimische

Industriezentrum
Politische Grenzen 1940
Wichtige Eisenbahnstrecke hinter der Front
Versorgungsroute der Alliierten
Bevölkerungsbewegung
Vor der deutschen Besetzung
Während der deutschen Besetzung
Rußland 1939
Gebietsgewinne der UdSSR, 1939/40
Vom Deutschen Reich und den Achsenmächten beherrschte Gebiete 1940
Frontverlauf
Dezember 1941
November 1942
Maßstab 1 : 15 000 000
0
400 km
0
300 Meilen
NORWEGEN
SCHWEDEN
FINNLAND
Helsinki
Finnischer Meerbusen
Murmansk
Archangelsk
Nördl. Dwina
Onega-See
Ladoga-See
Leningrad
Kotlas
Suchona
ESTLAND
Nowgorod
Pskow
Riga
LETTLAND
LITAUEN
Welikije Luki
Westl. Dwina
Wologda
Kirow
Molotow (Perm)
Swerdlowsk
Jaroslawl
Wolga
Gorkij
Kasan
Ufa
Moskau
Oka
Danzig
Oder
Berlin
Witebsk
Minsk
Neman (Memel)
DEUTSCHES REICH
Warschau
Pinsk
Pripjet
Gomel
Brjansk
RUSSLAND
Uljanowsk
Kujbyschew
Orsk
Ural
Saratow
POLEN
Weichsel
Lwow
Kursk
Kiew
Charkow
SLOWAKEI
UKRAINE
Dnjepr
Dnjestr
BESSARABIEN
Budapest
UNGARN
Dnjepropetrowsk
Krimoj Rog
Saporoschje
Woroschilowgrad
Stalingrad
Don
Astrachan
KROATIEN
RUMÄNIEN
Prut
Nikolajew
Odessa
Cherson
Krim
Belgrad
SERBIEN
Bukarest
Donau
Sewastopol
Jalta
Grosnyj
ALBANIEN
Sofia
BULGARIEN
SCHWARZES MEER
Tiflis
Istanbul
Baku
GRIECHENLAND
Ankara
KASPISCHES MEER
Arax
TÜRKEI
Kizil Irmak
Euphrat
Athen
Kreta
SYRIEN
IRAK
PERSIEN
0°
10°
20°
30°
40°
50°
60°
60°
50°
40°

**Der Zweite Weltkrieg**
Im Juni 1941 brach Hitler den mit Stalin geschlossenen Nichtangriffspakt und überfiel die Sowjetunion. Die Rote Armee, durch Stalins Säuberungen und einen aufwendigen Krieg mit Finnland geschwächt, war zu schlecht ausgerüstet, um wirksamen Widerstand leisten zu können. Die deutschen Streitkräfte drangen unaufhaltsam vor: bis Dezember waren sie durch Ostpolen und die baltischen Staaten vorgerückt, die im Pakt von 1939 der Sowjetunion zugefallen waren, hatten die gesamte Ukraine erobert und standen vor Moskau und Leningrad. Viele Russen und Ukrainer begrüßten die Deutschen als Befreier vom Kommunismus, bis sie von ihnen zu Zwangsarbeiten eingesetzt wurden. Andere flohen nach Osten oder wurden in großer Zahl dorthin umgesiedelt. Gegen Ende 1941 stockte die deutsche Offensive, und der Blitzkrieg wandelte sich zum Zermürbungskrieg. Die Militärhilfe der Alliierten kam über das Nordpolar-Meer und den Persischen Golf, und allmählich wendete sich das Blatt. Nach zweieinhalbjähriger Belagerung Stalingrads wurden die deutschen Armeen zurückgeschlagen, und auch ihre letzte große Offensive im Raum von Kursk im Sommer 1943 scheiterte. Danach traten sie ihren unaufhaltsamen Rückzug an, der mit der Eroberung Berlins durch die Russen 1945 endete. Die Sowjetunion hatte den Krieg zwar gewonnen, aber mit ungeheuren Opfern bezahlt: neben 20 Millionen Toten waren gewaltige materielle Verluste in der Landwirtschaft und Industrie zu beklagen.

Produktion den Erfordernissen nicht nachkommen konnte. Dadurch wurde nach der Katastrophe zu Beginn des Krieges wieder eine hinreichende Ausrüstung sichergestellt, und die russische Kriegsindustrie erhielt eine Atempause, um die Produktion anzukurbeln. Den dritten Faktor bildete Stalins Führung selbst: zwar hatte er den deutschen Angriff überhaupt nicht erwartet und war zunächst fassungslos, doch ergriff er schnell die Initiative und übernahm den Posten eines Oberbefehlshabers und Marschalls. In diesen Funktionen erwies er sich als vorzüglicher Stratege, der die Lage genau analysierte und Entscheidungen traf, die sich meist als richtig erwiesen.

Stalin spürte, daß das alte patriotische Nationalgefühl, das eigentlich den kommunistischen Prinzipien entgegenstand, das russische Volk zur Verteidigung seiner Heimat inspirieren konnte. Viele traditionelle russische Institutionen, die vorher unterdrückt worden waren, wurden wieder gestattet. So durfte die orthodoxe Kirche, seit der Revolution heftig verfolgt, teilweise wieder aktiv werden. Stalin prägte sehr geschickt den Begriff »Zweiter Großer Vaterländischer Krieg« und spielte damit auf den Präzedenzfall des Krieges gegen Napoleon 1812 an. Das Ergebnis war eine Welle nationaler Begeisterung.

Die Sowjetunion fand zu neuer Stärke und vermochte den Deutschen ernsthaften Widerstand zu leisten, als die Alliierten ihre ersten Erfolge im Westen zu verzeichnen hatten. Der Mehrfrontenkrieg, den das Dritte Reich führen mußte, schwächte die Kampfkraft im Osten, die auch durch Hitlers unfähige Entscheidungen beeinträchtigt wurde. Einer der weitesten deutschen Vorstöße Mitte 1942 zur Wolga bei Stalingrad endete in einer Katastrophe. Danach befand sich die deutsche Wehrmacht im stetigen, wenn auch langsamen Rückzug vor der Roten Armee, die im Mai 1945 Berlin einnahm und den Krieg zum Abschluß brachte. Er hatte wahrscheinlich mehr als 50 Millionen Menschenleben gefordert, davon allein 20 Millionen auf russischer Seite.

Nach Kriegsende versuchte die Sowjetunion ihre Industrie wieder anzukurbeln, indem sie deutsche Fabriken als Kriegsreparationen beschlagnahmte. Besonders in Schlesien wurden große Industrieanlagen demontiert und in Rußland unter Mithilfe zahlreicher zwangsverpflichteter deutscher Ingenieure, Techniker und Betriebsleiter neu aufgebaut. Dadurch konnten die Kriegsverluste zum Teil aufgewogen werden, und es erfolgte eine substantielle, wenn auch unsystematische Modernisierung.

Ferner konnte die Sowjetunion bedeutende territoriale Gewinne verzeichnen (Nordostpreußen, Ostpolen, die Karpatenukraine, die Nordbukowina, Bessarabien und die baltischen Staaten) und seinen Einfluß auf Osteuropa ausdehnen. Die Konferenzen von Teheran und Jalta beschlossen die Aufteilung Europas unter den Alliierten, wobei die Sowjetunion die administrative Kontrolle über die östlichen Teile erhielt, allerdings unter der Voraussetzung freier Wahlen, die jedem Land die Möglichkeit geben sollten, seinen Weg selbst zu bestimmen. In Wahrheit bedienten sich die Sowjets jedoch der jeweiligen kommunistischen Parteien. Diese manipulierten entweder die Wahlen oder ergriffen die Macht, wenn die Wahlergebnisse gegen sie ausfielen. Bis 1948 war fast ganz Osteuropa unter kommunistischen Regierungen, die loyal zu Moskau standen, und die Sowjetunion hatte ihre Herrschaft über halb Europa ausgeweitet. Durch den Zweiten Weltkrieg war die UdSSR mächtiger geworden als je zuvor, und Stalin erfreute sich einer noch nie dagewesenen Popularität und totaler Macht.

Sofort nach Kriegsende etablierte Stalin ein Regime, das so hart und unerbittlich war wie in den 30er Jahren, aber entsprechend den Bedingungen der Zeit große Neuerungen aufwies. Aufgrund der Repatriierungsvereinbarungen der Alliierten wurden sowjetische Kriegsgefangene und Zwangsarbeiter, die sich in Deutschland befanden, zurückgeführt. Kaum in der Heimat angekommmen, erklärte man sie zu Verrätern und deportierte sie in den meisten Fällen direkt in entlegene Straflager. Auch viele Russen und Ukrainer, die entweder während des Krieges gegen die Kommunisten gekämpft oder seit der Revolution in Westeuropa gelebt hatten, wurden von den Amerikanern und Briten den Sowjets ausgeliefert, die sie hinrichteten oder in Straflager sperrten. Auf diese Weise wurden gut zwei Millionen Menschen repatriiert. Für Stalin war dies eine wichtige Sicherheitsvorkehrung, die die westlichen Einflüsse ausschaltete und viele nicht-kommunistische Emigranten vernichtete.

Ferner ging er daran, die bescheidenen Ansätze von Eigeninitiative und Unabhängigkeit zu beseitigen, die die Russen und besonders die gebildete Elite unter den Bedingungen der Kriegszeit entwickelt hatten. Zu diesem Zweck begann Stalin eine neue Säuberungskampagne, deren Durchführung er Andrej Schdanow anvertraute. Diese Säuberungen setzten 1946 ein und betrafen die künstlerischen und akademischen Berufe. Ihr Ziel war es, den »Kosmopolitismus« auszurotten und den »Sozialistischen Realismus« durchzusetzen. Auch nach Schdanows Tod 1948 dauerte die Kampagne an. Gleichzeitig förderte Stalin den neuerwachten russischen Patriotismus und konstruierte eine phantasievolle Reihe wissenschaftlicher Großtaten, die das Nationalgefühl zu chauvinistischem Stolz entflammen sollten. Diese Geschichtsklitterung stellte Rußland als eine Nation großer Erfinder im 18. und 19. Jahrhundert dar, deren Erfindungen zeitlich den westlichen vorausgingen. Nur die Rückständigkeit des vorrevolutionären Rußland habe die Nutzanwendung dieser Erfindungen verhindert. Die Schlußfolgerung bestand darin, daß die Russen aufgrund ihrer überragenden Fähigkeiten Westeuropa nicht bräuchten und ihre große Begabung unter kommunistischer Führung zu voller Entfaltung käme.

Die nationalistische Bunkermentalität paßte gut auf die neuen Mitglieder der Kommunistischen Partei. Durch die Säuberungen der 30er Jahre dezimiert, hatte sie während des Krieges mehr Mitglieder aufgenommen, um ihre Basis zu verbreitern. Zwischen 1940 und 1947 verdoppelte sich ihre Zahl, doch die Neuzugänge wiesen einen beträchtlich niedrigeren Bildungsstand als früher auf. Dies machte zwar eine gründliche Schulung notwendig, hatte aber den Vorteil, daß die neuen Parteimitglieder formbar waren. Mit solchen Leuten war der Stalinismus nach allen Erfahrungen ungefährdet.

Die Sowjetunion kämpte nach 1945 mit ernsten wirtschaftlichen Problemen. Während sich die Schwerindustrie in relativ gutem Zustand befand, lag die Landwirtschaft wegen der Kriegsschäden darnieder, auch hatte sich die Zahl der Bauern durch die Politik der 30er Jahre verringert. Große Schwierigkeiten hatten auch alle übrigen Sektoren der Wirtschaft. Stalin ging diese Probleme an, indem er die Planwirtschaft ähnlich rigoros wie in den 30er Jahren durchsetzte. Der Vierte Fünfjahresplan wurde 1946 in die Wege geleitet. Er stellte der Industrieproduktion unerreichbar hohe Ziele, legte zugleich der Arbeiterschaft strenge Restriktionen und Strafen auf und wollte die Landwirtschaft dadurch reformieren, daß Kollektive zu viel größeren agroindustriellen Einheiten zusammengeschlossen wurden. Die Ergebnisse sollten zeigen, daß der Plan unrealistisch war.

Nach dem Zweiten Weltkrieg kam es zu einer erneuten Emigrationswelle. Sie bestand aus Russen und aus Angehörigen vieler nicht-russischer Nationalitäten, die aus unterschiedlichen Gründen der Sowjetunion den Rücken kehrten. Es handelte sich zwar meist um Menschen mit einem niedrigeren Bildungsniveau und Lebensstandard als bei der ersten Emigrationswelle, doch über das wirkliche Gesicht des Kommunismus hegten sie keine Illusionen. Viele waren Opfer der Unterdrückung und des Terrors in den 30er Jahren geworden und hatten 1941 die Deutschen als Befreier begrüßt. Im Westen machte diese zweite Emigrationswelle erstmals den Terror Stalins bekannt. Diese Nachrichten schockierten die westlichen Alliierten, deren Bild von der offiziellen Sowjetpropaganda und der verzerrten Berichterstattung westlicher Sympathisanten des Sozialismus geprägt worden war. Blieben die ersten Emigranten vornehmlich in Westeuropa, so gingen die der zweiten Welle meist nach Amerika.

### Der Gulag: Konzentrationslager und Zwangsarbeit

Bestandteil des Sowjetsystems, wie es Lenin entworfen und Stalin entwickelt hat, waren Straflager und Zwangsarbeit. Die ersten Straflager legalisierte Lenin 1918. Ihre Aufgabe war es, die Gegner des kommunistischen Regimes im Bürgerkrieg zu isolieren und oft auch auszurotten. Das erste echte Todeslager (nur zur Vernichtung bestimmt) wurde 1921 eingerichtet. Die Zahl der Lager und ihrer Insassen stieg, als die Regierung die ganze sozialistische Opposition ausschaltete, als interne Parteisäuberungen zunahmen und als die Praktik, auch noch Verwandte und Bekannte von Häftlingen festzunehmen, immer öfter angewandt wurde.

Für das Jahr 1928 kann man die Zahl der Lagerhäftlinge auf 30 000 schätzen. Bis 1930 war sie auf 600 000 angewachsen, vor allem durch Bauern, die der frühen Phase der Kollektivierung zum Opfer fielen. 1932 betrug die Zahl zwei Millionen, 1935 annähernd fünf Millionen, 1938 etwa acht Millionen und 1941 wahrscheinlich zehn Millionen. Die Häftlinge kamen aus allen Schichten der Bevölkerung: Kulaken, Intellektuelle, Ingenieure, Techniker, Wissenschaftler, Gelehrte, Facharbeiter, Beamte und Angestellte, Mitglieder der Kommunistischen Partei. Die Sterblichkeitsrate in den Lagern erreichte 90 Prozent und die durchschnittliche Lebenserwartung betrug zwei Jahre, so daß sich die Gesamtzahl der Todesfälle in den 30er Jahren wahrscheinlich um die zehn Millionen bewegt.

Bis 1930 war der NKWD (Nachfolger der GPU und indirekter Vorläufer des KGB) für die Lagerverwaltung zuständig. In diesem Jahr wurde eine »Hauptverwaltung der Lager« (abgekürzt Gulag) geschaffen, um die Kontrolle über einen ganzen Archipel, eine separate Verwaltungsregion, auszuüben. Die Lager befanden sich hauptsächlich im Norden des europäischen Rußland, in Sibirien, Zentralasien und im Fernen Osten. Die Lebensbedingungen waren absichtlich primitiv und brutal. Die Gefangenen wurden unmenschlich behandelt und waren aller Rechte beraubt. Die Lebensmittelrationen bewegten sich an der Grenze des Existenzminimums, und die meisten Menschen zerbrachen rasch an Körper und Geist.

Die Lager verfolgten den politischen Zweck, jeden Widerstand – echten wie eingebildeten – gegen die Sowjetregierung zu brechen und Gegner von der übrigen Gesellschaft zu isolieren. In wirtschaftlicher Hinsicht stellten die Lager ein gewaltiges, ständig ergänztes Reservoir für Sklavenarbeit dar. Die Schwerindustrie im Ural und die großen Verkehrssysteme im russischen Norden wurden in den 30er Jahren alle durch Gulag-Häftlinge aufgebaut. Die Lagerinsassen erhielten vor allem Schwerstarbeit zugeteilt – Bergbau, Holzfällen, Ausschachtungen, Bauarbeiten. Alles war von Hand auszuführen, ohne technische Hilfsmittel. Die Arbeitskosten beliefen sich fast auf Null, da sie nur den knappen Lebensunterhalt ausmachten. Der Nachschub aus den Lagern war unerschöpflich, wenn man voraussetzt, daß die hohe Sterblichkeitsrate durch Neuankömmlinge mehr als ausgewogen wurde.

Während des Zweiten Weltkriegs zog man die Lagerinsassen zu kriegswichtigen Arbeiten heran. Mittlerweile saßen viele der führenden Konstrukteure des Landes in Lagern, so daß besondere Konstruktionsteams gegründet wurden. Das leistungsstärkste sowjetische Kriegsflugzeug wurde von Tupolew entworfen, der der Leiter eines Gefangenenteams war, und auch die Produktion der T 34-Panzer, die sich im Kampf mit den Deutschen überlegen zeigten, erfolgte durch Sklavenarbeit im Ural.

Nach dem Krieg füllten sich die Lager noch mehr durch deutsche Kriegsgefangene, repatriierte Russen und Ukrainer, Bürger und Politiker aus mittel- und osteuropäischen Ländern sowie durch Sowjetbürger, die Opfer der neuen Säuberungen wurden. Bis 1950 betrug die Zahl der Gefangenen im Gulag über zwölf Millionen. In den späten 40er und frühen 50er Jahren kam es zu einer Reihe von Lageraufständen, die alle brutal unterdrückt wurden und Massenhinrichtungen zur Folge hatten. Die Kontrolle der Inhaftierten entwickelte sich zum Problem. Eine der versuchten Lösungen war 1950 die pauschale Exekution von fünf Prozent der Lagerinsassen.

Nach Stalins Tod stieg die Zahl der Gefangenen nicht mehr an. Die Führung erkannte, daß das Gulag-System dem Ansehen der Sowjetunion im Ausland großen Schaden zufügte. Bis noch vor kurzem bezeichnete die Regierung westliche Berichte und Schätzungen über den Gulag als wilde Übertreibungen. Jedoch zeigen die Schriften von Solschenizyn und Untersuchungen des Akademiemitgliedes Sacharow, daß das System sogar noch perfekter funktionierte und unmenschlicher war, als selbst pessimistische Zeitzeugen angenommen hatten. Erst von 1985 an durften die Medien das Thema kritisch behandeln, und die sowjetische Öffentlichkeit setzt sich seither mit dem überkommenen Problem der Lager und der Zwangsarbeit auseinander. Wie und wann die Einschränkung des Systems begann, ist im Westen bei weitem noch nicht klar zu erkennen.

### Die Chruschtschow-Ära und das »Tauwetter«

Stalin starb unerwartet am 5. März 1953 an den Folgen eines Schlaganfalls. Die Erschütterung war groß: Er hatte das Sowjetregime für ein Vierteljahrhundert so fest in der Hand gehabt, daß eine Zukunft ohne ihn kaum vorstellbar schien. Bei seiner pompösen Beisetzung wurden durch rücksichtslosen Polizeieinsatz Dutzende von Moskauern zu Tode getrampelt. Stalins Leichnam wurde neben Lenin im Mausoleum auf dem Roten Platz aufgebahrt.

Kurz vor seinem Ableben hatte Stalin offensichtlich eine neue Säuberung der oberen Führung geplant, zu der die angebliche »Ärzteverschwörung« den Anlaß abgeben sollte. Nach seinem Tod gab es einen kurzen aber heftigen Machtkampf unter den Anwärtern auf die Nachfolge. Stalins georgischer Landsmann, der berüchtigte Leiter der

*Oben:* Ein zwangloses, informelles Treffen zwischen Stalin und Churchill während der Jalta-Konferenz vom 4.–11. Februar 1945 zeigte die menschliche Seite in Stalins Charakter. Schlagfertig und intelligent wie er war, konnte er auch nach Belieben humorvoll und liebenswürdig sein. Sein Lachen in solchen Augenblicken war berühmt und wurde wiederholt in der offiziellen Porträtkunst und von westlichen Karikaturisten wiedergegeben. Letztere erkannten hinter der spontanen Jovialität allerdings eine große Verschlagenheit.

**Rechts: Der Ostblock um 1950**
Am Ende des Zweiten Weltkriegs wurde der Sowjetunion von den Alliierten die administrative Kontrolle über Osteuropa zugestanden, nachdem sie vorher zugestimmt hatte, die Einsetzung freigewählter Regierungen zu überwachen. In Wirklichkeit manipulierten die örtlichen kommunistischen Parteien die Wahlen, wenn sie nicht zu ihren Gunsten ausfielen. Bis zum Jahr 1948 erhielten Bulgarien, Polen, Ungarn, Rumänien, Albanien, Jugoslawien und als letztes Land die Tschechoslowakei kommunistische, moskautreue Regierungen, und die Sowjetunion hatte ihre faktische Herrschaft über halb Europa ausgedehnt. Wieder eingegliedert wurden die baltischen Staaten, die die Sowjetunion schon 1940 annektiert, dann aber an das Dritte Reich verloren hatte. Deutschland und Österreich wurden von den vier Siegermächten in Zonen beziehungsweise Sektoren aufgeteilt, desgleichen ihre Hauptstädte Berlin und Wien. Aus der sowjetischen Besatzungszone in Deutschland entstand dann die DDR mit dem geteilten Berlin. Ein Versuch, den westlichen Zugang nach Berlin zu unterbinden, konnte durch die Luft-

brücke 1948/49 vereitelt werden. Finnland wurde ein neutraler, unabhängiger Staat, und 1955 vereinbarten die vier Siegermächte einen ähnlichen neutralen Status für Österreich.
In Südosteuropa war die Lage brisant: Der Führer der jugoslawischen Kommunisten, Josip Tito, brach 1948 mit Stalin. Albanien verbündete sich später mit China und isolierte sich vom übrigen Europa. Die griechische Regierung beseitigte mit britischer Unterstützung während des erbittert geführten Bürgerkriegs in den Jahren 1945–1950 die kommunistische Gefahr.

Staatspolizei, Lawrentij Berija, wurde im Juli verhaftet und im Dezember zusammen mit einigen seiner Anhänger liquidiert. Ein kleines, aber wichtiges Anzeichen dafür, daß sich die Zeiten geändert hatten, bestand darin, daß man die Anklage gegen die in der »Ärzteverschwörung« Verhafteten, zumeist Juden, fallen ließ.

Der nominelle neue Führer Georgij Malenkow (seit März 1953 Ministerpräsident) war eine reichlich farblose Erscheinung. Noch nicht zwei Jahre später gestand er offensichtliche Fehler in der Planung der Wirtschaft ein und trat zurück (8. Februar 1955). Ministerpräsident wurde jetzt der Marschall Nikolaj Bulganin. Der eigentliche starke Mann war aber inzwischen der Erste Sekretär des ZK, Nikita Chruschtschow, geworden. Bulganin und Chruschtschow wurden im Ausland sehr bekannt und verbesserten bei ihren häufigen Reisen das Image der Sowjetunion. Chruschtschow, der aus einer Bauernfamilie des Südens stammte und sich vor allem als Landwirtschaftsexperte einen Namen machte, beeindruckte Außenstehende durch seine Schlagfertigkeit und Offenheit, war allerdings sehr sprunghaft und unberechenbar.

Im Jahr 1956 kam das Gerücht in Umlauf, daß Chruschtschow auf dem 20. Parteikongreß im Februar eine aufsehenerregende Rede gehalten hatte. Diese »Geheimrede«, die bald ein offenes Geheimnis war, brandmarkte die Verbrechen Stalins, seine Säuberungen, die Fehler während des Krieges und seinen Persönlichkeitskult. Aufgrund einer »Amnestie« kamen zunächst einige, dann immer mehr Gefangene frei. Sie legten Zeugnis ab von der großen Zahl der Straflager, die die regierungsamtliche Presse immer noch nicht zur Kenntnis nahm. Unbequeme Fragen, welche die Komplizenschaft Chruschtschows während der Stalin-Ära und die Rechtmäßigkeit der kommunistischen Parteiherrschaft betrafen, wurden nicht nur in Parteikreisen gestellt. Es kam zu einer fühlbaren Entspannung des politischen und intellektuellen Klimas. Diese Periode, die nach Ilja Ehrenburgs Roman von 1954 »Tauwetter« genannt wurde, brachte echte Diskussionen über die verschiedensten Probleme, eine weniger streng gehandhabte Zensur und eine Befruchtung des literarischen und künstlerischen Lebens. Mit der Ratifizierung des österreichischen Staatsvertrages 1955 ließ die Sowjetunion einen gewissen Entspannungswillen erkennen, und seit 1957 gab es einen großen Touristenstrom. Chruschtschows diplomatische Initiativen gaben westlichen Staaten das Gefühl, daß die Sowjetunion zur Diskussion von bilateralen Problemen bereit war.

Chruschtschows politsche Karriere war allerdings auch von einigen sehr kritischen Phasen begleitet. Im Oktober/November 1956 kam es zum ungarischen Aufstand, den die Sowjetunion als Konterrevolution ansah. Sowjettruppen stürzten Imre Nagy und setzten die Kadar-Regierung ein. Im Sommer 1957 sah sich Chruschtschow einem massiven Angriff im Politbüro ausgesetzt. Er rettete sich, indem er an das 300 Mann starke Zentralkomitee appellierte. Einige Jahre schien die innere Entwicklung einen günstigen Verlauf zu nehmen: Die Produktivität der Industrie stieg, die Wohnungsnot begann sich zu mildern, Konsumgüter waren zu vernünftigen Preisen erhältlich. Auch die Nahrungsmittelproduktion konnte zeitwillig erhöht werden, indem man mehr und mehr Steppengebiete kultivierte, desgleichen verbesserte sich das Los der Kollektivbauern gegenüber der Ära Stalins. Der erstaunliche Start des künstlichen Satelliten *Sputnik* (»Weggenosse«) 1957 und der erste bemannte Raumflug von Jurij Gagarin 1961 gaben dem Nationalgefühl einen großen Auftrieb. Die »Entstalinisierung« wurde wieder aufgenommen und intensiviert.

Außenpolitisch verliefen die Dinge weniger gut. Der niedergeschlagene Aufstand in Ungarn hatten den Westen wachsam gemacht. Ferner führte die »Entstalinisierung« in den frühen 60er Jahren zu einem tiefen Bruch mit China, im August 1961 kam es zur Berlinkrise und im Oktober 1962 zur Kubakrise wegen des Aufbaus von Raketenstellungen. Diese Konfrontation mit den Amerikanern konnte Chruschtschow nur mit Mühe überstehen. Trotz der wirtschaftlichen Erfolge, deren er sich rühmte, zwang ihn die wirkliche Lage in der Landwirtschaft zu dem erniedrigenden Einkauf kanadischen Weizens. Diese Faktoren trugen dazu bei, daß Chruschtschow im Oktober 1964 vom ZK der KPdSU abgesetzt und Leonid Breschnew zum neuen Parteivorsitzenden gewählt wurde. Jeder Macht beraubt, lebte Chruschtschow bis zu seinem Tod im November 1971 zurückgezogen als Pensionär in Moskau. Er entschuldigte sich bei Schriftstellern, die er kritisiert hatte (»Aber ich achtete darauf, daß ihnen kein Haar gekrümmt wurde«) und verfaßte seine lesenswerten Memoiren. Seine Regierungszeit hinterließ ein merkwürdig gespaltenes Erbe, denn sie weckte Erwartungen, ohne sie zu erfüllen. Chruschtschows Herrschaft blieb autoritär und war begleitet von einigen äußerst illiberalen Erscheinungen wie der harten antireligiösen Politik, als deren Folge fast die Hälfte der noch aktiven orthodoxen Kirchen geschlossen wurde. Aber diese Periode bedeutete das Ende für den Totalitarismus – wenigstens im strengen stalinistischen Sinn –, ein Ereignis, dessen psychologische Wirkung auf das Sowjetsystem nicht überschätzt werden kann.

Einen frühen Versuch zur Entspannungspolitik unternahm Chruschtschow, hier mit dem damaligen amerikanischen Vizepräsidenten Richard Nixon bei dessen Besuch in Moskau. Chruschtschow war bekannt für die Hartnäckigkeit, mit der er seine Positionen verfocht. In den frühen 70er Jahren sollten er und Nixon – inzwischen Präsident – solide Versuche zur Entspannung unternehmen.

**Politik und Gesellschaft in der Breschnew-Ära**

Leonid Breschnew kam an die Macht als Führer einer konservativen Opposition gegen Chruschtschows Politik der Entstalinisierung und dessen Versuche, die Amtsbürokratie zu schwächen. Die Bürokratie war stark pro-stalinistisch und stand Chruschtschows Bestrebungen feindlich gegenüber. Breschnew vertrat die Auffassung, daß dem Land eine eiserne Disziplin aufgezwungen werden müßte, und er betrachtete Gesellschaftskritiker als politische Abweichler und Renegaten. Chruschtschows Liberalisierungspolitik wurde durch eine anhaltende und systematische Verfolgung der Befürworter des »Tauwetters« ersetzt. Am Anfang stand 1965 die Verhaftung von Andrej Sinjawskij und Julij Daniel, zwei Autoren, die unter Pseudonym im Westen veröffentlicht hatten. Im Jahr 1966 inszenierten die Behörden einen Schauprozeß, bei dem die Autoren wegen »antisowjetischer Propaganda« verurteilt wurden. Diese Anklage, die aus dem Strafgesetzbuch stammte und vorher nicht gegen Intellektuelle angewendet worden war, brachte man fortan häufig gegen Dissidenten vor. Das Strafgesetzbuch wurde 1966 erweitert, um »Verstöße gegen die öffentliche Ordnung« ahnden zu können – auch dieser Paragraph wurde in großem Umfang gegen Dissidenten benutzt. 1966 und 1967 erlebte das Land eine Welle von Schauprozessen. Die bedeutendsten fanden in Moskau, Leningrad, Kiew, Lwow, Gorkij, Riga, Taschkent und Omsk statt.

Die Dissidenten sorgten dafür, daß solche Prozesse und ähnliche Rechtsmißbräuche durch Untergrundveröffentlichungen *(samisdat)*, vor allem aber durch die seit 1968 periodisch erscheinende »Chronik der laufenden Ereignisse« bekannt wurden. Im selben Jahr begannen Dissidenten, regelmäßige Kontakte zu westlichen Journalisten zu halten. Dadurch setzten sie sich einer anderen strengen Bestimmung des Strafgesetzbuches aus, die jede Verbindung mit westlichen Medien als Subversion bezeichnete, weil sie dem offiziell verkündeten Bild der Sowjetunion abträglich sei.

Die Dissidentenbewegung speiste sich aus vielen Strömungen. Zu den wichtigsten gehörten eine leninistische Erneuerungsbewegung, die für eine Rückkehr zur angeblich reinen Form des Kommunismus zur Zeit Lenins eintrat, ein humanistischer Liberalismus sowie ein russischer Nationalismus, der sich mit der vorrevolutionären Kultur und der orthodoxen Kirche verbunden fühlte. Darüber hinaus bestanden sehr nationalistische Dissidentengruppen in den meisten Republiken, vor allem in der Ukraine. Dort gab es auch fundamentalistische religiöse Strömungen wie die Baptisten und die Pfingstbewegung. Die Juden bildeten einen besonderen Personenkreis; ihnen ging es zuallererst um das Recht zur Auswanderung nach Israel. Zwischen den verschiedenen Gruppen gab es eine enge Zusammenarbeit und Verbindung, was die Widerstandsbewegung bei aller Vielfalt zusammenschloß.

Das starke westliche Interesse an den Dissidenten verhinderte sowjetische Versuche, das Problem mit den herkömmlichen stalinistischen Methoden zu lösen. Indirekt hat die Bewegung auch einen Trend in der Sowjetbürokratie entschärft, der auf eine volle Rehabilitierung Stalins abzielte. Jedoch behielt die Ausschaltung der Dissidenten oberste Priorität, und 1972 startete die Regierung eine neue und noch wirkungsvollere Unterdrückungskampagne, um die Dissidentenbewegung aufzulösen, deren Erfolg bis dahin auf ihrer guten Organisation und Kommunikation beruht hatte. Die Kampagne wurde von KGB-Chef Jurij Andropow geplant, der 1972 Vollmitglied des Politbüros wurde und schließlich die Nachfolge Breschnews als Staatsoberhaupt antrat. Der KGB überwachte die Dissidenten offen und wandte Methoden der Einschüchterung und der physischen Gewalt an, die sich auch gegen deren Familien und Bekannte richteten. Zugleich versuchte man, die Dissidenten zur Emigration zu bewegen. Oft geschah dies aber erst nach Verbüßung einer Gefängnisstrafe aufgrund eines inszenierten Prozesses. Eine der Methoden, die Dissidenten zu isolieren, war die Verbannung in Provinzstädte, wo die Festgehaltenen pauschal überwacht wurden. Eine andere Pression war die Entlassung aus ihren Berufen, wobei man dafür sorgte, daß sie keine neuen Anstellungen fanden. Dann konnte man sie wegen »parasitären Verhaltens« anklagen, ein Vergehen, auf dem Gefängnis stand. Schließlich griff die Regierung auf die alte Praxis zurück und verurteilte Dissidenten zu

*Oben:* Dieses Plakat illustriert das Neue, das in Moskau während der Stalinzeit das Alte ablöst. Das im Bau befindliche Gebäude ist eines der an Zierat reichen Hochhäuser, die um die Peripherie der Moskauer Innenstadt verstreut sind und der Stadt eine grandiose, aktivistische Silhouette geben sollen. Auf die Hochhäuser wurden Turmspitzen gesetzt, die teils den klassischen, teils den russischen Stil des 17. Jahrhunderts repräsentieren.

langen Jahren schwerer Arbeit in den Lagern des Gulag.

Als eine besonders schlimme Unterdrückungsmaßnahme führte der KGB in den frühen 70er Jahren die Einweisung in psychiatrische Kliniken ein. Gefälschte psychiatrische Gutachten sollten bescheinigen, daß Dissidenten geisteskrank waren. Die Opfer wurden in den Kliniken isoliert und mit Psychopharmaka oder Medikamenten, die den Körper schwächten, behandelt. Diese Methode umging den Rechtsweg, das es keinen Prozeß gab, und die Gefangenen unbegrenzt festgehalten werden konnten. Die sowjetische Psychiatrie wurde wegen der Mitwirkung an solchen Maßnahmen international geächtet und 1983 gezwungen, ihre Mitgliedschaft in der World Psychiatric Association aufzugeben.

Ende der 70er Jahre war die Dissidentenbewegung nur noch fragmentarisch vorhanden. Solschenizyn wurde 1974 zur Emigration gezwungen, Sacharow im eigenen Land verbannt und viele andere zur Passivität oder zum öffentlichen Widerruf gezwungen. Bei weitem die größte Zahl jedoch hielt man in Gefängnissen oder Lagern fest (mindestens drei Millionen) oder wies sie irgendwohin zur Zwangsarbeit ein (rund zwei Millionen). Hierzu gehörten vor allem nationalistische und religiöse Dissidenten wie der Ukrainer Walentin Moros und der Jude Anatolij Scharanskij. Die Dissidentenbewegung und die Reaktion der Regierung beleuchtete zwei entscheidende Punkte. Zum einen zeigte sich die Stärke und Vielfalt der Opposition gegen den doktrinären Kommunismus, die die Jahrzehnte stalinistischer Repression und Ausrottung überdauert hatte und bei Chruschtschows »Tauwetter« schnell in Erscheinung getreten war. Zum anderen wurde deutlich, daß die kommunistische Regierungspraxis weiterhin auf Unterdrückung beruhte, wobei man sich mit dem Wandel der Zeiten einfallsreiche neue Methoden einfallen ließ.

Die Kräfte, die Chruschtschow abgesetzt hatten, waren von drei Hauptzielen geleitet worden: Sie wollten die führende Position der etablierten Bürokratie in der Regierung und innerhalb der KPdSU wiederherstellen, die Leistungsfähigkeit der Verwaltung im Rahmen administrativer Stabilität sichern und die Zuständigkeiten des Beamtenapparates rationalisieren und auf Dauer festschreiben. Breschnews Innenpolitik zielte in erster Linie auf Stabilität ab, indem er die persönlichen Anliegen der Verwaltungshierarchie und anderer etablierter Interessengruppen wie der Militärs zufriedenstellte. Um diesen Konservatismus zu rechtfertigen, erfand Breschnew die Doktrin des »entwickelten Sozialismus«, die eine Beschreibung der Zeit und eine Anleitung für das politische Handeln sein sollte. Praktisch bedeutete sie eine konservative Verbeugung vor der etablierten Bürokratie sowie einen reformistischen Anstoß zur industriellen Modernisierung, die mit nur logistischen Änderungen in der Verwaltung erreicht werden sollte.

Die politische Stabilität der Breschnew-Ära wurde auf Kosten sozialer Schichtenbildung und Stagnation bewerkstelligt. Die obere Elite der Bürokratie erlangte eine Position von nie dagewesenem Einfluß und Sonderrechten. Die Nomenklatura ist tatsächlich eine politische und gesellschaftliche Oligarchie geblieben, die getrennt von der übrigen Bevölkerung lebt und einen Luxus und Privilegien genießt, die für andere unerreichbar sind. Ihre Gesamtzahl belief sich 1970 auf etwas über 400 000 oder 0,35 Prozent der Gesamtbevölkerung. Die anderen gesellschaftlichen Gruppen, die unter dem »entwickelten Sozialismus« begünstigt wurden, waren die militärische und die technische Intelligenz. Die letztere blieb es, solange ihre politische Loyalität absolut war und aktiv demonstriert wurde. Die übrige Bevölkerung lebte im Gegensatz dazu sehr eingeschränkt.

In der Breschnew-Zeit kam es zu einer noch stärkeren Einengung der sozialen und geographischen Mobilität. Das von Stalin in den 30er Jahren eingeführte System von Inlandspässen und Aufenthaltserlaubnissen wurde strenger gehandhabt, die Menschen blieben stärker an ihre ursprünglichen Wohnorte oder an ihre Arbeitsplätze gebunden, so daß die Übersiedlung in die großen Stadtgebiete wie Moskau, Leningrad und Kiew erschwert wurde. Diese großen Zentren übten auf die Bevölkerung stets eine magnetische Anziehungskraft aus, vor allem weil sie mit Lebensmitteln viel besser versorgt waren, aber auch, weil sie die wenigen Möglichkeiten zum Wechsel des Arbeitsplatzes boten. Die strengsten Restriktionen erlegte man den landwirtschaftlichen Arbeitern in den Kollektiven auf. Sie waren praktisch jeder Bewegungsfreiheit beraubt.

Die Führung der Sowjetwirtschaft wußte bereits 1965, daß die Entwicklungsaussichten sehr ungünstig waren. Die größten Probleme stellten sich in der Landwirtschaft. Organisatorische und administrative Neuerungen wurden von Alexej Kossygin eingeführt, der in den späten 60er Jahren praktisch mit Breschnew zusammen regierte. Diese Neuerungen brachten keine brauchbaren Resultate, weil sie nur eine begrenzte Tragweite hatten, aber auch wegen der bürokratischen Opposition. Nach dem Prager Frühling 1968 gab man Kossygins Weg auf. Danach versuchte sich die Regierung nie mehr an auch nur geringsten innovativen Reformen. Die Produktion von Nahrungsmitteln und die landwirtschaftliche Entwicklung gingen in den späten 60er Jahren deutlich zurück.

Dagegen flossen weiterhin hohe Investitionen in die Rüstungsindustrie. Sie gestatteten es der Sowjetunion, ihre Streitkräfte zu vergrößern und auf breiter Basis zu modernisieren, so daß sie in den frühen 70er Jahren mit der Supermacht USA gleichzog. Das Militär erhielt gleichzeitig einen viel größeren Einfluß als früher in der Regierung und in der Partei. Die verstärkte Militärmacht wurde zu einem wichtigen Faktor der sowjetischen Außenpolitik, hatte aber auch bedeutende innenpolitische Auswirkungen. So wurde im Rückgriff auf die 50er Jahre die militärische Einmischung innerhalb der sowjetischen Einflußsphäre zum politischen Mittel erklärt. Als »Breschnew-Doktrin« bezeichnet, begann diese Interventionspolitik 1968 mit dem Einmarsch der Staaten des Warschauer Paktes in die Tschechoslowakei. Ihr Ziel war, die sozialen und wirtschaftlichen Experimente zu beenden, die Dubčeks innovative Form des Kommunismus in Gang gesetzt hatte. Die kommunistischen Staaten Osteuropas und die Chruschtschow-Liberalen und Dissidenten in der Sowjetunion hatten damit die Lektion zu lernen, daß jede Abweichung vom konservativen und doktrinären Kommunismus unterdrückt würde. Die »Breschnew-Doktrin« diente auch dazu, um 1980 die Invasion in Afghanistan zu rechtfertigen.

Auf internationaler Ebene spielte die sowjetische Militärmacht im Entspannungsprozeß der frühen 70er Jahre vor allem eine diplomatischer Rolle. Breschnew propagierte Entspannung, weil er die wirtschaftliche Zusammenarbeit mit dem Westen fördern wollte, um die Modernisierung durch den Erwerb westlicher Technologien und Fachkenntnisse voranzutreiben. Als diplomatisches Mittel zu diesem Ziel diente ihm das Angebot, Gespräche über Rüstungsbegrenzung zu führen. Die Bereitschaft des Westens, sich auf dieser Grundlage um Entspannung zu bemühen, brachte der Sowjetunion beachtliche technologische Vorteile bei geringen militärischen Kosten. Jedoch untergrub der sowjetische Konservatismus den Entspannungsprozeß. Er ging 1975 zu Ende, als die Amerikaner eine weitere wirtschaftliche Zusammenarbeit mit der Frage der Menschenrechte verknüpften und verlangten, daß die sowjetischen Juden freizügiger auswandern dürften.

Es kam in den 70er Jahren zu einer dritten Auswanderungswelle, die weitgehend mit dem Entspannungsprozeß zusammenhing. Die meisten Emigranten stammten aus den Städten, waren in der Sowjetunion geboren und aufgewachsen und gehörten zur intellektuellen und beruflichen Elite. Es waren in der Mehrzahl sowjetische Juden, die sich in Israel oder Amerika niederließen. Die Emigranten russischer Nationalität schlossen führende Dissidenten wie Alexander Solschenizyn, Wladimir Maksimow und Wladimir Bukowskij ein. Unter den Vertretern anderer Nationalitäten war Anatolij Scharanskij am prominentesten. Zu dieser dritten Auswanderungswelle gehörten bedeutende Verfasser vor allem politischer und polemischer Schriften. Ihre eingehenden persönlichen Berichte und Analysen der Lebensbedingungen in der Sowjetunion fanden in der westlichen Presse eine viel größere Verbreitung als die Zeugnisse der vorausgehenden Auswanderungswellen. Das volle Ausmaß der Menschenrechtsverletzungen – vom Gulag der 40er Jahre bis zum Mißbrauch der Psychiatrie in den 70ern – wurde durch ihre Texte bekannt.

1971 trat ein neuer Fünfjahresplan in Kraft, dessen Ziel es war, die Konsumgüterindustrie und die Landwirtschaft zu fördern, wobei aber der Vorrang bei der Schwer- und Investitionsgüterindustrie blieb. Der Plan scheiterte in jeder Hinsicht. Es kam zu den größten Ausfällen in der Lebensmittelversorgung und der Konsumgüterproduktion. Ankündigung und Beschluß des Planes waren von Massendemonstrationen in fast einem Dutzend sowjetischer Städte begleitet. Man forderte eine bessere Lebensmittelversorgung und protestierte gegen die schlechten Arbeitsbedingungen und den dürftigen Wohnraum. Diese Unruhen wurden gewaltsam aufgelöst, und Versuche, in den Jahren 1977 und 1978 unabhängige Gewerkschaften zu gründen, machte der KGB zunichte. Die Sowjetunion mußte zum ersten Mal Getreide aus den Vereinigten Staaten importieren.

Gegen Ende der Breschnew-Ära wurde deutlich, daß der »entwickelte Sozialismus« politisch ein Erfolg war, weil er dem Regierungsapparat Kontinuität und Stabilität verlieh, wirtschaftlich jedoch einen völligen Fehlschlag darstellte. Unter Mißachtung der Fakten sprach Breschnew weiter von Erfolgen, obwohl die Auswirkungen für die Sowjetwirtschaft katastrophal waren. Die Bürokratie, die sich ihrer Macht und Privilegien erfreute, gab ihm die notwendige Unterstützung. Unter Breschnew stieg das Durchschnittsalter im Politbüro von 55 auf 68 Jahre, und fast die Hälfte der Mitglieder des Politbüros von 1966 gehörten ihm noch 1981 an.

Kurz vor Breschnews Tod am 10. November 1982 fand sein Führungsstil unter den jüngeren Sowjetwirtschaftlern immer mehr Kritiker. Ihrer allgemeinen Ansicht nach waren die herkömmlichen zentralisierten Mechanismen der Planwirtschaft zu starr, um die geforderten Resultate zu erbringen. Es bestand auch keine Hoffnung, daß sich dieser Zustand verbessern ließe. Sie zogen den Schluß, das die Stabilität der Verwaltung unter Breschnew den Notwendigkeiten der wirtschaftlichen Entwicklung zuwiderlief. Als Gorbatschow einige Jahre darauf an die Macht kam, nutzte er solche Kritik, um die staatlichen Versuche einer grundlegenden Wirtschaftsreform zu begründen.

### Die 80er Jahre: vom Konservatismus zu Glasnost und Perestrojka

Beide Nachfolger Breschnews waren aus ähnlichem Holz geschnitzt wie er, beide waren alte Männer, die die etablierte Ordnung aufrecht erhalten wollten und alle noch so vorsichtigen Experimente, die auf eine Verbesserung des Systems abzielten, unterdrückten. Der erste Nachfolger war Jurij Andropow, der schon bei der Zerschlagung des ungarischen Aufstands 1956 eine entscheidende Rolle gespielt hatte. Er verstärkte die Unterdrückung von Dissidenten und religiösen Institutionen, während er sich gleichzeitig liberal gab, um die westlichen Medien zu beeindrucken. Unter dem früheren KGB-Chef Andropow erlangte der Staatssicherheitsapparat einen höheren Status und einen größeren Einfluß als je zuvor. Die Produktivität der Industrie und Landwirtschaft ging weiter zurück. Es gab halbherzige Diskussionen über eine Wirtschaftsreform. Andropow erkannte wahrscheinlich als erster Führer der Sowjetunion das Ausmaß der Wirtschaftskrise und die Notwendigkeit einer Abhilfe, war aber bereits schwer krank und besaß nicht die Autorität, seine Vorstellungen zu realisieren. Er starb 1984, nur 14 Monate nach seinem Amtsantritt als Staatsoberhaupt.

Andropow hatte Michail Gorbatschow als Nachfolger vorgesehen, der in der Provinzverwaltung Erfahrungen gesammelt hatte. Die KPdSU wählte jedoch Konstantin Tschernenko, einen nichtssagenden Kandidaten, der schon Breschnews und Andropows Stellvertreter gewesen war. Während seines Amtsjahres kam es zu Streitigkeiten innerhalb der Führung, und Reformüberlegungen wurden nicht mehr angestellt. Als er im März 1985 starb, entzündete sich erneut ein Konflikt über die Frage, wer Generalsekretär werden sollte. Dieses Mal ging Gorbatschow als Sieger hervor, wenn auch nur mit einer ganz dünnen Mehrheit. Sein Aufstieg wurde wohl von Andrej Gromyko begünstigt, dem betagten Außenminister, der daraufhin mit dem Posten des Staatspräsidenten belohnt wurde.

Gromykos Demission als Minister gab Gorbatschow auch die Möglichkeit, die Außenpolitik neu zu formulieren und einige Fehler der Breschnew-Ära zu korrigieren, die dem internationalen Ansehen der Sowjetunion so sehr geschadet hatten. Vor allem kündigte er Moskaus Absicht an, die Truppen aus Afghanistan zurückzuziehen, wenn eine befriedigende Übereinkunft erreicht werden könnte. Zu dieser kam es im April 1988, und im Februar 1989 war der Truppenrückzug planmäßig abgeschlossen.

Zu Gorbatschows Anliegen gehörte es auch, die Beziehungen zu den USA zu verbessern. Unter Andropow hatte das Verhältnis seinen tiefsten Punkt seit dem Kalten Krieg erreicht. Der Grund waren die Nato-Pläne zur Stationierung neuer Mittelstreckenraketen mit atomaren Sprengköpfen in Westeuropa. Die Entspannung zwischen den Supermächten führte zu einer Reihe von Gipfeltreffen. Das erste fand im November 1985 in Genf statt. Gorbatschow machte deutlich, daß seine Ziele über die Knüpfung gleichberechtigter Beziehungen zu den USA hinausgingen. Während er mit Präsident Reagan verhandelte, beschleunigte er auch die Annäherung an China, indem er die politische und ideologische Kluft zu überbrücken suchte, die in den frühen 60er Jahren fast zum Krieg ge-

*Oben:* Eine Moskauer Pendlerin studiert Michail Gorbatschows *Perestrojka*. Gorbatschow scheute am Beginn seiner Reformbestrebungen auch nicht davor zurück, seine Popularität aufs Spiel zu setzen. So war eine seiner ersten Maßnahmen die Einschränkung des Alkoholverkaufs.

Große organisierte Feiern sind typisch für jeden Jahrestag der Revolution, der der bedeutendste Nationalfeiertag der Sowjetunion ist. Der 70. Jahrestag 1987 war besonders wichtig. Das Bild zeigt die Menschenmassen mit ihren Fahnen, die am Ende des Roten Platzes Aufstellung genommen haben, um am Vorbeimarsch an der Regierungstribüne über dem Lenin-Mausoleum teilzunehmen. Zu Aufmärschen dieser Art gehören Betriebskampfgruppen und militärische Einheiten, die meist ihre moderne Ausrüstung vorführen.

führt hatte. Die Wiederaufnahme voller Beziehungen von Partei zu Partei wurde im Mai 1989 besiegelt, als Gorbatschow zum ersten chinesisch-sowjetischen Gipfeltreffen seit 30 Jahren nach Beijing (Peking) reiste und unabsichtlich den Anstoß für die dortigen, blutig niedergeschlagenen Studentendemonstrationen gab.

Innenpolitisch taktierte Gorbatschow zunächst vorsichtig. Seine ersten Auftritte bei zwei großen Veranstaltungen, dem 26. Kongreß der KPdSU im Februar 1986 und dem 70. Jahrestag der bolschewistischen Revolution im November 1987, enttäuschten jene, die ihn für einen radikalen Reformer hielten, weil er keine grundlegenden Änderungsvorschläge einbrachte. Nur im Plenum des Zentralkomitees im Juni 1987 wies er auf kommende Veränderungen hin. Er kündigte ein umfassendes Programm zur Dezentralisierung der Industrie an und ließ wissen, daß er aus der Führung die härtesten Verfechter des alten Kurses entfernen wolle. Danach gab er seine anfängliche programmatische Zurückhaltung auf und prägte zwei Begriffe, die auch in die westlichen Sprachen Eingang finden sollten: Perestrojka und Glasnost.

Perestrojka bezieht sich auf sein Programm zur Umstrukturierung der Wirtschaft, zur Erhöhung der Leistungskraft und zur Verbesserung des Lebensstandards. Glasnost betrifft die Öffnung des sowjetischen Kulturlebens und der Medien, die Pläne zur Begrenzung der Zensur und zur Anregung freier Diskussionen über politische und kulturelle Fragen. Gorbatschow plädierte auch für mehr Demokratie in der Gesellschaft. So sollte bei jeder Partei- und Regierungswahl mehr als ein Kandidat antreten.

Die Gründe für Gorbatschows offensichtlichen Gesinnungswandel sind unklar. Vielleicht war es der Unfall im Reaktor von Tschernobyl im April 1986, der der Führung mit aller Deutlichkeit vor Augen führte, welche Gefahren Unaufrichtigkeit und öffentliche Vertuschung bergen können. Vielleicht hatte sich bei der Führung auch allmählich die Erkenntnis durchgesetzt, daß die Sowjetunion wirtschaftlich stagnierte und nicht nur hinter den westlichen Industriestaaten zurückgeblieben war, sondern sogar hinter einigen asiatischen Ländern. Ein weiterer Grund für Gorbatschows Reformoffensive mag in seinem kontinuierlichen Autoritätszuwachs gegenüber seinen Gegnern zu suchen sein.

Was auch immer als Erklärung zutreffen mag, Tatsache ist, daß Gorbatschow seit Ende 1987 die Notwendigkeit sowohl einer ökonomischen wie politischen Reform erkannte und einen massiven Angriff auf die Breschnew-Ära als »Periode der Stagnation« eröffnete. Auf einer Sonderkonferenz der KPdSU im Juni 1988 setzte er verfassungsrechtliche Änderungen durch, die Wahlen zu einem neuen Kongreß der Deputierten und einen neugestalteten Obersten Sowjet vorsahen, um mehr Menschen für die Regierungsarbeit zu interessieren und der weitverbreiteten Unzufriedenheit entgegenzuwirken. Gorbatschows Wirtschaftsreform sah die finanzielle Selbstverantwortlichkeit der Industriebetriebe vor, erlaubte Einzelpersonen kooperative Unternehmen auf dem Produktions- und Dienstleistungssektor zu gründen und gestattete Bauern und in landwirtschaftlichen Kollektiven Tätigen, ihr Land zu verpachten. Ferner wurde eine Verbesserung der lange vernachlässigten Sozialfürsorge sowie der medizinischen Versorgung angestrebt.

Während die Wirtschaftsreform durch einen starken bürokratischen und ideologischen Widerstand behindert wurde, war Gorbatschows Glasnost-Programm erfolgreicher. In Moskau, Leningrad und anderen Städten entstanden informelle Gruppen, die verschiedene Anliegen vertraten, zum Beispiel ethnische Vereinigungen oder Verfechter des Umweltschutzes. Der Stalinismus wurde heftig angegriffen, und viele prominente Opfer der Säuberungen, unter ihnen der bolschewistische Theoretiker Bucharin, erfuhren eine Rehabilitierung durch die Partei.

Auch in der Frage der Menschenrechte vertrat Gorbatschow eine liberalere Auffassung als seine Vorgänger. Die Zahl der Juden und deutschstämmigen Bürger, die eine Ausreisegenehmigung erhielten, stieg steil an. Prominente Vertreter der Dissidentenbewegung der 70er Jahre wie der jüdische Oppositionelle Anatolij Scharanskij und der Kernphysiker Andrej Sacharow (gest. 14. Dezember 1989) wurden aus der Haft beziehungsweise aus der Verbannung entlassen, ebenso viele andere aus politischen oder religiösen Gründen Inhaftierte. Neue Bestimmungen ächteten ferner den Mißbrauch der Psychiatrie.

Entgegen der bisherigen sowjetischen Politik kam Gorbatschow auch den prominenten Emigranten entgegen, besonders den Kulturschaffenden, die während der Breschnew-Jahre das Land verlassen hatten. So durften zum Beispiel die Ballettänzer Rudolf Nurejew und Natalia Makarowa, der Regisseur Jurij Ljubimow und der Schriftsteller Andrej Sinjawskij besuchsweise zurückkehren. Künstlern, Musikern und sogar gewöhnlichen Bürgern erleichterte man Auslandsreisen und die Möglichkeit, dort beruflich tätig zu sein.

Als Folge der größeren Freiheit erwachte in der ganzen Sowjetunion ein neues Nationalitätengefühl. Die Entlassung des kasachischen Parteiführers 1986 führte zu Unruhen in der kasachischen Hauptstadt Alma Ata. Im Jahr 1988 brachen alte Feindschaften in den Kaukasusrepubliken Armenien und Aserbaidschan gewaltsam wieder auf, die sich nicht eindämmen ließen und Anfang 1990 in einem regelrechten Bürgerkrieg eskalierten. In den baltischen Republiken Estland, Lettland und Litauen streben Volksfrontorganisationen die Unabhängigkeit an. Die Kommunistischen Parteien Lettlands und Litauens haben bereits den Bruch mit der Moskauer Zentrale vollzogen. Schwelender Nationalismus hat auch die Weißrussische und die Moldauische SSR, die Ukraine und Georgien erfaßt, wo man ebenfalls Forderungen nach Autonomie erhebt. Das weitere Schicksal des sowjetischen Reformkurses und damit das von Gorbatschow selbst wird davon abhängen, ob sich diese Auflösungserscheinungen im Innern stoppen lassen, und auf die Entwicklung des Warschauer-Pakt-Systems, nachdem mit der DDR und Rumänien auch die letzten starr kommunistischen Bastionen gefallen sind.

### Die Kunst vom Sozialistischen Realismus bis zu den 80er Jahren

Die Beendigung der Neuen Ökonomischen Politik (NEP), die Aufstellung der Fünfjahrespläne und die wachsende Macht Stalins hatten auch einen Gesinnungswandel im kulturellen Leben der Sowjetunion bewirkt. Im Jahr 1929 trat Anatolij Lunatscharskij, der erste Volkskommissar für Aufklärung (d. h. Minister für Bildung und Kunst) zurück. Lunatscharskij, Autor symbolistischer Bühnenstücke, war eine kultivierte und wohlwollende Persönlichkeit und noch von Lenin ernannt worden, um das Vertrauen der Intellektuellen zu gewinnen. Die 30er Jahre begannen mit der unbestrittenen Vorherrschaft der »proletarischen« Organisationen: RAPP in der Literatur und ACHRR in der Kunst. Im Jahr 1932 aber erließ das Zentralkomitee unerwartet ein Dekret, das alle literarischen und künstlerischen Zirkel, einschließlich der proletarischen, verbot. Viele sahen diese Befreiung von propagandistischen Verpflichtungen als willkommene Entlastung an.

Es zeigte sich aber bald, daß die Künste umgehend einer viel strengeren Kontrolle unterworfen wurden. Es gab ständige Überprüfungen und eine umfassende Zensur. Ab 1934 wurde als einziger künstlerischer Weg der Sozialistische Realismus propagiert, der auf drei, kaum übersetzbaren Prinzipien beruhte: *idejnost* (Vorhandensein erkennbarer Ideen), *partijnost* (Übereinstimmung mit der Kommunistischen Partei) und *narodnost* (Volkstümlichkeit). Was der Sozialistische Realismus in der Praxis bedeutete, ist nicht immer leicht zu erkennen. Er wurde spöttisch definiert als »Lobpreisung der Führer mit Mitteln, die sie verstehen können.«

Allerdings gab es immer noch echte Talente, und es tauchten sogar neue auf, wie der Romancier Michail Scholochow (1905–1984), der in seinem Hauptwerk *Der stille Don* (1928–1940) das Leben der Kosaken vor und nach der Revolution schilderte und 1965 den Literatur-Nobelpreis erhielt. In der Lyrik wurde Pasternak für wenige Jahre beinahe der sowjetische Poeta laureatus. In der Musik erlebte Dmitrij Schostakowitsch (1906–1975) einen glänzenden Aufstieg. Die Musik als abstrakteste der Künste war zweifellos am schwersten mit der Terminologie des Sozialistischen Realismus zu definieren. Sie hatte in den späten 40er Jahren besonders zu leiden, als praktisch jeder Komponist mit eigenen Vorstellungen scharfer Kritik unterzogen wurde. In den bildenden Künsten verzögerte die Erneuerung der gegenständlichen Darstellung den Einfluß der neuen Doktrin. Zahlreiche Künstler, alte wie jüngere Begabungen, vollbrachten einfallsreiche und anregende Arbeiten. Theater und Kino zogen sich allmählich auf das konventionelle Genre zurück, ohne daß sie gänzlich an Interesse verloren, aber der kühne und freimütige Meyerhold wurde verhaftet und erschossen.

In den traumatischen Jahren 1937 und 1938 war es das beste für Schriftsteller und Künstler, sich unterwürfig zu verhalten. Zu den Opfern unter den Literaten gehören Mandelschtam, Babel und der Romanautor Pilnjak. Sabolozkij war nahezu der einzige etablierte Schriftsteller, der die Lagerhaft überlebte und darüber berichten konnte. In den Kriegsjahren 1941–1945 lockerten sich die Zwangsmaßnahmen, denn jetzt gab es echte Feinde statt der eingebildeten. In dieser Zeit entstand gute Lyrik. Aber erneute Angriffe auf Schriftsteller (besonders auf Anna Achmatowa und den Satiriker Michail Soschtschenko) 1946–1948 führten bis nach Stalins Tod zu einer Erstarrung. Einige Autoren zogen es vor, in der hermetisch abgeschlossenen Atmosphäre der Sowjetunion »für die Schublade« zu schreiben. Zwei beachtliche Werke, die viel später publiziert wurden, sind die Romane *Der Meister und Margarita* von Bulgakow und *Doktor Schiwago* von Pasternak.

Obgleich der Roman *Tauwetter* des späten Ilja Ehrenburg der politischen Periode den Namen gab, die Mitte der 50er Jahre begann und etwa ein Jahrzehnt dauerte, sind seine in den 60er Jahren publizierten Memoiren ein viel deutlicheres Dokument der beginnenden Entspannung. Der Optimismus der Kulturszene rührte zum Teil von dem Gefühl her, daß die Sowjetunion wieder zur kulturellen Welt gehören könnte. Es wird zuweilen im Ausland angenommen, daß sowjetische Schriftsteller oder Künstler als »offiziell« oder »inoffiziell« eingeordnet werden können, aber die Situation war nie dieser Art. Chruschtschow traf abwechselnd strenge und nachsichtige Entscheidungen, vermied aber eine umfassende Repression.

Das »Tauwetter« ermutigte neue Talente, stärkte jene, die die Stalinjahre durchlebt hatten und führte zu Wiederentdeckungen. An der Spitze der neuen Autoren standen die Lyriker, vor allem Jewgenij Jewtuschenko (geb. 1933) und Andrej Wosnesenskij (geb. 1933). Bald erschienen auch neue Prosawerke wie die Erzählungen von Jurij Kasakow (geb. 1927). Weiter zu nennen sind Wladimir Solouchin, Wladimir Axjonow und Wladimir Schukschin, der daneben ein bekannter Filmregisseur gewesen ist. In der Kunst wurden die großen Sammlungen der französischen Moderne in Moskau und Leningrad wiederentdeckt, aber russische Modernisten wie Malewitsch blieben in den Magazinen. Schostakowitsch, der während seiner Laufbahn abwechselnd öffentliches Lob und Denunziationen hinnehmen mußte, kam ebenfalls zu neuen Ehren. Bis zu seinem Tod 1975 hatte er 15 Symphonien und dieselbe Zahl an Streichquartetten vollendet.

Die erneute Stagnation unter Breschnew setzte allmählich in den späten 60er Jahren ein. Zu ihren düsteren Aspekten gehörten der Prozeß und die Haftstrafe (1966) für Andrej Sinjawskij und Julij Daniel sowie die Ausweisung (1974) von Alexander Solschenizyn (geb. 1918), der zu Ruhm gelangte, als seine Erzählung *Ein Tag im Leben des Iwan Denissowitsch* mit dem Tabu brach, sich mit dem Gulag zu beschäftigen. Die Erzählung erschien 1962 in der bedeutenden »liberalen« Monatsschrift *Nowy Mir.* Die Romane *Der erste Kreis der Hölle* und *Krebsstation* brachten ihm 1970 den Nobelpreis. Unter Breschnew wurden alle Formen von Dissidententum angeprangert und immer häufiger mit Deportation und Verlust des Bürgerrechts geahndet. Manchmal hatten die zwangsweise Ausgewiesenen im Ausland großen Erfolg wie der Lyriker und Nobelpreisträger Iosif Brodskij (geb. 1940), manchmal gerieten sie in Vergessenheit, aber insgesamt hatten diese Vorgänge in der Weltöffentlichkeit katastrophale Auswirkungen für das Sowjetregime.

Zu den bedeutendsten Talenten, die der Sowjetunion verloren gingen, zählen der Regisseur Andrej Tarkowskij (1932–1986) und der Direktor des Moskauer Taganka-Theaters Jurij Ljubimow (geb. 1917). Jedoch war die Breschnew-Regierung bei weitem nicht so repressiv wie die Stalins, und in allen Bereichen der Kunst konnte eine lebendige »Untergrund«-Kultur existieren, zumindest dann, wenn sie nicht zu sehr in Erscheinung trat. Exemplarisch hierfür waren die Liedermacher. Es sollte auch erwähnt werden, daß die nicht-russischen Nationalitäten viel zur russischsprachigen Literatur in den letzten drei Jahrzehnten beigetragen haben. Die »offizielle« Presse förderte die interessante Entwicklung einer »Dorfprosa«-Schule, die sich intensiv mit den Problemen auf dem Land auseinandersetzte.

Die Jahre seit 1985 haben ein weit umfassenderes »Tauwetter« als unter Chruschtschow gebracht. Wichtige neue Autoren sind bisher noch nicht hervorgetreten, aber der Prozeß der Wiederentdeckung und Veröffentlichung früherer »Tabu«-Werke (beispielsweise von Mandelschtam und Pasternak) ist inzwischen weit gediehen. Die Ausstellung von Kandinskij, Malewitsch, Chagall, Popowa, Filonow und anderer Maler in der Tretjakow-Galerie war für die Russen ein ganz ungewöhnliches Ereignis. Auch ist eine vitale künstlerische Avantgarde hervorgetreten. Besondere Bedeutung kommt langfristig den Anzeichen zu, die auf eine Rückkehr von Emigranten der Breschnew-Ära schließen lassen.

# DRITTER TEIL

# DIE REGIONEN DER SOWJETUNION

Der Schlußabschnitt dieses Atlanten behandelt die verschiedenen Teile und Völker, aus denen sich die Sowjetunion zusammensetzt. Die Union der Sozialistischen Sowjetrepubliken (UdSSR) umfaßt zwar weitgehend das Territorium des früheren Russischen Reiches, ist aber nach der Verfassung vom 7. Oktober 1977 eine Föderation von 15 Republiken (SSR), die jeweils eigene Regierungen besitzen und theoretisch jederzeit aus der Union ausscheiden können. In der Praxis jedoch ist die Regierung und Verwaltung der Regionen auf vielfache Weise der Unionsregierung untergeordnet. Die politischen Entwicklungen in den letzten Jahren haben in einer ganzen Reihe von Republiken (Baltikum, Georgien, Moldauische SSR, Armenien, Aserbaidschan, Weißrußland und Ukraine) diese verfassungsmäßige Eigenständigkeit in den Brennpunkt des Interesses gerückt, und fast überall in der Sowjetunion wird die Nationalitätenfrage einer neuen Bewertung unterzogen. Die Nationalitäten bilden ein kompliziertes Mosaik. Es werden über hundert Sprachen gesprochen, und in national heterogenen Republiken gibt es Autonome Sozialistische Republiken (ASSR) und Autonome Gebiete (AO), wodurch ethnischen Gruppen ein gewisses Maß an lokaler Selbständigkeit gewährt wird, die sich allerdings zumeist auf den kulturellen Bereich beschränkt.

Es ist nicht die Aufgabe dieses Abschnitts, detaillierte Statistiken über die verschiedenen Teile der UdSSR zu bringen, noch will er deren Geschichte vollständig dokumentieren. Statt dessen findet der Leser ein geographisches und kulturelles Kurzporträt in Form von Texten, Karten und Fotografien, so daß er sich über die jeweilige Lage der Republiken, ihre Menschen und Ressourcen, die Hauptstränge ihrer historischen Entwicklung und ihre Eigenart informieren kann.

Moskau
WEISSRUSSISCHE, UKRAINISCHE UND MOLDAUISCHE SSR
WEISSRUSSISCHE SSR
UKRAINISCHE SSR
Moldauische SSR
DONBAS
KRIM
SCHWARZES MEER
ASOWSCH
Polozk
Westl. Dwina
Witebsk
Lepel
Molodetschno
Orscha
Borisow
Beresina
Grodno
Lida
Neman (Memel)
Minsk
Mogiljow
Kritschew
Sosch
Slonim
Baranowitschij
Sluzk
Bobruisk
Rogatschow
Soligorsk
Beresa
Brest
Pinsk
Gomel
Retschiza
Dawid-Gorodok
Pripjet
Mosyr
Dnjepr
Kowel
Sarny
Slutsch
Schostka
Desna
Tschernigow
Seim
Konotop
Styr
Bug
Luzk
Rowno
Nowograd Wolynskij
Korosten
Teterew
Neschin
Bachmatsch
Sula
Sumy
Lwow
Brody
Schepetowka
Schitomir
Kiew
Borispol
Priluki
Psel
Ternopol
Berditschew
Belaja Zerkow
Grebenka
Lubny
Styrj
Dnjestr
Chmelnizkij
Kasatin
Ros
Iwano-Frankowsk
Winniza
Tscherkassy
Smela
Poltawa
Krasnograd
Schebelinka
Kolomyja
Schmerinka
Kamenez-Podolskij
Krementschug
Chotin
Tschernowzy
Mogiljow-Podolskij
Uman
Dnjepr
Samara
Pawlograd
Snamenka
Kirowgrad
Dneprodserschinsk
Dnjepropetrowsk
Soroki
Juschnij
Balta
Perwomaisk
Dolinskaja
Belzy
Prut
Kriwoj Rog
Saporoschje
Nikopol
Kamenka-Dneprowskaja
Wosnesensk
Kischinew
Kogilnik
Tiraspol
Bendery
Nikolajew
Cherson
Melitopol
Berdjan
Odessa
Komrat
Belgorod-Dnestrowskij
Perekop
Ismail
Dschankoj
Jewpatorija
Kertsch
Simferopol
Feodosija
Sewastopol
Jalta
Maßstab 1 : 5 100 000
0
150 km
0
100 Meilen
20°
24°
28°
32°
52°
48°
44°
Nutzholz
Weideland, Viehhaltung (Rinder, Schweine)
Anbau von Feldfrüchten (Flachs, Kartoffeln) und etwas Weideland
Intensiver Anbau von Feldfrüchten (Zuckerrüben, Sonnenblumen, Weizen, Gerste)
Gartenbau
Hauptsächliche Agrarprodukte für den Handel
Baumwolle
Wein
Obst
Tabak
Fischereihafen
Straße
Eisenbahn
Industrien
Grundstoffindustrie
Schwerindustrie
Leichtindustrie oder Manufakturen
Dienstleistungsindustrie
Kraftwerke
Kohle
Öl
Gas
Fe Eisenerz
T Torfbruch

# DIE WEISSRUSSISCHE, MOLDAUISCHE UND UKRAINISCHE SSR

| SSR | Weißrußland | Moldauische SSR | Ukraine |
|---|---|---|---|
| Größe | 207 600 km² | 33 700 km² | 603 700 km² |
| Bevölkerung | 10,1 Mill. (1987) | 4,2 Mill. (1987) | 51,2 Mill. (1987) |
| Hauptstadt | Minsk | Kischinew | Kiew |
| Einwohnerzahl der Hauptstadt | 1 543 000 (1986) | 624 000 (1985) | 2 544 000 (1986) |
| Erste Sprache | Weißrussisch | Moldauisch | Ukrainisch |

Diese drei Republiken bilden die westlichen Grenzländer der Sowjetunion. Verglichen mit vielen anderen Gebieten bringt ihre Landwirtschaft gute Erträge. Das Kontinentalklima ist weniger extrem, und die Niederschlagsmenge höher als anderswo. Weite Teile der Ukraine und der Moldauischen SSR sind mit fruchtbarer »schwarzer Erde« *(tschernosem)* gesegnet. In Weißrußland wird die Steppe von den ärmeren Böden des Mischwaldes verdrängt. Im Grenzgebiet von Ukraine und Weißrußland finden sich viele Wälder, Seen, Flüsse und Sümpfe. Dieser Raum wurde zum Teil von dem Reaktorunglück in Tschernobyl (26. April 1986) in Mitleidenschaft gezogen.

Die Ukrainer und Weißrussen sind Ostslawen, deren Sprache erst seit dem späten Mittelalter eine Eigenentwicklung gegenüber dem Russischen genommen hat. Nach dem Tatareneinfall 1240 kamen Weißrußland und die Ukraine mehrere Jahrhunderte lang unter die Herrschaft Litauens und danach Polens, und ihre herrschende Schicht gehörte der römisch-katholischen Kirche an. Das Gebiet der heutigen Moldauischen SSR hingegen wurde über Jahrhunderte von den osmanischen Türken beherrscht und blieb orthodox. Die Sprache der Moldauer ist im wesentlichen identisch mit dem Rumänischen. Im frühen 19. Jahrhundert mußten die Osmanen das Moldau-Gebiet (Bessarabien) an Rußland abtreten. 1862 wurde es mit der Walachei zum Staat Rumänien zusammengefaßt. Nach dem Ersten Weltkrieg gewann der wieder unabhängige polnische Staat große Teile der westlichen Ukraine und Weißrußlands zurück (diesen Regionen blieben dadurch die schlimmsten Exzesse des stalinistischen Terrors in den 30er Jahren erspart). Nach dem Zweiten Weltkrieg schob die UdSSR ihre Grenze nach Westen vor und kam wieder in den Besitz aller Gebiete, die historisch zur Ukraine und zu Weißrußland gehörten.

Blick auf das Hochland der Karpaten *(rechts)*, das in starkem Kontrast zu dem offeneren, welligen Land der Ukraine weiter im Osten steht *(unten rechts)*. Das am Fuß der Karpaten liegende »Ruthenien« wurde erst nach dem Zusammenbruch Österreich-Ungarns im Jahre 1918 in die Ukraine eingegliedert.

# Weißrußland

Die Weißrussische (Belorussische) Republik besitzt die fünftgrößte Einwohnerzahl unter den Republiken der Sowjetunion, und wie die Ukrainische SSR hat sie einen Sitz bei den Vereinten Nationen. Nach Süden zu ist sie durch dichte Wälder und die Pripjet-Sümpfe abgegrenzt, im Norden liegt das Land durch eiszeitliche Moränenbildung höher, auch sind die Böden hier trockener. Die Westliche Dwina bildet einen historischen Verkehrsweg zur Ostsee. An der polnischen Grenze gibt es ein berühmtes Waldgebiet (Beloweschskaja Puschtscha), wo die letzten europäischen Wisente in freier Wildbahn leben.

Historisch gesehen, geht die Weißrussische SSR auf das bedeutende Kiewer Fürstentum Polozk zurück, das praktisch unabhängig war. Mit dem Einfall der Tataren fiel es an die Großfürsten von Litauen. Nach Vereinigung der litauischen und polnischen Krone 1569 hatte Weißrußland an der polnischen Renaissance-Kultur des 16. und 17. Jahrhunderts teil. Etwa ein Viertel der Bevölkerung wurde katholisch. Erst mit den Teilungen Polens im späten 18. Jahrhundert wurde der größte Teil Weißrußlands dem Russischen Reich eingegliedert.

Im Zweiten Weltkrieg hatte Weißrußland durch die deutsche Wehrmacht stärkere Verluste zu erleiden als jedes andere Gebiet der Sowjetunion. Während der deutschen Okkupation von 1941–1944 waren anderthalb Millionen Weißrussen östlich der Wolga evakuiert, ein großer Teil der jüdischen Bevölkerung floh ins Ausland, und mehr als drei Viertel der Städte und Ortschaften wurden zerstört. Durch engagierten Neuaufbau waren hier Ende der 70er Jahre die Stadtentwicklung und das industrielle Wachstum aber höher als in den übrigen Gebieten der Sowjetunion.

Die nach wie vor wichtigsten Erwerbszweige sind die Holzwirtschaft und der Kartoffelanbau, der durch kühle, nasse Sommer und die sandigen Böden begünstigt wird. Die Kartoffeln gehen in die ganze Sowjetunion und finden auch Verwendung als Tierfutter und für die Destillation des Nationalgetränkes Wodka. Ein Drittel des Territoriums ist bewaldet. Die geschlagenen Baumstämme werden auf den zahlreichen Seen und Flüssen zu den Fabriken geflößt, wo man Möbel und Bauholz herstellt. Bedeutend ist auch die Produktion von Ziegeln und Glas. Eine der größten Glasfabriken der Sowjetunion befindet sich in Gomel. Weite Gebiete mit den charakteristischen Torfmooren im Raum der Pripjet-Sümpfe wurden neuerdings trockengelegt, und der Torf speist viele Heizkraftwerke in der Republik. In Minsk gibt es eine große Motorenfabrik.

Die weißrussische Volksfront strebt die volle Souveränität der Republik an und hat in wirtschaftlicher Hinsicht schon eine größere Eigenständigkeit erreicht.

# Moldauische SSR

Das Territorium der heutigen Moldauischen Republik gehörte bis 1812 zum Fürstentum Moldau, das von den Osmanen abhängig war. 1812 annektierte Rußland das östliche Moldau-Gebiet (Gouvernement Bessarabien). 1918 erfolgte der Anschluß Bessarabiens an Rumänien. Aufgrund des deutsch-sowjetischen Abkommens im Jahr 1940 wurde es von Rumänien abgetrennt und mit der 1924 geschaffenen Moldauischen ASSR der Ukrainischen SSR vereinigt. Dadurch vergrößerte sich der moldauische Bevölkerungsanteil innerhalb der Republik erheblich, der bis dahin nur 66,5 Prozent ausgemacht hatte. Seither haben einwandernde Ukrainer und Russen diese heterogene Tendenz abermals verstärkt, so daß heute mehr als ein Drittel aller Familien in den Städten ethnisch gemischt sind. Im Zweiten Weltkrieg wurde Bessarabien wieder von den Rumänen besetzt, und erst der Vertrag von Paris 1947 gliederte es endgültig in die UdSSR ein.

Diese kleinste der Sowjetrepubliken besitzt inzwischen die größte Bevölkerungsdichte aller Republiken. Die Mehrheit der Menschen arbeitet in der Landwirtschaft, die hohe Erträge aufweist. Andererseits macht es der Mangel an Bodenschätzen schwer, die Industrie in Gang zu halten. Die Landwirtschaft profitiert nicht nur von der fruchtbaren schwarzen Erde, sondern auch von dem sehr günstigen Klima. Die Vorteile langer, warmer Sommer, milder Winter und mittlerer Niederschlagsmengen werden durch Bewässerungssysteme ergänzt, die durch Prut und Dnjestr gespeist werden. Die landesüblichen Erzeugnisse sind Obst, Gemüse, Nüsse, Mais, Winterweizen, Sonnenblumen und vor allem Wein (ein Drittel des sowjetischen Weins stammt aus der Moldauischen SSR). Die Industrie ist weitgehend auf die Landwirtschaft abgestimmt: Konservenfabriken, Fleischverarbeitung, Textilmanufakturen, Zuckerraffinerien, Düngemittelproduktion und Holzverarbeitung (das Nutzholz kommt aus der bewaldeten Steppe der nördlichen Region).

*Oben:* In Kischinew, der Hauptstadt der Moldauischen SSR, wird eine Straße geteert. Es gibt hier relativ gute Straßen, während dies in vielen anderen Teilen der Sowjetunion noch die Ausnahme ist.

*Links:* Frühling in Zybuljowka im Dubosary-Gebiet der Moldauischen SSR. Fruchtbarer Boden und ein freundliches Klima ermöglichen es den Bewohnern dieser Sowjetrepublik, eine Vielzahl an landwirtschaftlichen Produkten anzubauen. Überregionale Bedeutung haben der Wein- und Obstanbau, aber auch Getreide, Sonnenblumen, Zuckerrüben, Gemüse, Tabak und Kartoffeln spielen hier eine wichtige Rolle.

*Unten:* Anbau von Salbei in einer Versuchsanstalt, die sich der Gewinnung pflanzlicher Öle widmet.

# Ukraine

Der Name Ukraine bedeutet »Grenzland« und bezog sich anfangs auf die Gebiete östlich des Dnjepr, also auf die öde und weitgehend unbewohnte Steppe, die nur sehr langsam besiedelt wurde. Hierbei und bei der Herausbildung eines spezifisch ukrainischen Nationalgefühls spielten die Kosaken eine Schlüsselrolle. Sie lebten am Unterlauf des Dnjepr (Saporoger Kosaken) und des Don. Erst seit den 80er Jahren des 18. Jahrhunderts war die Steppe bis zum Schwarzen Meer in sicherer Hand des Moskauer Reiches und wurde später für die Landwirtschaft nutzbar gemacht. Odessa war zeitweilig ein großer Exporthafen für Getreide. Stalins Kollektivierung der Landwirtschaft hatte in der Ukraine verheerende Folgen und führte dort zu Millionen von Toten. Von diesem Terror und von den Verwüstungen des Zweiten Weltkrieges hat sich diese Region nun langsam wieder erholt.

Die Ukraine ist mit über 50 Millionen Einwohnern die bei weitem volkreichste Republik der Sowjetunion nach der RSFSR und hat einen Sitz in den Vereinten Nationen. Ihre Industrie wie ihre Landwirtschaft sind für die Ökonomie der Sowjetunion von großer Bedeutung. Hier wird nicht nur weiter Kohle abgebaut und für die Stahlproduktion verkokt, sondern es entstanden auch neue nahrungsmittelverarbeitende Industrien. Weizen, Gerste, Zuckerrüben und Sonnenblumen bilden die Grundlage für den Lebensunterhalt der Landbevölkerung. Daneben hält sie Schafe, Ziegen und Geflügel. Das Becken von Donez und Dnjepr im Osten ist hingegen stark urbanisiert und weist eine zunehmende Zahl von Russen unter seinen Bürgern auf.

Das ganze Gebiet hat seine industrielle Vorrangstellung bewahrt, obwohl es in Sibirien billiger zu erschließende und höherwertige Ressourcen gibt. Die günstige Lage des Donez-Dnjepr-Beckens für die Märkte der europäischen Sowjetunion und das hochentwickelte Eisenbahn- und

*Rechts:* Das Äußere der Sophien-Kathedrale in Kiew aus dem 18. Jahrhundert mit Zwiebelkuppeln und Barockverzierungen überdeckt den byzantinischen Stil dieses Baus aus dem 11. Jahrhundert.

Schiffahrtsnetz haben große Investitionen bewirkt. Die rund 400 Kohlebergwerke des Donez-Beckens (Donbass) fördern immer noch mehr als die Hälfte des Kokses der Sowjetunion und 31 Prozent der Kohle. Die Stahlwerke erzeugten 1980 noch 36 Prozent des gesamten Stahls. Das bedeutendste Stahlwerk ist Kriwoj Rog, wenn es auch nicht mehr die Qualität liefern kann, die für Präzisionstechnik nötig ist.

Der ukrainische Stahl wird sehr oft für den Bau von Mähdreschern und in der Konservenindustrie verwendet. Auch die Gasindustrie spielt eine wichtige Rolle. Schebilinka ist eines der ergiebigsten Erdgasvorkommen der Sowjetunion.

Andere Industrien sind auf die Verarbeitung der gewaltigen landwirtschaftlichen Produktion abgestimmt: Getreidemühlen, Zuckerraffinerien, die Ölgewinnung aus Sonnenblumenkernen und die Fleischverarbeitung. Der arbeitsintensive Anbau von Zuckerrüben findet sich vor allem in der nördlichen Ukraine. Der Getreidegürtel des Südens ist im Sommer immer dem trockenen heißen Ostwind *(suchowej)* ausgesetzt, der die Ernte durch Austrocknung gefährden kann.

*Links:* Fassadendekor an einem Haus in Odessa. Im neoklassizistischen Stil von St. Petersburg erbaut, erlebte Odessa seine größte Zeit als Freihafen in der ersten Hälfte des 19. Jahrhunderts. Im Bürgerkrieg nach 1918 wurde es stark beschädigt und im Zweiten Weltkrieg von den Deutschen besetzt, aber viele ältere Gebäude und Viertel blieben erhalten und erinnern an eine kosmopolitische Vergangenheit.

*Unten:* Urlauber drängen sich am Strand von Jalta, dem Ferienort auf der Krim am Schwarzen Meer. Das trockene Mittelmeerklima dieses Küstenstreifens, der durch das Jaila-Gebirge vom Nordwind abgeschirmt wird, ist schon seit langem ein Besuchermagnet. Schon Tschechow suchte hier Genesung von seinem Lungenleiden. Merkmal der Küste sind heute die großen Ferienkomplexe, die Gewerkschaften und anderen staatlichen Einrichtungen gehören. Alte Paläste mit ihren wunderbaren Gärten werden als Museen erhalten.
Die einheimischen Krimtataren im Innern der Halbinsel wurden von Stalin während des Zweiten Weltkriegs deportiert, und die meisten Bewohner sind heute russischer Abstammung. Verwaltungsmäßig ist die Krim Teil der Ukrainischen SSR.

*Oben:* Die Erntezeit im September bringt in der Ukraine fieberhafte Aktivität, denn Feldfrüchte wie Kohl können hier nicht auf dem Acker überwintern, wie das in gemäßigterem Klima der Fall ist.
Die Ukraine verdankt ihren Wohlstand zum großen Teil der außergewöhnlich fruchtbaren schwarzen Erde *(tschernosem)*. Das riesige Ausmaß der dortigen Felder geht auf Stalin zurück, der das Ackerland in große Kolchosen umwandelte. Eigentümer dieser Kolchosen sind die Mitglieder der Kollektive, ihr Einkommen hängt von der Produktivität ihres Landes ab. Das bedeutet aber nicht, daß sie frei entscheiden können, was oder wieviel sie anbauen, da auch die Agrarpolitik zentral gelenkt wird. Eine andere Form der landwirtschaftlichen Organisation ist das Staatsgut (Sowchose), auf dem die Arbeiter bezahlte Angestellte sind. Diese landwirtschaftlichen Betriebe sind häufig spezialisiert, zum Beispiel auf Forstwirtschaft oder Rinderzucht.

*Links:* Ein Jäger mit einem erlegten Wolf aus dem Naturschutzgebiet Saleskij in der Ukraine. Nachdem die Wölfe geschützt wurden, wuchs ihr Bestand schnell an und erfordert regelmäßige Auslese. Die UdSSR hat etwa 150 Naturschutzgebiete eingerichtet, was ein wachsendes Umweltbewußtsein und Interesse an der Ökologie widerspiegelt.

Das ländliche und das städtische Estland: Heumachen nach althergebrachten Methoden an der Ostseeküste *(rechts oben)* und ein Blick auf die Hauptstadt Tallinn *(rechts)*. Einige schöne Bauwerke aus dem Mittelalter blieben in Tallinn erhalten und erinnern an seinen Reichtum in den Tagen der Hanse.

# DIE BALTISCHEN REPUBLIKEN

| SSR | Estland | Lettland | Litauen |
|---|---|---|---|
| Größe | 45 000 km² | 63 700 km² | 65 200 km² |
| Bevölkerung | 1,6 Mill. (1987) | 2,6 Mill. (1987) | 3,6 Mill. (1987) |
| Hauptstadt | Tallinn (Reval) | Riga | Vilnius (Wilna) |
| Einwohnerzahl der Hauptstadt | 464 000 (1985) | 900 000 (1986) | 544 000 (1985) |
| Erste Sprache | Estnisch | Lettisch | Litauisch |

Seit dem frühen Mittelalter hat die baltische Küstenregion immer wieder Eroberer und Abenteurer angelockt, aber das Binnenland blieb in den Händen der angestammten Bewohner, der Litauer, Letten und Esten, deren unterschiedliche Sprachen und Lebensweisen bis heute überdauert haben. Alle drei Völker bedienen sich der lateinischen statt der kyrillischen Schrift. Die Schweden gliederten den größten Teil dieses Raumes in ihr Ostseereich ein. Zar Iwan IV. (1533–1584) kämpfte vergeblich um einen festen Stützpunkt im Baltikum, aber Peter I. (1682–1725) hatte schließlich Erfolg. Litauen und Kurland (Südlettland), die mit der polnischen Krone verbunden waren, teilten deren Schicksal und wurden 1795 russisch. Zwischen den zwei Weltkriegen waren alle drei Länder unabhängige Staaten. Die Sowjetunion annektierte sie 1940, wurde durch Hitlers Invasion 1941 wieder vertrieben und nahm sie gegen Ende des Krieges erneut in Besitz.

In den baltischen Republiken spielt das Nutzholz aus den weiten Waldgebieten eine wichtige wirtschaftliche Rolle, desgleichen der Schiffsbau, die Präzisionstechnik und andere Industrien. In den Küstenstädten ist das Fischereiwesen von großer Bedeutung. Moderne Eisbrecher sind normalerweise in der Lage, die baltischen Ostseehäfen im Winter offen zu halten. Torflager und Ölschiefervorkommen gibt es vor allem in Estland. Eine alte Quelle des Reichtums ist der Bernstein, der an der baltischen Ostsee-Küste in großen Mengen gefunden wird.

In allen drei Republiken ist in jüngster Zeit eine starke Unabhängigkeitsbestrebung gegenüber der Union zu verzeichnen. Die litauische und die lettische KP haben sich bereits von der KPdSU gelöst.

# Estland

Die Hauptstadt von Estland ist Tallinn (Reval), eine dänische Gründung des 13. Jahrhunderts. Sie zählt zu den besterhaltenen Hansestädten des Baltikums. Estland unterstand von 1346 an dem Deutschen Orden, fiel 1561 an Schweden und kam unter Peter I. im Nordischen Krieg (1700–1721) an das Zarenreich. 1918 erhielt es seine Unabhängigkeit. Nach dem Einmarsch sowjetischer Truppen wurde im August 1940 die Estnische SSR proklamiert. Nachdem der deutschen Besetzung (1941–1944) und den stalinistischen Säuberungen etwa ein Drittel der Bevölkerung zum Opfer gefallen war, wurde die Landwirtschaft kollektiviert und ein rigoroser Entwicklungsplan in Gang gesetzt. Heute besitzt Estland die effizienteste und modernste Wirtschaft in der Sowjetunion, und die Gehälter liegen 20 Prozent über dem nationalen Durchschnitt.

Der hohe Lebensstandard zieht immer noch viele Menschen aus anderen Gebieten an. Die Esten machen nur 64 Prozent der Bevölkerung aus und haben eine niedrige Geburtenrate. Ihre Entschlossenheit, ihr Kulturerbe zu bewahren, ist daran zu erkennen, daß während der 70er Jahre die Zahl der Russisch-Sprechenden von 29 auf 24 Prozent zurückging – entgegen dem Trend in den anderen Sowjetrepubliken. Dies hatte auch Einfluß auf das kulturelle Leben Estlands. Bühnenautoren konnten es sich leisten, offener zu sein als in Moskau oder Leningrad. Maler und Musiker der modernen Richtung wurden aus anderen Gebieten angezogen, und heute zählen das Ballett und das Symphonieorchester zu den besten der Sowjetunion. Wie auch in den anderen baltischen Republiken verstärkt sich seit der Gorbatschow-Regierung das Streben nach nationaler Unabhängigkeit.

Die Esten, deren Sprache zur finno-ugrischen Familie gehört, sind, ebenso wie die Letten, zumeist Lutheraner. Obwohl das Land steinig und feucht ist, übersteigt die Agrarproduktion in Estland den sowjetischen Durchschnitt um das Doppelte. Die Molkereiwirtschaft steht an erster Stelle und exportiert 90 Prozent ihrer Erzeugnisse in die übrigen Republiken. Eine weitere Hauptquelle des Wohlstandes stellen die Ölschieferlager im Norden dar. Der Ölschiefer wird zur Erzeugung von Elektrizität durch Wärmekraftwerke, zur Umwandlung in Gas für Fabriken und Wohnhäuser und zur Herstellung von Schweröl, Benzin und Chemikalien verwendet. Neben einer inzwischen hochentwickelten Textilindustrie, die ihr Zentrum in Narwa hat, nahmen auch der Schiffsbau und die Präzisionstechnik einen großen Aufschwung.

Die Läden sind ausreichend mit Waren versorgt, die Menschen gut gekleidet, Cafés und Restaurants werden viel besucht, aber Wohnraum ist in der Republik nur unzureichend vorhanden. Im allgemeinen werden Privathäuser bevorzugt, und die Regierung setzt sich dafür ein, daß die einzelnen Bauern Eigenheime errichten. Das Bildungsniveau ist hoch. In Tartu (früher Dorpat) befindet sich eine der großen Universitäten der Sowjetunion, die auf eine von den Schweden im 17. Jahrhundert gegründete Hochschule zurückgeht. Seit dem Zweiten Weltkrieg hat diese Universität einen einzigartigen Beitrag zum russischen wie baltischen Geistesleben geleistet.

*Unten:* Sonnenbad an einem Sandstrand in der Nähe von Tallinn. Der Finnische Meerbusen ist ein beliebtes Ziel für Sommerurlauber.

*Links:* Eine Konservenfabrik auf einer Kolchose in Estland.

# Lettland

Lettland wurde wie Estland nacheinander von fremden Mächten beherrscht: Im 13. Jahrhundert kamen die deutschen Ordensritter, später die Schweden und dann bis zum Ende des 18. Jahrhunderts die Polen. Darauf wurde es von Rußland annektiert, und während dieser Zeit ließen sich hier zahlreiche Deutsche nieder. Viele kamen auf Einladung Katharinas der Großen und haben die lettische Gesellschaft mitgeprägt. Um die Wende zum 20. Jahrhundert stellten Deutschstämmige fast die Hälfte der Bevölkerung, nur 23 Prozent waren Letten. Infolgedessen spielt die lutherische Kirche eine führende Rolle.

Lettland gehörte bis 1919 zum Russischen Reich. Danach erfreute es sich wie die anderen baltischen Republiken einer Periode der Unabhängigkeit, bis es 1940 an die Sowjetunion angegliedert und 1941 von den Deutschen besetzt wurde. Durch die Okkupation kamen eine halbe Million Letten ums Leben, und fast die gesamte jüdische Gemeinde wurde ausgelöscht.

Nach dem Zweiten Weltkrieg war eine völlige Umstrukturierung der Wirtschaft nötig. Ein Zustrom von Arbeitskräften aus der RSFSR, der Ukrainischen und Weißrussischen SSR veränderte allmählich die ethnische Zusammensetzung der Bevölkerung, so daß schließlich mehr als ein Drittel Nichtletten waren. Von der heutigen Bevölkerung sind 28 Prozent Russen. Das Lettische bildet gemeinsam mit dem Litauischen und dem ausgestorbenen

*Unten:* Volkstanz bei einem Gaudeamus-Fest der Studenten in Tallinn. Die Esten hängen besonders stark an dem reichen Erbe ihrer traditionellen Lieder und ihrer Volkskultur, die sie angesichts der fremden slawischen Einflüsse mit viel Enthusiasmus bewahren. Kulturell und sprachlich gehören sie zu ihren nördlichen Nachbarn, den Finnen.

*Unten rechts:* Das Freiheitsdenkmal in Riga, der Hauptstadt Lettlands, stammt aus dem Jahr 1935. Lettland war zwischen den beiden Weltkriegen unabhängig, und die schönen Boulevards außerhalb der mittelalterlichen Stadt wurden im wesentlichen in dieser Zeit gebaut.

*Links:* Blumenmarkt in Tallinn, einer wohlhabenden und kultivierten Stadt, die eine nordeuropäische Atmosphäre bewahrt und nichts Russisches an sich hat. Die alten Stadtmauern mit ihren zahlreichen Türmen tragen zu ihrem Zauber bei.

Altpreußischen den baltischen Zweig der indogermanischen Sprachfamilie.

Die Industrie expandierte schnell, ist aber zu stark im Raum von Riga konzentriert, die seit alter Zeit größte und internationalste der baltischen Städte. Riga hat eine lange Tradition im Ostsee- und Binnenhandel und ist durch Kanäle mit dem Dnjepr und der Wolga verbunden. Exportartikel sind Nutzholz und Möbel, Molkereiprodukte und Flachs. Zucker, Industrieausrüstungen, Düngemittel, Kohle und andere Rohstoffe, die die einheimische Industrie braucht, müssen eingeführt werden. Als Ostseehafen ist Riga ein wichtiges Zentrum des Schiffbaus und der Fischverarbeitung. Neuerdings verfügt es auch über moderne Industrien, die Traktoren, Busse, Eisenbahnwaggons sowie elektrische Geräte und Radios herstellen. Die Elektrizität wird entweder durch die vorhandenen Torfvorkommen erzeugt oder stammt von den Ölschieferwerken in Estland. Die Ostseestrände locken Urlauber aus vielen Gebieten der Sowjetunion an.

Im Januar 1990 hat der Oberste Sowjet Lettlands den Führungsanspruch der KP aus der Verfassung gestrichen und damit den Weg für ein Mehrparteiensystem geebnet.

*Links:* Eine lettische Windmühle aus Holz. Ein großer Teil Lettlands ist von der Vergletscherung geprägt, und die Böden sind kalt und naß. Feuchtes Frühlingswetter und Niederschläge im Sommer erschweren den Anbau von Feldfrüchten. Mischwald mit einem hohen Anteil an Nadelbäumen bedeckt weite Gebiete. Nutzholz spielt deshalb eine wichtige Rolle als Baumaterial in der Sowjetrepublik selbst und für den Export.

*Rechts:* In Juknaichai in Litauen leben 1800 Menschen auf einem Staatsgut, das nach dem 25. Kongreß der KPdSU benannt ist. Der Direktor des Staatsgutes und der Architekt erhielten 1988 den Leninpreis für ihren schöpferischen Entwurf. Die streng rechtwinkligen Wohnblocks im Vordergrund werden von Gebäuden abgelöst, die unregelmäßig angeordnet und im einheimischen Stil gebaut sind. Auf diese Weise wird das organische Wachsen eines Dorfes imitiert.

# Litauen

*Links:* Die Werft in Riga an der Mündung der Westl. Dwina in das südöstliche Ende der Rigaer Bucht. Die Stadt ist als bedeutender Hafen der östlichen Ostsee über die Westl. Dwina und Binnenlandkanäle mit dem Dnjepr- und dem Wolga-Becken verbunden.

*Links Mitte:* Riga war jahrhundertelang die Metropole der östlichen Ostsee. Es wurde durch die beiden Weltkriege schwer in Mitleidenschaft gezogen, als viele seiner mittelalterlichen Gebäude beschädigt oder zerstört wurden.

*Unten:* Hausbau in einer Kolchose der Region Kapsukski in Litauen. Wohnungsknappheit herrscht in vielen Teilen der Sowjetunion. Hier werden Anstrengungen unternommen, um den Umfang und die Qualität des vorhandenen Wohnraumes zu verbessern.

Das Litauische, das zum baltischen Zweig der indogermanischen Sprachfamilie gehört, hat mehr Eigentümlichkeiten des Urindogermanischen bewahrt als jede andere Sprache, die heute noch in Gebrauch ist. Das Großfürstentum Litauen begann vom 13. Jahrhundert an seine Herrschaft über Westrußland auszudehnen und überdauerte als selbständige Macht bis 1569, als sich Litauen und Polen zu einen Zweinationenstaat vereinigten. Dieser bestand bis zum Ende des 18. Jahrhunderts. Obwohl in der langen Periode bis 1918 das Russische Reich die Oberhoheit ausübte, wurden durch den Handel und insbesondere durch die römisch-katholische Kirche Verbindungen mit Polen und anderen europäischen Ländern aufrechterhalten. Großfürst Jagiello hatte den katholischen Glauben 1385 angenommen und zur Staatsreligion gemacht, obwohl die meisten seiner Untertanen Mitglied der russisch-orthodoxen Kirche waren. Selbst heute noch betrachten die Litauer den römischen Katholizismus als Teil ihrer nationalen Identität. Bis 1940, als Litauen nach 22 Jahren Unabhängigkeit wieder von Rußland annektiert wurde, spielte die Kirche eine wesentliche Rolle im täglichen Leben und in der schulischen Erziehung. Die Kirche wurde im Bund mit der Nationalen Volksfront, die 1974 aus einigen Menschenrechtsbewegungen hervorging, zur bedeutendsten Institution der nationalen Selbstbehauptung. Inzwischen hat sich auch die KP Litauens von der KPdSU losgesagt.

Mit der Sowjetisierung entstanden mehr landwirtschaftliche Kooperativunternehmen als in den beiden anderen baltischen Republiken. Die Folge war eine Entvölkerung des Landes und ein Zustrom in die Städte, die früher unbedeutend waren, sich jetzt aber rasch vergrößerten. Bis zum Jahr 1961, als eine Gaspipeline durch die Litauische SSR verlegt wurde, basierte die Stromerzeugung auf den vorhandenen Torflagern oder auf importierter Kohle. Jetzt begann eine industrielle Wachstumsphase, in der eine Reihe chemischer Werke entstanden. Zur gleichen Zeit gelang es, das Marschland effizienter zu bewirtschaften. Die Bedingungen sind ideal für Milchwirtschaft und Viehzucht, und neue, intensive Agrarmethoden ermöglichten es, die Viehfutterproduktion optimal zu erhöhen und üppige Weiden zu schaffen.

Die Republik Litauen hat auch eine beachtliche Industrie für Werkzeugmaschinen und verfügt zusammen mit dem angrenzenden Kaliningrader Bezirk (dem früheren Ostpreußen) über zwei Drittel des gesamten Weltvorkommens an Bernstein.

*Oben:* Milchvieh auf einem Staatsgut in Litauen. Viele Landarbeiter sind Frauen. Doch blieben die Männer in der Überzahl, wie im Westen, wo die Landwirtschaft stark mechanisiert ist.

*Links:* Eine politische Demonstration auf dem Gediminas-Platz in Wilna, der Hauptstadt von Litauen, im November 1988. Sie wurde von der litauischen Bewegung Sajudis organisiert, um für die Prinzipien der Perestrojka einzutreten. Der Nationalismus in Litauen und Estland (in Lettland in geringerem Maß) bedient sich des Schlagwortes Perestrojka, um die eigene Unabhängigkeit voranzutreiben.

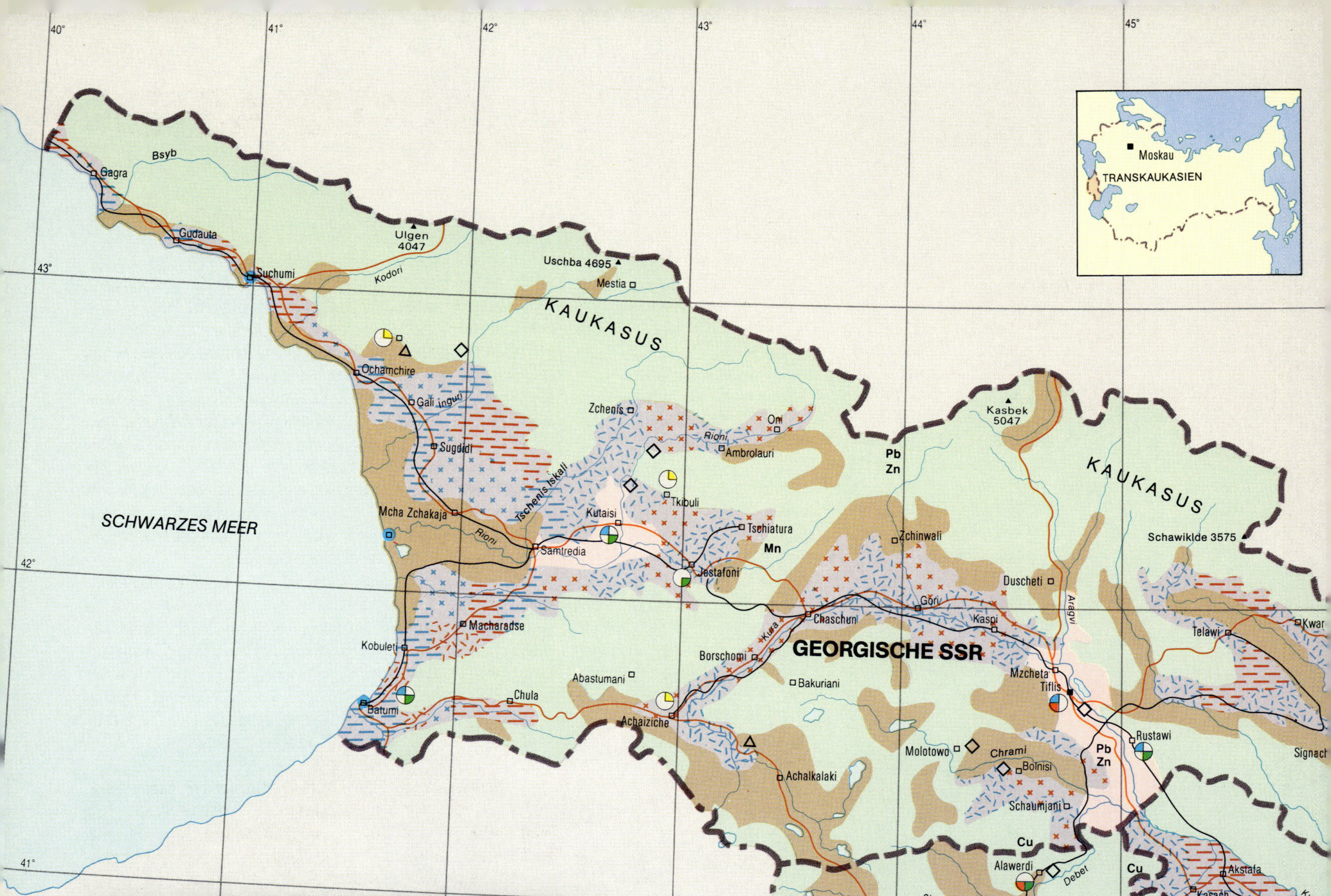

*Links:* Die transkaukasische Region war seit Jahrhunderten wegen ihrer vorzüglichen Reitpferde berühmt. Besonders geschätzt unter den einheimischen Züchtungen war der Karabach, der eine charakteristische Goldfarbe hatte. Die Kosaken von Don und Wolga kauften früher Karabachs in großer Zahl, um die Qualität, Schnelligkeit und Ausdauer ihrer eigenen Pferde zu verbessern. In dem gebirgigen Terrain Transkaukasiens spielen Pferde in der Weidewirtschaft noch immer eine bedeutende Rolle.

# TRANSKAUKASIEN

| SSR | Armenien | Georgien | Aserbaidschan |
|---|---|---|---|
| Größe | 29 800 km² | 69 700 km² | 86 600 km² |
| Bevölkerung | 3,4 Mill. (1987) | 5,3 Mill. (1987) | 6,8 Mill. (1987) |
| Hauptstadt | Eriwan | Tbilisi (Tiflis) | Baku |
| Einwohnerzahl der Hauptstadt | 1 168 000 (1986) | 1 194 000 (1986) | 1 741 000 (1986) |
| Erste Sprache | Armenisch | Georgisch | Aseri |

Die geophysikalische Spannung zwischen dem russischen Kontinentalsockel im Norden und dem arabischen im Süden hat die Gebirgslandschaft Transkaukasiens hervorgebracht. Auch historisch war dieser Raum, der heute aus den drei Republiken Armenien, Georgien und Aserbaidschan besteht, starken Spannungen ausgesetzt: Griechen, Römer, Byzantiner, Chasaren, Araber, Mongolen, Osmanen, Perser und Russen begehrten nacheinander diese Region wegen ihres Reichtums und ihrer strategischen Lage. Diese Landenge zwischen dem Kaspischen und dem Schwarzen Meer an den alten Gewürz- und Seidenstraßen verbindet die Mittelmeerwelt mit Zentralasien, das Steppenland mit dem Nahen Osten. Der vergleichsweise kleine Raum ist kulturell und künstlerisch sehr mannigfaltig, was einerseits auf die zahlreichen Einflüsse von außen und andererseits auf die sorgfältige Bewahrung einheimischer Traditionen zurückzuführen ist. Innerhalb der drei Hauptrepubliken gibt es viele Enklaven anderer Nationalitäten. Das Autonome Gebiet Berg-Karabach in Aserbaidschan, das von Armeniern bewohnt wird, ist seit zwei Jahren Schauplatz blutiger Volkskonflikte.

Die fruchtbaren Täler und Hochebenen Armeniens und Georgiens werden intensiv bewirtschaftet. Ihre Weine sind in der Sowjetunion und sogar im Ausland berühmt. Ein althergebrachter patriarchalischer Lebensstil kennzeichnet besonders die Hochtäler des Kaukasus, wo es bis heute eine erstaunliche Vielfalt von Sprachen gibt. Die trockenen Ebenen Aserbaidschans bedürfen intensiver künstlicher Bewässerung.

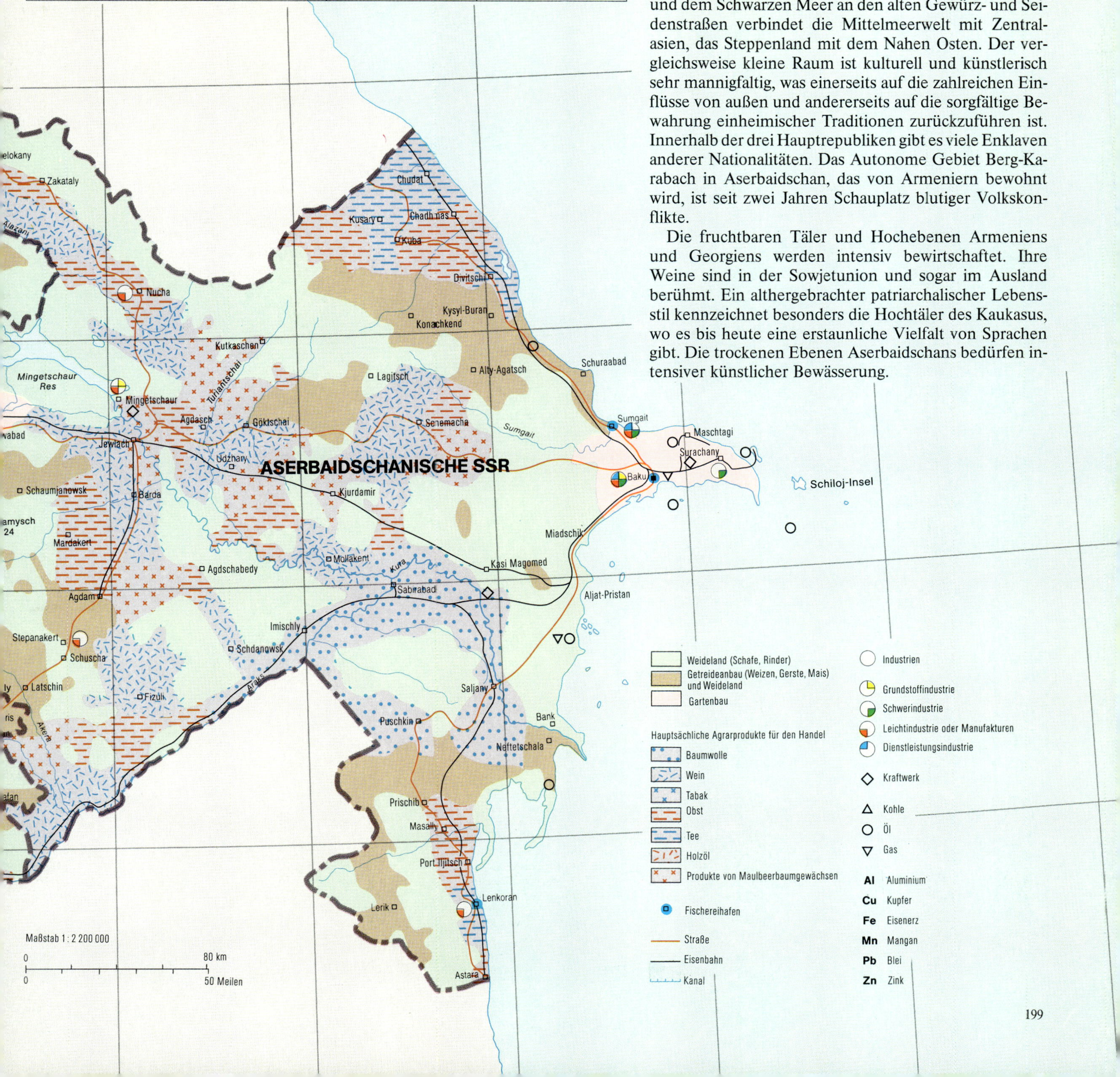

# Armenien

Armenien ist ein Land mit einer uralten Tradition, wie die Überreste der Urartu-Kultur (9./8.–7. Jahrhundert v. Chr.) in Arinberd, Karmir-Blur und an anderen Orten bezeugen. Der Name »Urartu« ist mit »Ararat« verwandt, dem großen Berg, der die Ebene von Jerewan beherrscht und im Herzen des historischen Armenien liegt. Es ist höchst schmerzlich für die sowjetischen Armenier, daß dieser Berg sowie die Ruinen ihrer großen mittelalterlichen Hauptstadt Ani hinter der türkischen Grenze liegen. Armenien hat in seiner langen Geschichte mehr als einmal Aufstieg und Niedergang erlebt. Im 1. Jahrhundert v. Chr. erstreckte sich das Großarmenische Reich über Teile der heutigen Sowjetunion, die Türkei, Iran, Irak und Syrien. Armenien erhebt den Anspruch, das erste Land zu sein, das zu Beginn des 4. Jahrhunderts das Christentum als Staatsreligion übernahm. Aus derselben Zeit stammt die Entwicklung einer eigenen armenischen Schrift. Die armenische Nationalkirche, die sich in Glaubensdingen von anderen orthodoxen Kirchen, wie der russischen oder der georgischen, unterscheidet, hat immer noch großen Einfluß. Der Sitz des Katholikos ist in Etschmiadsin.

Das Territorium der heutigen Armenischen SSR umfaßt nur noch einen kleinen Teil des alten Armenien. Mit ihren 29 400 Quadratkilometern ist sie flächenmäßig die kleinste der Unionsrepubliken Transkaukasiens. Fast ebenso viele Armenier wie in dieser Republik leben in anderen Gebieten der Sowjetunion (besonders in Berg-Karabach in Aserbaidschan). Die als Kaufleute und Händler angesehenen Armenier sind außerdem im Nahen und Mittleren Osten, in Europa und Amerika verstreut.

Die Republik ist ethnisch sehr einheitlich: mehr als 90 Prozent der Bevölkerung sind Armenier. Ihre Sprache bildet einen selbständigen Zweig innerhalb des Indogermanischen. Die armenische Kultur ist vor allem wegen der Volks- und der liturgischen Musik, der Steinmetzarbeiten und der illuminierten mittelalterlichen Handschriften berühmt. In der Architektur wurde bereits im 11. Jahrhundert der Spitzbogen verwendet. Der Weinbau im armenischen Hochland hat eine sehr alte Tradition: Möglicherweise befand sich hier sogar seine Urheimat.

Obwohl das Land durchschnittlich 1800 Meter über dem Meeresspiegel liegt, bringt es eine große Vielfalt von Agrarprodukten hervor. Ein meist ausgeglichenes Klima und die südliche Breite gestatten den umfangreichen Anbau von Früchten wie Feigen, Granatäpfeln und Mandeln auf den terrassierten Hängen. Internationalen Ruf genießen der Wein und der Weinbrand. Weizen, Gerste und Mais gedeihen auf den tiefer gelegenen Ebenen, die Hochebenen dienen als Weidegrund für Rinder und Schafe.

Die gesamte Landwirtschaft wird heute durch Wasserkraftwerke versorgt, namentlich durch das Sewan-See-Rasdan-Projekt. Armeniens größter landwirtschaftlicher Bezirk ist das Araks-Tal, wo mit Hilfe intensiver Bewässerung qualitativ hochwertige Baumwolle angebaut wird. Dank der Hydroelektrizität erlebte Armenien in jüngster Zeit einen großen Wirtschaftsaufschwung wie sonst keine andere Sowjetrepublik. Durch umfangreiche finanzielle Investitionen konnte die Industrie vielseitig ausgebaut und die Infrastruktur verbessert werden. Gleichzeitig werden die reichen Bodenschätze, besonders die Erze, optimal abgebaut. Armenien ist heute ein bedeutender Produzent von Chemikalien, Maschinenausrüstungen, Präzisionsinstrumenten und Lebensmittelkonserven.

*Unten:* Zwei junge Männer erfreuen sich an Kwass, das sie von einem Straßenverkäufer in Eriwan, der Hauptstadt Sowjetarmeniens, gekauft haben. Dieses Getränk, das nur wenig Alkohol enthält, ist in der Sowjetunion sehr beliebt. Es entsteht durch die Gärung von Getreide und Roggenbrot; manchmal wird zur Geschmacksverbesserung Obst hinzugefügt.

*Ganz unten:* Eine Demonstration in Eriwan. Bewußter Stolz auf Armeniens lange, leidvolle Geschichte und auf die ethnische Zusammengehörigkeit der Bevölkerung machen den armenischen Nationalismus zu einer Kraft, mit der die Sowjetbehörden rechnen müssen.

*Unten:* Geotektonische Tätigkeit bringt Armenien immer wieder verheerende Erdbeben. Im Dezember des Jahres 1988 erschütterte ein Erdbeben viele Städte im nördlichen Armenien. In Spitak, dem Epizentrum, erreichte das Beben eine Stärke von über 10 auf der sowjetischen 12-Punkte-Skala und löschte die Stadt praktisch aus. Die Gesamtzahl der Menschenleben, die

das Beben forderte, wird auf rund 50 000 beziffert. Das Ausmaß des Schadens und die große Zahl der Opfer geht zumindest teilweise auf die schlampige Bauweise zurück, die dazu führte, daß zahlreiche Häuser völlig einstürzten.

# Aserbaidschan

Aserbaidschan, die größte der transkaukasischen Republiken, ist landschaftlich stärker mit Zentralasien verbunden als mit Georgien oder Armenien. Auch kulturell bestehen Ähnlichkeiten, da sich seine Bewohner zum Islam bekennen und hier im letzten Jahrtausend Türken und Perser um die Vorherrschaft gekämpft haben. Seit ältesten Zeiten war dieses Land von strategischer Bedeutung, denn es beherrschte die Durchgangsstraße zwischen dem Kaukasus und dem Kaspischen Meer. Die jetzigen Aserbaidschanis sind ein Turkvolk und dementsprechend relativ spät in die kaukasische Region gelangt. Dennoch bildete sich ihre Kultur schon vor den Mongoleneinfällen heraus und brachte bedeutende Dichter und Sänger hervor. Baku, die moderne Hauptstadt, blühte unter den Chanen von Schirwan auf. Davon zeugen heute noch der Palast und die Festung aus dem 14./15. Jahrhundert.

Obwohl der persische Einfluß und zeitweise auch die persische Kontrolle groß waren (wobei das schiitische Element überwog), blieb sich die Bevölkerung ihrer eigenständigen Aseri-Kultur bewußt. Mehrere einheimische Chanate gelangten unter russisches Protektorat. 1828 fiel das nördliche Aserbaidschan endgültig an das Zarenreich. Die Russen erkannten im Verlauf des 19. Jahrhunderts die wirtschaftliche Bedeutung ihrer Erwerbung, und das Gebiet von Baku, dessen Erdölvorkommen seit langer Zeit bekannt waren, wurde zu einem der wichtigsten Ölförderzentren der Welt. Viele Menschen siedelten sich hier an, so daß Baku heute die fünftgrößte Stadt der Sowjetunion ist. Der Islam bewahrte seine Bedeutung. Die Moscheen stehen den schiitischen und den sunnitischen Gemeinden gleichermaßen zur Verfügung – ein ungewöhnliches Beispiel der Toleranz innerhalb des Islam. Im Verhältnis zur christlichen Minderheit der Armenier ist dagegen eine zunehmende Radikalisierung eingetreten. Die Pogrome wuchsen sich Anfang 1990 zu bürgerkriegsähnlichen Zuständen aus und machten die Entsendung starker Unionstruppen notwendig.

Die Industrie in der Umgebung von Baku ist mit der Ölförderung gewachsen. Diese betrug 1900 die Hälfte des gesamten Weltangebotes. Obwohl sich derzeit der Anteil relativ verringert hat, bleibt die Ölgewinnung der stärkste Wirtschaftsfaktor der Republik. Das nächstwichtigste Erzeugnis ist Baumwolle. Extensive Bewässerungssysteme in der Kura-Niederung schaffen eine Grünzone in einem sonst semiariden Gebiet. Rinder, Schafe, Schweine sowie Reitpferde können im Winter in den unbewässerten Steppen gehalten werden. Im Sommer erfolgt der Auftrieb auf die nahegelegenen Hochweiden. Der für Transkaukasien typische Anbau von Obst, Tabak, Tee und Wein findet sich auch hier. Hinzu kommt als wichtiger Erwerbszweig der Fischfang: Der Stör aus dem Kaspischen Meer liefert Kaviar bester Qualität.

*Rechts:* Ein öffentliches Gebäude mit einem Lenin-Denkmal in Baku, der Hauptstadt von Aserbaidschan. Baku erlitt nach der Oktoberrevolution schwere Zerstörungen, als es für kurze Zeit (1918–1921) das Zentrum einer antibolschewistischen Republik war.

*Unten:* Die Halbwüste an der Küste des Kaspischen Meeres nahe Baku. Das größte Binnenmeer der Erde hat keine Abflüsse, wird aber durch große Mengen Süßwasser von der Wolga gespeist. Das Kaspische Meer ist durch industrielle Verschmutzung und Pläne, das Wolgawasser für Bewässerungsprojekte abzuleiten, gefährdet. Dadurch droht nicht nur das Sinken des Wasserspiegels, das in ähnlicher Weise schon den Umfang des Aral-Sees drastisch reduziert hat, sondern auch ein Rückgang der bedeutenden Stör-Fischerei.

# Georgien

Georgien, das im Norden vom Großen, im Süden vom Kleinen Kaukasus begrenzt wird, besteht zu 80 Prozent aus Bergland. Bergflüsse bilden ein gewaltiges Energiepotential für eine starke Wirtschaft. In der Hauptstadt Tbilisi macht man von den warmen Schwefelquellen wegen ihrer Heilwirkung Gebrauch. Die Bewohner genießen den Ruf, sehr alt zu werden.

Das Georgische ist eine nicht-indogermanische Sprache, die zur südkaukasischen Sprachgruppe zählt. Es steht isoliert und stellt für die Nationalkultur eine einzigartige Identifizierungsmöglichkeit dar. Georgisch wird mit einer eigenen Schrift geschrieben, die in ihrer ersten überlieferten Variante auf das 5. Jahrhundert zurückgeht. Wie die Armenier nahmen die Georgier das Christentum im 4. Jahrhundert als Staatsreligion an. Die Steinarchitektur blickt auf eine lange Tradition zurück, und fast aus jeder späteren Periode sind Kirchen und Festungen erhalten geblieben. Es gibt auch eine vergleichsweise alte Literatur, zu der das berühmte mittelalterliche Epos *Der Mann im Pantherfell* von Schota Rustaweli gehört. Die Georgier nennen ihr Land »Kartweli«. Im Russischen heißt es »Grusija«, ein Wort, das letztlich arabischen Ursprungs ist.

Die Kontakte zu Rußland gehen auf die Kiewer Zeit zurück. In den 80er Jahren des 18. Jahrhunderts stellte sich Georgien freiwillig unter russischen Schutz und wurde unter Zar Paul I. ganz annektiert. Von 1918 bis 1921 war es unter der Regierung der Menschewiki unabhängig, wurde danach in die Transkaukasische SFSR eingegliedert und 1936 zur Unionsrepublik erklärt. Der berühmteste Sohn Georgiens war Stalin. Tbilisi entwickelte sich zu einer großen multinationalen Stadt mit einem beträchtlichen Anteil an Russen, Armeniern und anderen Nationalitäten. Georgien besitzt beachtliche Territorien, die von Nichtgeorgiern bewohnt werden: vor allem Abchasien und Adscharien an der Küste des Schwarzen Meeres.

Die vielfältige Landschaft reicht von den immer schneebedeckten Berggipfeln bis zu den Feldern des trokkengelegten Sumpfdeltas des Rioni, mit dichten Wäldern und fruchtbaren Tälern. Zwar sind nur 16 Prozent der Fläche landwirtschaftlich nutzbar, doch es gibt intensive künstliche Bewässerung und das Land liefert mehr als 90 Prozent der sowjetischen Produktion an Tee und Zitrusfrüchten. In den zentralen Niederungen, die von den Flüssen Rioni und Kura bewässert werden, wächst guter Wein, besonders um Kutasi, wo man auch Seidenraupen betreibt. Zu den ungewöhnlichen Kulturen gehören Plantagen des Tungbaums, dessen Öl zur Härtung von Stahl verwendet wird. Zwischen 1981 und 1986 stieg das Brutto-Sozialprodukt Georgiens um 28 Prozent. Führend war hierbei die chemische Industrie. Die naturwissenschaftliche Ausbildung hat einen hohen Standard, und die Forschung befindet sich im Aufschwung. Besondere Bedeutung hat ein astrophysikalisches Observatorium.

*Rechts:* Mzcheta am Zusammenfluß von Aragwi und Kura im Norden der modernen georgischen Hauptstadt Tbilisi (Tiflis). Seine Lage am Schnittpunkt der Ost-West-Route vom Kaspischen zum Schwarzen Meer und der Nordroute durch das Aragwi-Tal trug zu Mzchetas früherer Bedeutung bei. Es war vom 2.–5. Jahrhundert die Hauptstadt des alten Königreichs Georgien. In der schönen Kathedrale aus dem 11. Jahrhundert residierte vormals der Katholikos von Georgien.

*Links:* Eine imposante, schneebedeckte Gebirgslandschaft in Swanetien, Nordwestgeorgien. Die fernen Türme, die Wohnungen und Verteidigungsanlagen gleichermaßen waren, sind typisch für viele alte Dörfer im Hochland Georgiens. Das alluviale Gold von Swanetien könnte zur Entstehung der Sage vom Goldenen Vlies geführt haben.

*Unten:* Teile von Georgien sind berühmt, weil die Bewohner ein ungewöhnlich hohes Alter erreichen. Umweltfaktoren spielen hier zweifellos eine Rolle, und die Schwarzmeerküste der Abchasischen ASSR hat eine ganze Reihe von beliebten Kurorten. Viele Menschen werden anscheinend gut über 100 Jahre alt; dieses Paar will seit 102 Jahren verheiratet sein!

*Links:* Junge Tänzer in Tbilisi zeigen ihre Künste in der alten Tracht. Der georgische Volkstanz ist in der ganzen UdSSR und darüber hinaus wegen seiner enormen Vielseitigkeit berühmt, und die Georgier sind stolz auf ihre alte und einzigartige Musiktradition.

*Rechts:* Eine Straße mit Kopfsteinpflaster in einem alten Viertel von Tbilisi unterhalb der Ruinen der früheren Zitadelle auf dem Hügel. Die Balkons mit ihren kunstvollen Ornamenten und stilisierten Tieren spiegeln die ehrwürdige Tradition der georgischen Holzschnitzerei wider.

# RSFSR

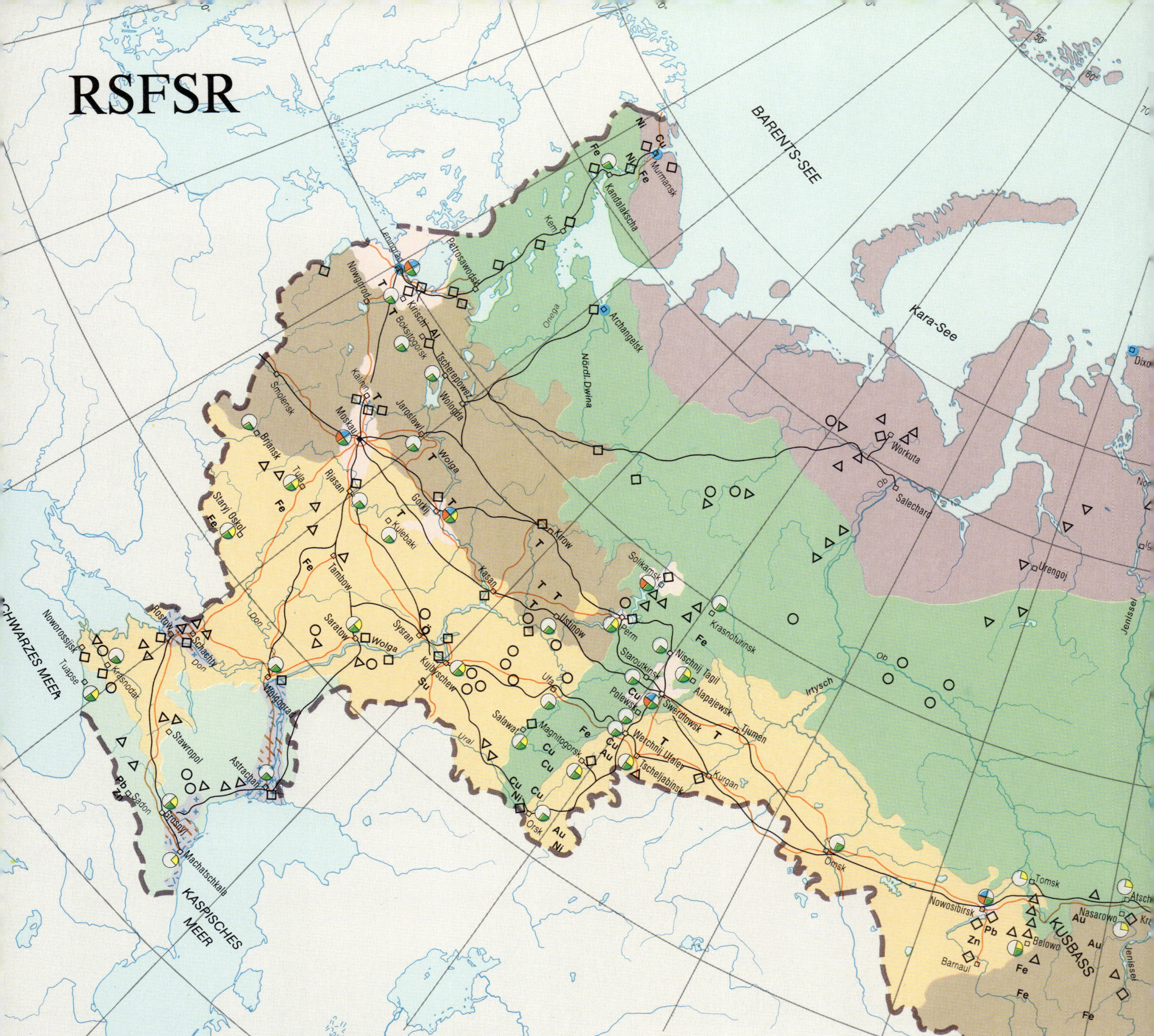


Die Russische Sozialistische Föderative Sowjetrepublik (RSFSR) umfaßt ein Gebiet von gewaltigen Ausmaßen. Sie nimmt drei Viertel des gesamten Territoriums der Sowjetunion ein: nicht nur das eigentliche Rußland gehört dazu, sondern ganz Sibirien und einige kleinere nicht-russische Regionen wie Finno-Karelien, ein Teil des früheren Ostpreußen, sowie Tuwa im Altai. Die RSFSR ist die bei weitem größte administrative Einheit der ganzen Welt. Dennoch lebt hier kaum mehr als die Hälfte der sowjetischen Bevölkerung, und die Zahl der russischsprechenden Bewohner beträgt weniger als 50 Prozent. Die Ausdehnung entspricht in etwa der des Moskauer Reiches Anfang des 18. Jahrhunderts. Andere Sowjetvölker betrachten diese Republik zuweilen als »großen Bruder«, der die Sowjetpolitik bestimmt und die besten Arbeitsplätze schafft, doch ist ihre Entwicklung unausgewogen, und der Lebensstandard ist niedriger als in einigen anderen Republiken.

Die Hauptrichtung der russischen Expansion hatte sich seit Mitte des 16. Jahrhunderts nach Osten gerichtet. Im

| RSFSR | |
|---|---|
| Größe | 17 075 400 km² |
| Bevölkerung | 145,3 Mill. (1987) |
| Hauptstadt | Moskau |
| Einwohnerzahl der Hauptstadt | 8 815 000 (1986) |
| Erste Sprache | Russisch |

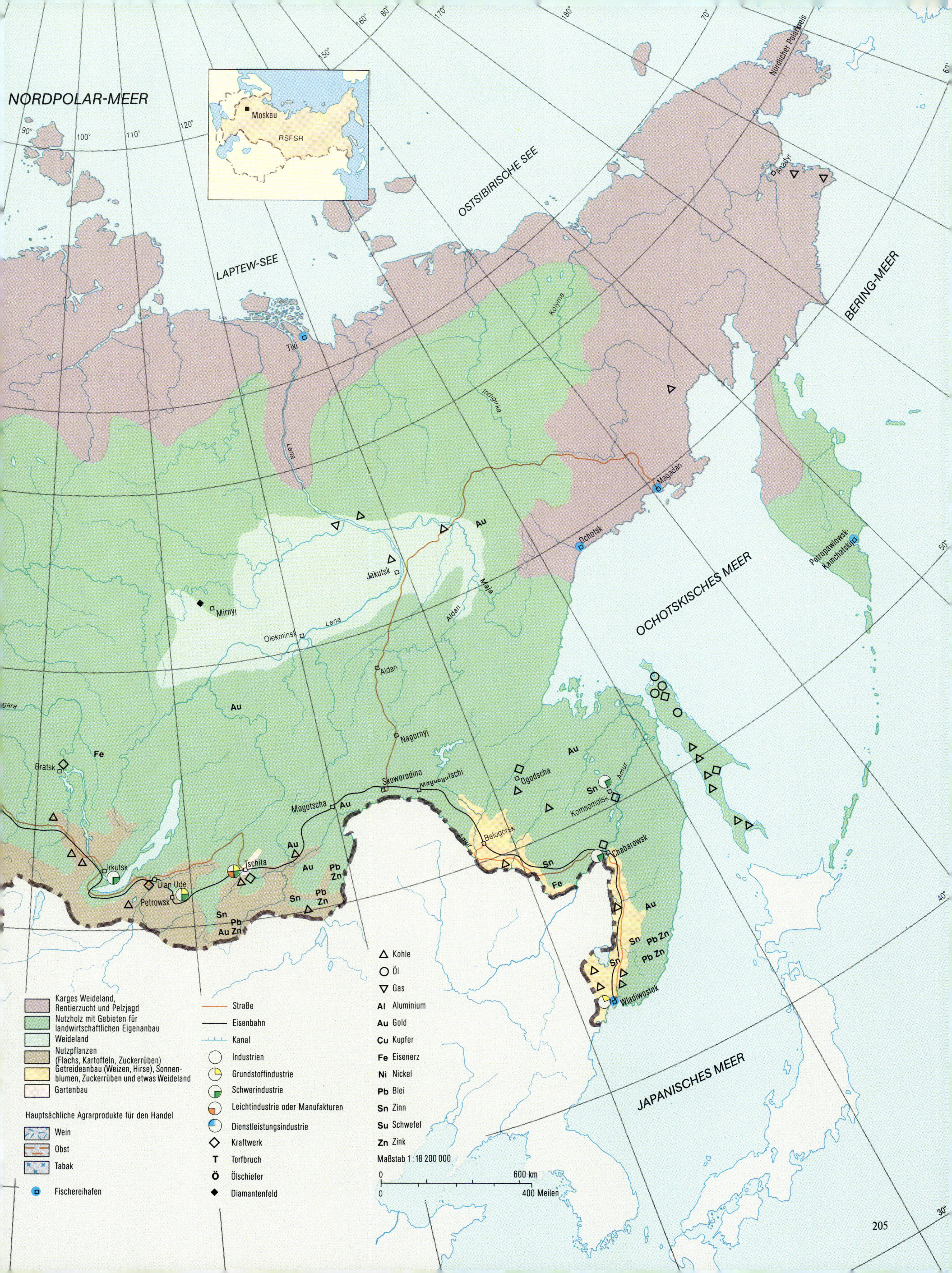
NORDPOLAR-MEER
LAPTEW-SEE
OSTSIBIRISCHE SEE
BERING-MEER
OCHOTSKISCHES MEER
JAPANISCHES MEER
Moskau
RSFSR
Nördlicher Polarkreis
Tiksi
Lena
Kolyma
Indigirka
Magadan
Ochotsk
Petropawlowsk-Kamtschatskij
Anadyr
Jakutsk
Mirnyj
Olekminsk
Aldan
Maja
Nagornyj
Skoworodino
Mogotscha
Bratsk
Irkutsk
Ulan Ude
Petrowsk
Tschita
Ogodscha
Komsomolsk
Amur
Belogorsk
Chabarowsk
Wladiwostok
Au
Fe
Sn
Pb
Zn
Karges Weideland, Rentierzucht und Pelzjagd
Nutzholz mit Gebieten für landwirtschaftlichen Eigenanbau
Weideland
Nutzpflanzen (Flachs, Kartoffeln, Zuckerrüben)
Getreideanbau (Weizen, Hirse), Sonnenblumen, Zuckerrüben und etwas Weideland
Gartenbau
Hauptsächliche Agrarprodukte für den Handel
Wein
Obst
Tabak
Fischereihafen
Straße
Eisenbahn
Kanal
Industrien
Grundstoffindustrie
Schwerindustrie
Leichtindustrie oder Manufakturen
Dienstleistungsindustrie
Kraftwerk
T Torfbruch
Ö Ölschiefer
Diamantenfeld
Kohle
Öl
Gas
Al Aluminium
Au Gold
Cu Kupfer
Fe Eisenerz
Ni Nickel
Pb Blei
Sn Zinn
Su Schwefel
Zn Zink
Maßstab 1 : 18 200 000
0
600 km
400 Meilen

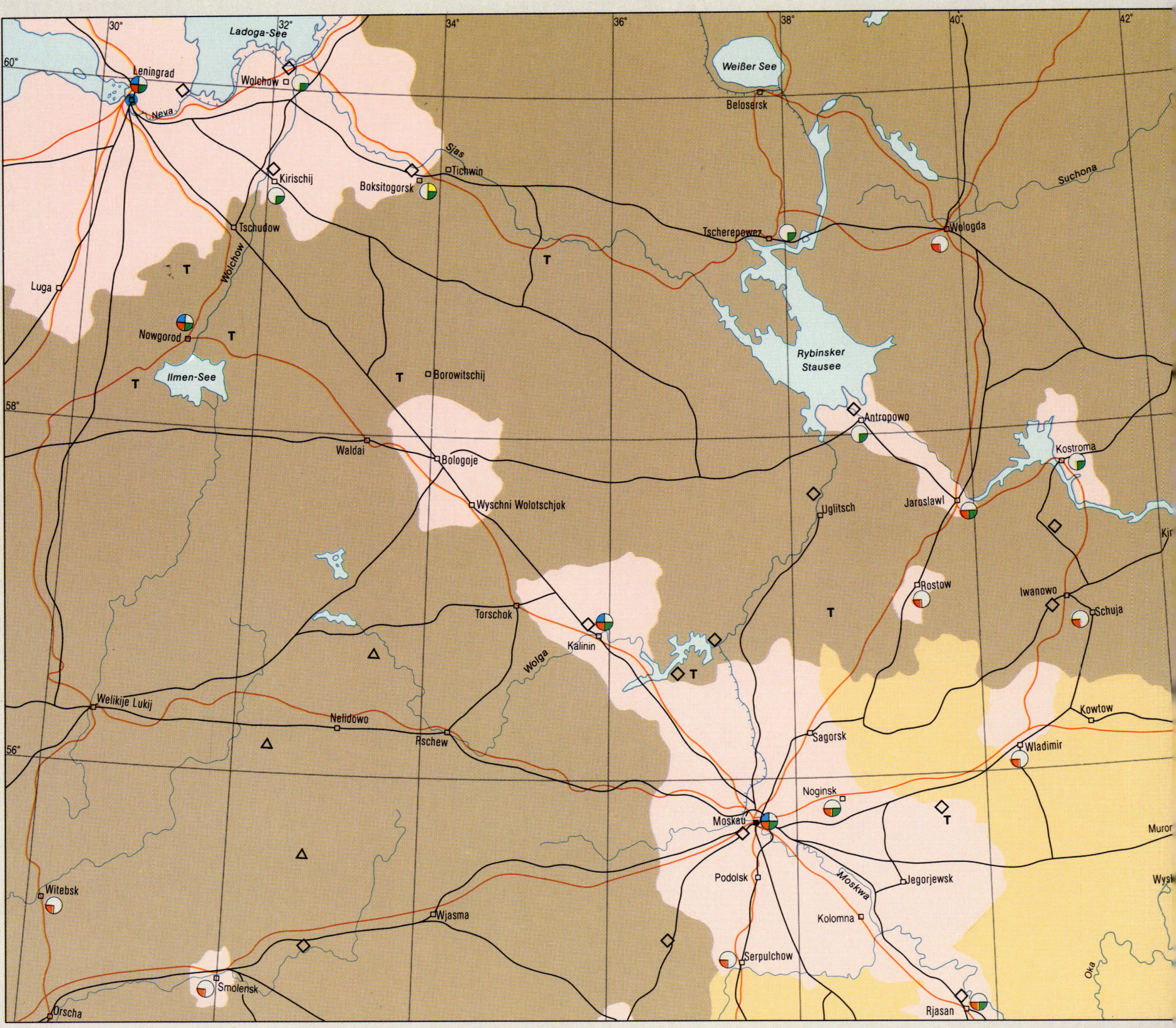


**Oben: Die Moskauer Region**

*Rechts:* Die Mariä-Geburts-Kathedrale in Susdal. Vom Gründungsbau aus vortatarischer Zeit (1222–1225) steht nur noch der untere Teil bis zur Blendbogengalerie. Das heutige Dach und die Zwiebelkuppeln stammen aus der Mitte des 18. Jahrhunderts. Zwischen der Kathedrale und der hier wiederaufgebauten hölzernen Nikola-Kirche (1766) befindet sich der Erzbischöfliche Palast (17. Jahrhundert).

*Ganz rechts:* Dekorative Fensterumrahmungen *(nalitschnikij)* sind an vielen alten Holzhäusern zu finden, besonders im östlichen Rußland und in Sibirien. Holzschnitzen war eine traditionelle Bauernkunst, die vor allem im Winter ausgeübt wurde, wenn das kalte Klima Arbeiten im Freien verhinderte.

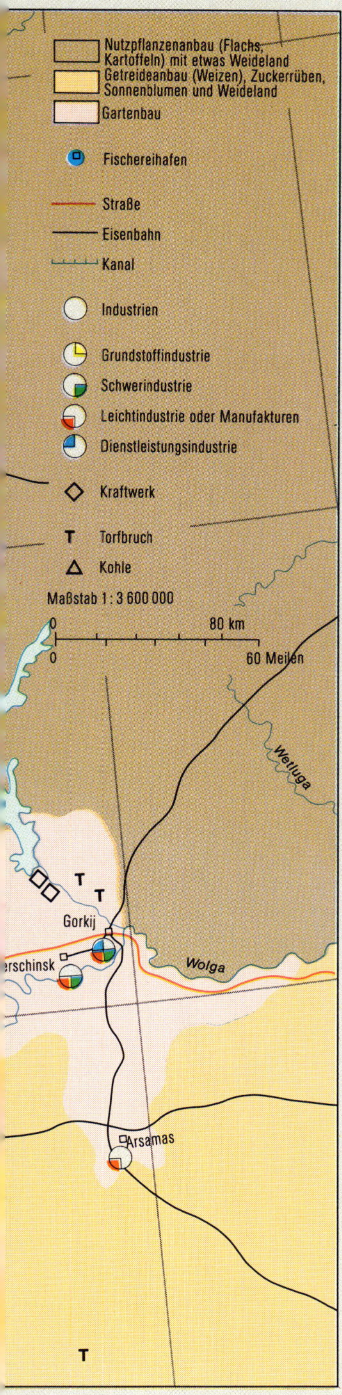


Lauf der Zeit vermischten sich die Russen mit anderen Völkern. Ihre physischen Merkmale reichen vom skandinavischen bis zum asiatischen Typ, und nur selten haben die Russen rassische Intoleranz gezeigt. Vor der Revolution lag der grundlegende Unterschied nicht in den Rassen, sondern in der Zugehörigkeit zum orthodoxen Glauben oder anderen Religionen. Zu den nichtrussischen und nichtorthodoxen Völkern der RSFSR gehören zahllose Restgruppen finno-ugrischer und turktatarischer Herkunft, die in der nördlichen Mitte und im Osten der Sowjetunion verstreut sind – einige wie die Baschkiren haben seit Jahrhunderten ihre nationale Eigenart bewahrt. Dazu gehören auch die buddhistischen Burjäten in Südsibirien, die turksprachige »Insel« der Jakuten im fernen Nordosten, das Völkerkaleidoskop im Nordkaukasus, die Ainus auf Sachalin und viele andere ethnische Gruppen mehr.

Geographisch lassen sich drei große Räume der RSFSR unterscheiden: die leichtgewellte Ebene des europäischen Rußland, der gebirgige Ostteil Sibiriens von der Lena bis zum Pazifik und das westliche Sibirien, das meist sehr flach ist und niedrig liegt. Hinzu kommen die Gebirgsbarrieren, die Sibirien nach Süden abschließen, und der weniger hochragende, aber wirtschaftlich wichtige Ural, der Sibirien von Europa trennt.

Das Hauptcharakteristikum der RSFSR ist jedoch der riesige Nadelwaldgürtel (Taiga). Die Taiga ist so dünn besiedelt, daß 1908 die Zerstörung von Hunderten von Quadratkilometern Wald – wahrscheinlich aufgrund eines Meteoreinschlags – nicht bemerkt wurde. Ein großer Teil der Taiga ist landwirtschaftlich überhaupt nicht nutzbar, weil unmittelbar unter der Oberfläche Permafrost herrscht. Entlang den großen Strömen gibt es Wiesen und einige Stellen mit fruchtbarem Land, besonders an der mittleren Lena in der Jakutischen ASSR. Den wenigen Bewohnern bieten seit alter Zeit die Pelztierjagd, die Zucht von Rentieren (an den Rändern der Tundra) und neuerdings das Holzgewerbe ein Auskommen.

Diese abgelegenen Regionen sind auch reich an Bodenschätzen. Stalins große Gefangenenlager um Orte wie Workuta und Magadan sollten der Ausbeutung dieser Ressourcen dienen, obwohl sie wirtschaftlich ineffizient waren und enorme Opfer verlangten. Es ist schwierig, Menschen freiwillig für die Arbeit an solchen weitabgelegenen Orten mit ihrem unwirtlichen Klima zu interessieren. Als Verbannungsgebiet fungierte Sibirien schon seit dem 17. Jahrhundert, aber erst seit dem 19. Jahrhundert nahmen die Deportationen ein starkes Ausmaß an. Die Erschließung Sibiriens für eine großräumige Besiedlung und Industrialisierung begann mit dem Bau der Transsibirischen Eisenbahn in den Jahren 1893–1903.

Die Erz- und Edelsteinvorkommen des Urals hingegen waren schon seit Jahrhunderten bekannt und wurden abgebaut. Dennoch erfolgte die industrielle Entwicklung des südlichen Ural-Gebietes in größerem Umfang erst seit 1917. Durch die Verbesserung der Transportwege konnte Eisen aus Magnitogorsk mit Kohle aus dem Kusbass (Kusnezker Becken) in Zentralsibirien und aus Karaganda

*Rechts:* Winterfest in Kolomenskoje an den Ufern der Moskwa.

*Unten:* Ein Holzhaus in Susdal, das praktisch ein kleines »Museum« mit verschiedenen Stilen der russischen Architektur ist.

*Unten rechts:* Die ovale Halle in Archangelskoje, einem früheren Gut der Familie Golizyn. Der Palast war für Empfänge und Besuche, aber nicht für dauernden Aufenthalt bestimmt. Er stammt aus dem Anfang des 19. Jahrhunderts und wurde hauptsächlich von einheimischen Leibeigenen erbaut. Der reiche Sammler Fürst N. B. Jusupow, der das Gut 1810 kaufte, gab ihm seine heutige Gestalt. Ein Teil seiner Kunstsammlung ist noch hier untergebracht.

*Rechts:* Im Norden erscheint die Sonne um die Zeit der Wintersonnenwende kaum am Horizont. Die Abwanderung der Bevölkerung vom Land war in vielen Teilen Rußlands ein großes Problem. Die zunehmende Motorisierung rückt die Städte für die Landbewohner eher in Reichweite und könnte zu einer Wiederbesiedelung beitragen.

in Zentralasien geschmolzen werden. Die Verlegung der russischen Industrie nach Osten wurde im Zweiten Weltkrieg zur strategischen Notwendigkeit. Das Wolga-Ural-Ölgebiet verlor seit den 20er Jahren an Bedeutung gegenüber den sibirischen Reserven an Erdöl und Erdgas mit ihrem Zentrum im Tjumen-Distrikt.

Die Breschnew-Ära brachte Sibirien eine große Entwicklung, für die allerdings ein hoher Preis bezahlt werden mußte. Das Tjumen-Feld zum Beispiel, das heute 50 Prozent des gesamten sowjetischen Erdöls und 36 Prozent des Erdgases erzeugt, liegt hoch im Norden und ist schwierig und kostspielig auszubeuten. Rohre müssen über große Entfernungen verlegt werden, und die extremen Bedingungen der Tundra sind nicht dazu geeignet, genügend Arbeitskräfte anzuziehen, um eine industrielle Erschließung rentabel zu machen. Ein anderer abgelegener Ort ist Norilsk an der Mündung des Jenissei. Der dortige Komplex zum Abbau und Schmelzen von Nichteisenmetallen spielt eine wichtige Rolle in der Rohstofferzeugung der UdSSR. Doch die einzige Verbindung dorthin führt über den nördlichen Seeweg, der nur mit atomgetriebenen Eisbrechern das ganze Jahr offengehalten werden kann.

Noch nicht fertiggestellt ist die 3000 Kilometer lange Baikal-Amur-Magistrale (BAM). Diese Haupteisenbahnlinie soll neue Vorkommen erschließen helfen und den Export über die pazifischen Häfen ermöglichen. Gute Böden im Amur-Tal erlauben den Anbau von Weizen, Zuckerrüben und Sonnenblumen. Auch Viehzucht und Milchwirtschaft sind dort möglich. Der nördliche Kaukasus läßt sich vorwiegend landwirtschaftlich nutzen, das wärmere Klima gestattet den Anbau von Wein, Südfrüchten und Tabak.

Ostsibirien bleibt jedoch die wichtigste Energiequelle des Landes: Die großen Wasserkraftwerke an Angara und Jenissei ziehen Industrien an, die einen hohen Energiebedarf haben, wie etwa die Werke zur Schmelzflußelektrolyse des Aluminiums. Die Angara hat eine hydroelektrische Kapazität, die der der drei größten Flüsse des europäischen Rußlands – Wolga, Don und Kama – gleichwertig ist. Der ferne Osten, dessen Reichtum an Ressourcen wohl bekannt ist, bleibt praktisch unerschlossen. Ausnahmen bilden die Diamantminen im Wiljui-Tal und das Gold des Lena-Tales, wo auch gorße Kohlevorkommen vorhanden sind.

Seit dem Amtsantritt Michail Gorbatschows wird nicht mehr soviel Gewicht auf die Erschließung von Gebieten östlich des Baikal-Sees gelegt. Verstärkte Aufmerksamkeit richtet man jetzt auf die alten Industriezentren, wo die große Masse der Bevölkerung lebt und arbeitet. Obgleich Sibirien mehr als die Hälfte des Territoriums der UdSSR einnimmt, leben hier nur elf Prozent aller Sowjetbürger. Der zentrale Wirtschaftsraum befindet sich dort, wo die Bevölkerungsdichte am größten und die Urbanisierung am weitesten fortgeschritten ist. Arbeitsintensive mechanisierte Fabrikarbeit überwiegt im Maschinenbau und in der Leichtindustrie. Von hier stammen 70 Prozent der sowjetischen Textilien, für die Rohmaterialien, besonders Baumwolle, aus den zentralasiatischen Regionen verwendet werden.

*Links:* Bewohner einer Taigasiedlung in ihrem Haus. Obwohl dieses Dorf Stromanschluß erhalten hat, ist das Leben im entlegenen Waldgebiet des hohen Nordens weiterhin sehr hart und einsam. Die Existenz hängt wesentlich von den Nahrungsmitteln ab, die in der kurzen Zeit des Sommers eingelegt oder konserviert werden.

*Unten:* Da Fahrzeuge in den straßenlosen und sumpfigen Weiten des Nordens nur begrenzt eingesetzt werden können, verwendet man immer noch Hundegespanne für leichte Wagen und Schlitten.

*Links:* Eine Jagdgesellschaft auf Sachalin, einer Insel im Ochotskischen Meer ganz im Osten der RSFSR. Ethnisch ist die Bevölkerung sehr gemischt, sie umfaßt Russen (einige von ihnen stammen von den Gefangenen ab, die im 19. Jahrhundert in die Strafkolonie auf der Insel geschickt wurden), Japaner, Koreaner, Ainus und andere.

*Rechts:* Hunderte von Skiläufern nehmen an einem Volkslauf in Murmansk teil. Langlauf ist in der UdSSR außerordentlich beliebt.

*Rechts außen:* Bauholz aus einem sibirischen Wald wird flußabwärts geflößt. Die großen Ströme, wie der Jenissei und die Lena bieten den leichtesten Zugang zu den entlegenen Gegenden im Landesinnern. Im Winter frieren einige Flüsse so fest zu, daß sie als Straßen benutzt werden können. Die Taiga ist nicht völlig monoton: Höhe und Dichte ihres Baumbestandes wechseln ebenso wie die Arten. Gegen Westen herrschen Kiefern, gegen Osten Lärchen vor.

# Moskau

Moskaus konzentrisches Wachstum kam in den 60er Jahren zum Abschluß, als eine 150 Kilometer lange Ringstraße zur Stadtgrenze erklärt wurde – dennoch reicht ein dichter Wald bis in die näheren Vororte hinein. Landstraßen mit alten Namen wie die Ordynka, die meist von vielstöckigen Wohnblöcken flankiert sind, laufen wie Speichen zur Radnabe auf den Glockenturm Iwan Welikij des Kreml zu.

Dieser Bezirk mit seinen eindrucksvollen Kathedralen und den Palästen aus verschiedenen Zeitperioden schlägt den Besucher am meisten in Bann, aber Moskau hat viel mehr zu bieten. Es besitzt noch über hundert weltliche Bauwerke (von Kirchen ganz zu schweigen), die aus der Zeit vor 1700 stammen. Besonders interessant sind die begrünten, eher ländlichen, neoklassizistischen Viertel, die nach dem Brand von 1812 wiederaufgebaut wurden.

*Oben:* Das Innere des berühmten Kaufhauses GUM in Moskau, 1889–1893 erbaut von A. N. Pomeranzew. Es enthält kleine Verkaufsabteilungen und ersetzt die historischen Marktreihen des Roten Platzes, auf deren Boden es steht.

*Rechts:* Ein Aufmarsch zu einer Jahrestagsfeier auf dem Roten Platz mit Spruchbändern, die die kommunistische Partei rühmen.

*Rechts außen:* Gemüseverkäuferinnen auf dem Moskauer Zentralmarkt. Die Preise an den staatlichen Verkaufsständen werden streng kontrolliert. Daneben gibt es aber auch private Händler, die oftmals eine größere Auswahl zu bieten haben und gute Geschäfte machen.

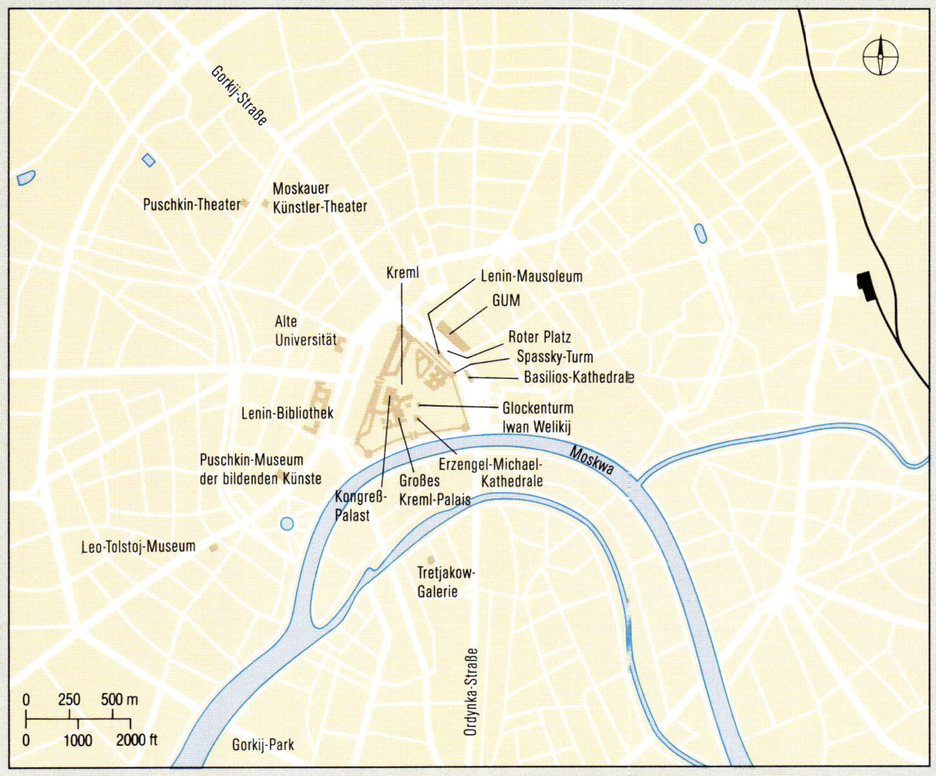


*Unten:* Die Basilios-Kathedrale auf dem alten Kremlgraben ist nach dem hl. Wasilij (Basilios), benannt, der hier beigesetzt ist. Iwan IV. gab den Auftrag, sie zur Erinnerung an die Eroberung von Kasan zu errichten (1552). Mit ihren neun, jeweils von einer Kuppel gekrönten Kapellen bietet die Basilios-Kathedrale einen einzigartigen Anblick.

*Umseitig:* Der Kreml bei Nacht von Nordosten gesehen. Die prächtigen Zwiebelkuppeln der Basilios-Kathedrale beherrschen den Vordergrund. Zu den vom Flutlicht erhellten Gebäuden gehören (von links nach rechts) die Erzengel-Michael-Kathedrale, der Glockenturm Iwan Welikij, die Mariä-Himmelfahrts-Kathedrale und der Spasskij-Turm.

*Oben:* Die Silhouette Moskaus in der Winterdämmerung. Sie wird von dem riesigen, 171 Meter hohen Komplex der Regierungsbüros mit seinen 26 Stockwerken beherrscht. Solche Wolkenkratzer, die in der spätstalinistischen Ära an der Peripherie der Moskauer Innenstadt entstanden, sind ein wenig der russischen Architektur des 17. Jahrhunderts verpflichtet und werden oft spöttisch als »stalinistische Gotik« bezeichnet.

*Oben rechts:* Exemplare der Prawda, die öffentlich ausgehängt werden. Wandzeitungen sind eine typische Erscheinung in der Sowjetunion.

*Rechts:* Nach Schneefällen werden oft Frauen für die Räumung der Fahrbahnen eingesetzt. Diese Frau trägt schwere Filzstiefel *(walenki)*, die übliche Fußbekleidung in den Dörfern.

# Leningrad

Leningrad, das bis 1914 St. Petersburg und von 1914–1924 Petrograd hieß, ist zweifellos eine sehr eindrucksvolle Stadt. Von der Brücke des Winterpalastes sieht man wie auf einer riesigen Bühnenkulisse Fassaden des Barock und Neoklassizismus aus dem 18. und 19. Jahrhundert. Wie Venedig ruht Leningrad auf unzähligen Holzpfählen, die verhindern sollten, daß es in Sumpfland absinkt. Drei goldene Turmspitzen (auf der Peter-Pauls-Kathedrale, der Admiralität und dem Michaels-Schloß) zeichnen sich zusammen mit der goldenen Kuppel der Isaaks-Kirche am Horizont ab.

St. Petersburg wurde bewußt als Konkurrenzgründung zu Moskau verstanden. Um 1800 übertraf es die Moskauer Einwohnerzahl und wurde dann zu einer großen Industriemetropole des 19. Jahrhunderts. Leningrad ist die einzige Stadt der UdSSR, die sich größenmäßig mit Moskau vergleichen läßt. Auch sein Kulturleben kann sich mit dem der Hauptstadt messen. Andererseits wirkt es auch seltsam gedämpft, allzu breiträumig, verkehrsarm, schwermütig. Seiner nördlichen Lage (60. Breitengrad) verdankt es die »weißen Nächte« (die eigentlich perlgrau sind) im Juni und Anfang Juli. Gedacht als »Fenster nach Europa« ist Leningrad weder ganz europäisch noch ganz russisch. Diese Stadt aus der Luft zu sehen, wie sie plötzlich in einer eintönigen und anscheinend unbewohnten Landschaft auftaucht, läßt den übermenschlichen Ehrgeiz ahnen, der hinter dieser Gründung steht.

*Oben:* Die Peter-Paul-Festung von Leningrad wurde auf der Haseninsel in der Newa auf Befehl Peters des Großen erbaut, kurz nachdem er 1703 die Schweden vertrieben hatte. Im Festungskomplex erhebt sich der schlanke, vergoldete Turm der Kathedrale, der Begräbnisstätte Peters und der meisten auf ihn folgenden Zaren und Zarinnen. Die Bastionen der Festung sind nach Peter und seinen Kommandeuren benannt.

*Links:* Die »Kirche auf dem Blut« (1882–1907) entstand an der Stelle, wo Zar Alexander II. einem Attentat zum Opfer fiel. Von A. A. Parland entworfen, ist sie als Kirche ein einmaliges Beispiel für den sogenannten neonationalistischen Stil. Er nahm spezifisch russische Motive und Bauelemente wieder auf als bewußte Antwort auf den neoklassizistischen Baustil des Westens, der die nachpetrinische Architektur beherrscht hatte.

*Unten:* Der heutige Winterpalast, der vierte an dieser Stelle, wurde 1754 unter Zarin Elisabeth begonnen. Es ist einer der letzten und schönsten Paläste des Baumeisters B. F. Rastrelli. Später kamen die Eremitage und andere Gebäude hinzu, zunächst die Kleine Eremitage (1704–1767) Katharinas II. In den Gebäuden befindet sich eine der größten Kunstsammlungen der Welt, die von Katharina begründet worden war.

*Oben:* Eines der Wahrzeichen von Leningrad ist die vergoldete Turmspitze der Admiralität, hier vom Palastplatz aus gesehen. Zwar gab es schon seit 1714 ein Gebäude an dieser Stelle, aber der Turm wurde erst 1732 von I. Korobow errichtet. Auf der Spitze des Turmes befindet sich eine Wetterfahne in Form eines Segelschiffes. Nach dem Umbau der Admiralität im Jahr 1806 blieb der Turm erhalten.

*Links:* Fontänen und Kaskaden in Peterhof (Petrodworjez), dem Palast Peters des Großen, der auf den Finnischen Meerbusen blickt. Der Kern des Komplexes mit den schönen Anlagen wurde auf Peters Anweisung nach dem Vorbild von Versailles gestaltet, das er 1717 besucht hatte. Als Peters Tochter Elisabeth Zarin wurde, beauftragte sie B. F. Rastrelli, den Palast zu erweitern. Zu den Bildhauern, die Statuen an der Kaskade und den Fontänen schufen, gehörten Schubin und Martos.

48°
52°
56°
60°
64°
68°
Petropawlowsk
Ischim
Komsomolez
Ubagan
Kustanai
Urizkij
Koktschetaw
Schutschinsk
Au
Makinsk
Au
Rusajewka
Kuschmurun
Fe
Dschetygara
Al
Atbasar
Zelinograd
Tengis-See
Arkalyk
Turgai
Turgaj
Uralsk
Ural
Askaij
Dschambejty
Nowaja Kasanka
Aktjubinsk
Ilek
Schubar-Kuduk
Kandagatsch
Temir
Uil
Uil
Inderborskij
Emba
Irgis
Irgis
KASACHISCHE SSR
Ganjuschkino
Gurjew
Makat
Emba
Kulsary
Koschagij
Tschelkar
Sarysu
Baikonur
Dscheskasgan
Sarysu
Cu
Su
Aralsk
Kultai
Fort Schewtschenko
Mangyschlak
Schewtschenko
Nowokasanlinsk
Kasalinsk
Dschusaly
ARAL-SEE
Kysyl-Orda
KASPISCHES MEER
Fetisowo
Muinak
Tschiili
Kungrad
Pb
Zn
Aksaj
Pb Zn
Turkestan
Su
Su
Kara-Bogas-Gol
Kara-Bogas-Gol
Nukus
Kodschaili
Taschaus
Borisowka
Syr-Darja
Arys
Tschimkent
Urgentsch
Chiwa
Türtkul
USBEKISCHE SSR
Krasnowodsk
Tschadara
Tschirtschik
Taschkent
Cu Zn
Pb Zn
Nebit Dag
TURKMENISCHE SSR
Gischduwan
Serawschan
Buchara
Kagan
Dschisak
Gulistan
Ursalewskaja
Leninabad
Kisyl-Arwat
Bacharden
Tschardschou
Sakar
Samarkand
Urgut
Ura-Tjube
Suljukta
Gasan-Kuli
Atrek
Aschchabad
Amu-Darja
Karschi
Sb
TADSCHIKISCH
Duschanbe
Nurek
Mary
Bairam-Ali
Karakum-Kanal
Kerki
Tedschen
Murgab
Kurgan-Tjube
Kuljab
Termez
Sorachs
Kuschka
Maßstab 1 : 800 000
0
200 km
0
150 Meilen

# ZENTRALASIEN

Zentralasien umfaßt ein riesiges Territorium von fast 3,9 Millionen Quadratkilometern. Es besteht aus fünf Republiken, die viele Wesenszüge gemeinsam haben, und ihre Zentren sind von der übrigen Sowjetunion durch Wüste, Halbwüste oder das Kaspische Meer getrennt. Berge, die zu den höchsten der Welt gehören, bilden eine Barriere zum restlichen Asien. Dennoch sind weite Teile der Bevölkerung mit ethnischen Gruppen in Iran. Afghanistan und China verwandt. In vier dieser Republiken spricht man Turksprachen, die sehr ähnlich und untereinander verständlich sind. In Tadschikistan wird eine iranische (und somit indogermanische) Sprache gesprochen. Die Einwohner gehören überall in der Mehrzahl dem Islam an.

Die Geschichte Zentralasiens ist geprägt durch die ständige Wechselbeziehung von seßhaften Bauern, Nomaden und durchziehenden Eroberern (einschließlich Alexander dem Großen und Tamerlan). Die uralten Handelswege zwischen China und Europa, die sogenannte Seidenstraße, führten hier hindurch. Arabische Invasoren des 8. Jahrhunderts brachten den Islam mit. Turkstämme waren seit dem frühen Mittelalter seßhaft – daher wurde bis in neuere Zeit der gesamte Raum »Turkestan« genannt. Die Grenzen der modernen Republiken sind künstlich gezogen und verknüpfen die Staaten auf eigenartige Weise, um jedem einen Anteil an bebaubarem Land zu geben. Oasen und gut bewässerte Flußtäler, die von den langen heißen Sommern profitieren, sind außerordentlich fruchtbar. Hier gedeihen Baumwolle, Reis und Obst. Die wichtigste agrarische Erschließung des »Neulandes« *(zelina)* in den 50er Jahren erfolgte in Nordkasachstan, wo das Klima etwas feuchter ist und die aride Vegetation von der Steppe mit Federgras abgelöst wird.

| SSR | Kasachstan | Usbekistan | Turkmenistan | Tadschikistan | Kirgisistan |
|---|---|---|---|---|---|
| Größe | 2 717 300 km² | 447 400 km² | 488 100 km² | 143 100 km² | 198 500 km² |
| Bevölkerung | 16,2 Mill. (1987) | 19,0 Mill. (1987) | 3,4 Mill. (1987) | 4,8 Mill. (1987) | 4,1 Mill. (1987) |
| Hauptstadt | Alma-Ata | Taschkent | Aschchabad | Duschanbe | Frunse |
| Einwohnerzahl der Hauptstadt | 1 108 000 (1986) | 2 124 000 (1986) | 358 000 (1985) | 554 000 (1985) | 604 000 (1985) |
| Erste Sprache | Russisch | Usbekisch | Turkmenisch | Tadschikisch | Kirgisisch |

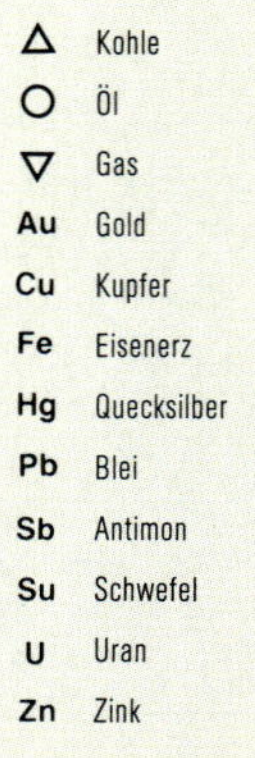

# Kasachstan

Kasachstan liegt am Westausgang des Passes, der den Namen Dschungarische Pforte oder Jade-Tor trägt und die Verbindung mit China herstellt. Die Bewohner stehen kulturell und sprachlich den Uiguren von Xinjiang nahe. Nach der RSFSR ist es die zweitgrößte Republik der Sowjetunion und besitzt 34 Prozent des gesamten Bauernlandes, das allerdings nicht intensiv genutzt wird. Der größte Teil der Republik ist jedoch Wüste oder Halbwüste mit sehr wenig Regen und extremem Kontinentalklima.

Von jeher waren die Kasachen Nomaden. Der Name ist mit »Kosak« verwandt und bedeutet in den Turksprachen »Reiter«. Sie waren in drei Horden unterteilt und beherrschten ein weites Gebiet Zentralasiens. Zu Rußland bestanden seit dem 18. Jahrhundert komplexe Beziehungen: Zunächst kamen sie unter russisches Protektorat, dann unter russische Herrschaft. Die Russen bauten in diesem dünn besiedelten Land Festungen und gründeten in der Mitte des 19. Jahrhunderts die Hauptstadt Werny, die heute Alma-Ata (»Vater der Äpfel«) heißt und wegen ihrer erdbebensicheren Holzarchitektur bekannt ist. Zwischen 1959 und 1970 vergrößerte sich die Bevölkerung, die ohnehin eine hohe Geburtenrate aufwies, durch den starken Zuzug von Russen, Ukrainern und Weißrussen um 40 Prozent. Doch in den 70er Jahren verließ eine halbe Million dieser Zuwanderer wieder die Republik. Heute machen die Kasachen nur ein Drittel der größtenteils urbanen Bevölkerung aus.

Die riesigen Steppengebiete (35 Millionen Hektar), die durch das Neuland-Projekt kultiviert wurden, sollten teils Entlastung bringen, falls die ukrainische Getreideernte schlecht ausfällt, teils in anderen Regionen eine Entwicklung weg vom Getreidebau ermöglichen. Der Agrarsektor ist heute weitgehend mechanisiert und erbringt 14 Prozent des sowjetischen Getreides. Im Süden werden Gebiete längs den Flüssen Syr-Darja und Tschu bewässert, um Reis, Tabak, Zuckerrüben, Weizen und Gerste zu kultivieren.

In Kasachstan gibt es große Kohlevorkommen, und der Tagebau im Ekibastus-Becken im Nordosten erbringt heute die drittgrößte Produktion der Sowjetunion. An der Nord- und Ostküste des Kaspischen Meeres, besonders auf der Halbinsel Mangyschlak, sind Ölvorkommen vorhanden, doch müssen die östlichen und südlichen Regionen der Republik durch Ölleitungen aus Westsibirien versorgt werden. Das Kosmodrom von Baikonur ist das Raumfahrtzentrum der Sowjetunion, Semipalatinsk ist ein wichtiger Ort für Nuklearversuche.

*Oben:* Bienenstöcke in der Gebirgsregion am Südrand von Kasachstan.

*Rechts:* Taschkent entstand als Oase am Tschirtschik-Fluß und lag günstig an einer großen Handelsstraße. Im Zarenreich entwickelte es sich als strategisch wichtiger Stützpunkt in Turkestan. In den Basaren begegnet man noch seiner Vergangenheit, aber die Stadt ist zum größten Teil modern mit Häusern im westlichen Stil wie diesem »Haus der Presse«. Nach dem katastrophalen Erdbeben von 1966 versuchte man erdbebenfeste Häuser zu bauen.

*Unten links:* Diese Kinder in Kaskelen sind die zweite Generation der Gemeinden, die in den 50er und 60er Jahren im Rahmen des »Neuland«-Projektes entstanden. Damals wurden große Steppenflächen, vor allem in Kasachstan, in Weizenanbaugebiete verwandelt – mit unterschiedlichem Erfolg. Russen aus dem europäischen Teil der Sowjetunion siedeln sich weiterhin hier an und vermischen sich mit der einheimischen Bevölkerung. Daher ist die Kultur sehr russisch geprägt. Schon in der Schule werden die meisten Kinder auf Russisch unterrichtet.

*Unten:* In den Serawschan-Bergen im Südosten von Usbekistan entspringt der Serawschan, der nach Westen fließt und das Gebiet von Samarkand bewässert, bevor er in der Wüste nahe dem Amu-Darja versickert.

*Oben:* Ein Bürger von Samarkand. Die Turk-Bewohner Zentralasiens tragen noch die Kleidung der Bauern des Mittleren Ostens, die in der Türkei seit Atatürks Reformen abgeschafft wurde.

*Unten:* Baumwolle ist das Haupterzeugnis in den bewässerten Gegenden Usbekistans. Baumwollpflücker kommen zusammen, um nach altem Brauch die Ernte zu feiern. Diese Traditionen bestanden schon lange, bevor die Sowjetisierung moderne Lebensformen brachte.

# Usbekistan

Zwischen dem Fergana-Becken und dem Amu-Darja (Oxus) liegen die fruchtbarsten Oasen und die meisten alten Städte Zentralasiens. Westlich vom Tienshan-Gebirge erstreckt sich die Kysylkum-Wüste, die von allen Wüsten der Region am menschenfeindlichsten ist. Weiter westlich ziehen sich Salzpfannen und steiniges Ödland bis hin zum Kaspischen Meer.

Usbekistan war die Heimat einiger alter Stämme, die an die Ränder der Kiewer Rus zogen: der Petschenegen, Kiptschaken und Ogusen. Als die Mongolen im 13. Jahrhundert Zentralasien überrannten, gründete die Weiße Horde eine Machtbasis in Buchara, die zu einem Umschlagplatz des Handels zwischen Rußland und Zentralasien und sogar Europa und dem Orient wurde. Die Mongolen zerstörten Afrosiab, die größte Stadt Zentralasiens, und im späten 14. Jahrhundert errichtete Tamerlan an dieser Stelle Samarkand. Seit dem späten Mittelalter, als Samarkand unter dem König und Astronomen Ulugh Beg eines der großen kulturellen Zentren der Welt war, ist dieses Gebiet das Herzland des usbekischen Volkes geblieben. Die Usbeken haben sich so stark vermehrt, daß ihre Republik heute die drittgrößte Bewohnerzahl hat. Ihr Anwachsen steht in umgekehrtem Verhältnis zum Niedergang der Kasachen, ihrer einst mächtigen Nachbarn. Heute verbinden sich die alte asiatische und die moderne europäische Kultur in dieser Republik stärker als in jeder anderen in dieser Region. Usbekistan ist somit ein Land von beachtlichem Wohlstand und ungewöhnlicher Attraktivität, das mit Samarkand, Buchara (dessen Baudenkmäler auf das 10. Jahrhundert zurückgehen) und Chiwa drei prachtvoll erhaltene Städte aus dem Mittelalter besitzt.

Taschkent wurde 1865 von den Russen besetzt und zum Zentrum der Verwaltung, des Handels und der Industrie

ausgebaut. Heute ist es die viertgrößte Stadt der Sowjetunion mit mehr als zwei Millionen Einwohnern. Viele Russen ließen sich in den städtischen Bezirken nieder, aber das Verhältnis wurde durch »pan-türkische« Träume von Seiten der einheimischen Bevölkerung belastet; es kam auch nach der Revolution immer wieder zu nationalistischen Unruhen. Die Usbekische SSR wurde 1924 gegründet.

Taschkent ist auch Zentrum des Islams in der UdSSR. Mullahs kommen zu ihrer Ausbildung hierher, und die geistliche Führung entscheidet über die meisten islamischen Veröffentlichungen in der Sowjetunion. Moscheen sind in fast allen großen Städten für den Gottesdienst geöffnet. Der Sufismus bewahrt augenscheinlich seinen Einfluß durch religiöse Feste und alte Verbindungen zu den städtischen Innungen.

Obgleich ein großer Teil Usbekistans Wüste ist, besitzt es reiche Vorkommen an Erdgas und Erdöl. Die Flüsse im gebirgigen Südosten erlauben die Anlage von Wasserkraftwerken, deren Energie zur weiträumigen Bewässerung von Baumwollfeldern dient. Usbekistan ist führend in der Baumwollproduktion der Sowjetunion. Es hat Vorkommen an Erzen und Edelmetallen, und zusammen mit Turkmenistan liefert es die Hälfte des sowjetischen Goldes. Die Textilindustrie ist hochentwickelt, desgleichen die Viehwirtschaft und die Seidenraupenzucht.

*Links:* Ein Minarett beherrscht die Silhouette von Chiwa in Usbekistan. Seit dem frühen 16. Jahrhundert war Chiwa die Hauptstadt eines Chanats gleichen Namens, 1873 wurde es russisches Protektorat. Obgleich ein großer Teil Chiwas im 19. Jahrhundert neu gebaut wurde, bewahrte es seinen islamischen Stil. Das Minarett und einige Kuppeln sind mit farbenprächtigen Keramikfliesen verziert, wie es für die islamische Architektur Zentralasiens charakteristisch ist.

*Rechts:* Eine riesige Anlage von Spiegeln in einem Sonnenkraftwerk in Taschkent erzeugt Energie, indem Sonnenlicht gebündelt auf eine Anordnung von Fotozellen geworfen wird. In den letzten Jahren – und vor allem seit dem Reaktorunfall in Tschernobyl – haben Sicherheits- und Umweltfaktoren die Wahl der Energiequellen in zunehmendem Maß beeinflußt. Sonnenenergie ist sicher, unerschöpflich und umweltfreundlich, weshalb sie in geeigneten Regionen eine gute Alternative zu anderen Kraftwerken darstellt.

*Unten:* Offiziere, Vertreter des Säkularstaates, stellen sich zu einem Gruppenbild auf dem Registan, dem zentralen Platz des alten Samarkand, der im 15. Jahrhundert von Ulugh Beg angelegt wurde. Hinter ihnen befindet sich eines der größten Baudenkmäler des Islam in Zentralasien: das riesige Tor der Schir-Dar-Medrese (1619–1636). Im allgemeinen sind die Beziehungen zwischen den Sowjetbehörden und den muslimischen Würdenträgern gut, und für die Gläubigen gibt es in der Republik zahlreiche Moscheen, aber die islamische Bewegung des Sufismus, die im »Untergrund« einen Aufschwung erlebt, ist Zielscheibe antireligiöser Propaganda.

# Turkmenistan

Turkmenistan war im Besitz der Parther und Sassaniden, Hunnen, Araber und Gasnawiden, bevor die Ogusen aus der Mongolei im 11. Jahrhundert dem Land seine türkische Eigenart gaben, die es bis zum heutigen Tag bewahrt hat. Trotz persischer Einfälle wuchsen die Ogusen zu einem einzigen Volk zusammen, wenn auch Sippenunterschiede bestehen blieben. Der südliche Teil des Landes fiel zwischen dem 15. und 17. Jahrhundert unter die Herrschaft der persischen Safawiden, wurde aber 1881 von den Russen wieder mit dem Norden vereinigt. In den Machtkampf zur Zeit der Revolution griff die britische Armee ein, die befürchtete, daß Rußland südlich nach Indien vorstoßen könnte. 1920 hatte die Rote Armee die Lage unter Kontrolle, und Turkmenistan wurde 1924 eine Unionsrepublik.

Da Turkmenistan zum großen Teil in der Wüstenzone liegt, ist die Bewässerung für die Landbestellung unerläßlich. Baumwolle ist das Haupterzeugnis, aber verschiedene Getreide (Weizen, Gerste, Mais, Sorghum und Hirse) sind auch von Bedeutung. Die Teppichweberei bildet nach wie vor einen wichtigen Industriezweig, die Schafhaltung dient der dazu notwendigen Gewinnung von Wolle. Auch Pferde, Kamele und Schweine werden gezüchtet. Das Kaspische Meer, das im Westen an die Republik grenzt, bietet die Möglichkeit zum Fischfang. Bedeutend für diese Region sind die größten Schwefel- und Natriumvorkommen der Welt. Die Republik besitzt ferner riesige Ressourcen an Metallen; neben Blei, Zink, Kupfer und Quecksilber liefert es – gemeinsam mit Usbekistan – 50 Prozent des Goldes der Sowjetunion. Daneben werden Erdöl und Erdgas gefördert, und die chemische Industrie (besonders die Produktion von Brom und Jod) ist auf einem hohen Stand.

*Oben rechts:* Sowjetpropaganda unter ethnischen Gesichtspunkten: Das Lenin-Denkmal in Aschchabad, der Hauptstadt der Turkmenischen SSR. Die Muster an den Wänden stammen von alten zentralasiatischen Teppichmustern. Das Sowjetemblem des Sterns mit fünf Spitzen ist in die Balustrade eingearbeitet. Der russische Einfluß in der Republik ist groß. Höhere Schulbildung und Universität in Aschchabad sind russischsprachig.

*Rechts:* Ein turkmenischer Familienvater mit den unverschleierten Frauen und anderen Angehörigen seiner umfangreichen Familie. Eine Großfamilie ist in Zentralasien das Übliche, und in Turkmenistan ist der Bevölkerungszuwachs so groß, daß die Behörden Mühe haben, genügend Wohnraum, Schulen und Arbeitsplätze bereitzustellen. Die Turkmenen standen immer im Ruf, auf glühende, unorthodoxe Weise fromm zu sein. Frauen tragen keinen Schleier, sondern arbeiten mit den Männern – und manchmal kämpften sie auch an ihrer Seite.

# Tadschikistan

Tadschikistan besteht zu 90 Prozent aus Gebirgsland und ist nach dem Pro-Kopfeinkommen eine der ärmsten Sowjetrepubliken. Bis in die jüngste Zeit hatten viele Dörfer keine Wasserleitung oder Elektrizität, und der Zustand der Straßen war dürftig und erschwerte die Kommunikation. Jedoch gehörte der Große Fergana-Kanal zu den frühesten sowjetischen Projekten dieser Art. Zusammen mit dem gewaltigen hydroelektrischen Potential der Republik ermöglicht er die Bewässerung der Kulturen an den typischen terrassierten Berghängen.

Die Geschichte Tadschikistans im letzten Jahrhundert hat manches mit der Usbekistans gemeinsam. Es wurde zuerst vom Emirat von Buchara beherrscht und danach vom russischen Zaren. Die Tadschiken sind jedoch ethnisch verschieden und sprechen eine iranische Sprache, die vom Usbekischen beeinflußt ist. Da sie vor dem Einfall der Turkstämme schon eine nationale Einheit bildeten, stellen sie eine der frühesten Volksgruppen der zentralasiatischen Kultur dar. Ihr zäher Widerstand gegen die Russen von 1921 bis 1925 läßt sich in bestimmter Hinsicht mit den späteren Vorgängen in Afghanistan vergleichen. Der Pamir im Osten ist mit über 7000 Metern das höchste Gebirge der Sowjetunion und bietet Kämpfern für die nationale Unabhängigkeit einen sicheren Schutz.

Der gebirgige Charakter der Republik bestimmt das wirtschaftliche Leben. Die Viehhaltung auf den Bergweiden dient zur Gewinnung von Fleisch und Wolle. Milchprodukte spielen eher eine geringe Rolle. Wasserkraft liefert die Energie für Maschinen, die für die Erschließung des gebirgigen Terrains geeignet sind. Baumwolle, Seide und Teppiche sind die Produkte der Leichtindustrie, während der Abbau von Braunkohle, die Gewinnung von Erdöl und Erdgas sowie die Nichteisenmetallurgie die wichtigsten Zweige der Schwerindustrie darstellen.

*Oben links:* Durch den Kontakt mit Persien wurde in Tadschikistan die Teppichweberei begründet. Die Tradition blieb erhalten. Ganze Familien sind mit Heimarbeit beschäftigt und reichen ihre speziellen Kenntnisse von Generation zu Generation weiter. Als das Land im 19. Jahrhundert von Rußland annektiert wurde, öffnete sich im Westen ein riesiger Absatzmarkt, und heute werden viele zentralasiatische Teppiche in Fabriken als Massenware hergestellt.

*Links:* Tadschikische Schülerinnen lernen in der Schule den Umgang mit Computern. Ihre Kleidung hat die lebhaften Farben und Muster, wie sie für Zentralasien typisch sind. Informatik ist in jüngster Zeit ein weitverbreitetes Lehrfach und im Unterricht besteht ein enormes Interesse an Computern, wenn auch die Lehrpläne noch im Versuchsstadium sind.

# Kirgisistan

Die Geschichte Kirgisistans erklärt die gewisse Fremdenfeindlichkeit, die in vielen Teilen dieser Republik heute in Erscheinung tritt. Sie resultiert aus den oft auch gewaltsamen Einmischungen äußerer Mächte in die inneren Angelegenheiten dieser Region. Die rücksichtslose Herrschaft des Chanats von Kokand (in Usbekistan), die Massaker durch die Russen 1916, die 150 000 Kirgisen zur Flucht nach China zwangen, und die Säuberungen der 30er Jahre haben eine Geisteshaltung hervorgebracht, die zur Vorsicht gegenüber mächtigen Nachbarn mahnt.

Die komplexe Geographie der Republik führt zu einem gewissen Mangel an Einheitlichkeit. Der Süden ist ein Zentrum des Islam. Die südliche Gebietshauptstadt Osch heißt »das zweite Mekka«, und die Landbevölkerung besteht zu 90 Prozent aus Muslimen. Der Sufismus übt noch immer einen starken Einfluß auf die Menschen aus. Es gibt hier wahrscheinlich mehr heilige Stätten als sonst in Zentralasien. Der Thron des Sulaiman (Soliman) in der Nähe von Osch ist der volkstümlichste Wallfahrtsort der Region. Die nördlichen Gebiete hingegen wurden nicht vor dem 18. Jahrhundert zum Islam bekehrt und dann auch nur oberflächlich. Selbst heute bekennt sich hier noch eine Minderheit zu schamanistischen und totemistischen Kulten. Hier im Norden lebt die Mehrheit der europäischen Zuwanderer, besonders der Russen. Die einheimischen Kirgisen machen weniger als die Hälfte der Bevölkerung aus. Die Hauptstadt Frunse liegt in der nördlichen Region und ist ein wichtiges Industriezentrum.

Bis 1936 war Kirgisistan eine autonome Republik innerhalb der RSFSR. Heute ist es landesweit der Hauptproduzent von Antimon und Quecksilber. Auch Uran, Kohle, Erdöl, Erdgas, Blei, Zink und Kupfer werden gewonnen. Die Herstellung von Baustoffen wie Granit, Marmor, Kalkstein, Mergel und Gips expandiert, und die Fertigbauweise erlebte einen Aufschwung. Die Viehzucht, besonders von Schafen mit seidigem Fell, und von Schweinen, sowie der Anbau von Getreide, Zuckerrüben, Tabak und Baumwolle spielen ebenfalls eine bedeutende Rolle.

*Unten:* Kirgisische Männer stellen sich mit ihren Schaffellen an, die nach dem Einsammeln nach ihrer Qualität sortiert werden: die schlechte Wolle wird für Filz verwendet, die gute für Webwaren. Die ausgeprägt mongolischen Gesichtszüge der Männer deuten die Nähe Chinas an. Die kräftigen Pferde der Region waren für die Kirgisen in ihrer nomadischen Vergangenheit von großer Bedeutung und spielen in der Folklore eine besondere Rolle. Auch heute noch sind sie von praktischem Nutzen beim Hüten des Viehs und sogar als Fleischlieferanten.

# BIBLIOGRAPHIE

Eine komplette Bibliographie der russischen Geschichte und Kultur könnte allein schon viele Bände füllen. Es ist deshalb für den Leser vielleicht am nützlichsten, wenn aus dieser enormen Vielfalt eine Auswahl an vertiefenden Werken (mit einigen mehr ins einzelne gehenden Studien) präsentiert wird. Die Auswahl ist thematisch gegliedert.


## ALLGEMEINE DARSTELLUNGEN

Auty, R. u. Obolensky, D. (Hg.), *Companion to Russian Studies*, Bd. 1, Cambridge 1976.
Barker, E., *Rußland. Sowjetunion. Landschaft, Geschichte, Kultur*, Stuttgart 1969.
Billington, J., *The Icon and the Axe*, London 1966.
Blum, J., *Lord and Peasant in Russia*, Princeton 1961.
Brown, A. u. a. (Hg.), *The Cambridge Encyclopedia of Russia and the Soviet Union*, Cambridge 1982.
Christian, D. *Bread and Salt*, Cambridge 1984.
Cross, A.G. (Hg.), *Russia under Western Eyes*, London 1971.
Dukes, P., *A History of Russia*, London 1974.
Goehrke, C. u.a., *Rußland* (Fischer Weltgeschichte, Bd. 31), Frankfurt/Main 1973.
Hellmann, M. u.a. (Hg.), *Handbuch der Geschichte Rußlands*, 3 Bde., Stuttgart 1976ff.
Herberstein, S.v., *Das alte Rußland*, Zürich 1984 (a.d. Lateinischen).
Hooson, D.J., *The Soviet Union: Peoples and Regions*, London 1966.
Karamsin, N.M., *Geschichte des russischen Reiches*, 12 Bde., Dresden 1820-1833.
Kessler, W., *Rußland-Ploetz. Russische und sowjetische Geschichte zum Nachschlagen*, Freiburg 1985.
Kljutschewskij, W.O., *Russische Geschichte*, 2 Bde., Zürich 1945.
Kochan, L. und Abraham, R., *The Making of Modern Russia*, Harmondsworth 1983.
Neander, I., *Grundzüge der russischen Geschichte*, Darmstadt 1970.
Parker, W.H., *An Historical Geography of Russia*, London 1968.
Pipes, R., *Russia under the Old Regime*, London 1974; dt.: *Rußland vor der Revolution: Staat und Gesellschaft im Zarenreich*, München 1984.
Platonow, S.F., *Geschichte Rußlands vom Beginn bis zur Jetztzeit*, Leipzig 1927.
Riasanovsky, N., *A History of Russia*, New York 1977.
Rimscha, H., *Geschichte Rußlands*, Darmstadt 1979.
Scheck, W., *Geschichte Rußlands von der Frühzeit bis zur Sowjetunion*, München 1977.
Solowjow, S.M., *History of Russia from the Earliest Times;* London 1959 (Russisch: 29 Bände, Moskau 1874).
Stökl, G., *Russische Geschichte von den Anfängen bis zur Neuzeit*, Stuttgart 1973.
Sumner, B.H., *A Survey of Russian History*, London 1944.
Torke, J. (Hg.), *Lexikon der Geschichte Rußlands*, München 1985.
Vernadsky, G.V., *A History of Russia*, New Haven 1961.
— u. Karpowitsch, M., *A History of Russia*, 5 Bde., New Haven 1944-1969.
— u.a. (Hg.), *A Source-Book for Russian History*, 3 Bde., New Haven/London 1972.

## SPRACHE UND HISTORISCHE PERIODEN

### Grundlagen der altrussischen Kultur

Dvornik, F., *The Making of Central and Eastern Europe*, London 1949.
Dvornik, F., *The Slavs, Their Early History and Civilization*, London 1959.
Obolensky, D., *The Byzantine Commonwealth*, London 1971.
— *»Russia's Byzantine Heritage«*, in Oxford Slavonic Papers, Bd. 1, 1950.
Vlasto, A., *The Entry of the Slavs into Christendom*, Cambridge 1970.

### Russische Sprache

Bräuer, H., *Slawische Sprachwissenschaft*, 3 Bde., Berlin 1961-1969.
Gabka, K. (Hg.), *Russische Sprache der Gegenwart*, 3 Bde., Leipzig o.J.
Matthews, W.K., *The Structure and Development of Russian*, Cambridge 1953.
Mulisch, H. (Hg.), *Die russische Sprache der Gegenwart*, 2 Bde., Leipzig 1975.
Nachtigal, R., *Die slawischen Sprachen.* Abriß der vergleichenden Grammatik, Wiesbaden 1961.
Trautmann, R., *Die slavischen Völker und Sprachen*, Leipzig 1948.
Unbegann, B., *Selected Papers on Russian and Slavonic Philology*, Oxford 1969.
Vinokur, G., *The Russian Language - a Brief History*, Cambridge 1971.
Ward, D., *The Russian Language Today*, London 1965.

### Vortatarisches Rußland

Benz, E., *Russische Heiligenlegenden*, Zürich 1988.
Grekov, B., *Kievan Rus*, Moskau 1959.
Lichatschow, D.S., *Powest wremennych let*, 2 Bde. Moskau/Leningrad 1950 (Nestorchronik, Russ. m. Komm.).
Porphyrogenitus, Konstantin, *De Administrando Imperii*, ins Englische übers. u. komm. v. G. Moravcsik und R. Jenkins, London 1962-1966.
Smith, R.E.F., *The Origins of Farming in Russia*, Paris 1959.
Tichomirow, M., *The Towns of Ancient Rus*, Moskau 1959.
Trautmann, R. (Übers. und Hg.), *Die altrussische Nestorchronik*, Leipzig 1931.
Vernadsky, G.V., *Ancient Russia*, New Haven 1943.
— *Kievan Russia*, New Haven 1948.
Zenkovsky, S., *Medieval Russian Epics, Chronicles and Tales*, London/New York 1963.

### Rußland unter den Tataren

Fennel, J.L.I., *The Emergence of Moscow 1304-1359*, London 1968.
Fennel, J.L.I., *The Crisis of Medieval Russia 1200-1304*, London 1983.
Halperin, C., *Russia and the Golden Horde*, London 1987.
Nitsche, P., *Die Anfänge des Moskauer Staates*, Darmstadt 1977.
Vernadsky, G.V., *The Mongols and Russia*, New Haven 1953.

### Das nachtatarische Moskau

Crummey, R.H., *The Formation of Muscovy 1304-1613*, London 1987.
Donnert, E., *Rußland an der Schwelle zur Neuzeit. Der Moskauer Staat im 16. Jahrhundert*, Berlin (DDR) 1972.
Fennel, J.L.I., *Ivan the Great of Moscow*, London 1961.
— (Übers. u. Hg.), *The Correspondence between Prince A.M. Kurbsky and Tsar Ivan IV of Russia*, Cambridge 1955.
Hellmann, M., *Iwan der Schreckliche. Moskau an der Schwelle zur Neuzeit*, Göttingen 1966.
Longworth, P., *Alexis*, London 1984.
Olearius, A., *Moskowitische und Persische Reise, 1633-1639*, Stuttgart 1986
Platonow, S.F., *The Time of Troubles*, London 1970.
— *Boris Godunow*, London 1972.
Stökl, G., *Der russische Staat in Mittelalter und früher Neuzeit*, Wiesbaden 1981.
Troyat, H., *Iwan der Schreckliche*, deutsche Übers., München 1987.
Vernadsky, G.V., *Russia at the Dawn of the Modern Age*, New Haven 1959.
— *The Tsardom of Muscovy*, 2 Bde., New Haven 1969.

### Zeit Peters des Großen

Anderson, M.S., *Peter the Great*, London 1976.
Donnert, E., *Peter der Große: Der Veränderer Rußlands*, Göttingen 1987.
Jonge, A. de, *Fire and Water*, London 1979.
Massie, R., *Peter the Great: His Life and World*, London 1981; deutsche Übersetzung: *Peter der Große, sein Leben und seine Zeit*, Königstein 1982.
Neumann-Hoditz, R., *Peter der Große*, Reinbek 1983 (rowohlts monographien; mit Bibliographie).
Raeff, M. (Hg.), *Peter the Great; Reformer or Revolutionary?*, London/New York 1963.
Troyat, H., *Pierre Le Grand*, Paris 1979; deutsche Übersetzung: *Peter der Große*, Düsseldorf 1980 (mit Bibliographie).
Wittram. R., *Peter der Große. Der Eintritt Rußlands in die Neuzeit*, Berlin 1954.
Wittram, R., *Peter I. Zar und Kaiser. Zur Geschichte Peters des Großen in seiner Zeit*, Göttingen 1964.
Uspensky, B., *Historia sub specie semioticae;* englische Übersetzung: *Semiotics of Russian Culture*, Ann Arbor 1984.

### 18. Jahrhundert

Brennan, J., *Enlightened Despotism in Russia*, New York 1987.
Coughlan, R., *Frauen auf dem Zarenthron*, deutsche Übersetzung: Düsseldorf 1976 [Elisabeth und Katharina].
Daschkowa, E.R., *Katharina die Große und ihre Zeit.* Erinnerungen, München 1970.
Dukes, P., *The Making of Russian Absolutism 1613-1801*, London 1982.
Garrard, J. (Hg.), *The Eighteenth Century in Russia*, Oxford 1973.
Jessen, H., *Katharina II. im Spiegel der Zeitgenossen*, Düsseldorf 1970; als dtv-Taschenbuch: *Katharina II. von Rußland in Augenzeugenberichten*, München 1978.
Katharina II., *Memoiren*, München 1988.
Keller, M. (Hg.), *Russen und Rußland aus deutscher Sicht. 18. Jahrhundert: Aufklärung*, München 1989.
Longworth, P., *The Cossacks*, London 1969.
Longworth, P., *Three Empresses: Catherine I., Anne and Elizabeth of Russia*, London 1972.
Madariaga, I. de, *Russia in the Age of Catherine the Great*, London 1981.
Mediger, W., *Moskaus Weg nach Europa. Der Aufstieg Rußlands zum europäischen Machtstaat im Zeitalter Friedrichs des Großen*, Braunschweig 1952.
Neumann-Hodlitz, R., *Katharina II. die Große*, Reinbek 1988 (rowohlts monographien; mit Bibliographie).
Oldenbourg, Z., *Katharina die Große;* deutsche Übers. München 1969, auch Heyne-Taschenbuch 1986.
Raeff, M., *Origins of the Russian Intelligentsia*, London 1966.
Rogger, H., *National Consciousness in 18th-century Russia*, Cambridge, Mass. 1960.
Soloweytschik, G., *Potemkin*, Zürich/Stuttgart 1951.
Troyat, H., *Catherine La Grande*, Paris 1977; deutsche Übersetzung: *Die große Katharina*, München 1980 (mit Bibliographie).

### 19. Jahrhundert

Black, C.L. (Hg.), *The Transformation of Russian Society: Aspects of Social Change since 1861*, Cambridge, Mass. 1960.
Charques, R., *The Twilight of Imperial Russia.* London 1968.
Custine, Marquis de, *The Empire of the Czar*, London 1843.
Edelman, N.J., *Verschwörung gegen den Zaren*, Köln 1984.
Emmons, T. (Hg.), *Emancipation of the Russian Serfs*, London/New York 1970.
Grünwald, C. de, *An den Wurzeln der Revolution. Alexander II. und seine Zeit*, deutsche Übersetzung: Wien 1965.
Hildermeier, M., *Bürgertum und Stadt in Rußland 1760-1870*, Köln 1986.
Katkoff u.a. (Hg.), *Russia enters the Twentieth Century*, London 1971.
Löwe, H.D., *Die Lage der Bauern in Rußland 1880-1905*, St. Katharinen 1987.
Monas, S., *The Third Section*, Cambridge, Mass. 1961.
Mosse, W.E., *Alexander II. and the Modernization of Russia*, London 1958.
Raeff, M. (Hg.), *The Decembrist Movement*, Englewood Cliffs 1966.
Raeff M., *Plans for Political Reforms in Imperial Russia 1730-1905*, Englewood Cliffs 1966.
Raeff, M. (Hg.), *Michael Speransky*, Den Haag 1957; 1969.
Riasanovsky, N., *Nicholas I. and Official Nationality in Russia*, Berkeley 1959.
Robinson, G.T., *Rural Russia under the Old Regime*, New York 1932.

Seton-Watson, H., *The Russian Empire 1801-1917.* Oxford 1967.
Straube, F. und Zeil, W., *Geschichte Rußlands 1789-1861,* Vaduz 1978.

**Revolutionszeit und Sowjetunion**
Amin, D. (Hg.), *Die russische Revolution von 1917 in Berichten ihrer Akteure,* München 1976.
Arendt, H., *Elemente und Ursprünge totaler Herrschaft,* Frankfurt/Main 1955.
Carmichael, J., *Die russische Revolution,* Reinbek 1967 (Rowohlts deutsche Enzyklopädie, 283/84).
Carr, E.H., *History of Soviet Russia,* 14 Bde., London 1952-1978.
Chamberlain, W.H., *The Russian Revolution,* 2 Bde., New York 1935.
Conquest, R., *Kolyma,* London 1978.
— *The Great Terror,* London 1968; deutsche Übersetzung *Ernte des Todes. Stalins Holocaust in der Ukraine 1929-33,* München 1988.
Dallin, A. und Larson, T.B. (Hg.), *Soviet Politics since Khrushchev,* Washington 1958.
Dyker, D., *Soviet Economics,* London 1976.
Fainsod, M., *How Russia is Ruled,* Cambridge, Mass. 1953.
Fitzpatrick, S., *The Commissariat of Enlightenment,* Cambridge 1970.
Florinsky, M.T., *The End of the Russian Empire,* New York 1961.
Footman, D., *The Civil War in Russia,* London 1961.
Gorbatschow, M., *Glasnost. Das neue Denken,* München 1989.
— *Perestroika. Die zweite russische Revolution,* München 1987.
Harcave, S., *First Blood. The Russian Revolution of 1905.* London 1970.
Heller, M., *Cogs in the Soviet Wheel: the Making of Soviet Man,* New York/London 1987.
Hellmann. M., *Die russische Revolution 1917,* München 1969 (dtv 227/28).
Hosking, G.A., *The Russian Constitutional Experiment: Government and the Duma 1907-1914,* Cambridge 1975.
Hosking, G.A., *A History of the Soviet Union,* London 1961.
Levin, M., *The Making of the Soviet System,* London 1985.
McCauley, M., *The Soviet Union under Gorbachov,* London 1987.
McCauley, M., *Politics in the Soviet Union,* Harmondsworth 1977.
Medvedev, R., *Let History Judge: The Origins and Consequences of Stalinism,* New York 1971.
Neumann-Hodlitz, R., *Nikita Chruschtschow,* Reinbek 1980 (rowohlts monographien; mit Bibliographie).
Rauch, G.v., *Geschichte der Sowjetunion,* Stuttgart 1977.
Reed, J., *Zehn Tage, die die Welt erschütterten,* Vorwort W.I.Lenin und N.K. Krupskaja, Berlin (DDR) 1968.
Rigby, T.H. (Hg.), *Stalin,* Englewood Cliffs 1966.
Schapiro, L., *The Communist Party of the Soviet Union,* London 1970.
Ulam, A., *Rußlands gescheiterte Revolutionen: von den Dekabristen bis zu den Dissidenten,* München 1985.
— *Lenin and the Bolsheviks,* London 1969; deutsche Übersetzung: *Die Bolschewiki,* Köln/Berlin 1967.
Volin, *Die unbekannte Revolution,* 2 Bde., Hamburg 1975-1977.
Williams, B.J., *The Russian Revolution 1917-1921,* Oxford 1987.
Woolfe, B., *Three who made a Revolution,* New York 1960.

**Religions- und Ideengeschichte**
Ammer, V., *Gottmenschtum und Menschgottum: Zur Auseinandersetzung von Christentum und Atheismus im russischen Denken,* München 1988.
Berlin, I., *Russian Thinkers,* London 1977; deutsche Übersetzung: *Russische Denker,* Frankfurt/Main 1981.
Cherniavsky, M., *Tsar and People,* New Haven 1981.
Clark, K. und Holquist, M., *Mikhail Bakhtin,* Cambridge, Mass. 1985.
Conybeare, F.C., *Russian Dissenters,* London 1921.
Fedotov, G., *The Russian Religious Mind,* 2 Bde., Cambridge, Mass. 1966.
— *A Treasury of Russian Spirituality,* New York 1961.
Hauptmann, P. und Stricker, G. (Hg.), *Die orthodoxe Kirche in Rußland. Dokumente ihrer Geschichte (860-1980),* Göttingen 1988.
Katkov, G. (Hg.), *Rußland im Aufbruch ins 20. Jahrhundert, Politik, Wirtschaft, Kultur,* Olten 1970.
Lampert, E., *Sons against Fathers,* Oxford 1965.
Lossky, V., *The Mystical Theology of the Eastern Church,* London 1957.
Medlin, W.K., *Moscow and East Rome,* London 1952.
Metropolit Pitrim von Volokolamsk und Jurjev (Hg.), *Die Russische Orthodoxe Kirche,* Berlin 1988.
Meyendorff, J., *The Orthodox Church,* New York 1965.
Niakhimovsky, A. und D. (Hg.), *The Semiotics of Russian Cultural History,* New York 1985.
Nowikow, N., *Die Soziologie in Rußland. Ihre institutionelle Entwicklung von den Anfängen der Oktoberrevolution,* Wiesbaden 1988.
Raeff, M., *Russian Intellectual History - An Anthology,* London 1966.
Rose, K., *Grund- und Quellort des russischen Geisteslebens. Von Skythien bis zur Kiewer Rus,* Berlin (DDR) 1956.
Seebohm, Th. M., *Ratio und Charisma. Ansätze zur Ausbildung eines philosophischen und wissenschaftlichen Weltverständnisses im Moskauer Rußland,* Bonn 1977.
Shukman, A. (Hg.), *Semiotics of Russian Culture,* Ann Arbor 1984.
Soloviev, A.V., *Holy Russia: The History of a Religious-Social Idea,* Den Haag 1954.
Stremoukhoff, D., *Moscow the Third Rome - Sources of the Doctrine in »Speculum«,* 1953, I.
Thaden, E.C., *Conservative Nationalism in 19th-century Russia,* Seattle 1964.
Utechin, S., *Geschichte der politischen Ideen in Rußland,* deutsche Übersetzung, Stuttgart 1966.
Venturi, F., *The Roots of Revolution,* London 1960.
Walicki, A., *History of Russian Thought,* Oxford 1980.
Ware, T., *The Orthodox Church,* Harmondsworth 1964.
*Welt der Religionen,* Bd.8: *Der goldene Ring. Das Christentum Rußlands,* Freiburg 1982.
Zenkovsky, V., *A History of Russian Philosophy,* 2 Bde., London 1953.

## LITERATUR

**Allgemein**
Auty, R. und Obolensky, D., *Companion to Russian Studies,* Bd. 2, Cambridge 1976.
Cizevskiy, D., *History of Russian Literature from the 11th Century to the End of the Baroque,* Den Haag 1960.
Cross, A.G. (Hg.), *Russian Literature in the Age of Catherine the Great,* Oxford 1976.
Fennell, J.L.I. und Stokes, A., *Early Russian Literature,* London 1974.
Günther, J.v., *Die Literatur Rußlands,* Stuttgart 1964.
Holthusen, J., *Russische Literatur im 20. Jahrhundert,* München 1978.
Kasack, W., *Die Klassiker der russischen Literatur,* Düsseldorf 1986.
Kasack, W., *Lexikon der russischen Literatur ab 1917,* Stuttgart 1976; Ergänzungsband München 1986.
Lettenbauer, W., *Russische Literaturgeschichte,* Wiesbaden 1958.
Ludwig, N. (Hg.), *Handbuch der Sowjetliteratur 1917-1972, Leipzig 1975.*
Luther, A., *Geschichte der russischen Literatur,* Leipzig 1924.
Segal, H., *The Literature of 18th-century Russia,* New York 1964 (Anthologie).
Stender-Petersen, A., *Geschichte der russischen Literatur,* München 1978.
Struve, G., *Geschichte der Sowjetliteratur,* München 1957.
Thorlby, A.K. (Hg.), *The Penguin Companion to Literature: Europe,* Harmondsworth 1969.
Weber, H.S. (Hg.), *The Modern Encyclopedia of Russian and Soviet Literatures,* Gulf Breeze 1977ff.

**Werkausgaben**
Achmatowa, A., *Poem ohne Held,* Berlin 1989.
— *Gedichte,* Frankfurt/Main 1988.
— *Im Spiegelland,* München 1988.
Babel, I., *Die Reiterarmee,* Neuwied 1980.
— *Werke,* 2 Bde., Olten 1960-1962
Bely, A., *Petersburg,* Frankfurt/Main 1976.
Blok, A., *Ausgewählte Werke,* 3 Bde., München 1978.
— *Die Zwölf,* Frankfurt/Main 1958.
Bulgakow, M., *Meister und Margarita,* Graz 1982; dtv Taschenbuch München 1983.
Chlebnikow, W., *Werke,* Reinbek 1985.
— *Gedichte,* München 1976.
Dostojewskij, F., *Sämtliche Romane und Erzählungen,* 16 Bde., Frankfurt/Main 1986.
— *Sämtliche Werke,* 10 Bde., München 1980.
Fet, A., *Gedichte,* Leipzig 1903.
Gogol, N., *Gesammelte Werke,* 5 Bde., Stuttgart 1981ff.
— *Werke,* 3 Bde., München 1979.
Lermontow, M., *Gedichte und Verserzählungen,* Potsdam 1950.
— *Ein Held unserer Zeit,* Berlin 1985.
Majakowskij, V., *Werke,* 10 Bde., Frankfurt/Main 1980.
Mandelstam, O., *Gedichte und Briefe,* Berlin 1989.
— *Das Rauschen der Zeit,* Zürich 1985; Frankfurt/Main 1989.
— *Schwarzerde,* Zürich 1984.
— *Gedichte,* Frankfurt/Main 1959; ern. 1983.
Pasternak, B., *Doktor Schiwago,* Frankfurt/Main 1964.
— *Gedichte, Erzählungen. Sicheres Geleit,* Frankfurt/Main 1959.
— *Über mich selbst,* Frankfurt/Main 1959.
Platonow, A., *Erzählungen,* 2 Bde., München 1988.
— *Frühe Novellen,* München 1987.
Puschkin, A., *Jewgenij Onegin,* Gießen 1980.
— *Gesammelte Werke,* 6 Bde., Frankfurt/Main 1973.
— *Gesammelte Werke,* 6 Bde., Berlin 1984-85.
Samjatin, J., *Die Höhle. Kleine Prosa,* Frankfurt/Main 1989.
— *Wir,* München 1977.
— *Morgen. Erzählungen, Essays, Dokumente,* Wiesbaden 1967.
Scholochow, M., *Neuland unterm Pflug,* 2 Bde., Köln 1987-88.
Solschenizyn, A., *Das rote Rad,* 3 Bde., München 1986-1989.
— *Der Archipel Gulag,* Bern 1974-1976.
— *Ein Tag im Leben des Iwan Denissowitsch,* Zürich 1963.
Tjuttscheff, F., *Gedichte,* Leipzig 1905.
Tolstoj, L., *Das erzählerische Gesamtwerk,* 12 Bde., Lausanne/Köln 1967.
— *Gesammelte Werke,* 20 Bde., Berlin (DDR) 1966ff.
— *Das epische Gesamtwerk,* 8 Bde, München 1961-1978.
Tschechow, A., *Das dramatische Werk,* 8 Bde., Zürich 1980.
— *Das erzählende Werk,* 10 Bde., Zürich 1980.
Wosnessenski, A., *Antiwelt,* 1967.

**Einzeldarstellungen**
Aucouturier, M., *Boris Pasternak,* Reinbek 1965 (rowohlts monographien; mit Bibliographie).
Bakhtin, M., *Problems of Dostoyevsky's Poetics,* Ann Arbor 1975.
Barnes, C., *Pasternak,* Cambridge 1989.
Bayley, J., *Pushkin,* Cambridge 1971.
Bayley, J., *Tolstoy and the Novel,* London 1966.
Berlin, I., *The Hedgehog and the Fox,* London 1953.
Braun, M., *Tolstoj,* Göttingen 1978.
— *Dostojewski,* Göttingen 1976.
Briggs, A.D.P., *Alexander Pushkin,* London 1983.
Brown, C., *Mandelstam,* Cambridge 1973.
Brown, D., *Soviet Literature since Stalin,* Oxford 1973.
Christian, R.F., *Tolstoy: A Critical Introduction,* Cambridge 1969.
Cooke, R., *Velimir Khlebnikov - a Critical Study,* Cambridge 1987.
Cross, A.G., *N.M. Karamzin: A Study of his Literary Career,* Cambridge 1971.
Diffey, T.J., *Tolstoy's What is Art?* London 1985.
Dunham, V., *In Stalin's Time,* Cambridge 1976.
Dutli, R., *Ossip Mandelstam,* Zürich 1985.
Elsworth, J., *Andrey Bely,* Letchworth 1972.
Falen, J., *Isaak Babel: Master of the Short Story,* Knoxville 1974.
Freeborn, R., *Turgenev,* Westport 1960.
Garrard, J., *M. Lermontov,* Boston 1982.
Gregg, R., *F. Tyutchev: the Evolution of a Poet,* New York 1965.
Gifford, H., *The Novel in Russia,* London 1964.
Ginsburg, J., *Gratwanderung,* München 1988.
Ginsburg, J., *Marschroute eines Lebens,* München 1986.
Gustafson, R.F., *The Imagination of Spring,* New Haven 1966 [zu A. Fet].
Hamburger, K., *Leo Tolstoi,* Bern 1950.
Hingley, R., *Nightingale Fever,* London 1982.
Hoefert, S., *Russische Literatur in Deutschland,* Tübingen 1974.
Hönig, A., *Andrej Belyjs Romane,* München 1965.
Holthusen, J., *Studien zur Ästhetik und Poetik des russischen Symbolismus,* Göttingen 1957.
Hosking, G., *Beyond Socialist Realism,* London 1980.
James, C.V., *Soviet Socialist Realism,* London 1973.
Keil, R.D., *Nikolai W. Gogol,* Reinbek 1985 (rowohlts monographien; mit Bibliographie).
Lavrin, J., *Lev Tolstoj,* Reinbek 1961 (rowohlts monographien; mit Bibliographie).
Leech-Anspach, *Evgenij Zamjatin,* Wiesbaden 1976.
Loew, R., *Majakowski in Deutschland. Texte zur Rezeption,* Berlin (DDR) 1986.
Maguire, R. (Hg.), *Gogol from the Twentieth Century,* Princeton 1974.

Mandelstam, N., *Das Jahrhundert der Wölfe,* Frankfurt/Main 1989.
Markov, V., *Russian Futurism,* London 1969.
Maude, A., *The Life of Tolstoy,* 2 Bde., London 1908-1910; ern. 1929-1930.
McVay, G., *Esenin: A Life,* London 1970.
Nabokov, V., *Die Kunst des Lesens. Meisterwerke der russischen Literatur: N. Gogol, I. Turgenjew, F. Dostojewski, L. Tolstoi, A. Tschechow, M. Gorki,* deutsche Übersetzung, Frankfurt/Main 1984.
Nebel, H.M., *N.M. Karamzin,* Den Haag 1967.
Neumann-Hoditz, R., *Solschenizyn,* Reinbek 1974 (rowohlts monographien; mit Bibliographie).
Poggioli, R., *Poets of Russia,* Cambridge, Mass. 1960.
Proffer, E., *Bulgakov,* Ann Arbor 1984.
Pyman, A., *The Life of A. Blok,* Oxford 1979-1980.
Richards, D., *Zamyatin,* New York 1962.
Scammel, M., *Solzhenitsyn,* London 1985.
Seduro, V., *Dostoyevsky in Russian Literary Criticism,* New York 1957.
Setchkarev, V., *Nikolaj S. Leskov,* Wiesbaden 1959.
— *Ivan Goncharov: A Study of his Life and Works,* Würzburg 1974.
— *Alexander Puschkin,* Wiesbaden 1963.
Stahlberger, L., *The Symbolic System of Mayakovsky,* Den Haag 1964.
Steiner, P., *Russian Formalism,* London 1985.
Storch, W., Majakovskij, München 1977.
Troyat, H., *Gorki,* deutsche Übersetzung, Gernsbach 1989.
— *Tschechow,* deutsche Übersetzung, Stuttgart 1987.
— Puschkin, deutsche Übersetzung, München 1959.
Turner, C.J.G., *Pechorin,* Birmingham 1978.
Urban, P., *Über Čechov,* Zürich 1987.
West, J., *Russian Symbolism,* London 1970.
Wolffheim, E., *Anton Čechov,* Reinbek 1982 (rowohlts monographien; mit Bibliographie).
Woroszylsky, W., *The Life of Mayakovsky,* London 1972.
Ziegler, G., *Alexander S. Puschkin,* Reinbek 1979 (rowohlts monographien; mit Bibliographie).

## BILDENDE KÜNSTE, BALLETT, FILM, MUSIK, THEATER

Alpatow, M. u.a., *Geschichte der russischen Kunst von den Anfängen bis zur Gegenwart,* Gütersloh 1975.
Behrens, E., *Kunst in Rußland,* Köln 1969.
Bird, A., *Russian Painting,* Oxford 1987.
Grabar, I.E. (Hg.), *Geschichte der russischen Kunst,* 4 Bde., Dresden 1957-1965.
Hamilton, G.H., *Art and Architecture of Russia,* Harmondsworth 1975.
Milner-Gulland, R. und Bowlt, J.E., *An Introduction to Russian Art and Architecture,* in Auty, R. und Obolensky, D. (Hg.), *Companion to Russian Studies,* Bd. 3, Cambridge 1980).
Rice, Talbot T., *Die Kunst Rußlands,* Zürich 1965.

**Altrussische Kunst**

Faensen, H. und Ivanow, W., *Altrussische Baukunst,* Wien/München 1972.
Grabar, A., *Byzantium,* London 1966.
Lazarev, V., *Novgorodian Icon Painting,* Moskau 1969.
— *Old Russian Murals and Mosaics,* London 1963.
Mathew, G., *Byzantine Aesthetics,* London 1963.
Onasch, K., *Icons,* London 1963.

**Kunst in der Petersburger Epoche**

Cracraft, J., *The Petrine Revolution in Russian Architecture,* London 1988.
Kaganovich, A., *Arts of Russia,* Bd. 2, Genf 1964.
Kean, B.W., *All the Empty Palaces,* London 1985.
Rice, Talbot T., *The Conflux of Influences in 18th-century Russian Architecture,* in Garrad, J. (Hg.), *The 18th Century in Russia,* Oxford 1973.
Valkenier, E., *Russian Realist Art,* Ann Arbor 1977 [über die »Wanderer«].
Wanslow, W. (Hg.), *Russische Realisten,* Leipzig 1983 [über die »Wanderer«].

**Kunst des 20. Jahrhunderts**

Afanasjew, K.N., *Ideen, Projekte, Bauten. Sowjetische Architektur 1917-1932,* Dresden 1973.
Bojke, S., *New Graphic Design in Revolutionary Russia,* New York 1972.
Bowlt, J.E., *Russian Art of the Avant Garde: Theory and Criticism 1902-34,* New York 1976.
— u. Misler, N., *Pavel Filonov: A Hero and His Fate,* Austin 1983.
Chamot, M., *Gontscharova,* Paris 1972.
Gray, C. *Das große Experiment; die russische Kunst 1863-1922,* Köln 1974.
Grohmann, W., *Wassily Kandinsky. Leben und Werk,* Köln 1958.
Hnikova, D., *Die russische Avantgarde 1907-1922,* Bern/Stuttgart 1975.
Kandinsky, W., *Über das Geistige in der Kunst,* München 1912.
Kopp, A., *Town and Revolution: Soviet Architecture and City Planning 1917-35,* New York 1970.
Lodder, C., *Russian Constructivism,* London 1983.
Malewitsch, K., *Die gegenstandslose Welt, 1926,* Köln 1962.
Marcadé, V., *Le Renouveau de l'art pictural russe,* Lausanne 1971.
Milner, J., *Vladimir Tatlin and the Russian Avant-Garde,* London 1983.
Shridovsky, U., *Building in the USSR 1917-32,* London 1971.
Simmons, W., *Malevich's Black Square,* New York 1981.
Zhadova, L. (Hg.), *Tatlin,* London 1988.

**Verschiedene künstlerische Thematik**

Bechtolsheim, H.v., *Leningrad,* München 1980.
Berton, K., *Moscow: an Architectural History,* London 1976.
Bowlt, J.E. und Bann, S. (Hg.), *Russian Formalism,* Edinburgh 1973.
Gorys, E., *Moskau und Leningrad,* Köln 1987.
Gosling, N., *Leningrad,* London 1963.
Ivanova, E., *Russian Applied Art,* Leningrad 1976.
Lauhus, A. u.a. (Hg.), *Russische Avantgarde 1907-1921,* Bonn 1983.
Ovsyannikov, Y., *Russian Folk Arts and Crafts,* Moskau 1975.
— *The Lubok,* Moskau 1963.
Voyce, A., *The Moscow Kremlin,* Norman 1954.
Williams, R.C., *Artists in Revolution: Portraits of the Russian Avant-Garde,* Bloomington 1977.

**Film**

Barna, Y., *Eisenstein,* Bloomington 1973.
Schnitzer, L. und J., (Hg.), *Cinema in Revolution,* London 1973.

**Ballett**

Buckle, R., *Nijinsky,* London 1971.
Haskell, A., *The Russian Genius in Ballet,* Oxford 1963.
Haskell, A., *Diaghileff,* New York 1935.
Niehaus, M., *Nijinskij,* München 1961.

**Modernes Theater**

Braun, E. (Hg)., *Meyerhold on Theatre,* London 1969.
Ripellino, A., *Maiakovski et le théâtre russe d'avant garde,* Paris 1965.
Stanislawskij, K., *Mein Leben in der Kunst,* Berlin 1951.
Tairow, A., *Das entfesselte Theater,* Potsdam 1923; 1980

**Musik**

Abraham, G., *Slavonic and Romantic Music,* London 1968.
Glinka, M.I., *Aufzeichnungen aus meinem Leben,* Wilhelmshaven 1969.
Prieberg, F.K., *Musik in der Sowjetunion,* Köln 1965.
Rimski-Korsakow, N.A., *Chronik meines musikalischen Lebens,* Stuttgart 1928; 1968.
Sadie, S. (Hg.), *The New Grove Dictionary of Music and Musicians,* 20 Bde., London 1980.
Seaman, G., *History of Russian Music,* Bd. 1, Oxford 1967.
Seroff, V.I., *Das mächtige Häuflein. Der Ursprung der russischen Nationalmusik,* Zürich/Freiburg 1967.
Strawinskij, I., *Erinnerungen und Gespräche,* Frankfurt/Main 1972.
Strawinskij, I., *Gespräche mit Robert Craft,* Zürich 1961.
Strawinskij, I., *Erinnerungen,* Zürich 1937.
Swan, A.J., *Russian Music and its Origins in Chant and Folk Song,* London 1973.
Simmons, W., *Malevich's Black Square,* New York 1981.

# FACHBEGRIFFE

**Altgläubige** *siehe* **starowery**

**Bilderstreit** *siehe* **Ikonoklasmus**

**Bojaren** Ursprünglich der Name für die freien Gefolgsleute (*siehe* **druschina**) der Fürsten in der Kiewer Periode. Ab dem 12. Jahrhundert Bezeichnung für den nichtfürstlichen Dienstadel Rußlands. Bis zur Zeit Peters I. gab es ein ständiges Beratungsorgan (Bojarenduma), das gewöhnlich vom Zaren aus den Familien des Hochadels gewählt wurde.

**Dienststaat** Das im Moskauer Reich unter Iwan IV. voll entwickelte Gesellschaftssystem, nach dem alle Klassen als Dienstleistende des Zaren betrachtet wurden (*vgl.* **dworjanstwo, Leibeigene**). Der Zar übte auch die allgemeine Kontrolle über die Kirche und die Kaufleute aus und besaß mehrere Handelsmonopole.

**druschina** Die Gefolgschaft der Fürsten im Kiewer Reich. Die Gefolgsleute hatten militärische wie beratende Funktionen und konnten das Treueverhältnis zum Fürsten jederzeit aufkündigen.

**dwojewerije** »Doppelglaube«. Die Existenz von heidnischen Bräuchen neben dem Christentum, wie sie bis in neuere Zeiten auf dem russischen Land zu finden war.

**dworjanstwo** Die landbesitzende Klasse im zaristischen Rußland, die den niederen Dienstadel stellte. (Ein Feudalismus im westlichen Sinn hatte sich in Rußland nicht entwickelt.) Der *dworjanin* konnte erbliches Land besitzen (*wotschina*) oder vom Herrscher ein Dienstgut (*pomestje*) übertragen bekommen. In der Praxis machte das Moskauer Reich alle Privilegien von Dienstleistungen abhängig. Nach dem Befreiungsmanifest von 1762 war der Dienst zwar nicht mehr obligatorisch, blieb aber die Norm. Der *dworjanin* konnte jetzt auf seinem Gut leben, und durch die Gnadenurkunde von 1785 erhielt er es als sein Eigentum. Der niedere Adel spielte eine wesentliche Rolle für die Aufrechterhaltung der Verwaltung und für die Steuereintreibung in der Provinz.

**GULAG** Ein sowjetisches Akronym für »Hauptverwaltung der Lager«, die das weitverzweigte Netz der Gefangenenlager kontrollierte, die in verschiedenster Art für die 30er bis 50er Jahre charakteristisch waren. Ihr nahezu autonomer Status und ihre geographische Streuung veranlaßten Solschenizyn, den Begriff Archipel Gulag zu prägen.

**Horde** Ursprünglich Lager (*ordu*) eines turktatarischen Clans. Nach den Tatareneinfällen von 1237–1249 stand Rußland unter der Oberhoheit der Goldenen Horde. Das Tatarenjoch wurde endgültig erst 1480 abgeschüttelt (»Stehen an der Ugra«).

**Ikonen** Kultbilder (von griechisch *eikon*, »Bild«) der Ostkirchen, die Christus, Maria, Heilige und biblische Szenen darstellen. Im engeren Sinn versteht man unter Ikone im Unterschied zum Wandgemälde das hölzerne Tafelbild in der Tempera-Technik auf einem Gipsgrund nach traditionellen Vorbildern. Ikonen waren in der gesamten orthodoxen Welt seit dem 9. Jahrhundert Gegenstand der Verehrung in Kirchen, Schreinen und Wohnhäusern. Auf russischem Boden durchliefen sie stilistisch eine vielfältige Entwicklung und erlebten im 15. Jahrhundert ihren Höhepunkt, der durch viele lokale Varianten gekennzeichnet war.

**Ikonoklasmus** »Bilderstreit«. Während einer langen Periode der byzantinischen Geschichte im 8. und 9. Jahrhundert war die Ausstellung und Verehrung von christlichen Bildern aufgrund des 2. Gebotes von den »Götzenbildern« durch die Kaiser verboten, und die Anhänger der Bilderverehrung wurden grausam verfolgt. Nachdem ein Konzil des Jahres 843 die Verehrung von Bildern endgültig wieder erlaubt hatte, wurden sie systematisch in die orthodoxe Theologie als Symbol der Menschwerdung Gottes und in die Kirchenausstattung integriert.

**Ikonostase** Eine Ikonenwand. Die frühmittelalterlichen Ostkirchen hatten eine Art niedrige Balustrade, die das Schiff vom Sanktuarium trennte. Sie war mit Ikonen bedeckt. Im späten Mittelalter wurde daraus ein mehrreihiges hölzernes Ikonengerüst, dessen schönste Beispiele sich in Sagorsk und in der Moskauer Mariä-Verkündigungs-Kathedrale erhalten haben. Gewöhnlich trägt die unterste Reihe der Ikonostase die lokal verehrten Ikonen, die nächste die Heilige Jungfrau, Johannes den Täufer, die Evangelisten und andere Heilige, die bei Christus Fürsprache für die Gläubigen einlegen. Die Reihe darüber ist mit den Ikonen der Kirchenfeste besetzt, und die oberste ist den Propheten vorbehalten.

**intelligenzija** Die geistige Elite der russischen Bildungsschicht, die bald eine kritische Haltung gegenüber der etablierten Ordnung einnahm und radikale, revolutionäre politische Ziele verfolgte. Die lateinisch-russische Wortprägung entstand Mitte des 19. Jahrhunderts, wie auch andere Schlagwörter der Zeit (z.B. der durch Iwan Turgenjew geprägte Begriff »Nihilist«).

**Kosaken** Eine besondere Gruppe russischer Grenzsoldaten in der gefährdeten, dünn besiedelten südlichen Steppenregion. Der Name *kasak* kommt von dem turktatarischen Wort für »Reiter« oder »Plünderer«, wovon sich verwirrenderweise auch der Name des modernen Turkstammes der Kasachen ableitet. Seit dem 15. Jahrhundert bekannt, gründeten die Kosaken demokratisch organisierte Militärkolonien, hauptsächlich an Dnjepr (Saporoger Kosaken), Don und Jaik (Ural). Auf dem Höhepunkt ihrer Macht im 17. Jahrhundert spielten sie Moskau, Polen und die Osmanen gegeneinander aus und intervenierten beträchtlich in der »Zeit der Wirren«. Allmählich zogen sie das seßhafte Leben vor und verloren dadurch ihre privilegierten Institutionen, aber als Kavallerie-Elite spielten sie bis zum Russisch-polnischen Krieg 1920 eine Rolle.

**Kreml** Die befestigte Zitadelle im Herzen der meisten mittelalterlichen russischen Städte. Seit dem frühen 16. Jahrhundert wurden die Kreml gewöhnlich aus Ziegelwerk gebaut. Es gibt bedeutende Beispiele in Smolensk, Tula und Serpuchow, die mit dem Befestigungssystem des 16. Jahrhunderts südlich von Moskau verbunden waren, das Einfälle aus der Steppe abhalten sollte.

**Kreuzkuppel-Kirche** Der maßgebliche Grundriß der byzantinischen Kirchen nach dem 9. Jahrhundert, der in der gesamten orthodoxen Welt und generell in Rußland bis zum 16. Jahrhundert übernommen wurde. Drei Joche unterteilten drei Schiffe mit Tonnengewölbe und der nach Osten gerichteten Apsis. Mittelschiff und Querschiff sind höher eingewölbt und bilden das »Kreuz«. Nach Westen kann eine Vorhalle (Narthex) vorgelagert sein.

**Kulak** Ein reicher Bauer (wörtlich »Faust«). Der Begriff hat eine abwertende Nebenbedeutung und ist besonders mit der sogenannten »Entkulakisierung» verbunden, der gewaltsamen Unterdrückung und Deportation der wohlhabenderen Bauernschaft im Verlauf von Stalins Kollektivierungsmaßnahmen der Landwirtschaft (1928–1930).

**Leibeigene** Bauern, die vertraglich an das Land gebunden sind, das sie bearbeiten (wie es das russische Wort *krepostnje* beinhaltet). Die Leibeigenschaft in Rußland entwickelte sich allmählich in der moskowitischen Periode, also zu einer Zeit, da sie in Europa im Schwinden begriffen war, und wurde erst 1649 durch ein Gesetz institutionalisiert. Bis zum späten 15. Jahrhundert konnten Bauern um den St. Georgstag im November ihren Herrn wechseln. Dieses Recht wurde in Jahren der Hungersnot oder des Krieges außer Kraft gesetzt und im 16. Jahrhundert eingeschränkt und schließlich ganz abgeschafft. Die moskowitische Verwaltung garantierte damit, daß die Güter des Dienstadels lebensfähig waren. Die Leibeigenen arbeiteten einen Teil der Woche für den Landbesitzer (*barschtschina*, »Frondienst«) oder zahlten einen Zins (*obrok*) in Geld oder Naturalien. Die Leibeigenschaft in Rußland kann nicht mit Sklaverei gleichgesetzt werden, obwohl die praktischen Unterschiede zu Zeiten geringfügig waren. Die Leibeigenen stellten entgegen der landläufigen Meinung nie mehr als die Hälfte der russischen Bevölkerung, da es eine beträchtliche Zahl von »Staatsbauern« gab, die örtlich gebunden, aber ansonsten in ihrer Lebensgestaltung frei waren. In den abgelegeneren Regionen wie Sibiren, den Kosakenländern oder im hohen Norden faßte die Leibeigenschaft niemals Fuß. Die persönliche Leibeigenschaft wurde 1861 abgeschafft, doch blieb die Schollenbindung faktisch bis 1881 bestehen.

**mestnitschestwo** Das moskowitische System der Ämterbesetzung aufgrund des Geburtsrechts: Bojaren dienten nur auf Posten, die denen ihrer Vorfahren gleichkamen oder höherrangig waren, und die Posten mußten innerhalb der Familien hierarchisch verteilt werden. Dieses Rangplatzordnungs-System war kompliziert und nicht effizient, führte zu dauernden Streitigkeiten und mußte in Kriegszeiten außer Kraft gesetzt werden. Dennoch stellte es eine Machteinschränkung der Herrscher dar. Im Jahre 1682 wurde es unter Fjodor III. abgeschafft, der die *rasrjadnye knigi* (Bücher, die die Präzendenzordnung genau festhielten) demonstrativ verbrennen ließ.

**mir** Die traditionelle Dorfkommune (manchmal *obschtschina* genannt), eine Einrichtung, die im zaristischen Rußland als grundlegende Organisationseinheit auf der Ebene der Bauern bestand. Im heutigen Russisch heißt *mir* entweder »Frieden« oder »Welt«. Der *mir* war verantwortlich für die Zuweisung der landwirtschaftlichen Aufgaben, die Rekrutierung, die Neuverteilung von Gemeindeland und die Zahlung der Steuern. Als Erscheinungsform einer offensichtlich spontanen Kooperation an der Basis war er für die russischen Populisten (und sogar für die Marxisten) von großem Interesse.

**narodnitschestwo** Russischer Populismus (abgeleitet von *narod*, »Volk«). Der Populismus war die vorherrschende Ideologie der Opposition in den Jahren nach 1860 und hatte viele Verzweigungen, die von der konservativen bis zur gewaltsam revolutionären Richtung reichten. Gemeinsam war den *narodniki* (»Volkstümlern«) die Bewunderung für die Bauernschaft, deren angeborene Klugheit und deren kommunale Einrichtungen.

**narodnost** Wörtlich »Volkheit«, oft aber frei mit »Nationalität« wiedergegeben. Zusammen mit »Autokratie« und »Orthodoxie« bildete es die Dreiheit der Prinzipien, welche die unter Nikolaus I. (1825–1855) propagierte Lehre von der »Offiziellen Nationalität« unterstützten. Der Begriff *narodnost*, der eine angebliche Sympathie des Volkes für das zaristische System implizierte, tauchte in den 30er Jahren des 20. Jahrhunderts wieder als eines der Prinzipien des Sozialistischen Realismus auf.

**NEP** Die »Neue Ökonomische Politik« wurde unter Lenins Regierung im Sommer 1921 eingeführt und sollte das rigorose Konzept des »Kriegskommunismus« ersetzen, welches das Land an den Rand des Zusammenbruchs gebracht hatte. Die Regierung kontrollierte die »Kommandohöhen« der Wirtschaft, erlaubte aber Kleinindustrie, privaten Handel und Diskontgeschäfte und förderte die bäuerliche Nahrungsmittelproduktion. Obwohl die NEP erfolgreich war, wurde sie von Stalin beendet, der 1928 den Ersten Fünfjahresplan und die Kollektivierung der Landwirtschaft einführte.

**odnodworzy** »Einhöfer«. Eine mannigfaltige soziale Gruppe an der unteren Stufe der landbesitzenden Klasse, die recht zahlreich in den südlichen Provinzen war. Im allgemeinen zu arm, um Leibeigene zu halten, unterschieden sich die *odnodworzy* nur wenig von den Staatsbauern, unternahmen aber im 18. Jahrhundert große Anstrengungen, um ihren Sonderstatus aufrechtzuerhalten. Sie hatten ihren Ursprung in den Militärsiedlungen der Südgrenze.

**Orthodoxe Kirche** Unterschiede im Ritual und Autoritätsprobleme führten 1054 zum Schisma zwischen Konstantinopel und Rom. Diese Spaltung hatte aber nur geringe Wirkung, bis während des 4. Kreuzzuges Konstantinopel geplündert wurde (1204). Nach der Mitte des 15. Jahrhunderts betrachtete sich das Moskauer Reich immer direkter als wahren Verteidiger der Orthodoxie.

In Byzanz und im alten Rußland war die Orthodoxie durch das Ideal der engen Symbiose (*symphonia*, »Harmonie«) zwischen Herrscher und Kirche geprägt. Im Zarenreich wurde die Kirche als eine Stütze des Staates angesehen (was ihr Ansehen unter der **intelligenzija** des 19. Jahrhunderts beeinträchtigte). Liturgisch und theologisch hat die Orthodoxie viel mit dem römischen Katholizismus gemeinsam; beide erkennen die ersten sieben Kirchenkonzile an. Unterschiedlicher Meinung sind sie über den Wortlaut des Glaubensbekenntnisses und über einige andere Punkte der Lehre. Bedeutendster Streitpunkt ist jedoch, daß die Orthodoxie vom autoritären Stil und der scholastischen Natur des Katholizismus spricht.

Die orthodoxe Priesterschaft, die traditionell nahe den Bauerndörfern wohnte und oft über wenig Bildung verfügte, war verpflichtet zu heiraten, während die Bischöfe, die aus den Klöstern kamen, im Zölibat lebten. Es gab keine gesonderten Mönchsorden. Ein orthodoxes Erbe, das im 19. und 20. Jahrhundert hoch geschätzt war, ist das der »Kommunalität« (*sobornost*). Die Tradition der Einsiedler, heiligen Männer (*starzy*), Narren in Christo (*jurodiwje*), Bettelmönche und der nicht kanonisierten, aber lokal verehrten Heiligen ist bezeichnender für die Orthodoxie als die formale Theologie, doch gab der mystische Hesychasmus den Gläubigen seit dem 14. Jahrhundert einen spezifisch orthodoxen Anstoß.

**parsuna** Ein ikonisches Porträt (über das Polnische abgeleitet von lateinisch *persona*). Die *parsuna* geht wahrscheinlich bis auf das späte 16. Jahrhundert zurück und ist im 17. Jahrhundert allgemein verbreitet: Sie gedenkt oftmals gerade verstorbener Persönlichkeiten von großer Bedeutung. Die *parsuna* bedient sich der Techniken der Ikonenmalerei und beabsichtigt eine erkennbar ähnliche Darstellung, doch ohne große individuelle Gestaltung oder »realistische« Abbildung. Sie hatte dennoch eine Brückenfunktion zwischen der altrussischen und der westlichen Kunst.

**Patriarch** Oberhaupt von einem der fünf Bezirke der Rechtsprechung in der frühen Kirche (Rom, Antiochia, Alexandria, Jerusalem, Konstantinopel). Der Papst (Patriarch von Rom) wurde traditionell als »erster unter gleichen« betrachtet, beanspruchte aber größere Autorität. Rußland, dessen Kirchenführer bis dahin ein Metropolit gewesen war, handelte die Einrichtung des Patriarchats 1589 aus. Es wurde von Peter I. suspendiert und 1918 wieder begründet.

**samisdat** »Selbstausgabe«. Eine parodistische Wortprägung nach dem Vorbild von *gosisdat*, »Staatsverlag«. Der Begriff wurde seit den 60er Jahren sehr bekannt, aber die »Untergrund«-Verbreitung von Schriften, die von der Zensur verboten wurden oder verboten werden könnten, gab es schon viel früher. Besonders zahlreich waren sie unter Nikolaus I.

**semskij sobor** »Landesversammlung«, »Reichsversammlung«. Eine moskowitische Institution, die unregelmäßig zu wichtigen Zwecken einberufen wurde. Das russische Wort *semlja* bedeutet »Land« und bezeichnet historisch auch die territorialen Einheiten oder Fürstentümer, in die das alte Rußland unterteilt war. Die erste uns bekannte Versammlung fand 1549 statt; die berühmteste beendete die »Zeit der Wirren«, indem sie Michail Romanow 1613 zum Zaren wählte. Man weiß wenig über den Ablauf dieser Versammlungen, aber zu ihnen gehörten sicher Vertreter verschiedener Volksschichten (sogar gelegentlich Staatsbauern).

**Slawophilie** Eine Ideologie, die seit den 1840er Jahren als russische Sonderentwicklung des europäischen romantischen Nationalismus entstand. In verschiedenen Ausprägungen hat sie seither das gesellschaftliche und politische Denken der Russen beeinflußt (am deutlichsten bei Autoren wie Dostojewskij und Solschenizyn). Die Slawophilen sahen ein besonderes und kostbares Vermächtnis der russischen Geschichte in den althergebrachten Institutionen und in der Religion (vor allem in *sobornost*, »Kommunalität«), ein Begriff, den sie populär machten. Sie werden meist den »Westlern« gegenübergestellt, ihren wandlungsfreudigeren Opponenten.

**Sozialistischer Realismus** Weder ein »Stil« noch eine »Theorie«, wurde er von seinen Verfechtern als die kreative »Methode« für die Künste in der Sowjetunion definiert, was auch eine kritische Betrachtung der Kunst im allgemeinen mit einschloß. Der Begriff wurde anscheinend 1932 geprägt, wenn nicht von Gorkij selbst so mit seiner Zustimmung, und zuerst in der Literatur ab 1934 offiziell verwendet. Zu seinen Prinzipien gehören **narodnost**, *partijnost* (Übereinstimmung mit den Grundsätzen der Partei) und *idejnost* (Intellektuelle Qualität, d.h. identifizierbare Ideen). Seit Stalins Tod wurde der Sozialistische Realismus mehr und mehr ignoriert, obwohl er noch offizielle Zustimmung bekam.

**starowery** »Altgläubige«. Sie akzeptierten nicht die Reformen der Orthodoxen Kirche durch den Patriarchen Nikon und Zar Alexej in den 1650er Jahren, die nach Nikons Sturz 1666 bestätigt wurden. Die Reformen spalteten das Land: Es gibt keine zuverlässigen Statistiken, aber vielleicht hing die Hälfte aller Russen dem »Alten (in ihren Augen wahren) Glauben« an. Eine größere Trennung entstand bald zwischen denen, die die Geistlichkeit beibehielten, und den Popenlosen.

**wetsche** Die Volksversammlung, die sich in den Städten der Kiewer Rus aus allen Haushaltungsvorständen zusammensetzte. Diese im wesentlichen demokratische, wenn auch schlecht organisierte Institution war wahrscheinlich prähistorischer Herkunft. Sie schwankte in ihrer Machtstellung, spielte aber oft eine bedeutende Rolle bei der Entscheidung großer Probleme, selbst wenn es um Krieg oder Frieden ging.

**Zar** Der autokratische Herrscher Rußlands. Das Wort kam früh in die slawischen Sprachen und ist eine Ableitung von »Caesar«. Im frühen Mittelalter bezog es sich auf den byzantinischen Kaiser, später auch auf den Tatarenchan. Russische Herrscher trugen seit dem 12. Jahrhundert den Titel »Großfürst« (*welikij knjas*). Sie wurden seit dem späten 14. Jahrhundert manchmal informell »Zar« genannt (vielleicht unter serbischem Einfluß). Der erste, der mit diesem Titel gekrönt wurde, war Iwan IV. (1547). Peter I. wertete den Titel zu »Kaiser« auf (was andere europäische Länder nur ungern hinnahmen), doch blieb »Zar« in volkstümlichem Gebrauch.

**Zur Datierung**
Bis Ende Januar 1918 folgte Rußland dem Julianischen Kalender – 10 Tage hinter dem westlichen (Gregorianischen) Kalender im 16. und 17. Jahrhundert, 11 Tage im 18. Jahrhundert, 12 Tage im 19. Jahrhundert, 13 Tage im 20. Jahrhundert. Das im Buch angegebene Datum ist das in Rußland in der jeweiligen Zeit übliche. Wo eine genauere Angabe nötig ist, werden die Abkürzungen a.S. (alter Stil, Julianisch) und n.S. (neuer Stil, Gregorianisch) verwendet. Die Russisch-orthodoxe Kirche benutzt noch a.S. bei Datierungen zu liturgischen Zwecken.

**Zur Transliteration und Namensbildung**
Im Buch wurde die folgende Umschrift verwendet:

| *Kyrillische Zeichen* | *Transkription* |
|---|---|
| А а | a |
| Б б | b |
| В в | w |
| Г г | g |
| Д д | d |
| Е е | je/e |
| Ё ё | jo/o |
| Ж ж | sch |
| З з | s |
| И и | i |
| Й й | j |
| К к | k |
| Л л | l |
| М м | m |
| Н н | n |
| О о | o |
| П п | p |
| Р р | r |
| С с | s, ss |
| Т т | t |
| У у | u |
| Ф ф | f |
| Х х | ch |
| Ц ц | z |
| Ч ч | tsch |
| Ш ш | sch |
| Щ щ | schtsch |
| ъ | unbezeichnet |
| ы | y |
| ь | unbezeichnet |

Wer nicht Russisch kann, sollte wissen, daß russische Wörter mit mehr als einer Silbe einen Betonungsakzent haben, der theoretisch auf jeder Silbe liegen kann. Es gibt kaum Regeln, denen man folgen könnte. Nur der Vokal *jo* ist immer betont. Leider werden die Betonungsakzente in der Orthographie nicht angegeben.
Russische Personennamen haben immer drei Bestandteile: 1. den ersten oder Eigennamen (*imja*), 2. den Vatersnamen (*otschestwo*), abgeleitet vom ersten Namen des Vaters mit der Endung *-owitsch*, *-ewitsch* oder *-itsch* (männlich), *-owna*, *-ewna*, *-ischna* (weiblich), 3. den Familiennamen (*familija*). Letzterer kam später als die anderen in der russischen Gesellschaft auf und endet im allgemeinen auf *-ow*, *-ew*, *yn*, *-in*, *-skij* (männlich), *-owa*, *-ewa*, *-yna*, *-ina*, *-skaja* (weiblich). Die übliche höfliche Anredeform ist die mit dem Rufnamen und dem Vatersnamen. »Vertrauliche« Formen der Rufnamen sind z.B. Kolja aus Nikolaj, Sascha aus Alexander, Wanja aus Iwan, Mascha aus Maria usw.
Wissenswert ist die nationale Herkunft einiger anderer Formen von Familiennamen in der UdSSR. Die Endung *-enko* ist ursprünglich ukrainisch, *-ko* ist weißrussisch. Georgische Namen enden gewöhnlich auf *-schwili*, *-dse*, *-ia*. Die große Mehrheit der armenischen Namen endet auf *-jan* (*ian*). Lettische Namen enden oft auf *-s*. Viele Turknamen wurden durch die Endung *-ow* »russifiziert«. Die Endungen von Familiennamen auf *-owitsch*, *-ewitsch* sind westrussischen oder polnischen Ursprungs, ebenso oftmals Namen auf *-owskij*, *-ewskij*, wenn sie auf der vorletzten Silbe betont werden.

# BILDQUELLENVERZEICHNIS

Der Equinox-Verlag dankt Malcom Day, London, Nicholas Harris, Oxford, Andras Bereznay, London, und Zoë Goodwin, London, für ihre Hilfe bei der Erstellung der Landkarten. Die Karten wurden gezeichnet von Euromap, Pangbourne, Alain Mais, Hornchurch, und Lovell Johns, Oxford.

Abkürzungen: o = oben, ol = oben links, or = oben rechts, M = Mitte, u = unten usw.

*Innenspiegel:* Karte von Rußland, 16. Jahrhundert, nach S. von Herberstein, *Rerum moscovitarum commentarii.*

*Seite*

2–6 Sportlicher Zeitvertreib und Bärenführer im Rußland des 19. Jahrhunderts, nach J. Richter und C.G.H. Geissler, *Jeux et divertissements du peuple russe*: Bodleian Library, Oxford.
8–9 Zeichnungen von John Fuller, Cambridge.
10ol. Wasilij III., nach S. von Herberstein, *Rerum moscovitarum commentarii.*
10or. Iwan IV.: Michael Holford, London.
10Mr. Peter der Große: Michael Holford, London.
10u. Katharina die Große, Gemälde von Erichsen: Bulloz, Paris.
11ol. Alexander I.: Fotomas Index, London.
11or. Nikolaus II.: Jean-Loup Charmet, Paris.
11ul. Stalin: David King Collection, London.
11ur. Chruschtschow: Frank Spooner Pictures, London.
15 Nach *Costumes of the Russian Empire*, 1863: British Library, London.
17o. Tundra im Sommer: Wadim M. Krohin, Moskau.
18–19 Rentiere in der Taiga: Fred Mayer/Magnum.
20–21o. Winterliche Waldlandschaft: Wadim Gippenreiter, Moskau.
21u. Gänse im Laubwald: Wladimir Rjabkow, Moskau.
24 Karakum-Wüste: Wadim Gippenreiter, Moskau.
25 Imandra-See: Wadim Gippenreiter, Moskau.
30o. Skythisches Ritualgefäß: Historisches Museum, Kiew. Foto: Aurora Art Publishers, Leningrad.
30M. Kamm, Rückseite: Eremitage, Leningrad. Foto: Aurora Art Publishers, Leningrad.
30u. Schildbeschlag in Hirschform: Eremitage, Leningrad. Foto: Aurora Art Publishers, Leningrad.
30–31 Brustschild: Historisches Museum, Kiew. Foto: Aurora Art Publishers, Leningrad.
31or. Blutsbrüderschaftsritual: Eremitage, Leningrad. Foto: Aurora Art Publishers, Leningrad.
32 Zeichnung von John Fuller und John Brennan.
33 Die heiligen Boris und Gleb, Ikone der Moskauer Schule, 13. Jahrhundert: Russisches Museum, Leningrad. Foto: Aurora Art Publishers, Leningrad.
34 Griechische Münze aus Kertsch: Novosti, London.
39 Nowgoroder Birkenrindendokument: Novosti, London.
40 Zusammentreffen Wladimirs I. mit einem byzantinischen Philosophen nach der *Radziwillchronik*, 15. Jahrhundert: Novosti/Frank Spooner Pictures.
43 Goldmünze Wladimirs I., ca. 980–1015: Novosti, London.
44 Die Verteidigung Nowgorods gegen die Truppen von Susdal, Ikone, 171 × 125,8 cm, Nowgoroder Schule, 15. Jahrhundert: Kulturhistorisches Museum, Nowgorod. Foto: Aurora Art Publishers, Leningrad.
46 Heilige Jungfrau von Wladimir, Ikone, 113,6 x 68 cm, 12. Jahrhundert, byzantinisch, Tretjakow-Galerie, Moskau. Foto: Aurora Art Publishers, Leningrad.
47 Demetrios-Kathedrale, Wladimir: Wadim Gippenreiter, Moskau.
48l. Pläne von John Brennan, Oxford.
48–49 Zeichnungen von Dick Barnard, Milverton, Somerset.
49 Mosaiken aus der Sophien-Kathedrale, Kiew: Phaidon Archive, Oxford.
51Ml. Großfürst Jaroslaw, Fresko aus der Nerediza-Kirche, Nowgorod: Phaidon Archive.
51or. Dschingis Chan mit Gefolge: Sonia Halliday und Laura Lushington, Weston Turville.
52 Alexander Newskij: Nowosti, Moskau.
53 Berg Athos, Russisches Kloster: Dr. Graham Speake, Little Compton, Glos.
54 Dmitrij Donskoj: Nowosti, Moskau.
57 Plan von Moskau im 16. Jahrhundert: Equinox Archive, Oxford.
59 Russische Gesandte am Hof Maximilians II. Holzschnitt von Michael Peterle, 1576, Victoria and Albert Museum, London, Foto: Michael Holford, London.
62l. Die Vorderseite des Staatssiegels von Iwan IV., The Central State Archives of Ancient Statements, Foto: Novosti, London.
62or. Bau des Palastes der *opritschniki*, nach der Chronik des Nikon, 16. Jahrhundert, Museum für Nationalgeschichte, Moskau: Nowosti, Moskau.
62uM. Gelage der *opritschniki* im Kloster von Alexandrow, nach einer zeitgenössischen Zeichnung: Nowosti, Moskau.
63o. Banner Iwans IV. bei der Belagerung von Kasan: Nowosti, Moskau.
63ul. Ikonenporträt von Iwan IV., Nationalmuseum Kopenhagen. Foto: Lennart Larsen.
63Mr. Gewand der *opritschniki*: Nowosti, Moskau.
63ur. Die Einnahme von Kasan durch Iwan IV., nach einem Manuskript des 16. Jahrhunderts: Roger-Viollet, Paris.
64 Portal im Renaissance-Stil, Moskauer Kreml. Foto: Nikolaj Rachmanow (Desertina Verlag, Schweiz).
65 Nordtor der Erzengel-Michael-Kathedrale, Moskauer Kreml: Linda Proud, Oxford.
66 Boris Godunow: Novosti, London,
68ul. Ikonostase der Dreifaltigkeits-Kathedrale in Sagorsk: Wadim Gippenreiter, Moskau.
68ur. Sagorsker Kirchen: Wadim Gippenreiter.
68–69o. Ansicht von Sagorsk: Wadim Gippenreiter.
69Mr. Brunnen-Kapelle in Sagorsk: Wadim Gippenreiter.
69u. Gläubige in der Mariä-Himmelfahrts-Kathedrale in Sagorsk: Magnum, London.
70–71 Zeichnungen von Dick Barnard und John Fuller.
72ul. *Die Jungfrau des Don*, Ikone aus der Schule des Theophanes, 86 × 67,5 cm, spätes 14. Jahrhundert, Tretjakow-Galerie, Moskau. Foto: Aurora Art Publishers, Leningrad.
72or. *Christus Ikone* von Andrej Rubljow, 158 × 103,5 cm, ca. 1409, Tretjakow-Galerie Moskau. Foto: Aurora Art Publishers, Leningrad.
72ur. *Die Dreifaltigkeit des alten Testaments* von Andrej Rubljow, 141,8 × 112,7 cm, 1411; Tretjakow-Galerie, Moskau. Foto: Aurora Art Publishers, Leningrad
72–73M. Detail aus dem *Jüngsten Gericht*, Mariä-Himmelfahrt-Kathedrale in Wladimir: Wadim Gippenreiter, Moskau.
73 *In Dir ist die Freude ...* aus der Schule des Dionisij, 148,5 × 110 cm, frühes 16. Jahrhundert, Tretjakow-Galerie, Moskau. Foto: Aurora Art Publishers, Leningrad.
76 Der Empfang fremder Gesandter durch Zar Alexej, nach Adam Olearius, *Beschreibung der moskowitischen und persischen Reise* (1660): British Library.
77 Porträt von Zar Alexej Michailowitsch: Sammlung Gräfin Bobrinskiy. Foto: Michael Holford.
78 Ein »Altgläubiger«, nach W. Dixon, *La Russia, Libera*: British Library.
80 Zar Fjodor III.: John Massey Stewart, London.
81o. Goldmünze der Regentin Sophia: Michael Holford.
81M. Goldmünze von Iwan V. und Peter I.: Michael Holford.
82–83 Der Patriarch Nikon: Novosti, London.
84–85 Kreml von Rostow: Wadim Gippenreiter, Moskau.
86–87 Alle Fotos von Wadim Gippenreiter, Zeichnung von John Brennan.
88 Porträt Peters des Großens von Sir Godfrey Kneller: Mit freundlicher Erlaubnis Ihrer Majestät Königin Elisabeth II., The Royal Collection, London.
89 St. Petersburg im 18. Jahrhundert: Michael Holford.
92o. Peter I. schert einem Bojaren den Bart, Holzschnitt, 17. Jahrhundert: Hulton Picture Company, London.
92r. Zeichnung von John Fuller.
93 Massenexekution der Strelitzen, nach J.C. Korb, *Diarium Itineris Moscoviam* (1700): British Library.
95 Peter der Große mit Ludwig XV. in Versailles, von L.M. J. Hersènt: Giraudon, Paris.
96–97 Die Flotte Peters des Großen in Archangelsk, nach J.C. Korb, *Diarium Itineris Moscoviam* (1700): British Library.
97M. Eine Seite aus *Wedomosti*, Rußlands erster Zeitung: Library of Congress, Washington.
98o. Mariä-Schutz-Kirche in Fili, Moskau. Foto: Aurora Art Publishers, Leningrad.
98u. Großes Schloß in Puschkin: Frank Spooner Pictures, London.
98–99o. Neues-Jungfrauen-Kloster, Moskau. Foto: Aurora Art Publishers, Leningrad.
99u. Kikin-Palast, Leningrad: Walentin Baranowskij, Leningrad.
100 »Die Mäuse begraben die Katze«, Holzschnitt, 16. Jahrhundert: Michael Holford.
101 Katharina I.: Novosti, London.
102 Schlüsselburg, Gefängnis Iwans VI.: Staatsbibliothek/Bildarchiv Preußischer Kulturbesitz, Berlin.
103 Kaiserin Elisabeth von Pietro Rotari: Sammlung Gräfin Bobrinsky/Michael Holford.
107 Peter III., Katharina II. und Paul I. von R. M. Lisiewska: Schloß Gripsholm, Mariefred, Schweden.
110 Allegorisches Porträt Katharinas der Großen: Bibliothèque Nationale/Françoise Foliot, Paris.
112 Büste Lomonosows von F.I. Schubin: John Massey Stewart, London.
113 Senatsplatz in St. Petersburg: Fotomas Index, London.
114 Porträt Pauls I. von W. Borowikowskij: Michael Holford.
116u. Fürst Kutusow: Roger-Viollet, Paris.
116–117u. Napoleons Rückzug aus Moskau von E. Meissonier: Orsay Galérie, Paris: Foto Giraudon.
117ol. Verwundete französische Soldaten von Théodore Géricault: Musée des Beaux Arts, Rouen. Foto: Giraudon.
117or. Alexander I. in Tilsit von G. Serangeli: Versailles. Foto: Giraudon.
118Ml. Michail Bakunin: Hulton Picture Company, London.
118M. Vera Sasulitsch: David King, London.
118u. Ermordung Alexanders II.: Fotomas Index.
118ur. Zum Exil in Sibirien verurteilte Terroristinnen: David King.
118–119 Niederschlagung des Dekabristen-Aufstands: J.L. Charmet, Paris.
119M. Sophia Perowskaja: David King.
121 Nikolaus I. bei der Truppeninspektion: Novosti, London.
122o. Puschkin: Novosti, London
122ul. Illustration eines Puschkinschen Volksmärchens von I. Bilibin: Aurora Art Publisher, Leningrad.
122Mr. Skizze Puschkins zu den *Erzählungen Belkins*: Staatliches Literaturmuseum, Moskau.
122–123o. Michajlowskoje, das Familiengut der Puschkins: Novosti, London.
123Mr. Selbstkarikatur Puschkins: Novosti, London.
123u. Gogol: Novosti, London.
124 Propagandaplakat aus dem Krimkrieg: National Army Museum, London.
126 Vertrag von San Stefano: J. L.Charmet.
128 Alexander II. mit Familie: John Massey Stewart.
130M. Porträt des jungen Tolstoj: Novosti, London.
130ur. Porträt Tolstojs von I. Repin: Novosti, London
130–130o. Tolstoj beim Pflügen, Gemälde von I. Repin: Novosti, London.
131u. Tolstoj organisiert eine Hungerhilfe: Novosti, London.
132 Begräbnisprozession für Alexander II.: Hulton Picture Company, London.
134–135 *Die Krähen sind zurückgekehrt* von A.K. Sawrasow, Tretjakow-Galerie, Moskau. Foto: Aurora Art Publishers, Leningrad.
135 Marktszene vor der Revolution: Novosti, London.
136 Schaljapin wird von Repin gemalt: Novosti, London.
137o. *Skizze zur Komposition IV. Schlacht* von Kandinskij: Phaidon Archive, Oxford.

137u. Prokofjew, Schostakowitsch und Chatschaturjan: Novosti, London.
138-139 Alle Fotos mit freundlicher Erlaubnis von Andrej Iwanowitsch und Alexander Meledin, Moskau.
140or. Ermordung des Großfürsten Sergej: J. L. Charmet.
140u. Barrikaden im Jahr 1905: David King.
141ol. Titelblatt von *Le Petit Parisien*: J. L. Charmet.
141or. Nikolaj Bucharin: David King.
141Mr. Der Panzerkreuzer *Potemkin*: David King.
141ul. Trotzkij: David King.
141ur. Stolypins Zimmer nach dem Attentatsversuch: David King.
142o. S.A. Witte: J.L. Charmet.
142-143u. Bolschewistisches Revolutionsplakat, 1905: Aurora Art Publishers, Leningrad.
144ul. Tschechow und Gorkij, 1900: Novosti, London.
144M. Emblem der Möwe im Moskauer Künstler-Theater: Novosti, London.
144o. Stanislawskijs Regiebuch zu *Die Möwe*: Novosti, London.
145o. Szene aus A.K. Tolstojs *Zar Fjodor Iwanowitsch*, 1898: Novosti, London.
145u. Tschechow liest *Die Möwe* zum ersten Mal vor dem Ensemble 1898: Novosti, London.
146ol. Rosenball 1914, Nowosti, Moskau.
146or. Plakat, Le Musée de Sires: J. L. Charmet.
149 Ein Priester segnet russische Soldaten: Rotes Kreuz Genf/Archives de Guerre de Vienne.
150 Gefängnis in Petrograd: David King.
151 Geplünderter Raum im Winterpalais: Alexander Meledin, Moskau.
154 Lenin und Trotzkij: Alexander Meledin.
155 Rote Garde bei Aufräumarbeiten: Alexander Meledin.
158M Karl Marx: David King.
158u. Plakat - »Lang lebe weltweit der Rote Oktober«: Fotomas Index, London.
158-159o. Lenin auf dem Zweiten Kominternkongreß: David King.
159or. Sowjetischer Teller: Christie's Colour Library, London.
159ul. Trotzkij inspiziert die Truppen: David King.
159ur. »Sowjetische Taufe«: David King.
160ol. Der Filmregisseur Sergej Eisenstein: Novosti, London.
160or. Rachmaninow: Novosti, London.
160u. Bühnenbild von Natalia Gontscharowa für *Der goldene Hahn*: Phaidon Archive, Oxford.
161 Gemälde von P. Filonow: Russisches Museum, Leningrad. Foto: Aurora Art Publishers, Leningrad.
162ol. Porträt Djaghilews von Bakst: Russisches Museum, Leningrad. Foto: Aurora Art Publishers, Leningrad.
162or. Nijinskij in *Petruschka*: Staatliches Theatermuseum, Leningrad.
162ur. Strawinskij und Nijinskij in einer Karikatur von Cocteau: Equinox Archive, Oxford.
162ul. Djaghilew und Strawinskij: Alex Ukladnikow, Leningrad.
163ML. Kostümentwurf von Benois für *Le Sacre du Printemps*: Staatliches Theatermuseum, Leningrad.
163ul. *Le Sacre du Printemps* in einer Aufführung der Truppe des Bolschoi-Theaters: Novosti, London.
163r. Kostümentwurf von Bakst für *Feuervogel*: Christie's Colour Library, London.
164oM. *Mädchen mit Harke* von Malewitsch, 1930er Jahre, Öl auf Leinwand, 100 × 70 cm: Russisches Museum, Leningrad.
164ul. *Suprematistische Komposition* von Malewitsch, 1916: Stedelijk Museum, Amsterdam.
164-165 *Der Messerschmied* von Malewitsch 1912, Öl auf Leinwand, 79,7 × 79,7 cm: Yale University Art Gallery, New Haven; Geschenk der Société Anonyme Collection.
165M. *Der Seemann* von Tatlin: Russisches Museum, Leningrad: Foto: Aurora Art Publishers, Leningrad.
165M. Tatlins Monument für die Dritte Internationale: David King, London.
165u. *Ein Engländer in Moskau* von Malewitsch, 1914, Öl auf Leinwand, 88 × 57 cm: Stedelijk Museum, Amsterdam.
166ul. Mönch und Hund: Fred Mayer/Magnum.
166or. Antireligiöse Karikatur: David King.
167M. Buddhistischer Tempel: Fred Mayer/Magnum.
167ul. Synagoge: V. Shone/Frank Spooner Pictures.
167ur. Freitagsgebet in der Chadschesud-Murad-Moschee, Samarkand: Abbas/Magnum.
168o. Zerstörung einer Kirche: David King.
168ul. Kirche als Lagerraum: David King.
168ur. Restauration in der Kirche des Danilow-Klosters, Moskau: Novosti/Frank Spooner.
169o. Gottesdienst im Freien: Fred Mayer/Magnum.
169ul. Nonnen eines orthodoxen Klosters: Novosti/Frank Spooner.
169ur. Mönche des Pskower-Höhlen-Klosters: Novosti/ Frank Spooner.
170ul. Plakat zum Ersten Weltkrieg: Fotomas Index.
170or. Hinweg mit den Tölpeln und Pfuschern im industriellen Versorgungssektor: Fotomas Index.
171ol. Anwerbungsplakat der Bolschewiki: Lenin-Bibliothek, Moskau.
171or. »Mehr Metall«: Fotomas Index.
171Mr. »Wo ist mein Geld? Wo ist meine Familie?«: Fotomas Index.
171ul. »Erfüllen wir den Ernteplan in vorgegebener Zeit!«: Fotomas Index.
171uM. »Wissen wird die Ketten der Sklaverei brechen!«: Fotomas Index.
171ur. Sowjetischer Propaganda-Teller: Christie's Colour Library.
176 Stalin und Churchill in Jalta: David King.
178o. Chruschtschow und Nixon auf einer Ausstellung in Moskau: Frank Spooner Pictures, London.
179 UdSSR im Aufbau: David King.
180 Mädchen in der U-Bahn: Frank Spooner Pictures, London.
180-181 70. Jahrestag der Oktoberrevolution: Frank Spooner Pictures.
184-185 Frau auf Ziegenfellen, Karakum: Frank Spooner Pictures.
187M. Zwei Mädchen an einem Zaun, Karpaten, Ukraine: W. Krohin, Moskau.
187u. Transkarpatische Region, Ukraine: A. Gerasimowa/ Nowosti, Moskau.
188or. Frühling in der Moldauischen SSR: A. Makarow/ Nowosti Moskau
189ol. Salbeianbau: I. Senin/Nowosti Moskau.
188-189u. Asphaltieren einer Straße: S. Jackson/ Remote Source, London.
189ur. Sophien-Kathedrale, Kiew: Wadim Gippenreiter.
190o. Renovierung eines Hauses, Odessa: S. Jackson/ Remote Sources.
190u. Urlaubsstrand in Jalta: William McQuitty, London.
191o. Kohlköpfe: John Massey Stewart.
191u. Jäger: W. Sterljow/Nowosti Moskau.
193M. Beim Heumachen: S. Jackson/Remote Source.
193u. Tallinn: Homer Sykes/Impact, London.
194 Strand von Pirita: Homer Sykes/Impact, London.
195ol. Fischverarbeitung: John Massey Stewart.
195Ml. Volkstanz: W. Tarasewitsch/Nowosti, Moskau.
195ul. Blumenmarkt: Homer Sykes/Impact, London.
195ur. Freiheitsdenkmal, Riga: W. Krohin, Moskau.
196or. Rigaer Hafen: W. Krohin, Moskau.
196Mr. Riga: W. Krohin, Moskau.
196ul. Windmühle: W. Krohin, Moskau.
196-197u. Dorf Juknaichai: W. Schustow/Nowosti, Moskau.
197Ml. Hausbau auf einer Kolchose: W. Arutjunow/ Nowosti, Moskau.
197Mr. Milchvieh: W. Schustow/Nowosti, Moskau.
197ur. Demonstration in Wilna: A. Vloziaviius, Nowosti, Moskau.
198 Georgische Reiter: Burt Glinn/Magnum, London.
200oM. Kwas-Verkauf, Erewan: Sassoon/Robert Harding Picture Library, London.
200-201o. Erdbeben in Armenien: Nowosti, Moskau.
200-201u. Demonstration in Armenien: Frank Spooner Pictures.
201Mr. Regierungsgebäude, Baku: D.C. Williamson, London.
201ur. Kaspisches Meer bei Baku: Picturepoint.
202-203o. Georgische Türme: John Egan/Hutchinson Picture Library, London.
202ul. Ansicht von Mzcheta: Robert Harding Picture Library, London.
203or. Georgisches Paar: Vlastimir Shone/Frank Spooner Pictures.
203ul. Volkstanz: Frank Spooner Pictures.
206uM. Altstadt von Tbilisi: John Massey Stewart.
206uM. Kathedrale von Susdal: John Massey Stewart.
206ur. Fenster. Foto: Burt Glinn/Magnum.
207Mr. Winterfest, Kolomenskoje: Frank Spooner Pictures.
207ul. Russisches Haus, Susdal: Martin Black/Impact.
207ur. Archangelskoje: Aurora Art Publishers, Leningrad.
208-209o. Sibirische Szene: Fred Mayer/Magnum.
208u. Bewohner von Sachalin: Frank Spooner Pictures.
209o. Altes Paar in einem Taigadorf: Frank Spooner Pictures.
209M. Huskies: Frank Spooner Pictures.
209ul. Wintersport, Murmansk: Frank Spooner Pictures.
209ur. Holzstämme: Fred Mayer/Magnum.
210l. Kaufhaus GUM: Homer Sykes/Impact, London.
210r. Roter Platz: Frank Spooner Pictures.
211ol. Plan von John Brennan.
211lM. Ansicht von Moskau: Frank Spooner Pictures.
211or. Basilios-Kathedrale, Roter Platz: J. Allan Cash, London.
211Mr. Zeitungen: Vladimir Birgus/Hutchinson Picture Library, London.
211ur. Straßenreinigerin: Frank Spooner Pictures.
211ul. Zentralmarkt: Dod Miller/Impact, London.
212-213 Der Kreml bei Nacht: Nikolai Rachmanow (Desertina Verlag, Schweiz).
214or. Luftaufnahme von Leningrad: Walentin Baranowski, Leningrad.
214ul. Plan von John Brennan.
214-215u. Fontänen von Petrodworez: Robert Harding Picture Library.
215ol. Auferstehungs-Kirche, Leningrad: William MacQuitty, London.
215or. Der Winterpalast: Robert Harding Picture Library.
215Mr. Die Alte Admiralität: Robert Harding Picture Library.
218o. Bienenkörbe: John Massey Stewart.
218ul. Kinder in Kaskelen: John Massey Stewart.
218-219u. Serawschaner Berge, Usbekistan: Robert Harding Picture Library.
218-219o. Taschkent: Wadim Gippenreiter, Moskau.
219o. Mann aus Samarkand: William MacQuitty, London.
219ur. Usbekisches Baumwollfest: Wadim Krohin, Moskau.
220 Chiwa, Usbekistan: Wadim Gippenreiter.
220u. Gruppenaufnahme in Samarkand: Abbas/Magnum.
221 Taschkenter Sonnenenergiestation, Usbekistan: Novosti/Frank Spooner Pictures.
222o. Lenin-Denkmal, Aschchabad: John Massey Stewart.
222u. Turkmenische Familie: Abbas/Magnum.
223o. Teppichknüpfer: Novosti/Frank Spooner Pictures.
223u. Computer in der Schule: Novosti/Frank Spooner Pictures.
224 Männer mit Vliesen: Wadim Krohin/Hutchinson Library, London.

# REGISTER GEOGRAPHISCHER NAMEN

# REGISTER

*Kursiv* gesetzte Seitenangaben weisen auf Bilder bzw. Bildlegenden hin.

## N



## O



## P



## Q



## R



## S

MOSCOVIA SIGISMVNDI LIBERI BARONIS IN HERBERSTEIN, NEIPERG, ET GVTENHAG ANNO M.D XLIX
OCCIDENS
FINLANDIÆ PARS
SINVS LIVONICVS ET RVTHENICVS
RVTHENORVM SEV MOSCOVITARV FINES
LADOGA LACVS
NOVOGARDIA MAG.
ILMEN LACVS
PLESCOVIA
PLEXO LACVS
LIVONIA
OXILIA
RIGA
DVNENBVRG
DWINA FL
LITVANIÆ PARS
FL THVR
KIOW
CIRCASI
CAMENICZ
ORZAROW
MOLDAVIÆ PARS
BIELOGOROD
ALIAS NESTER
ALBVS LACVS
BIELOYESERO
WOLOCHDA FL
MOLOGA
FL. MOLOGA
CHLOPIGOROD
MSTA FL
OTWER
MOS COVIA
SMOLENCZKO
DOWROWNA
OCCA FL.
STARADVB
CZERNIGO
DESNA FL
MEOTIS
PONTI
EVXINI
CAPVT S. IOHAN
MINOR TANAIS VEL DONECZ
VIBVRG
ROSENBVRG
WOLCHOW
FL NEVA
NERVA
WELICARECKA
POLOCZKO
ORSA
FL PREPECZ
CAPHA